U0094533

La force de l'âge

[法] 西蒙娜·德·波伏瓦 著

黄荭 罗国林 译

岁月的力量

Simone de
Beauvoir

上海译文出版社

目　录

序

　　我一开始谈自己，就投入了一场不谨慎的冒险。因为开场容易，收场难。我早在头二十年就想谈谈自己了。我从来没有忘记我在少女时代向那个年老的自己发出的呼唤，后者将前者连灵带肉吸收掉，使其荡然无存，连一撮骨灰也不剩下。我恳求那妇人从我被她投入的乌有之中，把我抢救出来。我所写的书也许仅仅是为了使这个夙愿得到满足。五十岁了，我认为时机已到，便把自己的意识给了那女孩儿，那个被遗弃在消逝的时间深处的姑娘——连同时间一块儿消逝的那个女孩儿和少女。我让她们存在于白纸黑字之间。

　　我这个打算也行之不远。成年之后，我不再祈求未来。《一个规矩女孩的回忆》写完之后，并未听到我的过去发出任何声音，催促我接着写下去。我决定写别的东西。可是，我竟然做不到。最后一行下面所画的一个无形的问号，一直萦绕在我的脑际。自由？有什么用！整个战斗准备、这场大战、这场逃逸、这场胜利，我生活的续篇该赋予它们什么意义呢？我的第一反应是埋头于书堆之中。可是没有用，我的书没有任何回应。因为正是它们遭到质疑。我决定写作。好的，我写了。可是写什么？为什么写这几本书，仅仅这

I

几本书，恰好这几本书？我要求的究竟是更少还是更多？在我的头二十年空洞而无止境的希望与业已完成的一部作品之间，没有共同的衡量标准。我要求的既多得多又少得多。渐渐地，我相信了，在我自己眼里，我的回忆录的第一卷要求写续篇。讲述了我的作家生涯的经历，而不试图讲述它是如何体现的，那纯属徒劳无益。

此外，深思熟虑之下，这个打算本身令我感兴趣。我的人生尚未成就，但它已经具有某种方向，未来大概也不大可能使之改变。什么方向呢？出于在这次分析研究中应该弄清楚的理由，这个问题我曾避而不谈。这个问题，现在不解答，就永远也找不到答案了。

也许有人会对我说，这份操心仅仅关乎我。其实不然。一个人，无论是塞缪尔·佩皮斯①还是让-雅克·卢梭，无论是凡夫俗子还是人中豪杰，只要他坦诚地讲述自己，就或多或少会牵涉所有人。要讲明白自己的生活，而不在这里那里提到别人的生活，是不可能做到的。再说，作家总是受到下面两个问题的烦扰：你为什么写作？你是如何过日子的？除了趣闻轶事和流言蜚语，许多人似乎都想了解作家所代表的生活方式。剖析一个具体例子，比抽象、泛泛的解答，能让人更好地了解情况。这鼓励我审视自己。这种自述也许有助于消除始终存在于作者与读者之间的某些误解。这些误解常常让我烦恼。一本书只有了解它写作的背景、意图，以及是由什么人写的，才能明了它的本意。我愿意面对面向读者说明我的本意。

然而我必须告诉读者，我并不准备讲述一切。我毫无保留地讲述了我的童年和青年时代。不过，虽然在毫不掩饰地讲述自己遥远的过去时，我并不太难为情，也没有过分小心谨慎，可是要讲述自

① Samuel Pepys（1633—1703），英国日记作家、海军行政长官。

己成年后的生活，我就没有那么超脱、那么无所顾忌了。在这里，无论对自己还是对自己的朋友，都不能搬弄是非。我不爱搬弄是非，因此决定对许多事情避而不谈。

另一方面，我的一生与让-保罗·萨特密不可分。但是，他的生平他打算自己讲述，我无意为他代劳，不打算对他的思想和作品进行分析，只叙述他与我的生活有关的事情。

有些批评家以为，我在自己的回忆录《一个规矩女孩的回忆》里想对女孩子进行说教。其实我主要是想还债。这本书无论如何都没有任何说教方面的用心。我仅限于讲述自己的生活是什么样子，并没有预设任何目标，只想把有趣而且有用的事实全部讲出来。我在书里试图表达的真实，究竟对什么、对谁有益，我不知道。我希望读者同样天真无邪地阅读它①。

---

① 在这本书里，我有意略去一些东西，但绝不会故意说谎。一些小事可能记不清了，读者或可从中发现一些无足轻重的错误，但这肯定无损于整体的真实。——原注

第一部分

第一章

　　一九二九年九月我回到巴黎，最让我兴奋的是获得了自由。早在童年时代，和妹妹一块儿扮成"大姑娘"玩耍时，自由就令我魂牵梦萦。我说过上大学时我是多么热切地呼唤自由。现在突然间我自由了，每一个动作都那么轻松愉快，令我惊喜莫名。每天早晨一睁开双眼，我就抖动全身，心花怒放。十二岁左右，我曾经因为在家里没有一个属于我的角落而感到痛苦。我阅读《我的日记》，读到一个英国初中女生的故事，我心驰神往地凝视着那幅描绘她房间的插图：一张书桌、一张沙发床和几个摆满书的书架，她就在那颜色鲜艳的四壁之间学习、看书、喝茶，身边没有旁人。我多么羡慕她啊！我头一回窥见一种比我更优越的生活。现在我终于在属于自己的家里了！外婆把她这间客厅里的沙发、小圆桌、小摆设全搬走了。我买了几件没上油漆的家具，妹妹帮我刷上了棕色油漆。我拥有一张桌子、两把椅子、一个既可以坐人也可以放杂物的大箱子、几个放书的书架，还有一张可以躺卧的长沙发，颜色与我裱糊墙壁的橙色墙纸很搭。站在我六层楼的阳台上，可以俯瞰当费尔-罗什洛街的悬铃木和贝尔福的石狮子。我用一个气味很难闻的红色煤油炉取暖。这种气味似乎守护了我的孤独寂寞，我喜欢它。关起门来，避开他人的目光过日子，多么惬意！有很长时间，我对自己所生活的这个房间的装饰并不在意。大概因为我更喜欢《我的日记》里的房间，里面有沙发床和书架。不过，无论多么逼仄的房间我都能将就。只要能独自关上门过日子，我就心满意足了。

我付给外婆房租。她像对待其他房客一样，不过问我的私事。我进进出出无人干涉，可以天亮才归或通宵躺在床上看书，中午睡大觉，连续二十四小时闭门不出，想上街就马上下楼。午餐我在多米尼克餐馆喝俄罗斯甜菜浓汤，晚餐去圆顶咖啡馆喝巧克力。我喜欢巧克力和俄罗斯甜菜浓汤，喜欢熬通宵然后中午睡大觉，尤其喜欢任情率性。几乎无所顾忌。我欣喜地发现，大人们曾经喋喋不休、咄咄逼人地对我讲"生活是严肃的"，其实并非那么难以承受。过去经历的一次次考试，那可不是闹着玩的，我付出过艰苦努力，生怕考砸，碰到诸多障碍，累得精疲力竭。现在在任何地方都不再遇到障碍，我感觉像在度假，永远在度假。私人授几节课，又在维克多-杜瑞中学担任非正式的教师，日常的生活费就确保无虞了。这两项工作我并不觉得是什么负担，因为干起来就像玩一个新的游戏：我在扮大人呢。想办法找上辅导课的学生，与学校校长或家长商谈，筹划开销，借进还出，悉心计算，诸如此类事情，我做起来开心，因为都是头一回做。还记得拿到头一张支票时，那才叫高兴呢，就像是从什么人手里诓骗来的。

我对梳妆打扮从来没有多少兴致，但求穿着自己中意就行。我还在为祖父守孝，不想让别人看不顺眼，就买了一件外套、一顶窄檐软帽、一双灰色的薄底浅口皮鞋，做了一套搭配的连衣裙，另外还做了一套黑白相间的连衣裙。我对棉料和过去一直穿的毛料衣服反感了，便挑选了丝质料子——中国绉绸，另外挑选了一种质地很差但那年冬天流行的料子——雕花天鹅绒。每天早晨，我马虎地为

4

自己浓抹打扮一番：在两颊抹一层胭脂，搽上厚厚的粉，再涂上口红。每到星期日，人们总是比平常穿得讲究，我觉得荒唐可笑。对我来讲，从今以后天天是节日，无论什么场合，我都是同样穿着打扮。我了解到，中国绉绸和雕花天鹅绒，在公立中学的走廊里似乎不太合宜。我的薄底浅口皮鞋，如果不穿着在巴黎到处走，鞋跟也不至于磨损得那么厉害。不过，这些我都不在乎。化妆打扮是我不会认真对待的事情之一。

我安顿下来，涂脂抹粉，接待朋友，外出。但这并不是新生活的开始。十月中旬，萨特回到巴黎，我的新生活才真正开始。

在利穆赞的时候，萨特来看过我。他住在圣日耳曼勒贝尔的金球旅馆。为了避免流言蜚语，我们到远离镇子的乡村去幽会。早晨，我欢天喜地地跑过公园的草地，跨过障碍物，穿过还湿漉漉的草地。此前我经常来这草地上打发孤独，有时心里酸溜溜的。现在我们往草地上一坐，就闲聊起来。头一天我没想到，远离巴黎和朋友，这种闲聊能使我们满足。"咱们带上几本书去看吧。"来之前我建议道。萨特一听就生气了，还否决了我提出的散步的想法。他厌恶叶绿素，见到这绿色的牧场就烦躁，只有将它忘掉才忍受得了。好吧。只要给我一点鼓励，交谈我并不害怕。我们便继续在巴黎已开始的交谈。不多久我就明白，就是继续谈到地老天荒，我也会觉得时间太短。上午刚开始，午餐的钟就敲响了。我回去和家人一块儿吃午饭。萨特吃香料蜜面包和奶酪，是我表妹玛德莱娜放在下面那座房子旁边废弃的鸽子棚里的。表妹喜欢浪漫。下午刚开头天色又暗了，接着夜幕降临了。萨特回他的旅馆，与一些旅行推销员一块儿吃晚饭。我对父母说，我和萨特正在酝酿写一本评判马克思主义的书，希望利用他们对共产主义的憎恶来哄骗他们，但几乎不可能使他们信以为真。萨特到达四天后，我看见他们出现在我们所坐的草地的边缘。他们走了过来，我父亲一副毅然决然的样子，但扁平草帽下的脸上显得有点尴尬。萨特这天穿了件颜色有点过于鲜艳的粉红色衬衫，猛地站了起来，露出干仗的目光。父亲彬彬有礼地请他离开这个地方，因为人们议论纷纷，我明目张胆的不端行为有损于我那位正寻求出嫁的表妹的声誉。萨特强烈反驳，但声音并不太高，因为他决计一个钟头都不提前离开。我们只能更秘密地去远处的栗树林里相会。父亲没有再来找茬儿。萨特在金球旅馆又住了一个礼拜。分别之后，我们天天通信。

十月份再见到萨特时，我已经与过去作了了断①，开始毫无保留地和他相处。萨特不久就要去服兵役，暂时在休假。他住在圣雅克街他的外祖父家里。每天早晨我们去灰色和金色的卢森堡公园，在石雕的王后们白色的目光下相会。夜里我们并不很晚回家。我们在整个巴黎漫步，继续着我们的交谈，谈我们俩、我们的关系、我们的生活、我们将来要写的书，无所不谈。如今我觉得这些交谈中最重要的，不是我们所谈的事情，更多的是我们以为已得到的东西，其实并未得到，我们几乎彻底搞错了。为了做到有自知之明，应该分析这些错误，因为它们反映了一种现实，即我们的处境。

我说过，萨特是为写作而活着。他的使命就是表现一切事物，并根据需要重新拿来阐述。我嘛，他督促我关注五彩缤纷的生活，我应该通过写作，从时间和虚无中捕捉生活的五彩缤纷。这些使命显然落在我们肩上，我们肯定是能够完成的。虽然没有表达出来，但我们赞同康德的乐观主义：你应该，因此你能够。的确，意志怎

---

① 这一点我在《一个规矩女孩的回忆》里讲述过。——原注

么能在决断和形成的时候犹疑起来呢？这时，意志和信念完全是一码事。因此，让我们相信世界，相信我们自己。我们反对现在这种形态的社会。这种反对不带任何愁苦，它意味着坚定的乐观主义。人需要重新塑造，从某种意义上说，这种塑造就是我们的事业。我们考虑写书而不考虑用别的方式为这一事业作贡献。公共事务令我们厌倦。不过，我们期望事件能按我们的愿望发展，而不需要我们卷入其中。在这一点上，一九二九年秋天，我们像整个法国左派一样乐观。和平看来最终可以确保了，纳粹党在德国的扩张只代表一种没有什么严重性的次要现象。殖民主义将在短期内被消灭，甘地在印度发动的运动和印度支那的共产主义运动确保了这一点。动摇着资本主义世界的特别严重的危机，预示着这个社会坚持不了多久了。我们觉得已经生活在黄金时代。在我们眼里，这黄金时代就是历史被掩盖的真正面貌，只要显露出来就行了。

在所有方面，我们对现实的分量都一无所知，却自夸获得了彻底的自由。自由这个词，我们坚持不懈地信奉了这么长时间，现在我该仔细看一看我们赋予了它什么内涵。

自由这个词包含着一种现实的体验。任何活动中都显示出某种自由，尤其是在脑力活动中，因为脑力活动没有多少重复的可能。我们发奋工作，必须不间断地理解和创新。对自由，我们有一种讲求实际、不容置疑的直觉。我们的错误就是没有把它控制在恰当的限度之内。我们钟爱康德的鸽子的形象：空气对鸽子形成阻力，但并没有阻碍它飞行，而是承载了它。在我们看来，既定是我们努力的理由，而不是对我们努力的制约。我们不想依赖任何东西。同样，我们政治上的盲目、精神上的傲慢，首先表现为我们的计划太过火。写作、创作这种冒险，如果无法想象能够绝对控制自己，控制自己的意图和手段，是不敢进行的。我们的胆量与支撑它的幻想是分不开的，而环境对幻想和胆量都有利。任何外在的障碍从来没能迫使我们背离我们自己。我们希望了解和表达自我，我们欲罢不能地走上了这条道路。我们的存在如此充分地满足了我们的意愿，仿佛这存在是我们选定的。我们预计这种存在将会永远服从我们的意图。令我们一帆风顺的这种幸运对我们掩盖了世界险恶的一面。另一方面，我们内心深处并不感觉受到什么约束。我与父母保持着良好的关系，但是他们彻底失去了对我的控制。萨特从未见过他的父亲，而他的母亲和外祖父母在他眼里从来不曾代表权威。从某种意义上讲，我们俩都没有家，我们把这种处境确立为原则。我们这样做受到笛卡儿的唯理性主义的鼓舞。唯理性主义是阿兰传授给我们的，我们采用了它，正因为它适合我们。任何顾虑、任何尊重、任何感情的眷顾，都阻止不了我们按照理性和我们的愿望做出决定。我们觉察不到我们的内心有丝毫的阴暗和混乱，我们认为我们的意识是纯洁的，我们的意愿也是纯洁的。这种信念因为我们为未来倾注的激情而更加坚定。我们不拘泥于任何明确的兴趣，既然现在与过去是不停地互相超越的。我们毫不犹豫地对任何事物和对我们自己提出质疑，只要时机要求我们这样做。我们自我批判，欣然自责，因为在我们看来，任何改变都是一种进步。由于我们的无知使我们看不到会令我们不安的大部分问题，所以我们对这些修正感到满意，认为自己无所畏惧。

我们不受限制、无拘无束、毫无顾忌、无所畏惧地走自己的路。可是怎样做到在障碍面前不至于遭受挫折呢？因为实际上，我们的口袋瘪瘪的，我勉强挣钱糊口，萨特则仅靠从他外祖母那里继承的微薄遗产度日。商店里物品琳琅满目，我们都不敢问津，豪华的地方都与我们无缘。对这些禁忌，我们淡然处之，甚至不屑一顾。我们并非苦行僧，远远不是。现在亦如从前（在这一点上萨特与我相似），只有那些我可以接近的东西，尤其是那些触摸得到的东西，对我来讲才有实际的分量。我全身心地致力于实现自己的愿望，追求快乐，根本没有剩余的精力可以浪费在不切实际的希望上。为什么要为不能以车代步感到遗憾呢？在圣马丁运河沿岸或贝尔西码头我们迈开两腿，不是能获得很多发现吗？我们在我房间里啃面包，吃玛丽牌肥鹅肝，在德莫利啤酒屋（萨特喜欢那里的啤酒和腌酸菜的浓厚味道）晚餐时，心里没有任何失落感。晚上，我们去法尔斯塔夫酒吧或伊恩学院酒吧，兴致勃勃地品尝各种酒，如布隆克斯、西德卡、巴卡蒂、亚历山大和马丁尼等。我特别喜欢两种鸡尾酒：一种是维京酒吧的蜂蜜鸡尾酒，一种是蒙帕纳斯大街灯嘴酒吧的特色杏子鸡尾酒。丽兹酒吧还能为我们提供什么呢？我们尽情作乐。一天晚上在维京酒吧，我正吃越橘炖鸡，乐队则在台上演奏流行歌曲《异教徒情歌》。我知道，这种宴乐如果没有异乎寻常之处，是不会令我赞叹的。我们的囊中羞涩也能给我带来快乐。

这种快乐不是与竭尽奢华获得的即时快乐一样好吗？奢华之物可以充当与他人交往的媒介，它们的诱惑力是靠有诱惑力的第三者产生的。我们受到严格的教育，坚定不移地立足于知识，所以绝不会在王公显贵、西班牙富豪、穿金戴银的贵妇、爵爷贵族、百万富翁面前折腰。这些上层人物都是我们所谴责的制度下的为富不仁者，我们甚至把他们视为人渣。对他们我怀着鄙薄的怜悯。他们脱离群众，把自己幽闭在奢华和时髦之中。每当我经过普通人跨不进门槛的富凯餐厅或马克西姆餐厅时，心想被社会摒弃的其实是他们。一般来讲，他们在我眼里根本不存在。我丝毫不眼红他们的特权和穷奢极欲，就像五世纪的希腊人不在意电影和收音机。这由金钱造成的隔阂令我们惊诧莫名，但我们并不气恼，因为我们认为富人不能教给我们任何东西，他们的摆阔和挥霍恰恰掩盖了他们心灵的空虚。

因此，没有什么能限制我们，没有什么能规约我们，没有什么能让我们屈从。我们与社会的联系由我们自己建立，自由是我们的本质。我们天天都通过在我们的生活中占有很大位置的活动来体验自由。这种活动就是娱乐。大部分年轻伴侣都用娱乐和编造故事填补他们共同的过去的贫瘠。我们特别热衷于这样做，因为我们性情活跃，而且暂时无所事事。喜剧、滑稽戏、寓言，我们编造的东西有一个明确作用，就是让我们避免认真的精神。我们像尼采一样，出于同样的原因，强烈地拒绝认真的精神。我们编造的东西把世界投射到想象之中，使我们与之保持距离，从而使世界变得轻松愉快。

我们两个人中，萨特的创作力最旺盛。他创作民歌、儿歌、讽刺短诗、抒情短诗、简短寓言、应景小诗，有时配上他自编的曲子吟唱。他并不轻视同音异义词或音义双关词的文字游戏，以运用半谐音和叠韵法为乐事。这是尝试词语的一种方式，既是在探索它们的用法，也将它们从日常的沉重中解脱出来。他借用辛格①的《花花公子》的故事，把花花公子描绘成一个永不停歇的流浪者，用虚假的美丽故事掩盖生活的平庸。詹姆斯·斯蒂芬斯②的《金罐子》给我们提供了勒普里科纳的故事，这个地精潜藏在树根底下制作小鞋子，不把不幸、烦恼和怀疑放在心上。这两个人，一个是流浪冒险的花花公子，一个是定居不动的地精，给予我们同样的启示：首要的事情是文学。不过借由他们，这句格言就没了说教的迂腐。对于我们写作并珍惜的书，我们拉开一定的距离客观地评价，把它们称为"我们的小鞋子"。

---

① John Millington Synge（1871—1909），爱尔兰诗人、散文家。
② James Stephens（1880—1950），爱尔兰诗人、小说家。

我们俩身体很棒，性情愉快。但是一遇到冲突我就忍受不了，会立刻脸色大变，不理人，生闷气。萨特形容我有双重性格：平常我是海狸，但有时这种动物会被一个相当不讨人喜欢的女郎取代——德·波伏瓦小姐。萨特还就这个话题变着花样发挥，总能最终使我露出笑脸。至于他，如果早晨起来后迟迟头脑不清醒，或者因为种种情况打不起精神，就常常会显得像受到偶然的打击。这时他就像怕被人抓住似的，蜷缩起身子，活像我们在万森纳动物园里看见过的一头海象，痛苦的情状让人揪心。饲养员往海象嘴里倒一桶小鱼，然后跳到它的腹部去踩。那桶美食落肚，海象抬起一双迷离的小眼睛望着天空，仿佛它那庞大的肉体试图通过眯成一条缝的眼睛，变成一副祈求的模样，但是它连最简单的语言也说不出来。那怪兽打个哈欠，眼泪从它油亮的皮肤上滚落，它晃动一下脑袋，就躺下去，被制服了。当萨特忧郁得脸变样时，我们就认为海象忧愁的心灵征服了他。他变得像海象一样：抬眼望着天空，打着哈欠，默默无言地祈求。这种情状唤醒他的快乐。因此，我们的心情在我们看来并不像是我们的身体分泌的一种恶劣情绪，而是我们拥有的一种伪装，只要我们愿意就可以将它抛掉。整个青年时代，甚至后来，我们热衷于简短的心理剧。每当面临不顺利或困难的局面，我们就对它们进行修改，将它们推向极端，使它们变得滑稽可笑，并对它们进行横向和纵向的探索。这非常有助于我们掌握这种娱乐方式。

　　我们的经济状况也是靠这种方法维持的。我们回到巴黎，甚至在我们的关系确定之前，就立刻给我们的关系定了一个名称，叫做"皇族与平民子女的婚姻"。我们这一对拥有双重身份。平时，我们是奥加那提克先生和太太，是不富有、没野心、容易满足的公务员。有时我梳妆打扮一番，我们去香榭丽舍大街一家电影院看电影，或者去圆顶咖啡馆舞厅跳舞，我们便成了美国亿万富翁摩根·哈蒂克先生和夫人。这并不是歇斯底里的胡闹，以图让我相信能在几个钟头间体验富豪的乐趣，而是一种讽刺戏谑的模仿，使我们更加坚信我们对阔绰的生活不屑一顾，而满足于粗菜淡饭，财富对我们毫无作用。我们要求获得应有的地位，但同时力图摆脱自己的地位。被我们称为奥加那提克先生和太太的那对没有钱的小资产者，并非真的我们。我们装扮成他们，正是为了显示与他们不同。

人们看到，我把日常工作，尤其是教书，也视为一场化装舞会。这种游戏使我们的生活失去现实感，最终让我们深信：我们的生活容纳不下我们。我们不属于任何地方、任何国家、任何阶级、任何职业、任何一代人。我们的真实身份不在此，而存在于永恒之中，未来将显示出它：我们是作家。任何其他肯定的说法都是幌子。我们想遵循古代斯多葛派的训诫，他们也把一切寄托于自由。我们全身心投入靠我们成就的事业，摆脱与这一事业无关的一切事情。这些事情我们并非完全不做，因为我们太贪婪，只不过附带地做。客观环境允许我们保持这种超然物外、无忧无虑、不受拘束的态度，很容易诱惑人们将之与极端自由混为一谈。为了消除这种诱惑，我们有必要与我们自己拉开距离，不过我们几乎没有这种办法，而且根本没有这种愿望。

有两门学科大概能给我们启示，就是马克思主义和精神分析学。对这两门学科我们仅有粗浅的了解。记得萨特与波利泽在巴尔扎尔咖啡馆发生过一次激烈争吵，波利泽声称萨特只有"小资产者"的素质。萨特拒绝这个形容语，坚持说这个形容语不足以说明他的态度。他提出出身于资产阶级的知识分子这个棘手的问题。按照马克思本人的看法，出身于资产阶级的知识分子能够超越本阶级的观点。但在什么情况下超越？怎样超越？为什么能超越？有着浓密棕色头发的波利泽怒发冲冠，讲话滔滔不绝。但是他说服不了萨特。萨特会继续承认自由的价值的，因为他如今仍对自由的价值深信不疑。但是，严肃认真的分析有可能改变我们对自由所抱的看法。我们不把金钱放在眼里，这正是我们能为自己提供的一种奢侈，因为我们有足够的钱，确保自己不缺吃少穿，不会被迫去卖苦力。我们思想的开放应归功于只有我们的阶级才能为我们提供的培养和筹谋。正是我们的小资产阶级年轻知识分子的地位，促使我们相信自己不受条件约束。

我们给自己提供的为什么偏偏是这种奢侈而不是另一种？为什么抱着这种信念，我们都始终保持着清醒，而没有昏昏入睡？精神分析学会给我们提供答案，如果我们向它求教的话。精神分析学已经开始在法国传播，我们对它的某些方面感兴趣。在精神病理学上，乔治·杜马[①]的"内分泌一元论"[②]，我们像我们的大多数朋友一样觉得不可接受。我们欣然接受这种看法：精神病、神经官能症及其症状都有某种含义，而这种含义要追溯到病人的童年。但是我们到此止步，如果把它作为探究正常人的方法，我们拒绝精神分析法。我们很少读弗洛伊德的著作，除了他的《释梦》和《日常生活的精神病理学》这两本书。我们理解了这两部作品的文字，而没有理解它们的内容。其中独断的象征主义和联想主义损害了这两部作品，令我们扫兴。弗洛伊德的泛性主义我们觉得像是谵妄，与我们的清教主义相冲突。更主要的是，由于他赋予无意识的作用及机械的僵化的解释，正如我们设想的一样，弗洛伊德的学说抹杀人的自由。谁也没有向我们指出调和的可能性，我们也无法发现这种可能性，所以我们固守唯理性主义和唯意志主义的态度。在一个头脑

① Georges Dumas（1866—1946），法国哲学家、医生、心理学家。
② 我们这样称呼他的阐释方法，尽管他声称赞成笛卡儿的二元论。——原注

清楚的人身上，自由会战胜创伤、情结、回忆和各种影响。我们从情感上摆脱了童年，但很长时间以来并不知道，这种冷漠的原因正在于我们的童年本身。

马克思主义和精神分析学这两门学科，相当多青年都很喜爱，对我们触动却很小，这不仅仅是因为我们对这两门学科只有一些基本概念。我们不希望用陌生人的眼光远远地观察自己。对我们而言，重要的首先是要对我们自己适宜。与其在理论上对我们的自由规定一些限制，倒不如切实地认真捍卫我们的自由，因为我们的自由正处于危险之中。

在这一点上，萨特和我有很大差异。我摆脱了过去，能自己养活自己，给自己做主了。对我来说这无异于一个奇迹。我一劳永逸地获得了独立自主，没有任何力量能从我手里把它夺走。萨特呢，他仅仅达到了男人一生中的一个阶段，即他长期以来厌恶地预料到的一个阶段：刚刚告别可以不负责任的少年时期，进入了讨厌的成年人世界。他的独立受到威胁。首先，他不得不去过一年半的戎马生涯，然后才去从事等待着他的教师职业。他找到了一个应付的办法：当时正招聘一名赴日本的法语辅导教师，他在一九三一年十月报了名。他打算去日本待两年，希望两年后还有其他出国工作的机会。在他看来，作家和编故事的人应该像辛格笔下的花花公子，最终也不会在任何地方和在任何人身边停下来。萨特并不认定一夫一妻制。他喜欢与女人为伴，认为女人不像男人一样滑稽可笑。二十三岁的他，不想永远放弃接触各种各样风情万种的女性。"就我们之间而言，"他用自己喜欢的语言对我说，"要的是必然的爱情，但是有一些偶然的私情也是相宜的。"我们是同一类人，我们活多长时间，我们之间的相互理解就会存在多长时间，但是这种相互理解不能取代与不同的人丰富多彩的交往。我们也能感受到形形色色的惊羡、遗憾、怀疑和快乐，怎能心甘情愿地放弃呢？关于这一点，我们在散步的时候久久地讨论过。一天下午，我们与尼赞夫妇一起去香榭丽舍看电影《袭击亚洲的风暴》。与他们分手之后，我们步行到了卡鲁塞尔花园。我们坐在卢浮宫外的一张石椅上。作为石椅靠背的一条栏杆，与宫墙之间有一条窄窄的缝隙。缝隙里有一只猫在喵喵叫唤。它怎么钻进那里面去了呢？它太大，钻不出来了。已是薄暮时分，一位妇人手里拿只袋子，走到缝隙边，从纸袋子里掏出一些残羹剩饭，一边喂给猫吃，一边亲切地抚摸它。就在这时，萨特提议道："咱们签一份两年的合约吧。"他说这两年期间我可以设法住在巴黎，我们可以亲密无间地相处。他建议我随后也申请一个国外的职位。我们将分开两三年，然后在世界上某个地方比如雅典重逢，在或长或短的时间内，恢复或多或少共同的生活。我们彼此永远不会成为陌生人，永远不会召唤对方而得不到回应，没有任何力量能够破坏我们的结合，但是务必使这种结合不要蜕化为束缚和习惯。我们要不惜一切代价防止这种蜕化。我表示同意。萨特所考虑的分开，并非不使我产生恐惧感，但那是以后的事情，还显得很朦胧。我早就告诫过自己不要让尚未到来的忧虑困扰。不过既然心里还是怀着恐惧，我就把这视为自己的一种软弱，努力去克服它。帮助我克服软弱的，是我早已经感觉到萨特的话是可靠的。凡是他提出的一种打算，绝非不靠谱的随便说说，而是必定会兑现的。如果他某一天对我说："二十二个月后的今天十七时你去雅典卫城找我"，那么二十二个月后的今天十七时，我准能在雅典卫城找到他。说得更直白一点，他绝不会给我造成任何不幸，除非他比我先死。

我们理论上彼此给予对方的各种自由权利，在合约期间是不能履行的。我们愿意完全地、无保留地致力于使我们的关系保持常新。我们签署了另一项合约，规定双方不仅永远不向对方说假话，而且不向对方隐瞒任何事情。这对"小伙伴"对所谓的"内心生活"非常反感。在高雅心灵培育微妙秘密的这些花园里,他们看到的是臭烘烘的烂泥坑。正是在那里悄悄地进行着各种背信弃义的交易,在那里品尝到的是自我陶醉的腐臭乐趣。为了驱散这些阴暗和臭气,"小伙伴"养成了习惯,把自己的生活、思想和感情公开在光天化日之下。使这种公开受到限制的,是他们缺乏好奇心。过多地谈论自己,每个人都会使其他人感到厌烦。不过,在萨特和我之间这种限制不起作用。我们一致同意,一切都要告诉对方。我习惯于沉默寡言,所以这个规定起初使我感到不适应。但很快我就明白了这样做的好处,不再担心。一种亲切的,但比我的目光更加客观的目光观察我的每个行为,向我反映出的是我觉得客观的印象。这种监督使我免于恐惧、不切实际的希望、不必要的顾虑、幻觉和在孤独中非常容易产生的轻度谵妄。不再孤独,我倒是没什么不习惯。相反,我为摆脱了孤独而高兴。在我眼里,萨特和我自己一样透明,多么令人安心! 有时我过分安心,觉得既然他什么也不对我隐瞒,对他我心里就没有必要存任何疑问。后来有两三次我发现,这是一种懒惰的办法。不过,我虽然因此责备自己缺乏警惕,但并不会怪怨我们做出的规定。我们永不会放弃我们做出的规定。其他任何规定对我们都不合适。

这并不意味着,在我眼里,真诚对所有人、在所有情况下,都是法律和万灵药。后来我有多次机会思考过关于真诚得当和不得当的问题。在我的上一本小说《名士风流》的一个场景里,我就指出过真诚的危险。安娜——我赞成她在这个段落里所表现出的谨慎——忠告女儿纳迪娜不要向爱她的小伙子承认自己不忠实。其实,纳迪娜根本就不想让小伙子知道实情,只想激他吃醋。说话常常不仅仅是告知,也是行动。如果假装不给别人施加任何压力,而将本应保守秘密的真相泄露给他，那就是做手脚。语言的这种模棱两可并不阻碍坦率，而只是要求必须谨慎。平时，只需让时间过去一点，话就会失去效果。隔一段时间，就可以不偏不倚地发现一些事实、情感，而把这些事实、情感立刻披露出来，这可能是玩弄诡计，至少是进行干涉。

萨特经常和我讨论这个问题，他也在《理智之年》里涉及过这个问题。在第一章里，马蒂厄和马塞尔装作"彼此无所不谈"，实际上却避免谈论毫无意义的话题。说话有时只代表保持沉默的一种方式——比沉默更机灵的方式。话即使能提供情况，也无法抹杀、超越、消除现实，而是帮助人面对现实。两位对话者，如果都借口为人处世诚实，而相信自己能够左右与他们所交换的隐情有关的事和人，他们就错了。我经常观察到一种表面的诚实，其实是彻头彻尾的虚伪。仅拿性方面来说，它根本不是力求让男女之间建立深刻理解，而是向二者中的一方——通常是向男方——提供一种让良心安宁的托词。丈夫幻想向妻子承认自己的不忠可以弥补自己的过失，实际上是对妻子双倍的背弃。

说到底，没有任何永恒的准则强制夫妻彼此非彻底透明不可。应该由双方决定他们希望达成什么样的一致。原则上他们既没有权利也没有义务。我在青年时代所断言的正相反，过分倾向于认为，对我来讲值得的事情，对别人也是值得的。

如今则相反，每当有些其他人对我们所建立的关系表示赞成或非难，而不考虑能说明和解释这种关系的特殊情况，即我们脸上极为相似的表露，我就会生气。使我们的生命紧密结合在一起的友爱，使我们原本能够建立的所有关系都变得多余和不值一提。比如：当整个世界都是我们共同的居所，强调住在同一个屋顶下还有什么意义？既然距离永远不能把我们分开，为何还要害怕我们之间隔着距离？激励着我们的只有一种抱负，就是了解一切，表现一切。只要有机会，这抱负就支配着我们踏上不同的道路，但彼此不向对方隐瞒任何新发现。我们共同服从这抱负的要求，所以两个人即使有分歧，也心心相印。约束我们的契约却使我们无拘无束。正是这无拘无束把我们深深地联结在一起。

在这里我用了"表露"这个词。在《一个规矩女孩的回忆》里，我说过萨特和我一样在寻求一种拯救。我之所以使用这些词，是因为我们是两个信仰狂热的人。萨特绝对信仰美，认为美与艺术密不可分，而我呢，则极度看重生活。我们的禀赋并不完全相同。我在日记里指出了我们的这种不同，而且不时记述我的困惑。有一天我记述道："我渴望写作，渴望把一句句话写在纸上，渴望把我生活中的事情写成一句句话。"另一天，我明确地记述道："除非把它作为保障生活的手段，否则我绝不会热爱艺术。我不会像萨特那样，首先要成为一名作家。"萨特尽管乐呵呵的，却说他并不怎么看重幸福。即使在最艰难困苦的时候，他仍然坚持写作。我十分了解他，对他那股韧劲儿从来不存疑问。我可不像他那样顽强。如果极度的不幸落到我头上，我就自杀——我曾经这样决定。鉴于萨特态度坚定，在我心目中他比我强。我欣赏他把自己的命运掌握在自己手里。觉得他比我自己强，我非但不感到难堪，反而感到宽慰。

与某人相处融洽在任何情况下都是难能可贵的。在我的心目中，这种融洽的确是无价的。在我的记忆深处，仍然闪现着我与莎莎躲在马比耶先生的书房里闲聊那些无比温馨的时刻。每当父亲冲着我微笑时，我也曾经乐不可支，心里想从某种意义上讲，这个出类拔萃的男人是属于我的。我少女时代的梦想把我儿童时代最美好的时刻投射到未来。这不是虚幻的梦想，在我心里它们是实实在在的，所以实现这些梦想在我看来并不算奇迹。诚然，形势助了我一臂之力。本来任何人都不可能与我达成完全的一致。当机会出现时，我之所以激动不已而又坚定不移地抓住它不放，是因为它回应了很久以前的一个呼唤。萨特只比我大三岁，像莎莎一样与我是同龄人，我们一块儿出发去发现世界。当时我完全、彻底地相信，他能像过去我父母和上帝一样，确保我的最终安全。我沉浸在自由之中时，发现自己头顶上的天空完美无瑕。我摆脱了一切约束，然而每时每刻都有一种必要之感。我一切最远大、最深藏的心愿都得到了满足，不再存有任何奢望，除了永不减弱、满怀豪情的快乐。这快乐席卷一切，甚至掩盖了莎莎的早逝。当然，我泣不成声，心如刀绞，难以平静，但悲伤是后来悄悄地爬上我心头的。这年秋天，我的过去沉睡不醒，我整个属于现在。

　　快乐是比人们想象的更不常见的一种禀性。弗洛伊德把快乐与童年时欲望的满足联系在一起，我觉得完全有道理。通常，一个充满欲望的孩子，如果不是蠢头蠢脑地塞得过饱，一定会觉得他手里的东西与他看到和感觉到的周围的许许多多东西相比，实在少得可怜！他在爱好上必须有一种良好的平衡，才能对他所拥有和所没有的东西都发生兴趣。我常常注意到这样一种情况：人在幼年时如果遭受过过度的贫困、屈辱、恐惧，尤其是怨恨的折磨，那么成年之后就只能满足于抽象的东西，如金钱[①]、荣誉、名望、权势和体面。由于过早地受到他人和自己的折磨，他们便背离了后来仅仅反映他们往昔的冷漠[②]的那个世界。相反，人们视为十全十美的事物，是多么有分量，能够带来多么充实的快乐！我并不是一个特别

---

① 弗洛伊德说："金钱本身之所以不带来快乐，是因为没有任何小孩子想要钱。"——原注
② 我在《一个规矩女孩的回忆》里谈到的我表哥雅克，我觉得他就是不能享受快乐的一个典型例子。他之所以这样，显然是他童年的环境造成的。——原注

受宠的小姑娘，但是环境促使我萌生了许多欲望。我的学习和家庭生活迫使我抑止这些欲望。可是越是抑止，这些欲望爆发得越是猛烈。我觉得使它们缓和下来变得刻不容缓。这是一项长期的斗争，我数年如一日做出了毫无保留的努力。我这一辈子，就没有碰到什么人像我一样渴求快乐，也没有碰到什么人像我一样顽强地追求快乐。快乐只要和我一沾边，我就会全身心地沉浸其中。如果有人表示要给我荣誉，而这荣誉可能要求风光地放弃快乐，我肯定会拒绝。快乐不仅仅是我心里的这种激情，而且我想它向我揭示我的人生和世界的真谛，我比任何时候都更热切地要求洞悉这种真谛。是时候了，该拿活生生的事物与帮助我预感到这些事物之存在的形象、幻觉和文字进行对照了。我不想在我所获得的条件之外的条件下去开始这项工作。巴黎在我心目中像世界的中心；我有健康的体魄，有大量余暇；我遇到了一个伴侣，他在我自己的道路上迈着比我还稳健的步伐。凭着这些条件，我有望使我的一生成为反映整个世界的示范性体验。这种体验确保我与世界协调一致。一九二九年，正如我说过的那样，我对和平、进步和美好的明天充满信心。应该将我自己的历史带入世界的和声。不幸的是，我感到自己遭到放逐，现实让我摸不着头脑。

十一月初，萨特服兵役去了。他根据雷蒙·阿隆的建议钻研过气象学，被分派到圣西尔要塞。阿隆在那里担任中士教官，教会了他使用风速表。记得他出发的那天晚上，我去看了格洛克①的表演，一点也不觉得滑稽可笑。萨特在要塞里半个月不准外出，我只短暂地看望过他一回。他在一间接待室里同我见面，里面挤满了士

---

① Grock（1880—1959），瑞士丑角演员。

兵和家属。他并不老老实实地过愚蠢的军队生活，也不甘心虚度一年半光阴。他非常气恼，我也忍受不了任何限制。我们都是反军国主义者，都不情愿做任何努力忍受这种军队生活。头一回探望气氛沉郁。他一身深蓝色军装，一顶贝雷帽，打着绑腿，在我看来俨然像苦役犯装束。后来萨特有了更多自由，我每周在黄昏之前去圣西尔要塞看望他三四次。他总在火车站等我，我们在金太阳餐馆吃晚饭。要塞距镇子四公里。我陪萨特走一半路程，便匆匆折回，赶九点三十分的末班车。有一回没赶上，我不得不一直步行到凡尔赛。孤单一人，走在黑乎乎的路上，有时还刮风下雨，只看见铁轨上方信号灯在闪烁，这使我有一种强烈的冒险感。萨特有时会在黄昏时分来巴黎，一辆卡车把他和几个战友载到星形广场。每次他只逗留不到两个钟头，我们进到瓦格拉姆大街一家咖啡馆里坐坐，或者沿着特尔纳大街溜达，晚饭就买几个我们叫做"油煎饼"的果酱馅饼吃。星期日，通常他全天自由。一月份，他被调到图尔附近的圣森福里安。他与站长和三名助手住在一座被改为气象站的别墅里。站长是文职人员，让几位军人随意自行安排。他们制定了一套轮班制度，使得每个人除了例行的休假，每个月还有一周时间自由支配。因此，巴黎一直是我们共同生活的中心。

我们俩单独在一起度过很多时间，但也与一些朋友一块儿外出。我几乎失去了所有朋友。莎莎死了，雅克结婚了，丽莎去了西贡，里斯曼对我不再感兴趣，我与普拉德勒也断了联系。苏珊娜·布瓦格与我反目了，因为她试图让我妹妹嫁给一个四十来岁的男人，口口声声担保他出类拔萃，可是他那一本正经的样子和粗壮的后颈让宝贝蛋①害怕。宝贝蛋的拒绝使苏珊娜对我怀恨在心，不久

---

① 西蒙娜·德·波伏瓦的妹妹埃莱娜的绰号。

她给我寄了一封怒气冲冲的信，说有一个陌生的声音给她打电话，骂她是白痴。她指责我安排了这场恶作剧。我回信予以否认，但是她不信。所以与我关系密切的人，我只介绍萨特认识其中的四位：我妹妹、若若、斯蒂法和费尔南多。萨特与女人总是相处得很好，对费尔南多也有好感。不过，费尔南多与斯蒂法住在马德里。艾尔博在库唐斯谋求到一个职位，一边教书，一边准备考试。我一直很留恋他，但他每次来巴黎待的时间都很短暂。因此我与过去仅保持很少的联系。相反，我与萨特的朋友都很熟悉。我们经常见到雷蒙·阿隆。他就要结束在圣西尔要塞服的兵役。一天，我单独陪他开车去特拉帕峰寻找一个丢失的探测球，真是心惊胆战。他有一辆小小的汽车，有时载我们从圣西尔去凡尔赛吃晚饭。他加入了社会党。这是我们鄙视的一个政党，首先因为它资产阶级化了，其次因为改良主义有悖于我们的禀性。社会只能通过强烈的阵痛一下子整个儿发生改变。不过，我们几乎不与阿隆谈论政治。平时，萨特与他激烈地争论哲学问题。我不加入他们的交谈，因为我的思维不够敏捷。然而，我多半会站在阿隆一边，因为我像他一样倾向于理想主义。为了确保思想的绝对权威，我接受了使世界缩小的平庸主张。萨特的独特之处，是在赋予意识异乎寻常的独立性的同时，给予实在充分的重要性。他的这种独特性，既表现为认识方面的完全透明，也表现为其人顽固得让人捉摸不透。他不承认看法和所看到的事物之间存在距离。这使他陷入了一些棘手的问题，但困难从未动摇他的信念。这种固执的实在论，应该归咎于傲慢还是爱好呢？他这个人拒绝受表象愚弄。他太热恋大地，不忍让它化为幻觉。他的活力使他产生了这种乐观主义，认为主体和客体同样鲜明。不可能既相信以太的颜色又相信以太的振荡，因此他摒弃科学，而走批判唯心主义者的众多继承者所走的道路，但异常极端地蔑视任何普世的想法。规律、概念等诸如此类抽象的东西，都空洞无物。人们之所以一致同意接受这些抽象的东西，是因为它们掩盖着令人们惶惶不安的现实。他想实地弄清这种现实，而鄙视总像解剖尸体般的分析。他追求具体亦即个人的全部智慧，因为只存在着个人。在各种形而上学之中，他唯独记住了那些在宇宙中看到综合全体性的形而上学，如斯多葛主义和斯宾诺莎学说。然而阿隆热衷于批判性分析，把萨特武断的综合批得体无完肤。他善于使对手陷入进退维谷的困境，一旦将他抓住，就彻底将其击败。"二者必居其一，我的小伙计。"他说道，那双很蓝、很犀利、很机智的眼睛里透出一丝淡淡的笑意。萨特进行辩驳，以免陷入困境，但他的思维创造性强于逻辑性，所以辩驳起来很吃力。我不记得他什么时候说服过阿隆，也不记得阿隆什么时候动摇过他。

尼赞结婚后又当上了父亲，在巴黎服兵役。他的岳父母在圣日耳曼昂莱有一所房子，建造、布置得非常时髦。一个星期天，我们去他家阳台上拍摄一部影片。里莱特·尼赞的兄弟是助理导演，有一台摄像机。尼赞扮演本堂神甫的角色，萨特则扮演在教士中长大的虔诚年轻人。几个姑娘勾引他，当她们扒下他的衬衣时，只见他胸前有一块闪闪发光的大圣牌。这时耶稣出现在他面前，亲切地问他："你抽烟吗？"随即从胸口掏出一个圣心模样的打火机递给他。脚本的这一部分实在难演，我们就放弃了，只满足于表演一个小一些的奇迹：那几个姑娘被圣牌的幻象惊得魂飞魄散，慌忙跪倒在地，对上帝顶礼膜拜。她们是由里莱特、我和一位当时已与埃马纽埃尔·贝尔结婚的俏娘子扮演的。这位娘子放肆地脱掉浅绿色的连衣裙，只穿着三角裤衩和带黑色花边的乳罩，亭亭玉立在阳光下，令我们目瞪口呆。片子拍完之后，我们去乡间小路上散步。尼赞依然穿着道袍，亲切地搂着妻子的腰，令路人侧目。翌年春天，他带我们去参加加尔什节。我们用纸球击打一些银行家像和将军像。尼赞指着多里奥让我们看。多里奥以兄弟般的热情亲切地握着一位老工人的手，萨特见了十分反感。

我们从来不与尼赞讨论问题，他从不正面谈及严肃的话题，而只谈经过选择的趣闻轶事，而且小心翼翼地避免下结论，经常咬着手指甲发表一些预言和女巫般的恫吓。我们总是避而不谈我们之间的意见分歧。另一方面，同那个时期的许多共产主义知识分子一样，他更多的是一位叛逆者而不是革命者，因此他与我们有许多不谋而合之处，而其中有一些是建立在误解之上的，只是我们不说破而已。我们一块儿痛骂资产阶级。在萨特和我身上，这种敌意始终是个人主义的，亦即小市民式的，几乎无异于福楼拜对"食品杂货商"、巴雷斯对"野蛮人"所抱的敌意。无独有偶，在我们眼里和在巴雷斯眼里一样，工程师代表着特殊的对手。他们将生活囚禁在钢铁和水泥之中，一往无前，视而不见，无动于衷，对自己像对方程式一样深信不疑，为达到目的不择手段。我们以艺术、文化、自由的名义，谴责他们这种万能的人。不过我们并不坚持巴雷斯的唯美主义。资产阶级作为阶级是我们的敌人，我们希望消灭它。我们原则上同情工人，因为他们没有资产阶级的毛病。他们的需要简单，又与物质直接接触，故而直面人类真实的生活条件。我们都像尼赞一样，希望发生一场无产阶级革命。可是对这样一场革命，我们感兴趣的是其消极的方面。在苏联，十月革命的伟大热情早已消失，而在那里所构建的，总而言之是"一种工程师的文明"，萨特这样说。在一个社会主义社会，我们根本不会感到自在，我们想。在任何社会，艺术家、作家都是局外人。宣称最迫切希望吸纳艺术家、作家的社会，在我们看来其实是对艺术家、作家最不利的社会。

与萨特关系最密切的同学是彼埃尔·帕尼耶，和他同届在巴黎高师上的学，刚通过文学教师资格考试。他们一块儿改学了气象学，上课时经常向阿隆扔纸飞镖戏弄他。帕尼耶有时和我们一块去"金太阳"吃晚饭。他运气好，被派到了巴黎，每次进城，萨特都和他见面。他出身新教徒家庭，像许多新教徒一样，表现得异常谦逊，行踪相当诡秘，乐于助人，好冷嘲热讽，热情对待的事情不多，但对很多事情感兴趣。他与农民有联系，热爱乡村，喜欢简朴生活，经常笑嘻嘻地说他是厚古者，因为他相信资产阶级的黄金时代和资产阶级的某些价值观，也相信手艺人的品德。他欣赏司汤达和普鲁斯特，酷爱英国小说和古典文化，热爱大自然，喜欢旅行、交谈、友情、佳酿美酒、山珍海味。他不抱任何野心，并不认为必须写作才能让自己感受到存在的理由，觉得能够凭智慧体味这个世界，从中得到一份幸福，就心满意足了。他说："有时候，例如当某处景色与心情相吻合时，就会油然产生一种完美的必然之感。""我嘛，是不搞理论的。"他常豁达地说。萨特的理论让他开心，并非因为他觉得萨特的理论比别的理论更不切实际，而是因为他认为生活总要渗透思想，而他感兴趣的是生活。

　　萨特感兴趣的是生活和自己的思想，别人的思想令他厌倦。他怀疑阿隆的逻辑主义、艾尔博的唯美主义和尼赞的马克思主义。多亏了帕尼耶，他以不受任何杂念干扰的认真态度，欣然接受任何尝试。他承认帕尼耶具有"对细微差别的感受力"，可以纠正他自己的狂躁。这正是他非常欣赏帕尼耶的谈吐的理由之一。在许多问题上我们都同意帕尼耶的看法。凭理性，我们也尊重手艺人，因为他们的工作俨然是一种自由创作，最终产生一件表现出他们的独特风格的作品。关于农民，我们没有什么看法，只是乐于相信帕尼耶对我们所说的情况。帕尼耶赞成资本主义制度，我们谴责资本主义制度。然而他指责领导阶级堕落，在具体事情上像我们一样发自内心地对领导阶级加以抨击。就我们而言，我们的谴责局限于理论层面，我们热情地过着我们的小资产者生活。实际上我们的兴趣、爱好与他没有多少不同。一种共同的热忱使萨特和帕尼耶相互接近，这就是理解他人的热忱。他们会花上几个钟头议论他人的一个手势或语气的变化。他们意气相投，精诚团结，坚定不移地相互袒护。帕尼耶甚至说，萨特鼻子尖尖的，一张嘴翘得高高的，相貌还蛮英俊哩。萨特对帕尼耶态度温文尔雅，其他人如果这样，定会引起他的反感。

　　还有一个联结着他们的因素：他们俩不同程度地对勒梅尔夫人怀有仰慕的情谊。头年艾尔博对我谈起过这位夫人，话语间引起了我的注意。我头一回进入她位于拉斯帕耶大街尽头的公寓时，心里充满了好奇。四十岁，在我眼里已经是老大不小了，但仍然是浪漫的年龄。她出生在阿根廷，父母是法国人。母亲过世早，她和一个比她大一岁的姐姐，由父亲在一座偏僻的大庄园里抚养大。父亲是医生，思想自由，在几个家庭女教师的协助下，给予两个女儿一种不折不扣的男性教育。她们学习拉丁文和数学，厌恶迷信，懂得善于理性思考的价值，经常纵马驰骋于潘帕斯草原之上，不与任何人交往。十八岁上，父亲把她们送到了巴黎。在那里接待她们的是一位姨妈。这是一位虔诚的上校夫人，领着她们出入沙龙。两位姑娘迷惑地暗自嘀咕：准有什么人疯了，可是谁疯了呢？是世界上其他人还是她们自己？勒梅尔夫人拿定主意结婚，嫁给了一位医生。他相当有钱，能够致力于研究。姐姐效法她，但没有得到幸福，死于难产。从此再也没有人和勒梅尔夫人一道，对当时社会上流行的风俗和观念表现得惊愕不已了。人们对性生活那么看重，特别让她惊诧莫名，觉得滑稽可笑。她生了两个孩子。一九一四年，勒梅尔大夫离开他的实验室和实验用的小白鼠，上了前线，在极恶劣的条件下为数以百计的伤员做手术，回来之后就病倒在床，再也没有起来。他生活在一间密闭的卧室里，受着胡思乱想的折磨，很少接待客人。夏天，他被送到勒梅尔夫人从父亲手里继承的瑞昂莱潘别墅，或者被送到昂热附近他自己的乡间别墅。勒梅尔夫人尽心竭力照顾他、两个孩子、几位年迈的女眷属和一些穷困潦倒的人，而放弃了属于她自己的生活。儿子中学毕业考试不及格，她便聘请了一位年轻的师范生做家庭教师，假期里陪同全家去安茹。此人就是帕尼耶。勒梅尔夫人喜欢打猎，帕尼耶也喜欢。九月份，他们一块儿踏遍了四野，并开始相互交谈，而且欲罢不能。对勒梅尔夫人而言，这种友情自然始终是柏拉图式的。帕尼耶受到其环境的清教主义影响，我认为他也不可能产生丝毫越轨的念头。不过他们之间的确产生了某种亲密关系，而且得到勒梅尔先生的鼓励。勒梅尔先生完全信任自己的妻子，帕尼耶很快赢得了他的尊重。勒梅尔的儿子十月份通过了考试。萨特经帕尼耶推荐，辅导他准备哲学会考，成了这个家庭的一位常客。帕尼耶闲暇时总在拉斯帕耶大街。他在那里有自己的房间，萨特也常常在那里过夜，尼赞有一回甚至也在那儿过夜。我有几个姓瓦洛兹的表亲住在同一幢楼里，对这种待客之道感到不快，而且归咎于勒梅尔夫人暗地里放荡淫乱。

勒梅尔夫人是一位十分娇小、略显丰腴的女人，穿着讲究，尽管很不显眼。我后来看到的一些照片显示她曾经非常标致，现在虽然姿色已褪，但魅力犹存。她有一张圆圆的脸、一头浓密的黑发、一张樱桃小嘴、一个秀气的鼻子、一双眼睛，令人惊讶的并不是它们的光彩和大小，而是那眼神：多么灵透传情！她从头到脚都显得生气勃勃，一颦一笑、举手投足都显得活泼，丝毫没有激动不安的样子。她的头脑也很机灵，人好奇而又专注，使别人愿意和她说贴心的话。对接近她的人，她知根知底，却对他们始终保持着十八岁女孩子的好奇。一谈起他们，她保持着一种志学家般的超脱，语汇也非常丰富。不过，有时她也会发火，用出人意料的言词，表达一种有点古怪的理性主义使她产生的义愤。她的谈话令我着迷。我喜欢她还有另外一个原因：尽管她对别人说什么总是嗤之以鼻，但她是一个诚实的女人。我鄙视婚姻，视真诚相爱为高尚，可是我并没有摆脱所有性禁忌。水性杨花和放纵情欲的女人都令我反感。勒梅尔夫人与帕尼耶的关系，我觉得高尚而不寻常，要比一般男女私情更珍贵。

萨特在勒梅尔夫人的生活中所占的位置，不如帕尼耶重要，但勒梅尔夫人很喜欢他。他对写作的那股倔强劲儿和他坚定不移的信念，令她惊喜万分。当他千方百计让她开心时，她觉得他挺有趣。当他在许多情况下不经意地这样做时，她更觉得他有趣。两年前，萨特写了一本题为《失败》的小说——遭到伽利玛明智的拒绝——取材于尼采和科西玛·瓦格纳的恋爱经历。主人公弗雷德里克咄咄逼人的专断行为，逗乐了勒梅尔夫人和帕尼耶。他们给萨特取绰号为"可怜的弗雷德里克"。每当萨特企图强加于她某些兴趣和想法，尤其在涉及她儿子的教育方面教她如何行事时，她就会这样笑着对大家说："听可怜的弗雷德里克的！"萨特跟着笑。他责备她对自己的"两只落水狗"太和善。她则指责他冒失地散布危险的主意。萨特蔑视道德和习俗，鼓励人们只按照自己的理智和热情行事。"你这样说是缺乏判断力，"她出言不逊地说，"也许他见多识广，善于运用自由，但是凡夫俗子不如他这样有智慧，最好不要让他们放弃走老路。"这类争论给他们带来很大乐趣。

勒梅尔夫人不轻易信任别人。我比较快地赢得了帕尼耶的好感，但她对我的态度总含有某种嘲讽，令我感到困惑。两个人都令我局促。他们看重矜持、谨慎、处世之道。我呢，充满激情，热情多于精明，太容易犯天真的过失，只顾勇往直前，有时把握不好分寸。这些我并没有完全觉察到。在勒梅尔夫人面前，我常感到自己笨拙，实在太幼稚。我知道她和帕尼耶对我有看法，但我并不小题大做，想象不出他们的批评会有什么实质的分量，只有萨特的意见能切中我的要害。再说，他们尽管有所保留，对我还是挺亲切的。正好我这个人性情爽快，也就心满意足了。

勒梅尔夫人、帕尼耶和萨特非常注意尊重他们之间关系的细微差别。如果我和萨特进到她和帕尼耶正在吃晚饭的餐馆，勒梅尔夫人会高兴地说："每人款待一个！"有时我们和帕尼耶一块儿外出不带她，有时我们和她一块去拉斯帕耶大街饮茶不带帕尼耶。有时我会让萨特单独去看望他的小伙伴们，他也常常和帕尼耶单独会面。这些做法一开始让我感到意外，慢慢地我就不在意了。友谊是一种微妙的组合。有时它勉强容忍分享，但也要求独占。我们结成的每种组合——两个人、三个人、四个人——都各有各的特点，各有各的吸引力。不应该牺牲这种多样性。

不过，我们经常四个人聚会。我们一起度过了多么愉快的夜晚！有时，我们在勒梅尔夫人的厨房里晚餐，每人吃一个馅饼、两个荷包蛋。有时我们去意大利街皮埃尔之家餐馆。我泰然自若地狼吞虎咽一根又一根红肠、一份肉汁烧鱼、一份红酒洋葱烧野兔、几张火烧鸡蛋薄饼。我简直不敢相信自己的记忆。不过我平常所吃的都是粗菜淡饭，一有机会就大快朵颐。圣诞节前夜，勒梅尔夫人的千金雅克琳娜和小名塔皮尔的儿子，在拉斯帕耶大街和我们一块吃年夜饭。他们年龄和我相仿。鲜花、花边、水晶杯，餐桌流光溢彩。帕尼耶叫人从斯特拉斯堡买来最负盛名的肥鹅肝，又从伦敦买来地道的圣诞布丁，还买到硕大诱人的非洲桃子。佳肴、点心、美酒，摆满一桌。我们都有点飘飘然，彼此洋溢着盛情厚谊。春回大地时，帕尼耶常常开着勒梅尔夫人的汽车，带我们去马恩河畔。我们在"百鸟和鸣"吃炸薯条，或者去圣日耳曼森林、弗斯一勒波斯森林里漫步。我觉得挺新鲜。车前灯在黑黝黝的树林间照射出一个明亮的豁口，多么美！我们常常在回家之前，去蒙帕纳斯喝一两杯鸡尾酒。有时我们一块儿去看一部新电影，或兴高采烈地去听杰克·希尔顿及其同伴演奏，但更多时候是在一起侃侃而谈。我们谈论张三李四，褒贬他们的言行、动机、对错，议论他们思想意识的状况。勒梅尔夫人提倡谨慎行事，萨特和我主张大刀阔斧地解决问题，帕尼耶则提出折中办法。被谈到的人都我行我素，而我们却认认真真地议论，仿佛人家的命运是掌握在我们手里。

凡是萨特留在图尔的星期天，我就搭乘头班火车去那里。萨特骑自行车从波娄尼亚别墅所在的小山上冲下来，将近中午与我在火车站相会。我感受到乡村星期天的魅力，尽管有限，但我觉得新奇。那里有一家大啤酒屋，里面有女子乐队演奏。另外有多家咖啡馆、两三家餐馆、一间破旧的舞厅。还有一个管理不善的公园，一对对情侣徜徉其间。卢瓦尔河畔宜于漫步，一个个家庭经常流连忘返。城里有许多静悄悄的老街道。所有这些足够我们尽情游乐。那时，所有东西都像魔术师手里的小手帕，从里面可以源源不断地扯出彩带、绸巾、横幅、小旗。一杯咖啡俨然是一个万花筒，我们透过它，久久地欣赏吊灯或天花板变幻莫测的反光。我们想象着女提琴手和女钢琴师截然不同的过去和未来。每次在这里相会，我们总要遇到许多事情，而且觉得没有一件毫无意义、可以置之不理。我熟悉萨特在这里的每个朋友的每个动作。他对我们在巴黎的朋友也都了如指掌。世界不停地对我们讲述着我们听不厌的故事。

我们俩对世界感兴趣的方式并不完全一样。我陶醉于赞美和快乐。"瞧，"萨特说，"海狸激动起来啦！"他呢，则保持着冷静，试着用言语表达他所看到的东西。一天下午，我们站在圣克卢高地，眺望树木河流相互掩映的壮阔景色。我激情满怀，责备萨特无动于衷。谈论起河流和森林，他比我健谈得多，可是他没有任何感受。他为自己辩解：究竟什么叫感受？什么心跳、战栗、头晕目眩？这些语言难以表达的人体杂乱无章的反应，他都不在意，因为这些都稍纵即逝，什么也不会存留。他更看重他所称的"情感抽象"。一张脸、一处景色的意蕴，会以一种非物质的形态触动他，他对之相当超脱，能够尝试将它凝固在一些句子里。有好几次他对我解释说，这是一位作家唯一可能采取的态度。他没有任何感觉，就什么也写不出来。但是如果喜悦和恐惧使我们不能自已，激动得连话都说不出来，我们也就无法表达它们。有时我觉得他言之有理。有时我想，词语是先将现实扼杀，而后才将它记下来的。它们让现实中更重要的东西即其魅力溜掉了。我不免略带焦虑地寻思，究竟应该赋予语言什么作用，免去它什么作用。因此，我觉得弗吉尼亚·伍尔夫通常关于语言的思考，特别是关于小说的思考，都与我有着非常直接的关系。她在强调书籍与生活之间距离的同时，似乎又期待发明新的文字技巧来表现生活。我希望相信她的期待。可是我的希望落空了。她最新的作品《达洛卫夫人》，并没有对她自己提出的问题提供任何解决办法。萨特认为谬误存在于开始，存在于对问题的陈述本身。他也觉得，任何叙述都将一种虚幻的秩序引入了现实。[①]即使叙述者能够适应不连贯的思想，在杂乱和偶然中重新抓住活生生的经验，他所做的也仅仅是迫不得已的模仿。但是萨特认为，对语言与事物、创作的作品与既定的世界之间的距离表示惋惜

---

① 他在《恶心》中阐明了这一点。——原注

毫无益处。相反他从中看到文学存在的条件和理由。作家应该表现这种距离，而不是消除它，他的成功就存在于所遭遇的失败之中。

得啦，我还是勉为其难地将就这种意见不一吧。我想写书，但不放弃我的激动不安，我左右为难。正是由于这种冲突，我长久地坚持在认识萨特之前所抱的艺术观，即与萨特的艺术观相去甚远的艺术观。萨特认为，创作就是照料这个世界，给予它一种必要性。而按照我的看法，倒不如不理睬这个世界。我不仅不相信现实主义，而且不相信悲剧性，不相信哀婉动人，不相信任何情感。我把巴赫远远放在贝多芬之上，而萨特却远远更喜欢贝多芬。我喜欢费解的诗、超现实主义影片、抽象画、古老的小彩画、古代挂毯、黑人假面具。我对木偶戏有着过分浓厚的兴趣，但是波德雷卡的木偶太写实，我不喜欢，倒是作坊剧场的木偶非常天真烂漫，令我着迷。这种特别爱好部分的是由于我青年时期所受的影响。我摒弃了神，但并没有摒弃一切神奇的概念。我知道在人间创造的一部作品，只能说人间的语言。可是我觉得某些作品摆脱了作者，消除了作者想赋予它们的内涵。它们独自存在，不需要任何人帮助，沉默无语，高深莫测，就像被遗忘的庄严图腾。仅仅在它们身上，我感触到某种必然和绝对的东西。像我这样一个如此热爱生活的人，竟然要求艺术达到无人性的纯洁，这未免显得荒唐。不过这种固执自有其逻辑：既然生活使我背离艺术，因此艺术只有否定生活才能成就。

我不如萨特那样彻底地献身于文学，但像他一样求知若渴。不过他比我更执着地追求真理。在《第二性》里，我试图阐明，为什么女性的地位至今还妨碍她们从根本上对世界提出异议。我希望了解、表达世界，但是我从来没有考虑凭自己的脑力揭露世界最大的奥秘。再说这一年我过分沉浸在自己的经历的新鲜感之中，不可能为哲学做出很多牺牲，仅局限于就萨特的想法进行争论。每当我们在图尔火车站或奥斯特利茨火车站的站台上会面时，他总是抓住我的手叫道："我又有一个新理论啦！"我聚精会神但也带点怀疑地听他讲述。帕尼耶断言，他这位小伙伴美妙的构想都是建立在"隐秘的诡辩"之上。我不喜欢萨特的某个想法时，就寻找其"根本上的诡辩"。我不止一次找到了，便把某个"可笑的理论"驳得体无完肤，不过这理论是萨特并不怎么看重的。在另外一些情况下，他会激烈地辩解，如果被我逼急了，他甚至会丧失理性。我说过，他坚持维护这个世界的真实性，断言这真实性完全符合人类对这世界的认识。如果他能把这种认识的手段也纳入这个世界，他的立场会更加牢固。可是他拒不相信科学，以致有一天，我迫使他断言蛆虫和其他肉眼看不见的微生物根本不存在。他知道这荒唐可笑，但一口咬定，因为他同样知道，当你肯定了一个事实，即使你无法解释，也要不管三七二十一甚至违背理性坚持到底。自此我明白了，要有所发现，最重要的不是瞥见这里那里有别人没有注意的亮光，而是不顾其他一切直奔目标。我常常说萨特莽撞，不过我还是觉察到，他的莽撞比我的瞻前顾后会带来更多成果。

萨特是以我们顽固坚持的某些立场为出发点建立他的理论的。我们热爱自由、反对既定秩序、坚持个人主义、尊重手艺人，这一切使我们与无政府主义者相近。不过老实说，我们支离破碎的思想蔑视一切标签。我们反对资本主义，但不是马克思主义者。我们颂扬纯洁的意识和自由的力量，但我们是反唯灵论者。我们肯定人和宇宙的物质性，同时轻视科学和技术。萨特并不为这些矛盾感到不安，甚至拒绝说出这些矛盾："当我们思考单个问题时，我们什么也不思考。"不管往左还是往右，他总是充满信念。

使他感兴趣的首先是人。索邦大学教授的是陈旧的分析心理学，他希望用对个人具体的因而也是综合的"内涵"来与之对抗。"内涵"这一概念他是在雅斯贝尔斯①的著作里见到的。雅斯贝尔斯一九一三年所写的《普通精神病理学》已于一九二七年译成法文。萨特和尼赞一块儿对这本书的法文版清样进行过校勘。雅斯贝尔斯反对在科学中应用的因果论，而代之以另一种思维类型。这种思维类型不是建立在任何普遍的原则之上，而是通过对一种不容置疑的事实感性多于理性的直觉，抓住一些特殊的联系。雅斯贝尔斯从现象学出发，对他的这种思维类型加以定义和阐释。萨特对这种哲学思潮一无所知，但还是记住了"内涵"这个概念，并尝试加以应用。他相信笔迹学，尤其相信相面术。他曾经对我、我妹妹和我的朋友们的面相非常认真地进行观察和分析。我们明白他为什么不相信精神分析法。他在探寻新型的综合法，如饥似渴地阅读格式塔理论②最初的普及读物。

如果个人是一个不可再分的综合整体，那么其行为只能整体地加以评判。在伦理方面，我们也拒绝分析的态度。传统上所称的伦理学，我们一概不想要。在高等师范学校，萨特提出了一个有力的口号："科学，是空屁；伦理，是屁眼。"我出于对绝对过时的兴趣，萨特则出于对普世的厌恶，我们都不仅拒绝我们这个社会里流行的格言，而且拒绝任何试图强加给所有人的格言。责任和道德意味着个人要屈服于其自身之外的法律，而我们不承认法律。我们用充满活力的真理——智慧——否定毫无意义的概念。事实上，智者

---

① Karl Theodor Jaspers (1883—1969)，德国哲学家。
② 格式塔心理学是西方现代心理学的主要流派之一，诞生于1912年，根据其原意也称为完形心理学，完形即整体的意思，格式塔（Gestalt）是德文"整体"的译音。"格式塔"一词具有双重涵义。一重是指形状或形式，亦即物体的性质，在这个意义上说，格式塔意即"形式"。另一重是指一个具体的实体和它具有一种特殊形状或形式的特征。

在自己与宇宙之间建立一种特殊的、总体的平衡。智慧是不可分割的，它不让人把它切成片，也不能通过优点的耐心积累而获得。人有智慧或者没有智慧。有智慧的人不再在乎自己行为的细节，可以跌三回跟头。因此，司汤达笔下的某些主人公显示出彻底超凡脱俗的风采，充分说明了他们的地位。我们显然属于幸运儿。这种冉森教派教义既满足我们的不妥协态度，又允许我们毫不犹豫按自己的意愿行事。自由是我们唯一的准则。我们不反对人们受职责、权利和自我炫耀的约束。围绕梅雷迪斯①的《悲惨的喜剧演员们》，我们就自省的害处进行了长时间的讨论。我们根本不认为自尊心（照拉罗什富科②所说的含义）败坏人的一切行为，不过自尊心一旦侵入，就会彻底败坏人的行为。我们只赞成目标所激起的感情和适合特定情况的行为。我们根据一个人所完成的事情即其行为和业绩来衡量他的价值。这种现实主义有优点，但我们的错误就在于相信所有人都有选择和行事的自由。这样，我们的伦理观依然是唯心主义的、资产阶级的，我们以为在我们身上看到了整个人类。因此我们不知不觉地表现得属于我们以为抛弃了的那个特权阶级。

我并不对这种混淆感到意外。我们迷失在复杂性超出我们想象的世界中。我们仅仅拥有一些初级的手段为自己指引方向。不过至少我们发奋在这个世界上开辟道路。每一步都会产生新的冲突，激励我们向前去迎接新的困难。这样，随后的年月把我们远远带离了最初的起点。

在圣西尔，萨特又开始写作了。他无法长时间专心写一部作品，便尝试写诗。其中一首题为《树》。在后来的《恶心》里，树

---

① Burgess Meredith（1907—1997），美国演员、导演。
② Duc de La Rochefoucauld（1613—1680），法国作家。

因为无用的迅速繁殖而象征着偶然性。他重读这首诗，觉得兴味索然，便开始写另外一首，我记得开头两行是：

被紫罗兰的祭献所抚慰，
那面大钢镜在眼中留下紫色的余晖。

帕尼耶的大笑打断了他的灵感。萨特曾着手写一本小说，打算讲述莎莎之死。帕尼耶对那本小说的第一章并不比对这首诗更宽容。一天早晨，主人公逆着阳光眺望大海。那被逆着的阳光遭受了与被献祭的紫罗兰相同的命运。萨特没有坚持下去。他以无所畏惧的谦虚态度欢迎批评。在他已站稳脚跟的未来深处，最近的过去在他看来也如此过时了！然而一个打算真正挂在他心上时，他就会进行到底。他在圣森福里安写作《真理的传说》就是这种情况。

这一次他还是以故事的形式来阐述自己的思想。他几乎无法做到直截了当地陈述自己的思想。他完全拒绝相信一般的陈述，甚至自动放弃用一般方式叙述这种拒绝的权利。他要做的不是叙述，而是展示。他赞赏柏拉图基于相似的原因所求助的神话，不受约束地对它们进行模仿。可是这种过时的做法给他好斗的思想强加了种种限制，无助于他表达思想，反映为文笔的生硬呆板。然而一些新思想还是突破了这些限制。《真理的传说》就显示了萨特的最新理论。他已经将不同思维模式与不同人群的结构联系起来。"真理起源于商业。"他写道。他将商业与民主相联系。当一些公民认为自己是可以互换的时，他们便不得不对世界做出相同的判断，科学表达出了他们思想的这种一致性。精英们对这种一致性不屑一顾，而仅为自己的应用制造出一些思想，这些思想被他们称为普遍的，其实只达到不可靠的可能性而已。萨特对这些宗派意识形态的厌恶，甚于对学者人文主义的厌恶。萨特同情魔术师，他们被排除在城市、城市的逻辑和城市的数学之外，孤独地漂泊于蛮荒之地，只相信自己的眼睛所认识的事物。因此他仅仅把捕捉到活生生现实的特权，赋予艺术家、作家、哲学家和他所称的"孤独的人"。出于我后面还要再谈到的许多理由，这种理论适合我，因此我热情地采纳它。

　　八月份，我在卢瓦尔河畔的圣拉德贡德小旅店包了一个月的住房，从这里到波娄尼亚别墅只需十分钟。这回成啦，我在远离梅里尼亚克的地方度假了！过去我多害怕这样的背井离乡！这不是背井离乡，相反我终于牢牢地扎根在我真正的生活的中心了。这个地方环境十分恶劣，但这不要紧。早晨，我捧着一本书坐在一个灌木丛生的小岛上。小岛很容易到达，不会打湿脚，因为河几乎是干涸的。中饭我吃一包奶油方糕和一块巧克力。然后我爬到距气象站几步远的地方去与萨特幽会。他每两个钟头去进行一次观察，我看见他在一座微缩版埃菲尔铁塔上活动。晚饭我们在圣拉德贡德小旅店的葡萄架下吃，他常常整天空闲，我们便挥霍他收到的遗产，放弃小咖啡馆，去更讲究的餐馆，例如去卢瓦尔河畔的彩灯餐馆或西塞桥餐馆吃小香肠，喝伏弗莱干白葡萄酒，甚至去谢尔河畔圣弗罗朗坦的图尔富人们光顾的田园风味餐馆。有两三次，萨特在午后叫辆出租车，我们去参观昂布瓦兹和朗热的古堡，去伏弗莱附近的山坡上漫步。那些白垩山坡上有穴居人开凿的住所。我们在这样的日子大吃大喝，第二天可就没啥可吃了。九月份一天早晨六点钟在奥斯特利茨火车站下车时，我们已经两天没有吃东西了，只在图尔火车站的流动餐车上买了一个馅饼吃。口袋里没有一文钱，我的右脚的鞋底也坏了，在植物园纵横交错的小径上，几乎是在艰难跛行。等到我们最喜欢的咖啡馆丁香园开门后，我们便在露天座坐下来，面前摆了两杯巧克力和一堆羊角面包。不过还是需要付钱的。萨特把我作为抵押留在那里，自己钻进一辆出租车，过了一个钟头才回来。我们所有的朋友都去度假了。我不记得是谁救了我们。我们借了不少钱，为了还债，萨特只好动用他收到的遗产。我变卖了自己的书和少女时代的小首饰，令我父母大为生气。

我们博览群书。每个星期日我总要给萨特抱来一堆书，是或多或少合法地从阿德丽安娜·莫尼埃图书馆借来的。萨特喜欢《帕尔达杨》《方托马斯》和《谢利-比比》，强烈要求我给他提供"有趣的坏小说"。坏小说我给他找到许多，但有趣的却一本也找不到。失望之余，他允许我悄悄地去可能是好的那部分书里找。在法国没有出版什么引人注目的书。尽管克洛岱尔引起我们的强烈反感，我们还是欣赏《缎子鞋》。圣埃克苏佩里的《夜航》令我们着迷。我们对技术的进步像对科学的进步一样，相当无动于衷。皮卡德[①]教授上升到同温层并不令我们感动。但是，航空技术的发展缩短了各大洲的距离，将改变人类相互间的关系。我们关注科斯特、贝隆特、梅尔莫兹的功绩。我们完全有决心某天将在天空中俯瞰大地。我们渴望旅行，喜欢阅读新闻报道。我们根据保尔·莫兰的报道想象纽约是什么样子，根据安德烈·维奥利所写的《印度反对英国人》想象印度是什么样子。

要了解某个国家最好是通过它的文学。令我们最感兴趣和最好奇的国家是苏联。我们阅读译成法文的所有苏联年轻作家的作品。尼赞特别向我们推荐扎米亚京奇特的幻想小说《我们》。从某种意义上讲，这部讽刺小说证明在苏联个人主义仍然存在，既然这样一部作品能够在苏联写作和出版。不过这是一个模棱两可的证据，因为作品的重点和结局没有给人留下任何希望。除了辞职和死亡，扎

---

① Jean-Felix Piccard (1884—1963)，瑞士出生的美国化学工程师兼气球驾驶员，曾进行同温层飞行以研究宇宙射线。

米亚京大概看不到自己还有别的选择。我无法忘记他建立起的那座玻璃城，无比的透明和坚硬，紧贴着总是湛蓝的天空。巴别尔的《骑兵队》以悲惨的画面，描写战争的痛苦和荒唐。爱伦堡的《贪得无厌》和皮利尼亚克的《伏尔加河流入里海》，通过社会主义建设，尤其通过苏维埃和电气化，向我们揭示了人类的一次艰难冒险。一个产生了这样的文学和《战舰波将金号》《袭击亚洲的风暴》等电影杰作的国家，不至于沦落为一种"工程师文明"。其他一些小说和影片的确把首要的角色赋予了水泥和拖拉机。我们的好奇心在赞赏和怀疑之间摇摆。

德国的情形，仅仅在瓦塞尔曼的《毛里求斯案件》和德布林的《柏林，亚历山大广场》两本书中有模糊的反映。关于美国的印象，银幕所提供的比图书所提供的更引人入胜。美国最新的畅销书《巴比特》①，我们读起来既吃力又乏味。我更喜欢德莱塞的旧小说的纷繁丰富。至于英国作家，我们完全是从不同的角度开始接触的。他们处在一个十分稳定的社会里，并不开阔我们的眼界，我们欣赏他们的艺术。戴·赫·劳伦斯的头几本小说在法国出版了，我们认可他的才华，但他那崇拜男性生殖器的宇宙观令我们惊讶不已。我们认为他的色情描写卖弄而且幼稚。然而，我们对他的个性感兴趣。阅读了梅布尔·道奇、布露特和弗里达所写的所有关于劳伦斯的回忆录，并参加他们的争论，觉得好像认识他们一样②。

在意识形态和哲学领域，我们觉得没有多少东西可以拾取。我们鄙视凯泽林③的胡言乱语，而他的作品被大量地译成法文。克尔

---

① *Babbit*，美国作家辛克莱·刘易斯的小说。
② 这两年翻译出版了许多英文书，包括《呼啸山庄》、贝内特的《荒诞故事》、玛丽·韦伯的《毁灭》、赫胥黎的《点对点》、理查德·休斯的《牙买加飓风》等。——原注
③ Hermann von Keyserling（1880—1946），德国哲学家。

恺郭尔①的《诱惑者日记》我们没有特别注意。这两年期间，我们认为有价值的小说类作品之中，我只注意到托洛茨基的《我的生平》、荷尔德林《恩培多克勒斯之死》的一个新译本，以及让·瓦尔的《信仰的不幸》。最后这部作品使我们对黑格尔有所了解。然而我们持续不断地关注《新法兰西杂志》《欧罗巴》和《新文艺》。我们大量阅读当时正流行的侦探小说。"指纹"系列刚刚出版，一些评论家写了不少严肃的文章，评论埃德加·华莱士、克罗夫茨和奥本海姆。

有一种表达方式萨特几乎把它置于与文学同样高的地位，这就是电影。正是观看银幕上放映的图象，使他领悟到艺术的必然性，同时通过对比，发现了既定事物可悲的偶然性。从他的整个艺术爱好看，他多半是古典主义者，但是这种特别爱好使他处于现代主义者的行列。我的父母和他的父母及广大中产阶级，仍然把电影视为"女佣们的娱乐"。在高等师范学校，萨特和他的同学们在严肃地讨论他们所喜欢的电影时，感觉自己属于先锋派。我不像他那样入迷，但是当他发现放映厅有吸引人的影片时，我还是热心地跟他去看。我们去那里不单单为了娱乐，而是带着严肃的态度去的，如同今天的年轻电影迷光顾电影资料馆一样。

我讲述过萨特怎样使我放弃"艺术影片"而开始喜欢西部牛仔片和侦探故事片的。一天他带我去"28小型演播室"，观看威廉·博伊德表演的一个好莱坞传统故事：一位诚实而心灵高尚的警察，发现自己的姐夫是一个罪犯。关于良知的悲剧。这天一开始放映了一部影片，头几个画面就让我们透不过气来：那是布努埃尔和达利（我们当时并不知道这两个姓名）制作的影片《安达卢西亚之

---

① Søren Kierkegaard（1813—1855），丹麦神学家、存在主义哲学家。

犬》。随后我们感到难以对威廉·博伊德的痛苦感兴趣了。这两年还有其他一些大片，如《袭击亚洲的风暴》《婚礼交响曲》《穿制服的姑娘》《城市之光》等。我们怀着倔强的好奇心观察着有声电影的发轫之作：《百老汇的旋律》和《绿色幽灵》。在影片《爵士乐歌星》里，阿尔·乔尔森以那样富有感染力的激情唱《乖男孩》，当灯光再亮时，我吃惊地看见萨特眼睛里噙着泪水。他在看电影时常常流泪，而我总是竭力控制自己，真是后悔。《一百万》令我们发笑、着迷、陶醉，这部片子非常成功，但是我们把它视为一个例外，而且不赞同让·普雷沃所写的这句话："我相信有声电影的潜力和艺术的前途。"然而在《哈利路亚》里，如果没有黑人歌手唱的歌，没有黑人唱的灵歌之美，没有影片结尾的生死追捕中那悲剧的寂静里泥泞的啪嚓声和树叶的沙沙声，影片就不会有如此动人的效果。在《蓝天使》里，如果抹去玛琳·黛德丽的声音，那还剩下什么呢？对于这些我们看法一致。但是萨特太喜欢无声电影，一想到有声电影有一天可能取代无声电影，还是不免有些不快。也许人们能够成功地使有声电影摆脱明显的缺陷，使声音的响度与距离和动作协调。但是萨特认为，图象语言本身就是一个完美的整体，再叠加上别的东西，会使这个整体受到损害。照他的看法，解说词与这种非现实——喜剧的、史诗的、诗意的非现实，是不相容的。正是这种非现实使他迷恋电影。

至于戏剧，平庸令我们扫兴，我们不常去看戏。巴蒂一九三〇年十月创立了蒙帕纳斯剧院，并上演了布莱希特[①]的《三毛钱歌剧》。对于布莱希特我们一无所知。但是他表现刀子麦基的冒险的方式使我们着迷：舞台上，埃皮纳勒彩图上的画面突然活跃起来。

① Bertolt Brecht（1898—1956），德国诗人、剧作家、戏剧改革家。

我们觉得这出戏反映了十足的无政府主义。我们为玛格丽特·雅穆瓦和吕西安·纳特热烈喝彩。萨特记住了库尔特·韦尔所唱的每首歌。这之后我们经常重复这个口号："先要吃饱肚子，然后再谈论道德。"我们常常光顾音乐厅。约瑟菲娜·巴克在巴黎娱乐场重新演出几年前使她名声大噪的歌舞，再次获得成功。在波比诺，我们听老乔治尤斯和新歌星玛丽·杜巴演唱。玛丽·杜巴激起听众的阵阵笑声和热情。她演唱一九〇〇年代的歌曲时显得很滑稽，我记得其中一首名叫《埃内斯特，离远点》。在这些滑稽的演唱中，我们看到了对资产阶级的讥讽。她演唱的节目中也有一些优美的流行歌曲，其粗鄙的格调在我们看来是对文明阶级的挑战。因此我们也把她视为无政府主义者。既然我们决计只喜欢与我们协调一致的人和事，我们更强使我们所喜欢的一切都协调一致。

书籍和文艺演出我们非常看重，相反公共事件很少触动我们。内阁的更迭、国际联盟的辩论，在我们看来，如同保王派报贩们经常挑起的殴斗一样毫无意义。财政方面的重大丑闻也不令我们愤慨，因为在我们眼里，资本主义和腐败是同义词。乌斯特里克[①]运气比别人差一点，仅此而已。社会新闻缺乏刺激性。主要是对出租车司机的侵犯事件，报纸每周报道两三起。只有杀人狂杜塞尔多夫引起我们思考了好几天，因为我们想，要对人有所了解，就得探究极端案例。总的来说，我们周围的世界几乎仅仅是衬托我们个人生活的背景。

在我眼里，唯一重要的是我与萨特一块儿度过的时间。可是实际上，有许多日子我不和他一块儿过。我把大部分时间花在读书

---

① La Banque Oustric，法国银行。1929 年，乌斯特里克银行的倒闭引起极大的丑闻。

上，所读的书乱七八糟，有些是根据萨特的建议，有些是自己心血来潮。我不时去国家图书馆，或者去阿德丽安娜·莫尼埃那里为自己借书，也预约去西尔维亚·毕奇开办的图书馆看书。我冬天猫在火炉边，夏天坐在阳台上，嘴里笨拙地叼着英国香烟，补充着自己的文化。除了与萨特一块儿读的书，我还阅读惠特曼、布莱克、叶芝、辛格、肖恩·奥凯西的作品，弗吉尼亚·伍尔夫的全部作品，亨利·詹姆斯、乔治·莫尔、斯温伯恩、斯温纳顿、丽贝卡·韦斯特、辛克莱·刘易斯、德莱塞、舍伍德·安德森的许多作品，也阅读过"交叉火力"系列丛书的所有翻译作品，以及多萝西·理查森长达十至十二卷严格讲言之无物的冗长小说。我还阅读了大仲马、内波米塞·勒默西埃、巴乌尔·劳米安的作品，以及戈宾诺的小说，布列塔尼人雷斯蒂夫的全部作品，狄德罗致索菲·沃兰的书简和霍夫曼、苏德曼、凯勒曼、巴罗哈—内西、帕纳伊特·伊斯特拉蒂等人的作品。萨特对神秘主义者的心理学感兴趣，我便埋头阅读凯瑟琳·埃默里赫、福利尼奥圣女安日尔的作品。我想了解马克思和恩格斯，在国家图书馆攻读《资本论》。我的阅读很浮泛，我分不清马克思主义与我所熟悉的哲学的区别，自以为很容易理解，其实几乎什么也没读懂。不过在我看来，剩余价值理论像笛卡儿的"我思故我在"和康德的时空论一样，堪称绝妙的新发现。我发自内心地谴责剥削，为能够剖析剥削的机制而感到非常满意。当我明白劳动是价值的源泉和基础时，我的眼界就被崭新的光辉照亮了。什么也不能使我放弃这个真理，无论是《资本论》结尾在我心中激起的批判，还是我在书里和更新近的经济学家洞察入微的理论中读到的批判，都不能使我放弃这个真理。

为了谋生，我教课，在维克多-杜瑞中学教拉丁语，给讷伊的一些谨言慎行、遵守纪律的初中女生讲授心理学。我所教的六年级那个班让我措手不及。对十来岁的女孩子来讲，基础拉丁语自然枯燥乏味。我想靠微笑来掩饰这种枯燥乏味。我的学生们也个个面带微笑。她们爬到讲台上，凑近来看我的项链，扯我的围巾。起初，我叫她们返回座位后，她们差不多安静下来，但不一会儿又不停地叽叽喳喳、打打闹闹。我试图让自己的声音显得严厉些，露出愤怒的目光。她们还是不理会我，还是叽里呱啦地聊天。我决定惩罚，给吵闹最厉害的学生打了一个坏分数。她伸着头往墙上撞，一边嚷道："我爸爸会打我的！"全班学生用责备的口气跟着她嚷道："她爸爸会打她的！"我能把她交给那个心狠手辣的爸爸吗？可是，我如果饶了她，怎样惩罚她的同学呢？我只有一个办法，用大声讲解盖住她们的吵闹。那些愿意听我讲课的学生总算听见了我的讲解。我相信，我这个班的学生拉丁语学得与其他任何班一样好。可是，我不止一次受到女校长愤怒的召见，我没有被续聘。

按理，在拖延了两年之后我应该再找个工作，可是我很不愿意离开巴黎，于是想办法在巴黎定居下来。过去帮助我父亲的那位有影响的阔表亲，把我推荐给《新欧洲》的一位共同管理人普瓦里埃女士。这位女士受过他的恩惠。她嫁给了一位高中校长，在学校的顶楼住着一套宽敞的房子，里面陈设着古色古香的家具，铺着东方地毯。她对我说，要想在新闻业像样地出道，得提出自己的见解。我有见解吗？没有。于是他们忠告我留在教育界。普瓦里埃女士的丈夫对我感兴趣。这是一个已届花甲之年的男人，瘦长，秃顶，双眼青绿，不时邀请我去"佩加特兰"饮茶，许诺介绍我结识一些有用人士，对我谈论生活，饶有兴趣地谈到性方面的事情。每当这时他总是直勾勾地盯住我的双眼，神情严肃，声音也带了科学家探究的味道。他和妻子邀请我出席一次鸡尾酒会。这是我头一回涉足上流社会，一点也不引人注目。我穿一件红羊毛外衣，带白色凸纹布宽领，对这种场合而言，显然太过朴素。《新欧洲》杂志社所有女士的着装，都是由时装设计师设计的。露易丝·韦斯穿着一身黑缎女服，在一圈仰慕者中间侃侃而谈。有一个人被指派来照顾我。他指着一位年事很高、淡施脂粉的老太太对我说，她曾经是《青年时代的达克斯小姐》里主人公的原型。随后交谈有一搭没一搭，空洞无物。我明白自己与这些人根本合不来，便决定去外省教书。

离去之前，我就在巴黎享受享受。我几乎放弃了所有令我厌烦的义务，不管是对伯母姨妈的、表兄堂弟的，还是对童年朋友的。我相当经常去父母家吃午饭。我们都避免争吵，彼此可谈的话题很少，他们对我的生活几乎一无所知。父亲对我还找不到工作愤怒，有朋友问他我的情况时，他厌恶地回答："她在巴黎花天酒地哩！"我的确在尽量寻开心。我有时和帕尼耶在勒梅尔夫人家吃晚饭，他们带我去看电影。我与里莱特·尼赞去过"红月亮"，为了打发晚上最后的时光，又去"维京"喝烈酒。我与妹妹和若若重又光顾骑师咖啡馆和丛林咖啡馆。我接受约会，与随便什么人或者几乎随便什么人一块儿外出。费尔南多带我去参加一些会议，是晚上在拉斯帕耶大街和埃德加齐内大街拐角处兼售香烟的咖啡馆举行的。这些会议我经常去参加。参加的人有画家罗贝尔·德洛奈和他的设计布料图案的妻子索尼娅、专门画小船的科西奥、先锋派音乐家瓦莱斯、智利诗人维森特·维多夫罗。布莱兹·桑德拉尔有时也会露面。只要他一张口说话，大家便会齐声欢呼。这些会议自始至终都激烈地抨击人类的愚蠢行为、社会腐败和流行文学艺术。有人建议租下埃菲尔铁塔，用火红的字母在上面写上："去他妈的！"另一个人建议用石油浸没大地，然后点一把火。我不卷入这些谩骂，只是喜欢在巴黎沉入夜的寂静时这里烟雾腾腾、觥筹交错、慷慨激昂的气氛。一天夜里，咖啡馆要打烊，这一帮人便奔"斯芬克司"去，我也跟了去。由于图鲁斯-劳特累克[1]和凡·高的缘故，我想象妓院是非常富有诗意的地方。我没有失望。比圣心大教堂内部更华丽的、格调庸俗的装饰，灯光，那些穿着五颜六色轻飘飘的紧身衣的半裸女人，这一切远远胜过那些愚蠢的画，也胜过兰波珍爱的集市上流浪艺人的木棚。

费尔南多和班迪[2]从马德里和布达佩斯介绍了一些艺术家和作家来找我。我领着他们夜里逛巴黎，他们对我谈到一些陌生的城市。有时我也与布尔马商店的一位女售货员一块儿外出。她是塔皮尔的朋友，我对她抱有好感，萨特根据巴尔扎克作品里一个女主人公的名字，送她一个绰号叫莉斯托梅尔。我们施脂粉，抹红唇，去拉普街的舞厅跳舞，引得四座惊羡。我最喜欢的舞伴，是一位年轻的肉店伙计，一天晚上，面对一盘酒渍樱桃，他坚持要带我去他家。"我有男朋友。"我对他说。"那又怎样？你喜欢吃牛肉，但这并不妨碍你偶尔吃一次火腿吧？"我拒绝改变自己的生活规则，他大失所望。

我很少在凌晨两点钟之前就寝，所以我的白天过得很快，因为我白天睡觉。尤其是每周一，我总困乏不堪，因为我是清晨五点半从图尔回来的。三等车厢里挤得满满的，旁边或对面总有男人不停地用膝盖碰我，搞得我根本合不了眼。我八点半赶到维克多-杜瑞中学去上课。因此下午在希腊语课堂上，当同学们在分析课文时，我会走神两三分钟。我喜欢让自己这样疲劳，喜欢过火，然而很少喝醉酒，因为我的胃不是很好，两三杯鸡尾酒落肚就让我反胃。

不过我不需要酒来迷醉自己。有许多事情令我惊喜赞叹、高兴快乐。一切让我开心，使我感到充实。我要学的东西太多了，任何

---

[1] Henri de Toulouse-Lautrec (1864—1901)，法国画家。
[2] 爱上斯蒂法的匈牙利人，是我在国家图书馆认识的。——原注

事物都会让我得到教益。一个星期日，塔皮尔开着他的小车，搭我去图尔。莉斯托梅尔与我们同行。我们晚上很迟才离开萨特，半夜时分，车子在布洛瓦出了故障。我这才知道外省所有城市在夜里都一片漆黑。我们用了一刻多钟才叫醒旅店的老板娘。她让我们两个女人睡一张床，让塔皮尔睡隔壁房间。我们想说说话，塔皮尔便把床垫子拖到我们房间的地板上，躺在那里睡着了。第二天早晨可就闹翻了天！我们以为旅店老板娘会去向维护风化警察队报案呢。这个小小的插曲像一次冒险经历，令我兴奋不已。

我遇到过另外一件同样微不足道的事情，令我兴奋不已。学年结束后，星期日我总留在图尔过夜。可是八月十五日凌晨一点钟，我往常下榻的旅店贴出客满的告示。我连找了两三家旅店都白搭，便坐了一辆出租车跑遍全城，也是白跑。最后出租车司机建议我去他家的车库睡在他的车子里。我接受了。但他改变了主意，说他老婆肯定会同意我睡在他们女儿的房间里，因为他们女儿去参加夏令营。我跟着他，倒不是因为冒失，而是出于信任。果然有一位少妇在一张大床上等着他，笑嘻嘻的，还化了妆，像是准备去参加一个晚会。第二天早晨，他们给我送来了咖啡而不收我一分钱。他们的殷勤好客令我特别感动，因为在我所出身的阶层，白给白送是丢人的事情。他们的善意也让我更加坚信我本能地采取、永远不想放弃的一种态度：拿不准时，要下肯定会赢的赌注，不要下会输的赌注；对人们和环境宁可更多地信任而不是戒备。

我最大的快乐之一就是坐车漫游。帕尼耶带我去过图尔三四趟，让我参观夏特尔和绍蒙两处古堡。他一九三一年二月比萨特早两个星期退伍，想去看望法国各地他的亲戚朋友。勒梅尔夫人把自己的车子借给他。他建议我和他一块去。坐车旅行，真正的旅行，这可是我平生头一回！我一下子激动得不得了。与帕尼耶单独在一起度过十天，我多么高兴！我喜欢和他交谈，喜欢他在我身边，喜欢和他一起观察事物。

碰巧的是，我动身前两天，艾尔博来到了巴黎，告诉我他没带妻子，要在巴黎待两周，有时间来看我。很长时间以来我们之间的关系模棱两可，他并不想知道萨特对我意味着什么，我也不想告诉他。两个月前他在我房间里看到一封信，才明白了真相。他一笑置之，但他仍感到恼火，尽管他没有对我掩饰他对库唐斯一个姑娘的强烈兴趣。他给我下了一道最后通牒：如果我不趁他在巴黎时留下来，而与帕尼耶一块出发，他以后就不再见我了。我对他解释说，我不能失约于帕尼耶。"你能。"艾尔博说。"我不能。"我答道。好吧，那他就和我断绝关系。我们去看电影，我不停地流泪，不停地说："我答应了的……"他后来对萨特说，我这种固执令他恼火，他宁愿听到我坦率地告诉他："我渴望去各地看一看。"事实上我是真诚的，我一直认为，除非有不可抗拒的原因，否则放弃共同的打算，就是对友谊的践踏。我强烈希望保持我与帕尼耶的友谊。这就是事情的实质。较之于艾尔博的友谊，我更看重帕尼耶的友谊。帕尼耶与萨特更亲近，也就是与我更亲近。尽管情况使我们的亲密程度受到限制，却能使之不断地得到充实。艾尔博则相反，他在我的生活中几乎不再有任何位置。他属于过去，我为未来而牺牲他。我热泪盈眶地和他告别。这也令他恼火。我理解这一点，因为我的强烈失望，使源自我的一种选择，变成了不可避免的结局。

莫尔旺山区正下雨，但我只需自言自语地一遍又一遍说："我们就出发，我们已经出发了！"我们在阿瓦隆邮政旅店吃的午餐令我忘乎所以。第二天上午，我们参观了布鲁教堂，石墓上的死者雕像和支撑墓石的小天使雕像令我激动不已。这些像圣马克鲁石像一样精雕细镂的透空雕饰，谁也没有要求我非欣赏不可。在里昂，帕尼耶去看望几位朋友，我则去拜访西尔苗纳家族几位表兄妹中的大姐。她嫁给了一位医科大学生。她的两三个兄弟陪我们吃午饭，那个呆傻孤女在餐桌旁伺候，他们还像过去一样虐待她。我对他们的行为比小时候还更感到惊讶。由于我是与一个男人一块儿旅行，他们便以为一切淫荡的行为对我都不是秘密，他们开的玩笑之粗俗令我大为愕然。他们拿他们所称的"格勒诺布尔胡桃"当餐后点心让我吃。那是一个胡桃壳，里面放着一个避孕套。他们哈哈大笑得那样厉害，倒也使我不怎么感到难为情了。然后，他们陪我游览了里昂，倒是挺不错的。表哥夏尔领我参观了他们制造电灯灯座的小厂。这是我头一回见到干苦力活儿，心灵受到震动。大白天的，厂子里面却黑乎乎的，所呼吸的空气充满金属粉尘。一些女子坐在转动的、规则地打有孔的金属板前，从地上的一个箱子里拿起一个黄铜柱体，放进随金属板转动的一个洞里。女工们从箱子到金属板没完没了地快节奏挥动着胳膊，连续挥动多少个钟头？八个钟头，在这闷热、恶臭的环境里，不间断地重复着那单调得可怕的动作。八个钟头，天天如此。"你中饭酒喝多了。"表兄见我眼里噙着泪水，愉快地对我说。

在穿越中央高原时，我头一次见到辽阔的雪景。帕尼耶去图勒，把我带到了乌泽什。我显然在重温过去。我下榻于莱昂纳尔旅店，一个在过去我认为不能住的地方，除非你是属于社会底层的如农民、旅行推销员之类的人。现在我住在这里感觉挺好。帕尼耶来找我。我记起普鲁斯特头几次坐汽车兜风。把"盖尔芒特家那边"误当成"斯万家那边"时的惊愕表情。我们仅仅用一个下午，就游览了我觉得彼此相距很远的几个地方：图伦纳城堡、波利欧教堂和罗卡马杜尔城堡。我整个童年时代经常听到大人们眉飞色舞地谈起这些地方，但从来没有带我来参观过。我饱览了这里的风景，而且有一个重大的新发现：普罗旺斯。我小时候常听到大人们讲起南方，充满了好奇。如果没有树，怎么会美呢？我心里直犯嘀咕。于绎斯郊外的加尔桥附近就没有树，可是那儿景色很美。我喜欢干旱和石灰质荒地的气味，当我们向下面的圣玛丽走去时，我喜欢观看卡马格光秃秃的景象。埃格莫尔特像巴雷斯描写的景象一样令我情怀激荡，我们在城墙根一带待了很长时间，沉浸在夜色和夜的静谧之中。我头一回睡在蚊帐里，在去阿勒时，头一回看见北风刮得柏树林带弯下了腰，知道了橄榄树的真正颜色，头一回听见风在波克斯高地上呼啸。当我夜里到达那里时，在平原上听见火的劈啪声：让娜王后旅店壁炉的火劈啪作响。我们是仅有的两个房客。我们在壁炉旁一张小桌子上晚餐，喝着一种酒，我还记得名字叫"村妇酒"。我头一回在阿维尼翁漫步，阳光灿烂，天空蔚蓝，我们在突出在罗讷河上的一个花园里午餐，吃的是水果和蛋糕。第二天，巴黎下着毛毛细雨。艾尔博给我寄来一封尖酸刻薄的短信，最终和我绝交了。勒梅尔夫人寻思我没有向他让步是否做得对。萨特对军人们大为恼火，不过他没想到的是，不久他们就让他退了伍。真奇怪，经过十天的共处之后，我重新面对帕尼耶的时候，却突然觉得我们之间的距离十分遥远。就连幸福有时也免不了有坎坷，有黑洞，于是遗憾之情油然而生。这就是这次回来得到的教训。

在十九岁的时候，我尽管知识浅薄、能力不够，却真心想写作。我感到自己飘零落魄，而消除寂寞的唯一办法就是自我表达。现在呢，我完全感觉不到需要自我表达了。一本书，不管怎么说，都是一种求助，可是向谁求助，求助什么呢？我志得意满。激情、快乐和愉悦不停地促使我奔向未来，亢奋状态令我无所适从。面对事和人，我缺少距离，无法形成看法，无法谈论。既舍不得放弃任何东西，也就无法做任何选择，我陷入了一种乱哄哄而又令人销魂的状态。对于过去，我的确有时空距离，但距离太大，既不能引起我怀旧，将过去唤醒，也不至于引得心怀怨恨，与过去算账。只有沉默适合我的冷漠状态。

　　然而我还记得从前的决心，而且萨特也不让我忘记以往的决心。我曾经决心写一本小说，我坐在一把橘黄色的椅子上，呼吸着煤油炉散发的气味，两眼茫然地盯着面前的白纸：我不知道该写什么。写一部作品，说到底是向读者展示世界。我呢，被世界的原始存在所累，两眼什么也看不见，没有什么可向人展示的，只能照抄其他作家对世界的描述，凑合了事。心里不承认，实则一味地模仿。始终令人遗憾。为什么我要选择《大个子莫林》和《灰尘》作为蓝本，使自己的情况变得更糟呢？我喜欢这两本书，要求文学脱离人道。这两本书展示了一个不可思议的世界而让我感到满足。雅克和艾尔博都曾激励我对这种理想化的兴趣，因为他们都乐于追求理想化。萨特厌恶一切弄虚作假，然而他日复一日地和我一块儿从神话中寻找乐趣，在他的作品里寓言和传说仍然占有重要位置。他告诫我无论如何也要诚实，但无济于事。当时对我而言只有一种诚实的方式，就是保持沉默。我认真地虚构一个故事，其中略略借用阿兰-傅尼耶和罗莎蒙德·莱曼的神奇手法。有一座古老的城堡，一个大花园，一位生活在郁郁寡欢、沉默寡言的父亲身边的小姑娘。一天，小姑娘在路上遇到三个英俊、潇洒的小伙子。他们在邻近的庄园度假。她想起自己十八岁了，突然萌出了浪游四方、观看世界的欲望。她设法去了巴黎，在那遇到一位像斯蒂法的少妇，一位更年长的、像勒梅尔夫人的妇人。她也许有一些富有诗意的经历，可是我不知道，写到第三章便停了下来。我模模糊糊地意识到，自己写不出奇异的故事。可是我还固执地坚持了好长时间。在我最初的小说草稿里，始终保留着一丝"德丽"的身影。

我没有信心地干着，时而觉得是被惩罚做作业，时而觉得是在进行滑稽模仿。但不管怎样，我没有任何压力。我现在快乐，这就足够了。哎，不，并不足够。我期待自己的毕竟是别的东西。我不再记日记，但有时会在一个小本子里信手写上几句话："我不甘心活着而一生毫无作为。"这是我一九三〇年春天写的。不久，六月份我又写道："我失去了自豪感，这就意味着失去了一切。"生活上我会与周围的人发生矛盾，但从来不会与自己发生矛盾。在这一年半里，我知道人可以不要自己想要的东西，知道了什么样的不安会产生这种优柔寡断。我满怀激情地致力于世间一切美好的东西。然而我想世间美好的东西离我的志向越来越远，我正在背弃自己。现在我觉得这本没有什么了不得，可是当时一直觉得这是十二分了不得的事情。

我究竟自责什么呢？首先是生活太安逸。生活先是令我陶醉，但不久又令我感到某种程度的厌恶。我身上那个"乖学生"对这种荒废的生活感到不耐烦。我乱七八糟的阅读纯粹是为了消遣，对我不起任何引导作用。我唯一的工作是写作，但只是勉为其难地提笔涂鸦，因为萨特急切地要求我写。许多男女青年怀着雄心和勇气，艰苦地发奋学习，而后都领略过这种失望。奋斗、征服、日常的超越，带来最大的、不可替代的满足。相比较而言，无所事事的消极逸乐显得枯燥乏味，而风风光光地把时间安排得满满的则显得不正当。

再说，与小伙伴们的比较使我受到打击，我还没有从这种打击中振作起来。为了恢复一点自豪感，我必须做点事情，而且要做好。可是我什么也不干。我的懒散证明我意识到自己平庸。我显然是认输了。对任何人而言，学会与他人和平共处也许并不容易。我就从来没有做到过。我要么居高临下，要么自惭形秽。我被莎莎征服，处处谦卑有加。现在重演同样的事情，只不过是从更高处跌落下来，自信心更是突然消失殆尽了。在这两种情况下，我都保持了平静，由于被对方迷住而忘掉了自我，以至于再也没有人可以倾诉。我微不足道。然而，这声音会突然苏醒过来。于是我意识到自己不再存在，我活着是多余的。我与艾尔博争吵时，他指责我背叛了个人主义，而正是个人主义过去使我获得他的尊重。我不得不承认他说得对。但是让我更受触动的，是萨特也感到不安。"可是，海狸，过去你总考虑一大堆小事啊。"他惊讶地对我说，接着又说："当心不要成为一个守在家里的女人。"我肯定不会变成家庭主妇。他把我比作梅雷迪斯笔下那些女主人公，她们都曾经为自己的独立而斗争，但到头来都满足于充当一个男人的伴侣。我后悔让他失望了。是的，我过去不相信幸福是有道理的。不管幸福以什么面目出现，它总是引诱我放弃了一切。遇到萨特之后，我相信赢得了一切：与他在一起，我肯定能实现自我。现在我想，指望别人而不是靠自己来拯救自己，肯定会迅速走向失败。

　　总而言之，为什么怀着这些自责、这些恐惧呢？我当然不是女权主义活动分子，没有任何涉及女性权利和义务的理论。正如我小时候不接受人家说我是"一个女孩子"，现在我也不认为自己是"一个女人"。我就是我。正是在这一点上，我感到自己犯了错误。拯救的想法在我不信上帝之后依然存在于我的头脑里，我最首要的信念就是每个人应该各自确保自己的拯救。困扰我的矛盾不是社会范畴的，而是道德范畴的，差不多也是宗教范畴的。接受作为二等生命、"不完全的"生命而活着，就是贬低自己。我的整个过去反抗这种贬低①。

　　对这种贬低我的感受不会这么强烈，如果不是遭受了另一种更惨的贬低的话，而这另一种贬低并非源于我与别人的关系，而源于内心的不和谐。当心灵、头脑和肉体协调一致时，如能具体感受到，那该何等快乐。当初我只体验到快乐，这符合我的乐观天性，也适合于我的自豪感。可是不久，到二十岁的时候，种种情况使我发现自己遭到一种不安感觉的袭扰，这就是欲望。我懵懂无知。我不曾遭受过饥渴、困倦之苦。可是突然之间，我遭受了欲望的折磨。我常常几天、几周离开萨特单独过。星期天在图尔，我们很害羞，不好意思到旅店去开房间。再说，我不能接受性爱以一种商量好的方式进行。我希望性爱是随心所欲的，而不是深思熟虑的。我既不能接受违心地听任自己的欲望，也不能接受冷静地安排自己的快乐。性爱的快乐应该像大海涛涌，像桃树开花一样不可抗拒、不可预测。我说不清为什么，但自己肉体的骚动和意志之间的不协调，使我感到害怕。而这种不协调的确形成了。我的肉体骚动，我无法控制，骚动之强烈完全摧毁了我的防范。我发现，惋惜一旦触及肉体，就不仅是一种想念，而且是一种痛苦。从发根到脚底，惋惜紧贴着我的皮肤织成一套令我心烦意乱的内衣。我厌恶受痛苦折磨，厌恶自己与这种产生于血液的痛苦同气相求，甚至厌恶血液在自己的血管里汩汩流淌。早晨在地铁里，我还被嘈杂声弄得头昏脑涨，却看着周围的人，心里寻思："他们是否也体验过这种痛苦的折磨？怎么从来没有任何一本书对我描述这种痛苦之剧烈？"那套内衣渐渐地脱落了，我的眼睑又感受到清凉的空气。可是，黄昏时

---

① 问题显然只能以这种形式向我提出来，因为我是一个女人，但是，我是作为个人试图解决这个问题的。女权主义、性别斗争在那时候对我而言没有任何意义。——原注

分，那让人心神不宁的感觉又复苏了，成千上万只蚂蚁在我的嘴唇上爬来爬去。照一下镜子，我容光焕发，但是一种神秘的病正腐蚀着我的骨头。

一种难以启齿的病。我摆脱了自己所接受的清教徒教育，但摆脱的程度仅足以无拘无束地寻求肉体的欢娱，而不是接受肉体给自己带来困扰。我的肉体饥渴、乞求、抱怨，令我厌恶。我不得不接受自少女时代以来自己一直试图掩盖的一个事实：我的肉体的欲望超越了我的意志。从对自己所钟情的男人的热情、举止和行动中，我看出了自己心灵的冲动和放荡不羁。但是，我颓放孤独的样子撩拨着每一个男人，夜里在从图尔到巴黎的火车上，不知什么人用手抚摩我的腿，弄得我心旌荡漾，不能自已。对这些难言之隐，我一直讳莫如深。现在我既然决心和盘托出，这沉默在我眼里如同一块试金石。我之所以不敢坦言，正是因为它们不可告人。我的肉体迫使我守口如瓶，如此看来，它不仅不是联系的纽带，反而成了障碍，我对之深恶痛绝。

然而，我掌握着一整套道德规则，鼓励我轻松愉快地接受性爱，但是我的经验使我不相信这些道德规则。像阿兰及其门徒那样把灵与肉分开，让它们各司其职，那是太真诚的唯物主义者，我做不到。照我看，灵与肉不是相互隔绝的。我的肉体足以让我彻底身败名裂。我更多地倾向于克洛岱尔式的高尚化，尤其倾向于自然主义的乐观主义。后者声称调和人身上的理性和兽性。可是，实际上在我身上这种调和行不通，我的理性无法与欲望和欲望的专制调和。通过自己的肉体，我发现人类并不是在善的宁静光明中歇息，人类遭受着没有防卫能力的野兽所遭受的无言、无益、无情的折磨。地球大概也有一面像地狱一样吧，否则我为什么会不时经受如此悲惨的磨难呢？

这个地狱，有一天我情不自禁地瞥了一眼，直觉得毛骨悚然，因为我是完全没经受过磨练的。八月的一天下午在圣拉德贡德，我在前面提到过的那个灌木丛生的小岛边缘看书时，听见身后有一种奇怪的声音，像是树枝折断声，又像一头野兽嘶哑的喘气声，其实是一个男人，一个流浪汉，躺在灌木丛里，两眼直勾勾盯住我，正在手淫。我惊慌失措地拔腿就逃。那种欲望的自我满足，多么像困兽犹斗！很久以后想起这件事，我还是觉得恶心。

想到我与所有人有着共同的命运，并未令我感到丝毫的慰藉。从骨子里感到自己注定只能忍受而不能掌控，这有伤我的自尊心。我对自己所抱的不满之中，搞不清哪一点最为强烈，但可以肯定，种种不满相互影响，越来越强烈。我如果在生活中总体上对自己感到满意的话，就更容易接受自己肉体的不安分。如果没有感觉到放荡不羁深入了自己的肉体，在知识方面的寄生状态就不会让我如此魂不守舍。可是，纠缠我的热辣辣的欲望、我所操心的微不足道的小事，以及我为另一个人着想而放弃前途，所有这一切都促使我产生一种堕落感和犯罪感。这种感觉在我身上太根深蒂固，我不可能靠假模假式的手段使自己得以解脱，不可能在感情上弄虚作假，自己本来不放荡却在言行上假装放荡。我也不把希望寄托于突然的改变。我知道，人不能仅仅凭一时的意愿就恢复信心，重新点燃冷却的雄心，重新争得自己的独立。我的道德准则要求我留在自己的生活中心，却本能地更喜欢一种与自己的生活不一样的生活。我知道为了不弄虚作假地找回自己的平衡，我必须干一项长期的工作。

我不得不很快就开始这项工作，这种前景使我平静下来了。我为之奋斗的幸福并不稳定，因为萨特打算去日本。我也决定去外国，给费尔南多写信，问他能否在马德里替我找个工作。他回答说找不到。不过，中学校长普瓦里埃告诉我在摩洛哥要建立一所专科学校，而班迪向我推荐布达佩斯大学的一个职位。真个要背井离乡、破釜沉舟了！我这就不得不重新自己管自己了，不再有永远躺在安乐窝睡大觉的危险了。这些机会明天就可能从我身边溜走，如果我不拼命抓住，那可真是罪过。未来为我提供了解释的理由，但我要为之付出高昂的代价。我还太年轻，难免感觉到两年几乎等于永远。地平线上那个深渊像死亡一样令我恐惧，不敢更多地正面看它。总之，我在寻思使我如此惶惶不安的真正原因是什么。如果不是因为担心别人夺去我的幸福，我会如此哀叹自己缠绵于幸福吗？无论如何，自责和恐惧非但没有相互抵消，反而一齐向我袭来。我交替陷入自责与恐惧，其节奏就是自我幼年时期以来差不多调节着我的整个生活的节奏。几个星期里我感到轻松愉快，然后一阵龙卷风，几个钟头内刮得天昏地暗，摧毁了我的一切。为了更好地承受绝望，我滚进死亡、无限、虚无的深渊。当天空恢复宁静时，我根本不知道是噩梦初醒，还是跌入了一个蓝色的长梦。

我只偶尔陷入这类危机。平时我很少反躬自省，因为我太关心其他一切。不过我的惆怅迷惘给我的许多经历增添了色彩。尤其我有机会了解到，人在对自己缺乏信心时，用什么模棱两可的感情可以使别人高兴。

萨特还不时看望他十分喜爱的一个年轻女人。我们叫这个女人卡米耶。他谈论事物和人时总是绘声绘色，对我把这个女人描绘得相当有魅力。艾尔博认识这个女人，谈起她时流露出欣喜的好感，让人觉得这是一个不寻常的女人。帕尼耶不太喜欢她，但她成功地令他倾倒。她只比我大四五岁，却似乎在许多方面都胜我一筹，这让我很不开心。

在我看来，她仿佛是远远地存在着，像小说里的女主人公一样光彩照人。她容貌美丽，有一头浓密的金色头发，双眼碧蓝，皮肤细嫩，身材诱人，手腕和脚踝都完美无缺。她父亲在图卢兹开着一家药店。她是独生女，在她小时候，母亲收养了一个很漂亮的茨冈女孩，名叫季娜。季娜成了卡米耶的心腹、同伴，甚至高兴地说自己是卡米耶的奴仆。卡米耶在中学里学习时好时坏，又进大学勉强学了两三年。不过她倒是爱看书。她父亲让她喜欢上了米什莱、乔治·桑、巴尔扎克、狄更斯，并且让她对图卢兹、清洁派①、加斯东②的历史产生了兴趣。她为自己构建了一个小小的万神庙，其中的主神有路济弗尔③、蓝胡子④、残忍者佩德罗⑤、塞萨尔·博尔吉亚⑥和路易十一等。但是她崇拜的首先是她本人。她惊叹美貌和才智能融于一体，而这二者在她身上都卓尔不群。她指望自己有不同凡响的命运。作为开始，她给自己确定的目标是学会献媚。还是孩子的时候，她就忍耐着让家里的一位朋友使自己失去了童贞。十八岁她开始出入男女幽会的风月场。每晚亲切地给母亲（她非常爱母亲）盖好被子，然后假装去睡觉，其实是和季娜一块儿溜出屋。季娜早先很不顺利，她倔强地坚守童贞，使那些追求女色的纨绔子弟望而却步。是卡米耶让她脱离了这种状态。她们俩有时搭伴，但季娜远不如卡米耶惹眼，一般是在条件比较差的地方干。卡米耶有着敏锐的舞台表演意识，在她专用的会客室里等待客人，站在壁炉前面，一丝不挂地披散着头发，阅读着米什莱，后来是尼采的作品。

---

① Cathari，12、13世纪流行于西欧的基督教异端派别。
② Gaston Phoebus（1331—1391），法国富瓦伯爵，其领地为法国最有势力的领地之一。
③ Lucifer，在古罗马神话里指启明星。在基督教时期，人们认为撒旦在堕落以前名叫路济弗尔。
④ La barbe bleue，法国童话作家夏尔·佩罗的童话中主人公的名字。
⑤ Peter（1334—1369），卡斯蒂利亚和莱昂国王。
⑥ Cesare Borgia（1476—1507），教皇亚历山大六世的私生子。

她的修养、精明和美丽，令公证人和律师神魂颠倒，在枕边洒下赞叹的热泪。其中一些人和她长期往来，送她许多礼物，还带她去旅行。她衣着华丽，所效仿的不是时尚，而是她喜欢的画。她的卧室装饰得宛如歌剧舞台。她视情况把地下室改造成文艺复兴时期的宫殿，或中世纪的城堡，在里面举行晚会。艾尔博就曾穿着无袖长袍，在里面参加过一次古罗马式的欢酒宴。酒宴由卡米耶主持。她打扮成罗马帝国末期的贵族夫人，半卧于沙发上，季娜坐在她脚旁。她们想出许多游戏，如用假发盖住头发，穿上破衣烂衫，去大教堂周围行乞。她欣赏情欲的大放纵，沉湎其中。她爱上康拉德·维德，后来看了夏尔·杜兰在《狼的奇迹》里扮演路易十一，又爱上了杜兰。有时她会被一张生动活泼的脸或一双白皙修长的手迷住，但丝毫不流露出来。夜里她会去凝望她的意中人的窗户，哆嗦地用手触摸意中人别墅的栅栏门，但重要的是不要让意中人出面。她把性爱想象为一种完全单独的行为。

当他们在佩里戈尔地区一个镇子里他们共同的一位表亲的葬礼上相遇时，卡米耶二十二岁，萨特十九岁。萨特穿着一套黑服，戴一顶属于他继父的帽子，几乎把眉毛都盖住了，显得缩头缩脑，加上一脸愁容，像个丑八怪。卡米耶一见倾心，心里说："这不是米拉波①吗？"而她呢，黑纱下的美貌显得有点异样，轻而易举地引起了萨特的兴趣。他们在一块儿待了四天才分手，被各自担心的家庭叫了回去。卡米耶那时由一位富有的暖气设备商之子供养着，正考虑嫁给他。可是，给人当一个体面老婆的欲望，还不如继续当妓女的欲望强烈。萨特让她相信，只有他能帮助她摆脱乡下人的平庸。他鼓励她把赌注押在自己的才智上，鼓励她读书、写作，他会帮助

---

① Comte de Mirabeau（1749—1791），法国大革命初期伟大的演说家和政治家，天生相貌丑陋，三岁时天花又损害了他的容貌。

她取得成功。卡米耶急忙抓住这个机会。他们互通书信，她署名"拉斯蒂涅"，他署名"伏脱冷"。她把自己最初的几篇文学小品寄给他。他在进行评价时，巧妙地拿捏直率与宽容的分寸。他对她阐述自己对人生的见解，建议她阅读司汤达、陀思妥耶夫斯基、尼采等人的作品。这期间他一个子儿一个子儿地攒下一小笔钱，使自己得以去图卢兹旅行一趟。约两年时间里，有时他还再去那里，由于缺钱，每次逗留的时间都很短，而且总是按照几乎一成不变的安排度过这短暂的时间。将近午夜时分，他就在药店对面的人行道上，等待着某一扇窗户里点亮灯，那就意味着卡米耶给她母亲盖好被子并亲吻了她，而季娜要下楼来给他开门了。萨特天一亮就离开卡米耶的房间。卡米耶习惯睡懒觉一直睡到下午，起床后又忙自己的事情。天黑之前萨特别想见到她。他不习惯白天睡觉，而且为了省钱，常常不去旅馆开房间，只在公园或电影院的凳子上打盹。到第三天、第四天夜里，他就累得不行了。"好啊，你睡吧，我来读尼采的作品。"卡米耶轻蔑地说。他醒来时，她正在大声朗读《查拉图斯特拉如是说》里关于意志支配肉体的段落。他们还有其他许多争吵的话题，因为卡米耶在等待成为乔治·桑之前，生活方式没有丝毫改变。而且她想方设法引起争吵。她期待爱情的，就是大吵大闹，然后充满激情地言归于好。

他们交往的第二年，卡米耶在巴黎过了半个月，她在高等师范学校的舞会上给人们留下了深刻印象。为了体面地接待她，萨特东挪西借，但手头还是很紧。他带她住的旅馆、吃饭的餐厅、跳舞的舞厅都是低档次的，令她失望。再说，巴黎也不令她喜欢。萨特千方百计在一家文具店为她找到一份工作，可是她根本不想去卖明信片之类的东西，便回图卢兹去了。夏初，不知道为了什么原因，他们的关系破裂了。

一年半之后，即一九二九年初，萨特收到卡米耶的一封短信，提出想见一面。萨特接受了。前一年她又来巴黎旅行过一趟，是与一位供养她的阔佬一起来的，她把这个阔佬称为"见多识广的收藏家"，因为他炫耀爱好美术。自打《狼的奇迹》演出之后，杜兰就成了她最宠爱的角儿之一，所以她去作坊剧场看他演出《百鸟》。她身着最华丽的服饰，坐在第一排，毫不掩饰地用贪婪的目光盯住他。她如此这般连续盯了他几个晚上，末了请求与他见面。对于她所表现出的仰慕之情，杜兰并非无动于衷，渐渐地把她和季娜安顿在加布里耶街一幢房子的底层。每隔一段时间，卡米耶还与这位"见多识广的收藏家"去图卢兹度过一两个礼拜。为弥补自己年事已高的缺陷，后者表现得非常慷慨。卡米耶经常以看望父母为借口回图卢兹，杜兰呢也不太计较，因为他是与妻子一块儿生活的。这种情况不令卡米耶满意，巴黎又使她感到无聊。她希望往自己的生活里注入激情，想起她与萨特充满激情的争吵，于是再度追求他。萨特觉得她变了，成熟了，过去的乡巴佬气荡然无存。杜兰培养了她的情趣，她在巴黎耳濡目染，显得有风度了。她在作坊剧场上过课，在节目里演过配角，不过她觉得自己没有当演员的天赋，总是不愿意扮演与她自己没有相像之处的角色，演阿格里皮娜还可以，演朱尼娅绝对不行。再说，表演是次等的工作，她想创作。她作出了雄心勃勃的抉择：写剧本，按照自己的特征，塑造出一些角色。暂时嘛，她正在酝酿一部长篇小说，而且已经着手写了几篇短篇小说，拟定的题目是《魔鬼的故事》。事实上，她最终拿路济弗尔比作自己。她用轰动性的不端行为，表现自己对路济弗尔的忠诚。一天晚上，她酩酊大醉地走上舞台，一把扯下男主角的假发，同时哈哈大笑。又有一次，她四肢着地爬着离开舞台，而且把裙子撩得高高的。杜兰决定给予她处分，并且张贴在布告栏里。她经常和季娜在蒙马特尔高地一带徘徊，有一回把两个嫖客带回加布里耶街，早晨那两个人卷走了衣服和银餐具，而且拳打脚踢，不准她们声张。尽管有五花八门的消遣，卡米耶还是觉得自己的生活平淡无奇。她还没有遇到一个与她不分高下的人。她承认能与她并驾齐驱的人都是已作古的人，例如尼采、丢勒（根据画家的一幅自画像，卡米耶长得很像他）和她刚刚发现的艾米莉·勃朗特。她与他们夜间相会，和他们说话，他们也以某种方式应和她。当她对萨特谈起这些墓畔交往时，萨特多半是冷冰冰地听着。相反，当她披露戏剧界的男女私通，模仿勒诺尔曼、斯蒂夫·帕瑟时，萨特则很开心。她向萨特介绍杜兰对导演的见解，夸耀萨特不了解的西班牙剧。她带萨特去作坊剧场观看《狐狸》①，叫他注意当杜兰说"啊，我的宝贝在那里！"时，总是回头看着她。虽然萨特觉得这些会面令他愉快，但热情嘛，他丝毫不想再倾注了。卡米耶感到失望，他们的关系急转直下。萨特在服役期间，与卡米耶的友谊就时断时续了。

这个故事我只描述了大致轮廓，其实它还充满刺激性的细节。我自那时起就觉察到，这个故事有一些漏洞，而且卡米耶肯定不止一处对事实真相加以了歪曲。这不要紧，我被它迷住了。我过去的阶层惯用的真相标准已不再有效，但是我并没有花心思去寻找新的标准。我没有什么批判能力。我的头一个反应就是相信，然后就是坚持。

因此我接受卡米耶，恰如透过萨特所看到的那样。萨特在乎卡米耶，有点顺从大部分青年美化自己过去的倾向。他对我谈起她时，表现出类似的赞赏的热情。为了帮助我摆脱怠惰，他常常拿卡米耶给我做榜样，说她通宵写作，发奋一生要做点什么，她会成功

---

① *Volpone: Or the Fox*，本·琼森所著的一部尖刻的无韵讽刺诗剧，描写富有、好色的伏尔蓬的假死引发的贪婪和尔虞我诈。

的。我想比起我来，卡米耶与萨特更意气相投，因为她也是把希望寄托在未来的作品上。尽管我们关系亲密，相互理解，但萨特也许更重视卡米耶，也许卡米耶的确更值得重视。如果不是嫉妒揪着我的心，我才不会为卡米耶而心烦意乱呢。

我不知道如何评价她这个人。她那么随便地利用自己的肉体令我反感。可是应该责备的是她的轻浮还是我的清教主义？我的心和我的肉体都本能地谴责她，然而一种理智对这种谴责提出质疑：也许我应该把这一点理解为自己的劣势吧。啊！怀疑自己的真诚真让人不愉快。我在谴责卡米耶时，就变得可疑了，因为我太乐于认为她不对。我陷入了犹豫不决：既不敢干脆宣布她有罪，又不敢原谅她；既不敢以自己的假正经为荣，又不敢抛弃自己的假正经。

在我看来，她的态度至少有一个明显的缺陷。与一个自己不爱的男人上床睡觉，是一种令我大惑不解的体验。不过我知道对自己所蔑视的人微笑意味着什么。我进行过顽强的斗争，使自己不屈从于这种卖淫。卡米耶与季娜和萨特一块儿嘲笑她称为"太苦大叔"①的那些人。可是她又讨好他们，向他们献媚，和他们说话。能够忍受这种自我糟践，忍受这种无聊，她应该远远不像传说的那样刚强，而是柔顺得多吧。

是的，在这一点上我强于她，但仅稍许而已。虽然她忍受着我懂得避免的屈从地位，但相反她捍卫了我自责牺牲了的自主性，这要远远重要得多。不过我也没有让她无可争议地获得这一优势。她仅仅是靠拒绝爱才避免了依附地位。而我认为不能爱就是不健全。无论卡米耶多么出色，我都不怀疑萨特比她更有价值。按我的逻辑，她应该喜欢萨特更甚于她的舒适、她的快乐和她本人。她是从

————

① 原指千方百计跻身于白人社会的拉美裔移民。这里指混迹于上流社会的人。

自己的冷漠中汲取力量的，我也觉察出这是一个弱点。尽管有这些保留，我还是很难勇敢地面对她的形象。这个阅历丰富的美丽女人，已经在戏剧界、文学艺术界开辟出一条道路，已经开始了自己的作家生涯，她的运气和长处使我自愧不如。我逃避到未来，暗暗发誓：我也要写作，要成就一番事业。我只是需要一点时间。我觉得时间对我有利。不过暂时卡米耶占了上风。

　　我想见她。她出现在作坊剧场演出的新剧《广藿香》里。这是一位叫做萨拉克鲁的不知名的年轻人的作品。她在第二幕里扮演一个酒吧陪酒女，在第三幕里扮演一个在剧院演配角的。幕布第二次拉开，我把眼睛睁得大大的。有三个陪酒女坐在高脚圆凳上，一个褐色头发，两个金黄色头发，其中一个侧影相当俊俏，但板着面孔，一副傲慢的样子。戏我没怎么看，而是一门心思回顾卡米耶的故事，从眼前分明的轮廓联想起此前她的名字向我展示的模糊不清的轮廓。到幕间休息时，我的联想差不多结束，卡米耶的容貌清晰了。幕布再次开启，几个陪酒女仍在，穿着撑开的裙子，三个都是金黄色头发。在节目单里，卡米耶被确指为"第一配角"，即最先开口说话的配角。我大吃一惊：那个表情傲慢的演员不是卡米耶。卡米耶披着褐色假发，我没找对。现在我看见她了，看见她的秀发、她的碧眼、她的肤色和她的手腕了。她与我所知道的她完全对不上号。在一束束浅色鬈发下，是一张圆圆的、几乎显得孩子气的脸；尖尖的、过分悦耳的嗓音也带有孩子气的声调。不，我无法接受这个大瓷娃娃，尤其因为我事先已对她有一种完全不同的印象。我恼怒地一次又一次想，卡米耶应该是我印象中的样子，她的头长得与她不协调。怎样把她的高傲、雄心、固执和魔鬼般的美，与我所目睹的笑颜、娇滴滴的妩媚和装腔作势协调起来呢？我被愚弄了，但不知道是被谁愚弄，所以怨怼所有人。

要弄清这件事，只有一个办法，就是更加接近卡米耶。萨特对她谈到过我，引起了她的好奇心，她便邀请我去她家。一天下午，我去加布里耶街按她家的门铃。她来给我开门，身穿深红色丝质室内长袍，里面露出一件白色长内衣，浑身上下缀满珠宝，全都古色古香，奇异而又沉甸甸的，叮当作响。头发绕头盘一圈，然后呈中世纪的螺旋状垂落双肩。我听出了她那尖尖的、矫揉造作的声音，但那张脸比在舞台上显得更模棱两可。从侧面看，她的脸的确像丢勒，但从正面看，那双故作天真的蓝色大眼睛，却使她的脸毫无诱人之处。可是当卡米耶头往后仰、鼻翼翕动、独自微笑时，她的脸则格外光彩照人。

她把我引进一间小客厅，里面陈设简单，令我喜欢。有一些书、一个文具箱，墙上挂有尼采、丢勒、艾米莉·勃朗特的画像，两把小椅子上坐着两个大布娃娃，都穿着小学生罩衫，名字分别叫弗里德里希和阿尔布莱希特。卡米耶谈起他们，就好像他们是两个有血有肉的孩子。她谈吐自然，对我描述前几天她看过的日本"能乐"①的演出，又给我讲述《天青石》。她希望改编并亲自导演这出戏。她引起了我的兴趣。她谈论事情时，手势和面部表情都很丰富。我觉得她很有魅力，然而她令我感到不快。在交谈中她声称，一个女人要使一个男人落入自己的网里，绝不会有什么困难，一点点虚情假意，一点点卖弄风情，一点点恭维奉承，一点点巧妙手法，他就跳进你网里了。我不认为爱情可以靠耍手段得到，例如帕尼耶，卡米耶本人要手段诱骗他，结果就失败了。也许她承认失败了，但摆出一副轻蔑的样子，那是因为帕尼耶缺乏激情和高贵品质。她一边说话，一边摆弄自己的手镯，摸自己的发髻，还含情脉

———————————
① 一种日本古典戏剧。

脉地往镜子里飞媚眼。我觉得这种孤芳自赏幼稚，令我感到不是滋味。如此这般殷勤地对镜子里的自己微笑，我可做不到。可是这回卡米耶又赢了，她对自己那种赞赏的表示，我的嘲讽无损其分毫。只有使我引人注目才能恢复平衡。

我在蒙马特尔那一带的街道上漫步了很长时间，围着作坊剧场转悠，为一种最不愉快的感觉所困扰。这种感觉从来不曾侵袭我，我想可以称之为嫉妒吧。卡米耶没有容许我们之间建立相互关系，而是将我纳入她的天地，然后把我贬谪到一个微不足道的位置。我已不再那么高傲，无法以其人之道还治其人之身。那么，或许我应该干脆把她当成一个彻头彻尾的骗子。可是萨特的看法和我对他看法的赞同，都阻止我这样做。另一个办法是承认她比我高明，毫无保留地赞赏她，而忘掉自己。这我能做到，但不是对卡米耶。我感到自己是某种不公正的受害者，而尤其令我气恼的是，我正在认可这种不公正，思想上一直没有摆脱卡米耶，她却已经把我忘到了脑后。我反复地在小丘的台阶上上上下下，心里忘不掉卡米耶的存在，仿佛她比我自己更真实，而我又反抗着自己赋予她的这种霸权。正是这种矛盾心理，使得嫉妒变成了一种如此折磨人的病态。我因此痛苦了好几个钟头。

最后我总算平静下来了，但有好长时间对卡米耶始终抱着矛盾心态，同时用她的眼光和我的眼光看待她。一天她接待我和萨特时，向我们描述了作坊剧场下次演出中她要跳的舞。她将饰演一个茨冈女人，想好了要给茨冈女人眼睛上贴一片膏药，并解释说，这样做是出于对茨冈人、对舞蹈和对戏剧美学的精妙考虑。这完全令人信服。到了舞台上，她的服饰、化装、那片膏药，还有舞蹈动作设计，我都觉得滑稽可笑。我妹妹和她的一个朋友陪我来的，她们笑得前仰后合。一天下午，我邀请卡米耶、宝贝蛋和路过巴黎的费尔南多。卡米耶头发盘成螺旋状，戴一顶黑绒贝雷帽，穿一件带白色小圆点的黑色长袍，里面露出一件鼓袖胸衣，整个人看上去恰似文艺复兴时期的一幅画。她话说得很多，谈吐机智。她走了之后，我吹捧她的花容月貌和善于营造气氛的艺术。"气氛主要是你营造的。"费尔南多亲切而唐突地说。我十分意外，开始想卡米耶那令人不安的才能，也许只对我有效。她和我终于熟悉了，她的缺点和优点我都适应了。随着我逐渐恢复了自尊，我摆脱了当初她对我的诱惑。

这是一种缓慢的恢复过程，开始于一九三一年春天，正当我必须决定接下来该干什么的时候。

二月的一个星期天，萨特收到一封信，通知他已指定另一位讲师前往日本。他非常失望。另一方面，学校请他在最后一季度去勒阿弗尔为得了抑郁症的哲学教员代课，下一学年他还可以继续保留这个职位。这是一个意外的机遇，因为如果他被迫留在法国，他希望至少能在离巴黎不远的地方教书。他接受了。因此我非常害怕的长期分离得以避免了！我心里一块大石头落了地。只不过这一下子，让我珍惜自己前程的借口也就土崩瓦解了。再也没有任何东西保护我不受内疚的折磨。我发现了日记本里有一页记载，那一天晚上我可能喝了点酒，在罗什舒阿大街杜邦咖啡馆里写的："就这样啦。我又要什么也不思考了。许许多多飞蛾扑火的小东西。（在安徒生童话里，燃烧的麻在死去时发出嘶嘶的声音，小孩子拍着手喊道："完啦！完啦！"）总之，也许不值得活下去。为舒适和愉快而活下去……我要重新学会孤独，因为我好久不形单影只了！"

我说过，这类后悔只是断断续续发作。实际上，我害怕孤独远远甚于渴望孤独。我不得不谋份工作了，被分配到了马赛，让我目瞠口呆。我考虑过更痛心的背井离乡，但从来不完全相信。突然这是真的了：十月二日我将身处距巴黎八百多公里的地方。见我惊恐万状，萨特建议重新考虑我们的计划：如果我们结婚，我们就可以得到在一起的两份工作，而且说到底，履行这个手续并不会严重损害我们的生活方式。这种前景使我不知所措。直到此时，我们连想都没有想过把我们与世俗习惯拴在一起，就是说我们脑子里没有闪过结婚的念头。从原则上讲，这念头令我们不快。我们在许多方面犹豫不决。但是，我们的无政府主义像老极端自由主义者的无政府主义一样坚定不移且咄咄逼人。无政府主义激励我们像他们一样，拒绝社会干预我们的私事。我们反对规章制度，因为规章制度扼杀自由，我们反对资产阶级，因为这些规章制度正是资产阶级制定的。按我们的信念行事在我们看来理所当然。对我们而言，不结婚是自然的事。只有非常充分的理由才能使我们屈从于令我们反感的习俗。

而现在恰恰冒出了这样一个理由，因为一想到要去马赛，我就焦虑不安。萨特说，在这种情况下，拘泥于原则是愚蠢的。应该说，我一点也没有被他的建议打动。结婚意味着家庭责任和讨厌的社会义务翻倍。改变我们和他人的关系，不可避免就要改变我们之间的关系。一心想保持我自己的独立并不是沉重的负担。自由只有真诚地从自己头脑里和心灵里寻找才能得到，要去虚无之中寻找，我觉得不自然。我看到对萨特而言，告别旅行，告别自由，告别自由的青春，而成为一名外省教师，最终成为成年人，这得付出多大代价。让自己加入已婚男人的行列，意味着更大的放弃。我知道他不会怨恨我，但也知道我会感到内疚，而我非常讨厌内疚。最起码的谨慎阻止我选择一种可能被内疚毒化的未来。我甚至用不着考虑、犹豫、算计，不假思索地做出了决定。

只有一个理由相当有分量，能够说服我们忍受这种所谓合法的关系，那就是想要孩子的愿望，可是我们并没有这种愿望。在这一点上，我经常受到责备。人们向我提出许多问题，我想做一个说明。我过去没有，现在也没有任何反对生育的成见。婴儿从来都不令我感兴趣，但稍稍大的孩子常常令我喜欢。我想嫁给表兄雅克时，就打算过生孩子。现在我之所以放弃了这种打算，是因为我心里充满了幸福，任何新奇东西都诱惑不了我。一个孩子不会使联结萨特和我的关系变得更紧密。我不希望萨特的存在在另一个人的存在中得到反映和延伸。他有自己就够了，我有他就够了。我有自己也够了，根本不幻想在出自我的另一个肉体上再找到我自己。再说，我觉得自己与父母之间没有多少亲情，因此对自己可能会有的儿女会事先视同陌路。我预计他们对我不是冷漠就是敌视，因为我自己对家庭生活就十分反感。因此没有任何感情方面的幻想促使我想当母亲。另一方面，我觉得成为母亲与我所踏上的道路也不相容。我知道，要想成为作家，我需要许多时间和很大的自由。我并不讨厌视困难为儿戏，但这不是儿戏的问题，而是关系到我的人生价值和意义本身。除非在我眼里，一个孩子代表着像一部作品一样实质性的成就，我才有可能去冒损害自己的人生价值和意义的风险。但情况并非如此。我说过，在我们将近十五岁时，莎莎一再肯定地对我表示，生孩子和写书一样有价值，令我非常震惊，而我继续觉得，这两种命运无法比较。我认为通过文学，我们凭纯粹的想象对世界进行再创造时解释了世界，同时拯救了我们自己的存在。生孩子不过是毫无理由、毫无目的地增加世界上人口的数量而已。谁都不奇怪，一位加尔默罗会修女选择为所有人祈祷，而放弃生育单个的人。我的使命不能容忍任何羁绊，并且阻止我实施任何与它不相干的计划。我所从事的事业要求我抱定一种态度，不为任何冲动所左右，不因任何诱惑而改变。我并不觉得自己拒绝为人母，只不过为人母不是我的命运。不生孩子，我就能达到我的自然状态。

不过，我们还是修改了我们的协议，放弃了我们之间临时性"契约"的想法。我们之间的关系比当初更密切，要求也更严格了，短暂的分离还可以，但不允许长时间的独处。我们并不发誓海枯石烂不变心，但是把可能的不专一推到遥远的三十岁之后。

我的心平静下来了。人家对我说，马赛是一座很美丽的大城市。一学年只有九个月工作。火车速度很快，两天假，或者刚巧患了感冒，我就回巴黎来了。我没有多想，只顾好好利用这最后半个学期。勒阿弗尔并不令萨特反感，我陪同他去了好几趟，看到许多新东西：港口、轮船、船坞、吊桥、悬崖、波涛汹涌的大海。再说，萨特绝大部分时间还是在巴黎度过。尽管抱定了反殖民主义的信念，我们还是去殖民地博览会转了一圈。对萨特而言，这是实践他的"反衬审美观"的绝好机会：这么多丑陋的东西！那座用纸浆做的吴哥窟是多么可笑！但是我们喜欢那嘈杂声和人群扬起的灰尘。

萨特的《真理的传说》刚刚竣笔，尼赞负责把它推荐给欧罗巴出版社。里贝蒙-德塞涅主编的《岔道口》杂志刊登了节选。尼赞负责节选，在每期杂志简短地介绍作者，他用了一行字介绍他的这位小伙伴："年轻哲学家。正准备写一本毁灭性哲学著作。"班迪当时在巴黎，非常激动地对我谈到这部作品。同一期杂志刊载了海德格尔的《什么是形而上学》的译文。它没有引起我们的兴趣，因为我们根本看不懂。尼赞呢，也刚刚出版了他的头一本著作《亚丁·阿拉伯》。我们特别喜欢它咄咄逼人的开场白："我二十岁了。我不允许任何人说这是人生最美好的年龄。"整本书我们都喜欢。不过我们更多的是觉得写得出色，而不是写得深刻，因为我们从中看不到真诚。萨特有着年轻人懵懂的固执，非但没有借着这本小册子的启发，改变自己对尼赞的看法，而是认为自己这位小伙伴在迎合文学。他喜欢自己的高师学生生活，没有认真看待尼赞针对学校的怒气冲冲的言论。他没有想过尼赞的不安可能十分严重，使他投入了亚丁的冒险。在《亚丁·阿拉伯》一书里，尼赞反对阿兰影响了我们这一代人的那句告诫："说不。"他想对某些事情说"是"，所以从阿拉伯回来，就加入了共产党。鉴于他对尼赞的友谊，萨特缓和这种分歧比对尼赞施加全部影响要容易一些。因此我欣赏尼赞娴熟的技巧，而并未对他所讲述的内容给予相当的重视。

六月份，斯蒂法和费尔南多来到巴黎。他们欣喜若狂，因为经过许多骚动、斗争和镇压，共和制终于在西班牙取得了胜利。斯蒂法临盆了，住进了阿萨街的塔尔尼埃妇产医院。费尔南多把所有朋友都召集到丁香园露天咖啡座。他每个钟头跑去医院一趟，然后垂头丧气地回来说："还是毫无动静。"大家安慰他，鼓励他，他才高兴起来。黄昏时分，斯蒂法生下一个儿子。不同国籍的画家、记者、作家庆祝这件大喜事，直到深夜。斯蒂法带着婴儿留在巴黎，费尔南多则返回了马德里。在那里他不得不接受一种心有不甘的处境，他销售收音机，几乎再也没有时间绘画。不过他发奋努力，他的画受到苏丁的影响，仍显笨拙，但较之当初，已有明显进步。

学年行将结束，我准备和萨特去度假。假期后我们就要分开了。不过我下了决心，暗自说，孤独，只要不那么严重，或许有诱惑力，有好处是肯定的。我希望孤独能使我变得坚强，经受得住两年间我几乎抵抗不住的诱惑：认输。这段时期我一直心神不宁，担心背叛自己的青年时代。我应该保持这段时期的回忆。弗朗索瓦兹·厄波纳在对《名士风流》的评论中指出，每个作家都有自己的"挞伐对象"，而我的挞伐对象是像伊丽莎白、德尼兹，尤其像波尔一样，为爱情而牺牲独立自主的女人。如今我自问，这种危险的存在究竟到了何种程度。假如某个男人自私而又平庸，竟然企图征服我，我准会识破他，指责他，然后转身而去。我不会为全力阻止我放弃的人着想，而想要放弃自己。不过当时，我感觉自己正冒着危险，同意去马赛，我就可以开始避免这种危险。

第二章

　　旅行，这一直是我最热切的愿望之一。过去莎莎从意大利归来时，我怀着炽热的向往听她讲述那里的情形。人的五种官能之中，我觉得视觉远远超过其他四种。尽管我对交谈感兴趣，但听到有人说聋子比瞎子惨，我为之愕然。我甚至觉得，宁可接受被毁容的命运，也无法接受失明的命运。如果非要选择不可，我会毫不犹豫地放弃容貌而保留眼睛。一想到有六周时间可以到处走走看看，我就兴奋不已。不过我是理智的。意大利、西班牙、希腊，我当然要去，但以后再说。这个夏天，按照尼赞的建议，我和萨特考虑去参观布列塔尼。当费尔南多建议我们去马德里时，我简直不相信自己的耳朵。他说我们可以住在他家里，西班牙货币比塞塔汇率很低，我们去那里旅行，几乎不花什么钱。我们从来没出过国。在布港，我们看见头戴绿皮双角帽的海关职员时，简直觉得踏上了一片奇异的国土。我永远不会忘记我们在菲格拉斯度过的头一个晚上。我们订了一个房间，在一家乡间小客栈吃晚饭。我们漫步于小镇四周。当夜幕降临到平原上时，我们心里说："这就是西班牙。"

　　萨特把他继承的遗产里剩下的一点钱兑换成了比塞塔，总共没有多少钱。我们听从费尔南多的建议，买了两张头等长途火车票①。如果不买这种票，就只能坐慢车。剩下的钱即使省吃俭用，也只够勉强维持。这不要紧，奢侈生活与我不沾边，连想都没想过。为了游遍加泰罗尼亚，我更愿意坐乡间公共汽车，而不坐豪华的普尔曼式旅游火车。萨特让我查阅时刻表，安排旅行路线，我就随心所欲地安排时间和地点，热心地利用这种新的自由。记得小时候从巴黎去乌泽什，那是多么麻烦的一件事！准备行李、装运行李、托运行车、看管行李，把人累得精疲力竭。妈妈对火车站的职员发火，爸爸跟同一个包间的旅客吵架，爸爸妈妈两个人也吵架。总是没完没了、令人发疯的等候，到处吵吵嚷嚷，到处让人心烦。啊！我当时决心将来一定不过这种生活！现在我们俩的行囊并不重，把东西装进去掏出来，一眨眼的工夫。到达一个陌生的城市，找一家旅店落脚，多么让人开心！一切烦恼，一切忧心事，我彻底抛到了九霄云外。

　　不过，到了巴塞罗那，我不免有点焦虑不安。这座城市在我们周围忙乱，不认识我们。我们不懂它的语言，想什么办法让它融入我们的生活呢？这是一种挑战，其困难立刻让我兴奋起来。我们住在大教堂旁边一家包一日三餐的旅店，虽然属于最简陋的那种，但房间令我喜欢。下午午睡的时候，灼热的阳光透过红棉布窗帘照射进来。这就是烤晒我皮肤的西班牙。我们多么热情地追逐着它！像当代大部分游客一样，我们想象每个地方、每座城市都有一个秘密、一个灵魂、一个永恒的本质，旅行者的任务就是发现它。然而我们觉得我们比巴雷斯现代得多，我们知道了解托莱多或威尼斯的钥匙，不应仅仅去它们的博物馆、名胜古迹和它们的过去寻找，而

---

① 这是一种包票，可乘坐两三千公里。——原注

应该从现在，通过它们的光和影、它们的人群、它们的气味、它们的食物去寻找，这正是瓦莱里·拉尔博、纪德、莫朗、德里欧·拉罗舍尔等人教导我们的。照杜阿梅尔的说法，柏林的秘密存在于飘荡在它的大街小巷、与众不同的气味之中。纪德在《借口》里说过："喝一杯西班牙巧克力，就等于把整个西班牙含在嘴里。"每天我都要强制自己喝几杯黑糊糊、有浓厚桂皮味的沙司，吃一块块果仁牛轧糖、木瓜馅饼，还有嚼碎了有股旧尘土味的饼干。我们夹杂在朗布拉斯大街溜达的人群中。我专心地闻着一条条小街潮湿的气息。那是一些阴暗的小街，绿色的百叶窗和晾晒在门前五颜六色的衣服，给人一种悦目的错觉。照所读过的书的说法，我们相信一个城市的真实情况沉淀在它的社会底层，因此每天晚上都去"中国城"。露天台子上，一些粗壮而有风韵的女人唱歌、跳舞，进行表演。我们观看她们，但带着更强的好奇心窥视那些观看她们的观众。多亏了我们和他们一块儿看的这场演出，我们和他们融合在一起了。然而，我也要完成旅游的传统任务。我们爬提比达波山，我头一回看见一座地中海城市，宛如一块碎裂的石英，在自己脚下熠熠生辉。也是头一回，我乘坐空中索道车，升到了蒙塞拉特山之巅。

我们和我妹妹一块儿漫步。我妹妹是到马德里的费尔南多家小住，来巴塞罗那游玩三天。傍晚返回时，朗布拉斯一带乱哄哄的，显得不寻常，但我们没有在意。第二天下午，我们三个去参观位于一个人口稠密区的一座教堂，发现有轨电车都停驶了，有几条大街几乎见不到一个人。我们纳闷出了什么事，但懒得打听，因为我们正忙着在地图上找那座难以寻觅的教堂。我们转进一条人声鼎沸的街道，人们都靠墙站着，手比比画画，扯着嗓门在议论什么。当街走来两个警察，押着一个戴手铐的男人。远处停着一辆警车。西班牙语我们几乎一句也不懂，不知道那些人在议论着什么，他们的脸色可不好看。我们还是一心想找教堂，走近一群情绪激动的人，用询问的语气说出我们要找的教堂的名字。他们对我们微笑，其中一个男人高兴地用手比画着给我们指路。我们表示感谢之后，他们又议论起来。那座教堂我现在已忘得一干二净，只记得归途中我们买了一张报纸，连猜带蒙弄明白了上面的意思：工会发动了一场反对省政府的总罢工。在我们停下来问路的那条街上，一些工会活动分子被捕，我们看见被两个警察押着的那个就是其中之一。聚集在街边的群众，是在讨论该不该把那个人从警察手里救出来。报纸道貌岸然地说秩序已经恢复。我们黯然神伤：我们也在场，却什么也没看到。我们想到司汤达和他参加过的滑铁卢战役，才算得到了安慰。

离开巴塞罗那之前，我发疯般查阅《蓝色指南》，真想参观它所介绍的每个地方。可是萨特说什么也不肯为看一座盐山而在莱里达停留，说："自然美景，还可以。如果只是为了满足自己的好奇心，那就算了！"我们只在萨拉戈萨停留了一天，从那里直奔马德里。费尔南多在火车站等待，把我们接到阿尔卡拉门下他的公寓里安顿好，就领我们去全城转一圈。这座城显得那样冷峻、了无情趣，傍晚我不禁黯然泪下。我想，我所留恋的与其说是巴塞罗那，不如说是与萨特在那里长时间单独在一起，尽管我也依恋费尔南多。事实上，幸亏有费尔南多，我们才避免了旅游者的不稳定状况。这天夜里我们吃着烤虾和桃子冰淇淋时，我意识到了这一点。马德里轻松愉快的气氛很快迷住了我。共和国还对自己的胜利感到惊讶，可以说每天都在庆祝。在一家家又深又暗的咖啡馆里，尽管天气炎热，大家却都衣冠楚楚，慷慨激昂地谈论着建设新西班牙呢。新西班牙打败了僧侣和富豪，将立国于自由，赢得正义。费尔南多的朋友们都相信，劳动大众不久将夺取政权，建立社会主义。从民主党人到共产党人，眼下大家全都喜气洋洋，全都相信未来掌握在自己手里。我们一边喝西班牙葡萄酒，吃油橄榄，剥烤虾，一边倾听这七嘴八舌的议论。在一处露天咖啡座，坐着满脸胡子、相貌英武的独臂汉巴刘-因克兰，向愿意听的每个人，以不同的方式讲述他怎样失去了一条胳膊。傍晚我们在廉价餐馆吃晚饭。我们喜欢这类餐馆，因为没有游人去用餐。记得有一间地下室酒吧，用羊皮袋盛着带树脂味的普通葡萄酒，堂倌高声吆喝着菜名。直到凌晨三点钟，马德里人还在街头闲逛。我们坐在一处露天咖啡座，呼吸着夜间清凉的空气。

共和国原则上不准斗牛，可是所有拥护共和制的人都喜欢观看。我们每个星期天都去看一场。头一回去看时，我喜欢的主要是看台上那一派节日的气氛。我睁大眼睛望着漏斗形的巨大斗牛场里，从上到下一级级看台上衣着五颜六色、骚动不已的观众，听着烈日下观众扇着扇子和纸帽子的声音。像大多数初次来的观众一样，我觉得那头公牛乖乖地自动跟着红布转，斗牛士赢得太轻松了。我根本不明白观众为什么那样鼓掌喝彩。这个季度最走红的斗牛士是马夏尔·拉兰达和奥尔特加。马德里观众也很欣赏一个初出茅庐的小伙子。他绰号"学生"，以大胆崭露头角。这三个人我都见到了，明白了公牛远非懵里懵懂地上当，斗牛士一方面要对付脾气摸不透的公牛，另一方面要满足观众苛刻的期待，所以时刻冒着生命危险。危险乃是斗牛士职业的本质。斗牛士激发危险，又凭自己的勇气和智慧控制危险，同时靠自己的技巧避免危险。每场斗牛都是一次创作。渐渐地我理解了斗牛的意义是什么，甚至它的美感是什么。许多事情我还没有弄明白。不过我迷上了斗牛，萨特也一样。

费尔南多带领我们参观了普拉多国家美术博物馆，我们还常常再去参观。我们平生还没有见过许多画作。我和萨特一块儿参观过几次卢浮宫的画廊，发觉多亏了表兄雅克，自己对画的理解力稍稍强于萨特。在我看来，一幅画首先是一个涂满颜色的平面，而萨特则是对主题和人物的表现作出反应，所以他欣赏圭多·雷尼①的作品。我猛烈地抨击他，他便认输。我不得不说，他特别喜欢阿维尼翁的《哀悼基督图》②和格吕内瓦尔德③的《耶稣被钉上十字架》。我没能使他转而喜欢抽象画，但是他承认，场面的趣味、面部的表情离不开向我们展示它们的风格、技巧和艺术。他反过来也影响了我。我一般地讲热爱"纯艺术"，特别热爱"纯粹的画"，所以并不在意展示在我面前的景物或图象的内涵。在参观西班牙国家美术馆时，我们几乎达成了一致，但毕竟还不是内行，要一块儿摸索。照巴雷斯的说法，格列柯④超过我们的全部预期。在我们所仰慕的画家中，我们把他排在第一位。戈雅⑤某些人物肖像的冷酷和他最后的画作阴郁的疯狂，使我们感到难过。但总的来讲，费尔南多责备我们低估了他并非没有道理。他还觉得我们过分喜欢博斯⑥。的确，对博斯笔下那些受刑者和魔怪，我们百看不厌，简直入迷。他过分地激发了我们的想象力，让我们无法关心他的画作的确切优点。然而技巧的精湛令我赞叹，我常常驻足于提香⑦的画前。在这一点上，萨特立刻极端起来，反感地转身便走。我说他太过分，这些画还是画得非常好的。"还有呢？"他反问道，接着补充一句：

---

① Guido Reni（1575—1642），意大利早期巴罗克油画家。
② 该画为阿维尼翁画派未署名的代表作，现藏于卢浮宫。
③ Matthias Grünewald（约1480—1528），德国画家。
④ El Greco（1541—1614），西班牙画家。
⑤ Francisco de Goya（1746—1828），西班牙画家。
⑥ Hiëronymus Bosch（1450—1516），中世纪晚期北欧重要画家。
⑦ Titian（1488或1490—1576），意大利画家。

"提香，这引人发笑。"为反对圭多·雷尼，他不再赞成画迎合动作和表情。他对提香的强烈反感后来虽稍有改变，但绝没有放弃。

我们从马德里出发进行了几次短途旅行，去了埃斯居里亚尔、塞哥维亚、阿维拉、托莱多等地。后来游览的某些地方可能让我觉得更美，但绝没有如此清新的美。

萨特像我一样好奇，但不如我贪婪。在托莱多，游玩奔走了一个上午之后，他很愿意在左科多韦广场抽抽烟度过下午。我呢，立刻想走动。像过去在利穆赞一样，我并不觉得事事需要我在场。不过我已经着手了解世界上的一切，而时间是有限的，我不想浪费一分一秒。使我的任务变得容易的，是在我眼里，有些艺术家、有些风格、有些时代根本不存在。萨特怀着充满警惕的憎恶，追究他觉得似乎犯有圭多·雷尼所犯错误的所有画家。我巴不得他使牟利罗①、利贝拉②和其他许多人化为齑粉。经过这样一番剪除，世界并不会使人倒胃口，我决定拟定一份完整的清单。我不知道有什么权宜措施。在我们没有决定抛进虚无的领域，我不会建立等级制度。不论什么事我都期待着一切，怎么会愿意错过什么呢？挂在圣器室里面的这幅格列柯的画，也许就是向我打开他的全部作品的钥匙，没有它——谁知道呢？——整个绘画有可能永远对我封闭。我们打算还要来西班牙，可是耐心不是我的长处。我不想把这幅祭坛后部装饰屏、这个三角楣就要带给我的启示推迟，哪怕只推迟一年。事实上，我有多贪婪，就能获得多大快乐。每次接触中，现实都让我惊喜。

有时，现实让我脱离我自己。"干吗要旅行？人总不能离开自

---

① Bartolomé Esteban Murillo（1618—1682），西班牙画家。
② José de Ribera（1591—1652），西班牙画家，深受意大利画家卡拉瓦乔黑暗色调的影响，同时画作也有宗教色彩。

己。"某人这样对我说。我就脱离了自己。我并没有变成另一个人，只是消失了。也许这就是被种种计划所累，非常积极或非常雄心勃勃的人的特权：在这些短暂的歇息里，时间突然停止了，存在与完全静止的万物融为一体了。多么好的歇息！多么好的报偿！在阿维拉的一天早晨，我推开卧室的护窗板，只见蓝天下巍峨地耸立着的城楼。过去、未来，一切都消失了，只剩下一个辉煌的存在：我的存在，这些城楼的存在。这是同一个存在，傲视着时间。在最初的几次旅行中，这样的幸福感常常令我发呆。

我们在九月末离开了马德里。我们参观了桑蒂利亚纳、阿尔塔米拉野牛、布尔戈斯大教堂、邦普吕纳、圣塞巴斯蒂安。我喜欢卡斯蒂利亚高原的蛮荒景色，但重新领略巴斯克丘陵地带弥漫蕨类植物芬芳的秋天，还是非常惬意。我们一块儿在昂代搭上驶往巴黎的火车，而我在巴约讷下了车，等待从波尔多到马赛的列车。

我的整个一生都不曾经历过可以称得上"决定性"的时刻。不过回首往事，某些时刻具有重要意义，像引人注目的重大事件一样突出。在我的记忆里，我到达马赛，绝对是我生平中一个崭新的转折点。

我把行李放在寄存处，伫立在大台阶上面。天空蔚蓝，屋瓦上洒满阳光，也有阳光照不到的背阴处，梧桐树呈现出秋天的颜色。远处是绵延的丘陵和蓝色的大海。城市的喧嚣夹带着枯草味扑面而来，低处暗幽幽的街道，人流来往如织。马赛，我来到了这里，只身一人，两手空空，诀别了我的过去和所热爱的一切，我眺望这座大都市，在这里我将孤立无援地一天天闯荡生活。迄今为止，我一直紧紧依附别人，接受别人强加的行动范围和目标。而今巨大的幸运降临到我头上。在这里，我不为任何人生存。在某处的一个屋顶下，我每周将上十四节课。其他一切都没有预先安排，甚至包括我睡觉的床。我要做的事情、我要养成的习惯、我要寻求的快乐，都由我自己来设想。我开始步下台阶，在每一级都停一停，为眼前的房屋、树木、水和人行道而情怀激荡，它们将渐渐地为我所了解，也让我渐渐地了解自己。

火车站大道左右两边，餐馆鳞次栉比，都有带高高的玻璃窗的阳台。一面玻璃窗上有一块牌子："房间出租"。那不是我想租的房间，有一张大床、几把椅子和一个壁橱。不过，那张大桌子我觉得工作起来倒是挺方便。女房东开出的包括膳食的房租，我觉得也合适。我去取来行李，放在海军部餐馆，两个钟头后便去拜访我那所中学的女校长，安排了课程时间。我还不了解马赛，就已经在这住下来，就要出发去发现它。

我立刻迷上了马赛，攀爬它的每一座假山，游逛它的每条街巷，呼吸老港的沥青和海胆气味，混在卡内比埃广场的人群里，在花园的小径上、清静的操场上坐一坐，这里充满乡土气息的落叶味盖过了海风的气味。我喜欢摇摇晃晃的有轨电车。一个紧挨一个抓住扶手的乘客和车子前上方的名字：马德拉格、马扎格、夏尔特洛、卢卡-布朗。星期四早上，我搭乘公共汽车"马特伊"，它的起点站就在我的住所旁边。从卡西斯到西欧塔沿着赤褐色的悬崖边步行，一路走来心情是那样激动，傍晚回家时坐在绿色的小公共汽车里，真想下去再走一趟。心里的这种激情保持了二十年，只有年龄最终使它消融。而在这一年它使我摆脱了无聊、惆怅和一切忧伤，把背井离乡的孤独变成了快乐。

这激情不足为奇。马赛周围自然景点既荒僻又容易到达，让最普通的步行者也能感受到心醉神迷的奥秘。远足是马赛人最喜欢的体育运动。远足爱好者组成了一些俱乐部，还出版了一份《简报》，详细介绍别出心裁的远足路线，并且细心地在沿途插上颜色鲜明的箭头，为远足者指路。每逢星期日，我的许多同事成群结队去攀登马赛韦尔高地或圣博姆峰。我与众不同之处，就是不与其他任何人结伴，而是把一种消遣变成要求非常严苛的义务。从十月二日到翌年七月十四日，我没有一次考虑过星期四、星期日干什么，不管盛夏寒冬，总是天一亮就出发，直到天黑了才归来。我不花很多时间进行准备，不买传统的那套行头，如背包、钉鞋、裙子、厚呢风帽等，只穿一件旧长衫、一双绳底帆布鞋，往布提包里塞几根香蕉和几个面包，拎了就走。我不止一次在一座山顶上遇到同事们，她们鄙夷地朝我笑一笑。我倒是借助《蓝色指南》《简报》和《米其林地图》，制订周密的计划。起初，把行程限制在五六个钟头，后来延长为九至十个钟头的远足，甚至行走过四十多公里，有步骤地踏遍整个地区，登上加尔达邦、奥雷利安、圣维克托瓦、国王之杵等所有山峰，下到所有小海湾，探察所有峡谷、深堑和隘口。在令人头昏眼花的乱石之中，根本没有小路，我只能按蓝、绿、红、黄箭头的指示走，不知道它们把我引向何处。有时见不到箭头了，就兜着圈子寻找，在香气刺鼻的灌木丛里钻来钻去，被植物划破皮。那都是我从未见过的植物，如含树脂的岩蔷薇、刺柏、绿皮栎树、黄色和白色的阿福花等。我沿着海关人员在海边巡逻的路线走。在悬崖底下，沿着犬牙交错的海岸，地中海可不像在别的地方那样风平浪静，一副令我反感的懒洋洋的样子。在灿烂的晨光里，它猛烈地扑打着岬角，溅起炫目的白色水雾，令我感到，如果把手伸进去，手指会被齐刷刷切掉的。站在山冈上望去，地中海也着实美。貌似柔和的海面，乌亮的闪光，比起伏不定的橄榄园还迷人。一个明媚的春日，我在瓦朗索尔高地，头一回见到了繁花满枝的杏树。穿过埃克斯平原，沿着红褐色的乡间道路，我发现这里的景色宛如在塞尚的画里那样。我游览一座座城市、乡镇、村庄、修道院和城堡。像在西班牙一样，好奇心驱使我不停地漫游，希望在每个景点、每条山沟都会有意外的发现，而每处景物之美总是超过我所见过和所预期的。我顽强地重新找到让事物摆脱蒙昧状态的天职。我只身一人，在大雾迷漫中翻越圣维克托瓦山脊和国王之杵山脉，帽子被狂风刮下了山崖也全然不顾。我只身一人钻进吕贝龙山沟转不出来了，这些时刻无论是阳光灿烂、和风温煦还是电闪雷鸣，都任由我独自体验。我多么喜欢带着惺忪睡眼，穿过还沉睡在夜色中的城市，看黎明显现在一座陌生的市镇上！中午我在染料木和松树的芳香中午睡。我徘徊在山坡上，钻进灌木丛。预料之中和难以预料的东西纷纷呈现在我眼前。看地图上的一个点或者《蓝色指南》里的三条线，变成了岩石、树木、天空和流水，真是其乐无穷。

每次重游普罗旺斯，我总是又一次领悟到自己喜欢这个地方的理由。但这些理由不足以解释我的疯狂，而一件往事却让我惊愕地看出自己当时疯狂到了何种程度。十一月末，我妹妹来到了马赛。我让她体验我的新乐趣，就像小时候让她和我一块儿做游戏一样。我们顶着太阳来到罗克法弗水渠，穿上绳底帆布鞋，在土伦附近的雪地里跋涉。妹妹缺乏锻炼，脚上起了水泡，很疼，但她毫不抱怨，仍然跟上我的步伐。一个星期四，近中午时分到达圣博姆峰时，她发起烧来了。我叫她在招待所里休息，喝一些格罗格酒，等待几个钟头后开往马赛的旅游客车，我呢一个人去走完行程。晚上，妹妹得了流感卧床不起了，我有点内疚。现在我简直难以想象我当时怎么竟把打着寒战的她留在了招待所凄凉的食堂里。一般情况下，我是关心别人的，非常爱妹妹。"您是一个精神分裂症患者。"萨特常常对我说，因为我不是根据实际情况调整计划，而是不顾一切地加以执行，把实际情况看成完全无关紧要。在圣博姆峰我确实无视妹妹的存在，不愿意放弃自己的日程安排。妹妹向来总是忠心耿耿地为我的计划尽力的，而这一次我甚至不愿考虑为了她而打乱自己的计划。这种"精神分裂症"，在我看来，像是我的乐观主义的一种极端而反常的表现形式。我像三十岁的时候一样，拒绝承认生活中除了自己的意志之外，还有别人的意志。

　　我在狂热的徒步旅行中表现出来的这种意志，其实是根深蒂固的。以前在利穆赞沿着低凹的道路行走，我曾暗暗对自己说，有朝一日我要走遍法国或许周游全世界，而不放过一块草地、一片树林。我并不相信自己真的能做到。在西班牙我声称看到"一切"，我赋予了"一切"这个词很宽泛的含义。现在由于工作和经济能力的限制，我觉得这种赌注不可靠。我想比任何有经验的徒步旅行者更彻底、更巧妙地探察普罗旺斯。我从来没有进行过体育锻炼，因此特别乐于以与众不同的方式，使自己的体力消耗殆尽。为了节省体力，我在路上拦下轿车和卡车；在山上攀登岩石跨越沟壑时，则想办法抄近道。每次徒步旅行都堪比完成一件艺术作品。我决心永远保持一种自豪的回忆。每完成一次徒步旅行，我都要祝贺自己取得的成绩。我从中获得的自豪感激励我要继续取得成绩，怎能甘心后退呢？如果因为一日的心灰意冷或任性而放弃了一次徒步旅行，如果我有那么一次对自己说："这样有什么用？"那么我就会毁掉整个这套做法。正是这做法把我对快乐的追求提升到承担神圣职责的高度。在生活中我常常采取这样一种策略：赋予自己的活动一种必要性。可是到头来，我不是成为这种必要性的牺牲品，就是受到它的愚弄。十八岁的时候，我就是这样靠狂热摆脱了无聊。显然，在马赛我不可能在自己心里保持这份收藏家般的狂热，如果这种狂热是一种抽象命令的结果的话。不过我说过这种狂热给我带来了多么大的快乐①。

我极少经历冒险，不过有两三次我被吓坏了。从欧巴涅到加尔达邦山顶，一只狗寸步不离地一直跟着我。我把自己的面包分给它吃，不过我习惯于不喝水，它可忍受不了。在返回途中，我感觉它发疯了，而一头疯狂的畜生，在我看来是非常吓人的。到达一个村庄时，它就咆哮着扑向一条小溪。另一天下午，我艰难地翻越一条通向一片高地的陡峭峡谷，路越来越难走，我觉得自己沿原路返回是做不到了，便继续往前走。但一面石壁最终挡住了我的去路，我只好跨越沟沟坎坎折回来，碰到一个断层，不敢跳过去，因为只听见许多蛇在干裂的石头之间乱钻，听不到其他任何声音。从来没有任何人经过这个断层。万一我摔断了一条腿或扭伤了脚踝，怎么办？我大声呼喊，没有人回应。我呼喊了半个钟头，四周死一般寂静！我鼓足了勇气，才平安无事下了山。

还有一种危险，同事们反复提醒过我要警惕。她们郑重其事地对我说，我只身一人远足不合常规。"你会被人强奸的！"对这些老处女的多虑，我嗤之以鼻。我不想处处小心防备，使自己的生活变得枯燥乏味。再说，有些事情如事故、生重病、被强奸之类，根本不可能发生在我身上。我与几位卡车司机和一位旅行推销员发生过纠纷，他们不是想让我陪他们到沟里去嬉戏，就是在半路丢下我。我呢，照旧拦下顺风车。一天下午，烈日当空，我沿着一条白尘滚滚的大道，向塔拉斯孔走去。这时一辆汽车超过我，停了下来，车上两个年轻男子邀我上车，说捎我进城。车子驶上主干道，可是他

---

① 这段描写不只符合我的情况，也符合一般而言的所有癖好。有癖好的人生活在一个极权的世界里，而这个世界建立在他认为绝对的准则、契约和价值观上面。因此他不能够接受任何违逆，因为任何违逆都会让人看到可以摆脱这套做法，从而否定其必要性，整座大厦就会垮塌。癖好只有通过不断地肯定自己来为自己辩护。——原注

们没有向右转，而是向左驶去。"咱们绕点路。"他们解释道。我不想使自己显得可笑，正犹豫间，突然明白他们是朝小山驶去，那是这个地区唯一荒凉的地方。我不再疑惑。他们离开了大路，为了过一个土坎而放慢了速度。我打开车门，威胁说要从行驶的车上跳下去。他们停下来，相当尴尬地让我下了车。这件小事并没有给我什么教训，反而使我更加自以为是，认为只要多点警惕，多点识断，任何麻烦都能应付。我并不为长期抱着这种错觉而后悔，因为这种错觉壮了我的胆，使生活变得更轻松。

上课使我觉得轻松愉快。根本用不着备课，因为我的知识还都是新鲜的，而且我讲解起来毫不费力。给年纪较大的学生上课，不存在纪律问题。我要教给她们的东西，过去她们都没有学过，一切都任由我灌输。想到这一点，我就觉得兴奋。我觉得重要的是要让她们摆脱某些成见，让她们警惕乱七八糟的所谓常识，使她们对真理产生兴趣。我非常高兴地看到她们脱离了我起初使她们陷入的迷惘状态，我讲解的东西在她们头脑里渐渐地条理清晰起来。看到她们的进步，我就像是自己获得了进步一样感到欣慰。看上去我年龄比她们大不了多少，起初女学监常常把我当成学生。我觉得这些学生感觉到了我对她们的好感，她们似乎对我也怀着好感。有两三次我邀请她们当中最优秀的三位到我的住处玩。这种新教员的热心引得我的同事们冷笑。可是我就是喜欢与这些尚无定见的大女孩交谈，而不愿与那老于世故、头脑僵化的女人交谈。

年中，我开始讲伦理课时，事情变糟了。我慷慨激昂地讲述了自己对劳动、资本、正义和殖民等问题的看法。大部分学生起来反对。她们在课堂上和她们的作文里，搬出她们的父辈精心拼凑的乱七八糟的理由，对我迎头痛击，我则把它们驳得体无完肤。最聪明的一个学生离开她坐的头排的位子，坐到最后一排，双臂交叉，拒不做笔记，恶狠狠地瞪着我。我呢，则变本加厉。上文学课我就讲普鲁斯特，讲纪德。这在当时外省的一所女子中学里，简直是胆大包天。更有甚者，我非常冒失地把《物性论》①中论述痛苦的那一部分的全文，还有乔治·杜马《论心理学》谈论快乐的分卷，发到了这些少女手里。家长纷纷抱怨，校长召见了我。我进行了解释，事情才平息下来。

　　总的来讲，这所中学的教职员工都不正眼看我。她们之中多数是老处女，喜欢晒太阳和走路，打算在马赛度过余生。而我来自巴黎，又总盼望返回巴黎，自然便成了她们猜疑的对象。我总是独自去远足，使我的处境变得更糟糕。此外我承认，我不怎么讲礼数。我一直像少女时期一样，讨厌皮笑肉不笑的装模作样。每次进到教员办公室，我也不跟大家打招呼，把自己的东西往柜子里一放，就在一个角落里坐下来。我倒是也养成了一些好习惯，来到学校时一般都穿裙子和羊毛衫。可是春天我开始打网球，就常常不换衣服，穿着白绸网球衣就到学校，引来一些人鄙夷的目光。不过我还是与两三位同事建立了友好关系，她们爽直的作风令我喜欢。我与她们之中的一个成了挚友。

　　她就是三十五岁的图梅兰太太，教英语，也像个英国女人，有着栗色头发，细嫩健康的皮肤上已经长出一些斑，嘴唇扁平，戴一副玳瑁架眼镜，一件栗色粗呢长外衣紧裹在身上，使体态显得过于丰满。她丈夫是军官，在布里昂松医治肺病。一放假她就去那儿，他有时也来马赛。她住在普拉多街上的一套漂亮公寓里。一天下午，她邀请我去蓝色小鸡店吃冰淇淋，非常热情对我谈起凯瑟琳·

---

① *De rerum natura*，拉丁诗人和哲学家卢克莱修的长诗。

曼斯菲尔德①。我妹妹来这里小住时，我们三人一块去小海湾漫步，她表现得非常和蔼可亲。她把女佣的房间改造成一间单间公寓，表示愿意租给我住。那房间虽小，但正合我意，有一张长沙发、几个书架、一张工作台。站在阳台上，可以俯瞰普拉多街的梧桐树和屋顶。早晨，一家香皂店持久而淡淡的清香把我唤醒，阳光已洒满我的墙壁，我感到心旷神怡。

晚上，我有时和图梅兰太太一块儿外出，去观看特雷西纳和萨哈罗夫跳舞，她介绍我认识她的朋友们。我们常常一块儿在省府广场上一家玫瑰色小餐馆吃晚饭，她对年轻老板娘的漂亮脸蛋和黑色鬈发赞不绝口。她喜欢漂亮的东西，喜欢自然、新奇、诗意，喜欢不假思索，尽管如此，却表现得异常腼腆。纪德令她非常反感。她抨击伤风败俗、放荡淫乱和无政府主义。我很不欣赏她说起话来滔滔不绝的热情，也不想就她的成见进行争论，我们俩说不到一块儿去。我只是勉强地同意她陪我去阿尔勒附近度周末。我们参观蒙马儒修道院。晚上在我们所住的铺方砖地板的大房间里，她毫无顾忌地袒露出白白胖胖的肉体，着实让我大为吃惊。不过，她的亲切态度还是令我感动。她说，她是为讨我欢喜，才去染了已经间杂有白丝的头发。她还给自己买了件粉色安哥拉羊毛衫，穿起来使胳膊过分袒露。一天下午，我们在她家客厅里饮茶，她情不自禁地谈起了私房话，毅然决然地告诉我，她如何厌恶做爱，厌恶丈夫射精之后留在她肚皮上的湿漉漉、黏糊糊的东西。她沉思片刻又说，她觉得罗曼蒂克的，是她还是大学生时体验到和赞赏的那种"火一般的激情"。"包括嘴对嘴的热吻。"她笑一笑补充说。既是出于谨慎，也是因为不感兴趣，我没有接她的话茬儿。老实讲，她令我厌烦。等

---

① Katherine Mansfield (1888—1923)，英国作家，短篇小说大师。

她丈夫来到马赛时，我顿感轻松，心想可以半个月不和她见面了。

可是她不这么想，说星期四要和我一块儿去远足，而我没有任何办法让她打消这个念头。她背着背包，脚穿钉鞋，照习惯带上一应物品，想教我按照登山运动员的习惯走，迈步要稳而慢。可是，我们并不是在爬阿尔卑斯山，我还是按自己的步伐走。她跟在我后面，累得气喘吁吁，我暗自幸灾乐祸。这些远足的可贵之处，就是让我单独面对蛮荒的大自然，任性地保持着自己的自由。图梅兰太太大煞风景，破坏我的全部兴致。我愤恨交加，走得越来越快，不时在荫凉处停下歇歇脚，一看见她要赶上来了，便拔腿又走。我们常常来到一些深涧上方，必须从几米宽、相当陡的崖壁上攀缘过去。崖壁上没有路，只有便于抓踩的地方。图梅兰太太望着下面深涧里咆哮的激流，说这里她过不了。我过去了，她决定折回去，钻树林找路走。我们约好在一个村子里相会，黄昏之前那里有一班开往马赛的班车。我轻松愉快地继续往前走，很早就到了约定的会合地点，手里拿着报纸，坐在大广场咖啡馆等候。最后一班班车五点半时发动了，我已经坐在上面。五点三十二分，我瞥见图梅兰太太气喘吁吁地跑了来，慌乱地向司机招着手。她在我旁边坐下，直到马赛一句话也没说，到达时才对我说了句：她刚才迷路了。她累坏了，卧床休息了六天。医生不允许她以后再和我一块儿去远足。

她并不怨恨我。她丈夫一走，我们又见面了。她丈夫要在圣灵降临节返回来，以后就一直住在这里了。两天前，她请我去著名的帕斯卡餐馆吃晚饭。我们喝了很多黑茶藨子酒，吃了烤狼鲈，返回途中两个人非常开心，用英语交谈，她对我口音太重表示气愤。我把书包撂在她家里了，便跟她去取。一进屋，她就一把抱住我搂在怀里，说："啊！扔掉咱们的假面具吧！"一边疯狂地吻我。她急吼吼地对我说，她头一回见到我就爱上了我，现在该把虚伪彻底抛弃了。她恳求我这一夜和她睡。我被她这狂热的自白闹蒙了，只是结结巴巴地说："想一想明天早上吧，我们会怎么样？""要我给你跪下吗？"她失去理智地问我。"不，不！"我说着就逃了出来，脑子里不断重复着一句话："明天我们怎么见面？"第二天，图梅兰太太强露笑颜对我说："你没有相信我昨晚上说的话吧？你明白我是开玩笑吗？""当然明白。"我回答。但是她脸色阴沉。我们沿着普拉多街去学校时，她自言自语："我觉得仿佛在给自己送葬！"第二天她丈夫来了。我则去了巴黎。我回来后，我们几乎再也没有单独在一起待过。不久，学年就结束了。

我很少像在图梅兰太太突然"扔掉假面具"的那间门厅里那样感到目瞪口呆。然而早就有许多迹象本应引起我的警觉。她给我寄过一张明信片，在署名下方画了一连串×，并补充说："希望有一天我能向你解释这些×的含义。"根据她年轻时使用过的一个象征符号，这些×显然是代表许多吻。还有她染过的头发，她粉红的羊毛衫和她的卖弄风情。可是，我说过我容易轻信。图梅兰太太恪守妇道的表白，使我相信她是一个贞洁的女人。由于我所受的教育使我受到清教主义浸染，我对人的看法并不重视性这方面的事情。再说，性更多的是伦理学上的问题，而不是心理学上的问题，这我后面还要谈到。对人我一味地责备、赞同，判断他们该做什么，而不试图解释他们所做的事情。

通过图梅兰太太，我结识了马赛的一位医生。这结识本身微不足道，但是这结识间接地激发了我的想象力。我妹妹得了感冒，是A医生治疗的。后来我便和他打网球，每周一两个早晨，在保雷利公园。他妻子有时邀请我去他们家。他有一个妹妹，嫁给了一个品行恶劣的产科医生，与他住在林荫道旁的同一栋楼里。他妹妹患肺结核，长年卧床，穿一身浅色睡衣，黑发向后梳着，露出一个宽大苍白的脑门，脑门下面是一张瘦削的脸，一对小眼睛倒是目光炯炯的。她崇敬作家若埃·布斯凯和德尼·索拉，自己出版过一本诗集，我还记得其中一行："我的心是一块走味的面包。"她和我说的话显得很风趣。

A 医生的另一个妹妹是布格拉大夫的妻子，而布格拉大夫是一条引起轰动的社会新闻的主角：有人在他的壁橱里发现了一个被谋杀的男人，而他妻子作证，使他被判终身监禁。他始终拒不认罪，后越狱逃到了委内瑞拉，在那里竭诚为穷苦人治病，堪为楷模。A 医生曾经与他同窗，对我谈起他，认为他在智力和性格上都是一个超群的人。能认识这样一位著名苦役犯的家人，我感到很得意。布格拉的上一位太太皮肤粗糙，说话粗声粗气，人凶巴巴的，已改嫁，说自己的儿子是私生子。我倒是宁愿想象她说的是谎话，目的是为了搞垮她的前夫。我从布格拉身上看到一个值得同情的冒险家。他是资产阶级充满仇恨的阴谋的受害者。我隐隐约约打算把这个故事写进一本书里。

父母来与我共度了一个星期。父亲请我们去全城最好的伊斯纳尔餐馆喝普罗旺斯鱼汤。我和母亲一块儿去游圣博姆峰。我表兄夏尔·西尔苗纳偕妻子逛马赛城，我们参观了一艘远洋客轮。塔皮尔和女朋友在这里停留了两天，开着汽车带我去了一趟沃克吕兹泉。这只是稍微散散心而已。我处于孤独之中，尽可能充分利用大量的闲暇，有时去听音乐会，欣赏过万达·兰多夫斯卡[1]的演奏，在歌剧院观看过《地狱里的俄耳甫斯》和《宠妃》。我怀着赞赏的狂喜，看了在巴黎引起愤慨的《黄金时代》。当时弄到书还有些困难。倒是有一家供教员借书的图书馆，但没有多少书可借。我借了朱尔·

---

[1] Wanda Landowska（1879—1959），波兰出生的女拨弦键琴演奏家。

勒纳尔的《日记》，司汤达的日记、通信集，以及阿尔贝雷写的关于司汤达的著作，尤其找到几本有关艺术史的书，从中受益匪浅。

我从不感到无聊，因为马赛魅力无穷。我顺着被风吹浪打的防波堤走去，观看站在被浪涛拍打的礁石间的渔夫们在被污染的水里钓什么鱼。我沉迷在码头凄凉的氛围里，在埃克斯门附近和一些街区徘徊。在那些街区，有一些皮肤被晒得黑黑的人在倒卖旧鞋和旧衣服。由于我编过荒唐故事，布特里街对我充满诱惑力。我打量那些涂脂抹粉的女人，通过半掩的门，瞥见里面一些铁床上面花花绿绿的大招贴画。这真比斯芬克司像的镶嵌图案还富有诗意。在古老的台阶上、古老的街巷里，在鱼市和老港的喧嚣中，我两眼看到、两耳听到的一切，都充满勃勃生机。

我对自己挺满意。我曾经在马赛火车站前宽阔的台阶上面给自己提出任务：不要人帮助，一天天独自营造自己的幸福。现在这任务我完成得不错。有些下午，将近黄昏略显忧伤的时刻，我走出校门，买一些肉末千层酥或小干酪蛋糕准备当晚饭，在薄暮中回到那没有任何盼头的房间，却在惆怅中感到几分温馨，这是我在巴黎的喧嚣芜杂中从来不曾体验到的。我重新获得了肉体的平静，这次不折不扣的分开与那种不断乍分乍合比较起来，我所经受的考验自然不那么难受。而且我说过，一切都是相互关联的，心情烦躁时，我会心平气和地忍受，因为我不再轻视自己，甚至喜欢自己。这一年，我有点违背了我与萨特一块儿遵循的道德观，那就是拒绝任何形式的自恋癖，我欣赏自己怎样生活并努力使自己的生活变得充实。我喜欢凯瑟琳·曼斯菲尔德，喜欢她的短篇小说，她的《日记》和她的《书简》。我从邦多勒的橄榄园里寻找她的回忆，觉得那个使她不堪忍受的人物"孤女"，倒是有几分传奇性。我在欧中央啤酒屋二层吃中饭，或者在又暗又凉、贴满拳击手照片的夏莱小餐馆吃晚饭时，常常对自己说，我也堪比那位"孤女"，我在省府广场梧桐树下饮咖啡，或者在拱门凭窗眺望老港时，觉得自己就是一位"孤女"。我特别喜欢这个地方：左边，半明半暗中有铜箍的圆桶闪着光，听得见有人说悄悄话；右边，有轨电车哐当作响，小贩们扯着嗓门叫卖缀锦蛤、淡菜、海胆，另一些人叫嚷着去伊夫城堡、埃斯塔克、小海湾的船要出发了。我望着天空、行人和渡轮良久，才低头看自己正在批改的作业或正在阅读的书。我怡然自得。

我拥有的时间太多，不干点什么不行，便着手写一本小说。与上一年相比，我的自我批评更加严厉了，煞费苦心写在纸上的句子，往往不令我满意，于是决定先练手。我在省府旁边一家咖啡啤酒店里坐下。这家店出售马赛式的牛羊下水，墙上贴着花彩和半圆环饰，沐浴在金灿灿的阳光里。我努力描写一切，但很快明白这样实在荒唐。于是，我又坐下来写书，相当顽强地坚持着，直到写完。

这本小说不像前一本那样无病呻吟了。不管是对还是错，自从觉得自己处境危险，我便与自己的生活保持了一定的距离，在担心、愧疚之中，对生活做出评价，责备自己对待萨特像过去对待莎莎一样，没有保持我们关系的坦诚，险些把自己的自由也搭了进去。这个错误，我觉得如果能把它写进一本小说里，就能把它洗刷掉，甚至使它得到弥补。我开始有些东西要讲述了。因此我开始接触在以后我准备写的故事里会反复出现的一个主题，即他人的幻影①。我不希望人家把这种迷恋与一个普通的爱情故事混为一谈。我把两个女性作为作品的主人公，多少有点天真地想使她们的关系排除性方面的任何暧昧。我把自己身上相互矛盾的两种倾向，即对生活的热情和完成一部作品的欲望，分别放到她们两个身上。我虽

① 在我出版的第一本小说《女宾》里，这个主题仍占有重要地位。——原注

然更多地顺从第一种倾向，但赋予第二种倾向更大价值，使我笔下体现这种价值的普雷丽雅娜女士各方面都充满魅力。她与勒梅尔夫人同龄，像勒梅尔夫人一样风雅而有所节制，懂人情世故，为人谨慎，老成持重，善于保持沉默，抱怀疑主义而又讨人喜欢，有点看破红尘。她身边有许多男性朋友，但作为女人却是孤单地生活着，不依附任何人。我赋予她卡米耶的那种艺术天赋和从事创造性工作的情趣。可是让她搞什么艺术呢？我踌躇再三。这一直很难，我无法塑造出一位伟大的作家、一位伟大的画家。另一方面，如果普雷丽雅娜女士的雄心与成就之间距离太大，她在我眼里就会显得可笑。我宁愿让她在一个不那么重要的领域获得成功：她领导一个木偶剧团，自己制作木偶，给它们穿衣化妆，还自己编喜剧让它们演出。我说过我是多么喜爱这类节目。木偶非人的纯洁与普雷丽雅娜女士的脸十分协调。我用心地描写普雷丽雅娜女士的脸，但一心想说明的是她为什么那样有吸引力。至于她真的怎么样，她与自己、与事物的关系，我一概不放在心上。我又一次想要制造奇迹。

　　热娜薇耶芙这个人物更真实一些。我把自己的某些特点加以夸大放到她身上。她二十岁，既不丑也不蠢，只不过智力有点粗拙，人不妩媚，容易感情冲动，而缺乏机敏的感悟力。她生活在当下，风风火火，不甘平淡，一旦没有别人的意见作参考，就没了思想，没了感觉，没了主心骨。她狂热地崇拜着普雷丽雅娜女士。她的故事不是一个醒悟的故事，而是一个启蒙的故事：她在自己塑造的偶像后面，发现了一个有血有肉的人。普雷丽雅娜女士尽管装得满不在乎，其实心里爱着一个男人，只是命运把他们分开，使她感到痛苦。她是女人，容易受到伤害。不过她并不因此不值得尊重、不配得到友谊，没让热娜薇耶芙失望。只不过热娜薇耶芙明白，谁也无法让她免于自己承受生活的重担，所以决定追求自由。

普雷丽雅娜女士对这个姑娘既抱有好感，又感到气恼，因为这个姑娘在她的蔑视面前，总是低眉垂目，恭敬有加。这不足以构造曲折的情节。此外我觉得，要想展示世界的深度，有必要同时讲述好几个故事。我的过去给提供了一个故事，一个悲剧性浪漫故事，即莎莎的死。我着手把它写出来。

　　我把莎莎改名为安娜，让她嫁给一位思想正统的中产者。在第一章里，她在利穆赞的乡间别墅接待她的朋友热娜薇耶芙。我试图重现劳巴尔东的气氛，包括那座房子、祖母和果酱。后来，安娜和普雷丽雅娜女士在巴黎相遇，她们之间产生了深厚的友谊。安娜爱着自己的丈夫，但在被丈夫幽禁的环境里日渐衰颓，进入普雷丽雅娜女士的圈子之后，她就精神焕发了。普雷丽雅娜女士鼓励她发挥音乐方面的才能。丈夫禁止她与这些人交往。一方面要忠于爱情、责任感和宗教信仰，另一方面渴望解脱，安娜左右为难，不久便离开了人世。热娜薇耶芙和普雷丽雅娜女士在乌泽什参加了她的葬礼。在回来的火车上，热娜薇耶芙因悲痛而精疲力竭，睡着了。普雷丽雅娜女士爱慕地打量着她那张憔悴的脸，当晚在巴黎，她以从未有过的随便态度和她交谈。因为这次交谈，也因为强烈的痛苦，热娜薇耶芙回到了孤独和现实之中。火车上的插曲使热娜薇耶芙处于有利地位。我对她有好感，尽管极少夸赞她。我希望到了四十岁能够和普雷丽雅娜女士一样：主宰自己，有点麻木不仁，不会老泪纵横。可是为了这种超脱的境界而同意牺牲自己的激情和痴迷，我想到这一点就不免会感到惋惜。

　　我这本小说的主要缺点，是安娜的故事站不住脚。要理解莎莎的故事，就要从她的童年入手，了解她所处的家庭环境、她对母亲的敬爱（夫妻之爱根本不能与这种敬爱等量齐观）。一位母亲从孩子幼年起就受到孩子的敬爱，无疑会对孩子保持着可怕的影响，哪怕是孩子遗憾地感到她思想狭隘、滥施权威。一位丈夫受到评判和指责，就不会再受到尊重，安娜的丈夫显然在肉体方面对她没有什么影响，因为我描写的是道德方面的冲突。安娜对我配给她的那位传统中产者的忠诚，她对普雷丽雅娜女士总归有点轻浮的友谊，这二者怎么就把她撕扯至死了呢？简直让人难以相信。

我的错误，在于使这个悲剧脱离了赋予它真实性的实际情况。我所考虑的，一方面是理论的观念，即中产阶级的僵化与求生意愿之间的冲突；另方面是原始的事实，即莎莎之死。这是一个双重的错误。小说的艺术之所以要求转换，那是为了超越趣闻轶事，阐明并不抽象而是不可分割地融入了生活的某种意义①。

我这部小说在其他一些方面也犯有错误。围绕在普雷丽雅娜女士身边的艺术界像她本人一样虚假，我用以充斥艺术界的那些傀儡人物都十分华丽俗气。此外，我不擅长同时摆弄三个以上的人物：我试图描写一个热闹非凡的聚会，结果却令人沮丧。我感兴趣的是人与人之间的关系，不想写一本仅限于谈我自己而显得像写一本私人日记之类的书。可惜，我没有能力超脱，还是落进了俗套。

在这些最初的习作里值得一提的，是我采取不同角度的方式。热娜薇耶芙是通过安娜的眼睛观察的，这使她的纯朴显得有点神秘；普雷丽雅娜女士和安娜是通过热娜薇耶芙的视角出现在读者面前的，而热娜薇耶芙觉得不很理解她们。在这种种不足之外，读者被诱导去揣测，而不是被强迫接受真相。不幸的是，尽管作了如此精心的描述，我这几个女主人公还是不够真实可信。

在这一年，我至少没有把自己所做的工作视为烦人的事情。我常常坐在拱门咖啡馆的一扇窗户旁，眺望着老港，呼吸着它的气

---

① 在这一点上，我为自己方便而重复萨特和布朗肖阐述的思想，我的失败明显地以悖理说明了他们的思想。——原注

息，琢磨着四十岁的女人如何思考、感觉和承受痛苦。我将渐渐地演化成这种女人，对她们既羡慕又惧怕，急于想把她们的特点定格在纸上。我永远不会忘记那个秋天的下午，我绕着贝尔水塘散步，一边默述着我这本书的结尾。在一间暗下来的客厅里，热娜薇耶芙前额贴着玻璃窗，望着头几盏路灯亮起来，她纷繁的心绪平静下来了，她主宰了自己。长沙发上躺着那几个木偶。追忆这虚幻的世界，我觉得自己仿佛飘飘然脱离了自我，活生生地进入了画作、雕像和小说主人公们的境界。我把带咸味的芦苇芳香和风的絮语，带进了这荣光之中。水塘是真实的，我也是真实的。但是，此刻所产生的作品的必然性和作品的美，改变着这真实，接触到了虚幻。无论写散文还是写报告，我都从没如此兴奋过。我一旦发挥想象力进行创作，就会立刻兴奋起来。

　　我回巴黎过诸圣瞻礼节。每逢有两天假期，我都要回巴黎。我总在巴黎过圣诞节。另外，我还借口感冒、消化紊乱，不正当地请假。我已经搬出外婆家，住进了盖-吕萨克街一家小旅馆。我与萨特之间书信来往频繁，但彼此心里还是有说不完的话，首先是谈二人各自的工作。十月份，领导欧罗巴出版社的罗贝尔·法朗士拒绝出版《真理的传说》，萨特便将它束之高阁。思考再三，他认为这本书也有许多不可取的地方，书中虽然表达了一些鲜活的思想，但貌似传统实则矫揉造作的文笔，使这些思想失去了活力。他着手写的《论偶然性》就好一些，其中显露了《恶心》的轮廓。

　　在十月份的一封信里，他对我讲述了他与树的初次机缘。这使得树在他这本书里占有了重要位置：

　　"我去看了一棵树。要看这棵树，只需推开福克路一个美丽的街心花园的铁栅栏门，选择好对象和一把椅子，然后观察。离我不远处，一位远洋航行军官的年轻妻子，正向您年迈的外婆讲述海员这个职业的诸多难处。您年迈的外婆摇着头说：'这正是我们的难处。'我看着那棵树。它挺拔。在这里我不怕为我的传记记下这样两条珍贵的信息：我是在布尔戈斯知道了一座大教堂是什么样子，在勒阿弗尔知道了一棵树是什么样子。可惜我并不太知道这是棵什么树。您会对我说，您知道那些玩具，只要很快地拨动一下，它们就会在风中转动。这上面到处都有细小的绿色的柄，看上去挺滑稽，上面正如这样还插着六七片叶子。（随信附上一张草图，我等着您的答案[①]。）二十分钟后，词库里所有比喻——正如伍尔夫夫人所说，用来把这棵树比喻成它自身之外别的东西的所有比喻——都用尽了，我便走了，清醒地意识到……"

每次重逢，他总拿出分别之后所写的东西给我看。这篇作品的整个初稿，依然很像《真理的传说》，是一篇关于偶然性的冗长而抽象的思考。我坚持要萨特让罗冈丹的发现带点小说的色彩，在故事里引进一些我们喜欢的侦探小说的悬念。他接受了。我准确了解他的意图，而且我比他更能从读者的角度，判断是否切中了要害，所以他总是接受我的意见。我细致而严厉地对他进行批评，比如责备他滥用形容词和比喻。然而我深信，这一次他已经得法，他写的这本书，已经摸索地试写了很长时间。他会成功的。

如果在巴黎住的时间短，我就只见萨特和我妹妹。如果有时间，我也乐于与朋友们会面。尼赞在布尔格教书，他组织了一个失业者委员会，鼓动失业者加入统一总工会，引起当地报纸的猛烈抨击。市议会因为被他称为"一帮混迹社会的不学无术者"而大为愤慨，向学区视察员告发他。学区视察员要他在教师职位和政治煽动

[①] 那是一棵栗树。——原注

者的角色之间做出选择。尽管如此，他继续举行集会并且参加竞选。里莱特在他的整个竞选活动中都跟随着他，戴着长长的红手套，可惜只争取到八十票！帕尼耶在兰斯当教员，经常给勒梅尔夫人带来成箱的香槟酒，我们与他们喝光过不止一瓶。他像萨特一样，几乎所有时间都待在巴黎。卡米耶以坚定的步伐迈向荣誉，我甚至相信她就要功成名就了。

这个时期杜兰推出了一系列节目，让年轻的剧作者崭露头角。他的节目单上就有一出卡米耶创作的戏：《阴影》。故事发生在中世纪的图卢兹。一个美丽至极、从各个方面讲都出类拔萃的女人，嫁给了一个药店老板。她当然不爱这个药店老板，也从来没有爱过任何人。一天，她遇到一位很有魅力的大贵族加斯东·弗比斯。两个人惊愕地发现，他们有着相同的相貌，而且在一切方面都毫无二致。少妇疯狂地爱上了男版的自己。可惜世事弄人。为了不失去这段非同凡响的恋情，女主人公毒死了自己的恋人，并且与他同归于尽。卡米耶饰演药店老板娘的角色，带我去观看过一次排练。杜兰仅仅纠正排演中的一些细节。卡米耶在舞台上表演，魅力不减。她这部戏的自恋主题令我不快，但杜兰觉得它相当不错，最后决定公演，让卡米耶自己饰演主角。她胜利了。彩排那天晚上，我在马赛，萨特在勒阿弗尔，勒梅尔夫人和帕尼耶去观看了。布景和服装都非常美。一对情侣穿着一模一样的豪华蓝天鹅绒服装，金色的头发上戴着一模一样的无檐软帽。卡米耶光彩照人，自信地演好自己的角色，赢得了观众的好感。然而，当她在地上打滚，尖叫着："我要狠狠地咬这没有生命、没有感觉的肉！"观众哄堂大笑。最后，幕布在一片起哄声中落下。杜兰太太跑到后台大喊大叫："剧场的脸都丢光了！"只有安托南·阿尔托握住卡米耶的手，说这是一部杰作。第三天，萨特经过加布里耶街，大门上的门铃不响了，里面没有人回应。三天后他再去卡米耶家，这回她给他开了门。她的卧室地板上散落着剪报。"我要让他们看看，这些白痴！"卡米耶恶狠狠地嚷道。她在路济弗尔面前跪了两天两夜，用拳头敲打着家具，恳求路济弗尔为她报仇。

我并非崇奉成功，远远不是这样，而是照萨特所讲的情况，欣赏卡米耶的狂怒。在我看来，她的失败并没有什么大不了的，我只是责怪她缺乏自我批评意识。一想到她，我既惊愕又厌烦。

我非常渴望多看一些地方，复活节假期间便拉萨特一块儿去布列塔尼。细雨蒙蒙，游人稀少的圣米歇尔山孤寂地矗立在灰蒙蒙的海天之间。在保罗·费瓦尔的《海滩仙女》里，我读到过涨潮与一匹奔马疯狂赛跑的故事，不禁心潮澎湃。"海滩"这个美丽的词便印在了我心里。那展现在我眼前灰白、涌动的海滩，在我心目中像它的名字一样神秘莫测。我喜欢圣马洛，喜欢它那些外省式的狭窄街巷。往昔在这里，大海的喧嚣惊起过多少海盗。像牛奶咖啡般翻滚的海浪拍打着格兰贝湾。景象壮观。貌似简朴的夏多布里昂的墓地，在我们看来富丽堂皇得可笑。为了表示蔑视，萨特在上面撒了一泡尿。我们喜欢莫尔莱，尤其喜欢洛克洛南，它那宏伟的花岗岩广场和那家古老的旅店。旅店里有许多古旧玩意儿，我们在那里吃过煎饼，喝过苹果酒。不过总的来讲，这一次实际情况还是令我有些失望。后来我才喜欢上布列塔尼，但这一年交通不便，又细雨连绵。为了看荒原，我硬要萨特陪我绕着圣米歇尔-达勒山附近步行了四十公里，最后爬上山顶，才发现视野并不开阔[①]。布雷斯特正下雨，尽管旅店老板一本正经地提出警告，我们还是去逛了伤风败俗

[①] 二十年后我们驾车去游览了一趟，正赶上要来暴风雨，阴云密布，那辽阔的荒野景象令我们惊叹不已。——原注

的街区。在卡马雷，雨水浇湿了成堆的豌豆。我兴高采烈但有点头晕地绕拉兹角转了一圈，在弥漫着沙丁鱼味的杜瓦讷内度过了阳光灿烂的一天。我仿佛还看见那些渔民，穿着褪色的粉红长裤，一字儿排开坐在码头的栏杆上面。颜色悦目的轻舟正准备驶向远方可捕捞红龙虾的海域。最后，我们被恶劣的天气赶出了坎佩尔，回到了巴黎，比预定的日期提前了两天。我居然如此不按计划行事，真是异乎寻常。就是在这次旅行期间，有一个奇怪的名字头一回出现在我们眼前。我们刚徒劳无益地参观了圣保尔·德·莱昂一座镂空的钟楼，坐在附近的田野里，萨特翻阅一期《新法兰西杂志》，笑着给我读了一句话。这句话提到本世纪三位最伟大的小说家：普鲁斯特、乔伊斯、卡夫卡。卡夫卡？这个古怪的名字引得我也笑了。如果这个卡夫卡真是一位伟大的作家，我们不会不知道吧。

我们继续留意文学方面出版的一切东西。这一年收获平平。相反，电影却有令我们满意的成果。现在我们屈从了有声电影的胜利，唯有配音译制片令我们生气。米歇尔·杜兰呼吁观众抵制配音译制片，我们赞同他，但他的呼吁没有人响应。不过实际上这对我们无关紧要，因为大电影院都给我们放映原版影片。没有什么能阻止我们欣赏美国刚出现的新品种：滑稽电影。最后的巴斯特·基顿[①]们，最后的哈罗德·劳埃德[②]们、最早的埃迪·坎托[③]们延续了，而且是富有魅力地延续了喜剧的传统。但是，诸如《假如我有一百万》《一百万美元的腿》等一些影片，虽然让 W. C.菲尔兹[④]崭露头角，却比马克·森纳特[⑤]的喜剧更彻底地蔑视理性，而且攻击

---

① Buster Keaton（1895—1966），美国无声片演员、默剧式喜剧演员。
② Harold Lloyd（1893—1977），美国电影喜剧演员。
③ Eddie Cantor（1892—1964），美国喜剧演员、滑稽剧明星。
④ W. C. Fields（1880—1946），美国喜剧演员，擅长讽刺和装腔作势的幽默。
⑤ Mack Sennet（1880—1960），加拿大出生的电影事业家，美国通俗喜剧之父。

性大得多。荒诞在马尔克斯兄弟身上取得辉煌成就，没有任何小丑像他们一样以惊人的方式把真实性和逻辑性击得粉碎。安托南·阿尔托在《新法兰西杂志》上把他们捧上了天。说他们疯疯癫癫的表演达到梦呓的深度。我喜欢超现实主义者那些损毁绘画和文学的作品。看到马尔克斯兄弟坑害了电影我十分高兴。他们狂怒地摧毁的不仅有社会常规、有条理的思维和语言，还有物体本身的含义。通过这种摧毁，他们革新了这一切。他们津津有味地大嚼瓷餐具时，向我们指出，餐盘不会变为一种器皿。这类异议令萨特着迷。在勒阿弗尔街头，他用安托万·罗冈丹的目光观察着一副背带和有轨电车上一个座位令人不安的变化。摧毁和诗意：美好的纲领！揭去过于人性化的装束，世界暴露出可怕的杂乱无章。

动画片日益风行，其变形和怪诞的风格不再那么辛辣，不再继续发扬光大。继《米老鼠与唐老鸭》之后，银幕上又出现了妙趣横生的《贝蒂》，其魔力那样令人不安，纽约的审查官将它判处了死刑。弗莱谢尔通过讲述大力水手卜派的英勇事迹[①]，给我们带来了安慰。

这一年我们仍然甚少关心世界上发生的事情。最引人注目的社会新闻有林白家的婴儿绑架案、克鲁格自杀、哈诺夫人被捕、乔治—菲力帕远洋客轮沉没等。但我们对这些都不感兴趣。只有戈尔古洛夫的案子使我们受到震动，原因嘛我后面再谈。我们越来越坚定地同情共产党人的立场。五月份的选举中，共产党人失去了三十万张选票。萨特没有投票。没有任何事情能让我们放弃不问政治的态度。左翼联盟取得了胜利，也就是说和平主义取得了胜利。就连激进社会党人也在为裁军和与德国和解而奔波。右翼夸张地揭露希特

[①] 这一年在巴黎放映了鲁本·马穆利安的《化身博士》、弗里茨·朗格的《M》以及《自由属于我们》《三毛钱歌剧》等片子。——原注

勒运动的迅猛发展。在我们看来，右翼的确夸大了希特勒运动的规模，因为归根到底是兴登堡而不是希特勒当选了帝国总统，而冯·巴本当选为总理。未来依然是太平景象。

六月份中学毕业会考临近，萨特得空来马赛待十来天。这回该由我来让他享受我体验过的乐趣了。看到他喜欢我所喜欢的这些地方，如老港的餐馆、卡内比埃街的咖啡馆、伊夫城堡、埃克斯、卡西斯、马尔堤格等，我就像当初发现这些地方时一样高兴。获悉我被调到鲁昂，我们便准备重游西班牙。我被派到尼斯担任中学毕业会考监考，心里乐开了花。

在尼斯，我在马塞纳广场找到一个宽敞的房间，外带一个大阳台，每天租金仅十法郎。我十分看重这种美事，因为我常去巴黎又常徒步旅行，每个月都几乎入不敷出。房东是一个五十开外的女人，浓妆艳抹，珠光宝气，夜夜去赌场，声称由于自己手法巧妙，斩获可观。我猜想她也靠算命赚钱。她每天早晨六点钟睡觉之前把我叫醒。我急奔观光汽车站，搭车到达海边或山里，然后下车步行。这里的景物没有马赛郊区那么宜人，但更绚丽多姿。我游览了摩纳哥、芒通、拉图比，去圣雷莫预先感受了意大利。傍晚将近七点钟回来，找一家咖啡馆坐下，吃三明治当晚餐，一边批改一大堆考卷，然后倒在床上。

口试期间，我就没法离开尼斯了，但过得也挺开心。女考生个个戴着大草帽，光着胳膊，赤足穿凉鞋。我打扮得和她们一样。男考生也裸露着晒得黑黑的、肌肉发达的胳膊，仿佛是来参加体育比赛。似乎没有人把口试视为一件严肃的事情。我显然没有什么威严。一位记者见我坐在一个大小伙子对面，把我们的角色弄反了，在报道中把考生当成了考官。晚上，我游憩于咖啡馆或海边的小舞厅，毫不在意地任凭陌生人与我坐同一张桌子、和我说话，没有任何人、任何事能扰乱我的心境，我完全沉浸在夜的温馨、灯光和涛声中。

颁奖仪式前一天，我穿越马赛前去签到，被允许可以不参加正式的仪式。图梅兰太太请我多留两三天，我没有理睬。萨特和他的家人一块儿生活两周，我要去纳博讷和他相会。我托运了行李，就穿上绳底帆布鞋，拎着布提包，沿着公路走去。我单独一人进行过长距离远足，但还从来没有进行过一次完整的旅行。早上不知道晚上宿在什么地方，多么有意思！我的好奇心没有减弱，相反现在我既然知道了阿尔勒教堂的大门是什么样子，就必定要拿它与圣吉尔教堂的大门进行比较。对过去熟视无睹的建筑方面的细微差别，现在我变得敏锐了。世界越丰富，等待着我的任务就越多。我在托湖畔和马格罗纳驻足，在塞特港和海滨墓园徜徉，游览圣吉列姆荒漠、蒙彼利埃、米纳夫，观赏石海、隘口、石灰岩高原和隘路，钻进"闺秀岩洞"，沿途坐火车，坐汽车或步行。无论是穿越埃罗省的黑土原野，还是行走在小路或大道上，我都在愉快地回顾着这一年的经历。这一年我书读得不多，写的那本小说也不值一提，但是开始从事自己的职业而没有感到厌烦，一种新的热情充实了自己的心灵，成功地经受住了所接受的考验，离别和孤独并未损害我的幸福。我觉得可以依靠自己。

勒梅尔夫人和帕尼耶建议我们和他们一块儿驱车去游览西班牙南方。我们俩先去巴利阿里群岛和西属摩洛哥转了一圈。在得土安，我头一回领略到摩洛哥市场那种熙熙攘攘的景象、市场里的阴影和灯光、强烈的色彩，以及皮革和香料的气味、铜锤敲打的声音。我们一向把手工艺视为人类活动的典范方式之一，因此毫无保留地欣赏眼前这种诱人的景象。商贩们长时间站在自己的摊位旁发呆，这令我有些困惑。"他们在想什么呢？"我问道。"什么也不想，"萨特回答，"人没有什么可想的，就什么也不想。"他们内心里空荡荡的，充其量他在做白日梦。这种木木然的耐心，使我有点不自在。不过，我很喜欢观看一双双麻利的手缝制拖鞋、勾织地毯。在沙文，我头一回看到夹竹桃蓬勃生长在山涧激流之中。一些洗衣妇缠着头巾，裹着花花绿绿的长袍，挥动着木杵，在涧边捶衣服。

我们返回塞维利亚。勒梅尔夫人和帕尼耶半夜时分抵达，我和萨特先他们一步进入西蒙旅店的内院，在那里我们紧紧拥抱在一起。勒梅尔夫人穿一件柞丝绸长袍，戴一顶相配的小帽，在我眼里从没显得这样年轻。帕尼耶笑容可掬，让人觉得他不管接触到什么，都会感到幸福。

除了导游手册上列出的种种足以让我们流连忘返的迷人之处外，第二天上午塞维利亚还上演了一场政变，让我们大开眼界。我们的窗户底下传来大声喧哗，只见外面有士兵和车辆经过。勒梅尔夫人懂西班牙语，女仆告诉了她外面发生的事情：一辆黑色大汽车里坐在两士兵之间的那个人是塞维利亚市长，桑胡尔霍将军下令逮捕了他。天亮时分，将军的部队占领了所有战略要地。在旅店办公室，人们正在议论一场旨在推翻共和国的大阴谋。旅店门口贴了一张传单，呼吁居民保持平静。桑胡尔霍宣称，制造混乱的人已经就范。街上有许多士兵，人行道上架有步枪，不过整个儿十分平静，名胜古迹、博物馆、咖啡馆依旧接待游客。第二天早上我们听说桑胡尔霍夜里逃跑了，他本来指望得到马德里的支持，但马德里并没有追随他。大批群众拥向街头，奔跑着，叫喊着，歌唱着，怒吼着。我们跟在人流之中。在西尔普斯街，一家设在帐篷里的贵族俱乐部着了火。消防队员不慌不忙地走过去，人们喊道："别灭火！"
"别担心！"消防队员说，"我们不着急。"等到俱乐部烧光了，他们
才打开水龙头。不知道为什么，人群突然恐慌起来，你推我挤，四
散奔逃。"这太蠢啦！"勒梅尔夫人心一横，停止脚步说，转过身，
呼吁大家保持冷静。帕尼耶一把抓住她，我们跟着其他人跑起来。
下午我们登上吉拉尔达塔楼，站在阳台上，俯视着一次凯旋的游
行：市长被他的朋友们从牢房里放了出来，正被簇拥着巡游全城。
我们下面什么地方传来轮胎的爆裂声。人群以为听到了枪声，又一
次没命地四处逃窜。整个混乱的场面令我们兴奋不已。第二天混乱
平息了，但气氛还是有点儿异样。我和勒梅尔夫人进入一家邮局，
人们奇怪地打量着我，一个男人往地上唾了一口，嘟囔道："这里不
要有这玩意儿！"我目瞪口呆。随后我们进科克大厦打听情况。在
那里我也听到一些人窃窃私语。一位职员礼貌地指指我的头巾，一
块深红色的方巾，上面点缀着黄色的锚形图案，看上去像百合花
徽①，问道："你是有意戴这种花色的头巾吗？"见我一副莫名其妙
的样子，他壮大了胆子说："这可是拥护君主政体者会选的图案。"
我连忙把这条具有煽动性的头巾摘下来。下午我们去尘土飞扬的旧
郊区特里亚纳转悠，再也没有遇到什么麻烦。晚上，我和萨特去阿
拉默达附近一家平民夜总会。一些肥胖的西班牙女人在酒桶上跳
舞。孩子们在街上叫卖干松茅花，妇女们买了插在头发上，给夜色
增添了芳香。

　　我天真单纯，没想到四个相处融洽的朋友一起旅行，竟然会成
为一件很伤脑筋的事情。在好多事情上我们都保持着一致。我们全
都厌恶西班牙的大资产者和伪善的神甫。在社会上，我们的态度泾

---

① 百合花徽是法国王室标志。

渭分明，同情穷人，憎恶富人。然而，萨特与帕尼耶之间存在很大分歧。帕尼耶主张折中，萨特则说一不二。在加的斯，萨特不肯浪费时间去看装点了好几家教堂的牟利罗的画。勒梅尔夫人出于礼貌让了步。帕尼耶领着我们，气冲冲地迈着快步，绕城墙兜了一圈，始终一言不发，走到博物馆前面突然停下了，声称他对牟利罗感兴趣。勒梅尔夫人陪同他进去参观，我和萨特则待在外面看海。这天直到傍晚，帕尼耶一直闷闷不乐。

在格拉纳达，我们在阿尔罕布拉旅店待了四天，各人支配各人的时间，这就避免了冲突，但还是频频出现分歧。勒梅尔夫人和帕尼耶只下楼去城里参观了大教堂。萨特和我对现在和过去同样感兴趣。我们在阿尔罕布拉宫里转悠了几个钟头，但也在今天的西班牙人生活的炎热而尘土飞扬的广场和街道上逛了一天。龙达在萨特眼睛里是一个死气沉沉、缺乏真正美的小镇，那里不怎么讲究的民宅、内院、室内陈设和装饰都令他生厌。他说："所有这些，都是贵族住宅，了无情趣。"帕尼耶没好气地说："这些当然不是无产者的住宅。"

萨特极端的偏见开始使帕尼耶感到恼火。当萨特只是一时兴起随便说说时，他尚能容忍。可是当这些偏见影响到萨特的情感、思想和态度时，它们便在这两位小伙伴间形成了一条鸿沟。这些偏见，萨特实际上并不承认，帕尼耶便得意地冷嘲热讽。萨特像一个富裕的小资产者那样旅游，没有怨言。他用从别的阶级借来的眼光进行的观察，能有多少真实性呢？帕尼耶言行一致，完全信奉资产阶级的自由主义。萨特却没有找到办法体现使他倾向于无产阶级的同情心。因此他的立场最不牢靠。不过，帕尼耶不愿意看到自己的资产阶级和天主教徒的信念，受到萨特的极左观点的质疑。他设法让萨特看到自己有教养的人道主义者形象，而萨特不愿成为有教养的人道主义者，帕尼耶也没能以有教养的人道主义者形象显得与众不同。两个人各自都以让对方不安的方式显示出另一种形象。这种分歧，虽然尚不严重，但是他们已感到不可小觑。这也许正是他们争吵的深刻原因。

使他们的争吵一天天激化的，是帕尼耶对我们和他们一块儿旅行，只是半心半意地欢迎。他从来没与勒梅尔夫人一块儿进行过一次如此长途的旅行，肯定更想独自和她在一起。每天都是他开车，天气炎热，路况又不好，到傍晚他已疲劳不堪，还得照管车子，找地方停放。不久他就怪我们不能帮把手分担这些累活儿。我想我们的确把不会开车当成了一个方便的借口。这样他就越来越摆出一副闷闷不乐的样子。萨特呢，也只顾生闷气。"您就像一位工程师。"当他板起脸时，我这样对他说。我这样一骂，他有时会露出笑脸，但并非每次都这样。在科尔多瓦，热到了四十二度，两个小伙伴闹得差一点翻了脸。

不过我们也有一些很愉快的时刻。我们都打心眼里喜欢安达卢西亚白色的村庄，喜欢那些腰以下被剥了皮的栓皮槠，喜欢那陡峭的海岸，喜欢薄暮将临山丘的时刻。尽管展现在我们眼前的整个景色十分壮观，还有远处的大海和对面的非洲海岸，但我们也感受到了塔里法的荒凉。在那里中饭我们吃了浸泡在脏兮兮的油里的一种鱼，一个十一二岁的男孩子走过来，用刺耳的尖嗓门对我们说："你们多幸运！能到处旅行。我呢，永远休想离开这地方。"我们想，他的确会老死在这个天涯海角。再过四年，他肯定会有所变化，可是什么变化呢？

回到法国，我们的两个朋友返回了巴黎，我们则在图卢兹停留。两天时间里，卡米耶带我们游览了这座城市。对这座城市，萨特不熟悉，我则从没来过。但对它的每块石头、每块砖头，卡米耶都能讲出许多故事，而且娓娓道来。必要的时候，她能把自己的神话、自己的角色抛到脑后，而对现实的世界感兴趣。这种现实感正适合她。她带我们去加龙河畔一家露天餐馆吃晚饭，她给我介绍了图卢兹的资产阶级、幽会屋及其主顾、"见多识广的收藏家"及其家庭。我们听了非常开心，因而寻思她怎么会浪费时间去写她那本《阴影》呢？她刚动笔写、题名为《常春藤》的小说，也许能给她带来更多运气。小说取材于她青年时代的经历，把她自己和季娜都写了进去。她告诉我们，她每天夜里都写，从半夜写到早晨六点钟。"对，人就得这样工作，每天干六个钟头，一天不停！"萨特说道。他感到遗憾的是，这一年他那本《论偶然性》没有什么进展。卡米耶不再让我嫉妒，也不让我羡慕，只激起我的好胜心。我决计要像她一样勤勉。

第三章

在返回工作岗位的前几天，萨特和我与一位朋友，有过一次很有意思的交谈。这位朋友我还没有提到过，名叫马尔科。是萨特在大学城认识的，他在那里攻读文学教师资格。他出生于波尼，人帅气得不得了，一头褐发，皮肤呈琥珀色，目光炽热，一张脸令人同时想起古希腊的雕像和格列柯的画。他身上更加与众不同之处，是他刻苦痴迷地练就的一副好嗓子。他师从最优秀的老师，深信不疑自己有一天会与夏里亚宾①齐名。他高踞于未来的荣誉之巅，鄙视自己寒微的地位，鄙视萨特、帕尼耶和我这种自甘于这种地位的人。在他眼里，我们是典型没有离开过本土的法国人，有时他只需看我们一眼，就禁不住哈哈大笑。然而对待自己的朋友，他装得非常尊重他们，每每显示出关心、体贴、奉承。我们不受他的迷惑，但又觉得他做得十分得体。他爱玩计谋，爱蜚短流长，爱诽谤中伤，这些都让我们开心。在操守方面，他显示出毫不含糊的纯洁。他与塞夫勒女子高等师范学校一个女孩子有过一段私情，但很快就在他们之间确立了一种兄妹情谊。照他的说法，性交易会使人的智力和感觉变得鲁钝。他吹嘘说，如果某个同学最近有违背贞洁的出轨行为，他一眼就能看出来。在大学城，他身后总是跟着一群仰慕者。一位仰慕者一天夜里从窗户进入他的卧室，马尔科拿起台灯砸到他头上。这件事令马尔科兴奋不已，但萨特和帕尼耶却觉得相当可疑。他不掩饰自己对女人的冷漠和蔑视。每当他眉飞色舞地谈起与一个"妙不可言的人"幽会，那总是一个帅小伙子。但是，他坚称与自己选中的人仅仅保持着柏拉图式的高尚情感。大家出于礼貌也都装作相信他的话。

这天下午，我们坐在丁香园咖啡馆的露天座。马尔科的目光扫视了一遍顾客和路人，然后没好气地停留在我们身上，仿佛在说："所有这些可怜的小资产者！你们怎能满足于这种生活！"天高气爽，秋意宜人，我们的确很满足。"有一天我会拥有一辆宽敞洁白的汽车，我要贴着人行道向前开，溅得所有人一身泥水。"萨特向他指出这类恶作剧很无聊。马尔科捧腹大笑，说："对不起……不过一想到自己这种愿望之强烈，又听到你这番说理，我就控制不住想笑！"他的话也令我们觉得好笑。萨特一再说，他不想过丁尼生②那种生活。我们期待经历一些事情，但不要那种靠金钱和空话换来的经历。这个社会的大人物和他们的奢侈逸乐在我们心里引起的鄙视，丝毫没有减弱。我们仅仅希望我们比现在稍稍富有一点，并且能尽早调到巴黎工作。我们真正的抱负不在于此。为了实现自己的抱负，我们不把希望寄托在金钱上，而是寄托在我们自己身上。

因此我们心平气和地去了外省。萨特相当喜欢勒阿弗尔。我呢，不能幻想找到比去鲁昂更好的工作了。这里离勒阿弗尔一个钟头，离巴黎一个半钟头。我要办的头一件事情，是去买一张火车月票。我在鲁昂教了四年书，对我而言，这个城市的中心一直是火车

---

① Feodor Chaliapin（1873—1938），俄罗斯男低音歌剧演唱家。
② Alfred Tennyson（1809—1892），英国诗人，常被认为是维多利亚时代诗歌的主要代表人物，得到女王的友谊，被封为桂冠诗人，红极一时。

站。学校离火车站很近。我去见了女校长，她关怀备至地接待了我，并且给了我一位老太太的地址，建议我住在那里。我按响一栋漂亮私宅的门铃，一位老太太让我看了一个房间，里面陈设别致，窗户朝向一个安静的大花园。我连忙离开了，住进了拉罗什富科旅店，那里听得见令人安心的火车汽笛声。我去火车站大厅里买报纸。车站广场旁边有一家红色咖啡馆，叫做"大都会"，我去那里吃早餐。感觉就像生活在巴黎，只不过住在偏远的郊区。

我好多天待在鲁昂哪儿也不去，常常与萨特一块儿在这里过星期四。我急于了解当地可交往的人。尼赞热情地向我介绍我的一位女同事，他与她见过两三次面，说她褐色头发，年轻，是共产党人，名字叫做科莱特·奥德里。我便接触她。她有一张讨人喜欢的脸，一对顾盼有神的眼睛，头发剪得短短的，像男孩子往头上随便扣一顶毡帽，穿一件黄麂皮上衣。她也在火车站旁边租了个房间住，把房间布置得挺有情调，地板上铺着草席，墙上贴着麻布，写字台上铺了纸，还有一张沙发和不少书，其中有马克思和罗莎·卢森堡的著作。我们头一次交谈有点局促，但十分投机。我介绍她与萨特见面，他们意气相投。她并不是共产党员，而属于托洛茨基反对派里的一个派别。她认识埃梅·帕特里、西蒙娜·韦伊、苏瓦里纳。她介绍我认识了米歇尔·科里内，是在男子高中教数学的，是他引导科莱特加入了组织。他和我一样说一不二，对我盛赞沃森[1]和行为主义。我针锋相对地大唱反调。他不时见到雅克·普雷维尔，还见到过一次纪德，但向来口风很紧，什么也不透露，除了说纪德溜溜球玩得好。这是一项时髦甚至风行的游戏。人们在逛街时手里也常常拿一个溜溜球。萨特劲头十足地从早到晚练习玩。

---

[1] John Waston（1878—1958），美国心理学家，提出并大力宣传行为主义。

我的其他同事比马赛那些人还更令人讨厌，我不接近他们。至少步行的乐趣，我可先就放弃了。诺曼底是一个开化的地方，但是阴雨连绵，枯燥乏味，对我没什么吸引力。不过鲁昂这座城市倒颇有情趣：古老的街区、古老的市场，还有引人愁怀的码头。我很快养成了一些习惯。一种习惯几乎总伴随着我们，如果伴随着我们的只是一种习惯的话。我上课，改作业，在大桥街保罗啤酒屋吃午饭。那是一条长廊，墙上挂满水银剥落的镜子，人造革长椅露出了里面的填充物，房间尽头更宽敞，一些人在打台球和玩桥牌。侍者都穿老式的黑色制服，系白色围裙，年纪都很大。这里顾客不多，因为吃得不好，安静的环境、懒散的服务、古旧的昏黄灯光，都令我感兴趣。为了躲避外省的满目荒凉，不妨借用斗牛的术语里的一个字眼，给自己安排一个"旧巢"，即一个免受外界一切干扰的地方。这间老啤酒屋正好起到这种作用。我喜欢这里，甚于喜欢我所住的房间。那是一个干净、未加装饰、适宜旅行推销员住的房间，我也将就着住。每天下午将近四五点钟放了学，我在那里坐下来写作。晚饭是自己用煤油炉做点米饭，热一碗牛奶或巧克力。然后看一会儿书就睡觉。马尔科肯定会觉得这种生活枯燥乏味，但我想他错了。一天早上，我站在窗口看对面的教堂，看做完弥撒出来的信众和教堂外依依不舍的乞丐，突然顿悟："世间并无得天独厚的处境！"任何处境都有价值，因为它们都同样真实。这是一种似是而非的观点。幸好我从来没有错误地用它来解释穷苦人的命运。我头脑里闪现这个观点时，我想到的仅仅是我自己，觉得自己显然没有被剥夺任何机会。在这一点上我觉得自己是对的。做一个平凡的人，在世间悄无声息地来来去去，在外面和自己心灵里无拘无束地徜徉，享受一切闲暇和孤独，注意一切，关心上天和自己心灵的一切细微变化，碰到无聊就避而远之，我想没有比这更有利的处境了，只要你拥有年轻人勇敢无畏的精神。

　　当然，我之所以能耐住这种孤单寂寞的生活，是因为萨特经常来，或者我去勒阿弗尔，我们也一块儿去巴黎度过很多时间。通过卡米耶，我们在巴黎认识了杜兰。这个人颇令我们喜欢，很善言谈，饶有兴味地对我们讲述他在里昂出道时的情景、在巴黎捷兔歌舞厅曾经的光辉岁月，还讲述他朗诵维庸①作品的时期，以及歌舞厅里经常发生的可怕斗殴，其中讲到一天早晨，打杂的女工清扫砸碎的酒瓶、酒杯，发现地板上有一个人的眼珠子在滚动。然而，当我们问到他的戏剧观时，他却避而不答，表情游移不定，抬起眼睛尴尬地望着天花板。看到他工作时的情形，我才明白他为什么会这样。他有某些原则，反对现实主义，拒绝用虚幻的灯光和他所指责的巴蒂的那种简单手法迎合观众。不过，他开始导演一出戏时，并不从任何先入为主的理论入手，而是按每个剧作者独特的艺术进行导演。绝不同样对待莎士比亚和皮兰德娄②。因此不要凭空去问他，而应该看他如何工作。他允许我们看了《理查三世》的好几次排练，而且使我们感到惊奇：他说每一段台词，给人的印象都是在进行新的创作。困难在于让演员将他创造的语气、节奏和语调融会贯通。他不做解释，而是启发，让人着迷。渐渐地，演员就成了他要塑造的人物，因为他既利用他们的才能，也利用他们的缺点。这种变化并不总是顺利地实现的。杜兰既要管设备安装、舞台演出和灯光，还要研究自己的角色，所以有时不免忙得晕头转向。这时他就会大发雷霆，接着莎士比亚戏里的一句台词，说出一句绝望或怒气冲冲的咒骂："啊，这个，彻底搞砸啦！没有人助我一臂之力。没有必要继续下去了。"他声色俱厉地咒骂，痛心疾首地唉声叹气，

① François Villon（1431—1463），法国抒情诗人。
② Luigi Pirandello（1867—1936），意大利小说家、剧作家。

114

放弃继续排练，放弃筹划《理查三世》，甚至要放弃搞戏剧。助手们都恭敬而沮丧地僵立着，但谁也不把他那有名的发火当回事，连他自己也不相信这样发火管用。突然，他又变成了理查三世。他有着巨大的诱惑力，他那张脸上鼻翼翕动，嘴巴歪扭，目光狡黠，惟妙惟肖地表现出一副残忍的样子。索科洛夫凭外貌和口音，塑造出一个非常独特的白金汉，而杜兰赋予了白金汉那么多活力和感染力，使观众不自觉地迷上他。在这些排练中，他认识了美貌非凡的玛丽-埃莱娜·达斯特。她从其父雅克·高波身上继承了一个宽大光滑的前额，一对明亮的大眼睛。玛丽-埃莱娜饰演的是根本不适合她的安夫人这个角色。杜兰设计了一套巧妙的装置：用一张粗网眼的网把舞台隔成前后两半，可以借助灯光让场景处于网的前面，贴近观众；或者可以把场景移到网的后面，造成一种距离感。

能了解一个节目制作的奥秘，我既觉得有意思，也感到得意。科莱特·奥德里领我去看拍电影，使我非常高兴。她妹妹雅克琳娜担任场记的那部影片名为《艾蒂安》，是根据雅克·德瓦尔的一个剧本改编的。摄影棚里人很多，很热。我觉得雅克琳娜很漂亮，很高雅。不过那里还有一些着装比她还漂亮的女人，其中有一位女演员虽然已徐娘半老，但那身灰绒套装令我惊叹。一些群众演员待在角落里苦苦地等待。雅克·博梅拍了一场戏的开头，听到经理叫他，咂了一下嘴，大概说了声："这就来，经理先生！"摄影师对灯光和取景都不满意。博梅将一句对白重复了十三遍，丝毫没有改变语调和表情。在很长一段时间里，这给我们留下了一个可怕的回忆。

晚上八点钟，我们在圣拉扎尔火车站登上把我们分别载回鲁昂和勒阿弗尔的列车时，不免有点惆怅。我们坐的是二等车厢，快车里没有三等车厢。蓝色的车厢里总是太热，两边挂有照片，展示诺曼底和布列塔尼的旖旎风光，有朱米埃修道院、哥德贝克教堂、克里克博夫沼泽地带。这些地方，我直到二十年后才身临其境。我们埋头读范·迪纳的小说，读惠特菲尔德和达希尔·哈米特[1]血淋淋的惊险故事。评论家把后两位捧为一种"新小说"的先驱。我走出火车站时，城市已进入梦乡。我在准备打烊的大都会咖啡馆吃一个羊角面包，便回房安歇。

　　在巴黎、勒阿弗尔和鲁昂，我们的主要话题就是我们所认识的人。他们萦绕于我们心间，如果闭口不谈他们，就会使我所描述的我们自己的生活显得枯燥乏味。闭口不谈虽然有显而易见的理由，但事实上，他人的生活这种总是难以预料、常常令人惊异的躁动不安，充斥着我们的每一天，使我们的生活免于单调。每时每刻总有问题提出来。若若不久前嫁给了她过去的一位美术老师，但与墨守成规、虔诚信教的婆家相处不融洽，夫妻俩几乎每天都争吵。她对丈夫多有怨气，但又受丈夫吸引。对这种矛盾的情感，她的感受怎样呢？她与我的妹妹一直亲密无间，但各自都按自己的方式走向成熟，她们的情谊有其复杂性。雅克琳娜·勒梅尔要订婚了。在那些求爱者之中，她为什么偏偏与这个男孩子而不是与另一个订婚呢？前一天晚上，塔皮尔和莉斯托梅尔太太发生了争吵，其真正的原因是什么呢？我们遇到新面孔时，总要从各个方面反复揣摩，不厌其烦地加以修饰和补充，试图画出他们的肖像。我们的所有同事都经历过这个过程。我们对科莱特·奥德里特别感兴趣，寻思她与政治、爱情、她妹妹、她自己的关系。萨特也对我谈到他的一个学生。这个学生很聪明，其玩世不恭的态度让萨特觉得挺有意思。他

---

① Dashiell Hammett（1894—1961），美国侦探小说"硬汉派"代表作家。

本来要上移民学校，但萨特引导他学哲学。他名叫利奥奈尔·德·卢勒。父母离异，他与痴迷占星术和炼金术的母亲生活在勒阿弗尔。这位母亲根据儿子与某种准金属的亲和性，来解释儿子的性格，预卜他的命运。小伙子向萨特详细讲述了他艰苦的童年。萨特称他为"弟子"，非常同情他。

　　我像萨特一样也重视一个一个的个人，像他一样迫不及待地解剖他们，重新构造、修饰他们的形象。可是，我很不善于看透他们。我与图梅兰太太之间发生的那件事，就说明我盲目。我更喜欢判断而不是理解他们。这种道德主义可以追溯到很久远。孩提时代，我的家庭所炫耀的那种优越感助长了我的傲慢自大。后来，孤独又使我陷入咄咄逼人的高傲。我所处的环境进一步促使我倾向于严肃。像所有成群结伙的青年一样，萨特这帮小伙伴也把好与坏区分得一清二楚。我一加入他们，自然也责怪那些不守规矩的人。我表现得比萨特和帕尼耶还偏狭。他们不论如何无情地抨击别人，至少要设法弄清楚人家究竟是怎么回事，他们友好地嘲笑我缺乏对别人心理的理解。我为什么就不能加以纠正呢？我保留了青年时期喜欢沉默和神秘的特点。超现实主义对我产生了影响，就是因为我从中看出了神奇。面对他人，我任凭自己被表面的闪光迷惑、愉悦、吸引，而不寻思表面的闪光掩盖着什么东西。其实我是可以摆脱这种唯美主义的。我固守这种唯美主义，也有着深刻的理由：他人的存在始终是一种下不了决心干脆去面对的危险。在十八岁的时候，我与这种企图把我变成怪物的魔法进行过艰苦的斗争。如今我仍然提防着。萨特嘛，我与他合得来，因为我宣称"我们融为了一体"。我把我们俩一块儿安置在世界的中心。围绕在我们四周的，是一些可憎、可笑或可爱的人。他们的目光不落在我身上，我是唯一目空一切的人。我肆无忌惮地嘲笑舆论。我不懂得尊重人，往往令萨特感到难堪，因为那时他是很尊重人的。有一天我们吵了一架，因为我想去"弗拉斯卡蒂"饮酒。那是勒阿弗尔的豪华大饭店，面向大海，视野开阔。可是我的长筒袜上有一个大洞，萨特坚决不同意去。另一回，我们在巴黎，口袋里一个铜板也没有，身边又找不到任何人可以借。我建议他去找我们每周下榻的布洛瓦旅店的经理。萨特反对，因为此人令人恶心。我们争论了一个多钟头，一边在蒙帕纳斯大街上走来走去。"既然您厌恶他，"我说，"那么您干吗还在意他脑子里想什么呢？"萨特回答说："对一个人形成的想法会制约他的行动。"

人不可能彻底体验一个错误。最简短的一次交谈也意味着对方与我之间的相互交流。由于萨特对他们的信任，也由于他们个人的威望，勒梅尔夫人和帕尼耶的批评或讽刺都会触动我。卡米耶的自信有时还是令我困惑。科莱特·奥德里有时对我谈起西蒙娜·韦伊。尽管我对她并不十分同情，但这个奇特的女人的生活令我敬服。她在普伊当教员，据说住在运货马车夫住的一家小旅店，每个月头一天把自己的工资全部往餐桌上一放，让大家随便取用。她曾经在铁路上与铁路工人一同劳动，目的是成为一个失业者代表团的领头人，为他们提出要求。她引起了市长和学生家长的敌视，差点儿被赶出大学校门。她的聪明才智、吃苦精神、极端主义和勇敢品质令我赞赏。而我知道，她即使认识我，也不会赞赏我的。我无法把她纳入我的世界，因此模糊地感觉受到威胁。不过我们各有各的生活，彼此隔着这么远的距离，我也就没有必要为此大伤脑筋了。平常我行事大多十分谨慎。我不去想其他人也是和我一样的人，一样有意识，拒绝设身处地为他人着想，所以总喜欢冷嘲热讽。这种不经意的成见，使我每每态度粗暴，恶语伤人，累犯错误。

这并不妨碍我和萨特漫无边际地议论所有人。相反，所有人都乖乖地接受我们的评判。我们评判的权威得以确立。我不善于观察，可是在力求理解别人而进行的议论中，我总是坚持己见。我们十分需要一致努力，因为我们并不掌握任何评理的方法。我们蔑视法国传统心理学，不相信行为主义，给予精神分析法的信任十分有限。在这方面，我们与科莱特·奥德里讨论过不止一次。共产党人谴责精神分析法。波利泽在《公社》杂志里把它定论为一种"唯能论"，因而是与马克思主义不相容的唯心论。相反，托洛茨基分子和其他反对派人士都趋之若鹜。科莱特及其朋友则根据弗洛伊德和阿德勒的模式，解释他们的情感、行为和失败的行动。

阿德勒《论神经质》的著作比弗洛伊德的书更令我们满意，因为阿德勒给予性的位置要小一些。但是我们也不接受"自卑情结"这一概念可以运用在随便什么人身上。我们谴责精神分析学家解析而不是理解人。他们对"秘诀"几乎自动的运用，有助于他们将自己的经验虚假地合理化，而这些经验本来是应该根据其独特性加以理解的。事实上，这些谴责只有一部分是站得住脚的。可是，我们不加区别地对待严肃的研究者——弗洛伊德本人，他的某些弟子以及他的对手——和以浅陋的偏狭运用自己的理论的业余研究者。这些业余研究者本该令我们气愤。最令我们气愤的是，科莱特的一些伙伴竟然就自己的人生方向去咨询一些精神分析学家。其中有一位在两个女人之间犹豫不决，便去请教 D 博士（这位博士以诊治过许多超现实主义者而著称）他究竟应该选择哪一个。博士回答说："应该让自己的感情像落叶一样脱离自己。"科莱特对我们讲起这件事时，我们十分愤慨，因为我们不接受人生是一种疾病，不接受在必须作出一种选择时，不由自己决定，而是去找医生开一个处方。

不过在这方面像在许多方面一样，我们虽然知道应该避免什么样的错误，却不知道用什么样的真理取代错误。从雅斯贝尔斯那里借用的"领悟"这个概念，仅仅给了我们一个模糊的指示。要想综合地抓住个人的独特性，必须掌握我们尚未掌握的模式。我们这些年的努力就是求索和创立这种模式。这是我们的日常工作，我想它比任何阅读或任何外在的收获都更充实了我们。萨特造出了"自欺"的概念。照他的说法，这个概念说明其他一些人无意中转述的种种现象。我们力求揭露"自欺"这个概念的各种表现形式，如花言巧语、记忆作假、逃避、抵赖、美化等。每当发现一个新的名目、一种新的形式，我们就感到欣喜。我的一位年轻同事在教员小公室里慷慨激昂地发表鲜明的意见，表现出极端情绪。可是我尝试找她单独谈时，却像陷入了流沙之中。如此判若两人，令我大惑不解。有一天我恍然大悟，对萨特说："我明白了，吉奈特·吕米埃尔是一种表象。"自此之后，我们就用"表象"这个词来形容所有模仿自己并不具有的信念和感情的人。我们在一个不同的名目下发现了"角色"的概念。萨特特别感兴趣的，正是腐蚀着人的行为的这种空虚，甚至所谓感觉表面的完整。有一回他肾绞痛严重发作，却对医生声称他并不真正感到疼痛，令医生十分尴尬。他觉得疼痛本身就像一个几乎捕捉不到的气孔，尽管这疼痛使他卧床不起。另一个让我们挂虑的问题，是意识与我们自己及别人的人体机能的关系。我们力求弄清楚什么是属于肉体不可抗拒的，什么是属于自愿的。我批评萨特把自己的身体看成一束横纹肌，截断它与交感神经系统的联系。他说，人之所以止不住会落泪，会歇斯底里发作，会晕船，那是因为人甘愿这样。我则声称，胃、泪腺和头脑有时会受到不可抗拒的力量控制。

在这种探索的过程中，我们找到自己的认知手段和认知角度，便哀叹我们的活动范围之狭窄了。我们朋友很少，几乎没有什么交际。在某种程度上正因为严重缺乏社交，我们对社会新闻产生了强烈兴趣。我经常买《侦探》杂志，它频频抨击警察和思想正统的人。诸如精神失常和精神病等种种极端案例便特别吸引我们，因为在这些案例中，可以看到所谓正常人的态度和情感，经过夸张和纯化，显得特别生动诱人，异常触动我们的心弦。一切扰乱都能满足我们的无政府主义思想，凡是骇人听闻的事情就对我们充满诱惑力。我们的悖谬之一，就是否认无意识。然而纪德、超现实主义者，以及——尽管我们拒不承认——弗洛伊德本人，都向我们证实，每个人都有一个"无法穿透的黑暗内核①"，既不能成功地戳穿社会的陈规陋习，也不能成功地戳破语言的陈词滥调，有时却能轰轰烈烈爆发出来的某种东西。在这些爆发中总会显露出某种真理。那些释放出自由的真理我们觉得震动人心。我们特别看重的那些爆发，都能把资产阶级的污秽和伪善暴露于光天化日之下，推倒他们遮盖自己的家庭和心灵的门面。诉讼案件和罪恶一样引起我们的注意。最枯燥乏味的诉讼案对个人与集体的关系提出了质疑。大部分判决都令我义愤填膺，因为在这些判决中，社会无耻地暴露出阶级偏见和愚民政策。

　　显然，我们所关心的只是那些我们认为具有心理学意义和社会意义的事件。法尔库审判案激起鲁昂一万五千人到法院前面示威。法尔库被指控活活烧死了自己的情妇，可是他在鲁昂城名望很高。他被宣判无罪之后，人们把他抬起来抛到空中。对于这出闹剧，我始终无动于衷。相反，对另一件没有引起什么反响的事情，我和萨特久久地提出质疑。一位年轻化学工程师和他的妻子结婚三年了，十分幸福，在一家小酒馆遇到一对陌生夫妇，把他们带回了家。他们干了什么荒淫寻乐的事？早晨，这对年轻夫妇自杀了。从这件往

① 布勒东的话。——原注

事我估量我们的思想还是多么缺乏胆量。我们感到惊讶的是，一时的迷乱居然毁掉了三年的恩爱和幸福。我们感到惊讶是有道理的，后来我们才从精神分析学家那里了解到，一种创伤不会引起严重的神经错乱，除非整个环境使当事人容易神经错乱。但是我们不应该限于困惑，而应该抛开报端的那些陈词滥调，从夫妻双双自杀想象一下他们的真正关系，可以肯定自杀之前的淫乱作乐并非一次单纯的意外。我们并不想对表象提出疑问。

　　然而一旦牵涉社会秩序，我们便立刻预感到是骗局。帕潘姐妹悲剧的大致情况，我们立刻就明白了。无论在鲁昂还是在勒芒，甚至在我的学生们的母亲之中，都有这样的女人，她们会从用人的保证金里扣除一个砸碎的盘子的钱，戴上白手套检查家具上是否残留灰尘。在我们看来，这样的女人真是死有余辜。从某些报章刊出的旧照片看，克丽斯蒂娜和莱雅烫着卷发，配上洁白的绉领，似乎都挺文静啊！怎么都变成了刁蛮的泼妇，就像悲剧后拍的交给公众裁决的照片上所展示的那样？其实罪责应该归咎于她们童年时的孤儿遭遇和随后所受的奴役，归咎于正人君子所美化的专门制造疯子、杀人犯和恶人的制度。这个像绞肉机般的制度惨无人道，只有通过典型的惨无人道的事件，才能使它被公正地揭露。姐妹俩成了黑暗的司法制度的工具和牺牲品。报章告诉我们这姐妹俩保持着带着性爱性质的恋情。我们不由得想象在那凄凉的阁楼里她们爱恨交织的夜晚。可是，看了法院的预审报告，我们傻了眼。不可否认，姐姐患有严重的妄想症，妹妹患有同样的妄想症。因此，我们认为她们无节制的行为是放荡的野性发泄就错了。她们打了人，或多或少是盲目的，是处于模糊的恐惧之中。这一点我们很不愿意相信，继续暗暗欣赏她们。尽管如此，当行政部门的精神病科医生宣布姐妹俩精神健全时，我们还是感到气愤。一九三三年九月，我们在《侦探》杂志上看到几个胖农场主和缴纳营业税的商人的嘴脸，全都对自己的道德和健康充满自信。那两只"疯羔羊"的命运就要由他们来决定。他们判决姐姐死刑，但在判决两天之后给她穿上束缚疯子的紧身衣，将她终身监禁在疯人院里。我们只好顺应现实。如果说克丽斯蒂娜的病稍稍减轻了她的罪行，陪审团成员所谓的义愤则加重了她的罪行。一项类似的判决把戈尔古洛夫送上了断头台。众所周知，他也疯到了极点。如果他打死的是一个平民百姓，肯定会免于一死。我们颇感兴趣地注意到，我们这个社会并不比被它称作"原始"的社会开明多少。社会如果在犯罪与罪犯之间确定一种因果关系，就会判定戈尔古洛夫和帕潘姐妹没有罪责。实际上，社会在杀人犯和被杀对象之间设定了一种"效应关系"，如果是共和国总统遭到袭击，或者两位中产阶级主妇被肢解，肯定会要求血债血偿。杀人凶手无需审判，他是一只替罪羊。萨特仔细搜集在我们这个文明社会常盛行的各种"前逻辑"思想。他拒绝接受工程师的理性主义，声称要找到一种明白易懂、更合理的形式。可是，社会使魔幻思想残余与逻辑学和数学相重叠，只不过是表现出对真理的蔑视。

与勒芒这起凶案比较起来，其他大部分罪案都显得微不足道了。我们像大家一样议论"布莱的贤士"亚辛特·当斯骇人听闻的重罪案。此人把自己的"乡间隐居地"变成了一间"恐怖博物馆"：在荒淫逸乐之后，他把情妇及其母亲的尸体抛弃在里面，然后又杀死了自己早年的一位老师。奥斯卡·杜弗莱娜被无名水手杀害，只不过是传统的荒淫无耻的一幕。当一位十八岁的少女维奥莱特·诺兹埃尔承认她毒死了自己的父亲时，我们的兴趣活跃起来了。其时，帕潘姐妹正在接受审判，有一位法制专栏编辑将两个案子联系起来，要求对"所有走上邪路的青少年"采取无情的严厉态度。从预审一开始，这位"弑父女孩"在我们看来更像一个受害者而不是一个罪犯。她母亲对她大喊："你自杀吧，维奥莱特！"这让她自己也成了一起民事案的当事人，她的这种态度令舆论有点茫然。然而，在预审时所有出庭的证人和整个报界都竭力掩盖真相。他们抬出父亲的神圣性，对抗女儿提出的指控，尽管有很多的迹象表明这一指控是正当的。

通过阅读报纸、与朋友们交谈，耳闻目睹有人正采取行动，试图史好地了解人并捍卫人的自由时，我们就会特别关注。希尔斯费尔特博士在柏林创立了"性学研究所"。他要求尊重个人权利，甚至要求容许某些反常行为。他争取到德国法律不再把反常行为当成犯罪。九月份，新学年开始前夕，在布尔诺召开了"国际性改良会议"，研究了引导避孕、自愿绝育、普通优生等问题。我们赞同这种努力，它使个体不受社会因循守旧的影响，摆脱自然状态，控制自己的肉体，尤其生育不应该是强制的，而应该是自觉自愿的。在另一个思想范畴，我们支持圣保罗－德旺斯的小学教员弗莱内，他发明了一套新的教育方法，不再强迫学生盲目服从，而是激发他们的友情和主动精神。他让七岁的学生写的作文，和自由发挥灵感的同龄学生所画的画一样生动、有特色。这些作品被他发表在小型杂志《花束》上。教士们挑动部分居民反对这位教员，用石块袭击学校。但这位教员坚决地顶住了。他的成功符合我们最强烈的信念：自由乃创造发明的不竭源泉，只有提倡发展，社会才会欣欣向荣。

我们并不觉得技术的进步有助于这种解放。一些美国经济学家预言，不久技术专家将统治世界。不久前造出了"技术治国"一词。最初的传真照片传送成功。电视即将问世。皮卡德教授及其竞争对手频频漫步于同温层。梅尔莫兹、科多斯、罗西、艾米莉娅·

埃尔哈特等飞行员频频打破纪录，他们的功绩里有着令我们激动的冒险成分。但是，令报章惊叹不已的机械方面的新成就，我们都漠然视之。按照我们的看法，摆脱束缚的唯一方式，就是打倒统治阶级。我比二十岁的时候还更难以忍受统治阶级的谎言、愚蠢、假虔诚和道貌岸然。一天晚上在鲁昂，我去听音乐会。看到自己周围那些腰缠万贯的听众准备欣赏美妙的音乐，我突然感到悲哀。他们人数多么众多，他们力量多么强大！我们有战胜他们的一天吗？我们还要忍受多长时间继续允许他们相信自己体现了人类的最高价值观，让他们按照自己的模式塑造他们的子孙。我有几个讨我喜欢的学生，每天放学时，想到她们就要回到家中，回到与我在她们这种年龄时感到透不过气来的那个家一样封闭、一样死气沉沉的家中，我心头就沉甸甸的。

令人欣慰的是，资本主义看来正加速走向灭亡。一九二九年爆发的危机愈演愈烈，其惊心动魄之势，即使想象力顽钝的人也会为之咋舌。在德国、英国和美国，有数百万失业者。饥饿的人群正向华盛顿进军。然而，有成车成船的咖啡和小麦被倒进大海；在美国南方，大量棉花被烧毁；荷兰人宰杀掉奶牛用来喂猪，而丹麦人宰杀掉十万头乳猪。破产、丑闻和企业家、大金融家自杀的新闻，充斥整版整版的报纸。世道要变了。萨特常常寻思，我们是否应该与那些为这场变革而奋斗的人同舟共济。我尤其记得一次交谈。那是在鲁昂码头对面一家大咖啡馆，即维克多咖啡馆的露天座。即使在我们意识形态上感到内行的领域，一旦遇到一件具体事情，我们也总是感到惊讶而大加议论。那天下午正是这种情况。一位码头工得体地穿着一套蓝色工作服，在我们旁边的桌子旁坐下来，咖啡馆经理把他赶走了。这件事对我们而言并不说明什么，但是它像埃皮纳勒朴素的图片一样暴露了阶级隔离的现实，成为我们进行深入讨论的出发点。我们提出了这样一个问题：我们能够满足于工人阶级进行的斗争吗？难道不应该参加他们的斗争？这些年萨特不止一次模糊地产生过加入共产党的念头。只是他的思想、他的计划和他的性格都不允许他这样做。不过，虽然他不如我独立，但责任感却比我强得多。那天我们得出结论——我们的结论总是暂时的——我们如果属于无产阶级，就该成为共产党人，不过无产阶级的斗争虽然与我们有关，毕竟不是我们的斗争。人们能够要求我们的，无非是支持无产阶级。我们要追求我们自己的事业，而我们的事业与加入政党无法调和。

至于加入反对派去进行活动，我们从来没有考虑过。我们非常尊重托洛茨基，"不断革命"的思想比"在一个国家建设社会主义"的思想，远远更迎合我们的无政府主义倾向。可是，在托洛茨基派之中，在持不同政见的群体之中，我们同样遇到了意识形态上的教条主义，与在共产党里遇到的一样，我们不相信它行之有效。科莱特·奥德里对我们讲，她那个小组——总共只有五个成员——正考虑在苏联发生一场新革命的可能性，我们丝毫不掩饰我们的怀疑。对于令反斯大林分子极感兴趣的斯塔维斯基事件[1]，我们的兴趣很有限。然而，我们并不认为事不关己，只是希望通过谈话、教书和写书发挥个人的作用。这是一种批判性甚于建设性的作用，而目前在法国批判是极为有用的。

因此，我们继续专心致志地进行写作、研究。萨特意识到，要把杂乱无章的思想严密地组织起来，他需要帮助。克尔恺郭尔著作的最初译本当时已经出版，可是我们根本没有兴趣阅读，也不在意。相反，萨特听别人谈到德国的现象学，受到强烈吸引。

---

[1] 俄国出生的法国商人斯塔维斯基 1933 年 12 月创办信托机构，随后侵吞数百万法郎基金，丑闻败露后自杀，引发极右翼反政府大游行。

这一年雷蒙·阿隆在柏林的法兰西研究所从事研究，在准备写一篇历史论文的同时，研究胡塞尔[1]。他来到巴黎，对萨特谈论胡塞尔。那天晚上，我们在蒙帕纳斯大街灯嘴酒吧相聚，要了这家酒吧独具特色的杏子鸡尾酒。阿隆指着自己的酒杯说："你看，小伙伴，你如果是现象学家，你就可以谈论这种鸡尾酒，这就是哲学啊！"萨特激动得脸色发白，或者说几乎脸色发白。这正是他几年来所希望的：谈论一些事情，就像他触摸到的一样，而这就是哲学。阿隆让他相信，现象学正好回答了他所思虑的问题：超越唯心论和唯实论的对立，同时肯定意识的至高无上和世界的存在——就像它向我呈现的一样存在。他在圣米歇尔大街买了莱维纳斯[2]关于胡塞尔的专著，是那样急于拜读，书页还没有裁开，就一边走一边翻阅起来，读到书中提到偶然性，心里吃了一惊。有人挖了他的墙脚吗？再往后读，他就放心了。在胡塞尔体系中，偶然性似乎并不起重要作用，莱维纳斯也仅仅作了一番表面、笼统的描述。萨特决定对偶然性进行认真研究。在阿隆的怂恿下，他办了必要的手续，准备翌年接他老同学的班，去柏林的法兰西研究所做研究。

我们对世界的关注受到我已谈及的"向性"的引导。然而我们也能采取某种折中主义，阅读新出的所有书籍[3]。我们认为这一年最重要的书，是塞利纳[4]的《茫茫黑夜漫游》。我们熟记了其中许

---

[1] Edmund Husserl（1859—1938），德国哲学家，现象学创始人。

[2] Emmanuel Levinas（1905—1995），原籍立陶宛的法国哲学家，其主要著作有《从存在到存在者》《和胡塞尔、海德格尔一起发现存在》《整体与无限：论外在性》《困难的自由：论犹太教文集》《塔木德四讲》《论布朗肖》《来到思想中的上帝》《上帝、死亡和时间》等。

[3] 这一年出版了布勒东的《圣灵投胎》、米肖的《某一根羽毛》、西洛纳的《丰塔玛拉》、莫拉维亚的《漠不关心的人》、冯·萨洛蒙的《都市》和马塞尔·埃梅的《绿色的牡马》等。——原注

[4] Louis-Ferdinand Céline（1894—1961），法国小说家、医生。

多段落。我们觉得塞利纳的无政府主义思想与我们的相近①。他抨击战争、殖民主义、平庸、陈腐和整个社会，其文笔和格调令我们着迷。塞利纳造就了一种崭新的手法：像口语一样生动活泼的文字。在读了纪德、阿兰、瓦莱里精雕细琢的句子之后，再读他的文字，感到多么轻松！萨特准备效法他，彻底抛弃在《真理的传说》中使用过的雕琢的语言。我们自然对私人日记、尺牍、传记之类怀着强烈的兴趣，它们使我们能够深入内心。我们阅读了比伊的《狄德罗》、司各特的《泽利特肖像》，从中熟悉了夏里埃太太。我们还阅读了《维多利亚女王时代名人传》，利顿·斯特雷奇在这本书里揭露一些大流氓的本来面目。《新法兰西杂志》刊载了《人的境遇》。我们想到了这本书好的方面，也想到了它坏的方面。我们看重的是作者的雄心，而不是他如何实现自己的雄心。总的来讲，法国小说家的技巧还是很粗糙，与美国的小说大家——如约翰·多斯·帕索斯②——不可同日而语。多斯·帕索斯的《北纬四十二度》的法文版刚面世，它给我们带来了许多东西。每个人都受其阶级影响，但没有任何人完全由其阶级决定。我们就是摇摆于这两条真理之间。多斯·帕索斯在艺术方面为我们提供了一种调和之道，令我们钦佩。对于自己笔下的人物，他创造出一种距离，使他能够细致入微地刻画每个人物的个人特征，又把他作为一件完美的社会产品。但是他并不把自由平摊给所有人物。在需要、贫困、疲劳、劳动和反抗中，被剥削者中的某些人也有满足和真诚的时刻，他们活着；而在上层阶级里，则彻底神经错乱，一种集体死亡使所有动

---

① 《死缓》打开了我们的眼界，作品对抱有早期法西斯主义态度的小人物表现出某种憎恶的蔑视。——原注
② John Dos Passos（1896—1970），第一次世界大战后美国"迷惘的一代"的代表作家。

作、所有话语，甚至内心深处的窃窃私语，都冻结了，没有一丝生机。五年之后，萨特在《新法兰西杂志》上撰文分析了这种艺术的精妙手段。我们立刻就被多斯·帕索斯制造的效果吸引住了，大为吃惊。人们在内心给自己上演一场自由的喜剧，作为对自己的地位的僵化的反映。而透过这场自由的喜剧同时去观察所有人，是残酷的。萨特和我常常用这种双重的视角专心致志地观察他人，尤其观察我们自己。虽然我们怀着强烈的自信投入生活，但从不会沾沾自喜。多斯·帕索斯向我们提供了一种全新的批评手段，被我们广泛应用。例如我们采取他的方式，叙述我们在维克多咖啡馆的交谈："经理满意地微笑着，而他们则非常恼火。萨特吸着烟斗，说仅仅同情革命也许是不够的。海狸反驳说，他有自己的作品要写。他们要了两杯啤酒，说很难弄清楚欠别人什么，又欠自己什么。最后他们宣称，他们如果是码头工人，肯定会参加共产党，但是从他们的处境来看，人们所能要求他们的，仅仅是永远站在无产阶级一边。"两个小资产阶级知识分子以他们将来的事业为由，避免政治上的介入。这就是我们的现实，我们一定不会忘记。

同样，《五万元》和《太阳照样升起》使我们得以了解海明威。此外我还读过他一些英文版的短篇小说。他的个人主义和对人的看法与我们很相近，他笔下的人物的头脑、心灵和肉体之间没有距离。无论是在圣热娜薇耶夫山上徜徉，还是在潘普吕纳的街头闲逛，抑或是在聊天、饮酒、吃饭或者与女人睡觉的时候，他笔下的人物对自己都没有任何保留。我们厌恶色情的概念——马尔罗在《人的境遇》里运用得很多——因为这个概念意味着，既要夸张地极力宣扬性，又要极力贬低性。海明威笔下的情人们，每时每刻都是全身心地相爱。性渗透于他们的行为、情感和语言中，当性爆发为欲望和快感时，它就把行为、情感和语言整个融合在一起。别的东西令我们感兴趣：如果人全身心地彻底投入，那就不存在"粗俗的情景"。我们非常看重日常生活中平平无奇的乐趣，如一次散步、一顿午餐、一次交谈。海明威赋予这些乐趣一种浪漫的诱惑。他不厌其烦地告诉我们，他笔下的人物喜欢什么样的酒、什么样的肉，他们喝了几杯。他还记录他们的闲言碎语。在他笔下，一些毫无意义的细节，会突然具有某种意义。在他给我们讲述的美丽爱情和生死故事背后，我们认出了我们所熟悉的世界。当时我们就是这样子，这种契合令我们满足。这些小说的社会内涵我没有注意，因为我们对自由所抱的看法令我们迷惘，不明白个人主义就是对整个世界采取的一种立场。

海明威明快、灵巧、简洁的技巧，与我们哲学上的要求相吻合。老旧的写实主义要求按事物的本来样子描写事物，是以错误假设为基础的。普鲁斯特和乔伊斯各自用自己的方式选择了主观主义，我们认为也没更好的根据。对海明威而言，世界存在于其不透明的外在性之中，但总是通过一个独特的主体的视角观察到的。作者向我们展现的，仅仅是与他一致的意识所能理解的东西。他成功地给事物提供巨大的存在，恰恰是因为他不把事物与他的人物所投入的行动割裂开来。他尤其利用时势的阻碍，成功地让人感觉到时间的流动。我们在自己的小说里强加给自己的许多规则，都是受到海明威的启发。

美国小说总的来讲还有一个优点，就是让我们看到美国。这个国家我们多半只是通过令其走了样的多棱镜观察到的，其实什么也没理解，可是它却通过爵士乐和电影进入我们的生活。像当代大多数青年一样，我们满怀激情地热衷于美国黑人灵歌、劳工歌曲和布鲁斯爵士乐。我们不分青红皂白地喜欢《老人河》《圣詹姆斯诊所》

《如此几天》《我所爱的男人》《汉娜小姐》《圣路易布鲁斯》《杰潘瑟》《蓝天》等。人们的哀怨悲叹、迷惘的快乐、破碎的希望，可以说找到一个藐视常规艺术的声音，从他们黑暗的心底猛烈迸发出来。被反叛震荡的声音。这些歌声源自集体波澜壮阔的激情，源自每个人的激情，源自所有人的激情，因此它们触动我们最隐秘的心弦，触动了我们大家共有的心弦。它们萦绕在我的心田，像我们自己语言中的某个词语和某些节奏一样滋养着我们。通过它们，美国在我们心中生根发芽。

电影则让美国形之于外，形之于银幕，形之于大西洋彼岸的银幕。美国最初是牛仔的国度，是牛仔在辽阔荒原上驰骋的国度。后来牛仔几乎消失了，被有声电影的问世赶走了。于是，纽约、芝加哥、洛杉矶成了强盗和警察的天下[①]。我们阅读了有关美国著名歹徒阿尔·卡彭和有名的银行抢劫犯迪林杰的大量报道，也读了一些取材于他们的劣迹的恐怖小说。我们丝毫不同情这些歹徒。然而看到他们相互杀戮、与维护治安的警方对抗，我们从中获得了极大乐趣。最近报章大量揭露了美国警察的腐败，他们与走私犯勾结，虐施暴行，严刑逼供，残酷拷打。由于道德的浪潮驱使电影剧本作者把警察而不是窃贼作为主人公，侦探片便令我们大饱眼福。好莱坞则向我们提供了其他一些精彩的东西，首先是令人赞叹的脸蛋。凡是葛丽泰·嘉宝、玛琳·黛德丽、琼·克劳馥、西尔维娅·西德尼和凯·弗朗西斯主演的影片，即使水准平平，甚至糟糕，我们也很少错过。这一年，我们看到秀色可餐的明星梅·韦斯特出现在《侬本多情》和《我不是天使》两部影片里。

因此，在我们眼里，美国首先是在沙哑的嗓音和断断续续的节

① 这一年巴黎放映了《疤面人》《我是逃犯》《大房子》等影片。——原注

131

奏衬托下一些狂舞乱跳的影像，是高呼着"哈利路亚"在扭动和舞蹈的黑人，是高耸入云的摩天大楼，是造反的监狱，是高炉，是罢工，是穿丝袜的修长美腿，是火车、飞机，是野马，是马术比赛。我们转过身不看这乱糟糟的景象时，所想到的是美国乃是最丑恶的资本主义压迫大行其道的国家。我们仍憎恶它的是那里的剥削、失业、种族主义和暴力。不过在善恶之外，那里有某种宏伟、奔放的东西，让我们心醉神迷。

我们将冷静得多的目光转向苏联。一定数量的小说向我们揭示了一个我们不知晓的革命时期，揭示了在城市和农村负责征地或推行集体化的政委与固守自己所有权的农民之间的关系。甚至在艺术上相当粗糙的作品如帕甫洛夫的《乞丐群落》、列昂尼德·列昂诺夫的《獾》里（后者在前言里以陀思妥耶夫斯基自居），这场冒险的广度、新奇和复杂性也让我们兴奋不已。在肖洛霍夫的《被开垦的处女地》里，这场冒险得到了可圈可点的叙述。我们知道肖洛霍夫著有《静静的顿河》。这部哥萨克长篇史诗令我们泄气，没有能够读完。但《被开垦的处女地》在我们看来是一部杰作。像他杰出的前辈一样，肖洛霍夫善于把林林总总的人物描写得栩栩如生，充满生活气息。他进入他们的角色，深入他们的理性，即使描写反对革命的富农也是这样。他笔下的"正面人物"即人民委员，他也成功地把他描写得富有人情味和吸引力。不过，他笔下那些愚昧的老头儿，那些为保留自己的小麦而斗争的老头儿，也令我们感兴趣。他让我们触摸到历史塑造过程中产生的不公和阵痛。令我们遗憾的是，这种复杂性在苏联电影里不复见到。苏联电影干脆变成了说教、歌颂集体农庄的影片，我们总小心地敬而远之。在讲述对一群弃儿进行再教育的影片《人生之路》里，年轻的演员们，尤其是扮演顽童头儿穆斯塔法的那位演员，演得非常出色，使这部"教育诗篇"①免于枯燥乏味。不过这是一个例外。

就这样自相矛盾：我们谴责美国的制度，却为它所吸引，而苏联正在进行一场令我们欣赏的试验，而我们对它却无动于衷。我们显然没有完全"支持"过什么。这在我们看来是正常的，因为正如我说过的，在我们眼里，世界和人类仍然有待创造。我已经指出，世界并未从幻想中醒悟而接受我们的否定态度。相反，我们以未来的名义抨击现在。未来一定会实现，我们的抨击就有助于塑造未来。大部分知识分子都与我们持同样的态度。我们的无政府主义态度非但没有使我们与时代脱离，它源于时代，反而使我们与时代合拍。我们在反对精英时有许多盟友。我们的迷恋反映了我们大多数同时代人的迷恋：大家都喜欢爵士乐和电影。我们喜欢的大部分电影也是大众赞赏的。例如《亨利八世》让查尔斯·劳顿崭露头角。而布莱希特的《世界在谁手中？》成绩平平，我们也不很感兴趣，但看到了非常可爱的赫塔·希尔扮演一名女失业者。这部电影倾向性非常强烈，冯·巴本下令禁止放映。我们曾经对它期待甚高，可是它的构思与制作都十分笨拙，没有多少艺术价值。在有一点上我们不同于一般观众：我们厌恶法国电影。由于非凡的因基伊诺夫，我们才没有反感地看了《男人的头颅》，普雷维尔兄弟的《稳操胜券》则令我们着迷。不过，普雷维尔兄弟恰恰摆脱了法国电影不是粗俗就是平淡、任何异国情调也弥补不了的特点。上音乐厅，我们与大家一样欣赏达米亚、玛丽·杜巴斯，还有唱《睡在干草堆里》的娇小的米莱耶。在巴黎的天空升起两颗新星：吉尔和朱利安。他们都是无政府主义者、反军国主义者，都表达了明确的反抗意识和纯朴的希望，令进步的心灵感到满意。左派的评论对他们交口称

---

① 这是改编成电影的小说的题目。小说本身丝毫不枯燥乏味，可是电影剧本没有保留它尖锐的笔调。——原注

赞。我们头一回在蒙马特尔的一间酒吧听他们唱歌时，他们穿着礼服，拘谨而不自然。而在博比诺舞台上，他们穿着黑色运动衫，演唱了《打木偶游戏》和《美钞》等二十多首歌曲，得到听众的欢呼。我们也和别人一样拼命为他们鼓掌。一般来讲，舞蹈令我们生厌。但六月份从维也纳来的约斯芭蕾舞团表演一个先锋派的和平主义剧目《绿桌子》时，我们也坐在观众席里。他们每天晚上都博得观众的喝彩。

我们在伦敦度过复活节假期。伦敦是一座比巴黎更大而又新奇的城市。我们跑到街上，连续行走好几个钟头。皮卡迪利大街、伦敦城、汉普斯特区、普特尼、格林威治，我们商量好了，所有地方都要去看一看。我们上到一辆红色公共汽车的顶层，让它把我们载到远郊区，然后从那里步行回来。我们在一家里昂餐馆、斯特兰德一家小餐馆或者苏活区一家餐馆吃中饭，吃完了再走。有时下雨，我们不知道去什么地方躲避，找不到咖啡馆，令我们十分狼狈。有一天下午找不到别的地方，我们只好跑进地铁去避雨。英国的生活习俗让我们觉得开心。去旅店的餐厅吃早餐时，妇女们的穿着令人惊讶，既像室内便服又像晚礼服。下午男人们全都戴着圆顶礼帽，手里拿着雨伞。晚上海德公园的一角，总有演讲者发表滔滔不绝的演说。蹩脚的出租车、俗套的招贴画、茶馆、难看的货摊，一切都令我们扫兴。我们在国家美术馆待了几个钟头；在泰特美术馆，我们在凡·高的《黄椅子》和《向日葵》前面驻足欣赏。晚上我们去看电影，看了由美丽的凯·弗朗西斯主演的《塞纳拉》。"我按我的方式对你忠贞不渝，塞纳拉。"作为影片题献的这句话，成了以后数年间我们的口头禅。玛斯克林氏小剧场总是令我心花怒放，一些变戏法的人、魔术师在那里献演神奇的戏法，表演精彩绝伦，我在其他地方从未见过。

我得承认，我和萨特尽管互信互谅，彼此还是有一些小小的差别。我去伦敦市中心寻觅莎士比亚和狄更斯的遗迹，快乐地在奇斯维克老区游荡，拉着萨特去逛全市的所有公园、邱园，甚至汉普顿宫。萨特则在人口拥挤的郊区流连忘返，寻思居住在这些凄凉街区的成千上万的失业者是怎样生活的，他们的感受怎样。他对我说，以后再来英国，我们要去参观曼彻斯特、伯明翰等大工业城市。他也有自己迷恋的地方。他带我冒着雨在白教堂转了一整天，为的是寻找一家小电影院，因为据海报说，这家小电影院正在放映《风流大盗》，是凯·弗朗西斯和威廉·鲍威尔主演的。我得到了报偿：多么美的一部电影！不过，我是最热衷于制订计划、实现计划的，萨特通常都乐于顺从这些计划，以致我以为他像我一样珍视这些计划。我轻易地深信，我们之间在所有问题上都有"天生的默契"。"我俩像一个人。"我肯定地说。这种自信使得我从不对自己的愿望提出质疑。因此，有两次我们发生冲突时，我禁不住黯然神伤。

在坎特伯雷，我俩都觉得大教堂很美，开开心心地度过了一天。在牛津各处的花园里和街上，萨特都不觉得心烦。可是，英国大学生的传统习惯和附庸风雅令他恼火。他不肯迈进各学府的门槛，我只好单独一人进了两三家学府，责备他满脑子怪念头。不过，至少他没有打乱我的计划。我们说好下午去参观大英博物馆，他却不动声色地说他一点意愿也没有，并且补充说我可以单独去。我便独自去了。可是，我在那些浮雕、塑像、木乃伊之间转悠，却提不起精气神。我本来觉得参观这些东西是非常重要的一件事情。难道不是吗？我不愿意想自己的意愿中有着心血来潮的成分。我的意愿是建立在自己认为绝对必要的价值观的基础上啊！我不像萨特那样把希望全寄托在文学上，而更多地需要注重生活中必不可少的事情。那么，这就必须让他像赞同明摆的事实一样赞同我的决定，否则我的好奇心、我的热切渴求就简单地成了个人性格的表现了，甚或是不良的表现。我就不再是受使命感支配了。

我更没有想到，我们会在见解上产生任何分歧。我相信真理，而真理只有一个。我们总是不知疲倦地切磋我们的想法、印象，直到达成一致才满意。一般是萨特提出一个"理论"，我进行评论、斟酌，有时把它驳回去，使得他不得不加以修正。我开心地赞同他拿英国烹饪和洛克①的经验论进行比较。他解释说，这二者都是建立在并列的分析原则之上的。漫步在泰晤士河堤上，流连在国家美术馆的画作前，他所说的话我差不多全都赞同。可是有一天晚上，在尤斯顿火车站附近的一家小餐馆里，我们争吵起来了。我们在餐馆的二层吃着味同嚼蜡的食物，一边眺望火光熊熊的天边。那是码头一带发生了火灾。一向爱好综合的萨特，试图说明伦敦总体的特点。我觉得他的概括不全面，带有偏见，总而言之不可取。他这一尝试的原则本身就让我感到不快。我们再次对圣克卢高地更加激烈地争论起来，这个问题两年之前就曾使我们争吵，而且不止一次。我坚持，现实会超过语言表达的能力，我与其把它简化为只有靠语言才能表达的含义，倒不如正视它模棱两可、隐晦不明的状态。萨特争辩说，我们如果像自己希望的那样把握事物，那么仅仅观看和动感情是不够的，必须弄清含义，并且把这种含义用文字确定下来。使我们争论得不可开交的是，萨特花了十二天也没有清楚了解伦敦，他的概括漏掉了许多方面。在这种情况下，我不服是有道理的。读了他描写勒阿弗尔的手稿，我的反应则迥然不同，感觉他向我披露的是真实。尽管如此，这种分歧在我们之间延续了很久。我

---

① John Locke (1632—1704)，英国哲学家，研究道德、社会和政治生活的根本原则。

看重的首先是生活，是眼前的生活状态；萨特看重的首先是写作。然而，由于我也想写作，他也喜欢生活，我们很少发生冲突。

萨特经常读报，粗略浏览而已，倒也持之以恒。我在这方面没那么用心，不过每天早晨都要翻阅一下《事业报》和《每日新闻》，每周都看《鸭鸣报》和伽利玛不久前推出的《玛丽安娜》。在地球另一端发生的事件，如中日战争、印度的甘地运动，对我们影响不大。当时没有人感觉到这个世界各个部分彼此关联到何种程度。我们的注意力集中在发生于我们身边即德国的事情上。像整个法国左派一样，我们相当平静地关注着德国事态的发展。

兴登堡当选为德国总统，似乎印证了德国共产党人的预测：纳粹主义正失去势头。可是不得不改变调子了。照报纸的说法，纳粹运动恢复了"迅猛的上升势头"。我们看到，一九三三年一月希特勒当上了总理，而二月二十七日的国会纵火案，肇始了消灭共产党的运动。三月份的新选举确立了希特勒的胜利。从五月二日起，卐字旗就飘扬在德国驻法国大使馆上空。一大批德国作家、学者，尤其是有犹太血统的，流亡国外，其中就有爱因斯坦。性学研究所被关闭。希特勒政权为知识分子准备的命运激起法国舆论哗然。五月份，在柏林的歌剧院广场，一个巨大的焚书行动焚毁了两万多本书。对犹太人的迫害爆发了。虽然说还没到灭绝犹太人的地步，但一系列措施足以使犹太人倾家荡产，有步骤的封锁使他们无法谋生。

当时我们居然能相对平静地袖手旁观这些事件，现在回想一下真感到吃惊。当然，我们也感到义愤，德国纳粹主义在法国左派中引起的憎恶，更甚于墨索里尼的法西斯主义。可是，法国左派不肯正视世界面临的纳粹主义的威胁。法国共产党人是最顽固的自欺欺人者。德国共产党抱着固执的乐观主义，低估了削弱着德国无产阶级的分歧的严重性，而它的政策更是加剧了这些分歧。台尔曼宣称，一千四百万德国无产者绝不会让法西斯主义在他们之中最终站稳脚跟，绝不会允许被希特勒拖进战争。法国共产党人及其同情者起劲地重复这些说法。一九三三年三月，巴比塞在《世界报》上写道：希特勒没有能力重振德国经济，他行将垮台，而德国无产阶级将重新掌握他的遗产。在这些条件下，和平显然并未受到威胁。唯一的危险，是右翼竭力在法国散布恐慌，企图把我们拖进战争。一九三二年，罗曼·罗兰在《欧罗巴》和《世界报》上发表宣言，要求知识分子发誓"抵制战争"。纪德等人在宣言上签了名。一九三三年七月革命作家协会成立，创办《公社》杂志，由巴比塞、纪德、罗曼·罗兰、瓦扬-库图利埃任主编，阿拉贡和尼赞任编务秘书。其首要目标，就是在法国开展反法西斯主义的斗争。在国际上，法国的反法西斯主义运动很快与声势浩大的阿姆斯特丹和平主义运动联手。左翼知识分子当然不会向希特勒卑躬屈膝。他们（其中包括马尔罗）揭露莱比锡审判案的丑闻。九月份在瓦格拉厅举行了大型集会，支持季米特洛夫的辩护，莫罗-贾费里在大会上发了言。这并没妨碍巴比塞再三呼吁反对战争。整个左派都支持他。由埃马纽埃尔·贝尔主编、具有激进社会党人色彩的周报《玛丽安娜》的社论作者们，鼓吹和平主义，不知疲倦地宣称希特勒马上要完蛋了。阿兰在其《谈话》中反复指出，相信战争会打起来，就是默认战争，我们应该连想都要避免。大家都深信，考虑战争有可能发生，就必然会使右派得利。还有一个原因使他们采取了这条自相矛盾的路线，有些顽固派直到一九三八年九月，甚至直到失败之后，还坚持这条路线。而这个原因就是，一九一四至一九一八年那场战争的记忆依然如骨鲠在喉。为了记住过去的教训，而完全无视眼前新的现实，这很危险，往往是有害的。不过，对他们而言过去如此沉重，致使他们跌进了这样的陷阱，这是可以理解的。一九一四年，知识分子、社会党人、所有有思想的精英——饶勒斯差点被暗杀——都上了沙文主义的当。目睹了这场大溃败的人，发誓永远不再重提"德国野蛮"的神话。即使战争爆发，他们也拒绝说这场战争是正义战争。自一九二〇年以来，一大批作家、哲学家和教授努力促进法德亲善。面对国家主义的愚蠢，他们继续宣称自己的努力是有效的。总之，从激进派到共产党人，左派阵营里的所有人都一面高喊："打倒法西斯！"又一面高喊："裁军！"

　　我们的长辈们就这样连战争可能爆发也不准我们想。可是萨特的想象力太丰富，又太倾向于往恐怖方面想象，所以无法完全遵守这种禁忌。他脑子里闪现种种幻象，而这些幻象在《恶心》里留下了印记：一些城市发生骚动，所有的铁幕被拉开，血溅在十字路口和肉食店的蛋黄酱上。我呢，继续热衷于做精神分裂者的梦。世界存在着，像一个有着数不清的隐秘褶皱的物件，发现任何一个褶皱都是一场冒险，但它并不像会使我扫兴的战场。我想这就是我为什么总是以一种心血来潮的方式获取信息。我对经济和社会问题感兴趣，不过是在理论层面。对重大事件，我只关心它们是发生在一年前还是几个月前，是不是演变成了僵持不下的局面。我阅读马克思、罗莎·卢森堡的著作，读托洛茨基的《俄国革命史》，读法布曼关于五年计划的著作，还读关于苏联新经济政策、美国工人生活、英国危机等方面的研究著作。但是政治性的文章令我不胜其烦，如坠五里雾中。要弄清在我看来全都乱七八糟的事情，就得预测未来，这是我不愿意做的。未来虽遥远，但我对之充满信心：未来是由辩证法决定的，而辩证法将证明我的反叛和期待是对的。我不能接受的是，历史正在一天天被创造着，具体而又曲折，而我还没有表态，一个未曾预料到的明天就出现在地平线上了。那样，我就会觉得自己处境危险。对自己的幸福的关心，使我不得不希望时间凝滞不动，哪怕只凝滞几周、几个月，然后我处在另一个时间，同样凝滞、同样平静、不受威胁的时间之中。

萨特有时责备我凡事满不在乎，我呢，看到他花太长时间埋头于一份报纸就生气。为了替自己辩护，我搬出"独善其身"的理论。萨特反驳说，"独善其身"并非对事物的进展漠不关心，它意味着不依赖别人相助，但绝不是选择闭目塞听。萨特的反驳使我受到震动，但我依然如故。我希望人们无视日常生活中没意义的琐事，我想兰波、洛特雷阿蒙和凡·高都是这样做的。我所要求的这种态度其实很不适合我，因为我丝毫没有抒情诗人、爱幻想者、喜欢独居者的气质。这实际是一种逃避，我蒙住自己的眼睛，以求保障自己的安全。我在很长时间里坚持"拒绝人类"，我的美学观也是取自这种态度。我喜欢看上去没有人的风景，喜欢掩盖人的存在的伪装，也就是喜欢风景如画，喜欢地方色彩。在鲁昂，我最喜欢的地方是罗贝克水街，一座座破烂不堪、东倒西歪的房子，四周全是脏兮兮的水，看上去几乎可以肯定是给异类居住的。我也喜欢疯子、妓女、流浪汉，他们都以这种或那种方式否定了自己的人性。

萨特的态度与同类人相比也不是很明朗。他嘲笑所有人道主义，觉得无法钟爱也无法讨厌"人"这个实体。然而，在巴黎的大街上和市场里，在马德里和瓦伦西亚的斗牛场上，在所有地方，我们俩都喜欢与人群摩肩接踵。这是为什么？在伦敦，为什么我们那样喜欢斯特兰德街上那些脏兮兮的铺面，喜欢码头、货栈和船，喜欢工厂的烟囱？这些东西并非艺术品，并非有什么艺术风格或充满诗情画意的东西。那些并不美的街道和房子，既没有超出也没有脱离人的生活环境，而是人的生活环境的具体体现。我们之所以如此强烈地依恋人的生活环境的这种具体体现，是因为我们并非对人漠不关心。事实上，就像《恶心》中的安托万·罗冈丹，萨特厌恶某些社会阶层，而从来没有抨击过整个人类。他严厉的态度所针对的只是对人类竭尽赞美之事的那些人。几年之前，一位养了十来只猫的妇人用责备的口气问让·热内："你不喜欢动物吗？"热内回答："我不喜欢喜欢动物的人。"萨特对待人类的态度正是如此。

尼赞有一天殷勤地问我正忙些什么。我回答说已着手写一本小说。"一本充满想象力的小说？"他用有点讥讽的口气问道。这让我非常生气。我花两年时间写的这本新书，的确寄托着崇高的抱负：我要向社会露一手。科莱特·奥德里介绍我认识了一位德国难民，他每周来两三趟教我德语，担心地看着摞在我书桌上的草稿，对我说："人们一般都是从写简短故事开始的，积累了一点经验，再着手写小说。"我付之一笑，我才不写小故事呢，我要我这本书一鸣惊人。

这种主观武断的打算正说明了我的雄心。在马赛我涤除了自己的畏惧和内疚，把自己置之度外。至于其他人，我是从外部看他们，并不觉得自己与他们有什么关系，也不觉得需要谈论他们。总的来讲，事物都太沉重又太微不足道，我不想用文字表达它们。文字碰到我完满的幸福，都撞得支离破碎。我日常生活微小的细节只配被遗忘。就像我青春年少之时，没有什么具体东西可写，却打算把整个世界都写进我的书里。

然而，我对资产阶级秩序的痛恨是真诚的。正是这种痛恨使我不再追求神奇。我以司汤达为楷模，而且在过去一年里经常身体力行。我打算模仿他大胆的浪漫主义手法，粗线条地讲述自己的遭遇：对这个停滞不前的社会所进行的个人主义的反叛。我将描绘一幅战后的图画，揭露思想正统的人们的丑行，作为他们的对立面塑造出体现我道德观的主人公：一对思想感情上非常默契的兄妹。这对兄妹并不与我的任何经历或任何想象相符，我利用他们以男人和女人的双重视角讲述初入人世的岁月。

因此我投入一个长篇故事的写作，其中的主要人物是于连·索莱尔和拉米埃尔的两个现代仿效者。我分别叫他们皮埃尔和玛德莱娜·拉布鲁斯。他们充满忧患的童年，是在与我外公外婆所住的房子相仿的一套公寓里度过的。少年时代，他们住在乌泽什附近。他们那一带两大家族的孩子们的关系，既有友谊、羡慕，也有憎恨和蔑视的成分。那两大家族分别姓博蒙和埃斯蒂尼亚克，彼此有着通奸的关系。我赋予玛格丽特·德·博蒙过分审慎的优雅，这正是玛格丽特·德·泰利库尔身上曾令我感动的特质。我写第一章时从自己的童年回忆里汲取了养料。萨特对这一章表示赞赏。我主动征求帕尼耶的意见，他头一回赞扬了我，觉得我的叙述有着某些英国小说的魅力。

但是，我马上笔调一转，着力表现玩世不恭和冷嘲热讽。我想到布格拉事件，从中获得了灵感。皮埃尔被父亲认定为才智平庸，他为了有钱求学和生活，便勾引并娶了玛格丽特·德·博蒙。他打算无情地利用自己进入的大家族。我以尽可能冷酷的笔调描写这个家族。但是当时我想，现在仍这么想：谁愚弄坏蛋，自己的声誉也会受到坏蛋损害。皮埃尔明白了这一点，解除了婚约，自谋生计，与一个像勒梅尔夫人和雷纳尔夫人的女人建立动人的柏拉图式的爱情。一连串阴差阳错的张冠李戴把他引上了断头台，他的女友也服毒自尽。他妹妹曾经反对他的婚姻。她过着女冒险家不妥协的、优雅的生活。我没把这份初稿继续写下去，觉得戏剧性太强，自己不喜欢。再说我生性乐观，想把结局写得更喜气一些才罢手。

在最后一稿里，我保留有关童年的那章。后来，皮埃尔与父亲大吵一架，因为父亲想把玛德莱娜嫁给埃斯蒂尼亚克家族里一个愚痴的儿子。他去了巴黎，起初是靠一位发了财的中年姑妈生活，然后离开了她，进一家夜总会唱歌。这家夜总会是以杜兰向我介绍过的捷兔歌舞厅为蓝本描写的。像杜兰一样，皮埃尔想当演员、当导演，革新戏剧。因此，他不是一个普通追名逐利的人，而是胸怀大志，想创造。我可以把我自己当时的困惑放到他身上。

　　我把他与家庭决裂的时间定在一九二〇年。为了再现那个时代的气氛，我去鲁昂图书馆阅读了《名流》杂志和《人道报》的合订本。将二者一比较，我傻了眼：人家给我讲的这两个故事，发生在同样的时间、同样的地方，却没有任何共同之处。我并不纠结于此，只保留两三个事实。皮埃尔到达巴黎那一章，开头描写得很华美。他在卢浮宫画廊里徘徊，激动地欣赏格列柯的《圣路易》，然后来到市府广场，凑巧观看了总统庞加莱授予巴黎市战争十字勋章的仪式。这个骗人的仪式让他苦恼不堪，心里涌现出一大堆问题：怎样解释画一个坏蛋的头就能画出一幅好画呢？什么是艺术的真谛，艺术什么时候会成为叛逆？不久之后，他结交了一些年轻的共产党人，他虽然赞同他们的大部分看法，但拒绝他们决定论的世界观。与他们的人道主义相反，他保持着自己对事物的非人道的诗意的喜爱，尤其是把个人价值置于集体利益之上。这方面的争论并非空穴来风，因为我把他推进了一场感情的纠葛，这场纠葛使他一天天感受到自己的心灵和一张自己钟爱的脸的重要性。

　　这张脸就是莎莎的脸，我还是把她叫做安娜，试图重现其形象。她嫁给了埃斯蒂尼亚克家最有才能的儿子，在乌泽什郊区度假时成了玛德莱娜的朋友，并且认识了皮埃尔，后来在巴黎与他重逢。一般的爱情故事在我看来显得平庸。而安娜的虔诚和忠心、皮埃尔对她的尊重，都不允许他们建立庸俗的恋爱关系。我想象他们之间的感情应该是柏拉图式的，但非常深厚。在知识和伦理两方面，安娜对生活采取开放的态度。但是丈夫不允许她与别人交往。像我前一本小说里所描写的一样，安娜在责任与幸福不可兼得的煎熬中渐渐死去。因此，这部讽刺小说的结局是一个悲剧。资产阶级的唯灵论不仅显得可笑，而且害死人。

与此同时，玛德莱娜到巴黎找到她的兄弟。她奉行微笑的非道德主义，巧妙地让男人们对她唯命是从，和兄弟一块儿敲诈勒索他们。这套手法她运用自如。然而她也有她的问题。她有一个苦恼，一个我觉得自己也没有完全摆脱的苦恼，就是受到另一个人的强烈吸引。小时候，遇到有着一头漂亮鬈发的小城堡主玛格丽特时，她暗自说："我要是玛格丽特该多好！"她真爱自己的兄弟，但钟情于皮埃尔的一个伙伴。那是一个共产党人，名叫拉博德，其才干和信念强烈地吸引着她。从此在她眼里，世界围绕着这个男人转，他遗世独立，她只不过是他的一颗卫星。可是，唉，他也爱她，他需要她，向她表白了。她眼里的幻景就破灭了。拉博德并非完美无缺的化身，他只是一个人，和她同样的人。她离开了他，孤芳自赏地回到自己的生活里。

这本小说有一个优点，尽管情节复杂，主题多重，但我把它构思得很严密，没有中途抛弃任何人物，外在的事件和内心的体验自然地融合，在讲述故事、安排场面、设计人物对话的技艺上，我自认为有所长进。尽管如此，我的失败还是很彻底的。在把莎莎的故事移植过来时，我再次把它表达得走了样。我重犯了以一位丈夫代替一位母亲的错误。如果说这丈夫的嫉妒心在前一本小说里更好理解，那么这一次我并没有把安娜的绝望描写得合情合理。从她继续与丈夫共同生活的时候起，皮埃尔对她的"拯救"就不成其为拯救了。他们关系的破裂仅仅使她失去了友谊，而我没能把这种友谊写得足够强烈、足够炽热，以便解释安娜之死。

玛德莱娜的变化更站不住脚。按照她的性格，她不可能离开一个她依然非常尊重的男人，只因为他爱着她。

最后，我并不了解我为皮埃尔安排的环境。次要人物都缺乏立体感和真实性。小说的开头还算可以，但后面就嫌拖拉，没完没了。最后几章草草收场，因为我自己清楚这次尝试失败了。

最令人信服的章节，不管怎么说，是描写玛德莱娜的艰难处境那些章节。我恢复了从容，但仍然带着自傲突然转变为自卑留下的伤痕。我并没有彻底解决自己的问题：如何协调对自己独立自主的要求和不由自主倾心于另一个人的感情之间的矛盾。

这一年，墨索里尼在罗马主办了一次"法西斯主义展览会"。为了吸引外国游客参加，意大利的火车票降价百分之七十。我们毫不犹豫地抓住这个机会。与还隐藏着一些丑陋东西的西班牙不同，意大利没有一面墙不美。我一下子被征服了。萨特则没有。在比萨斜塔的拱廊下，他沉着脸对我说，他觉得这个国家太枯燥，他一点也不喜欢，这是因为在街上尽遇到穿黑衫的矮小法西斯分子，他忍无可忍。

我们游览了意大利中部最美丽的几个城市，在佛罗伦萨逗留了两星期。我们决定把罗马留给下一次再好好游玩，只在那里停留了四天。我们下榻在万神殿广场的阿尔贝戈·德·索尔旅馆。据旅游指南说，这家旅馆是全城最廉价的，塞万提斯曾经住过。我们一下子就迷上了这座城市的广场、喷泉和巧夺天工的雕像。我喜欢的古罗马集会广场是一个大花园，圣道两旁生长着夹竹桃，韦斯塔尔水池四周绽放着红玫瑰。看，我在帕拉蒂诺山上漫步呢！可是，墨索里尼的存在压得这座城市喘不过气来，墙上涂满了标语，"黑衫党"横行霸道。夜里，街上见不到一个行人。尘封的世纪曾经风光地战胜虚无，如今街道都重新变得冷冷清清。一天晚上，我们决定通宵不眠，作为仅有的两个证人在外面待到黎明。子夜时分，我们坐在纳沃纳广场的水池边上闲聊。家家户户紧闭的百叶窗没漏出一丝灯光。两个"黑衫党"士兵走过来，问我们深更半夜在外面干什么。我们旅游者的身份使我们得到宽容，但他们不容分说地要求我们回去睡觉。我们没遵命。踏着罗马城的碎石路面溜达，只听见我们自己的脚步声，真令人心情激动，仿佛我们奇迹般地置身在一座玛雅古城里，周围的丛林遮断了外面的一切目光。凌晨三点钟光景，在科利泽，一道手电筒光向我们射来，问我们是干什么的。这一回，看来即使是旅游者，我们的行为也越出常规了。想起在马德里度过的那些不眠之夜，我们不禁长吁短叹，终于返回了旅馆。为了不使两张打折的火车票失效，我们不得不去参观法西斯主义展览会，匆匆瞟了一眼陈列展品的橱窗，无非是"法西斯烈士"用过的手枪、警棍之类的东西。

我们在奥尔维耶托参观了西纽雷利①的壁画，在那些博洛尼亚红砖之间流连了几个钟头。到了威尼斯。出火车站时，我惊愕地看着旅客们把自己要下榻的旅店地址告诉"贡多拉"船夫。他们一到就安顿下来，打开旅行箱，梳洗休息。我希望我永远不要这样四平八稳。我们把行李放在寄存处，就先去溜达几个钟头，用人们再也见不到的目光——初来者的目光欣赏了威尼斯。我们头一回凝神观看了丁托列托②的《耶稣被钉上十字架》。也是在威尼斯，我们在

---

① Luca Signorelli（1450—1523），意大利文艺复兴时期画家，以其裸体画大胆创新著称。
② Tintoretto（1518—1594），文艺复兴时期威尼斯画家。

里阿尔托桥附近头一回见到几个穿褐衫的德国党卫队队员。他们同矮小的"黑衫党"法西斯分子迥然不同，个头高大，目光空洞，走路步伐僵硬。三十万"褐衫党"成员在纽伦堡接受检阅，想象一下就令人胆战心惊。萨特想到一个月后他天天要在柏林街上遇到"褐衫党"成员，心就怦怦乱跳。

到了米兰，我们身上一个子儿也没有了，忧心忡忡地在拱廊的过道上徘徊。一家家餐馆和商店在我们眼里显得格外豪华，因为我们不能入内。我们只好放弃湖上三日游的打算。我不禁泪流满面，真是一点牺牲就让我委屈不堪，我们返回了巴黎。

萨特去了柏林，我对公共事务完全失去了兴趣。可是此时天空乌云密布，接着是狂风暴雨、电闪雷鸣。希特勒与国际联盟决裂。继他十一月十一日发表的引起轰动的演说之后，全民表决取得了胜利。这表明德国热烈欢迎他的强暴政策。当他宣称德国想要"体面和权利平等的"和平时，没有人相信他。然而，法国左派继续断言，法国将阻止战争。一九三四年初，阿兰写道："阻止恐怖的浪潮，和平需要付出这种代价。"莱比锡审判的所有被告被宣布无罪释放，只判了范·德·卢勃①死刑并予以执行。这个结果使左派确信，纳粹无法确保他们的政权。左派最担心的是法西斯主义在法国的兴起。而各左派组织正好利用国际局势和经济衰退作借口，宣扬反民主和好战的国家主义。十二月底发生的斯塔维斯基丑闻，开始没有引起注意，很快越闹越大。右派抓住它大肆鼓噪，反对左派联盟、第三共和国、议会和民主。法兰西行动联盟、爱国青年党、法兰西团结党、战斗全国联盟、火十字会等组织，整个一月份在拉斯

---

① Marius van der Lubbe，荷兰人，有精神缺陷，被希特勒当成"国会纵火案"的替罪羊。

帕耶大街、圣日耳曼大街、参议院附近等地肆意滋事、大打出手。警察局长夏普故意放纵。一月二十六日在歌剧院广场的游行集会约有四万人参加，导致内阁辞职。达拉第组成新政府，解除了夏普的职务。二月六日当新内阁的部长们在参议院宣誓任职时，爆发了骚乱。我只是远远地旁观事态的发展，相信它与我无关。风暴过后必然是平静。我觉得自己担心也没有用，不管怎样，我都无能为力。法西斯势力在整个欧洲日益壮大，战争酝酿成熟。我依然沉浸在永久的和半之中。

　　我一定非常顽固，才保持了这种事不关己的态度。我并非没有时间，时间多得甚至让我不知如何利用。我深陷于外省的无聊。新同事也指望不上。英语老师吕卡丝小姐活像一个大蘑菇，黑丝绒连衣裙一直垂及脚踝，里面露出粉红色的安哥拉呢胸衣。"我就是下不了决心不穿这种小姑娘穿的连衣裙！"她说。她讨厌自己的学生们，学生们一报还一报。欧班小姐刚从塞夫勒女子高等师范学校毕业，装出天真烂漫的样子，在教员休息室里一边转圈一边说："温文尔雅点！我希望温文尔雅点！"西蒙娜·拉布尔丹肯定没这么傻，马尔科就是与她有过一段私情。她认识勒梅尔夫人和帕尼耶。她有一头褐发，一双蓝灰色的眼睛非常美，侧影清纯，只是牙齿长得难看。我们彼此没有多少好感，但她和科莱特·奥德里是塞夫勒女子高等师范学校里的同窗，所以我们三个经常去火车站旁边一家拥挤的餐馆吃午饭。我们的观点拉近了彼此的距离。只有科莱特·奥德里积极关心政治，被人看成赤色分子。但是对每次事件，西蒙娜和我的观点几乎一样。由于我们年轻，由于我们的观点和行为，在学校里我们被视为"先锋派"。我们注重自己的穿着打扮。科莱特通常穿鳄鱼牌衬衫，系领带，大胆而和谐地搭配颜色。她有一件白色翻领的黑色皮外套，很漂亮，在我们眼里称得上华丽。西蒙娜有一位总在大商店置办衣服的女友，不时送给她一套朴素但是大牌的衣服。我嘛，唯一讲究的是我的羊毛衫，都是我母亲按照精挑细选的样品织的，学生们也往往仿照着织了穿。一位学生家长有一天赞赏地对科莱特·奥德里说我们堪称"世俗修女"。我们的化妆和打扮否定了他的说法。

不过我们算什么呢？没有丈夫，没有孩子，没有家庭，没有任何社会地位，而人都二十六岁了。这种年龄的人都想在世间发挥点影响。科莱特投身了政治，想在这方面奋斗以求立足。我对生活的乐趣、在文学方面的打算以及萨特给我提供的保障，使我到此时为止还不必考虑这个。可是，萨特不在身边，我尽心竭力写的小说写得不好，鲁昂又很沉闷，这一切使我在这一年里感到十分茫然。这也是我用来解释自己为一些不值一提的小事所困扰的原因。

在巴黎我相当经常和马尔科一块儿吃晚饭。他刚受聘去亚眠当教员，常带我去时髦的客栈，坐在铺格子桌布的餐桌前吃加调味汁的菜。他施展魅力，讨我喜欢，讲许多似真似假的故事，装出毫无保留的样子，倾吐心中的秘密。我心知肚明，也对他说一些矫饰的知心话，他当然也全然不信。不过，他的英俊相貌使这类假装的倾心让人感到舒心。那段时间我心里充满罪恶感，经常得意地听他肆无忌惮地贬损西蒙娜·拉布尔丹。他使西蒙娜·拉布尔丹非常不幸，还自我吹嘘。为什么他对西蒙娜始乱终弃呢？我百思不得其解。实际上他只对男人感兴趣。他很快就与一位金发小帅哥同居了，还写了几首蹩脚的诗，赞美他散发着金雀花香的头发。他们同意让西蒙娜与他们住进同一套房子，可是马尔科冷笑着说："我们让她睡在壁橱里。"西蒙娜试图勾引那位金发小帅哥，但没有得逞。况且马尔科去了亚眠，而她来到鲁昂。她还和他见面，既试图重新征服他，又试图摆脱他，但都没有成功。她生活在他的目光之下，不懈地与他的蔑视抗争。他曾偷看过她的一本日记，给我念了其中的一些段落："我要主宰！我要主宰！"西蒙娜写道，"我要练就尖牙利爪，把事和人都攥在我手心里。"这听起来与其说可笑，不如说可怜。马尔科过分地羞辱了她，她试图用蹩脚的词句帮助自己重新站稳脚跟。然而我并不想同情她，而是笑着向科莱特重复这些可怜的咒语。令我不快的是，她日复一日处心积虑地想为自己营造一种非常"多彩"的生活，使自己高居于未来的辉煌之上，马尔科就不能再轻视她。她不顾事实，夸大自己的经验。马尔科也一样，说实话，不过他这样做的时候还算有风度，似乎没有什么动机，而西蒙娜却是那样认真、执着，显得可悲。

如果西蒙娜不对我表现出明显的敌意，我对她的评价也许不会如此严苛吧。马尔科肯定没有对她隐瞒我和他一块儿嘲笑过她，这更促使她表现出不友好。

萨特不在，我与帕尼耶的关系更加密切。这一年，我们俩经常单独在一起吃饭。我有什么事都会告诉他，遇事要找人出主意，也去找他。我非常信任他的判断，他在我的生活中占有重要位置。令我生气的是，我平时说过一些对他的看法其实是非常友好的，西蒙娜却加上恶意色彩到他面前去学舌。这种长舌妇，我肯定要报复的。有时我无所事事，就和彭蒂厄小姐一块儿喝一杯。这是一位年轻的女学监，脸上一块紫红色的胎记破坏了她的相貌，显得不讨人喜欢，但她身材很漂亮，而且穿着讲究。她接受巴黎一位小企业主的帮助，又与男子中学的几个年轻老师调情。我们一块议论的，无非是穿着打扮，蜚短流长。有时下午快结束时，困乏之下人都懒得动，坐在一块儿嚼舌根说闲话，倒也怡然。外省的黄昏，雾霭蒙蒙，薄暮苍茫。这时，除了自己所在的咖啡馆的温馨和灯光，还有热茶入喉时的快感，一切都不复存在，我只顾说长道短，恨不得用言辞毁掉整个世界，西蒙娜就成了我首选的攻击对象。

　　一个星期日，我去亚眠看马尔科。他带我参观了大教堂和整座城市，表现得比以往任何时候都更殷勤，更巧言令色。他转弯抹角地向我打探勒梅尔夫人和帕尼耶以及我与萨特的关系。我可没有落进他的圈套，巧妙用假话和天真的话应对。整个交谈就是一场你一言我一语的智斗，其间夹杂着哈哈大笑。我这一天过得十分开心。晚上，马尔科郑重其事地对我说，他要向我披露一个重大秘密。他从皮夹子里抽出一张漂亮金发小男孩的照片。对我说："这是我儿子。"三年前，他在阿尔及利亚的一个海滨胜地度假。远处停泊着一艘熠熠生辉的游艇。他游了过去，爬到船上，在那里遇到一位绝色英国姑娘，她一头金发，气质高贵，非常富有。马尔科每夜都来游艇上。他们神不知鬼不觉地生了这个孩子。至于后来的情况怎么样，这段吹得天花乱坠的爱情结局如何，我不得而知，因为我对这种虚构故事的细节没有什么兴趣。后来马尔科也对萨特讲了这个故事，但说法两样，再后来讲给帕尼耶听时，又变了样。实际上那金发男孩是他侄儿。马尔科也许以为骗了我而扬扬自得，因为没有任何人会比说谎成癖的人更相信别人会轻信他。不管怎样，闲聊结束时，我赢了他一分。他在他的房东家为我订了一个房间，建议我们"像兄妹一样"同床共枕。我回答说，照一般的规矩，兄妹俩过了一定年龄，就得各睡各的。他笑了，但有点酸溜溜。这种不恰当的提议，我无论如何都会拒绝的。可是他又对我讲了他取乐的一种手段：当西蒙娜·拉布尔丹来亚眠看他时，他们在同一个被窝里过夜，但绝不交媾。他说自己假装睡着了故意触碰她，伸手去搂抱她，听见她欲火中烧而喘息不止时，他开心得都要疯了。马尔科让我倒吸了一口凉气，我不怕他胡作非为，就怕他自我吹嘘。假如我在睡梦中叹口气，对他而言那会是多么了不起的胜利啊！看到他一副懊恼的样子，我感到满足。回到鲁昂，我高兴地向彭蒂厄小姐讲述这个周末的故事。末了告诉她马尔科再也忍受不了西蒙娜·拉布尔丹，而对我产生了强烈的好感。我从帕尼耶那里得知，西蒙娜听说我吹嘘在马尔科心里取代了她，禁不住捧腹大笑。是彭蒂厄小姐把我的话传给了她。我十分尴尬。我也一样，人家也可以轻易地用言辞毁损我。这是一种游戏，我懂得，这种游戏不会有赢家。今后当心里愿意的时候我不会拒绝这样的游戏，但不再指望从中寻求报复或取得胜利。

发生了一件让我更尴尬的事。我约好了二月七日星期三晚上与马尔科一块儿去玩，但勒梅尔夫人和帕尼耶邀请我这一天共进晚餐。我不想把我与马尔科的关系告诉他们两个。他们过高地估计了这种关系的亲密程度，因而很不赞成。如果我把真相告诉他们，他们彼此交换的那种目光会令我无地自容。所以我回答他们说，我已约定和我妹妹一块儿外出。二月六日我在鲁昂，第二天从报上得知了巴黎发生的事情。晚饭之后，我与马尔科去协和广场转一圈。还看得见几辆半烧焦的汽车被掀翻在地上，许多看热闹的人在旁边游荡。突然，我们迎面遇到了帕尼耶和西蒙娜·拉布尔丹。帕尼耶和马尔科开心地寒暄了几句，我呢，只感到嗓子发紧。那感觉就像十六岁时照抄了一篇拉丁文译文而中了圈套一样。那个行为本来无关紧要，却意外地被揭穿，成了一件异乎寻常的事情。勒梅尔夫人和帕尼耶肯定会严厉地指责我要花招，并据此认为我与马尔科的关系可疑。怎样向他们解释，我这样做其实是为了避免看到他们彼此会心的笑？解释不清楚的。这一回我还是认为，唯一的办法是撒谎撒到底。下一周，我与帕尼耶一块儿在酒市旁边的一家餐馆吃晚饭。我告诉他，我确实是打算和妹妹一块儿外出的，只是到最后一刻改变了计划。我信誓旦旦地保证自己是无可指责的，帕尼耶几乎信以为真了。可是，勒梅尔夫人更加确信我欺骗了他们，并且让我感觉到她的想法。我很遗憾失去了她的信任。萨特来巴黎度复活节假期时，帮助我摆脱了困局。他向两位朋友讲出了实情，用一种富有感染力的同情心向他们解释我的行为。他们甚至可能怀疑我对萨特是否开诚布公。不管怎样，萨特和颜悦色的态度使他们认识到，他们把这件事看得太严重了。他们胸怀坦荡地当面取笑了我一番。不过，对这次经历我还是保留着深刻的回忆。我想，最糟心的莫过于你尊敬的评判者把你当作罪人对待。一种无法辩驳的谴责最终会破坏你与自己、与他人、与社会维系在一起、影响你一生一世的关系。我又一次感到自己很幸运，用不着一个人承受一个秘密的重负。

　　二月九日傍晚，共产党组织了一次反法西斯示威游行，遭到警察粗暴镇压，有六个工人被打死。二月十二日下午，社会党和共产党的工人多年来头一回肩并肩在万森纳大道上游行。全国总工会在这一天发动总罢工，统一总工会也加入其中。"反对法西斯威胁，捍卫政治自由"的口号，得到约四百五十万工人的响应。在鲁昂中学，只有科莱特·奥德里、西蒙娜·拉布尔丹和一位工会活动分子响应了。我连想都没想过要加入她们的行列，这说明我对政治活动多么漠不关心。我袖手旁观还有一个原因，就是讨厌任何让我表明自己身份的行动，我仍像过去一样不愿暴露我是教员。现在我再也不会声称教课好玩，而是觉得这个职业是一种束缚，比如它迫使我居住在鲁昂，迫使我在固定的钟点去学校，等等。不过它不失为一种职业，人家强加于我，我只好俯就，但其实我觉得自己并没有真心干。对教职工工会的要求我不感兴趣。我愿意行动，是在课堂上，作为个人向其他个人表达自己的见解，而不愿意通过任何行动表明自己是教职工中的一员。

　　然而，由于我在课堂上所讲授的内容，我很不被鲁昂的资产阶级看好。有人说我是由一位富有的参议员供养的。这是不是因为帕尼耶经常到圣拉扎尔火车站接我，而他给人留下了深刻印象？不过，当参议员他还太年轻了点啊。况且，无论从生活方式和气派来看，我都不像一位珠光宝气的阔太太。人们并不仔细观察，只顾乱嚼舌根。在课堂上我避免不谨慎的言辞，不再把引起非议的书借给学生。接触实际的道德问题，我就让她们再去读居维利埃的课本。然而，谈到家庭问题时，我说女人的职责并不只是生孩子。几个月前，即十二月份，贝当元帅发表演说，宣称要让学校和军队联合起来，一份发给教师们的通报敦促他们帮助进行鼓励生育的宣传。我在课堂上含沙射影地嘲讽了这件事。于是又有谣言风传我吹嘘自己有几个阔情人，并且鼓励学生们效仿我，我还专横地要求她们每个人表态赞同，只有几个"道德高尚"的孩子提出抗议。二月事件之后，杜梅格上了台，自那时开始，如火如荼地掀起了一场重振"道德秩序"的运动。大概正是这个促使"全省鼓励生育和保护儿童委员会"给省长递交了一份报告，揭露某个"不称职的教员"进行反家庭的教育。在帕尼耶的帮助下，我对上级在道德上作了义正词严的回答，指责攻击我的学生家长支持希特勒的理论，要求女人待在家里围着锅台转。学区视察员是一个穿戴不讲究的小老头儿，并不特别欣赏本地的上层资产阶级，笑着对我表示支持。然而在高乃依中学，我的那位男同事特鲁德，没有一堂课不在想象中让我在他班上的学生面前接受审判，对我痛加批判。

　　关于科莱特、西蒙娜和我三个人的谣传，使那些并不过分虔诚信教的学生对我们越发关注。尤其科莱特·奥德里博得不少人的热爱。这个我们并不怎么看重。不过我们毕竟很年轻，发现自己受到别人景仰，还是觉得挺开心。前面说过，像大部分男同性恋者一样，马尔科经常能遇到"妙不可言的人儿"。西蒙娜·拉布尔丹贪婪地努力发现最优秀的女中学生，努力发现天才少女来与马尔科遇到的"可人儿"抗衡。科莱特致力于对年纪大的学生施加政治影响，其中有不少加入了共产主义青年组织。我呢，则想象我执教拉丁语的三年级一些学生的罗曼史。她们之中有三四个才十四岁就已经有了少妇的妩媚和忧虑。最漂亮的一个在巴蒂那里当了演员——发现自己怀了孕，不得不在十五岁就嫁了人。学哲学的学生已经进入未来的成年人的角色，而我对她们将要成为的妇女没有多少好感[①]。不过头一年，科莱特·奥德里让我注意一个寄宿生，大家叫她"小白俄"，父亲是白俄，母亲是法国人，她的所有老师都认为她"有个性"。她那张苍白的脸，有些地方被耷拉的金发遮住，给我的印象几乎是麻木不仁。她交给我的作文都是三言两语非常简短，我都没法给她打分。然而，我在把第二学期的作文试卷发回给大家时宣布："非常出乎我的意料，奥尔加·D……得到了最高分。"在中学毕业会考之前有一次模拟考试。天气炎热，只看一眼学生们写作文时那种费劲的样子，我都觉得辛苦。她们一个一个全都把试卷交来放在讲台上，只有"小白俄"待在座位上一动不动。我叫她交卷，她眼泪哗哗地流了下来。我问她怎么啦，她说全考砸了。我建议她某个星期天下午和我出去走走。那天我领她到河堤前溜达，在维克多啤酒屋给她买了一杯饮料。她对我谈起波德莱尔和上帝。她从来不信上帝，可是在寄宿生中她被认为是个狂热的信徒，因为她讨厌那些"宣扬激进社会主义的女孩子"。中学毕业会

[①] 事实上也有令我意外的情况。我没想到那个最听话、最好学的学生雅克琳娜·内特差一点上了断头台，她成了勇敢的雅克林·盖鲁基，与丈夫同时被阿尔及尔法院判处死刑。——原注

考她取得了优异成绩，尽管特鲁德先生把对我们的憎恶转嫁到我的学生们身上，给她们设下了种种圈套。

开学的时候，她住在伯兹维尔的父母把她送到鲁昂来攻读医学学位。她十二岁时想当舞蹈演员，十七岁时想成为建筑师。她讨厌医学。她父亲出身于贵族家庭，躲避革命逃离了祖国，她母亲读《法兰西行动》杂志。尽管如此，对鲁昂那些几乎全是极右派的同学，她还是非常反感。她不关心政治，也忍受不了这些同学的庸俗乏味。她与一帮来自罗马尼亚和波兰的犹太人关系密切，这些犹太人被排犹运动赶出了国门。他们来到鲁昂学习，因为鲁昂的生活费用比巴黎低。罗马尼亚学生都有点钱，没有遇到多少困难。可是她却与波兰学生成了更亲密的朋友，而这些波兰学生都忍受贫穷的煎熬，一些是犹太复国主义者，一些是共产党人，而且都挺狂热。他们之中有一个会拉小提琴，大家都酷爱音乐。与法国学生不同的是，他们常常一顿饭不吃，省下钱去买音乐会或皇家舞厅的门票。奥尔加在女青年寄宿公寓住了几个月，然后与一位波兰女同学同住一个带家具出租的房间。有时她去看望过去的中学同学，其中一位吕茜·韦尔农，是共青团成员，常带奥尔加参加一些会议。奥尔加向我讲述过一次会议的情况。那天晚上有一个关于堕胎的报告会。堕胎当时在苏联是合法的。这个主题特别关系到妇女，所以听众大多数是青少年女性。一个读过大学、至少三十岁的男子，现在已是保王派报贩的头儿，脖子里系大花结领带，手里拿根文明棍，也参加讨论，放肆地说粗话。参加会议的女青年都是正派的小叛逆者，考虑的是自身地位的种种问题，丝毫没有放荡的不良想法，因此这个男子的粗话很容易使他们感到难堪。这阵"法国狗群[①]"的狂

---

① 这是朱利安·格拉克使用的字眼。——原注

吠，使姑娘们透不过气来，脸涨得通红。纠察叫来几个码头工人，其中一个走到那伙报贩面前说："我没有受过你们这样的教育，先生，但是我不会对年轻的姑娘这样说话。"那个老大学生带着他那一伙人走了。

奥尔加经常让我了解她的生活，还对我谈她的同学们。一天她问我，确切地讲，是犹太人意味着什么。我专横地回答："不意味着什么。犹太人嘛，根本不存在，只有人。"过了很久，她告诉我她曾经进到那个小提琴手的房间，宣布道："朋友们，你们不存在。这是我的哲学老师对我说的！"她觉得自己的行动非常成功。在许多问题上，我总是令人遗憾地偏向抽象。萨特也一样，可能程度轻一些。各社会阶级，我承认它们存在的现实。可是，由于与父辈的思想作对，有人对我谈论什么法国人、德国人、犹太人时，我就表示反对，认为只存在单个的人。我拒绝本质主义，这是对的。我已经认识到，诸如斯拉夫灵魂、犹太人性格、原始人思维、永恒的女性，这样的概念会怎样被滥用。可是，我所赞成的普遍性使我远离现实。我所缺乏的是"处境"的概念。只有处境的概念能够具体地定义人的群体，使之不受超时空的命运控制。可是当时只要离开阶级斗争的框框，就没有人给我提供"处境"的概念。

我很喜欢奥尔加的故事，喜欢她感觉和思考的方式。不过在我眼里，她还只是个孩子，而且我不常见到她。每周我邀请她去保罗啤酒屋吃一顿午餐。我后来才知道，这样的约会令她不快，因为她认为无法一边吃饭一边闲聊，所以拿定主意什么也不吃，也基本不说话。我有三四次晚上带她外出。我们听苏联歌剧团演出的《鲍里斯·戈东诺夫》。我还领她去吉尔和朱利安的独奏音乐会，这两位乐手的演出我百听不厌。她陪我参加过科莱特·奥德里那批人组织的集会，而集会的目的我早就忘了，只记得有不同党派的人发表了演说，而最引人注目的是雅克·多里奥。不久前，莫斯科召他去汇报他政治上的偏离，他拒绝前往。在台上就座的人之中有科莱特·奥德里、米歇尔·科里内。鲁昂的共产党人纷纷来参加集会。当多里奥开口讲话时，大厅里四面八方爆发出一片喊声："滚回莫斯科去！滚回莫斯科！"人头上飞过一把把椅子。科莱特和她的朋友们坐在前台，组成一堵人墙护着多里奥。科莱特被一个码头工人摔到地上。多里奥离开了会场，这才恢复平静。听众恭敬地静静听一个脸色苍白的矮个子社会党人讲话，不时还勉强鼓一下掌。我宽容的心里充满了义愤。

在鲁昂枯燥单调的日子里，这个夜晚很不寻常。另一次消遣解闷，是雅克琳娜·奥德里那次来去匆匆的旅行。她教我化妆、拔眉毛。晚上，科莱特、她和我三个人乘大巴去迪克莱尔吃血鸭。科莱特忙，操心的事多，我不常见到她。我兴味索然地写小说，还继续学习德语，借助词典阅读《索尔格太太》《卡尔与安娜》和施尼茨勒①的剧作。我还有许多时间无从打发。这一年之所以并不完全平淡乏味，是因为其间发生了一场悲剧，那是露易丝·佩隆的故事。

露易丝·佩隆在鲁昂一所中学教书。她高高的个子，黑发棕肤，三十岁上下，相貌难看，一对眼睛倒亮晶晶的，身材不错，但穿着不考究。她住在离我的寓所不远一座老房子的顶层。我刚到鲁昂，她与科莱特·奥德里已交往了一年。可是，有一次露易丝向科莱特倾吐衷肠时，科莱特不合时宜地笑了一笑。于是露易丝让我取代了科莱特，作为她说知心话的对象。露易丝在上一次蓬蒂尼恳谈会上，认识了一位知名作家。我称这位作家为 J.B.。一天晚上她用

---

① Arthur Schnitzler（1862—1931），奥地利剧作家。

挑衅的口气宣称："我追随托洛茨基！"她说当时 J.B. 好奇地打量她一眼。她热情地接近他，千方百计与他亲热，甚至说在修道院的花园里，她在他肩膀上咬了一口。总之，她成功地让他上了她的床，向他表白他是她的头一个情人。"真见鬼！这里的女人都是黄花闺女！"J.B. 沮丧地说，但不敢逃走。他已经结婚，但露易丝确信，他那么爱她，他会离开自己的老婆。然而一回到巴黎，J.B. 就要澄清这件事情，说这段私情不能再继续下去了，向露易丝表示他还是她的朋友。由于露易丝不愿意只做朋友，他写信对她说那不如干脆一刀两断。露易丝不相信他说的是真话。他不是在开一个无情的玩笑，就是因为可怜自己的老婆而说假话。他无论如何是爱她的。J.B. 拒绝和她约会，但她不上这种玩笑的当。每到星期天，她就到巴黎，在 J.B. 的寓所对面一家豪华旅店里租一个房间，时时盯住他那幢楼的大门，一看见他出现，就冲下去见他。一般他都能答应和她去喝一杯。在鲁昂，她一遍又一遍地阅读他喜欢的几本书，用他喜欢的画的复制品装饰自己卧室的墙壁，揣测在每种情形下他会说什么、想什么、感觉到什么。一天早晨，我和科莱特·奥德里在火车站广场"大都会"饮咖啡，她出现了。"J.B. 刚生了个女儿，光明！"她说道，随即像一阵风跑了。科莱特说："光明！多古怪的名字。"实际上，露易丝是想说她心里亮堂了：J.B. 之所以没有和他老婆离婚，是因为他老婆要生孩子。她叫人给 J.B. 太太送了一束玫瑰，还附了一张贺卡，贺卡上印有鲁昂港的照片。复活节假期间，她去了南方，回来后事情仍无进展。她发电报、打电话、寄快信，J.B. 都置之不理。我试图开导她，说："他是横下心要一刀两断了。"她耸耸肩膀："想一刀两断总会说一声，他会给我写信的。"一天她有了新的领悟："他是吃醋了。"她随即向我解释为什么。她从普罗旺斯给他寄过一张明信片，大概是这样写的："有人说这个地方像我，我就从这里把我的回忆寄给你。""'有人'二字岂不意味着我有一个情人?"她对我说,"虽然没有这回事,但他肯定是这样想的。"后来她与一位也是在蓬蒂尼认识的、J.B.的朋友去看过一场戏。看戏的时候,这人表现得很古怪,说他穿的新皮鞋夹脚。他莫不是怀疑露易丝勾引他?他是否在J.B.面前说了她的坏话?她写了一封长信向J.B.澄清这件事。她的信还是石沉大海。于是她想起自己做了另一件蠢事:她给J.B.太太送过一束玫瑰,红色可是鲜血和死亡的颜色啊!而且明信片上印有一艘代表鲁昂港的船,他们肯定理解为她是要告诉她的情敌:"我要除掉你。"她又写了一封信说明原委。一天下午,我去火车站接萨特,我们正穿过广场时,看见露易丝向我走过来。她泪流满面,抓住我的手臂,把我拉到一边说:"你看这封信。"原来她收到了J.B.的一封短信,口气断然而决绝,最后一句话是:"以后我们是否还能相见,全凭天意吧。""咳!"我说,"这不是一封绝交信吗?"露易丝耸耸肩,气鼓鼓地说:"得了吧,要想绝交,是不会写信的。"于是她开始了绝妙的解释,每句话都在证明J.B.言不由衷。"全凭天意,"她说,"你不明白这是什么意思吧?他是想我再住进那家旅店,盯住他何时出门,假装在街上意外地遇到他。为什么要耍这些心眼?究竟为什么?"她想办法在放假之前与J.B.见了一面。J.B.客客气气地和她交谈。事后她就去山区度假,决计就J.B.的作品写一篇有分量的文章,表明自己是配得上他的。我了解她很不幸。不过我把这件事看成一出滑稽戏,暗自发笑。直到六月份那天早上,见她哭哭啼啼我才动了恻隐之心。

开学后没几天,我在学校附近遇到露易丝。她抓住我的手腕,请我上她住所喝茶。假期里,她在阿尔卑斯山一间小旅店写好了一篇评述J.B.的文章,九月底去了他工作的报社,把文章交给了他。J.B.友好地接待了她,但他的某些举止让她觉得好生奇怪。他背对着她，脑门贴着窗户待了好长时间。他这是在掩饰自己的激动心情，对吧？然后，他在办公桌旁坐下，用手托着下巴，露出手背三个齿痕。"显然，"露易丝对我说，"这意味着他不再与老婆同房了。可是他为什么要向我表明这个呢？"这时，我觉得自己心里咯噔了一下，这件事再也不让我觉得滑稽了。现在不是开导露易丝的问题了，也不能再取笑她。随后几个星期，她常从门缝里钻进来，紧紧攥住我的胳膊。J.B.到底是在考验她呢，还是在报复她？如果他想报复她，最好的办法是不是杀了他？凭她的感觉，这也许正是他所希望的。我像去年一样，给她讲马尔科、西蒙娜·拉布尔丹、卡米耶、杜兰的事情，试图让她分分心，可是她根本不想听。她一门心思回想她以前的事情。一天晚上，拉罗什富科旅店女经理交给我一束茶红色玫瑰，里面附有一张纸条："误解消除了，我心里高兴，送你一束玫瑰。"我把花插在花瓶里，直感到揪心。第二天露易丝向我说明原委。每天晚上入睡之前，她脑子里总要回想一连串事情。其中有一件让她傻了眼。她住的那间阿尔卑斯旅店的信笺上面所印的装饰图案，是喷泉的盛水盘。而在精神分析法的术语里，喷泉盛水盘有特定的含义，J.B.理解成了露易丝挑衅地向他宣布："我有一位情人！"他的自尊心受到伤害，这就是为什么他要折磨她。她立刻给J.B.寄了一封快信，澄清一切，从邮局回来的路上给我买了玫瑰。这次交谈之后几天，她又来到我房里，沮丧地往我床上一躺，身边一封电报上写着："无误解，信随后。"露易丝不再自欺欺人，而是承认一切都完了。我对她说了些在这种场合谁都会说的废话。

这个打击对她也许是有益的。十一月份，她不再罔顾事实。科莱特和我比过去更经常见到她了，我介绍她认识了奥尔加。在我的建议下，她开始回忆童年，叙述得直来直去，倒不全令我反感。有时她显得心情非常好，看来是决心忘掉J.B.了。在蓬蒂尼，有一个五十来岁的社会党人追求她。她给他写信，他们经常相会，他还带她去火车站附近一家旅馆过夜。

两天后即星期一，我要和奥尔加一块儿去她住所饮茶，但我叫奥尔加一个人去，我有工作要做，下午结束时才去。我赶到那里时，奥尔加正要离去。露易丝告诉我，奥尔加给她讲了自己童年许多可爱的故事。露易丝说这话时，两眼定定地盯住我，让人几乎难以承受。她不再说话，继续盯住我。我试图说点什么，但找不到话茬。我在她眼睛里读到憎恨，反不如她粗暴地直言恨我那样令我害怕。我们离开了习惯的令人放心的世界，我再也不知道自己在什么地盘上冒险。突然，露易丝扭过头去，说起话来了。一连两个钟头，她几乎没有停顿，给我讲述着乔治·桑的《康素爱萝》。

我去了巴黎，在那儿悄悄地和萨特过了三天。萨特给自己放了好长时间圣诞假。星期四晚上他送我回鲁昂。星期五早上，我们在"大都会"饮咖啡时，科莱特·奥德里神色不安地来到我们身边。她下午与露易丝有个约会，但是不敢去。星期二晚上露易丝请她吃晚饭，在房间摆了一张餐桌，放了十二副餐具。"其他人呢？"她给科莱特开门时问道，"我还以为你们会来好些人呢！"她从壁炉台上拿起一封电报，轻松地说："亚历山大不来了！"亚历山大过去在《自由言论》报当编辑，两年前在鲁昂教过书，现在在伦敦工作。"伦敦很远。"科莱特说。露易丝耸耸肩，脸色阴沉下来："一点吃的东西也没有。"她说着突然又补充一句："我去下面条吧。"两个人晚餐吃了顿面条。

第三天即星期四，露易丝按响科莱特住所的门铃，跪在地上，又是哀求，又是威胁，发誓说她没有罪过。这一回，科莱特心里打起鼓来。她刚给露易丝工作的学校打过电话，学校说这天早上她没到校讲课，还说这段时间，她显得很疲劳。科莱特现在要去学校，我和萨特决定去露易丝住所。

在路上，我碰到了正找我的奥尔加。星期三晚上，她去还前天向露易丝借的书。平时，有人按那座楼的门铃时，露易丝总在自己屋里按一下按钮开门。这天晚上她却下楼来开门，抓过书问道："赶狗的鞭子呢？赶狗的鞭子你没带来吗？"然后她一边上楼梯一边低声抱怨："真可笑！啊！真可笑！"奥尔加还告诉我，为了避免令人压抑的沉默，她就讲述自己的童年往事，讲得都有点气喘吁吁了，其中讲到她与奶奶的一次争吵。那时她才四岁，争不过奶奶，急得喘不过气来，于是就吓唬老太太说："等爸爸回来，他会拿赶狗的鞭子抽你。""这就是赶狗鞭子的由来了！"当她把露易丝的表现告诉自己的共产党朋友吕茜·韦尔农时，后者以令人放心的口气这样说。吕茜习惯于把世界合理化，认为露易丝的表现正常。但奥尔加心头依然沉甸甸的。

萨特和我揣测，上星期六那一夜，那个五十来岁的社会党人和露易丝是怎样过的。萨特想就这个题材写一篇短篇小说，但又放弃了。不过，他的短篇小说《卧室》源于这个题材。

露易丝一个人住那座楼的五层和顶层。我按她那个套间的按钮，没有回应。我按另一个按钮，门开了。我们上楼梯，到了上面，瞥见露易丝的门上有一块白色的东西。那是用图钉钉在门上的一张纸，上面用印刷字体写着："不朽的小丑。"尽管听过科莱特和奥尔加讲的情况，我还是受到了震动。我举手敲门，没有任何回应。我通过锁孔往里看，只见露易丝坐在炉子前面，裹着披肩，脸色蜡黄，纹丝不动，像具僵尸。怎么办？我们下楼到街上商量了一会儿，又上楼。我再次敲门，隔着门劝露易丝来开门。她开了门。我向她伸出手，她连忙把自己的双手缩到背后。房间里弥漫着浓烟，炉子里有纸在燃烧，地板上还堆了许多纸。露易丝跪在地上，又抓了一捆纸扔进火里。"你干什么？"我问道。"别问我！"她说，"我不再说话了，我说得太多了！"我抚摸一下她的肩膀说："跟我们走吧，跟我们去吃点东西吧。"她哆嗦一下，恶狠狠地盯住我："你知道你在说什么吗？"我脱口而出说道："你知道的，我是你的朋友。""啊！一位多好的朋友！"她说，"别烦我，走开！"我们没辙，只好离开。我给她住在奥弗涅一个小镇上的父母发了一封电报。

我下午有课。将近两点钟，萨特和科莱特·奥德里去露易丝家。四层的住户在楼梯上叫住他们，说三天来从早到晚，露易丝踩得他头顶上的楼板不停地响。他家的女用人说，几个星期来露易丝一直不停地高声说话。当萨特和科莱特进到房间里时，露易丝一头扑到科莱特怀里，抽泣道："我病了！"她同意萨特下楼去给她买水果。萨特回来时在人行道上碰到科莱特，原来露易丝脾气又变了，把她赶了出来。这回萨特推开没关上的门，只见露易丝仍然蜷缩在长沙发的一角，两眼无神，满脸沮丧。萨特把水果放在她身边，便出来了，只听见背后一个声音嚷道："这一切我都不要！"随着一阵脚步声，梨、香蕉、橘子便顺着楼梯滚了下来。下一层的女主人半推开门问："我可以捡起来吗？这些东西浪费了实在可惜。"

鲁昂潮湿的天气和传统的街道，从来没有像这天黄昏时分这样让我感到压抑。我焦急地等着佩隆家的电报，跑到旅馆办公室去询问，说是有一位褐发女士来过，留下了一张便条，只见上面写道："我不恨你，只想和你谈谈。我等着你。"多么烦人，一次次叫开那扇门，在幽暗的楼梯上爬上爬下，还有那个头脑里变来变去的想法！在入夜之时，独自一人跑到露易丝家，和她一道关在她的房间里，被她用火一样的目光盯住，呼吸着毒化整个房间的难闻而令人绝望的气味，一想到这些，我就不寒而栗。所以萨特又一次和我一块儿去。露易丝微笑着向我们伸出手，用轻松的口气说："好，我请你们来是要向你们讨个主意，因为你们是我的朋友。我该继续活下去还是自杀呢？""当然是活下去。"我急忙回答。"好吧，可是怎样活下去？我怎样谋生？"我提醒说她是教员。她恼火地耸耸肩："算啦，我已经提交了辞职报告。我不想继续像一只猴子打发余生。"一只猴子，一个小丑，就像卡拉马佐夫老爹。她扮演过这种角色，是的，但现在结束了。她想获得新生，靠自己的双手工作，也许去打扫街道，或去当女用人。她穿上大衣说："我下楼买报纸，看看小广告。""好吧。"我说。说什么呢？她失神地打量着我们："啊！看我还在装模作样！"她脱下大衣扔到长沙发上说："可是这也是装模作样呀。"她将双手贴在面颊上，"没有任何办法可以摆脱吗？"她终于平静下来了，对我微笑一下，"好的，就剩下感谢你为我所做的一切啦。"我赶紧否认，说我什么也没做。"哎！你就别说假话了。"她生气地说。我诚诚恳恳、一心一意让她相信是她太自卑。我给她讲述的关于西蒙娜·拉布尔丹、马尔科、卡米耶的所有事情，她自卑到听什么都信以为真？她的确都信以为真。在众人面前，她像一棵柔弱的小草，被淤泥吞噬。只有独自一人时，她才恢复一点判断力。在他人面前的这种被动状态，正是她自卑的一种表现。我促使她陷入这种自卑，也许恰恰是为了在她身上激发一种反抗力，使她能够摆脱自卑。我做成这件事情的方法，就是建议她写自己童年的回忆录。这是对她进行心理分析的一种方式。我不再回绝她那令人不安的感激。

这个场面不折不扣地像舞台上的一段精彩对白。给我们留下了十分深刻的印象。露易丝无力摆脱装模作样令我们愕然。这完全证实了我们对这个问题所抱的想法。在我眼里，露易丝错就错在企图构建她自己的形象，作为对抗不幸的爱情的武器。她的可取之处是她现在看透了自己，她的悲剧是她越是努力忘掉自己，就越是无法忘掉自己。

第三天早上，露易丝的父亲来了。他是阿韦龙地区一个箍桶匠，带着戒心打量着我们，问道："有人对这姑娘怎么啦？"他显然怀疑有一个勾引者把她害成这样。露易丝的弟弟，一个比她小十岁的师范学校学生是晚上到的。他也采取维护露易丝的立场，整个圣诞节假期就住在姐姐家。科莱特在离开鲁昂前去见露易丝的校长，要求她撕掉露易丝的辞职信。接见她的是总学监。校长亲自到露易丝家来拜访，想和她说明情况。露易丝赶走她，嚷道："我要做得干净利落！"她感到那样恐惧，从此就卧床不起了。

我再见到露易丝，已是一月份了，在大都会咖啡馆。她又黄又瘦，双手潮热，身子瑟瑟发抖，说："我病了，病得很厉害。"过去两个星期，她患了一种精神分裂症。她告诉我无时无刻不看到自己是多么可怕。她哭泣着。她心里再也没有丝毫敌意。她恳求我保护她免遭诽谤。"我发誓，我的手是无辜的。"她说着把手张开放在桌子上。是的，她在那篇文章里写过，J.B.笔下的人物像一只手的五指一样彼此相像，但这句话并无任何隐含的意义。她从来没有想要害J.B.的孩子。她下了决心要医治自己的病，医生建议她去山区疗养。她弟弟送她去，她要在山区待上两三个星期。

照她的第一封信所说，雪和健康的生活似乎改变了她。她滑雪，描写她所住的旅店和周围的景色。她正在为我织一件洁白漂亮的羊毛衫。"下一次我再感谢其他人。"只有最后一页下方这句话令我不安。这是有理由的。因为随后的几封信就令人不放心了。露易丝扭伤了脚踝，躺在长椅子上，又反复想过去的事了。每当她醒来时，常常有人让她看她卧室墙上的星星和十字架。是谁？为什么？我们是想拯救她，还是想断送她？她似乎倾向于相信第二种假设。

我去火车站接她时，并不是很快乐。现在是晚上九点钟了，我感到自己没有勇气单独和她待在她的房间里。我有点怕她，尤其怕自己会感到恐惧。在旅客的人流里我瞥见了她，拎着两只旅行箱，人显得结实了，脸晒黑了，也变粗糙了。她没有对我露出笑容。我坚持我们去车站小餐馆喝杯饮料，她并不欣然同意，我还是坚持，而且暗自庆幸，我们周围有人，有声音，这让人心安。而她盘问我，要求我明确回答：这伙人勾结起来是为了她好，还是想报复她？她说话时声音清脆，结实的身体使她能够让自己的胡话显得有条理。逻辑之严密比莱布尼兹和斯宾诺莎还更难反驳。我否认有人勾结起来害她。"得了吧！"她说，"幽会的总不是两片浮云吧！"现在她知道科莱特是J.B.的情妇。前一年夏天，她和几个朋友说是去挪威观光，而J.B.用嘲讽的口气谈论坐游轮去挪威旅行的打算。这难道是巧合吗？不。所有人都知道他们的私情，只有露易丝被蒙在鼓里。再说，人家一贯把她晾在一边。一次在餐馆里，我叫科莱特、西蒙娜·拉布尔丹都喝苹果酒，露易丝要了葡萄酒，我讥讽说："啊！你与众不同！"我试图反击，对她说："我知道，你是一个判断错误症患者。"她告诉过我，她常常几小时躺在长沙发上，琢磨她一天里注意到的别人的动作和言谈所隐藏的含义。"是的，我知道我是这样的人。"她平静地回答。她对我列举了一些事例：一次我遇到她时一个傲慢的眼神、与科莱特会心的一笑、奥尔加一个奇怪的语调，还有我说的片言只语等等。这些事例都无可辩驳。出了火车站，我只是重复说没有人勾结起来害她。"好吧。既然你不肯帮我，我们暂时也就没有必要再见面了。我一个人去做决定好了。"说罢，她钻进了城市的黑暗之中。

这一夜和随后几夜，我都没有睡好。露易丝进到我的卧室，口吐白沫。有一个人帮我把她关进一个小提琴盒子里，我试图重新入睡，可是小提琴盒子留在我的壁炉台上，里面有一个活物，遭受着憎恨和恐惧的折磨。我只好睁开双眼。半夜三更的，万一露易丝来敲门，我怎么办？我无法拒绝给她开门，可是自上一次交谈之后，我相信她什么事都做得出来，甚至我的白天也因为担心遇见她而被毒化了。想到她在距我几百米的地方呼吸、琢磨事情，这就足以唤醒我十五岁时感觉到的那种焦虑，那是在奥德翁剧院看到查理六世在舞台上徘徊的时候。

过了大约两个星期，科莱特和我各收到一封内容完全相同的信："谨订于二月十一日星期日中午十二点三十分在巴黎举行大型午餐会，向我的朋友们表示敬意，敬请光临。"这次没有通知地点的午餐会，令人想起科莱特曾参加过的一次虚幻宴会。受邀请的还有露易丝的父母、亚历山大、J.B.、那个社会党人和其他一些人。但是预定的日期前夕，露易丝拜访了J.B.太太，哭着向她发誓自己不想加害于她。J.B.太太好不容易说服了她当天就住进一家诊所。

她出院时已是仲夏，然后在父母家一直住到夏季结束。十月份她到巴黎旅行了一趟，约我在圆顶咖啡馆会面。我惴惴不安地坐在咖啡馆里等她。她相当友好地向我走过来，但是怀疑地瞟了一眼我放在面前的一本书，一本由路易·吉尤翻译的英国小说。"为什么是路易·吉尤？"她问我。她抱怨那家诊所，抱怨医生对她进行催眠术和思想传导的试验，使她陷入可怕的危机。她恢复了平静，但始终相信那伙相互勾结的人并未善罢甘休。科莱特的上一封来信是在猴子街投递的，这无异于对她说："你是猴子。"信上方的水印现出"最强者"三个字，那就向她宣称："我是最强者。"我自己嘛，态度也显得有点暧昧不清。露易丝倒是承认，她有爱琢磨的癖好。重读高乃依的悲剧《西拿》，她脑子里又闪过这样的想法：这个阴谋故事是影射她的。不过她还是靠理智说服了自己：这个悲剧是三百年前写的。可是，当她在广播里听到、在一份周报里读到一些挑衅性的言论时，谁能阻止她相信那的确是在攻击她呢？那伙相互勾结的人有的是办法出钱资助广播节目和刊载文章。于是，她对属于她的世界进行令人惊奇的描述。精神分析的符号、梦的释义、数字和图案密码、同音异义词和文字置换游戏，一切细小的东西和一切最微不足道的事情，都被赋予针对她的意图。在这个世界里，没有一刻静止的时间，没有一寸中立的阵地，没有一件由偶然决定的小事。一切都由铁的必然性所决定，并且统统都有含义。我觉得自己被带得远离了大地，远离了地心，被带进了天堂或者地狱。是被带进了地狱，肯定无疑。露易丝脸色阴郁。"我看只有两条出路。"她字斟句酌地说，"我要么加入共产党，要么杀人。麻烦在于要从我最亲近的人开始杀。"我一直盯住她那不时把口袋攥得更紧的双手的每个动作。我知道她口袋里带了把剃须刀，而且是有可能使用的。我为了让自己镇定下来，心里想她第一个目标肯定是 J.B.，她伤害不了第二个目标，但是我也只是放了一半的心而已。而同时，我受到露易丝沉湎其中的阴郁幻象的诱惑。我到了丁香园咖啡馆，找到萨特和科莱特·奥德里，但与他们待在一起心里并不踏实。这是我一生中唯一一次觉得和萨特交谈平淡乏味。"不错，你没有疯。"在回鲁昂的火车上，我生气地对他说。我赋予发疯一种玄妙的尊严，从中看到对人类生存状况的拒绝和超越。

露易丝回阿韦龙老家去了。我给她写信，建议常联系，并请她相信我的友谊。她给我寄来一封信，对我表示感谢，并说她不再恨我。"不幸的是，"她写道，"此时此刻，我并不处于心怀感激、能够实现任何心愿的状态。我心里有一种像铁杠一样坚硬的东西，阻挡着我的一切热情、欲望和意愿。总之我感到，在我希望与你建立的整个关系的基础之下，埋藏着一颗地雷，它不以你和我的意志为转移，炸毁一切……的确，有时我的性格非常可怕，没心没肺，心灵深处一团漆黑。想到并非只有我处于这种状态，也不能给我带来安慰。这种想法仅仅有助于我摆脱一年来不能自拔——如果不说一辈子不能自拔——的受虐狂，有助于我稍许以不同的方式看待事物。"

以后我再也没有见过她。她相当长时间里一直处于谵妄状态，最终厌恶了，又当上教师。我得悉她积极参加了抵抗运动，并且加入了共产党。

我早就决定二月底去一趟柏林，便想到利用露易丝·佩隆生病这件事，让一位医生开张证明，好拿了去请假。科莱特向我推荐一位精神病科医生 D 大夫。此人曾劝她的一位朋友"让感情像落叶一样脱离自己"。我在拉丁区一个幽暗的二楼楼道里差不多等了半个钟头，心里有点不安：这个医生会不会赶走我？他终于开了门。这是一个老头儿，留着白胡子，神气十足。但是，他的裤子前面有一块大大的新鲜污迹，一看就知道是怎么回事。我一下子乐了，胆怯消失了，说话轻松自然，假装向他请教露易丝的病该怎么办，直到现在她还没有去住院。我补充说，这个悲剧搞得我神经紧张，精疲力竭。他爽快地给我开休息十天至半个月的证明。我坐上去柏林的快车，觉得自己俨然是一个国际大旅行家，几乎堪称卧铺车厢的圣母马利亚。

柏林的法兰西研究所的学生对纳粹主义的看法，与整个法国左派一样。他们只与反法西斯的大学生和知识分子接触，相信希特勒主义的覆灭指日可待。他们解释说，纽伦堡大会和十一月全民投票，只不过是一时的集体歇斯底里的发作。他们认为，反犹太主义是一种极端非理性的、愚蠢透顶的偏见，不值得真正担心。在这所研究所里，有一个相当英俊、身体高大匀称的犹太学生，另外有一个头发拳曲、个子矮小的科西嘉学生，德国种族主义者总是把后者看作以色列人，把前者看成是雅利安人。这种不肯改弦更张的张冠李戴让萨特和他的伙伴们感到开心。不过他们知道，纳粹狂热在没有冰化雪消之前，总还是一种危险。萨特的一位老同学与一位相当引人注目的富家犹太女子相恋。这位老同学不敢直接给那个犹太女子写信，担心与一个法国人通信会使她受到连累，所以他把信寄给萨特，由他转交。萨特很喜欢柏林，可是每当遇到"褐衫党"时，他就像当初在威尼斯第一次看见他们时那样，心里很不痛快。

在我逗留期间，奥地利社会党人试图利用工人群体的不满，来遏制纳粹主义的上升势头。他们发动了一次暴动，但遭到陶尔斐斯①血腥镇压。这次失败使我们感到有点忧虑。我们不想触碰历史的车轮，但是我们希望相信历史车轮是朝正确的方向转动。否则就有太多的东西需要我们去反思了。

在一个走马观花的观光者眼里，柏林似乎并没有受到暴政的压迫。街上的气氛热闹而欢乐，但街面的破落令我吃惊。我之前喜欢伦敦的街道，想象不到这里的房屋会如此难看，只有一个区域还算能看，那是新近在市郊建成的花园城，人称"汤姆叔叔的小屋"。纳粹当局也在郊区建了一些相当舒适的工人城，但实际上都是小资产阶级居住的。我们经常从选帝侯大街散步到亚历山大广场。天气很冷，气温低至零下十五度，我们走得很快，歇息的次数也多。这里的咖啡馆和糕点店都像茶馆，我不喜欢。我觉得摆着厚实的桌子、香味厚重的啤酒屋舒适宜人。我们常常去里面午餐。我很喜欢油腻的德国菜肴，喜欢红叶卷心菜和熏猪肉，喜欢乡村风味的早

---

① Engelbert Dollfuss（1892—1934），奥地利政治家，1932—1934年任奥地利总理。

餐。我不那么欣赏更讲究的餐馆提供的果酱野味、浇奶油的菜肴。我还记得一家这样的餐馆，名叫"梦"，墙壁上贴着柔美的丝绒，上面跳动着洛伊·富勒①式的灯光。这家餐馆有柱廊，有喷泉，我想还有鸟。萨特也带我去过流浪汉咖啡馆。这里过去是知识分子聚会的场所。最近一两年，他们不再来了。我只看到一个大厅，里面摆满大理石小桌和直靠背椅。

某些游乐场所关闭，其中包括展示奇装异服的"剪影楼"。然而，并非处处道德秩序井然。到达后的头一天还是第二天晚上，我们与萨特一位专门研究社会底层的同学康坦一块儿外出。在一条街拐角处，康坦走近一个高个子漂亮女子。那女子罩着精致的短面纱，十分妩媚，穿着长丝袜、细高跟皮鞋，说话的嗓音略显低沉。当康坦告诉我这是一个男人时，我简直不敢相信自己的眼睛。康坦带我们去亚历山大广场四周低级下流的夜总会。墙上挂有一块牌子，写着"禁止调戏妇女"，令我觉得好笑。随后几天，萨特带我去比较优雅的地方。我在一家小酒馆喝过波列酒。小酒馆里桌子摆成一圈，中间是一块可移动的演出场地，一位马术表演者表演马上杂技。我在一些大啤酒屋喝过啤酒。其中一家有一排演出厅，可以容纳三支乐队同时演奏。上午十一点钟，所有桌子都客满，人们相互搂抱着、摇摆着、边舞边唱。"这就叫情调。"萨特对我说。在主演出厅尽头悬挂着莱茵河畔景色的布景。突然，铜管乐齐鸣，暴风雨骤起，那块布景由紫色变为绛红色，空中划出一道道闪电，只听见雷声大作，暴雨倾盆。食客们拼命鼓掌。

我们作了一次短途旅行，冒着倾盆大雨，在汉诺威参观了莱布尼兹的故居。那座房子豪华、宽敞，瓶底式的窗户非常漂亮。我喜

---

① Loïe Fuller (1862—1928)，美国舞蹈家。

欢希尔德斯海姆的老房子，那暗红色的屋顶和屋顶下相当于房子正面三倍高的阁楼。那里街道寂静无人，仿佛存在于时间之外。我的印象就像是在一部荒诞影片里漫步，拐过一个街角，就会看到一个男人，身穿黑色礼服，头戴大礼帽，似乎是卡里加里博士。

我在法兰西研究所晚餐过两三次。大部分学生都不认真学习，而是在倒卖外汇。提供给旅游者的"冻结马克"和普通马克行市相差很大，而普通马克是禁止携带出境的。康坦和其他好几个学生每个月偷越一次国境，把钞票藏在大衣衬里里面，以高价与法国的银行兑换，拿到钱之后，再用外国人的身份，花一笔小钱买回相当于当初带来的马克的钱数。萨特对这种赚钱手段不感兴趣。他勤奋工作，继续写罗冈丹的故事，同时阅读胡塞尔的作品。他写了《论自我的超验性》，一九三六年发表在《哲学研究》上。他从胡塞尔的视角出发，用与胡塞尔某些最新理论相悖的观点，阐释自我与意识之间的关系，在意识与心理之间确立了一种应该永远保持的区别。他认为意识是一种即时的、明显的自我存在，心理则是只有通过思考活动才能感觉得到的一些对象的综合，而这些对象像感觉的对象一样，只呈现出轮廓。例如仇恨是人通过个人经历体验到的超验性，它只是或然存在。我的自我和他人的自我一样，本身就是世间的一种存在。因此萨特确立一种最早、最固执的信念。按照拉罗什富科和法国传统心理学的观点，与自我的关系败坏我们最自发的行为，只有在特殊情况下才表现出来。对他而言更为重要的是，这个理论——他认为只有这个理论——能够避免唯我论，因为心理、自我无论对他人还是对自己而言，都是同样客观地存在的。避免了唯我论，也就避开了唯心论的陷阱。萨特在结论中强调了他这个论断的实际（道德和政治）意义。这篇论文很难找到了，我在此引述最后几行，它们表明了萨特考虑问题的连续性：

"我一直觉得，一种像历史唯物主义这样富有成果的假说，根本不需要以形而上学唯物主义这种荒谬的东西作为基础。事实上'客体'并非必须凌驾于主体之上，才能使伪精神价值观销声匿迹，使世界重新在现实中找到自己的基础。自我只需与世界一致，主体客体这种纯属逻辑学范畴的二元性，就会从哲学的思考中消失。"他补充说："这些条件足以使自我以处境危险的状态出现在世界面前，足以使自我（间接地或借助各种情况）从世界吸取内涵。在哲学的层面建构一种绝对积极的道德或政治，其实并不需要更多的东西。"[①]

萨特在这所研究所感到怡然自得。在这里他重获自由，在一定程度上也重获友情。正是这种自由和友情当年使他非常热爱巴黎高师。此外，在这里他与一位女性建立了他十分珍视的友谊。一个寄宿生酷爱哲学，但完全不把爱情方面的事放在心上，却有一个研究所里所有人都觉得可爱的妻子。她名叫玛丽·吉拉尔，在拉丁区混过很长时间，住在邋遢小旅馆里，常常几个礼拜待在房间里闭门不出，一个人抽烟，胡思乱想。她绝对不明白自己来到这个世界上干什么，活在一片迷雾里，只有无可回避的现实才偶尔让她清醒一点。她不相信有心灵的痛苦，不相信奢华、富贵会带来痛苦。在她看来，真正唯一的不幸，是贫困、饥饿，是肉体的痛苦。至于幸福，这个词在她心目中没有意义。她漂亮，脸上挂着文静的微笑，十分优雅。她那副痴想的模样颇获萨特好感，她对萨特也有好感。他们都明白，他们的关系没有任何前途，不过有现在就足够，所以他们经常见面。我见过她，也喜欢她，对她没有丝毫醋意，然而，自我俩相互认识以来，这是头一回另一个女人在萨特心目中如此有

[①] 此文写于 1934 年，发表于 1936 年。——原注

分量，而我呢并非不屑于吃醋，也并非不会吃醋。不过这件事并不令我感到意外，也没有扰乱我对我们的生活所抱的想法，因为从一开始萨特就告诉过我，他可能会有外遇的。我既已接受了这个原则，接受这个事实也就没有困难了。我知道萨特是多么执着于那支配着他的整个存在的认识世界和表达世界的抱负，我确信自己与此紧密地联系在一起，他的生活中的任何插曲都不会使我气馁。

我刚到柏林不久，就收到科莱特·奥德里一封信，告诉我说，我请假外出在学校里引起了相当不好的看法。萨特建议我缩短行期。我不同意，肯定地说医生的证明能为我打掩护。萨特坚持说，如果人家知道我跑到德国来了，我会有大麻烦。的确如此，不过一想到要为了小心谨慎作出牺牲，我气得发抖，所以还是待了下来。回到鲁昂后什么麻烦也没有，我感到庆幸，愉快地向所有朋友讲述我这趟旅行。"有艳遇吗？"马尔科问道，"一次艳遇也没有？"我回答说没有，他怜悯地打量着我。

有什么新作品问世，萨特和我一直都很了解。这一年让我们印象深刻的有两个名字。一个是福克纳，他的小说《在我弥留之际》和《圣殿》的法译本几乎同时出版。在他之前，已有乔伊斯、弗吉尼亚·伍尔夫、海明威和其他几位作家拒绝了现实主义小说虚假的客观性，而通过主观性来阐释世界。然而，他的技巧之新颖及其效果令我惊异。他不仅会巧妙地协调多种多样的观点，而且能安排好每个人物意识中的有知、无知、自欺、幻觉、言谈、沉默，等等，从而让事件处于半明半暗的朦胧状态，然后以最大限度的神秘感和立体感呈现出来。他同时以叙述的艺术和叙述的题材打动我们。从某种意义而言，《在我弥留之际》这部洋溢着流浪汉小说气氛的史诗与超现实主义作品相似。"我母亲是条鱼。"儿子说。当旧车上没有固定牢靠的棺材侧翻到河里，被河水冲走时，他母亲的尸体似乎真的变成了一条鱼。从佃农用于固定受伤膝盖的水泥，我们看出它与马尔克斯兄弟和达利所珍惜的能吃的瓷器或大理石糖一样，都是虚幻之物。不过，这种模棱两可在福克纳笔下有着唯物主义的深刻含意。物件及其用途之所以以荒诞的面貌呈现在读者眼前，是因为苦难和贫困在改变人与事物关系的同时，也改变了事物的面貌。这就是这本小说里吸引我们的东西，而令我们意外的是，瓦莱里·拉尔博在小说的前言里把它定义为"农村风俗小说"。《圣殿》更令我们感兴趣。我们没有理解弗洛伊德，觉得他令我们扫兴。但是，当有人用我们更易理解的方式向我们介绍这些发现时，我们就会大为兴奋。每个人心灵中都有这种"无法穿透的黑暗内核"，我们拒绝精神分析学家推荐我们用来打破它的工具。福克纳的艺术打开了一个缺口，让我们隐约看见让我们痴迷的深渊。福克纳不仅说无邪的面孔后隐藏着邪恶，而且指给我们看。他揭下了那个纯洁的美国姑娘的假面具。他让我们感觉到伪装世界的虚伪仪式背后制造悲剧的暴力。这暴力正是因无法得到满足的需要、欲望、邪恶而产生的。福克纳笔下的性把世界完全置于火与血之中。人的悲剧表现为强奸、凶杀和纵火。在《圣殿》的结尾，纵火使一个人变成了一个活的火把。这火表面上是由一桶汽油酿成的，其实是由男女心里隐秘的、见不得人的欲火造成的。

第二个名字是卡夫卡。在我们看来，他更重要得多。我们在《新法兰西杂志》上读过他的《变形记》，才知道评论家将他与乔伊斯和普鲁斯特相提并论丝毫不让人觉得可笑。《审判》出版了，但反响甚微，评论界公开地更看好汉斯·法拉达。在我们看来，这是很长时间以来我们所读过的最罕见、最优美的作品之一。我们立刻明白，不应该把它贬低为一部讽喻作品，也不应该试图通过什么象征去解释它，它所表达的是对世界的总体看法。卡夫卡不仅对人类的用具、职责、作用和行为的意义提出质疑，也对人类与世界总的关系提出了质疑。他仅仅"从反面"①向我们揭示了这个世界荒诞、难以容忍的形象。K 的遭遇与安托万·罗冈丹的遭遇迥然不同，要极端得多，绝望得多。但是在两个个案中，主人公都与他所熟悉的周围环境保持着一种距离，以至于对他而言，人类的秩序土崩瓦解，他孤独地陷入了异乎寻常的黑暗之中。我们立刻对卡夫卡佩服得五体投地，可是并不确切知道为什么感到他的作品与我们个人息息相关。福克纳和其他所有作家讲述的是遥远的故事，而卡夫卡谈论的是我们自己，面对一个没有上帝而我们却要拯救自己的世界，向我们揭示我们的问题。没有任何父辈在我们心目中代表规律。尽管如此，规律还是不可改易地铭刻在我们心里。它不让人们根据普遍的理性去了解它。规律如此奇特又如此神秘，我们自己也无法掌握它，尽管我们知道我们不遵循规律就一事无成。我们摸索着，像约瑟夫·K 和土地丈量员一样迷惑、无助，在迷雾中找不到任何连接道路和目的地的线索。一个声音对我们说：应该写作。我们照办，写满了一页又一页纸，可是为了达到什么目的呢？什么人会来阅读我们所写的东西呢？他们会读到什么呢？命运安排我们踏上的崎岖道路伸向无尽的黑暗。有时在一道闪光中，我们瞥见了目标：这部小说或这篇散文应该可以完成了。它已经完成，正在远处闪闪发光呢。可是，这时我们找不到所需要的句子，一页一页一直写到结尾。写出来的结尾却是别的东西，或者干脆写不出来。我们已经在琢磨我们不应该停止了解的东西：这种盲目的行为其实是没有尽头，没有必然结果的。死亡突然降临，一如约瑟夫·K 的死

---

① 萨特 1943 年在关于布朗肖的研究论文里详述了这个观点。——原注

亡，不会宣布任何判决，一切仍悬而未决。

　　萨特来巴黎度复活节假时，关于卡夫卡和福克纳我们谈论得很多。他向我勾勒了胡塞尔体系的轮廓，介绍了"意向性"这一概念。这一概念恰好为他带来了他所希望的东西：克服了我曾经指出的在这个时期分裂着他的矛盾的可能性。他一直对"内心生活"怀着恐惧：一旦意识朝着一个目标连续不断地自我超越而证实其存在，所谓内心生活也就彻底烟消云散了。事物、真理、情感、意义以及自我本身，一切都是外在的。没有任何主观因素能改变世界向我们展示的真实面貌。意识保持支配地位，而宇宙则保持着真实的存在。萨特一直声称要确保这种真实的存在。由此整个心理学都需要修正了。他写了论述自我的那篇文章，就已经开始去完成这项任务了。

　　他又走了，我努力熬过最后一个学期，经常去看我妹妹。她仍然和父母住在一起，但在卡斯塔尼亚里罗街租了一个冬天很冷、夏天很热的小房间，为画画用。她下午在蓬让画廊做文员赚点钱。她间或去英格兰人舞厅，或者和弗朗西斯·格吕贝及其同伴一道去参加某画室的聚会。但这种消遣很难得。从物质上看，她的生活很困难、很清苦，但她能开心地承受，令我赞赏。我经常带她和我一块儿去看戏。我们一块儿在戏院看过《真遗憾，她是妓女》①。这是约翰·福特的一出戏，我很喜欢。演员们穿着漂亮的彩色戏装，是瓦朗丁·雨果为《罗密欧与朱丽叶》设计的那种。我和妹妹被《小妇人》打动了。刚出道的凯瑟琳·赫本饰演乔·马奇，具有我少女时代所幻想的那种让人心醉的诱惑力。我感到自己仿佛年轻了十

---

① 这出戏的题目，海报上写的是《真遗憾，她是一个娼妓》。这种文字的拘泥违背原文和戏剧的本意，令我们遗憾。萨特在自己一个剧本的题目里用了"妓女"一词，就想到了福特。——原注

岁。我们也经常去看画展。正是和妹妹一块儿，我六月底在蓬让画廊看了达利的首次大型画展。记得我也和萨特一块儿欣赏过他的不少画作，但记不起在什么时候了。费尔南多有所保留地对我谈起过达利在梅索尼埃赞助下创作的工笔画。这种虚幻的彩色画很吸引我们。超现实主义者抓住材料与物体之间的模棱两可的技巧一直使我们感到好奇，因此我们欣赏了达利的"软掉的时钟"。不过我特别欣赏的是他的风景画里那冰冷的透明。在这些画里面，我比在奇里科城的街道上更能感受那毫无遮拦向远方隐去的空间的令人眩晕和焦虑的诗意。各种形状、颜色似乎完全是空间的变化所致。当他描绘我曾亲眼见过的西班牙一处陡峭的海岸时，他就把我带到了离现实最遥远的地方，让我看到了我们的全部经历不可企及的内涵，即乌有。然而当时有些画家致力于"人文回归"。我不赞赏这种尝试，其结果也不令我信服。

萨特不在的时候，我给现在生活在巴黎的利奥奈尔·德·卢勒上哲学课。他与几个同学成立了"墨洛温王朝党"，利用标语和传单，要求希尔佩里克的后裔回国。我斥责他，因为我觉得他把太多时间花在这种胡闹上面。不过他有学哲学的天赋，我对他颇有好感。他认识了我妹妹，两个人成了好朋友。

我经常去巴黎郊区看望卡米耶和杜兰。萨特走后我头一回去加布里耶街看望他们，卡米耶盛情款待我。她穿一件漂亮的黑丝绒礼服，腰带别了一束黄色花蕊的黑色小花。"我想勾引你。"她愉快地对我说，声称她对我的感情可能会变得专横甚至嫉妒。我没有加入她的这种游戏，这种游戏似乎也没让她很开心，我们又一次见面时，她就放弃了。我觉得她以一种友好的高傲态度看待我。她的自恋、自作多情稍微贬低了过去她在我心目中的形象，她对我完全失去了魅力。我乐意和她见面，内心不再有局促不安的想法了。

杜兰在克雷西昂布里附近的费罗勒买了一所房子。坐火车去那里要费点周折。彭蒂厄小姐告诉我，每个周末她男朋友都开汽车带她去兜风，我就问她能不能送我去费罗勒。我估计，接近一位名人的想法对他们应该是有吸引力的。我的想法没错。一个星期六将近傍晚的时候，我们到达了克雷西昂布里，从那里爬上位于小山上的一个村庄。卡米耶接待我们，请我们喝红葡萄酒。我的两位同伴见她一副村姑打扮，现出惊愕的样子。卡米耶穿一件棕色粗呢长袍，披着一块花里胡哨的头巾。更令他们惊愕不已的是，她俨然像一位母亲，正儿八经地向他们介绍她的两个玩具娃娃弗里德里希和阿尔布莱希特。杜兰呢，一声不响地抽着烟斗，若有所思地打量着这对普通的法国男女。他们一驱车离去，我就把这所房子看了一遍。这是经过杜兰和卡米耶亲手改造过的一座旧农舍，他们保留了房子土里土气的外貌，墙壁粗涂成土红色，天花板下裸露着横梁，壁炉里燃烧着大块的劈柴，但室内的摆设和装饰都颇具匠心，既大胆又稳重，把精美的古董和演戏的道具相映成趣地摆在一起。我这次逗留了一天一夜，后来又来过好几次。每次杜兰总在克雷西昂布里火车站等我，驾着一辆旧马车，套一匹他爱护备至的马。他一边赶车一边吃巧克力。卡米耶不知为了什么原因，突然不准他抽烟了。卡米耶做饭像梳妆打扮一样讲究，从图卢兹订购来斑鸫肉酱和肥鹅肝，烹调复杂的美味佳肴。夏天的晚上，我们常在花草繁茂的小花园里度过。杜兰讲故事，低声哼唱老歌曲。他对卡米耶一往情深，这看得出来，可是他们之间究竟算什么关系却很难判断。有第三者在场时，卡米耶把生活变得像演戏，杜兰则亦步亦趋。他们演着充满甜言蜜语、恼怒赌气、埋怨厌恨、柔情蜜意的喜剧，而且是非常令人开心的喜剧。

　　我不太喜欢诺曼底，却偶尔与奥尔加去鲁昂郊区树木长得细高的林子里散步，也想利用圣灵降临节的假期去暖洋洋的草地上躺一躺。一个星期日，我去里昂拉弗雷看有人向我推荐的一家旅馆。对我来讲这家旅馆太贵了。我去旅馆附近转了一圈，在罗塞城堡旁边瞥见一块草地中间有一间木屋，玻璃窗在阳光下熠熠生辉，窗玻璃上用粗体字写着"咖啡馆"三个字。我进去饮了杯咖啡，向老板询问他是否有房间出租。他表示可以租给我约五十平方米的那座小屋，就是茅屋顶上开满蓝蝴蝶花的那座。第二个礼拜，我在那座小屋里住了五天。卧室的地上铺着红砖，我睡的是一张乡村的床，上面盖一条鼓鼓的蓝色鸭绒被，清晨五点钟就听见公鸡报晓。我依然闭着双眼，半睡半醒地悠然躺着，天色将明未明，百叶窗上曙光乍现。我打开房间，满眼是绿草茵茵，繁花满枝。我去饮咖啡，将一张桌子摆在一棵苹果树下，仿佛还是过去的那个小女孩，在梅里尼亚克那棵梓树下做假期作业哩。我把这小女孩经常梦想、五光十色的东西献给她：一座属于自己的小屋。

六月底，我被派到卡昂监考中学毕业会考。许多考生来自拉弗莱什陆军子弟学校，蓝色的呢制服里汗流浃背，像遭到穷追猛打。我一点也不喜欢自己在这场野蛮的考试中所担任的角色，所以糊弄着给每个人一个及格分。各场考试之余，我觉得很无聊，总不能没完没了地伫立在男修道院女修道院前面，便拿了一本书，钻进尚德韦尔啤酒屋。那里的外省取乐方式令我沮丧。一天下午，我与几个同事去奥恩河上划船，也枯燥乏味。代替萨特在勒阿弗尔教书的阿隆是评审会成员，我们经常很愉快地一块儿吃晚饭。我也碰到了波利泽。他在埃夫勒当教员，吹嘘说谁要是在他的学生们面前提"唯心主义"这个词，一定会引起他们哄堂大笑。他带我去卡昂最古老的一个广场旁边的一家小餐馆吃过中饭。我气愤地谈到共产党人阻挠多里奥讲话的那次集会，他毫不客气地嘲笑我的小资产阶级自由主张。随后，他根据笔迹学的论据，向我解释他的性格。他把笔迹学视为一门严密科学。从他的笔迹中可以发现，他既有着易动感情、爱吵闹的底层结构的迹象，但也存在使他能够自我控制的上层结构。他所使用的咄咄逼人的马克思主义语言令我恼火。可是事实上，他所奉行的教条主义与他柔和、迷人的相貌之间，存在惊人的反差。比起他的交谈，我更欣赏他的动作、声音、雀斑和他那头火红的漂亮头发。萨特偷了他的头发把它安到了安托万·罗冈丹的头上。

口试在七月十四日国庆节前几天结束，我忠于自己要看遍世上的一切的决心，便去特鲁维尔和多维尔转了一圈。这一圈可是又愉快又可怕。在巴约，我在玛蒂尔德王后的挂毯前驻足欣赏，还去俯瞰格朗维尔的悬崖顶上溜达过。回到鲁昂之后，我坐在科莱特·奥德里和西蒙娜·拉布尔丹之间，参加了颁奖典礼。两天后，我搭上开往汉堡的火车，去和萨特相会。

尽管有六月三十日夜晚的清洗行动，尽管兴登堡下了台，德国反纳粹人士还在继续预言希特勒垮台之日在即。萨特愿意相信这些人的预言，但还是为自己离开德国而高兴。我们利用假期在德国转一圈，然后他就与德国说再见，回勒阿弗尔重操旧业。

汉堡是一座德国城市、纳粹城市，但首先是一个大港口。这里有进港、出港、夜泊的船只，有水手夜总会，有各种淫乐场所。出于民风教化的考虑，保留区的大部分被炸掉了，但还留下好几条街巷，曲里拐弯的，门面关闭，但明净的窗户里面，鬈发、艳妆的女郎展示着姿色，个个容颜端庄，你还以为是发廊橱窗里陈列的模特儿呢。我们在码头上和船坞周围溜达，在阿尔斯特河畔吃中饭，晚上则去那些低俗的地方看一看。这些活动让我们开心。我们乘船溯易北河而上，一直到达一棵树也不长的黑尔戈兰岛。一个四十岁上下的德国人，头戴黑色鸭舌帽，一副闷闷不乐的样子，上前和我们攀谈，客套几句之后，他告诉我们他参加过第一次世界大战，是陆军中士。他声音渐渐高起来，说："如果再发生战争，我们不会再被打败了，我们会重新赢得荣誉。"萨特回答说不要再打仗了，我们都应该争取和平。"荣誉第一。"中士说，"我们首先要赢回荣誉。"他那狂热的口气令我不安。"一个老兵，当然是尚武的。"我自我安慰地想，"不过，他们究竟有多少人，活着只是为了眼巴巴盼着那伟大的时刻到来？"我还从来没有见过一个人脸上露出这种趾高气扬要报仇雪恨的神情。整个旅途我试图忘掉它，但怎么也忘不了。

在吕贝克有美丽的红色教堂和宁静的街道，在海风轻快吹拂着的施特拉尔松德，我们看见一队"褐衫党"成员威风凛凛地行进。然而在地窖餐厅拱形的天花板下，人们却显得平和，大家一个挨一个坐着喝啤酒、唱歌。人们会如此热爱人间的温暖又念念不忘屠杀吗？二者看起来可是水火不相容啊！

此外，我们觉得德国人宽厚的人道主义并没有多少吸引力。我们走遍了柏林，游览了波茨坦，去天鹅岛上饮过茶。在周围饱食掼奶油的人群里，我们没有看到一张能引起好感甚或好奇的脸。我们伤感地想起西班牙的咖啡馆和意大利的露天咖啡座。在那里我们的目光贪婪地从一张桌子移动到另一张桌子。

在我看来德累斯顿比柏林还丑陋。德累斯顿的一切我都忘得一干二净了，除了一个高大的台阶，以及居高临下望去还算得上风景如画的"萨克森瑞士"。我在一家咖啡馆的洗手间里修饰一下自己的妆容时，老板娘怒气冲冲地叫住我说："不要抹口红，抹了不好。在德国没有人把嘴唇涂红的！"

到了边界的另一边，我们感到呼吸更自由了。在布拉格两旁有许多法式咖啡馆的大街上，我们找回了那种已经被遗忘的快乐自在感。条条街道、平民区一带的老广场、古老的犹太人公墓，都令我们流连忘返。夜里，我们久久地靠在老桥的栏杆上，伫立在守望数百年的石雕圣徒之间，望着下面黑黝黝的河水。我们进入一间几乎没有人的舞厅，老板得知我们是法国人后，乐队马上奏起了《马赛曲》，不多的几对舞伴冲我们微笑，而且令我们尴尬地欢呼法兰西、巴尔图①和"小协约国"②。这是一个难挨的时刻。

我们打算去维也纳，可是一天早上一出旅店大门就看见街上有许多人，都在争先恐后地买报纸。从报纸头版的标题，我们认出了陶尔斐斯的名字和一个起首字母为 M 的词，我们猜到了它的意思。一个说德语的过路人告诉萨特：陶尔斐斯遇刺身亡。现在想起来，当时这正是我们赶往维也纳的又一个理由。可是我们充满了那个时代的乐观主义，在我们看来世界的实际情况是和平。悲痛中的维也纳失去了轻松的魅力，就不再是维也纳。正当我纯粹因为心血来潮而犹豫不决是否改变我们的计划时，萨特明确表示不去了，因为那个城市的气氛被一个荒唐的悲剧破坏了，去那里太无聊。我们不愿意想，陶尔斐斯遭暗杀一事，相反恰恰暴露了奥地利和欧洲的真面目。或许这一点萨特想到了，只是根本不想去面对那险恶的现实，在柏林九个月他想逃避也逃避不了的现实：纳粹主义正向整个中欧蔓延，它远不像共产党人所说的那样只是一把燃烧不了五分钟的虚火。

不管怎样，我们避开悲剧，出发去慕尼黑。我们参观了慕尼黑绘画陈列馆，还参观了几家比柏林的瓦特兰还大的啤酒酿造厂。巴

---

① Louis Barthou（1862—1934），法国政治家，曾任法国总理、外交部长等职。
② 指两次世界大战之间在法国支持下签订共同防御协定的南斯拉夫、罗马尼亚和捷克斯洛伐克三国。

伐利亚的居民有点令我扫兴：啃着香肠的巴伐利亚人露出毛茸茸的粗壮大腿，简直不堪入目。我们对风景如画的纽伦堡充满期待。几面卐字旗还在窗口飘扬，我们在新闻报道里看过的图片令人不堪忍受而又不可一世地时时出现在我们眼前。那些图片上有规模宏大的阅兵、致敬的手、虎视眈眈的眼神、如痴如狂的民众。我们离开这座城市，才算松了口气。相反，几个世纪的沧桑变迁并没有改变罗滕堡。在这里，我们仿佛徜徉在受到精心保护、令人留恋的中世纪。我不曾见过任何湖泊像柯尼希塞湖这样美丽绝伦。缆车把我们带到三千多米高的楚格峰。我们一边漫步一边考虑一个棘手的问题，不知道怎么搞的，就走到捷克斯洛伐克那边去了，不得不再穿越国境，去因斯布鲁克。由于是禁止携带马克出境的，我们便把身上的马克换成大面额票子，想把它藏起来。可是，藏到什么地方呢？最后，萨特把它藏在一个火柴盒里面。他把火柴盒从口袋里拿出来，和许多小玩意儿放在一起，第二天海关官员检查了我们的书、梳妆盒等物，就是没碰火柴盒。

　　甚至在奥地利，我们也感到比在德国轻松。我们喜欢因斯布鲁克，更喜欢萨尔茨堡，喜欢它十八世纪的房屋和各式各样没有护窗板的窗玻璃，喜欢在店铺前面摇来晃去、制作精美的招牌，有熊形的、天鹅形的、鹰形的、黄鹿形的，都是用生绿锈的铜板切割而成的。在一家小剧院里，可爱的木偶表演着莫扎特的《后宫诱逃》。搭旅游车在萨尔茨卡默古特兜了一圈之后，我们回到了慕尼黑。

　　杜兰、卡米耶和公众的议论，都促使我们迫不及待地要去观看在上阿默高演出的《耶稣受难》。演出每十年举行一次，上一次是在一九三〇年。幸运的是，这一年恰好是三百周年纪念。一六三三年这个村庄遭受了鼠疫之灾。一六三四年村民们为了还他们所许的愿，头一回隆重纪念了耶稣之死。因此今年的庆祝活动特别引人注目，从来没有这么多旅游者蜂拥而来过。每天上演的节目已演了两个月，然而我们所登记的旅行社很难给我们订到房间。傍晚下了旅游车之后，我们在瓢泼大雨中找寻了很久，才找到住宿的地方。那是位于村边的一所房子，住着一位裁缝及其家人。我们与裁缝一家以及他们的房客——一对慕尼黑夫妇共进晚餐。这顿地道的德国饭以土豆代替面包，让我难以消化。那对慕尼黑夫妇现出怀疑的神色观察着萨特。"你的德语说得棒极了，"他们说，接着又抱怨地加上一句，"一丁点儿口音也没有。"萨特既沾沾自喜又有些尴尬：人家显然把他当成特务了。雨小点了，我们出去逛街。街两边的房屋都呈现欢快的颜色，正面都装饰着鲜花、动物图案和涡形图案，还装饰着花环和假窗户。尽管入夜已久，还能听到锯子和刨子的声音。村民们几乎全都是木雕匠，透过他们的作坊的窗户，依稀看得见许多怪模怪样的小雕像。小酒店里都挤满了人，游客们与一些大胡子、长头发的人摩肩接踵。后者都是演员，多年来他们一直为扮演神秘仪式中的角色准备着。演基督的还是一九三〇年的那个演员，也是一九二〇年和一九一〇年扮演基督的演员之子，他祖父也是扮演基督的。很长时间以来，这个角色从来没有由他们家以外的人扮演过。灯光早早地就熄灭了，幕布第二天早晨八点才拉开。我们回到住地。所有房间都租出去了，我们被塞到外面的一间小棚屋里，地上堆满木板和刨木花，有小虫子在里面钻来钻去，屋角放有服装模特儿。我们睡在铺在地上的草垫子上。雨水从天花板上滴答滴答漏下来。

我们并不很欣赏民间艺术表演，但上阿默高的《耶稣受难》是大型演出。我们穿过隧道般的过道，进入一间可容纳两万人的大厅。演出从早晨八点持续到中午十二点，又从下午两点持续到六点，我们的注意力丝毫没有分散过。舞台既宽又深，可以展现宏大的群众场面。每一位群众演员都表演得那样自信逼真，使观众感到仿佛置身于耶路撒冷街头，听到人群乱哄哄地对耶稣欢呼或嘲笑。沉默、静止的"真人画面"与活动的场景交替出现。在一曲非常优美的十七世纪的音乐伴奏下，一支女子合唱队开始歌唱那场悲剧。队员们波浪式的披肩长发，使人想起洗发香波的老广告。至于演员们的演技，其精湛和效果应该会令杜兰着迷。他们达到了一种与现实主义毫无共同之处的真实。例如犹大一枚一枚地数他的三十枚银币，他的动作为一种既十分意外又十分必然的节奏所支配，所以并不使观众感到乏味，相反使观众紧张得透不过气来。上阿默高的村民提前实践了布莱希特后来提出的戏剧原则，以准确与"疏离效果"的奇妙结合造就了演出《耶稣受难》的美妙。

不过，我们在德国也算待够了。八月十九日的全民公决赋予了希特勒独裁的权力，绝对没有任何限制的权力。奥地利正在纳粹化。因此我们回到法国感到非常高兴，但很快就失望了。杜梅格的家长式统治几乎和独裁政权一样专制。读报纸令我们恶心。多么伪善！在虔诚的道德主义的掩盖下，极端主义暗度陈仓。我一如既往，对政治不闻不问，一门心思领略着斯特拉斯堡、大教堂和"小巴黎"的魅力。晚上我们看了最早的彩色电影之一《神秘蜡像馆》。这部电影在巴黎引起过观众的抗议。自《金刚》之后，恐怖片中注定会出现的可怜的菲伊·雷发出的可怕的叫喊让我们很开心。我喜欢阿尔萨斯的村庄、古堡、松林和缓坡上的葡萄园。我们在客栈门口一边晒着太阳，一边饮利口酒和塔明娜酒，在客栈门口就餐。吃肥鹅肝、腌酸菜、紫李塔。我们参观了科尔马。萨特经常对我谈到格吕内瓦尔德的画。他并没有被青年时代的幻想迷惑。以后每次再见到这些画，在经受了酷刑的基督面前，在终生受痛苦折磨、脸色灰白、昏厥的圣母面前，我总是同样地激动。

萨特对这儿的乡村意犹未尽，主动提出徒步沿山脊线走一趟。我们从"三尖顶"出发，步行了三天，经过奥内克山、马克斯坦，走到了阿尔萨斯的巴隆。行装都放在衣服口袋里。我们在施吕克特山口碰到萨特的一位同事。他问我们住在什么地方。萨特回答说："没住什么地方。我们一直在走路。"他的同事很困惑。途中萨特编了几首歌，愉快地唱着，只不过歌词都是即兴的。我记得其中一首：

　　　啊！啊！啊！啊！谁信呢？
　　　我们所有人，所有人，所有人都得死。
　　　像狗一样悲惨地毙命于街头。
　　　　　这就是进步！

　　我想也是在这个时期他谱写了《白外套街》，后来他让伊奈思在《禁闭》的一场戏里哼唱。

　　萨特在米卢斯和我分手，去与家人团聚两周时间。帕尼耶与他妹妹和两个表妹在科西嘉岛野营，邀请我去他们那儿。我便在夜幕降临时在马赛上了船，订的是甲板舱的一个座位，半躺在一艘大西洋客轮上渡海。在星空下睡觉，真让人陶醉，我半闭两眼，夜空就在头顶之上！黎明时分，一股灼热而清爽的陆地气息扑上船来。这就是科西嘉丛林的气息。

　　我发现了野营的乐趣。每当傍晚时分，看到支起在草地上或栗树林苔藓地上的帐篷，那样轻盈，那样不结实，却又那样舒适，那样安全，我兴奋不已。帐篷勉强把我与天地隔开，然而有两三次它保护了我免受狂风暴雨的侵袭。睡在一间移动的房子里，这也圆了我童年的旧梦。我童年的旧梦与流浪艺人的有篷马车和儒勒·凡尔纳的《蒸汽屋》有关。帐篷还有更可爱之处呢：早晨它被折叠起来，傍晚又在别的地方支起来。尽管劫匪都被抓光了，这个岛还是鲜有游人光顾。我们没有碰到一个露营者，没有碰到一个游客。然而这里千变万化的风光令人叹赏不绝。只需一天时间，就能从利穆赞的栗树林走到地中海边。离开科西嘉岛时，我满脑子闪烁着红色、金色和蓝色。

第四章

在一九三四年十月到一九三五年三月间，至少在平常人眼中，政局变得越来越扑朔迷离。经济危机越来越严重；萨姆森在裁员，雪铁龙破产；失业人数高达二百万。排外的浪潮席卷了法国：本国工人都找不到事做，更别提雇佣意大利人或波兰人了。极右派学生愤怒地游行示威，控诉外国学生从他们嘴里抢走了面包。波尼检察官事件让斯塔维斯基丑闻又翻了出来：在他指控《甘果瓦》周刊诽谤期间——尤其是通过柯迪荣小姐的证词——波尼被证实犯了敲诈勒索、贪污受贿的罪行。此外，一月，萨尔的居民百分之九十都投票赞成要回归德国管辖。反民主的宣传愈演愈烈。火十字会运动日益蔓延；《天真汉》周刊成了机关报，拉罗克上校以"革命"之名大张旗鼓地宣扬他的举措。卡尔布西亚在《甘果瓦》上为另一种形式的法西斯主义辩护，到一九三四年末，这份杂志的发行量已达到了六十五万份。这也是我父亲最爱看的报纸。所有这批右翼的民族主义者都盼着一个法国的希特勒上台，跟德国的元首打上一仗。这些人要求把服兵役的期限延长到两年。而与此同时，拉瓦尔已经被任命为外交部长，右翼的新绥靖政策露出苗头并得以确立。墨索里尼蓄势待发要入侵埃塞俄比亚。拉瓦尔跟他签订协议绝不插手。他还和希特勒谈判。一撮知识分子跟在其后亦步亦趋。德里欧宣称他同情纳粹主义。拉蒙·费尔南德斯离开了他一度投身其间的革命阵营，并宣称"我喜欢开走的列车"。激进社会党周刊《玛丽安娜》也给拉瓦尔助阵。埃马纽埃尔·贝尔，尽管他是犹太人，也这样写道："……如果人们坚决用完全公正和尽量友好的眼光去看待德国的话，就不会因为希特勒下令对犹太人进行司法制裁而质疑这项决定了。"

左翼也左右为难。一九三四年六月，阿兰、郎之万[①]、里维、皮埃尔·热罗姆成立了一个反法西斯委员会，旨在拦住反革命的道路。他们揭露德国的反犹主义，抗议正在意大利肆虐的监禁和流放制度。和平还是战争？在这个至关重要的问题上，他们既不赞成拉罗克上校的政策，也不附和皮埃尔·拉瓦尔的措施。所有反法西斯人士都同意"完全绥靖主义"时期已成过去。维克多·玛格丽特在一九三二年曾激烈地为反共立场辩护，现如今也意识到了自身的偏颇。他支持郎之万号召大众，他也认为，只有民众的力量才能打倒法西斯主义。不过，他们都确信战争可以而且应该避免。在他们的一份声明中，阿兰、里维、郎之万写道："让我们警惕反动报刊散播的谣言。"而盖埃诺也反复强调："应该力求和平。"至于共产党人，在这两个季度以来，他们的态度越来越暧昧。他们投票反对服两年兵役的法令，但面对德国武装的加强，他们也不反对增强法国的军事力量。这些犹豫动摇反倒让我保持了平和的心境：既然没有人真正明白发生了什么事情，何不认为其实并没有什么大不了的事情发生？我平静地回归个人生活的轨迹。

我知道自己的上一本小说一文不名，我也无心投入一次新的失

---

① Paul Langevin（1872—1946），法国物理学家，共产党员，笃信马克思主义，公开反对纳粹。

败。还不如看看书，长长见识，静候灵感的降临。历史是我的兴趣之一，我决定研究法国大革命。在鲁昂的图书馆里，我查阅了毕舍[1]和鲁辑录的文献资料，研读了奥拉尔[2]和马蒂埃[3]的著述，沉浸在饶勒斯的《法国大革命史》中。我发现这一探索令人着迷：突然，充斥过往的那些让我迷糊的事件都变得明晰，它们之间的关联也有了意义。我专心致志地研读，就跟备考一样。再者，我开始读胡塞尔。萨特已经把他所知的关于胡塞尔的一切都讲给我听了。他还把德文版的《内时间意识疏论》放到我手上，我读起来还不算吃力。每次我们见面，都会就某些片段进行讨论。现象学的新意和内涵让我痴迷，我感觉从未如此接近真理。

这些研究花去我很多时间。在鲁昂，我什么人都不见，除了科莱特·奥德里和为医学预考重修一年的奥尔加。去年的头一个学期，她乖乖地学习，老师们都很喜欢她。后来，她就和她的波兰朋友们一起厮混，离开了寄宿学校，自由让她飘飘然。她没日没夜地瞎逛、跳舞、听音乐、聊天、看闲书，她再没有心思准备考试。但考试失利让她大受刺激，以至于都不想利用假期补习。现在，她的朋友们分散在各地，有的在巴黎，有的在意大利。她只能和一些她不喜欢的法国人来往。但她对学业的热忱尽失，厌学情绪滋生，确信等着她的是再次考试失利，对父母也很不满，一切都让她心灰意冷。只有在我身边她才重拾一点信心和生活的乐趣。我对此非常感动，我常常和她一起出去。露易丝·佩隆在奥弗涅疗养，西蒙娜·拉布尔丹已经被任命到巴黎工作，我不再经常去看望彭蒂厄小姐。

---

① Philippe Buchez（1796—1865），法国政治活动家、历史学家，资产阶级共和党人，1821 年起为圣西门的学生，七月革命后是基督教社会主义思想家。
② Alphonse Aulard（1849—1928），法国历史学家。
③ Albert Mathiez（1874—1932），法国历史学家、法国大革命专家。

我无需消磨时光，因为所有空闲时间我都和萨特一起度过。

他干劲十足。他在柏林已经写完了他的书的第二稿。我喜欢这本书，但是，我同意勒梅尔夫人和帕尼耶的意见，认为萨特过分堆砌形容词和比喻。他也想一页页仔细地再看一遍。他也应邀为阿尔冈出版社的一套丛书写一个关于想象的作品。那是他学位论文的题目，他写过一篇概论，还得到了"优秀"的评语。他对此颇感兴趣。他暂时抛下安托万·罗冈丹，重新回到心理学领域。不过，他希望能尽快弄完，却又不想老调重弹。

通常，我们在勒阿弗尔碰头，我们都觉得那里比鲁昂更让人心情舒畅。我喜欢古老的船坞，水手餐厅和小旅店林立的码头，瘦瘦窄窄的房子，石板瓦的屋顶盖到了风眼。一面墙从上到下都镶嵌了贝壳。街区最美的街道是加里翁街，晚上五颜六色的招牌都亮了："黑猫""红灯笼""玫瑰磨坊""紫星"。全勒阿弗尔的人都知道，在两家由壮硕的老鸨把门的妓院中间是闻名遐迩的大浮筒餐厅，我们有时会去那里吃诺曼底筷鳗鱼和苹果酒味奶蛋酥。但通常我们都在安静、平淡无奇的帕耶特大酒吧用餐。我们常常在纪尧姆·泰尔咖啡馆待上几个小时，萨特常常在那里写作。咖啡馆宽敞、舒适，有红色的毛绒软椅、玻璃门窗洞。我们在街上和其他公共场所擦身而过的人群要比鲁昂人更芜杂、更活跃。甚至有钱人都不像鲁昂的那帮有产者那么让人讨厌。这是因为勒阿弗尔是个大港口，混杂着从四面八方来的各色人等，用现代的手法做大买卖，人们的生活也与时俱进，而不是笼罩在过去的阴影里。天色晴好，我们就坐在海滩附近一家名叫"海鸥"的咖啡馆的游廊上。我品尝着酒渍李子，凝视着远方绿波汹涌。我们在市中心的大街上散步，走上圣阿德雷斯高地，流连于两边有豪华别墅镶嵌的小径。在鲁昂，我的目光总是被墙壁阻挡。在这里，我可以极目远眺，拂面的海风好似来自世界的尽头。有两三次,我们坐船去翁弗勒尔。这个小港口让我们迷恋,都是石板砌成的,仿佛往昔在这里依然保持着鲜活。

有时候,萨特为了换换风景,就会来鲁昂。十月,环绕鲁昂的大街上有集市,我们在那里玩几局日本台球。在一个小木偶剧院,我们看到了一出优雅的表演,堪与梅里爱①的电影媲美:一个肥胖的老妇人变成了一只热气球,升到剧院的舞台上空。一天下午,在科莱特·奥德里的建议下,我们参观了博物馆。博物馆最引以为豪的藏品是一幅戴维②的古典名画,但我们却不以为然。让我们觉得有意思的,反倒是雅克-埃米尔·布朗什③的系列肖像画。他为我们描绘了我们同时代人的面孔:德里欧、蒙泰朗④、纪德、季洛杜⑤。我在一幅画前停了下来,小时候我在《法兰西小画报》上看过,曾经给我留下深刻印象,这幅画就是《朱米埃热——受了废脚刑的人》。我当时被"énervé"⑥的一词多义弄蒙了,取的是这个词不常见的一个词义,因为两个垂死的人的跟腱都被割断了。他们并肩躺在一艘平底船上,虽然曾经备受饥饿和干渴的折磨,随波逐流,漂向可怕的末日,但他们毫无生气的面容却透着祥和。这是一幅狰狞的画,我却毫不介怀。我深深地感受到这幅画所营造的可怕的平静,久久不能忘怀。

我们寻找一些可以舒服地坐下来聊天的新去处。在皇家舞厅对面有一个小酒吧,名叫"海洋",放浪不羁的中产阶级小年轻常常光顾这里,互称流浪汉。到了晚上,皇家舞厅的舞女们也会过来喝

---

① Georges Méliès(1861—1938),法国电影导演。
② Gérard David(1460—1523),画家,布鲁日画派最后的大画家。
③ Jacques-Émile Blanche(1861—1942),法国画家。
④ Henry Montherlant(1896—1972),法国小说家、剧作家。
⑤ Jean Giraudoux(1882—1944),法国小说家、戏剧家。
⑥ 这个词常用的词义是"烦躁的、神经质的、萎靡的",另一个词义是指"被施了废脚刑(中世纪一种烧烙膝部肌腱的酷刑)的"。

上一杯，嚼嚼舌根。我们成了小酒吧的常客。我们厌倦了保罗啤酒屋，改去亚历山大之家咖啡餐馆，萨特在《恶心》一书中多多少少写到了它，书中这家餐馆的名字是"卡米耶之家"。六张大理石餐桌，无论酷暑严冬，都沉浸在一种水族馆般的幽蓝光线里。老板是一个秃头的忧郁男子，亲自端盘子上菜。菜单上几乎都是鸡蛋和罐头杂烩。因为我们爱胡思乱想，所以我们怀疑亚历山大做贩毒的营生。除了我们和三个被人包养的小姐，几乎没有其他顾客，三个女人都还算漂亮，好像生下来就只为穿衣打扮似的。希望、绝望、愤怒、逸乐、骄傲、懊恼、欲念，她们的交谈中流露出所有这些情感，但起因往往都是因为一条裙子，别人送的、看不上的，合身的也好，不合身的也罢。在大厅中央有一张俄罗斯台球桌，饭前或饭后我们都会打上几局。我们当时多清闲啊！萨特教我下棋的基本规则。当时流行填字游戏。每周三，我们都会趴在《玛丽安娜》的填字游戏上绞尽脑汁，我们也猜一些藏头字谜。我们喜欢杜布[1]早期的漫画，让·埃菲尔[2]笔下的首批法兰西院士和索格洛[3]的连环画《小国王》。

时不时地，有朋友来看我们。马尔科打算明年来鲁昂执教，因此疑虑重重地前来视察一番："简直和波尼一模一样。"他下的这个结论让我们大吃一惊。他有一位新的声乐老师，比之前的那位好很多。很快，他就要在歌剧院经理面前试唱一次。他辉煌的事业指日可待。

费尔南多和斯蒂法重返巴黎生活，住在蒙帕纳斯大街附近一个漂亮的工作室里。她在此前去利沃夫探望了母亲，并在中欧逗留了

---

① Albert Dubout（1905—1976），法国漫画家和画家。
② Jean Effel（1908—1982），法国漫画家。
③ Otto Soglow（1900—1975），美国连环画家。

几天。她在鲁昂待了一天，我们带她去了歌剧院的酒吧，有时候我们会花上十五法郎犒劳自己一顿豪华大餐。斯蒂法眨巴着眼睛："大块的牛排！草莓！奶油！只有小资阶层才吃得这么丰盛！"在利沃夫，在维也纳，吃一顿同样的午餐要破费一大笔钱。我没想到国与国之间饮食的差距会这么大。听斯蒂法带着一点幽怨的口气说："法国人把自己喂得可真不错！"，我感觉有点怪怪的。

勒梅尔夫人和帕尼耶来看过我们几次。大家在皇冠酒店分享了一只血鸭，他们开车带我们兜风，带我们参观科德贝克、圣旺德里耶、朱米埃热修道院。因为我们是半夜从一条俯瞰塞纳河的小路返回城里，我们就在一个视野开阔的地方停了下来，河对岸是灯火通明的大皇冠工厂，它仿佛漆黑的夜空中一道凝固的焰火。"真美！"帕尼耶说。萨特嗤之以鼻："工厂而已，一帮工人在上夜班。"帕尼耶不耐烦地坚持说即便如此也不影响它的美。在萨特看来，帕尼耶正让自己被五光十色的幻影所蒙骗。工作、辛劳、剥削，有何美可言？他们的争论让我大受震动，困惑不已[1]。

最出乎我们意料的来访是尼赞，他要在一次集会上发言。他刻意穿得随随便便，胳膊上挂着一把漂亮的新伞。"我是用旅费买的。"他告诉我们，他喜欢给自己买礼物。一九三三年，他出版了他的第一本小说《安托万·布卢瓦耶》[2]，评论界反响很好，大家已经把他当作最有前途的年轻作家之一。他刚在苏联待了一年，他和让-里夏尔·布洛克[3]、马尔罗、阿拉贡一起参加了革命作家大会。"这是我度过的最腐化的日子。"他一边告诉我们，一边洋洋得

---

[1] 这一感受为《名士风流》一书中亨利和纳迪娜面对里斯本的灯火的情节提供了灵感。——原注
[2] 这本小说比《亚丁·阿拉伯》还难读。我们当时把它看成是一本民众主义小说。在再版的尼赞作品集的前言里，萨特解释这一观点在今天看来是多么谬误。——原注
[3] Jean-Richard Bloch（1884—1947），法国作家、散文家、政治思想家、记者和诗人。

意地啃着手指甲。他向我们描绘伏特加酒流成河的盛宴，格鲁吉亚醇美的葡萄酒，火车卧铺如何如何舒适，酒店房间如何如何富丽堂皇。他漫不经心的语调暗示这种种奢华反映了苏联的繁荣昌盛。他还向我们描绘了土耳其边境上的一个南方城市，当地的风土人情令人目不暇接：戴面纱的女人、菜场和东方的集市。他说话的技巧让我们着迷。谈话的语气亲切，甚至是亲密，不会让人联想到是在做宣传。而且，显然，他没有撒谎，但就他所掌握的社会现实，他只挑选了最能打动他这位老同学——形而上学的无政府主义者萨特——的部分说。他谈到一位名叫奥廖沙[1]的作家，他当时在法国还名不见经传。他把发表于一九二七年的一部小说，改编成一出戏剧《感情的阴谋》，在莫斯科大获成功。这是一部暧昧的作品；它揭露了官僚主义的坏处、苏联社会的转变，但是——不知道是出于谨慎还是信仰？——它又用种种迂回牵强的理由为之辩护。"萨特，就是奥廖沙。"尼赞说，这勾起了我们的好奇心[2]。尤其是当他谈到他最关心的问题——死亡时，他就变得格外吸引人。尽管他从来都不暗示这个话题，但我们知道，他一想到有朝一日自己会永远地消失就会多么焦虑不安。有时候他会几天在外面游荡，流连于各种酒吧大杯大杯地喝红酒，就为了逃避死亡这一执念的侵扰。他问过自己，社会主义信仰能否帮助他战胜这一烦忧。他希望可以，而且他也问过很多苏联的年轻人。所有人都回答他说，面对死亡，什么同志情谊、什么团结友爱都派不上用场，他们自己也害怕死亡。在正式场合，比如当他在一次集会上讲述他的苏联之行，尼赞都会用乐观的语调去谈论一切。随着技术问题逐渐得到解决，他解

---

[1] Iouri Karlovitch Olecha（1899—1960），苏联作家。
[2] 奥廖沙的小说直到 1936 年才在法国出版，以《欲望》为题，收在"交叉火力"丛书里。它的确是一部令人着迷又困惑的作品。——原注

释说，爱和死亡会在苏联重新找到它们的重要性，一种新的人道主义正在诞生。但在私底下和我们聊天的时候，他说的又不是那么一回事了。在苏联那里和在法国这边一样，死的时候，人人都是孤独的，而且人人对此都心知肚明，他突然发现了一个事实，大受打击。

圣诞节的假期有一个新的大创意，是我发起的，或者说，至少我自己是这么以为的。后来我才发现我自己的一些创举不过是时尚的一个影子而已。有阵子了，过去只有少数有钱人才玩的冬季运动，已经可以让经济条件一般的人试试了，人们趋之若鹜。利奥奈尔·德·卢勒从小在阿尔卑斯山上长大，深谙滑雪的各种花哨技巧，去年就已经带着我妹妹、若若和一帮朋友在瓦尔-伊泽尔体验过了。那是一个小村庄，设备很差，但不管怎样说，他们在那里玩得很开心。唾手可得的快乐，我是不容错过的，于是我说服了萨特。我们跟周围的朋友东借西凑备齐了滑雪的基本装备，来到沙莫尼山谷里的蒙托克，住在一家包伙食的公寓里。我们在当地借了几块滑雪板，旧得都磨掉了雪板刃了。每天早上和下午，我们都去同一个平缓的山坡。我们爬上去，再滑到山脚，然后再爬上去滑下来。几个初学者和我们一样，都在自己摸索着。一个十岁的乡下孩子给我们示范转弯的时候该怎么处理。尽管滑雪很单调，但我们玩得很开心。我们热爱学习，不管学的是什么。我还从来没有接触过这样的世界，没有气味，没有颜色，一望无垠的洁白，阳光洒下来，泛着彩虹色的晶莹剔透。日落时分，滑雪板扛在肩上，双手都冻僵了，我们回到旅店。我们喝喝茶，读一本人文地理书，书上教我们建在平地上的房子和建在高地的房子有什么区别。我们还带了一本大部头的心理学著作，我们对神经系统和生理时值方面的最新研究特别感兴趣。多么快乐，每天清晨投身于一个广袤的冰雪世界！多么惬意，每天傍晚回到温暖、私密的小屋！这十天平滑、闪亮，就像蓝天下的这一片雪原。

十一月的一天，坐在勒阿弗尔海鸥咖啡馆的游廊里，我们对未来的平庸单调唏嘘不已。我们的生活已经紧紧地维系在一起，我们的友谊长存，我们的事业已经规划好，而世界也会遵循它自身的轨迹。我们还不到三十岁，却不会再遭遇什么新鲜事了，永远都不会了！通常，我对这一类抱怨从不当真。但偶尔，我也会从梦想的天上跌落到现实的地上。如果某个晚上，我多喝了一杯，有时候我就会泪如泉涌。我那昔日对"绝对"的热忱就会复苏：又一次，我感受到人类奋斗的虚妄和死亡的在所难免。我就会指责萨特任由自己被"生活"所蒙骗。到了第二天，我还回味着醒悟的滋味。一天下午，在鲁昂，我们漫步在绿草覆盖的石灰山坡，俯瞰塞纳河，我们争辩了很久。萨特否认真理会在酒精和泪水中显现。在他看来，酒精让我消沉，让我把形而上学的推断乱安在自己身上。而我呢，我坚持认为，只有喝醉了，才能打破阻止我们去看到显而易见的真相的意识的控制和自我防卫，才能迫使我去正视、去面对。如今，我认为，在我所处的这样一个特殊的处境中，生活包含着两个真理，我们无从选择，必须同时面对，那就是生之快乐和死之恐惧。但在那时，我在两者之间摇摆不定。虽然后者只在某些瞬间才占上风，但我认为它才是更靠谱的。

我还有另一个烦恼：我在变老。并不是我的身体或我的面部松弛了，而是有时候，我会抱怨身边的一切都褪色了，我感叹自己对一切都麻木了。虽然我还可以"狂热"，但我还是有种无法补救的失落感。从索邦大学毕业之后的种种发现带来的惊喜已慢慢变了质、串了味。我对一些事物依然有好奇心，但再没有让我惊艳的新意了。在我身边，其实，新事物还是层出不穷，但我所犯的错误就在于我不再试图去深入地探究它。我把它归入多少有些陈旧的范式或神话，比如，我对美景的态度。我感觉生活在重复，因为我在重复我自己。不过，这种烦忧并没有严重侵扰我的生活。

萨特已经写了《论想象》这本书的评论部分，这本书是应德拉克洛瓦教授之邀为阿尔冈出版社写的。他又写了更有创意的第二部分，再次探究了意向问题的根源，借用了意向性和质料等一些现象学概念。 也就在那个时候，他归纳了自己的哲学思想最初的几个关键词：意识的绝对虚空和它的虚无化作用。这个研究，他既发明了方法又确立了内容，所有的素材都提炼自他自身的存在经验，需要他保持精神非常集中。不受任何形式的束缚，他写得非常快，笔的游走赶不上思想的速度。和他的文学创作不同的是，这一持续而迅速的创造让他疲惫。

显然他对梦、梦中的意象、知觉的失常很感兴趣。二月，他的一个老同学，拉加什①医生建议他去圣安娜医院打一针麦司卡林②。这种毒品会让人产生幻觉，萨特可以在自己身上观察到这个现象。拉加什事先就提醒过他，虽然它不会对身体造成任何危害，但这种经历不会愉快。萨特在几个小时内都会"行为怪异"。

我与勒梅尔夫人和帕尼耶在拉斯帕耶大街上消磨了一天。傍晚时分，按照事先约好的，我打电话给圣安娜医院。萨特用含混的声音告诉我，我的电话把他从一场和几只大章鱼毫无胜算的战斗中拯救了出来。半小时之后，他到了。他说人们让他躺在一张床上，房间里灯光很微弱。他没有产生幻觉，但是他所看到的东西以一种可

---

① 萨特没有通过教师资格考试那年，他通过了考试。他做了医生，专攻精神病学。——原注
② 即仙人掌毒碱。

怕的方式在变形：他看到伞变成秃鹫，鞋子变骷髅，还有一些可怕的面孔。在他身后，麇集着螃蟹、章鱼和做鬼脸的东西。同住寄宿公寓的一个房客对此表示非常惊讶。他说疗程结束，麦司卡林在他身上产生的作用和萨特完全不同，他在开满鲜花的草地上雀跃，身边围绕着天仙般的美女。萨特不无遗憾地心想，如果自己再多等一会儿，说不定就不再是噩梦，就会是一种享乐，就会出现这么天堂般曼妙的图景了。但是，拉加什的提醒影响了他。他说话毫无兴致，一直狐疑地盯着地毯上的电话线。在火车上，他很沉默。我穿着一双蜥蜴皮鞋，鞋带的两端是橡树子一样的坠子。萨特时不时地瞟它们一眼，等着它们变成巨大的金龟子。他还看到一只猩猩倒挂在车厢里，贴着窗玻璃做鬼脸。第二天，萨特好了，再谈起圣安娜医院时已经气定神闲了。

接下来的某一个星期天，科莱特·奥德里陪我去勒阿弗尔。和喜欢的人一起，萨特总是很开心，但我很奇怪这一次他却很阴郁。我们走在沙滩上，捡着海星，几乎没有说话。萨特好像不知道我和科莱特在那里做什么，也不知道他自己在做什么。我离开他的时候有点生气。

当我再次见到他的时候，他跟我解释了原因。那几天他都被焦虑侵扰，当时的状态就跟他注射了麦司卡林后的反应一样，他非常惊恐。他所感知的一切都变了形：一幢幢房子好像在做鬼脸，到处都是眼睛和下巴；在每一个钟面上，他都不自觉地要去找一张猫头鹰的脸。当然，他心里很清楚那些是房子，是钟；我们不能说他相信这些，但有朝一日他会信的。有朝一日，他会真的以为有一只龙虾追在他身后一路小跑。而且在他视线齐平的地方，已经出现了一个不停跳动的黑点。一天下午，我们在鲁昂的塞纳河左岸散步，走在铁轨、工地、小火车车厢、一块块斑驳的草地之间时，他突然对我说："我知道是什么了：我得了慢性幻觉神经错乱症了。"人们当时对这种病的定义是，人得这个病十年后肯定会疯掉。我生气地反驳他，这一次倒不是出于我天生的乐观主义，而是出于常识。萨特一点也没有患幻觉神经错乱症的初期症状。出现黑点、脑子里全是长下巴的房子都不能表明他患了一种不可救药的神经错乱症。而且我知道，萨特的想象很容易就会演化为一场灾难。"您唯一的疯狂就是以为自己疯了。"我对他说。"等着瞧吧。"他阴郁地回答我。

我发现最让他难以摆脱的，除了一种消沉，别无其他。有时候，他能从中振作起来。复活节的时候，我们去了意大利的几个湖边散心。他显得很开心，我们在科莫湖上划着小船，一天晚上，我们在贝拉齐奥的小街上还看到火把游行。但一回到巴黎，他就连装开心都装不出来了。费尔南多在蓬让画廊开画展。在开幕会上，萨特自始至终默默地坐在一个角落里，神情黯淡。以前他一直是眼观六路耳听八方的，现在却视若不见听若罔闻。有时候我们并肩坐在一家咖啡馆里，有时候一言不发地走在大街上。勒梅尔夫人认为他是操劳过度，让他去她的一个医生朋友那里看病，但这位医生不想给他开病假。在他看来，最好尽量不要让萨特闲着或独处。他只是给他开了药，早晚半粒颠茄药片。萨特继续上课和写作。的确，有人在他身边的时候，他不会那么轻易地陷入他那莫名的恐惧。他开始常常和以前教过的两个关系很好的学生一起出去：阿尔贝尔·帕尔和雅克·博斯特，后者是皮埃尔·博斯特最小的弟弟。有他们两个在，那些虾兵蟹将奈何不了萨特了。在鲁昂，当我去上课的时候，奥尔加就陪伴着他，她很用心地扮演护士的角色。萨特给她讲一堆故事，她听了开心，他自己也得到了消遣。

医生们都很肯定麦司卡林绝对不会引发这么严重的症状，圣安娜的那次尝试只是为萨特提供了产生幻觉的某些模式，可能是他的哲学研究引起的疲劳和紧张让他内心的恐惧复苏了。我们后来认为，这些症状是内心郁结的表征：萨特还没做好心理准备步入"理智之年"，成为"真正的男子汉"。

当他还在巴黎高师读书的时候，坊间就传唱着一首优美的哀歌，喟叹留给高师学子的不幸的未来。我曾说过，他对这种未来是多么厌恶。教书头两年的工作他还受得了，因为他很高兴终于结束了他在军队的服役，新生活的新意也有助于他接受命运的安排。在柏林，他重新找回了学生时代的自由和快乐。因此，当他重新回到严肃迂腐的成人世界后，就更加困难重重。我们在海鸥咖啡馆曾经谈论过未来枯燥的生活，在他看来，可不是随便聊聊这么简单。他喜欢学生，热爱教书，但他讨厌和领导、学监、同事、学生家长打交道，"那些混蛋"让他产生的恐惧不仅仅是一个文学题材。这个资产阶级的世界压迫着他，让他感觉自己是它的囚徒。他还没结婚，他还有某些自由，但不管怎么说，他的生活已经和我的生活绑在一起了。一言以蔽之，三十岁，他的人生已经规划好了。今后，他唯一的冒险就只剩下写书了。第一本书被拒绝了，第二本书还得再花功夫。至于他关于意象的那本书，阿尔冈出版社只保留了第一部分[①]，而他自己更感兴趣的第二部分的出版还遥遥无期。我们俩对他的未来都有绝对的信心，但未来并不每时每刻都足以照亮眼前的生活。萨特满腔热忱地让自己保持年轻，而到了青春离他而去时，就需要有许多开心事才能抚慰他的心灵。

我已经说过，尽管看起来我们的情况差不多，但事实上却迥然不同。通过教师资格考试，得到一份稳定的工作，在他看来都是顺理成章的。而我呢，站在马赛高高的台阶上，快乐让我心醉神迷：

---

① 以《论想象》为书名出版。——原注

我似乎不是在忍受命运的安排，而是我选择了它。萨特认为会让他的自由沦陷的职业，在我看来却是一种解放。而且，就像里尔克①写罗丹所用的词汇，萨特的"天空就是他自己"。因此对他而言，一切都不确定，都要质疑。而我就毫不怀疑，对我而言，他的存在本身就证明了世界的合理性，但在他眼里，没有任何东西可以证明。

我自身的经验让我无法理解他消沉的原因。而且，心理学不是我的强项，我更不愿意用它去分析萨特。对我而言，他代表纯粹的精神和绝对的自由，我拒绝把他看成是隐晦的境遇的玩偶、一个被动的客体。我宁可相信，他的恐惧、他的错误都是无心之过。他的精神危机让我生气，但远不会让我感到害怕。我跟他争辩，跟他理论，指责他自暴自弃。我在其中看到了某种背叛，他没有权利沉湎在这些会威胁到我们共建共同生活的恶劣情绪里。在这种逃避现实的方式中，有的是怯懦。但理智并没有帮我什么大忙，萨特切切实实的问题，我并不能替他解决。要想把他从偶发的错乱中拯救出来，我缺少经验和必要的技术。如果和他一起分担他的恐惧，肯定也帮助不了他。我生气或许是一种健康的反应。

时重时轻，萨特的精神危机一直持续到放假，它掩盖了我对那个学期的所有其他记忆。不过我和前几年一样，仍然努力地充实自己、娱乐自己。一个名叫"现实的画家"的画展让我们发现了乔治·德·拉图尔。格勒诺布尔博物馆的代表馆藏都运到了巴黎，我见识到了我在西班牙没看过的苏巴朗②的作品。我在巴黎歌剧院听了莫扎特的《唐璜》，歌剧院前一年又把这部歌剧搬上舞台了。我

---

① Rainer Maria Rilke（1875—1926），德裔奥地利作家，和罗丹是好朋友。
② Francisco de Zurbaran（1598—1664），西班牙巴罗克时期的重要画家。

在作坊剧场看了高波导演的《罗莎琳德》和卡尔德隆①的一出戏《荣誉医生》，杜兰在剧中的角色是他演绎得最好的角色之一。我去看了琼·克劳馥、珍·哈洛②、贝蒂·戴维斯③、詹姆斯·卡格尼④、琴吉·罗杰斯⑤、弗雷德·阿斯泰尔⑥演的所有电影。我看了《无影无踪》《三人小夜曲》《无情的罪》和《满城风雨》。

我读报的方式还是漫不经心。我已经说过，我对希特勒的政治所引发的问题充耳不闻。我同样冷漠地注视着世界的其他角落。韦尼泽洛斯⑦在希腊发动政变失败；在路易斯安那州，州长休伊·朗实行一种奇怪的专制。我对这些一点都不感兴趣。只有西班牙的事件让我动容：加泰罗尼亚和阿斯图里亚斯的工人起义，而当时执政的右翼党对他们进行了血腥镇压。

在其他没那么重要但也造成过舆论哗然的事件中，还有南斯拉夫国王亚历山大一世和巴尔都遇刺身亡；玛丽娜公主大婚；马图斯卡案，这位破坏铁轨的犯人在布达佩斯受审，但他把罪责都推到一位催眠师头上；加拉帕戈斯群岛上的神秘死亡。所有这一切都不能让我感兴趣。相反，我和萨特一起把纪尧姆关于普林斯参议员之死的报告从头到尾仔细读了一遍，这一事件就像克罗夫特的小说一样曲折动人。至于美人阿尔莱特·斯塔维斯基，她让我产生了一个困惑，这个困惑日后以不同的形式更强烈地呈现：两个彼此相爱的男女间许下的忠贞有没有极限？如果有，那又是什么？还有一个问题

① Pedro Calderón de la Barca（1600—1681），西班牙剧作家、诗人。
② Jean Harlowe（1911—1937），美国电影女演员。
③ Bette Davis（1908—1989），美国电影女演员，曾十次获得奥斯卡最佳女主角提名，两次得奖。
④ James Cargney（1899—1986），美国电影演员，出演《人民公敌》成为明星。
⑤ Ginger Rogers（1911—1995），美国电影女演员，好莱坞30年代著名歌舞剧明星。
⑥ Fred Astaire（1899—1987），美国电影演员、舞者、舞台剧演员、编舞家与歌手。
⑦ Eleuthérios Venizélos（1864—1936），希腊政治家。

当时也花了不少笔墨大书特书，那就是妇女的选举权。在市级选举中，玛丽娅·维罗纳、露易丝·韦斯言行激烈。她们做得对，但因为我不热衷政治，纵使有了选举权，想必也不会去行使它，所以我根本无所谓别人认不认可我拥有这一权利。

但是有一点，我不会无动于衷，那就是我们这个社会压迫人的丑恶嘴脸。一九三四年，在美丽岛，几个少年犯逃跑了，游客们主动协助警察进行围捕。他们用汽车封锁道路，打开车灯照亮坑洼沟渠。所有孩子都被抓回去痛打一顿，他们的惨叫声让岛上的一些居民听着于心不忍。报纸披露了这些少年犯拘留所的丑闻：任意监禁、虐待、凌辱。尽管恶行被曝了光，无非就是处罚几个有罪的官员，制度并没有改变。在维奥莱特·诺兹埃尔一案中，法庭则刻意回避那些可能会"玷污她父亲的回忆"的证据和证词。因此，那个姑娘没有被酌情轻判。那些残害儿童的刽子手常常被判个三年五载的就没事了——哪怕受害儿童被他们害死了，而犯了弑父罪的维奥莱特却被判要上断头台①。得知美国一些发狂的民众聚集在关押霍普特曼的监狱前面，叫嚣着要他偿命，认定是他绑架了林白家的小孩，对此我们同样感到痛心疾首。拖拖拉拉审理了四百六十天之后，尽管最后他的罪名没有成立，他还是被处决了。

当我们得知命运轮回报应在昂立奥检察官身上时，我们很欣赏其中的讽刺意味，这位检察官是出了名的严苛，大家都喊他"阎王爷"，如今却眼睁睁地看着自己的亲生儿子坐在杀人犯的位置上。变态、癫狂、喜欢虐杀动物，米歇尔·昂立奥在父母的安排下娶了一个农场主的女儿，她有残疾、头脑简单，但嫁妆非常丰厚。一年间，他们住在大西洋海滨罗什吉戴尔偏僻的房子里，他对她拳打脚

① 如果说她最终没被处决，那是因为很多年都没有女人被砍头了。——原注

踢。他养了几头银狐，猎枪寸步不离身，哪怕是睡觉的时候。"他会杀了我的。"年轻的妻子写信给自己的妹妹说。在信中，她讲述了自己受的苦难，但没有人放在心上。一天夜里，他用卡宾枪朝她开了六枪。让我们觉得比这个残酷的罪行更可怕的，是两个家庭的纵容和合谋，为了各自的利益，为了摆脱他们两个，把一个傻丫头推给了一个蛮汉。米歇尔，法西斯分子菲利普·昂立奥的堂兄弟，被判处二十年的苦役。

还有另一宗案子引起了我们的注意，那是因为被告的个性。她叫玛鲁·盖兰，她唆使她的情夫纳当用氯仿把一个富婆迷倒、杀害，抢劫她的财物。为了能减轻她的罪责，亨利·多莱斯律师指出他的当事人两三年前曾出过一次严重的事故，落下了脑震荡的后遗症。一顶优雅的帽子半遮着脸，玛鲁看上去楚楚动人，但她的轻慢惹恼了陪审团。据说她和情人之间有很多丑事：性虐狂、嗜性交痛癖、食粪癖。但从他们互换的眼神来看，他们彼此深爱着对方，她执意不肯让他一个人顶罪。布鲁塞尔的陪审团判了男人二十年劳改，尽管女人不在杀人现场，也被判了十五年。突然，多莱斯律师一把扯下她的帽子，露出一只失明的眼睛、一个凹凸不平的额头和变形的脑袋。如果她早点亮出事故后留下的丑陋伤疤，或许她会被轻判。

和萨特讨论罪行、审判和判决时，我开始思考死刑。在我看来，批判死刑的原则是荒唐的。让我觉得可恨的，是执行死刑的方式。我们讨论了很久，我激动了一阵子。但最终，反抗、厌恶，希望一个更公正的未来，这种态度都已经时过境迁了。的确，如果我不墨守成规，而是投身到外面的世界，我或许就不会有苍老的感觉，不会感觉自己踌躇不前。因为世界在变，历史不会重演，而是飞快地向前。一九三五年三月，希特勒恢复了义务兵役制，在法国，不管是左翼还是右翼，都陷入恐慌。法国和苏联签订的条约开启了一个新的时代。斯大林正式赞同我们的国防政策，把小资产阶级和工人阶级分开的壁垒瞬间倒塌了。所有或者说几乎所有政治色彩各异的报纸，都开始刊登一些有关莫斯科和强大的红军的正面报道。在地方选举中，共产党人取得了一些成功，这让他们和另外两个左翼的党派靠拢了。六月底，他们宣布成立人民阵线。多亏有了这种有力的措施，和平好像最终得到了保障。希特勒妄自尊大，他投身于一场让德国破产的军备竞赛。被苏联和法国夹在中间，德国没有一丝赢得战争的机会。希特勒心知肚明，他还没有疯到要把一个疲惫的国家拖入这样一场冒险之中。说到底，德国人民会拒绝跟着他干的。

左翼希望通过一场盛大的游行示威来庆祝它的胜利。一个委员会声势浩大地组织了七月十四日法国国庆节的庆祝活动，场面史无前例。我和萨特一起去了巴士底：五十万人大游行，挥舞着三色旗，唱啊，喊啊。我们喊得最多的口号："拉罗克去死！""国民阵线万岁！"我们也感染了这一热情，但我们没想过要去参加游行，和别人一样去唱、去喊。这就是我们当时的政治态度：种种事件会让我们激动，或气愤，或害怕，或高兴，但我们不会参加到事件中去，我们一直都是观众。

"你们见识过西班牙、意大利、中欧，而法国，你们却不了解它！"帕尼耶指责我们。的确祖国的很多大好河山我们都未曾领略过。既然今年我们穷得没钱出国旅行，我们决定好好在国内看看。萨特先和他的亲人去挪威坐游轮旅行。我呢，一天早晨，我背上一个装了几件衣服、一条被子、一个闹钟、一本《蓝色指南》和一套《米其林地图》的背包上了一列火车。我从"上帝之椅"出发，步行了整整三个星期。我避开大路，越过草地、穿过树林。所有的山顶都吸引着我，两眼饱览从高处往下看的全景，湖泊、瀑布、隐蔽的林间空地和山谷。我什么都不想，我一路走一路看。我把我所有的财富都背在肩上，我不知道晚上将在哪里睡觉，天边升起的第一颗星星也没有打断我的冒险。我喜欢看日暮时分花儿和整个世界都合拢的样子。有时候，走在杳无人迹的山顶，甚至连光线都消隐了，我仿佛掠过某种所有风景都想掩盖的无法捕捉的虚空。一种恐慌袭上心头，和我十四岁那年在"风景园"的感受一样，上帝不复存在，我像过去一样，朝有人声的地方跑去。我在一家客栈喝了一碗汤和一点红酒。常常，我不愿意和天空、花草、树木分开，至少我想留住它们的气息。所以我不会在村子里找一个房间住下，而是继续走七八公里地，然后请求在农庄借宿。我睡在谷仓里，干草的气息在我的梦中弥漫。

　　记忆最深刻的夜晚，是我在梅泽恩克山上度过的。我原本打算在山脚的小村庄埃塔普勒过夜的，当我在小村庄驻足之时，天色未晚，有人告诉我说山顶上有个遮风避雨的小屋，花不了两小时就能走到。我买了面包、一支蜡烛，又在用毡皮裹住的水壶里倒满红酒，然后我就穿过鲜花盛开的草坡上山了。暮色降临，黑夜接踵而来。当我推开小屋的门时，天色已经完全暗下来了。小屋是用灰色的碎石子砌的，里面有一张桌子、一条长凳和两块倾斜的木板。我把蜡烛放在桌上，啃了几口面包，把葡萄酒一饮而尽，为了给自己壮胆，因为独自在高高的山上真的有点让人不安，风呼呼地刮在小屋的碎石墙上。我把背包当枕头，一块木板当床铺，蜷在被子里面以御严寒，我睡得很不安稳。虽然睡不着，我还是很喜欢闻到周围黑夜无边的寂寥气息，我就像是一个人乘坐太空船一样迷失在天地之间。早上六点我醒了，头上是晴朗的天空，空气里是草木和童年的气息，脚下是一片看不透的浮云，把我和大地分开。我独自屹立在蔚蓝色的半空中。风继续吹，钻进我试图裹在身上的被子里面。我等着，我脚下灰色棉絮般的云朵终于散开了，透过缝隙，露出几块阳光照耀的村庄。我跑下和上山的路相反的山坡。太阳可真毒辣！穿着一双粗帆布便鞋，我就像是光着脚在接受太阳的炙烤。到达圣阿格雷夫的时候，我已经苦不堪言，不得不在那里逗留二十四小时。只能躺着，站着对我而言都是一种酷刑，我在房间里爬行。当我再起身走路时，每次停下脚步都让我疼痛难忍。我在一家杂货铺买些东西，店员给我拿东西的时候，我不停地来回走动，就像一只笼中困兽。疼痛终于平息下来，我又上路了，脚上穿了短袜作保护。

　　还有一晚，在下阿尔代什地区，空气那么轻柔，我不情愿把自己关在房里。我睡在一棵栗子树下的苔藓上面，头枕着背包，闹钟放在枕边，我一觉睡到黎明。睁开眼就看到蓝天，多开心啊！有时候，在野外醒来，我预感到风雨欲来。我从树木的枝叶间感觉到一种快要下雨的潮湿的气息，而天空还没有任何要下雨的征兆。我加快步伐，去捕捉马上就要降临在这一幕宁静的风景上的骚动。气味、光与影、微风、旋风正如平静或混乱的暗流注入我的血脉、我的肌肉、我的胸膛。于是，血流的声音、细胞的聚集、我身体里所有的秘密、生命，我仿佛都可以通过蝉鸣、拂过树木的风声和脚下的苔藓来感知。

　　享受了足够的绿树和蓝天，我也很乐意在一些城市和村庄停留，面对人工堆砌的石头建筑。孤独从来都不会让我感到压抑。我对万物和自身的在场每每都会感到惊喜。尽管，我严谨的计划将这种偶然变为必然。或许我的幸福圆满的真谛就在于此，只是当时尚未能言明：我自由的意志摆脱了任性，同样也摆脱了束缚，因为环境的限制，不仅没有让我烦恼，反而为我的计划提供了支撑和内容。通过随意却执着的游荡，我赋予自己充满乐观精神的疯狂行为一种实质。我享受着诸神的幸福，我自己就是造物主，创造让我欣喜若狂的礼物。

一天夜里，萨特出现在圣塞西尔-当多热火车站的月台上。只要他乐意，他其实挺能走路的。他喜欢这个地区，喜欢这里光秃秃的高地、五彩斑斓的山脉。他满心欢喜地漫步，甚至野餐也不在话下。我们总是露天吃午饭，几个煮鸡蛋和香肠。我们沿着塔恩山的洞穴，登上艾瓜勒山，在科斯地区漫步。我们迷失在老蒙彼利埃的假城堡里，为了走回大路，我们攀着一块块岩石，险象环生地下了山。在拉尔扎克高地上，遍地都是自相残杀的蟋蟀，我们一路走去，嘎吱嘎吱踩死不少。我们用脚步丈量这片高地，仿佛是走不到边的撒哈拉。整整一天，它还在我们脚下。当我们到达拉古维尔多瓦拉德，夜色已经降临了。在稀疏的荒草中突然看到沉睡了几个世纪的城墙，我们非常激动。那些美丽的古老房屋上爬了很多荆棘和爬山虎，若隐若现。我们在幽灵般的街道上一直游荡到深夜。

我们在洛奇耶的一家上好的旅馆住下，在村子外面。我们的房间和我们晚餐的露台可以俯瞰塔恩河的绿波。我们约了帕尼耶在这里碰头，他正带着最年轻的一个表妹在这一带漫步。表妹叫泰蕾丝，我在科西嘉岛的时候就对她印象很好，她是个金发美女，清新、挺拔，热爱生活、野外和帕尼耶。她二十岁左右，是塞纳-马恩省的小学老师。自从科西嘉度假以来，帕尼耶就很在意她。虽然他并不心急火燎地要成家，但他们频频约会见面，也打算有朝一日走进结婚的礼堂。我们一起爬了几座高峰，沿着梅让高原和诺瓦高原一路走来，我们吃鳌虾和鳟鱼，在塔尔河里嬉戏。一天，趁泰蕾丝不在，帕尼耶问我们对她的看法，"好得不能再好了。"萨特说。他又补充说她还有一点稚气，打趣家里人的糗事时有些夸张。这一保留意见激怒了帕尼耶，他太在乎泰蕾丝，没办法用他有点咄咄逼人的谦虚去说她的坏话。"我可怜的泰蕾丝，他们认为你不够聪明！"他有点酸溜溜地打趣道。这让她有些伤心，让我们很尴尬。但我们最后告别的时候还是很友好的。

萨特喜欢岩石胜过喜欢树木，我的计划也考虑到了他的喜好。我们有时步行，有时坐大巴，沿途参观城市、乡村、修道院和城堡。一天晚上，一辆颠簸拥挤的小巴把我们带到卡斯泰尔诺-德蒙米拉尔。天下着雨。在拱廊环绕的广场下车时，萨特突然对我说他已经受够了疯狂。整个路途，龙虾一直试图跟着他。那天晚上，他终于彻底地让它们滚蛋了。他说到做到。从那以后，他的心情就不再受外界的干扰，一直很好。

在过去的一年中，我什么都没写。我坚决希望能回到严肃认真的工作中去，但做什么呢？我为什么不尝试写点哲学的文章？萨特说理解哲学理论，比如胡塞尔和其他人的理论，我都比他快，比他准确。事实上，他试图用自己的图式去阐释其他人的哲学理论，所以要他忘记自己、毫无保留地采纳他人的观点就很难。而我呢，我就不会跟自己过不去，我的思想可以立刻纳入我想理解的理论的模子中去。我并不是被动地接受，一旦切入这个理论，我就会看到它的漏洞和矛盾之处，同样我也会预知它的发展趋势。如果一个理论征服了我，它就不再是外在的了，它将改变我和世界的关系，它会让我的体验更加多姿多彩。简言之，我有很强的吸收能力和批判意识，哲学对我而言是一种活生生的现实。它给我的满足我永远都不会厌倦。

但是，我并没有把自己当成哲学家。我很清楚自己很容易进入一个文本，那正是因为我自身缺少创造性。在这个领域，真正有创见的人才是那么罕见，问自己诸如为什么不尝试跻身他们的行列这类问题实属多余，不如去解释某些人是如何能融会贯通一个体系，那种深思熟虑的痴狂从何而来，由此产生的执着能赋予他们的所见所思一种普世的价值。我此前就已经说过，女人天生就不谙此道。

原本，我至少可以对一个限定的主题进行某些引证和批评：一个不为人知或罕为人知的作家、一个逻辑论点。但这样的工作一点都吸引不了我。和萨特交谈，体会到他的耐心、他的大胆，投身哲学仿佛是件令人陶醉的事情，但这种情况只有在对一个观点非常痴迷的时候才会发生。介绍、发挥、评判、收集、批评他人的观点，不，我看不到一点意义。读一部芬克的著作，我问自己："如何才能让自己屈尊当某人的门徒？"后来，我时不时也会同意去扮演这个角色。但年少自负，我并不满足于跟在大师后面亦步亦趋。我希望把自身经历的独特性分享给他人。为了能达成所愿，我知道我应该朝文学这个方向发展。

我曾经写过两部长篇小说，开头几章写得还算站得住脚，但随后就成了走了样的大杂烩。这次我下决心写一些简短的故事，从头到尾都一丝不苟。我严禁自己编造一些蹩脚的传奇和浪漫情节。我放弃营造一些我自己都不相信的情节，描绘我自己一无所知的环境。我把人物和环境都限定在我所了解的范围里。我尝试让别人理解我亲身体验过的现实，这会让全书前后一致，这本书的书名就点出了主题，具有讽刺意味的是，它是从马利丹那里借用来的：《精神至上》。

很长时间我都深受书籍和战争片的影响，少女时代，它们都曾让我哭得稀里哗啦。所有"灵魂高尚""起来吧，倒下的人们"，所有这些崇高的口号和行为都唤醒了可怕的画面：战场和停尸房，"破了相、像小牛肺"的伤员,这是艾伦·泽纳·史密斯在《并非那么平静》这本小说中的一个比喻,小说曾让我深感震撼。在我身边,我见过莎莎被周围的礼教道德逼迫早早地走向疯狂和死亡的境地。在我前一本小说中,最真诚的,就是我对资产阶级社会的深恶痛绝。在这一点上,和很多人一样,我和这个时代是一致的。在意识形态上,左派批评大于建设。革命派所使用的语言和造反派如出一辙,无非就是抨击统治阶层的道德、美学和哲学。所有这一切都鼓励我把我的计划进行到底。透过个人的故事,我想指出某种超出它们范畴的东西:精神上的蒙蔽所掩盖的大大小小、不胜枚举的罪恶。

我给自己各式各样的短篇小说的人物之间建立了多少有些松散的联系,但每一个短篇都自成一体。我把第一篇献给我昔日的一位好友丽莎。我描写了一个孱弱的年轻女子受圣马利亚学院神秘主义和阴谋诡计的毒害而凋零的故事。她徒劳地抗争,为了让自己也成为纯洁的灵魂,而她的肉体却反其道而行之。第二个女主人公是勒内,我把在马赛认识的 A 医生的妹妹的容貌、苍白和宽宽的额头移花接木搬到她身上。我意识到,小时候,我在一些游戏中表现出来的受虐倾向和我对宗教的虔诚二者之间是有联系的。我也知道,我的几位姑妈中最虔诚的那个,每晚都要让丈夫狠狠地鞭打她。我饶有兴致地构思,一个成年女子,她对宗教的狂热蜕化为在欢场的自我作践。同时,我还描绘了一幅表现社工团体的讽刺画,我试图让大家感受到自我牺牲和奉献的暧昧含义。在这两个故事中,我都是用了一种假客观的笔调,还有从约翰·多斯·帕索斯那里学到的含蓄的讽刺。

接下来的故事是以西蒙娜·拉布尔丹为原型的,我给她取了尚塔尔这个名字。离开塞弗尔之后,她就到鲁昂来教文学。她自欺欺人，竭力要为自己和自己的生活营造一个能让朋友们都艳羡的光彩形象。通过她的日记和内心独白，我们可以看到她把自身的所有经历都美化了，追求奇迹，把自己打造成一个自由解放、极度感性的女性形象。而实际上，她很在乎自己的名誉。因为她执意要扮演一个不属于自己的角色，她让两个崇拜她的年轻学生身陷灾难之中，在这两个学生面前，她最终撕掉了伪装。这篇短篇小说标志了一个进步。尚塔尔的内心独白同时描绘了梦想中和现实中她自己的形象，我成功地表现了真实的我和自欺欺人的我之间的差距。尚塔尔和学生们的会面也处理得很好：通过少女们善意的眼光，我们可以猜到年轻女人的弱点。后来我采用了一些类似的方法来表现《女宾》中伊丽莎白的虚伪。

如果说尚塔尔的种种缺点让我深恶痛绝，倒不是因为我在西蒙娜·拉布尔丹的身上找到了它们，而是因为我自己也曾掉进同样的陷阱里。有两三年时间，我不止一次抵挡不住诱惑以造假来美化我的生活。在马赛独处的日子，我差不多完全改掉了这个缺点，但我还会为此自责。在《女宾》中，弗朗索瓦丝写的小说也围绕这一主题。这个主题萦绕在我心头，我也真的很高兴去写它。不过，如今尚塔尔的故事在我眼里还只是一个简单的尝试：我的女主人公应该可以在一部长篇小说中当一个配角，她还不够分量让大家都关注她的成功和失败。

我又一次尝试让莎莎复活，这一次，我将更接近真实。安娜·维尼翁是一个二十岁的年轻女子，和莎莎一样被痛苦和困惑折磨。但是，我还是不能让她的故事令人信服。开场维尼翁夫人冗长的祈祷我写得还算成功，她的真实和谎言都表露无遗。但在下半部分我犯了一个错误，我希望安娜周围的所有人都是虚假的。我让尚塔尔做她的朋友，尚塔尔鼓励她去抗争，却没有真正的信念，也没有做必要的努力把她从孤独中拉出来，她醉心于扮演角色。她对演戏的迷恋是因为自身的平庸。不知不觉中，我让安娜信任一个根本不值得信任的人，其实是贬低了她。结局是通过帕斯卡来呈现的，安娜爱他就像莎莎当初爱普拉德勒一样，没有幸福可言。这个年轻人角色的出场还算合适，但形象不够丰满。和之前的几个版本相比，我这次描绘安娜的形象更真挚感人，但她不幸的程度之深和她的死亡仍然不能让人信服。或许唯一能让读者信服的方法就是把真实的情况一五一十地讲出来。写完《名士风流》后，我又再次尝试把莎莎悲惨的结局写进一个长长的故事里。尽管我的技艺更娴熟了，但我还是没能如愿写成。

　　书是以对我年轻时代的嘲讽作为结局的。我把自己在德西尔学校上课的经历和少女时期的宗教危机都放在玛格丽特身上。然后她掉进圣迹的陷阱里，但她的眼睛没有被蒙蔽，最后她把神秘、幻影和神话抛在一边，决定直面人生。

　　这个故事远不是写得最好的一个。我是以第一人称写的，对女主人公充满了好感，风格也很生动活泼。有自传色彩的那一章写得尤为成功，可惜促使她重新面对现实的经历显得不那么令人信服。

　　除了每个时期特有的缺点，整本书的架构也有不足：这既不是一部短篇小说集，又不是一部长篇。字里行间教化和讽刺的意味都太明显。这一次，我又避免把自己放在故事里，我只出现在遥远的过去，和今天的我保持很大的距离。我并没有把我生命的炽热注入这些故事里，故事中的苍白的女主人公在俗世里沉浮。不过，我在写它们的过程中，萨特对很多章节都有过赞许。整整两年时间我都在写作，我希望有出版商能接受它们。

　　夏天发生了几件大事。拉瓦尔政府颁发的一些枢密令激起了强烈的反对。在多数大港口都发生了骚乱：布雷斯特、瑟堡、洛里昂。在勒阿弗尔和土伦，工人被警察打死。最终，劳动者被迫屈服。但这次失败并没有打垮他们心中的希望。巴比塞的葬礼成了示威游行的借口，声势浩大堪比七月十四日国庆节。一些作家，像尚松、安德烈·维奥利、盖埃诺，都希望能帮助人民阵线阐明并宣扬它的思想主张，他们刚刚创办了一份新周刊《星期五》。右翼各党结盟反对"捣乱分子"的力度空前绝后，火十字会也大刀阔斧地招兵买马。他们超越了国界，寻求意大利法西斯的支援。因为墨索里尼拒绝所有的仲裁，准备出兵攻打埃塞俄比亚，所以国际联盟投票对他进行制裁，当意大利军队越过埃塞俄比亚边境的时候，英国决定将制裁付诸实施。十月四日，六十四名法国知识分子在《时代》杂志上发表题为"为了捍卫西方"的宣言，反对实施这些制裁。就在同一天，杜斯让军队轰炸了阿多瓦地区的平民。反法西斯的知识分子提出抗议。在他们当中，不乏天主教徒。埃马纽埃尔·穆尼埃主编的《思想》和《公社》上的观点如出一辙。几个左翼作家象征性的抵制行为让我们觉得可笑，如不喝仙山露酒。但是拉瓦尔的举措让我们感到痛心：他小心翼翼地主张"慢慢制裁"，让法国成了在阿比西尼亚犯下滔天大罪的意大利飞行员的帮凶，他们肆意屠杀妇孺。幸好，我们料到法国政治很快就会转变。代表大会、集会、游行，人民阵线日益壮大。右派和左派的积极分子发生争执的时候，最后总是后者说了算。人民阵线在即将到来的选举中胜出是确定无疑的。"金钱壁垒"即将被推倒，封建集团也要被摧毁，二百个家族也将被剥夺它们的权利。工人们的请愿将获成功，很多企业将如他们所愿被收归国有。从这一点出发，前途真是豁然开朗。就在一片乐观的前景中，新学年开始了。第一学期中，我们看到了乌斯塔什案的审理始末，斯塔维斯基案开审。我们找到了小尼科尔·马雷斯科的尸骸，而杀害她的嫌疑犯已经在监狱里幽禁了一年。就在这段时间，一堆人拿着榛树棒，徒劳地走遍了肖蒙地区寻找水源，是朗贝尔本堂神甫让这种游戏流行起来的，但很多人都把它当真了。从来不笑的巴斯特·基顿让我们笑疯了。约里奥-居里夫妇因人工制造放射现象方面的研究获得诺贝尔奖。报纸上纷纷谈论由某个叫斯达汉诺夫的人引进苏联工厂的劳动新规范。

萨特宣布自己痊愈了，再没有任何事情会给我们的私人生活带来阴影。我离开拉罗什富科旅店，搬进了奥尔加推荐的小绵羊旅馆，她的几位波兰同学以前在那里住过，她也觉得那是个可爱的地方。我也被它深深迷住了。旅馆地处一条小巷，通往共和国大街，那是一幢诺曼底风格的老房子，三层楼，横梁外露，有很多小玻璃窗。旅馆分两翼，各有各的前门和楼梯，中间是门房，住着房东太太。右翼是临时的短租客房，左翼住的都是包食宿的长租房客，大多数都是年轻夫妇，因此夜里走廊上能听到郎情妾意的呻吟声此起彼伏。我隔壁住着一个军士长，每天晚上和妻子做爱前，都要痛打她一顿。我的椅子和桌子都摇摇晃晃的，床罩、墙纸和窗帘有点脏、有点腻，但我喜欢它们明快的色调。我常常在家晚餐，吃一片火腿，头几晚，我在睡梦中听到有奇怪的窸窸窣窣跑动的声音，原来是几只老鼠在拖我丢在废纸篓里的油腻的包装纸，有时候，我能感觉到有小爪子在我的脸上爬。老板娘是一个胖老鸨，竖着一头鬈发，穿着粉红色的长筒棉袜。马尔科已经被任命到鲁昂执教了，所以他也安顿在"小绵羊"，住在更像窑子的一翼。他对老板娘竭尽称赞奉承之能事，为的就是看她撒娇装媚的样子好玩。有时候他也在旅馆门口和他的大狼狗一起玩球。

假期间，我收到奥尔加几封绝望的信。她甚至没有再次参加六月份的医学考试，之后又没有立刻回伯兹维尔，而是几晚上没睡觉在鲁昂街头溜达、在皇家舞厅跳舞。她晚了一星期才回家，苍白消瘦、黑眼圈、肩上趴着一只她从小溪里捡回来的疯猫。她父母想送她去卡昂的寄宿学校。就算她父母把她送去关在教养所里，也不会比这个消息更令她惶恐无措了。她的无助打动了我，如果她不能再来鲁昂，我自己也会感到惋惜，因为我已经深深地喜欢上她了。

我们的友谊，不管是对她还是对我来说，都有坚实的理由，因为二十五年过去了，她在我的生命中依然占据着一个极其重要的位置。不过一开始是奥尔加想要维系这样的友谊，创造了很多机会。不可能不是这样。一种依恋之所以强烈，只能是因为人们要借它来反对什么。奥尔加十八岁，几乎是反对一切的年龄。而我呢，我在生活中如鱼得水，没有任何事情压抑我，而任何事情都让奥尔加感到不堪重负。她对我的感情很快就变得非常强烈，而我是慢慢才领会到它的意义。

奥尔加父亲年轻时在慕尼黑取得了工程师文凭。革命[①]以后，他先后在斯特拉斯堡、希腊，接着是伯兹维尔为他的文凭找到了用武之地。希腊的沼泽地对健康无益；在伯兹维尔，又没有中学。奥尔加和她妹妹多年来都被送到昂古莱姆和鲁昂的寄宿学校读书。但漫长的假期她们都和父母一起度过，童年就是这样在她们身边流逝的。奥尔加以前非常爱他们。D 太太聪明、开明，一点也不迂腐。年轻时，她有气魄离开不开心的家庭，只身前往俄国教法语。回法国的时候，她已经是一个流亡俄国人的妻子了，在自己的国家，她和丈夫一样有流亡的感觉：她几乎不和阿尔萨斯人、诺曼底人打交道。在教育女儿上，她也是依自己的判断行事。当两个孩子还很小的时候，她就让她们读书，给她们讲一些大家都认为对她们的年龄

---

① 指俄国十月革命。

而言还为时过早的故事。她引导她们读神话、《圣经》、佛陀的传说，既让她们心神向往，又永远断了她们信仰它们的念头。这种教育促成了奥尔加的早慧，语文老师很赏识，但几乎所有其他老师都很受不了。

有这么一个不同寻常的母亲和一个外国父亲，后者不停地跟她讲她本该生活在那里的神奇的国度，奥尔加从小就感觉自己和其他小朋友不一样，她一直把这种不同当作一种高高在上的优越感。她甚至有这样一种印象，感觉自己误入了配不上她的皮囊。在一个不复存在的俄罗斯深处，一个在贵族淑女学校长大的小姑娘，倨傲地睥睨混迹在鲁昂那群走读生中的奥尔加·D。她蔑视这群乌合之众，她不属于他们，但是，她又置身于他们的行列，而不在其他地方。她忍受不了这一点。她所接受的教育自相矛盾的地方就在于，她父母先给她灌输了对习俗、迷信、愚昧和法国传统美德的厌恶之情，然后又把她丢给以纪律、规矩、成见和各种愚蠢的思想统治的女子寄宿学校去管教。结果奥尔加和学校有过几次严重的冲突，不过这些冲突都没有对她造成很大影响，因为她父母总是站在她这一边。时不时地，D太太也有些顾虑，她希望自己的两个女儿也能"和其他女孩子一样"。她诸如此类的意愿产生了悲剧性的后果，幸好每次都草草收场，因为形势每每让她事与愿违。当奥尔加中学毕业时，她父母操碎了心想把她引上"正轨"。他们并不想让婚姻成为女儿一辈子的事业，他们相信她的能力，希望她学习一个行当。但哪一行呢？舞蹈？他们没把这个梦想当真，而且，现在也为时已晚。奥尔加对建筑感兴趣，但她父亲认为女人在这一行是没机会成功的。他们选择了医学，丝毫没有考虑到奥尔加对医学毫无兴趣。结果就是一九三五年六月和次年的复读之后，奥尔加两次医科考试失利，在他们看来，奥尔加完全是荒废了。他们因此非常生气，不停地教训她。当她回到伯兹维尔之后，他们禁止她吸烟、熬夜，几乎不让她看书，他们强迫她遵守他们制定的作息时间表。他们为她的散漫和交友不慎深感遗憾。通常父母和子女之间的对立和冲突在她身上表现得尤其痛苦，因为他们有意无意地突然化身为他们自己曾教育她要蔑视的形象：秩序、世故、习俗和成年人的一本正经，她恐惧地看着它们步步逼近。她埋怨自己令父母失望了，因为她一直都非常在乎他们对她的评价，但他们态度的转变和背叛越发加深她的怨恨。过去一年里，她一直都在惶恐和愤怒中度过，敌视全世界，还有她自己。她深爱的妹妹比她小很多，她和同学们也只是泛泛之交。没有人能把她从这种消沉中拯救出来。

没有人，除了我。我正好可以帮她。比她年长九岁，又有做老师的威信、知识和经验，我和学校的同事，还有鲁昂的资产阶级都没什么来往。我的生活不受习俗的拘囿。奥尔加在我身上，找到了她所厌恶、拒绝的东西和对自由的渴求，只是这一切都被年龄和她认为我所具有的智慧升华了、巩固了。我去过不少地方，认识不少人。鲁昂、伯兹维尔是监狱，她越狱的钥匙就掌握在我手中。无限丰富和新奇的世界，她通过我来梦想这一切。的确，这两年来，很多东西她都是从我这里得到的：书、音乐、思想。我不仅为她打开了未来的图景，更重要的是我保证她可以开辟一条通往未来的道路。成天被父母指责，她已经准备让自己淹没在苦涩的失败主义情绪中了。而我呢，我知道是医科考试让她灰心，年轻人想独立的冲动占据了她的脑海。我信任她，她急需我给予她的认可、默契和一切，我一开始非常小心地帮她。显然，她自己并没有弄清楚让她投靠我的这股冲动从何而来。她以为是因为我有许多优点，但其实是因为她自己的处境，对她而言，我才成了一个重要的，甚至是唯一的救星。

我嘛，正相反，我什么都不缺。当我碰到有吸引力的新面孔时，我就会跟他们建立友好的关系，但他们不会影响我。哪怕是尽善尽美的人中龙凤都不能打破我的淡漠。奥尔加击中了我内心唯一的弱点：因为她需要我。如果早几年，这或许会让我手足无措，我当时想到的首先是充实自己。而现在，我的两手都满满的，当奥尔加热切地接受我的礼物的时候，她让我发现了给予的快乐。我曾经感受过接受的沉醉和互相给予的幸福，但我从不知道感觉自己对别人有用是那么令人感动，发现自己对别人而言必不可少是多么震撼。我让她的脸上露出笑容，她的笑容唤醒了我内心的喜悦，如果有人要夺走这种喜悦，我会不无遗憾。

　　显然，如果不是奥尔加一开始就让我有好感和好评，她的笑容不会如此打动我。我了解她迷人的脸庞、动作、嗓音、谈吐和故事，我欣赏她的才智和敏感，她很少看错一个人或一本书的品质，尽管她自己对此也不是非常清楚。她具备我们一直认为是至关重要的美德：真实。她从不隐瞒自己的观点和印象。我发现她和有一天我见过的在一篇没写完的作文面前掉眼泪的苍白、平庸的金发姑娘一点也不像。她身上有某种迫切和极端的东西征服了我。还是小姑娘的时候，她的怒火就比我还烈，她有时生起气来几乎会昏厥过去。她的厌恶、反抗很少通过疯狂发作表现出来，而是表现得灰心颓丧。这种消极的情绪不是出于软弱，而是对所有专制的挑战。至于快乐，奥尔加玩起来没有节制：她曾经跳舞跳昏过去。她看一切事物，尤其是人，都带着渴求。她的惊喜保留了孩童的纯真，她一直在梦中追寻奇迹。对她说话是一种快乐，因为她会激动地听我说话。她告诉我她的过去，我也向她透露了我的很多往事，我一直都相信能让她感兴趣并让她理解我。我跟她谈话比和任何一个同龄女人谈话还要亲密。我也喜欢看她言谈举止克制、谨慎，而在她规规矩矩的样子下，暗藏着无数的火苗。我希望能帮助她好好利用她在艰深的学业、烦恼和悔恨中浪费的能力。不过，我很谨慎，我并没有打算把她的生活直接掌握在我的手中，变成我自己的事。

她父母定好的计划迫使我迈出了这一步，而萨特也鼓励我。他也喜欢奥尔加，他觉得她做起护士来很迷人。他觉得我不可能让她进卡昂的一家寄宿学校住校。他给了我一个建议，让我豁然开朗。奥尔加讨厌科学，但在哲学这门课上，她是一个优秀的学生，为什么不引导她朝这个方向发展？在勒阿弗尔，萨特给几个大学生开一门本科生的课，学生有男有女。他会帮我辅导奥尔加取得文凭。我要求见一见奥尔加的父母，他们请我去伯兹维尔。我在前一站就下了车，因为比我事先说好的拜访时间早了很多。整个下午我都和奥尔加在寒冷阴郁的乡间游荡，我们躲进乡下小咖啡馆里，挨着火炉坐。奥尔加对我的努力没抱什么希望。但是，在一顿愉快的俄式晚餐之后，我把我的计划说给 D 先生和太太听，我说服他们把奥尔加交给我监护。回到鲁昂，我和萨特制定了一个详细的作息表，明确我们要给她辅导的课程和她要做的功课：阅读、写作、表达。我在"小绵羊"给她租了一个房间。

新的学业貌似挺合她的意。她用心地听课，好像我们给她讲解的东西她都能理解。她把我买给她的书整齐地摆在书桌上。但有一天，我让她书面概述柏格森的一个章节，结果她吃了一斤橡皮软糖，难受得根本无法学习。是她考砸后父母给她看的脸色还是心底的那份骄傲让她对失败如此恐惧，不想再冒失败的危险，宁可什么都不去尝试？不管怎么说，她连第一篇作文的第一句话都写不了。说到底，或许萨特的主意也不是什么好主意。在远离索邦大学的地方准备本科文凭，没有同学一起学习切磋，那是需要很多热情和毅力的。因为天资聪慧，哲学这门课奥尔加轻易就能在班上拔得头筹，但事实上，她对抽象思维丝毫不感兴趣。因此她不能按照老师的要求去做。我明白她在两次医科考试中的失利并不像我之前想的那样只是意外。对有些人而言，困难会激励他们，让他们知难而进，但只会让奥尔加知难而退。从小就认定自己不属于所处的社会，她从来不奢望有什么光明的前途在等待着她。明天，对她而言，几乎不存在；明年，更是子虚乌有。她几乎不去区分计划和梦想，一遇到艰巨的任务，就没有一点希望可以支撑她。我试图打压她的怠惰，但我的批评，她的悔恨，不仅没有激励她，反而让她更深地陷入内心的绝望。萨特很快就不再执着，我也学他的样。圣诞节之后，哲学课就成了水月镜花。

我有些失望，但很快就释然了。现在奥尔加无拘无束地生活，开心了很多。曾经是郁郁寡欢的女学生，现在的她反而成了最令人愉快的伙伴。因为觉得明天不可靠，她就全心全意地投入今天的生活。她从不疲倦地去看、去听、去说、去跳舞、去散步、去感受心的跳动。因为她，我们常待在鲁昂，很少去勒阿弗尔了。她拖我们去维克多咖啡馆的露天座听茨冈帅哥萨沙·马罗拉小提琴，他后来被一个女子乐队换掉了，这个乐队让我想起图尔大咖啡馆的那个曾经让我们很开心的优雅的乐队，萨特后来把它写进了《缓期执行》一书。通常，我们对女人的兴趣比对男人浓。我们总是竖起耳朵听"亚历山大之家"的小妇人们的闲谈、海洋酒吧的舞女们的碎语。在大钟路，有一家拱形酒吧，跟马赛的那家有点像。我和奥尔加在那里玩扑克，和萨特一起聊天、喝咖啡或喝橙汁。一家大时装店的女经理常来这里和供货商或客户谈生意，围坐在一个当桌子用的酒桶旁边。我们善意地观察她，有头脑的女人、做生意的女人在那个时代还不多见。我们很欣赏她的优雅、洒脱、敏锐和权威。科莱特·奥德里去巴黎前，把她单间公寓的钥匙留给了我们。我们在她的炉子上煮意大利细面条，听她的唱片，逗她的斑鸠。月底，她常把她的唱机借给我们，让我们拿去"悯山"当铺抵押。我也常把外祖母送给我的一枚金胸针拿去抵押。

　　萨特不在的时候，我经常和奥尔加见面。我让她读司汤达、普鲁斯特、康拉德，所有我热爱的作家，她有的时候跟我谈得兴高采烈，有的时候又气急败坏，因为她和作家维系着一种复杂而生动的关系，就仿佛他们是有血有肉的活人一样。尤其是普鲁斯特，她对他的感情很暧昧，摇摆不定——从来找不到一个折中的立场——要么对他深恶痛绝，要么无比钦佩。为了聊天，我们坐在海洋酒吧或拱形酒吧，常常也去码头的小酒吧，那里的窗帘和垫子，甚至连冰淇淋都是我们喜欢的杏色。我们在那里只喝黑茶蘸子酒。我开始教奥尔加下棋。我们在歌剧院啤酒屋下了几盘。但我们的无知让我们受到了别人的指指点点，从此我们就只敢偷偷地在家里下了。我们俩关在我的房间里，一边运筹帷幄，一边大杯大杯地喝着罗舍尔樱桃利口酒。我们喝起来就没个数。一天晚上，我们喝了一肚子的利口酒，在跟我告别后，奥尔加从楼梯上滚了下去，就在地上睡着了，直到一个房客走路被她绊倒。我们也常常上楼去马尔科那里听唱片：贝多芬的四重奏、《布兰登堡协奏曲》、斯特拉文斯基的八重奏。我慢慢熟悉了很多我过去知之甚少甚至一无所知的作品。但让我不爽的是，每首乐曲结束，马尔科都会向我投来一个询问和有点嘲笑的目光，我不得不搜肠刮肚做一点点评。

　　一天下午，马尔科请奥尔加、萨特和我去他练歌的工作室。当他穿行在鲁昂的街道上哼着巴赫的《帕萨卡利亚舞曲》或贝多芬美妙绝伦的独唱短曲时，他的嗓音让我着迷。他开始唱《鲍里斯·戈东诺夫》的咏叹调时，震得玻璃窗都在颤抖，我以为耳膜都要被震裂了，我吓坏了。他的另外几次演唱证明了这个不幸的事实：马尔科越唱嗓门越大，但音质却越来越差。他自己没有意识到这一点，他一直坚信自己很快就能在歌剧院一炮而红。相反，他几近绝望地和另一个不幸在抗争，这个不幸在我眼中根本就是小事一桩：他掉头发。每天晚上，他都用含硫的药水摩擦头皮，那样子就跟活剥皮一样。他要用手紧紧抓住窗栏杆五分钟之久，才能让自己忍住不痛得叫出声来。不过，他的英俊丝毫不减。现在，我跟他太熟悉了，他的魅力就有点不起作用了。但奥尔加却被他迷得神魂颠倒，他对她也表现出很多好感。他们经常一起出去。

一天晚上，他们正走在贞德路上，奥尔加模仿起溜冰者的步子，马尔科抓住她的胳膊，他们一路跳着舞着穿过街道，马尔科还唱着歌。突然，他们看到人行道上几个人在盯着他们看，都看呆了：马尔科的一个学生，还有陪着他的父母。"见鬼！"马尔科嘟囔了一句。不过他没有放开奥尔加的手，接着说道："算我倒霉，我们继续，反正已经晚了。"那个高中生看着自己的老师挽着一个金发姑娘的胳膊，踩着舞步走远了。

和马尔科一起，再普通的散步都能变成一次历险。他为奥尔加编了许多奇妙的谎言，他常常强行登上船只，和陌生人攀谈，请他们喝酒，让他们讲自己的经历。一天晚上，在杏色酒吧，一位英国海军少校过来跟奥尔加和我搭讪，他长得很丑，酒糟鼻，跟我们讲一些船上的故事。我们听了他的故事，他很赞赏奥尔加说英语的方式。几天后，奥尔加和马尔科一起在另一个酒吧又碰到了他。"介绍一下，"马尔科说，"最好说我是你亲戚。"他用法语又小声嘀咕了一句。少校以为他是奥尔加的哥哥，请他们喝酒，建议他们到他的船上去继续庆祝。马尔科犹豫了：显然少校看上奥尔加了。"不如去我们那儿，"马尔科说，"不过你要记得带一瓶酒过来，因为在这个年轻小姐家里可什么喝的都没有。"他又补充了一句。少校知道地方，一个人去买威士忌了，马尔科说了他的计划：他们要敲少校的竹杠。马尔科会让少校和奥尔加单独待上两分钟，少校肯定会对她动手动脚，这时，马尔科就会突然出现，威胁他要把丑事抖出来。不过首先要把这个家伙灌醉。于是，他们一起上楼去了奥尔加的房间，开始喝光那瓶尊尼获加威士忌。少校一直喝，而另外两个则不露痕迹地把杯里的酒泼在床上——结果床铺在接下来的一个月里都散发着威士忌的味道。不过，少校一直头脑清醒。他让马尔科跟他一起到门口去一下。在那里，他提议给他钱。马尔科为了让他死心，开了个天价，后者勃然大怒。为了让他息怒，马尔科最后不得不哭着解释说自己是迫于贫困才想卖妹妹，但他现在发现自己的行为太可耻了，他已经反悔了。少校还忿忿不平，马尔科不得不抓住他的肩膀，使劲地把他往外推。但是少校并不记仇，几天后，我和奥尔加在马尔科的房间里听唱片，一辆汽车停在巷子口。思前想后，少校被两个年轻人穷困潦倒的境遇打动了，他来接我们去参观他的船。我们跟他去了，他好好地款待了我们一番。

　　幸亏有马尔科在、有和奥尔加与日俱增的友谊、有萨特的康复、有我对工作重新投入的热情，这个学期过得非常幸福。我太忙，没有时间像过去那样贪婪地阅读，但尽管如此，我对新书的关注还是一如既往。过去的一年法国文学毫无建树。右翼极力鼓吹罗贝尔·弗朗西斯的书，他是让·马克桑斯的兄弟，和他一样也是法西斯分子，在《三美人粮仓》和《难民船》两本书中都企图模仿阿兰-傅尼耶的手笔。是年冬天，马尔罗出版了他最拙劣的作品，《蔑视的时代》。尼赞也推出了《特洛伊木马》。其中的一个主角叫朗热，在外省教书，他是个无政府主义者，独自一人走在城市的大街小巷，眼睛看着石头，脑子里全是形而上学的玄思冥想。这个人物显然跟萨特很像，在书的最后几页，他却投靠了法西斯。尼赞轻描淡写但很肯定地说这个人物的原型是布里斯·帕兰。萨特笑着说他才不信呢。

那一年唯一值得一提的书是一本翻译的作品，福克纳的《八月之光》。萨特不喜欢他的风格，嫌他行文冗长，跟《圣经》一样，我却不以为然。但我们都欣赏这本书的新意和大胆。在福克纳的世界里，性还从来没有这么血淋淋、无所不包，闪耀着悲剧的光辉。我很惊讶把克里斯默斯推到私刑者手中的遭遇既像生一样惊心动魄又像死一样无法抗拒。在美国南方，被剥夺了未来，除了他自身的传奇别无其他真实，再激烈的发作都早已注定是徒劳。福克纳懂得抛开时间顺序，为自己的故事设定一个时间段。在书的中间，他让时间颠倒了：在那里，命运战胜了一切，过去等同于未来，"现在"也没有了现实意义。对克里斯默斯而言，他只是两个时序切分的一个断点，一个回溯到他的出生，另一个延伸向他可怕的终结，二者都印证了同一个诅咒：血管里流着黑色的血——抑郁。福克纳打破了时间的顺序，丰富了他的技巧。和他的其他几部小说相比，他更巧妙地分配了明暗对照。故事的张力，事件的起伏跌宕，让《八月之光》堪称典范。喜欢把一切都公式化的马尔科宣称，从今往后，小说的故事要么是同时发生的，要么不是。我们认为，不管怎么说，法国传统小说已经过时了，不能不去关注年轻的美国作家所推行的新的自由和新的局限了。

我们不常去巴黎，但我们每次去都会好好地利用。我们参观了意大利艺术展、佛兰芒艺术展。我们带着一点怀旧的意绪去看正在被拆毁的老特罗卡德罗遗迹。在巴黎俱乐部，莫里斯·谢瓦利埃唱着："当一个子爵碰到另一个子爵。"电影院在放映《英雄的狂欢节》《密探》《战斗前夜》。我们在《玛丽亚娜的任性》中看到了玛格丽特·雅穆瓦的表演，听玛德莱娜·奥泽雷说："小猫已经死了。"不过，儒韦完美的表演却让我们觉得有点烦，所以我们没去看《特洛伊战争本不会发生》。在作坊剧场，我们看了《制造者》的彩排，卡米耶改编巴尔扎克的作品很成功。披着梅尔卡岱华丽的晨衣，杜兰好像化身为他所扮演的人物。在维奥莱特一角中，索科洛夫的表演更令人惊叹，他扮演的爱哭的可怜债主徒劳地哀求收回他放出去的债。他的表演出神入化。一次彩排的晚上，我第一次踏进了艺术家之家。大家拥向杜兰、卡米耶，围着他们叽叽喳喳、吵吵嚷嚷、轻声软语，弄得我哑口无言。幸好，我也不用跟杜兰和卡米耶说些恭维奉承的话，但卡米耶怂恿我过去："去祝贺他演出成功。"因为我对她说过，索科洛夫的表演让我感到震撼。他坐在一张软垫长椅上，有点走神，膝盖上放着维奥莱特先生有点磨损的高礼帽。我结结巴巴地说了几句话，他眯着眼睛看我，目光中多的是惊讶，还有一丝嘲讽。我感到我的脸跟着了火一样，汗水从我的额头滚下来。我对自己说，显然我对交际应酬毫无天分。

我对前一个圣诞节假期记忆犹新。那一年，利奥奈尔和一个老姑妈在瑞士格施泰格的山居木屋过冬。他们邀请了我妹妹。我和萨特就住在旁边的一家可爱的小客栈里。客栈和村子里的其他房子一样，都是木头建的，在房间里用一个很大的上了釉的陶瓷炉子取暖。白雪皑皑的街道散发着潮湿的冷杉和柴火的味道。我们在一些比蒙托克陡一点的斜坡上练习滑雪，但反反复复没有长进。利奥奈尔是一个滑雪好手，但是一个很糟糕的教练。为了庆祝圣诞，老姑妈订了一个英式布丁，我们在它上面浇了朗姆酒，点上火烧，火苗欢快地跳跃着。火一熄灭，萨特就随手一挥，结果布丁被打到地板上去了。但我们还是把它吃了。

我和奥尔加相处得很好，但我们很不一样。我喜欢规划生活，而她不信未来。所有努力对她而言都是令人鄙夷的,谨慎是小心眼,执着无非是自己骗自己。她只看重自己的情感,用脑子去理解的东西她都不感兴趣。她喜欢听贝多芬和巴赫,但当马尔科让我们听斯特拉文斯基的八重奏时,她却发脾气说:"音乐让我厌烦,我只爱听声音。"用舍勒的话说——当初我们很喜欢引用他的话①——她把"生命的价值"摆在比"精神的价值"更高的位置上。艺术也好,文学也罢,什么都不能像人的身体、举止、面容那样打动她。她很喜欢奥斯卡·王尔德,而我却认为他的美学观太肤浅了。但是她对人对事的看法丝毫不会影响我对她的感情,我认为那都是因为她年纪还小,有时我还以此寻她开心,却从未想过奥尔加可能是对的,错的那个人是我。她和萨特的关系同样没有波折:他们在一起很开心,谁也不要求对方什么。现状让奥尔加感到很满足,所有明确、限制、许诺和预言好像都不需要。

　　不过如果有第三者介入呢,事情就会变得复杂,这种事很常见。奥尔加从不掩饰和马尔科一起出去的喜悦之情,所以萨特就以为她喜欢马尔科胜过喜欢他。只要有了比较,人就会开始权衡,不停地去追究每一个瞬间。现在的蛛丝马迹都预示了某种未来,于是问题就出现了:萨特问自己,又去问奥尔加,最后两个人吵了起来。这种嫉妒和随后的发展完全没有超出柏拉图式的精神范畴。马尔科在女人身边,总是轻而易举地扮演大天使的角色。而奥尔加呢,她既孩子气又纯洁,很容易受惊,惹人尊重怜惜。不过萨特一厢情愿想在情感上独占她。

　　如果奥尔加对马尔科没有一点兴趣,萨特还会吃醋吗?我想会的,马尔科只不过是个借口。在过去的一年里,萨特已经放不下奥

① 今天我们把他看作是法西斯的走狗。——原注

230

尔加了。他不再把她当女护士看待了。起初，当他讲故事给她听，为她编歌，的确是为了让自己散心多过了为了取悦奥尔加。在我身边，他从来不尝试做这些事情。我和他的关系太近了，他既然对自己的状况心知肚明，就用不着在我面前故弄玄虚了。不过他不想逼这个陌生女子陪着他这个可怜的神经病患者，所以在几小时里面，他就把自己变成一个风趣的花花公子。奇怪的是，那群龙虾竟然离他而去。他开始不耐烦地盼望这些休闲的机会，开始希望奥尔加在他身边。她不再是达成目的的手段，而是成了目的本身。从此以后，他是为了让她开心，才努力让自己表现得风趣。在很多个漫长的下午，奥尔加守护着他，她在他眼中已经变得非常重要，疯病好了之后，他对她的感情依然如故。萨特做事从不半途而废，既然已经和奥尔加开始了一段友情，他就会让它尽善尽美。不过他们之间的关系，他永远都不想用任何行为举动使之具体化，因为奥尔加是神圣的。只有通过消极的方式，才能让他们关系的特殊性显现出来。萨特要求独占，谁对奥尔加都不能比他更重要。

　　一旦成了象征和赌注，奥尔加的一颦一笑、一言一行就变得无比重要。此外，那些虾兵蟹将一旦溃退，在它们身后就留下一大片空旷的海滩，时刻准备着让新的执念来填满。现在萨特不再痴痴地盯着齐眼高的一块跳动的小黑斑了，他开始用同样狂热的眼神去关注奥尔加眨眼的任何一个细微动作。她每眨一次眼，他就跟发现了一个新世界一样。他很谨慎，避免用一大堆问题、一大堆诠释去烦她。不过对我，他就不会顾虑重重。他是不是赢了马尔科一筹？奥尔加是不是已经把他所要求的专属权给他了？如果还没有，是不是很快就会给他？在这个问题上，我们常常讨论好几小时。

　　这并没有让我心里不舒服。与其看到萨特被幻想症缠身，我宁可他去在意奥尔加的感情。不过有另一件事让我担心。因为急切地想征服她，萨特就格外地重视奥尔加。突然，他不许我轻视奥尔加的观点、品味和不屑。现在，是他俩定义一个价值体系，而这个体系有悖于我的价值观。我不甘心接受这一变化。

萨特对这一类意见分歧一点都不厌恶。在柏林的时候，他曾经对玛丽·吉拉尔有兴趣，很大一部分原因就是她对什么都不在乎，什么都不想要，几乎什么都不信，自然也不相信文学和艺术的崇高。既然萨特永远都不会有什么疑虑，他写作的决心也绝不会变。因此浪费一点时间、冲动一下、偶尔胡思乱想、胡言乱语一下也未尝不可，他不会冒什么风险。他甚至觉得只要没有被烫伤的危险，玩玩火也是有好处的。因此，他说服自己，只要不影响他的规划、他的目标，那他就可以自由地做任何事情。他抛掉了他所厌恶的一本正经。

我呢，我正在写的书让我非常上心，但是两年来，我一直写它是出于对过往的忠诚，也因为萨特一直鼓励我。我给自己规定的事，一旦下了决心就绝不动摇，最怕受到质疑。如果我让奥尔加在我的生活中占据太重要的地位，她就会给我的生活带来混乱，我是绝对不会允许的。因此，我努力让我们之间的关系停留在过去的那种友情。我真心喜欢她，尊重她，她很迷人，但她并不掌握真理，我不会把我所占据的在一切中心的至高无上的位置让给她。但慢慢地，我妥协了。和萨特在一切问题上保持一致对我而言太重要了，因此，除了通过他的眼睛，我不会用别的眼睛去看待奥尔加。

我们的朋友个个都很惊讶这个小丫头竟然会对我们产生如此巨大的影响，有的莞尔，有的气恼。这首先是因为奥尔加的品格。我从她身上汲取灵感创作了《女宾》中的人物格扎维埃尔，但那是经过系统变形的。如果我不把格扎维埃尔塑造成外表可爱迷人，但内心自私、不驯、阴险，两个女主人公之间的冲突就不会激烈到势同水火；如果不把格扎维埃尔写成是虚情假意的感情骗子，弗朗索瓦丝就不会有一天因爱生恨，错手杀人。奥尔加的确任性、爱发脾气、没个定见，但相反，那都只是她的表象。她的慷慨大方（我们用的是笛卡儿赋予这个词的含义）显而易见，而且很明显——将来可以证明——她的心灵有多么深邃、坚定和忠诚。她蔑视社交的虚荣，追求纯粹的梦想，这拉近了她和我们的距离。如果她不符合我们的基本道德要求，我们就不会为她和我们相反的个性所吸引了。这种心灵的默契，对我们而言是理所当然的。我们对此没有明说，只是注意到让我们感到惊讶的方面。但这种默契才是我们和奥尔加的关系的基础。当我塑造格扎维埃尔的时候，我只保留了我们从奥尔加出发一手打造的神话——她的形象被抹黑了。如果她不是比格扎维埃尔内心丰富得多的人，我们就不会为她的个性所吸引，也不会产生一个神话了。

但正是我们之间非同寻常的关系让我们周围的朋友感到困惑，这也难怪。没有静静地满足于我们和奥尔加之间的友谊，我们为她打造了一个神话。这种反常的行为应该归咎于我们对成人世界的厌恶。萨特没有融入成人世界，曾经陷入神经错乱，而我也常常流着泪感叹衰老就是走下坡路。一天天，和奥尔加相比，我都胜在比她成熟。但这不影响我们崇拜青春。崇拜它的躁动、反抗、自由和不妥协。奥尔加冲动、极端的个性正好代表了这种青春。她反对传统规范、制度、指令、规矩和限制，不仅是在言语上，而且是在行动上。她可以废寝忘食，嘲笑理性。她以为可以摆脱这种我们羞于忍受的人类状况。这就是为什么我们要赋予她各种价值和象征。她成了兰波、安提戈涅、捣蛋鬼、一个在宝石般的空中审判我们的黑天使。她并没有为这种变身做任何努力，相反，她对此感到不快，她讨厌我们塑造的这个神奇人物取代了她的位置。但她无力阻止这个人物吞噬她。

我们欣赏她可以毫无保留地活在当下，但是，我们最关心的，还是为她、为我们缔造一个未来：不是二人组，我们从此以后就是"三重奏"了。我们认为人与人之间的关系一直都可以有创新，没有任何一种形式是先在的、优越的、不可能的，这种关系仿佛是注定的。过去我们也曾梦想过。当萨特服兵役的时候，有一天晚上，我们在蒙帕纳斯遇到了一个女孩，很迷人，半醉半醒的，神情恍惚。我们邀请她去喝一杯，我们听了她的抱怨。我们感觉自己太老了、太理智了。离开她的时候，我们开玩笑说要收养她。现在，我们很成熟，很理智，对我们而言，可以花时间花精力让一个年轻人得到我们的照顾，这是一个机会，让我们有一种飘飘然的感觉。奥尔加活得不开心，要我们帮忙。但反过来，她也为这个在我们看来已经陈旧的世界带来了新意。我们调整好二人会谈和三人聚会的模式，应该会让我们每个人都满意。

的确，奥尔加的热忱一扫外省的阴霾尘埃，鲁昂开始变得多彩多姿。她总是像举行仪式一样地为我们打开大门；她给我们准备茉莉花茶、特制三明治；她跟我们讲述她的童年和夏天希腊的景致。我们也跟她说起我们的旅行，萨特唱他拿手的几支歌。我们编了一些喜剧，我们好像回到了二十岁。当大地刚回春，我们星期天就去塞纳河边石灰岩脚下的圣阿德里安。晚上我们会在点亮五颜六色的灯笼的棚架下跳舞。我们还在森林环绕的机场附近找到了一家航空酒吧。那里有一个舞池，还有几个小包间可以喝酒、晚餐。下午，酒吧里冷冷清清的，我们会在那里消磨几个小时。我在一个角落写作，萨特和奥尔加就在另一个角落聊天。随后，我会加入他们。有时候，这种情况很少见，一架飞机起飞或降落。萨特一直都滔滔不绝，他也让我习惯话多。奥尔加对什么都好奇，更加鼓励了我们爱说话的癖好。有时候，我对此也会感到厌烦。当我们把一杯黑茶藨子酒的味道、脸颊上的一条曲线说得天花乱坠的时候，我就会责怪我们有"掉书袋"之嫌。但我们不得不最大限度地挖掘我们微薄的资源。

复活节假期的时候，奥尔加陪我们去了巴黎。我们带她去看了《摩登时代》，我们一连看了两场。我们真希望可以把每个画面都记在心里。卓别林第一次在电影中使用了音响，但并不是用写实的手法。相反，他利用这些音响让某些人物达到了非人化的效果：经理的指令从麦克风里传出来，一台留声机重复着发明者的自我吹嘘。我们用心记下了他按《我找蒂蒂娜》的曲调唱的歌：

> La spinach or la tacho
>
> Cigaretto torlo totto
>
> E rusho spagaletta
>
> Je le tu le tu le tava[①].

这首歌我们常常哼唱，而马尔科则引吭高歌。我们在圆顶咖啡馆、维京酒吧消磨几个小时，看看人，喝喝酒，说说话。我们在一家西班牙餐厅晚餐，在那里可以听到吉他好手的弹奏，一个上了年纪、嗓音悲怆的女歌手唱歌，她也会跳舞，一跳起来，她臃肿的身躯顿时就变得无比轻盈。时不时地，她会离开一会儿，等她再度出现时，她的脸上有一丝胜利的光芒。她吸可卡因，卡米耶对我们

---

① 《我找蒂蒂娜》是一首创作于1917年的幽默歌曲。1936年卓别林在《摩登时代》中因忘了歌词而即兴发挥，夹杂了英语、意大利语、德语、西班牙语和犹太语的单词，胡乱拼凑在一起乱唱，结果他的演绎大获成功。

说，作为药剂师的女儿，她认为自己对毒品很在行。几天后，奥尔加就得去伯兹维尔，她父母要她回去。她的绝望淹没了她的快乐，对她而言，每一分钟都一去不复返，她不能想象，她这一走，或许就永远都见不着我们了。整整两个小时，坐在圆顶咖啡馆的一张软垫长椅上，我们三个人都沉默不语、悲痛欲绝。当她再回到鲁昂的时候，她没想到自己还能回到那里，我们还能重逢，在火车站大厅，她激动得手提箱都从手中掉落了。萨特和我，我们刚在比利时度过了一个短暂的假期。布鲁塞尔、布鲁日、安特卫普和梅赫伦：死气沉沉的石头，一个充满生气的大港口，一幅世界上最美的图画。

在最后一个学期中，有一些朋友来看我们。卡米耶在鲁昂待了两天，因为她喜欢外省的城市，我们带她看遍了城市的每个角落。她很喜欢皇冠酒店的血鸭，她在拱形酒吧喝波尔图红葡萄酒。晚上，皇家舞厅让她想起她年轻时去过的图卢兹简陋的舞厅。一块绿不拉几的粗麻布盖在墙上，天花板上挂着纸做的花饰。在橙色的灯光下，一些小职员和大学生跳着舞。卡米耶点了香槟，她拉着奥尔加下了舞池。当乐队奏响一支斗牛舞的曲子，她双臂交叉，把头向后一仰，用鞋跟踩着地板，做了一个地道的亮相。她的珠宝首饰叮当作响，辫子在空中飞舞，所有人都在看她。回"小绵羊"的路上，她的歌声响彻沉睡的街巷。显然，萨特和我，我们属于亚伯一族，但奥尔加和她一样，都被打上了魔鬼的烙印，她在路济弗尔面前发愿，奥尔加是她的教女。

在过去的一年里，萨特和现在正在准备哲学本科文凭的雅克·博斯特交了朋友。他把他带到鲁昂，后来博斯特就经常来这里。他十九岁，笑容很灿烂，像王子一样从容优雅，因为作为一个虔诚的新教徒，他相信，世上无论谁都是国王。不管从他为人处世的原则，还是从他的信仰来看，他都崇尚民主，从不认为自己高人一等，但是他难以接受别人可以生活在和他不一样的躯体里，尤其是有和他不一样的年纪。以他特有的方式，他在我们眼中也代表了青春。他有青春的优雅，因洒脱而近乎桀骜不驯，同样自恋、脆弱。他曾经咳嗽咳出过血，为了让他相信他不会二十岁就一命呜呼，萨特不得不带他去看了医生。他需要安全感，他寻求成年人的陪伴，尽管他们——可能萨特是例外——会让他产生一种无动于衷的惊愕。那几年，我们曾经以塑造一个叫"小脑袋"的人物为乐，我们常常把他挂在嘴边。内心生活，我已经说过了，我们很厌恶。"小脑袋"就一点也没有。他总是投身于外面的世界，投身于各种处境和事件。谦逊、平和、固执，不炫耀自己的思想，总在该说的时候说，该做的时候做。雅克·博斯特——我们叫他"小博斯特"，以区别于他的哥哥皮埃尔——我们觉得他就是"小脑袋"的化身[1]。和"小脑袋"一样，他也关注一切事物：他喝的绿茴香酒、别人说给他听的故事。他没有任何野心，但有一堆执着的小欲望，每次得到满足都会欣喜若狂。他从来不说一句不得体的话，不做一个不得体的动作。他在任何场合都表现得恰如其分，也就是说，和我们的表现一模一样。他的才智缺少创意，他很担心"说蠢话"，因此每当脑海中闪过一个念头，他都会千方百计去掩饰。不过他的灵光一闪常常很有趣。有趣不仅表现在他的举止上，也表现在他的言谈上。它是源于博斯特接受的清教徒式的教育和他天性的率真两者之间的冲突。他总是欲言又止、欲拒还迎。我记得有一次，萨特、马尔科和我，我们在勒阿弗尔的一家咖啡馆等他，他进来的样子就很有趣。他一颠一颠地进来，一步紧、一步慢，满脸笑意，又刻意压

---

[1] 《理智之年》中的波里斯，是萨特描绘的俄国化的"小博斯特"的肖像，至少我们当时是这么认为的。——原注

抑。看着他兴冲冲的，却又小心克制，我们不禁莞尔。他有点疑虑地看着我们："你们三个怎么啦？干吗互相挤眉弄眼的？"马尔科一下子就笑出声来，我们也跟着大笑起来。博斯特在鲁昂征服了所有人。马尔科盯着他不放。奥尔加通宵和他一起散步，他们喝光了一整瓶仙山露味美思酒，黎明的时候，发现自己躺在水沟里。我呢，自从他"欲拒还迎"地推开大都会咖啡馆大门的那一刻起，我就对他有了好感。那天下午，萨特和奥尔加一起出去，我和博斯特一起闲逛。他给我讲了一大堆萨特的故事，听得我很开心，他讲他上课的方法、对纪律的不屑一顾、突然而至的脾气，这可不是一个老师的传统形象，而是一个被生活的荒诞感突然触动的人的反应。有一天，他讲到一半突然停下来，目光凝重地环顾了所有学生："在所有这些脸上，没有一丝智慧的闪光！"这句当头棒喝让半数学生都吓得不轻，而博斯特憋不住想笑，好不容易才忍住。

我妹妹在"小绵羊"也住了蛮长一段时间，她在为一个将在蓬让画廊举办的展览做准备。她给奥尔加画肖像，一动不动地摆姿势让后者感到累得不行。若若也在那时候来了。我们都挤在奥尔加的房间里，变着法子玩。若若跳肚皮舞，马尔科唱歌，博斯特用脚趾去点火柴，萨特穿女装。奇怪的是，他穿女人的衣服还挺合适。在挪威坐游轮旅行期间，有一次化装舞会，他穿了他母亲的一件黑丝绒长裙，戴了金色的假发，还编了长长的辫子。一个美国的女同性恋者整整追了他一个晚上。第二天早上，当她看到他的真面目时，惊慌失措地转身逃走了。

当时在鲁昂一个大丑闻传得沸沸扬扬，这让我妹妹和我很开心。在德西尔学校上学那会儿，有一次颁奖，我们曾虔诚地吻过主持仪式的布瓦德拉维尔拉贝尔大主教的紫水晶戒指。最近梵蒂冈因为一桩渎职和有伤风化案对他严惩不贷。一个年轻的姑娘在此事件中赔了性命。几个修女也受到了牵连。在主教教区，大家议论纷纷。维护主教的那帮人把罪责全推在主教最亲近的副手身上。不过，他们谁都没有否认事实，他们意外地揭露了主教管区附近几条女修道院林立的平静的街道上的秘密。

我妹妹放弃了秘书的工作，因为这让她没有足够的时间画画。现在，她从早到晚都潜心作画。她搬到皮革市场附近桑特耶街的一个新画室去了。那是一个大房间，破旧但舒适，可惜的是风会把硝皮、腐肉的气味一阵阵吹来。她搬了一套厨房用品去，在那里做饭吃。平常她就在这里生活，非常简朴，因为颜料很贵，她又没有钱。她的画展在六月举行，开幕的时候来了很多人，评论界也给了高度评价。她的风景画、肖像画表现了一定的才华。但我很生马尔科的气，因为他跟我妹妹也玩起他骗人的伎俩。在鲁昂，他对她虚情假意，请她去过巴黎比较高档的餐厅两三次，对她大献殷勤，向她"敞开心扉"，秋波频送，绵里藏针地叹息说萨特和我太看低她了。他没有详细说，但他英俊的脸蛋看上去非常坦诚，我妹妹不免暗自神伤。幸好我们姊妹情深，她心里别扭就向我问清楚。我跟她解释是马尔科暗中作祟，她很生气自己竟然这么轻而易举就中了招。

他也在很长一段时间卓有成效地挑拨了我们和帕尼耶之间的关系。帕尼耶狠狠地责怪我们对奥尔加太过迷恋。他嫉妒，而且他也看奥尔加不顺眼。我们也做得很笨，告诉奥尔加他对她有保留意见，她显然对他就没有好感了。一天晚上，她和马尔科一起出去，后者漫不经心地说起帕尼耶的坏话，奥尔加上钩了，她说得更起劲，把帕尼耶和表妹私订终身的事告诉了马尔科。而帕尼耶并不希望马尔科知道此事。马尔科很快就跑去帕尼耶那里问长问短，他装得那么无辜，以至于帕尼耶以为奥尔加恨他，故意揭他的短。他埋怨她，也埋怨我们。站在我们的角度，他对奥尔加的敌意让我们很气愤。他和泰蕾丝一起来鲁昂并在"小绵羊"过夜。第二天早上，他告诉我们，听到隔壁传来一个男人和一个女人对话的声音他觉得非常感动，虽然他听不清谈话的内容，但这些一高一低交替的声音在他听来就是夫妻之间永恒的乐章。我们极力反对他：隔壁住的是天天打老婆的军士长。无所谓啊，他肯定地说，这"二重奏"并不因此而降低了它普遍、感人的象征意义。在帕尼耶和我们之间，这类争执才不是什么新鲜事，不过我们已经不像过去那样偏袒他了，我们告诉自己，他的人道主义在我们之间划出了一道鸿沟。

而我们也没办法跟马尔科生气，因为面对我们的批评指责，他嬉皮笑脸的，于是我们一下子就缴了械。他撒旦式的幽默甚至把我们也拖进一个恶作剧里，在今天看来一点都不好笑。他曾经捉弄一个同事，名叫保罗·古斯。他指责他对权威卑躬屈膝，对文学痴心妄想。古斯写了一本书，将这本书的优点大吹特吹，马尔科想泼泼他的冷水。很大程度上是为了取悦奥尔加，萨特同意参与恶作剧。马尔科告诉古斯，听听一个成名作家的意见对他有好处，他自称跟皮埃尔·博斯特很熟，说后者很快就要来鲁昂。马尔科建议把古斯的手稿转交给他看，并安排他们见面。古斯同意了。

到了约好的那一天，我先在"小绵羊"附近的一家咖啡烟草店坐下，见面的地点就在这里。没过多久，马尔科到了，领着一个圆鼓鼓像根香肠的矮个子男人进来，后者很快就跟我谈起了他的作品。他跟我解释说，他的高中同学像布拉希拉克之流已经功成名就了，而他比他们强多了，却依然默默无闻，这太不公平、太荒谬了。不过他毫不怀疑，他很快就会出人头地。他从口袋里掏出几张地铁票和一些线头，这些是他的灵感之源，保证把他和现实维系在一起的材料。他的书以史诗的方式讲述了一个人——作者本人，也是广义上的人——从生到死的故事，他还没有写完第一章。就在他说这番话的时候，奥尔加走进咖啡馆，在一张桌子旁边坐下，好像不认识我一样。她在扮演一个妓女的角色。几分钟以后，萨特出现了，裹在一条长围巾里，腋下夹着一个大大的像账册的本子。马尔科把他当作皮埃尔·博斯特介绍给古斯。萨特把手稿在他面前一摊，开始把它批得七零八落，说它比鲁昂的天空还灰暗、还阴沉，充满了蹩脚的譬喻。他说，他只喜欢一个词组："血色胎记"，但这个词组在任何一本生理书上都有。至于其他，这个冒名顶替的皮埃尔·博斯特指责古斯写些诸如"我感情的列车行驶在你冷漠的铁轨上"的陈词滥调。在公正地或者说是不无道理的一番批评后，他扬长而去，留下古斯目瞪口呆，而马尔科则开心得不行。

这件事还有一个意外的插曲。古斯给真正的皮埃尔·博斯特写了信。后者给他回了信，揭穿了骗局。他还告诉弟弟雅克说他很生气别人这么乱打他的旗号。他这么生气表明很可惜他的性格太一本正经了，我们很看不惯。事实上，萨特和我一样，在类似的情况下，如果被别人盗用自己的名义，也会不满的。不管怎么说，这个恶作剧并没有让我后悔，因为被捉弄的那位现在还活得好好的。

我们一直关注出现在我们生命中的那些人。我们与自愿跟着我们思考的奥尔加、博斯特和马尔科常常谈论他们。在萨特的一个学生身上发生的事让我感到震惊：他的一个学生，非常聪颖，不过是个私生子、法西斯分子，成天愁眉苦脸的，从屋顶上跳下来自杀身亡。早上八点的时候他喝了一碗牛奶咖啡，写了两封信，一封给他祖母，一封给一个年轻的姑娘。然后他去了浴室，用剃须刀的刀片割喉咙，没有死掉。于是他爬到屋顶上，对路人大叫："小心，让开!"然后跳了下来。很久我都会很不安地想到那碗牛奶咖啡,想到他临死前居然还能为别人着想。

在鲁昂附近有一家很大的精神病院,萨特很好奇,很想去参观。他得到许可让我和他的两个学生——奥尔加和博斯特——一起陪他去。院长在大门口等我们,精神病院位于荒郊野外。我们穿过有人正在耕种的葡萄园和菜园。院长说,这些都是病人,不过都不会伤人。看着一群疯子手拿锄头、铁锹和钉耙,自由地在田间劳作,我的感觉怪怪的。院长一直陪我们走到主楼门口,把我们交给一个年轻医生。我们走进了第一个大厅。两排床铺中间由一条狭长的走道分开,空气中飘散着一股淡淡的气息,不完全是人,也不完全是兽的气息。走廊尽头有一排穿蓝布衣裳的人。他们当中的一个把裤子前门襟的拉链拉开,其他人责备他,试图把他遮住,他们抱歉地对我们笑笑。我的嗓门发紧,奥尔加、博斯特和萨特好像也很不自在。我们正在巡视的是多么可怕的场景!只有医生的笑容才是放松的,说话也很平和。"这两个,我们不得不用导管喂。"他指着两个躺在床上的病人说。他俯下身,轻声说了几句话。男人的眼睛睁着,但是面部没有丝毫表情。我们又去了第二间病房、第三间病房,到处都是一样的气味,一样一动不动穿着蓝制服的人。一个褐色头发的大个子飞快地朝医生跑去:"收音机坏了!"他大叫。他继续大声叫嚷:在这个鬼地方生活已经没意思了,没有收音机,怎么打发时间?医生做了一个含糊的手势:收音机,那可不是他的事。"的确,"我暗自思忖,"尽管这里的时间在流逝,但还是需要找法子消磨时日。"他们从早到晚都待在那里,无所事事,真的没有一个属于他们的地方,除了他们的床。我们越向前走,我越感觉到周围不幸的气氛越来越浓。

不过，在一个小房间里，我们还是看到有几张桌子，有几个人在写东西。他们在本子上写满漂亮的字，按叠韵或同音的文字游戏的顺序排列。至少这些人不会无聊。隔壁的房间很吵，听到很多声音嗡嗡作响。这是些患了妄想症或幻觉症的病人。他们当中的一个还缠着我们，求我们帮他：有人在他肚子里装了一部电话，嘀嘀咕咕没完没了。他说得很自然，只是带着倦怠的神情。他旁边的病人对我们眨了眨眼睛，用手指指额头。"他疯疯癫癫的！"他从牙缝里挤出一句。接着他就跟我们讲起了他自己的故事：他右大腿上的胎记证明他是南海皇帝嫡亲的儿子。还有一个病人开始给我们描绘一台他发明的仪器，可惜专利被别人偷走了。我在圣安娜医院也见过类似的病例。但在那里，我们看到的只是病例；而在这里，我们要接触的是有血有肉的人，他们每天在这里生活，前面还有漫长的未来在等待他们，而这正是最糟糕的。就在这些内心激情澎湃的人用正常的声音跟我们说话的时候，我看到窗户的栅栏后面有一些痴呆、扭曲、搞怪的脸孔。他们是些十足的白痴。命中注定，再过十年、二十年，所有这些幻觉症患者也会坠落到同样的黑暗之中，他们的眼神将熄灭，他们的记忆会消逝。我问医生："有时候是不是有人也能治好？"他耸耸肩。二百六十个男病患都要他一个人照顾，他要治疗他们的流感、肝病发作。至于精神上的烦恼，他根本就连一分钟的闲暇都没办法兼顾。老实说，他认不全所有的病人。他也承认，这种情况令人扼腕。我惊恐地明白了一件事，一旦进了精神病院，病人就再没机会出去了。在这些病人当中，并非人人都无药可救，但人们却没有做出任何尝试去救治他们。但凡进了这里，就必须摈弃所有希望。

　　医生打开另一扇门。在一间四壁贴了瓷砖的单人病房中央，一个男人被绑在铁床上，不停地挣扎，不停地叫唤。在隔壁一间相同的单人病房里，病人睡着了。这两个都是狂躁症患者。接着，我们参观了全身瘫痪的病人住的院子，只有他们才会定期得到治疗。由于给他们注射了疟疾病毒，病人的病情被控制在一个欣快症的阶段。所有人都笑嘻嘻的，兴高采烈地胡言乱语。最后参观的是痴呆病患区。在那里，透过铁栅窗，我看到的都是些废人。面容消瘦，流着口水，一个在单腿跳，一个在绞手指，一个前后摇晃。他们不停地重复这些过去充满了象征意义而今天却丧失了所有意义的动作。是否他们也曾经——在他们遥远的童年——和常人一样呢？他们是如何又是为什么落到今天这般田地？我们在这个院子里做什么，何苦要盯着他们看，问自己这些问题呢？我们的在场在某种意义上是对他们的侮辱。

院长请我们吃午饭。他住在一幢小楼里，他的夫人接待了我们，身穿一身黑，脸上透着傲气，从没有任何人往她的脑子里、心里灌过"迷汤"。伺候用餐的女用人是精神病院的住院病人。她的病有时候会发作，但她总是在发病的前一两天就告知主人。另一个女病人就会来接替她。交谈一点都不热烈。我们四个人都还没能从一早上所受到的震动中缓过神来。哪怕是院长夫妇提出的极其平常的问题，我们也难以回答。

喝过咖啡，院长带我们参观了专门给收费病人住的大楼。他们每个人都有自己的房间，窗户上没有把手，玻璃上护了铁格网。有一个窥视孔，可以让护士看到整个房间的状况。比起集体病房，病人应该会感到更压抑。

我们的参观还没结束。一个上了年纪、留了胡子的医生带我们去了女子病区。人们没有把她们像男病人一样分门别类。痴呆症、抑郁症、妄想症、狂躁症患者都挤在病房里，房间里塞满了床、桌子、椅子，在里面几乎不能走动。她们没有穿统一的病号服。很多人在头发上插了几朵花，身上挂了很多奇怪的亮闪闪的饰物。我们听到尖叫声、歌声和煞有介事的自言自语。我感觉自己是在看一出荒诞不经的滑稽剧。不过，也有几个女人穿着朴素，坐在一个角落里安静地刺绣。医生指着其中的一位告诉我们，她前一晚曾尝试从窗户跳下去，这已经是她第七次企图自杀了。他把手按在她的肩上："怎么样？又来了？这可不好！瞧瞧，生活并不是那么糟糕！答应我要乖乖的……""是，医生。"女人眼皮也不抬地回答他。这个医生才不会自找麻烦呢。疯子就是疯子，他从没想过可以治好他们或去理解他们。有几个女人被紧身衣缚在床上不能动弹，用绝望或仇恨的目光盯着他。她们只有答应乖乖地听话，人们才会帮她们把紧身衣脱掉，他骂骂咧咧地对她们说。我和奥尔加在一个很漂亮、坐在一张椅子上打毛衣的老妇人身边停下来，泪水从她象牙色的脸颊上静静地淌下来。我们问她为什么哭。"我一直哭一直哭！"她伤心地说，"看到我成天哭个没完，我的丈夫和孩子们都觉得很难过，所以，他们就把我送到这里来了！"她的眼泪淌得更欢了，她好像把它当成宿命认了，她自己和别人对此都无能为力。从早到晚，她们就这么肩并肩地一起过活，有的抽泣绝望，有的用尖尖的嗓音唱歌，有的拉起裙子跳舞。她们怎能不互相仇恨埋怨？"上星期，"医生告诉我们，"她们中的一个，在夜里用剪刀把邻床的病人捅死了。"当我们回到维克多咖啡馆的露天座、回到普通的日常世界的时候，我们还依然因恶心、劳累和某种羞愧感到无比难受。

事情就像我们所预期的那样发展。奥尔加认识了我们的朋友，她分享我们的经验。我们帮助她自我充实，而她的目光让我们感到世界增添了新的色彩。她流亡贵族般的傲慢和我们反资产阶级的无政府主义不谋而合。我们都痛恨宗教的信众、道貌岸然的绅士淑女、外省、家庭、孩子和所有人道主义。我们喜欢有异域风情的音乐、塞纳河畔、驳船和闲逛的游人、低级庸俗的小酒馆、夜晚的寂寥。坐在一间酒吧的尽头，我们用词语和微笑编织出可以保护我们的蚕茧，抵挡来自鲁昂或外面世界的干扰。我们每个人都感受到了互送的秋波的魅力，感觉自己既是蛊惑者又同时是被蛊惑者。在这样的情形下，"三重奏"似乎取得了璀璨的成功。但是，这个迷人的建筑很快就有了裂缝。

它是萨特的杰作。人们或许会说，它甚至不是由他缔造的，那不过是源于他对奥尔加的迷恋。至于我，我徒然地努力让自己从中得到满足，但我在"三重奏"中一直都感到不自在。我很在乎萨特，在乎奥尔加，但两种方式是不同的，甚至没有可比性，但无论哪一种都是排他的，我对他们二人的感情不能调和在一起。我对奥尔加是一份深切的关爱，亲密的、日常的，没有惊喜。当我下决心用萨特的眼光去看待她时，我感觉是欺骗了自己的心。她的在场、她的情绪比过去对我影响更大，她对我越来越重要，但我对她的态度中的某种保留，在某种程度上让我疏远她。即使当只有我们两个人单独在一起时，我都感觉到自己不能自由地抒发情绪，因为我不让自己表现出厌恶和冷漠。在她身上，我再也找不到过去那位对我而言如此亲爱、平静的伴侣了。当我们三个人一起出去，过去的奥尔加就完全消失不见了，因为萨特期望的是另一个奥尔加。有时候，她会迎合他的期待，她表现得更有女人味，更俏丽可人，对我就没那么自然了；有时候，她也不高兴迎合，于是她就阴沉着脸，甚至显得尖刻。但是无论在什么情况下，她都对此心知肚明。萨特呢，和我单独在一起的时候与他照顾奥尔加的时候也判若两人。因此，当我们三个人聚在一起时，我会感到双重的失落。不可否认这些聚会常有它的迷人之处，但当我想到"三重奏"将长此以往、年复一年地持续下去，我就被吓坏了。在一些我原本打算只和萨特一同前往的旅行中，我一点都不希望有奥尔加这个第三者。但另一方面，明年我打算在巴黎执教，也把奥尔加接来。但是如果我对自己说她的幸福取决于萨特，也同样，或者更多地取决于我，我就没了兴致。我并不怀疑，最终他会取代我在奥尔加的生活中所占的位置。跟他争奥尔加是不可能的，因为我不能忍受他和我之间的任何不和。此外，从他对她的那份执着付出来看，他也理当比我更受爱戴，我做不到和他一样。我无权抱怨，既然他给奥尔加的时间和照顾比我能给予她的更多，但这种合情合理的分析并没能打消我的怨恨。我并没有明说自己怪萨特造成了这种局面，怪奥尔加顺水推舟地接受了。那是一种说不清道不明的怨恨，又为自己的怨恨而感到羞愧，这比我承认的更难以忍受。通过我的一言一行，我都热诚地促进了"三重奏"的发展进程。但是，我对他们、对自己都不满意，我对未来充满疑虑。

奥尔加的处境也很艰难。一开始，她和萨特的故事发展得一帆风顺。他让她感兴趣，让她开心，让她着迷。而且，不同寻常的东西也能吸引她，她在他们一起为赶走龙虾而作的散步中找到了一种极富刺激的诗意。通过他幽暗的梦境，通过她醉心阅读的《忧郁》，萨特在她眼中是一个有点怪诞的人，能带她远离俗世的平庸乏味的人。"和您在一起我度过了一段美妙的时刻。"她常常这样对他说。开始的时候，他很小心，避免问她太多问题，也不对她有严苛的要求。但现在，他不再满足于只是胜过马尔科，他要求奥尔加给予他一份纯粹的、和爱情一样排他的友谊，他需要她用明确的方式——言辞、秋波、象征——来证明这份感情。她不希望自己被任何人羁绊住，显然更不想被一个另有所属的男人羁绊住。她很在乎他，也臭美爱俏，常常也会做出他想看的表情、动作。不过到了第二天，她又摆出另一副模样。他责怪她任性，她埋怨他专制，他们常常吵架。有时候，他们会很生气地分手。之后，萨特从勒阿弗尔打电话给我，想知道奥尔加是不是还在怨他。马尔科有几次正好撞上我们的谈话，他听了笑得眼泪都流出来了。

有一天，他们见面吵得特别凶，萨特走了两小时后，这次是有人打电话给奥尔加。一个陌生人告诉她，从鲁昂开来的火车到站时，一个气势汹汹的小个子男人打了一个比他高两倍、胖两倍的壮汉，后者剜了他的一只眼睛。生气发狂的小个子男人已经被送进了医院，他让人通知奥尔加。奥尔加吓呆了，来敲我的门。我穿上大衣、帽子，决定乘坐最早的一班火车去勒阿弗尔。动身之前，我上楼去了马尔科那里，他建议打电话去纪尧姆·泰尔咖啡馆，确认萨特真的没有像往常那样坐在习惯的位子上工作。萨特过来接电话，忙不迭地道歉。他以为奥尔加会听出来是他的声音，会明白这只是他开的一个玩笑，只是想向她解释之所以自己那么生气是因为他疯了，希望她能原谅他。我松了一口气，奥尔加很尴尬，马尔科开心得不行。

所有的争吵并非每次都这么高高兴兴地收场。萨特和奥尔加轮流向我抱怨，寻求我的支持。我常常站在奥尔加这边，但她知道我和她的关系与我和萨特的关系根本不能同日而语。我们把她的青春摆在我们的经验之上。她的角色终究是一个受一对彼此默契无间的成年夫妇眷顾的孩子。就算我们有事会真心诚意地跟她商量，但"三重奏"发展的方向还是掌握在我们手中。我们并没有跟她建立真正平等的关系，她更像是我们的附属品。即便有时候我会责备萨特，我和萨特还是紧密团结在一起，因此，奥尔加害怕和萨特争吵会破坏我对她的感情。这个想法让她气恼，因为她跟我的关系比她跟萨特的关系更紧密。她生他的气，其实也是生我的气。萨特的武断很可能会毁了我们的友谊，而我却从不质疑！在我的谨慎和克制里，她看到的是冷漠，她因此埋怨我，又因害怕失去我，积怨更深。她很少生萨特的气而不顺带也生我的气。有时候，为了报复我的不冷不热，她故意和萨特走得很近，而把我打入冷宫。但很快，我和她之间的不和让她惊恐，于是她又反过来疏远萨特。

萨特也一样，在"三重奏"中也没得到什么甜头，这不仅因为奥尔加的犹豫不决和摇摆不定让他生气恼怒，也因为事实上他并不知道自己对她到底有什么期待。这无法表达、无法想象，因而也无法把握。这就是为什么奥尔加的在场，甚至是她的温柔，既让他着迷又令他失望。于是，他大发雷霆，不是因为一些具体的原因，而是为了要掩饰怒火下折磨他的欲望和快乐的空虚。这种突然而至的"龙卷风"常常让奥尔加目瞪口呆。他依然把他和奥尔加会面的细节都说给我听。我一开始还乐意听他们的故事和相关的点评，但现在，当萨特没完没了地跟我探讨奥尔加一蹙眉、一噘嘴的含义时，我就毫不掩饰我的不耐烦了。如果我不同意他的诠释，他就会生气，如果我认为奥尔加是对的他是错的，那他就更气不打一处来。我们从现象学那里借用了一个词，在这类讨论中我们动不动就用，那就是"显而易见"。情感和所有"精神之物"一样，只是可能的存在，但 Erlebnis[1] 有它自己显然易见的真理。为了封住我的嘴，萨特常说："刚才奥尔加很生我的气，这是显然易见的。"我也用其他的"显然易见"回敬他。我指责他把这些短暂的显然易见上升到一种放之四海而皆准的预设：奥尔加是敌对还是友好。在这个问题上，我们争论不休，长此以往，弄得我身心俱疲。

就这样，我们三个人都被卷入这个已经被我们启动的可怕机器缓慢的倾轧之中。最终，我们得以全身而退。友谊胜过一切。在所

---

① 德语，体验、经验。

有这些纷纷扰扰的感情中，有过轻率，甚至疯狂，但至少我们的意愿是好的。我们当中的任何一个都没有对其他两个记恨很久。但不可否认，我们每个人都经历过黑暗的时刻。那是因为我们对谁都非常在乎，再小的阴影都会很快扩大，直到它变成遮住整片天空的乌云。当然，如果我们生活在巴黎，情况就不会这么严重。我们会有很多办法排解：朋友多，娱乐消遣也多。但我们的"三重奏"生活在玻璃罩底下，在温室里，在外省孤独的压抑中。当痛苦向我们袭来时，没有任何东西可以帮我们逃避它。萨特陷入忧郁的情绪里，虽然没有去年的情形那么让我担心，但也不是什么让人高兴的事。奥尔加有时候也会错乱。在巴黎，复活节放假的时候，我们去看卡米耶，她发疯地用烟头慢慢地烫自己的手。我在《女宾》中写过这个插曲，这是她自卫的一种方式，来抵抗这次复杂的历险带给她的恐慌。而我呢，直到那时候——除了几次短暂的由死亡的恐惧而引起的精神上的危机外——我都生活在幸福的光芒之中。当我品尝到忧愁的滋味时，我几乎是带着错愕。我记得那是一个下午，奥尔加和我，我们俩肩并肩、无精打采地走在鲁昂盛夏的酷暑里。在罗贝克水街，两个小孩笑着在公共小便池旁边互相追逐，临水的一幢房子里传出小提琴刺耳的声音。在街的尽头，一个男人坐在一张折叠椅上，一边锯东西一边有气没力地唱着：

路上下着雨，
在静夜里，我听着
——心乱如麻——
你的脚步声声。

我听着我们的脚步声，我也心乱如麻。我还记得我在歌剧院啤酒屋和马尔科共进的一次午餐。奥尔加冷冷地跟我道了一声再见，笑着和萨特走了。他们度过了一段田园牧歌般的美好时光：他们一起看风景，一起痴迷。他们独享了世界，由于奥尔加的怨气，我被排除出局。我被剥夺了一切，我飘浮在虚空中。我的嗓子眼发紧，连一口炒鸡蛋也吞不下去，马尔科的话都消失在无底的虚空中。

事到如今，我已经完全不能对奥尔加的情绪置之不理。不能，人们的思想并不是萦绕在脑海里一缕无害的青烟。它会蔓延到整个地球，把我消解。奥尔加迫使我面对一个迄今为止我千方百计回避的事实：他人存在，和我一样，显然易见。因为奥尔加的脾气，还有她在"三重奏"里被指定的角色，她固执地坚持她的自我。她可以在或短或长的一段时间里全身心、毫无保留地投入一份友谊之中，但她最终总会抽身。我们之间没有可以确保友谊地久天长的共同计划。一和我分开，她就用陌生的眼睛看着我，把我又变成了一个客体。有时候是一个偶像，有时候是一个敌人。让她变得可怕的是，她忘记过去，又拒绝未来，心心念念的只是当下的真实。如果我的一句话、一个动作、一个决定让她不快，我就会感觉自己永远都是一个彻头彻尾可恶的人。我又看到了边缘，看到了极限。我原以为是高尚的举止突然都变成我的缺憾，有理也变成了无理。事实上，奥尔加也不会一直对我怀恨在心。而我也有我的防备。在我心里，我会生她的气，控诉她，审判她。因此，我从来没有特别严苛地看待自己，但我还是丧失了一点点自信。我因此痛苦。在这方面，我需要的是确信，再小的怀疑都会令我眩晕。

更让我感到不安的，是争执起来有时候我和萨特意见相左。他一直很小心，不说也不做任何会影响我们关系的事情。我们的讨论，像往常一样，非常活跃，没有一丝酸涩。但我并不因此就不打算重新审视一下过去大家都赞成的主张。我承认，用一个模棱两可、太方便的词"我们"来与"我"混为一谈是自欺欺人。每个人都有自己的体验。我一直坚持，语言不能让现实在场。我应该从中得出结论了。当我说"我们是一个人"的时候，我是在说谎，两个人之间的和谐从来都不是天生的，它需要不断地去争取。这一观点，我准备完全接受。但一个更令人不安的问题出现了：这种争取的本质是什么？我们认为——在这个问题上，现象学在一些更古老的信念中也印证了——时间不只是时时刻刻的累积，而感情也超越了"一次次心动"。如果说和他者的关系只靠誓言、行为和指令来维系的话，它最后会不会失去内在的所有本质，像《圣经》中的伪君子那样徒有其表？奥尔加非常鄙夷所有"唯意志论"，但这并不能让我动摇。但是，在她面前，萨特也放任自己的感情，陷入混乱。他从中体会到了不安、气愤和快乐，这是他和我在一起时没有体验过的。我内心感到的别扭远胜过嫉妒。有时候，我问自己我的幸福是不是完全建立在一个巨大的谎言之上。

学期末，或许是因为离别在即，每时每刻都似永别，萨特和奥尔加的关系变得紧张。他们大吵了几次，不再见面了。奥尔加本能地感到需要补偿，对我加倍温柔体贴。我工作累了，于是给自己几天闲暇，我们几乎每时每刻都在一起。晚上，有时候，马尔科会陪我们。码头后面的小街上全是外国水手，他们在温柔夜色中游荡。马尔科跟他们搭讪。他带我们去那些"下船的人"流连的酒吧。后来我们没有他陪单独去过。奥尔加的英语说得很好，我们和一些远道而来的金发男子聊得很久。他们当中有一个很帅，是挪威人，我们见过好几次，他问起我们的名字。"她叫卡斯托尔①。"奥尔加指着我说。"那你就是波吕克斯。"水手高兴地说。从那以后，他一

① 在希腊神话中卡斯托尔（Castor）和波吕克斯（Pollux）是宙斯的双生子。而卡斯托尔的另一个意思是"海狸"，是波伏瓦的朋友给她起的外号。

看到我们，就朝我们飞奔而来，激动地喊："卡斯托尔和波吕克斯来了！"然后吻我们的脸颊。我们整晚都在一家叫"尼科之家"的咖啡餐馆度过，这家店一直开到凌晨四点，纨绔子弟常常光顾，也是午夜以后可以吃到夜宵的唯一的所在。我喜欢我们这样的游荡，我又找回了和奥尔加那种专属的亲密无间。只是，我知道萨特看到我们重修旧好不无苦涩，而且我们的和好还拜他所赐。想到他我几乎有一种负罪感。不管怎么说，那阵子他已经不把我当盟友看了，而这种不和毒害了我所呼吸的空气。

奥尔加甚至没有参加获得本科文凭的考试，她父母给她写了几封怒气冲冲的信。七月初她去了伯兹维尔。我很想念她。但是，"三重奏"不和的气氛最终变得令人窒息，现在摆脱了它让我如释重负，可以投入那些不会有什么结果的友情和琐事中去。马尔科已经和博斯特建立了深厚的友谊，后者来"小绵羊"小住。晚上，我们三个人流连于多少有些可疑的夜总会里，找这样的地方马尔科最擅长。修士路没有勒阿弗尔的加里翁街那么迷人，但在这里也能看到"紫星""红磨坊""绿猫"。一天夜里，马尔科用一个大老爷的手势跟一个坐在走道口的老鸨打了个招呼，两人聊了一会儿，接着，她把我们带进了一个破旧的接待厅。有几个女人，穿着长裙，坐在木头长椅上。马尔科请一个消瘦的金发女郎喝酒，非常殷勤地问她问题。金发女郎有点尴尬地回答他，我觉得马尔科缺少分寸。但是，通常他做什么都无所谓。他风流倜傥。自从奥尔加回家之后，萨特对他们之间的不和没那么在意了。在鲁昂，他看上去心情很好。我晚上和他一起消磨时间，到"尼科之家"吃平摊蛋，午夜时分，马尔科会引人注目地走进来，肩上扛着喝了两杯绿茴香酒就烂醉如泥、只会咧嘴傻笑的博斯特。

他的兴高采烈感染了我们，我们四个人闹得很。对马尔科而言，对我也一样，是时候离开鲁昂了。我们的声誉开始受到了严重影响。不过我们俩都已经被任命到巴黎去了，事先已经留好了退路让我感到无比轻松。萨特，再过一年，应该也要离开勒阿弗尔了。我不记得是什么原因了——可能是岗位重复的缘故——他们学校调来一个新的哲学教师。作为交换，萨特可以去里昂教报考巴黎高等师范学校的学生。他父母和勒梅尔夫人都极力劝说他接受这个岗位。但是里昂离得很远，而且这次调动是一次升职，因此他可能会被留在那里工作很久。他更愿意去拉昂教一个毕业班。就这样，他决定留在巴黎附近，又因为他选择的这个职位卑微，他很有可能会在下一年被任命到巴黎。我全力支持他。

我的幸福恢复了。萨特好像平静下来，我和他一起去罗马。另外，虽然我们的私生活跌宕起伏，这一年，我们还是非常关注政局的发展。我们无比热情地见证了人民阵线的胜利。

这个胜利，我们已经期盼了很久。但是，右翼一直拼命从中作梗。热泽事件是这场斗争中闹得最沸沸扬扬的一个插曲。热泽是法学教授，过去他一直向反动派表忠心。但是九月，他同意代表埃塞俄比亚到国际联盟上发言，控诉意大利。十一月，他的第一堂公开课被人起哄，不得不中断。在系主任阿里克斯的陪同下，他在一月初再次面对学生，又被起哄。学校关闭了法学院，年轻的法西斯分子企图在拉丁区发动一场大学生总罢课。阴谋流产了，但是国民议会通过了一项法案，允许政府解散所有煽动性的组织。二月，当意大利军队占领亚的斯亚贝巴，法国右翼给墨索里尼发去了贺电，法学院重新开放，热泽的课再次被捣乱。系主任被指责对他保护不利，不得不引咎辞职。三月，做了最后一次尝试后，热泽最终放弃公开授课。

针对莱昂·布鲁姆①的迫害行动更是有过之而无不及。那些所谓的"爱国人士"想把班维尔②的葬礼办得如同国葬那么隆重。仪式归来，这些人在圣日耳曼大街正好碰到把莱昂·布鲁姆从国民议会接出来的汽车。他们拦住车，把车里的人揍了一顿，在警察前来干涉之前把布鲁姆打成重伤。警察逮捕了一些人。莫拉斯曾写过几篇反对布鲁姆的含血喷人的文章，因为煽动谋杀罪被判了几个月的监禁。人民阵线为了抗议那帮攻击布鲁姆的反动分子举行了声势浩大的游行示威，再次展示了它的力量。集会、游行预示了西班牙的种种事件已胜利在望。"热情之花"③的雄辩激起了共和党人的满腔热情。右翼在选举中败北。佛朗哥将军试图发表一份声明，也徒劳无功。胜利是属于 Frente populare④ 的，而我们的所谓思想正统的报纸把它称作 Frente crapulare⑤，他们极力渲染它的"暴行"。左翼报纸只是争先恐后地把这些报道改改就轻而易举地取得了合法的胜利。

　　当希特勒占领了莱茵兰，新绥靖主义还在呼吁大家要有耐心。"抵抗和谈判"，埃马纽埃尔·贝尔这样写道。但左翼对自己的力量充满自信，态度很强硬。它声称和平不过是一味的退让。希特勒的威吓之所以得逞是因为法国右翼的合谋。如果面对的是一个坚决抵抗的对手，希特勒一定会打退堂鼓。法国民众不希望战争爆发，但为了避免战争，他们都支持政府采取强硬政策。

　　我们的所有朋友，还有我们自己，也都赞同这个观点。我们都

① Léon Blum（1872—1950），法国政治家、作家、文学和戏剧评论家，法国社会党领袖。
② Jacques Bainville（1879—1936），法国记者、政治家和历史学家。
③ La Pasionaria，西班牙共产党总书记多洛雷斯·伊巴露丽（Dolores Ibárruri Gómez，1895—1989）的化名。
④ 西班牙语，人民阵线。
⑤ 西班牙语，暴徒阵线。

指望人民阵线能对外挽救和平，对内领导大家有朝一日实现真正的社会主义。萨特和我，我们都真心实意地希望人民阵线获胜。但我们的个人主义阻碍了我们的"激进主义"，我们继续保持一九三五年七月十四日以来的立场，只做一个旁观者。我不记得我们五月三日在哪儿过的夜，或许是在鲁昂的一个广场上，高音喇叭宣布的选票的票数让我们非常满意。但是，萨特没有去投票。左翼知识分子的政治抱负让他耸耸肩不以为然。雅克·博斯特是在巴黎听到选举结果的，和他哥哥、达比和尚松一起。他告诉我们，当时尚松发出胜利的欢呼："我们真是好好教训了他们一顿！""尚松不会发狠，也不会教训任何人。"萨特不耐烦地说。争论、宣言、声明、规劝，都是白费唇舌！如果我们有机会参与其中，我们是不是还会认为它无足轻重呢？我不知道。相反，有一点我很肯定，如果我们有能力采取行之有效的措施，我们应该会做的。我们"弃权"很大程度上是因为我们无能为力。我们并不是先验地拒绝参与政治活动。证明就是，当罢工爆发，人们在街上为罢工分子募捐物资的时候，我们把能捐的东西都捐出来了。帕尼耶为此还指责我们。这是他和我们之间第一次出现政治分歧。在他看来，罢工会妨碍布鲁姆的"新政"，而我们则认为它是唯一推动"新政"的手段。我们热情洋溢地欢迎工厂被劳动者接管。工人和职员的大胆灵活的战术、严谨的纪律和他们的乐观向上都让我们惊叹不已。最后，终于出现了新的、重要的、真正革命的成果。《马蒂尼翁协议》的签订让我们满心欢喜：集体劳动合同、涨工资、每周工作四十小时和带薪假期，工人的条件有了改善。军工业国有化了，成立了小麦局；政府颁布命令解散了法西斯组织。愚昧、不公正、剥削正失去地盘，这让我们心花怒放。但是——不管怎么说我没觉得这有什么矛盾——因循守旧依然会让我们不爽，即使它变了"颜色"。我们一点都不欣赏在法国其嚣尘上的染了颜色的新沙文主义。阿拉贡为三色旗下的共和国撰文，在阿拉姆布拉，吉尔和朱利安满腔热情地歌唱《美丽的法兰西》，唱的是矢车菊和虞美人，仿佛回到了德鲁莱德①的年代。去年七月十四日，我们去看了国庆庆典，而今年，我们对它嗤之以鼻。雅克·博斯特跑去看了，我们指出他的这种行为毫无意义。看着民众走向胜利让人欣慰，而现在他们已经取得了胜利，看着他们庆祝这一胜利在我们看来就变得索然无味了。

这一年夏天，我们看到第一批休带薪假的游客奔赴海滩、乡间。两星期虽然不长，但圣旺和欧贝维利耶的工人可以呼吸呼吸和工厂与市郊不一样的空气了。伴随着出游和七月十四日幸福的欢呼，一些令人担忧的流言也在散布。报刊上刊登了"西属摩洛哥暴动"的消息。十二至十三日夜里，佛朗哥将军在西班牙登陆。但全国人民都选择共和国，叛乱分子的失败好像是毋庸置疑的。我们气定神闲地收拾我们的行装。

去年，我们兴致勃勃地游历了法国。在南下意大利之前，我们在格勒诺布尔逗留了几天。每天清晨，一辆巴士把我们带到阿尔卑斯山上。晚上，我们在一家拱形酒吧喝波尔图葡萄酒。我们一边漫步一边谈论司汤达。萨特唱了一支他自己创作的小曲，歌唱格勒诺布尔和城里那些心灵高贵的绅士，歌唱格勒内特广场和那些灵魂纯洁的淑女。帕尼耶和家人在基耶斯特度假，我们去那里看他。他陪我们坐大巴去马赛。

在罗马，我们在索尔旅馆住了十天。我们在万神殿广场吃烤乳猪。我喜欢罗马，喜欢那里的食物、水果、广场、砖瓦和松树。

---

① Paul Déroulède（1846—1914），法国诗人、戏剧家、小说家和民族主义者。

那不勒斯吸引着我们。《蓝色指南》大吹特吹它的魅力，却又不做具体解释。我刚去过意大利旅游的妹妹给我写信说："这个地方一点也不美，脏兮兮的。就一个脏字还不足以形容。"火车站广场上，电车线直来直去，尘土飞扬，让我们担心。但很快，我们就走进了纵横交错的小街，从地图上看，这个区在罗马大街的一侧。那时候我们想必是狂热的人道主义者却不自知，因为有良知的资产阶级、城市环卫主义者、共产党人、所有理性主义者和所有进步人士都谴责——他们个尢道埋——城市的脏乱和民众的愚昧。究其实质，看来我们关注民众并不是看他们应该怎样，而是看他们实际上是怎样的。那不勒斯。突然，南方的风景变了。太阳不再是天空中一个发光的火球，而是落在地上的一大块阴影。在那片脏兮兮的阴影深处，没有任何无机物。一切都在麇集、发酵。连石头都软绵绵的，渗着水，长出青苔和地衣。人们的生活一览无遗，赤身裸体、内心燥热。就是生活的这个侧面让我们麻木、恶心、着迷。

我们在这里感到恐怖：全身赤裸、长满痂藓的孩子，淋巴腺结核病人，残疾人，裂开的伤口，脓包，苍白脓肿的面孔，不卫生的岛状贫民窟——竖着写了"不可居住""禁止入内"的牌子——却依然几代同堂挤在一起住着。在阴沟里，大家争抢几个烂菜帮子和几块腐肉。街上到处都是微笑的圣母像，披着金色的华服，在鲜花和蜡烛的簇拥下。但我们并没有多想，任由自己偶尔被表象所迷惑。在卡普阿纳门附近的德特里布纳里街，我们看到摞得像金字塔的西瓜和一堆堆番茄、茄子、柠檬、无花果、葡萄、鳞片闪闪发光的活鱼，还有卖贝壳的小贩用淡菜和海带装饰的颇有洛可可之风的货摊。我们不知道只有在老百姓忍饥挨饿活不下去的时候食物才会这么触目惊心地摆出来。不了解他们生活的悲惨境地，我们对由此产生的一些结果还颇为欣赏。我们很高兴穷困打破并消除了把人和人隔离开来的壁垒。所有人都生活在同一个温热的子宫里，像"里面""外面"这类词失去了意义。阴暗如洞穴的房子，透着街上圣像的烛火微弱的光线。在大大的婚床上躺着病人，死人就露天摆放。门户大开，对着街道。裁缝、鞋匠、铁匠、人造花匠，各种手艺人都坐在店铺门口工作。女人们坐在家门口给孩子抓虱子、洗衣服、杀鱼，一边看着她们放在蓝天下晒的一盆番茄酱。从街头到街尾，到处都是微笑的脸庞、亲切的目光、和和气气的声音。我们也被这种热情感染了。在卡普阿纳门附近，几乎时时刻刻都有彩带、花环、木偶戏和江湖郎中。晚上蜡烛都点亮了，小贩和路人讨价还价、吵吵嚷嚷、比画来比画去，热闹得跟过节一样。我看到一个农民，站在推车上，车上装满了西瓜。他麻利地在一个西瓜上剜出鲜红的一小方块，挑在刀尖上展示给顾客看：西瓜保证又新鲜又好吃。他把它抛下来，顾客在空中接住。马上，他又飞快地剜了另一块，把西瓜丢给另一个顾客，令人目不暇接。我们下榻在火车站边上的一家旅馆，在人口众多的街区中心。我们去附近蹩脚的音乐咖啡厅听坎佐纳①。我们没去过高雅的酒吧、餐厅，也没有去过奢华的环绕海湾的散步道。我们舒舒服服地在罗马街附近的"帕帕加洛"——一家隐蔽、可爱的饭店吃午饭，店里有一只鸟笼，笼子里关着一只活生生的鹦鹉。墙上挂满了意大利和外国摄影师拍的照片。至于晚餐，我们就在同一条街上买点三明治或冷盘鸡，我们边走边吃。有时候，我们也会去美术馆喝杯咖啡，去卡夫里希大糕点店品尝油光可鉴的蛋糕，或在市政广场的加姆布里努斯咖啡馆的露天座吃一个冰淇淋。我们躲开那不勒斯残酷的现实，找到了它温馨的一面。不过，每时每地，风都把码头的尘土、潮湿的恶臭吹过

---

① 出现于16世纪20年代，是为键盘乐器或琉特琴创作的。它是比利切卡尔和幻想曲稍晚发展起来的一种重要器乐体裁，是奏鸣曲的源头。

来。当我们登上波西里普，远处的那不勒斯显得洁白无瑕，但这一假象骗不了我们。

萨特和我一样，是一个认真的游客，他不愿意错过任何一个景点。每天早晨，小缆车都会把一队美国游客送上维苏威火山，每人九十法郎。我们囊中羞涩，于是就步行上山，维苏威专列把我们送到一个小火车站，我们从那里出发，先沿着一条石子路走，这条路穿过一个个黑土的葡萄园。然后，我们在火山熔岩、岩渣和灰烬的砾岩堆里攀援。火山灰越来越厚，踩上去就碎裂了，我们举步维艰。最后，我们在缆车的渣道上攀爬，渣道跟个大阶梯一样，每上一级都让我累得喘不过气来。一个流动摊贩追上我们，打着手势、扯着嗓子为我们加油鼓劲。又有两三个当地人跟着我们，他们在缆车终点站附近安营扎寨，兜售铜锈斑驳的徽章、小块的火山岩和骗人的纪念品。其中的一个小贩在卖葡萄，我们向他买了几串琥珀色的。尽管火山口的硫黄烟雾让我们感到窒息，我们还是在火山口坐了很久，惊奇地发现"地壳"这个表达是多么形象确切。这个星球就像一个巨大的蛋糕，烤坏了，烤煳了，鼓胀、皲裂、爆开、冒烟、冒泡，还在沸腾！我们的思绪被一群游客打乱了，他们朝火山口蜂拥而来，由一个用各种数据"轰炸"他们的导游领着：多长，多宽，多深，最后一次火山喷发的时间。他们讨价还价买一些纪念品，摆弄他们的相机。半小时以后，他们就"蒸发"得无影无踪了。我们又享受了一会儿孤独的滋味，然后飞奔下我们刚才痛苦攀登上来的山坡。我们心中充满了自豪感。

我向来喜欢用两条腿的力量来征服风景。在卡普里岛，我们踩着古老的石阶从马里纳走到阿纳卡普里。我们坐在高处，在一个俯瞰大海的孤零零的露天茶座。阳光强烈、轻盈，微风轻拂，当地的葡萄美酒，蔚蓝的海水，远处的那不勒斯，金色的煎蛋，我的头有点晕，这是最让我沉醉的回忆之一。

　　我们去了波佐利，呼吸了那里的火山气息。我们搭乘小火车去庞贝。我们在那不勒斯博物馆的参观已经让萨特有点担心。他写信给奥尔加说："我首先受不了的，是庞贝人对室内装修的狂热，就为了让他们的小房间看上去大一点。画家在墙上画满了虚假的景致，他们画出很多柱子，把柱子后面的线条画虚，这样房间看起来就宛如宫殿。我不知道那些虚荣的庞贝人是不是也会被这些逼真的画欺骗，不过这样的画应该会让我感到恐惧，因为它们属于那类当人有点发烧时，看后目光就没办法移开、扰人心智的画。而且，所谓'美好时代'的描绘神话人物和故事的壁画也让我很失望。我希望在庞贝找到一种古罗马人真实生活的写照，一种比学校课本教的更富青春活力、更狂野的生活。而且在我看来，这些人骨子里不可能一点野性都没有。课堂上所有关于古希腊罗马的陈词滥调听得我不胜其烦，我认为这是十八世纪人的过错。所以我本想重新发现真正的古罗马。可是这些壁画让我的希望落空了。古希腊罗马陈腐的一面，人们在庞贝城已经俯拾可见。他们让人画在墙壁上的神或半神，我们感觉他们早就不再信仰了。宗教场景已经沦为画壁画的托词，不过他们一直都没有放弃这类题材。我们浏览了一个个画满壁画的厅堂，这种充满窠臼的古典主义之风看得我跟中了邪似的，同是描绘阿喀琉斯①或忒修斯②的壁画，我就看了十遍、二十遍，这让我觉得很恐怖，一个城市的居民除此以外，墙上别无他物可画，

---

① Achilles，海洋女神忒提斯与国王佩琉斯生的儿子，天生力大无穷，战无不胜。他母亲曾提着他的脚踝把他浸入冥河斯提克斯中，使他全身刀枪不入，除了没有浸泡到的脚踝，这也是西谚"阿喀琉斯之踵"的由来。
② Thesus，传说中的雅典国王。他的事迹主要有：剪除过很多著名的强盗；走出米诺斯的迷宫，并战胜了米诺陶诺斯；和希波吕忒结婚；劫持海伦，试图劫持冥王普鲁托的妻子珀耳塞福涅——因此被扣留在冥界，后来被海格力斯救出。

只有这些作为他们已经僵死的文明的见证，远离了他们作为高利贷者、商人和船主所关心的现实。我想象这些人冰冷的高贵和自信满满的文化，而我感觉古罗马那些巫师的美丽雕塑离我很遥远。（海狸或许已经跟你说过了，几天后，我们在同一个博物馆的一楼，发现了一群巫师雕塑，镶嵌着铜眼睛。但和壁画比起来，它们的年代更久远。）走出博物馆的时候，我几乎不想再看庞贝了，对这些罗马人，我产生了一种既好奇又反感的情绪。在我看来，如果一定要我说，就在当时，他们就已经是古人了，他们不妨说：'我们是古罗马人。'就像我忘了是在哪部滑稽戏中看到的那些骑士说：'我们，中世纪的骑士，去参加百年战争。'"

事实上，庞贝因为突如其来的灭顶之灾而被神奇地保存了下来，它超出了我们所有的想象。最终，我们在废墟中穿行，我们辨认出来的不仅有修道院、宫殿、公共建筑，还有房屋、别墅、破房子、商店、酒店、市场，活脱脱是一座熙熙攘攘、热热闹闹的城市，像今天的那不勒斯一样。街道上铺满了厚重的街石，在断壁残垣间延伸向天边，吸引着我的目光从一边看到另一边。不过，我们想象这座城市住满了亡魂。被幽灵和模糊的现实牢牢地吸引住，我在这里比在世界其他任何地方都更好地领悟到了缺席的神秘。我们一整天都在这片废墟上游荡，除了中间停下来匆匆吃了点东西、喝了点落满维苏威火山灰的葡萄酒。

在帕埃斯图姆，我们第一次仔细打量了一座希腊神庙。萨特有点困惑，因为他对我说："里面没有什么能让我们思考的。"我也一样，这种美显得太简单、太光滑，我找不到从哪儿下手。回想起来，接下来的两天要精彩得多。萨特直接回那不勒斯了。我在萨莱诺的下一站下了火车，我打算背包走完把我和阿马尔菲分开的二十公里地。路上，一个出租马车司机招呼我，八个里拉他就可以把我送到那里。没想到运气好白捡这么大一个便宜，我上了车，坐在一个沉默寡言、戴着一顶饰有羽毛的毡帽的年轻意大利男子身边。我懒洋洋地躺在靠垫上，一边看着车窗外波光粼粼的海岸、装点了蓝色和金色的彩釉瓷砖的古老洁白的希腊村庄在眼前掠过。我参观了阿马尔菲的大教堂和街道，我在月亮旅店过夜，它曾是一家修道院。要不是看门人向我大献殷勤，打搅我独处的怡然，我会在露台上坐很久，看渔火映照下泛着贝壳光芒的海水。第二天，我见识了拉韦洛，它的花园、别墅、亭子和立着大理石半身像的栏杆，这些石像都害羞地背对大海，仿佛是被《黄金时代》的蚂蚁啃噬过一样。从阿马尔菲到索伦托，我乘汽车一路看了世界上最美的海岸。

当我向萨特描绘这些赏心乐事时，他一点也不遗憾，因为他玩得也很尽兴。他一个人在夜里游荡，一个小伙子请他喝酒。他带他一家家酒吧地逛，然后建议他看一场精彩的表演，观看以装点庞贝神秘别墅的壁画为灵感而创作的"真人画"。萨特一直跟着他走进一座特殊的房子，价格还算便宜，一个老鸨把他们带进一个墙上挂满镜子的圆形大厅，靠墙摆了一圈红色天鹅绒软凳。他独自一人坐在凳子上，因为老鸨不允许他的同伴和他一起进去。两个女人出现了，年长的那个右手拿着一个象牙阴茎，扮演男子的角色。她们若无其事地模仿壁画中展示的做爱姿势。然后，年轻的那个跳起了舞，一边摇着铃鼓。如果再加点钱，客人就可以和他心仪的那个单独相处。萨特没要这个好处。他在门前的街上又找到那个向导。后者手中拿着萨特在他们光顾的最后一家酒馆里买的酒，他们只喝了半瓶。他等萨特一起把那瓶酒喝光。然后，他们就分手了。让萨特着迷的，他告诉我，是他看到自己独自坐在华美的沙龙里，四周镜子里都是自己的影子，两个女人为他做了一场既荒唐又俗套的表演，让他感觉很不自在。第二年，他试图把这次遭遇写进一篇名为

《不自在》的短篇小说里。

从那不勒斯到巴勒莫，我们都睡在甲板上。在那不勒斯已经见惯了老百姓的悲惨和不幸，我就可以忍受巴勒莫的一切了，虽然也很可怕。在这里也一样，街上摆得琳琅满目的食品掩盖了老百姓忍饥挨饿的现实。到处风景如画，充满地方色彩，我满心欢喜地沉浸其中：幽暗的小街、旧衣物、小店、堆得像金字塔一样的西瓜。我觉得马车两侧的连环画漂亮极了，讲述的是罗伯特·圭斯卡德①和十字军东征的传奇故事！还有很多演木偶戏的小剧场。一天下午，我们走进了其中的一家，里面坐满了孩子，挤挤挨挨地坐在木头长凳上，我们是唯一的大人。我们看到查理大帝、罗兰、罗伯特·圭斯卡德和其他骑士，穿着盔甲，砍杀那些异教徒。时不时有一个小孩坐不住，于是一个男子就伸出一条长板子轻轻地打他。我们吃着黏糊糊的葡萄，感觉很幸福。

为了参观教堂和宫殿，我们常乘坐出租马车从城市的这头跑到那头。一天晚上，当我们走在中央大街上的时候，我们看到一辆出租马车飞驰而过，马脱缰了。马蹄声、车轱辘的隆隆声打破了黄昏的寂静，在人行道上漫步的人都逃开了。这景象就像是一部离奇的电影，或者说是《周日邮报》的封面。

我们又一次参观了几座希腊神庙。我们还是觉得很无语，它们并没有对我们"说"任何东西，但它们的沉默比很多喋喋不休的讲解更有分量。在塞利努斯，我们坐在坍塌的巨鼓形石头上，几小时沉浸在这份寂静里，丝毫不觉厌烦。这时候，除了我们，周围没有一个人。我们随身带了水、面包、葡萄当午饭，坐在蜥蜴奔跑其间的大理石的阴影下，萨特吹口哨逗它们玩。在塞杰斯塔，我们开始

---

① Robert Guiscard（1015—1085），诺曼人冒险家。

认识到一根多利安式柱子是什么样子了。

我们放弃了阿格里真托。若前往那里旅行，行程过于复杂。我不感到遗憾，因为我很喜欢叙拉古，光秃秃的石头非常耀眼，像古罗马竞技场一样层层垒在海边，尘土飞扬的道路，长着美丽牛角的"太阳之牛"吃力的行走，欧律阿勒城堡附近一览无遗的空地。我们在地下通道、环城马路、被海水侵蚀的寂静荒野中逛了很久，远离尘嚣。我们还走下古代采石场拉多米，这是我所见识过的唯一一个地方，恐怖中居然能透出诗意。从墨西拿——地貌的丑陋无疑是由一次自然灾害造成的——出发，我们坐船穿越了壮丽的海峡。返程路上，我有点生气，因为我们在一片蔚蓝中破浪前行，萨特却在埋头看报，他跟我谈论西班牙、德国，还有在他看来一点都不容乐观的未来。

一艘旧船把我们从墨西拿带回那不勒斯。我们过了很不舒服的一夜，在甲板上睡觉太冷了，在船舱里又要闻让人难以忍受的恶臭。我们在罗马又逗留了几天。突然，萨特的情绪变了。旅行结束了，他的烦恼又回来了：动荡的政局、和奥尔加的关系。我害怕。那群龙虾会不会复活？

他向我保证说不会，当我们回到我们想再看看的威尼斯的时候，我不再想这个问题了。我们在那里待了四五天，我们决定熬一个通宵，就像两年前在罗马那样。为了破釜沉舟，为了节约点钱，我们在旅馆结完账，退了房间。我们在城里已经没有栖身之所了。我们在咖啡馆消磨时间，一直到它们关门。我们坐在圣马可广场的台阶上。我们沿着运河边散步。万籁俱静，从打开的窗子里传来如广板节奏的鼾声。我们看到天空在新方达曼特上方泛白。在码头和墓地之间，平底大船像幽灵一样出没在潟湖的湖面上。一些人在船头划着桨，从穆拉诺、布拉诺、岛屿和海岸，他们运来了瓜果蔬菜。我们又回到市中心，在大运河边的一个个菜市场里慢慢开始重现了生机，满街都是西瓜、橙子和鱼，这时，白天真的来临了。咖啡馆开张了，大街上热闹起来。然后，我们要了一个房间去补觉。萨特后来告诉我说，那晚，一只龙虾尾随了他一整夜。

第五章

　　九月，回到巴黎，我们投入这场两年半以来一直牵动着我们生活的事件当中：西班牙战争。佛朗哥的军队并没有像右翼希望的那样很快凯旋，但也没有像我们期待的那样被迅速镇压。叛军向马德里的进军被粉碎了，但它们在塞维利亚、萨拉戈萨、奥维耶多站稳了脚跟。几乎所有军队——百分之九十五，几乎所有国家设施都到了佛朗哥的手中。为了自卫，共和国只能依靠人民。

　　人民满腔热血拯救共和国。我们在报纸上看到的报道，费尔南多和他的朋友传来的消息都激发了我们的想象。在马德里、巴塞罗那，工人们攻占了兵营，把自己武装起来。马德里居民在蒙塔纳兵营升起了红旗。农民拿出阁楼上的老枪、霰弹枪。在城市和乡村，因为缺乏枪支弹药，新兵们拿起棍棒操练。在他们的队伍中有很多女兵，她们也像男子一样热血澎湃地要去战斗。投弹手扔出手榴弹和燃烧瓶，对付佛朗哥的铁甲战车。英勇的人民大众赤手空拳拦住由产业主、教会和财团撑腰的装备精良、纪律严明的军队。这是一场史诗般令人震撼的斗争，我们感到它和我们息息相关。没有任何一个国家比西班牙和我们更为接近了。费尔南多是我们最好的朋友之一。我们在马德里的阳光下曾经一起分享过共和国迎来第一个夏天的欢腾。我们曾挤在塞尔维亚狂热的人群里，当时桑胡尔霍逃走了，人们在贵族俱乐部放火，消防队也不去扑灭。我们曾亲眼看见有产者和教士们傲慢的嘴脸、农民的疾苦，真心希望共和国能尽快实现诺言。二月，"热情之花"的声音又点燃了这些希望。他们的失败深深地影响了我们，好像那是我们个人的灾难。而且，我们知道西班牙战争也让我们国家的前途岌岌可危。左翼报刊用了很大的篇幅来报道它，仿佛它是一桩法国内务大事，不过它的确也算。应该不惜一切代价阻止一个新的法西斯国家在我们家门口诞生。

　　不会发生这样的事，我们对此确信无疑。我们阵营里没有人怀疑共和国最终将取得胜利。我记得有一次晚餐，在一家我曾提起过、只有共和党人才经常光顾的西班牙餐厅里，一个西班牙姑娘突然站起来，朗诵了一首歌颂她的祖国和自由的诗歌。我们听不懂她说的话—— 一个邻桌的客人给我们说了大意 —— 但我们被年轻姑娘的嗓音、面容打动了。所有在餐厅吃饭的人都站起来高呼："西班牙共和国万岁！"所有人都相信共和胜利在望。"热情之花"向法西斯分子发出了挑战的口号："No pasaran！①"她的声音响彻整个西班牙。

　　但是，我们的热情也有另一副面孔：气愤。为了让胜利来得更快些，法国就必须马上飞奔去帮助西班牙人民，给他们大炮、机关枪、飞机、步枪。他们极度缺乏这些军备，可是，尽管法国和西班牙有贸易协定，布鲁姆在八月初还是选择了"不干涉"政策。他拒绝运送武器给共和国，他甚至封锁了边境的私人军火交易。九月五日，伊伦沦陷，因为守卫的军民已经没有任何武器自卫了，而就在

————————

① 西班牙语，不许过！

几百米远的地方，两辆装满送给西班牙的步枪的列车被法国当局截住了。由于禁运，塔拉韦拉-德拉雷纳也沦陷了，佛朗哥的军队在埃斯特雷马杜拉和吉普斯夸推进。希特勒和墨索里尼公然给叛军提供人力物力，这让布鲁姆的中立主义更令人义愤填膺。八月二十八日，落在马德里的第一枚炸弹是由一架德国"容克"轰炸机丢下来的。我们钦佩自发去为共和国服务的马尔罗和他的空军中队，但是，就凭他们，能对付纳粹的空军吗？在圣克卢举行的和平大会上，迎接布鲁姆的是一片"送飞机给西班牙！"的呼声。法国总工会、共产党人、大部分社会党人要求重新开放比利牛斯山区的边关。但另一小撮社会党人和激进社会党人赞成布鲁姆。他们说最要紧的，是要保住和平。事实上，他们虽然不喜欢法西斯主义，但更怕人民阵线掀起的革命热忱。这些政见分歧反映在我们天天看的报纸上。在《星期五》上，盖埃诺依然拒绝"为革命牺牲和平"，而安德烈·维奥利，甚至和平主义者罗曼·罗兰都把和平的机会维系在西班牙共和国的存亡上。《鸭鸣报》大多数的撰稿人都支持干预，加尔蒂耶-布瓦西尔则反对。我们和其他人一样厌恶战争，但我们无法忍受这个想法：几十挺机关枪、几千支步枪就足够让共和国卫士和佛朗哥对抗到底了，但我们国家却拒绝提供。布鲁姆的谨慎让我们恶心，我们丝毫不认为它有助于和平。十月初，当我们得知叛军已经到了马德里的城门口时是多么焦虑不安，十一月，他们占领了大学城，政府撤退到瓦伦西亚！而法国仍然按兵不动！幸好苏联作出了决定，它送来了坦克、飞机、机关枪和军队，在国际纵队的支持下，马德里得救了。

当马德里战役打响后，费尔南多忍受不了继续留在巴黎，他下定决心要回去参加战斗。我们又一次和帕尼耶意见相左。在他看来，费尔南多的决定不过是吹牛。勒梅尔夫人也认为他应该关心妻子、儿子，留在他们身边，不要去充英雄装好汉。他们就是这样一些人：他们站在共和国这一边，却一点都不希望看见内战演变成一场凯旋的革命。我们全心全意支持费尔南多，我们和斯蒂法还有很多朋友一起陪他去了火车站。画家贝尔曼和他一起出发。在站台上，所有人都很感动：共和国终将胜利。但是什么时候？要付出多少代价？

佛朗哥的叛乱，主要是由墨索里尼煽动的，它让轴心国的野心更强大了，一个德日协议把日本也纳入进来。整个法国右翼都在为佛朗哥的胜利鼓掌，尤其"西方知识分子"——马克桑斯、保尔·夏克、米奥芒代和博纳尔——更是大声喝彩。我过去习惯听父亲吹嘘《甘果瓦》的真知灼见和斯蒂法尼·洛扎那开明的爱国主义，我却无动于衷，眉头都不皱一下。当我父母和瓦莱斯表兄兴致勃勃地看到右翼报纸把所有残酷行径归咎于"暴徒阵线"——几千名修女在教堂门口被强暴，唱诗班的孩子被剖腹，大教堂被焚毁——当他们赞叹阿尔卡扎尔军校学生的英勇时，我心中又悄悄地燃起了年少时的怒火。就算是从他们的观点来看，我也很难理解他们会为纳粹的"斯图卡"轰炸机取得胜利而欢欣雀跃。右翼报纸变本加厉，卡尔布西亚发动的在《甘果瓦》杂志上造谣诽谤内政部长萨朗哥的攻势无所不用其极，逼得部长不得不自杀。资方的气焰又抬头了，它企图收回在六月罢工期间被迫作出的妥协。不过，我们还是注意到工人们的条件有所改善。多亏了每周四十小时工作制，我们可以看到他们周六早上成双结对地骑着双人自行车向城门奔去，星期天晚上回来，车把上带着他们采摘的花草树叶。成群的年轻人背包到附近的森林里去露营。一些赢得的成果被巩固了下来。尽管在要不要干预西班牙的问题上有分歧，左翼依然满怀希望。

我在莫里哀中学任教。显然我没打算住在帕西，我只有上课的时候才去，课上完马上就走。我住在德拉盖特街上一家体面的旅馆——皇家布列塔尼旅馆里。去年，当西蒙娜·拉布尔丹住在一个据勒梅尔夫人说很漂亮的三居室公寓时，我也朦朦胧胧有点想租一个小公寓，按照自己的品位来装饰它。我并不是天生就喜欢过流浪的生活。但一想到要跑中介公司，要搬家，我就害怕了。此外，到哪儿能弄到钱买家具呢？旅馆帮我免去了所有这些烦恼。就算只拥有一个毫无魅力可言的房间也无所谓，我拥有巴黎、它的街道、广场、咖啡馆。

马尔科在路易大帝中学教书。他住在德朗布尔街尽头的一家旅馆里，比我的那家稍微贵一点。博斯特在索邦大学完成他学士学位的学业，他住在圣日耳曼德普雷广场他哥哥家里，有一个小单间。不能把奥尔加丢在伯兹维尔，但她父母知道她什么文凭都没去考，因此反对她离开。她没有得到他们的同意就坐上了火车。她在我住的旅馆也租了一个房间。她显然对哲学不感兴趣，她焦虑不安地问自己到底能做什么。有一段时间，她在圣米歇尔大街的一家咖啡馆端茶送水，这家咖啡馆兼营图书和唱片。但我觉得这不是一个办法。

每周两次，我去火车北站接萨特。离开威尼斯后，他的旧病就没再复发，那群虾兵蟹将彻底蒸发了。我们在车站边上的咖啡馆喝上一杯，这家咖啡馆当初我们觉得很迷人，现在已经不见了。店里有一间地下大厅，镜子有点斑驳了，人造革的软垫长凳，大理石台面的桌子，阴森森的光线让我们想起保罗啤酒屋。墙上贴满了回纹图案的黑色护壁板，让我们想起那不勒斯的灵柩车。我们讲述最近各自生活中发生的事情，评论评论时事。然后，我们朝蒙帕纳斯走去。我们把圆顶咖啡馆当作我们的大本营。我不用去中学教书的早上，我就在那里吃早餐。我从来不在房间里工作，而在咖啡馆尽头隔开的小间里。在我身边，是常来咖啡馆看报或下棋的德国难民。各种国籍的外国人热烈地讨论，但都压低嗓门，他们的窃窃私语一点都不妨碍我。独自一人面对一张白纸是一种煎熬。我抬起头，确认身边有人，这会鼓励我写下或许有朝一日会触动他人的词句。当我和萨特、和奥尔加交谈时，我喜欢看人来人往。多亏了费尔南多和斯蒂法，我们才能把几个人的名字和脸对上号：拉波波尔和他的络腮胡子，雕塑家扎德基恩[①]，大个子多米尼盖，小个子玛内-卡兹，西班牙画家弗洛雷斯、弗朗西斯·格吕贝，后者跟我妹妹曾过从甚密，还有基斯林，厚厚的头发盖住额头的爱伦堡，一帮出名不出名的画家和作家。有一个男子特别吸引我们，他英俊的脸蛋坑坑洼洼，头发乱蓬蓬的，目光热切，每天夜里都在人行道上游荡，独自一人或由一位非常俏丽的女人陪着。他既像岩石一样结实，又像小精灵一样自由。这太过分了。我们知道不应该以貌取人，但他的外表实在是太有吸引力了，因此我们不由得会担心他的真面目让我们失望。他是瑞士人，雕塑家，名叫贾科梅蒂。总的说来，在巴黎在鲁昂都一样，女人看起来要比男人有趣。夜里，高大的美国女人喝得烂醉。女艺术家、艺术家的女人、女模特、蒙帕纳斯剧院未成名的女演员，不论是漂亮的还是没那么漂亮的，不论是多少被人包养还是完全被人包养的，我们都觉得看着养眼，看她们对着奶油咖啡做梦、和女友闲聊、在她们的男人面前搔首弄姿。她们穿着廉价，但都花了一番心思。有的穿着从跳蚤市场买的带着过时风韵的衣裳。那个被我们叫做"瑞士小姐"的女人让我记忆犹新：她有着金色的头发，非常柔顺光滑，挽成一九〇〇年代风格的发髻；她穿

---

① Ossip Zadkine（1890—1967），俄国出生的法国雕刻家，巴黎学派成员。

着一件棕褐色的塔夫绸收腰宽下摆的女衫，羊腿状的泡泡袖；推着一辆童车。有时候，我们坐在塞莱克特咖啡馆，身边是一群短发、光着脖子的假小子，系着领带，有时候还戴着单片眼镜。这种刻意要引人注目的打扮让我们觉得很造作。我们更喜欢那些突然让我们眼前一亮的意外惊喜。一天晚上，我和奥尔加一起在王子殿下街发现了奥加餐厅，当时还是一个廉价、暧昧的所在。但这里的一切让我们着迷，粗糙的装潢中流露出的异国情调、从地下室传出来的音乐声，尤其是一个盛装的阿拉伯侍者在雕刻了小花图案的玻璃杯里为我们斟上薄荷茶。地下室里，一个假扮成乌尔德-纳伊尔舞娘的女人在跳肚皮舞。楼上除了一个三十来岁、头发扎在后面、半躺在一张软垫长凳上唱歌的毫无姿色的女人外，空无一人。后来，我们常在圆顶咖啡馆看到她。她总是独自一人，不再唱歌了，但嘴唇微微翕合，好像得到了什么灵感。另一个女人，跟她年纪相仿，轮廓粗犷，眼睛却看着天，好像在跟一个看不见的人对话撒娇，我们认为那个看不见的人应该是上帝。人们越是古怪、落魄，我们就越同情他们。但某些人还是会让我们不安。有一个人患了眼球突出症，一周周过去，他的眼球越来越向外突出，好像马上就要掉出来滚到瓷砖地面上。还有一个人，我们叫他"受虐狂"。我和奥尔加在圆顶咖啡馆喝杯小酒，奥尔加穿着一件人造貂皮大衣，我戴着一顶男式毡帽。一个有着一对招风耳、嘴巴老是开着的男人呆呆地盯着我们。他在我们的桌上放了一张报纸，中间写了一句话："做奴隶，还是做狗？"我们赶紧把酒喝完走人。当我们从他身边走过时，他低声说："你们让我爬着穿过大厅，我会这么做的！"几星期后我们又见到他。他在街上走，身边是一个扣着硬领、系着领带、穿着高跟鞋、一脸凶相的女人，而他好像非常兴奋。我们和圆顶咖啡馆的常客之间有一种心照不宣的熟稔。不知道从什么渠道知道我们是公务员，因此手头相对宽裕，常常就有一个酒鬼、穷鬼或职业乞丐跟我们讨一百苏①。作为报答，他们觉得必须给我们编一连串谎话，而且编得天花乱坠。所有这些低贱者、流亡者、失败者，这些满口瞎话的人让我们一扫外省的单调无聊。都说物极必反，不管怎么说，一反常态总是更让人觉得新奇有趣。我很高兴一个人坐在这群人中间写作，他们既遥远又切近，各自摸索着各自的人生。

尽管巴黎为我们提供了各种消遣，我们的"三重奏"还是很快又陷入了和在鲁昂时一样的困境。假期中萨特给奥尔加写过很多封长信，其中的一封他向她描绘了那不勒斯，也是这封信激发他创作短篇小说《不自在》的灵感。她给他回了信，他们又和好如初了。他们常常在巴黎游荡到黎明，就为了享受在一起的欢愉。之后，奥尔加突然赌气了。奥尔加的小性子让萨特很生气，尤其是他以为他们的友谊正一帆风顺地发展。而奥尔加也越来越忍受不了萨特的焦躁。一连几小时给客人端茶倒水后，她常常很烦躁。前途渺茫让她惶恐不安。除了萨特和我，她只认识马尔科和博斯特，她常常踽踽独行几小时，冻得手脚冰冷。几个月前，在鲁昂，她就想尝试醉酒的滋味。她在一家小酒吧一口气喝了两杯绿茴香酒，醉酒的感觉远比她想象的还糟糕。她就没再试过。现在为了消愁解闷，她又一头扎进很快就能让她陷入幽暗的谵妄中的绿茴香酒里。我回到房间，有时候在门缝下面会发现一张粉红色的纸条，歪歪扭扭地写了一行字：奥尔加发泄对世界和对自己的厌恶。或者，她用露易丝·佩隆的方式，用图钉在我的房门上钉一张写满晦涩、绝望字眼的纸条。我为她感到痛苦，我觉得这比她以前常摆冷脸给我看更加不公平。我原本指望到了巴黎，我们就能走出这个鲁昂的寂寞困住我们的迷

①　即五个旧法郎硬币。

274

宫。可惜没有。萨特还是没完没了地评论奥尔加的一言一行。我对找到一个出路已经没了希望，我对一直这么无谓地绕圈子也开始厌倦了。情况不仅没有改善，我们三个人个个都越来越难容忍现状。为了逃避，我很乐意晚上和马尔科还有博斯特一起消磨时光，他们俩已经形影不离。他们一起去看电影，听音乐会。马尔科给了博斯特一把他家的房门钥匙，这样博斯特就可以随时来听他想听的唱片了。博斯特对马尔科的魅力、幽默风趣和殷勤都铭感于心，用年轻人简单纯朴的态度去接受。当他看到马尔科情绪一落千丈的时候，也并不感到惊讶。他以为马尔科是为自己的歌唱生涯忧虑。夏天，他在维希的俱乐部唱过歌，有一次，当地的头牌明星洛里-沃尔比偶然听到他的演唱，感叹道："真是一副非同寻常的好嗓子啊！"知名歌唱家很少对新手流露好感，这句意外得来的赞美让马尔科陶醉。十月，他在歌剧院经理面前试唱："得了吧，先生，"后者对他说，"等你能按节拍唱了再来！"博斯特认为这次受挫是因为马尔科情绪不佳，我们也解释不清楚。慢慢地，他承认了这个事实：马尔科对他的期待远不止友谊这么单纯，他把自己一生的幸福都押在这个奢望上。而博斯特既不想放弃马尔科的友谊，又不愿意屈从于他对自己的激情。他也在感情的陷阱里挣扎。马尔科不再掩饰对他的感情。他发脾气，哭闹，还怀疑博斯特找萨特帮他出主意。一天，我在圆顶咖啡馆写作，马尔科突然出现。"过来！"他命令我，但声音有点哽咽。我跟他去了德朗布尔街，惊讶地看到他的眼中噙满泪水。原来，昨天晚上，当他大约傍晚六点回家的时候，听到房间里传出轻柔的音乐和呢喃声。他从锁眼里偷看，看到奥尔加和博斯特在拥抱。仅此而已，但因为奥尔加一向保守，所以他从这一幕中得出结论，他自己是没戏了。

后来我得知，就在那天晚上，他在圆顶咖啡馆也找过萨特和奥尔加，冷嘲热讽地说了几句他们都听不明白的话，萨特不知道马尔科知道的事情，而奥尔加也不认为他知道那件事。那天晚上剩下的时光，马尔科都在以泪洗面。他非常清楚到底发生了什么事情：长久以来，这两个二十岁的年轻人就两情相悦，他们投入彼此的怀抱，对成年人的复杂情感和苛求不管不顾。

就我个人看来，我觉得奥尔加做了一个明智的选择，打破我们走不出来的"三重奏"的怪圈。萨特总是能面对一切，他是个输得起的人。马尔科极力劝说我们跟奥尔加，尤其是跟博斯特断绝关系。我们拒绝了，他便连同我们也一并怨一并恨了。他在蒙帕纳斯晃荡，口袋里揣着一把手枪。他会不期而至地冲进圆顶咖啡馆，为了把正在密谋的我们捉个正着。他以为我们四个人聚在我的旅馆策划对付他的阴谋。他监视某一扇窗户，有人影映在玻璃上，他就愤怒地握紧手枪的枪托。后来，我告诉他其实我住在另一个房间，他一下子就蒙了。他忘了要装出坚强的样子，泄露了自己的痛苦和泪水。他让我们深感同情和怜悯，我们决定带他去沙莫尼山谷。

萨特也不开心。除了"三重奏"失败，他还承受了另一个挫折，后者对他的影响更大。是他的名为《忧郁》的书稿——书名源于他很喜欢的丢勒的同名版画，尼赞把它交给了伽利玛出版社的一个审稿人。萨特收到了波朗的一句评语，说尽管有某些优点，作品还是没被选中。以前他可以平静地对待《真理的传说》被退稿，但《忧郁》是他创作了四年的作品，这本书完全符合他的写作意图。在他看来，在我看来，它都是成功之作。而波朗甚至不赞同萨特的意图：用文学的方式去表达形而上的真理和情感。这个计划已经扎根在他的脑子里，由来已久，所以他无法接受这样的判决。但这个结果让我们困惑。

勒梅尔夫人和帕尼耶也受到了这一评价的影响。他们暗示《忧郁》一书可能有点无聊，写作手法也比较笨拙。他们的倒戈相向令我们无所适从：别人的观点和我们的观点之间怎么会有这么大的差距呢？萨特本来一心打算把手稿再交给其他出版社看的，但所有反对的声音在他的内心也产生了回响，他不仅没有傲慢地为自己辩护，反而向自己提了一堆棘手的问题。

因此，沙莫尼山谷之行十分沉闷。这个冬天严寒难耐，因为结冰，所有的滑雪道都关闭了一段时间。一个中学生才学了一星期，就打赌说他可以从布雷旺滑下来，结果人们找到了他血肉模糊的尸体。我们坐缆车登上布朗布拉，然后我和萨特一起顺着缓坡滑下来。马尔科连地面一点点的起伏不平都惧怕，于是借口说要学习滑出风格，请了私人教练上课，一直腻在滑雪班里。一天下午，我和萨特去沃扎山口。我们沿着供初学者滑行的雪道来到雷乌什，这条滑雪道穿过树林，我们滑得不太顺利。在酒店，我们和马尔科会合，随着夜色降临，他的脸色也越来越阴沉。他原以为博斯特会陪他来冬运场所，博斯特的缺席让他无以慰藉。晚饭后，他走到雪地里，用气味刺鼻的硫黄制剂按摩头皮。有一次，他坚持让萨特也试一试。我呢，我只答应他在一团棉花上滴三滴药水，然后再搽到我头上，我感觉我的头皮都要撕裂了。

当夜里寂寞难耐时，马尔科会哀求我们让他和我们睡在同一个房间里。我们住在一个像空无一物的粗陋阁楼一样的房间里，里面摆了三张床。一躺下，马尔科就哭起来，眼泪汪汪的，他的哀恸会在黑暗中持续很长时间。他爱过，甚至是疯狂地爱过，他对我们说，但从来没有遇到过他希望跟他山盟海誓的伴侣。七月，他原本以为缘分到了，结果又不可救药地失去了。这个伤口永远都无法抚平了。他哽咽着，跟我们描绘他和心仪的伴侣本可以过上的幸福生活。他会把唾手可得的名利都放在他的跟前。他们会一起旅行，从一家豪华大旅店到另一家豪华大旅店，坐着闪闪发亮的加长豪车。我们请他赶紧睡觉。他不说话了，叹口气，然后又大声地描绘脑海中浮现的画面：博斯特，他的白围巾，他纯真的笑容，他的青春，他的优雅，他的没心没肺的残忍。他们常去电影院看卓别林和马尔克斯兄弟的片子，看到令人心碎的一幕时，马尔科肝肠寸断，却听到身旁的博斯特忍俊不禁！他喋喋不休的唠叨比露易丝·佩隆的谵妄更阴郁、更执拗。在我看来，他正在打造自己的地狱，而且他一辈子都无法从中逃脱。

开学后，他又开始用辱骂和眼泪来逼迫博斯特，这些场面让博斯特厌烦。他不开心，奥尔加也不自在。她继续和萨特见面，后者千方百计和她保持友好的关系，但那份心思已经不在了。奥尔加一直怀疑未来。为了消愁解闷，她带我去蒙帕纳斯的小舞厅——"波希米亚""彩虹"——这让我觉得无聊。我们晚上的聚会常常郁郁寡欢。幸好萨特的情绪很快就恢复了。他又重拾了一点希望去看《忧郁》了。杜兰是加斯东·伽利玛的老朋友，他写信给他让他亲自看看退稿。皮埃尔·博斯特这一边呢，也去找伽利玛亲自推荐这部书稿。萨特在写一个短篇小说，写得很开心。他去挪威坐游轮旅行的时候，第一次尝试这种体裁，他写过一个短篇《午夜的太阳》，稿子后来在科斯高原上丢了，他也没再重写。这一年，他写了《厄罗斯忒拉特》，现在正在写《不自在》①。我陪他去过两三次拉昂，他住在一家舒适的、带着霉味的老旅馆里。在巴黎，我们参观了高更画展。我们看电影。我们看书。盖兰的《法西斯主义和大资本主义》让我们更深地了解我们所处的时代。我们对施特克尔的《性欲冷淡的女人》很痴迷，因为他提出了一种抛开"无意识"

① 只有几个片段，在《墙》出版很久后才得以发表。——原注

这个概念的精神分析法。贝尔纳诺斯让我们很有距离感，但他的《一个乡村教士的日记》赢得了我们的赞赏。我反复读了好几遍，为简洁的行文中透露出来的曼妙感到惊讶。两个对我们来说很陌生的作者也引起了我们的关注和好感：写《最后的日子》的格诺和写《人生》的米歇尔·莱里斯。

我们去看了几次杜兰导演的《裘力斯·恺撒》的彩排。卡米耶改编了剧本，积极投入导演工作。杜兰扮演有些忘恩负义的卡西乌斯，这是一个穿针引线推动情节发展的人物，他演得比以往都好。他选了一个没有名气的三流老演员扮演恺撒，这个老演员没什么天分，但外形和角色很符合。不过这一次他一个动作一个动作、一句台词一句台词地推敲琢磨，最后都可以被看作一个优秀演员了。旺德里克塑造了一个英俊的布鲁图斯。热尼卡·阿塔纳西乌尽管有口音，但面容高贵、声音诚挚动人。至于马尔夏，他马上就进入了角色，扮演的马克·安东尼惟妙惟肖。我非常欣赏杜兰、卡米耶和全剧团的才华，首演那晚，我激动地偷偷注意卡米耶指给我看的几个评论家：大多数年纪很大，神情阴郁；正值冬天，他们一直咳嗽；吕涅-坡在一个小银盒子里吐痰。卡米耶精心避免了台词的平淡和情节的缓慢，这似乎让这帮评论家感到震惊。总之，演出大获成功。演到牧神节那一幕的时候，两个年轻奴隶跑着穿过舞台，手里拿着皮鞭，几乎赤身裸体。每次排练，他们都险些把布置成广场的舞台中央的恺撒半身像撞翻。但今晚，他们却灵巧地避开了。两人中的一个以其英俊的外形打动了所有观众的心。让·科克托问此人是谁。他的名字是让·马雷。

这段时间，我对自己的工作和消遣的兴致都没平常高，我成天感觉疲倦。不管是和奥尔加一起，还是和萨特一起，还是和他们两个一起，我都熬到很晚才睡。萨特可以在拉昂休息，奥尔加可以白天补觉，只有我，从来没有时间休憩。我拼命写作，我想把我的书写完。早上，我要早起去上课。在地铁上，我常常焦虑地计算从现在到晚上还有多长时间："还得熬十九个小时才能上床睡觉！"如果可以马上睡下，睡到地老天荒，我愿意付出一切。在火车北站附近的咖啡馆等萨特的时候，我有时候会闭上眼睛，打几分钟的瞌睡。

瞌睡已经困扰着我。当我准备教师资格考试那年，我领教过什么是累，但晚上当我感觉头变重了，我就不再硬撑，我就上床睡觉了。现在，到了深夜我还得强打起精神，因此早上醒来就感觉还没睡够。我的体力一直得不到恢复。总是希望得到休憩却总也得不到休憩，每次希望落空都让我身心俱疲。直到此时，我才明白疲惫也可以像疾病一样伤身劳神，毁掉生活的所有乐趣。

另一方面，因为我带着太多的欣喜去关注人民阵线的兴起，所以如今它的没落难免让我感伤。布鲁姆被非常严重的财政困难缠身，宣布一时的"休整"是必要的。人们刚发现一个由极右分子搞的秘密组织在囤积武器，和希特勒的间谍机构暗中勾结。阴谋被揭露后，当局不仅没有公布密谋者的名单，反而把事件大事化小小事化了了。英国和法国一样，也对德国和意大利针对西班牙的军事干涉不闻不问。唯一一个有魄力而且真诚希望阻拦法西斯前进的国家是苏联。而现在，我们再也弄不明白在苏联发生的事情了。纪德对苏联的迷恋来得太过迅速，之后态度大变也太过迅速，因此我们不能严肃地对待他刚从苏联回来就急于出版并引起轰动的《访苏归来》。但正在莫斯科发生的那些审判又意味着什么？《晨报》正儿八经地告诉我们，那些被告是服了在美国只需五分钱就能买到的"真话药水"才招认的。这简直愚不可及，但有什么不同的解释吗？尼赞曾经在苏联愉快地待过一年时间，现在也很困惑。我们在马伊厄咖啡馆有过一次长谈，尽管平常他是感情不轻易外露的人，他并没有对我们掩饰他的担忧。我们从来没有把苏联想象成天堂，但我们也从来没有认真地质疑过社会主义建设。我们是在西方国家的民主政治令人反感的情形下，才转而欣赏苏联的。难道这个世界上没有一个地方可以让我们寄予希望了吗？

　　因为西班牙不再是希望之地，而成了一个战局前途未明的战场。费尔南多二月份休了一次假。他激情洋溢，但从他的话中，我们也感觉时局堪忧。他告诉我们他如何取得"负责人"头衔的经过，听得我们都笑了。在一次战斗中，他发现自己和几个战友在一个平坦无遮蔽的地方，暴露在敌人的枪林弹雨下，他果断地把队伍带到一堵矮墙后面躲起来。战友们大为赞赏他的机智，他很快就取得了上尉的头衔，然后是少校，最后成了将军。他一边开玩笑地跟我们谈他的升职，一边告诉我们这支人民队伍是多么缺少人才、纪律松懈和组织涣散。社会和政局的动荡更为严重。共产党人、激进人士、无政府—工会主义者在利益上存在分歧。无政府主义者拒绝承认要革命就要先赢得战争。在某些省份，像加泰罗尼亚，工会分子致力于建立地方苏维埃，而他们原本应该关心的是如何让工厂里的机器正常运行。无政府主义的几个纵队用几次突袭打乱了政府的战略部署，他们不服从中央政权下达的命令。面对越来越大力倚仗德国和意大利远征军的佛朗哥的强大军队，人民军队的不团结构成了一个可怕的危险。

　　当费尔南多跟我们提起马德里的时候，我们的心一紧。阿尔卡拉大街上的房子被"开膛破肚"，"太阳门"周围的人行道坑坑洼洼，大学城成了一地瓦砾。他出发回西班牙，安慰我们最后的胜利终究会属于共和国人民。种种事件好像也印证了他的预言。在哈拉马，在瓜达拉哈拉，人民的军队挡住了佛朗哥的军队对马德里发起的进攻。但是，投弹手们夺回奥维耶多的希望落空了。在南方，马拉加沦陷了。

失败的原因都是同一个：没有武器。这场"不干涉"的闹剧在我们看来越来越像是犯罪。我们生平第一次发现，义愤不足以发泄我们满腔的怒火，因为我们非常关心西班牙的命运。我们在政治上的无能，不仅没有为我们找到一个托词，反而让我们遗憾喟叹。彻头彻尾的无能。我们只是孤立的无名小卒，我们支持干涉的所言所写都没有任何分量。去西班牙，那更不现实，我们的生活不能仅凭一时冲动。而且，除非我们有明确的技术或政治才干，否则我们也只是拉封丹寓言里那个围着马车嗡嗡叫却帮不了什么忙的闲人。西蒙娜·韦伊越过边境，决心去当步兵。她要求发给她一支步枪，结果人们安排她去了厨房，她一不小心把一锅滚烫的油倒在自己脚上。科莱特·奥德里在巴塞罗那会见了波乌姆党①领袖，她在集会上演讲。她回来的时候兴高采烈，但我们怀疑她的演讲不会产生实际的效果。

博斯特想去西班牙，借此逃避马尔科又哭又闹的伤心场面，跟这段旧情一刀两断。边境从二月开始就封锁了，不仅禁运武器，还不准志愿者出入。他问萨特能不能让尼赞帮忙，帮他偷偷入境。萨特焦虑地自忖：应不应该顺从博斯特的意愿呢？原则上说，我们应该尊重人们选择的自由。但万一博斯特有什么意外，他一定会自责……最终他还是淡淡地跟尼赞提起了这件事，尼赞让博斯特去见马尔罗。后者解释说共和国需要的是武器、干部、专业人才，而不是毫无经验的战士。博斯特能开机关枪吗？不能，他承认道。"或许你可以先到加斯蒂纳·雷内特那儿练习练习。"马尔罗认真地说。

---

① P.O.U.M.，全称是"马克思主义统一工党"，属托派政党。

博斯特的计划泡汤了。

　　一天晚上，大约十点钟，我和博斯特在塞莱克特咖啡馆聊天，忽然我打了一个寒战。我向来都不把感冒伤风、扁桃体发炎、发烧当回事，但这一次，寒战来得那么突然，我立刻说："我得回家！"那晚我睡得很不安稳，醒来的时候浑身是汗，我又在床上躺了一整天。当晚上萨特从拉昂赶来看我，我们俩谁都毫不怀疑，在经过这么充分的休息治疗后，我的病一定好了。很久以来，卡米耶都希望认识勒梅尔夫人，刚好她请了她和我们一起晚餐。我不想错过这次聚会。我连穿衣服都有点吃力，站立不稳，但最后我没有向病菌屈服。外面很冷，我到卡米耶家的时候，就已经感觉很糟糕了。她搬了家，现在住在纳瓦兰街一间大工作室里，和她原先在费罗勒的房子一样，她也是自己买家具，用剧场的道具、古董店淘的宝贝和自己制作的一些饰物来装点房间。一个很大的上釉陶炉子给房间供暖，这是一个漂亮又必不可少的摆设，让人倍感温馨亲切，一个真正的家的感觉。卡米耶的待客之道是奢华而不失雅致。但我几乎都没有正眼瞟一眼圆酒瓶、鲜花和五颜六色的冷盘。当其他人吃喝聊天的时候，我躺在一张铺着丝绸的床上，呼吸困难。勒梅尔夫人和萨特最终总算带我走了。在楼梯上，我浑身发抖。薄雾般的寒气弥漫了大街小巷，我感觉寒气渗入我的肺，而我还等在楼房门口，萨特跑去叫出租车了。回到家我就躺下了，额头滚烫，手脚僵冷，整夜出汗、发抖。第二天，上火车之前，萨特找了一个医生来看我，医生开了芥子泥。之后的两天，我妹妹、奥尔加和勒梅尔夫人都在照顾我。她们给我带了给病号吃的食物：焦糖奶油、糖煮杏，但我碰都没碰。稍稍一动，我的左半边身子就撕裂般疼痛难忍。一个女护士给我拔了几次火罐，可是，整晚我都在发烧出汗，湿透了两件睡衣。早上，医生也害怕了，他说我得马上去医院。但我不愿意。当萨特从拉昂赶来，告诉我说勒梅尔夫人已经把一切都安排妥当了，一辆救护车当天下午送我去圣克卢医院，我忍不住哭了出来，好像有人要把我的生命永远夺走似的。我慢慢冷静下来。当护士们把我抬上一副担架，头朝下地从楼上搬下来，我所能感受到的一切，就是震惊。在门口，看热闹的人东张西望，当我被塞进救护车的时候，我惊讶地寻思："这种事竟然也能发生在我身上！"就算我醒来发现自己在月亮上也不会比现在更让我吃惊。所以什么事都有可能发生在我身上，就像可能发生在任何人身上一样。世事难料！就发生在自己身上，恰巧是自己，这是多么独一无二的经历，多么令人惊讶，我们很难相信这么奇特的事情其实谁都有可能遇上，一些统计数据也证明了这一点。疾病、意外、不幸，原以为这些只会发生在别人身上，但在那些看热闹的人的眼中，这个别人突然变成了我。和所有其他人一样，我对他人而言就是别人。是的，人们把我的生命和安全感夺走了，把我丢在一个"无人之境"，什么事都有可能发生。什么都不能再保护我，我要面对所有的危险。就在那一刻，所有这些感觉还不能用语言形容，但一路上这份错愕感一直萦绕在我的脑海："人们运送的这个病人，竟然是我！"

之后，我连想都不再细想了。我任自己裹在凉爽的被单里，人们扶我躺下，给我打了针，悉心照料我。我一直都握紧拳头努力生活，现在是怎样的休憩！我后来才知道，当我到医院的时候，我的一个肺变得像一块肝一样，另一个肺也开始感染。当时还不知道如何抑制这种感染，于是就盲目地给我打针，增强心脏的抵抗力。但是，如果第二个肺也废了，我就彻底完蛋了。这种念头从没掠过我的脑海。我满怀信心地等待康复。我睡觉，上半身后面垫着几个靠枕，大白天我也保持这个姿势，很少醒来，时间概念也变得模糊。

当我恢复知觉的时候，我只意识到自己在发烧。发烧让我对再小的一点声音、再微弱的一点光线变化都非常敏感。早晨，一只小鸟的歌唱可以填满整个宇宙，乃至永恒。我看着学生们送我的花篮，在我的床头柜上放着一瓶橙汁。我别无所求，这一切足矣。

慢慢地，我醒了。我母亲几乎每天早上都来看我，萨特如果不在拉昂，每天下午都来看我。我妹妹、奥尔加、勒梅尔夫人、博斯特轮流守在我枕边，我跟他们谈话。一天，我会笑了。在蒂德·莫尼埃的处女作《短街》中，我重新发现了普罗旺斯。医生想知道我的肺是不是严重受损，于是让我照了 X 光。站着真是受罪啊！我差点晕倒。接下来的两天，我都在等结果，好奇多过恐惧。我曾经因为要离开旅馆的房间而哭泣，但想到我要离开医院去疗养院，我一点也不觉得突兀。"这将是一次体验。"我对自己说。我一直坚持自己为人处世的态度，把生活强加于我的全部都化为己用。我抱怨世界周而复始、单调乏味。好了，现在它要改变了！"三重奏"和因它而起的躁动、执念到头来让我不堪重负，离开可以让我轻松轻松，休息一下。或许这种超脱只是暂时的自我保护。如果真的要我到很远的地方疗养很长一段时间，我还会保持这么好的心态吗？还好我用不着经受这样的考验。医生允许我在巴黎度过我的康复期。

萨特在马尔科住的旅馆帮我订了一间比皇家布列塔尼旅馆更宽敞、更舒服的房间。我仍然卧床休息，但我很高兴能出院！当时是复活节的假期，午饭的时候，萨特去圆顶咖啡馆要一份当日套餐，为了不让一点一滴洒出来，他迈着小碎步把午餐送到我的房间。晚上，我吃火腿、水果，我慢慢恢复体力。可恶的是，我得听任所有想来看望我的亲友的摆布。此外，天天闷在家里也开始让我感到腻烦。我尝试在房间里走动，头晕乎乎的。得重新学习站立。萨特回拉昂了，是表面上言归于好的马尔科和博斯特陪我第一次出门，他们带我去卢森堡公园，每人挽着我的一只胳膊。清风、阳光让我昏昏沉沉的，我走路跌跌撞撞。

我又开始看报了，读的报纸和以前一样，只添了一份《今晚报》，三月初创刊，由阿拉贡主编，尼赞负责外交的版面。尽管布鲁姆宣布"休息"，金融界的上层还是处心积虑地要搞垮他的政府。联盟被解散了，但马上拉罗克就组建了法国社会党，稍后，多里奥成立了法国人民党——拉蒙·费尔南德斯就加入了这个党派。在法国社会党的一次会议上，克利希的工人组织了一场声势浩大的示威游行作为回应，受到警察的阻挠，结果死了五个工人。西班牙战争局势逆转。佛朗哥的军队轰炸马德里和巴斯克地区。在杜兰戈，他们屠杀了妇女和儿童。德国飞机空袭了毕尔巴鄂。四月底，格尔尼卡大屠杀激起了一些天主教徒的义愤：莫里亚克、马多勒、贝尔纳诺斯、马利丹提出了抗议。在法国，报刊对少年犯监狱掀起了一场新的攻势：一个十九岁的少年犯在埃塞被虐待致死。政府允诺一切将得到改善，但在埃塞、阿尼阿纳、梅特莱，什么都没有改变。既然无力反抗世界上的种种不幸，我只能选择将它们遗忘。我愉快地谨遵医嘱，去南方休息三星期。

奥尔加送我上火车。我的车厢太热，我热得睡不着，整夜都在看安德烈·巴庸的《卢森堡的球蝾》。清晨，土伦散发着金合欢花和鱼市的味道。我坐上一辆内燃轨道车，车顺着海岸行驶在一条蜿蜒曲折的道路上，颠簸得厉害。每次转弯，我都感觉车要脱离轨道飞出去了。医生禁止我去海边、长途跋涉和任何形式的劳累。我选中了伯尔莫勒米莫沙。车站是一间废弃的破房子，我是唯一一个在这站下车的乘客。一个工作人员也没有。时值正午，阳光和所有普罗旺斯的味道扑面而来。从康复期如坠五里雾中的迷迷糊糊中走出来，这简直就是一次灿烂的重生。一个男人同时和我一起顺着斜坡朝小村庄走去，他帮我拿了行李。从广场上，就能看见大海和耶尔岛近在眼前。不过，我决定和它们保持这个距离就够了。我不再感到任何一点病痛。这是我生平第一次住在村子里，一开始我觉得很有趣。我住在最好的一家旅馆——三十法郎包食宿——我一边拼命往肚子里填食物，一边看着老姑娘们在游廊下玩纸牌。我在山丘上散步，穿过松树林，山上美丽的沙土小路纵横交错，当地人夸张地称它们为"林荫大道"。我又找到一些沉甸甸、毛茸茸、亮闪闪、没有香味的花朵和有刺鼻味道的草，过去我曾经很喜欢把它们放在指尖摩搓。我阅读福克纳的短篇小说，畅享阳光普照。但三天后，我就受不了每顿饭总看见同样的面孔。我背上背包走人了。尽管有医生的叮咛，我还是在波尔克洛岛和克罗港岛溜达了一圈。然后，我就出发朝山那边进发。在科洛布里耶尔，天上下着雨，我在一家旅馆住了两天，我是唯一的顾客。在铺了红色瓷砖的餐厅，我看马佐·德拉罗什的《士兵卡特琳娜》和《雅尔娜》，看得我昏昏欲睡。莫拉维亚的《雄心未了》也有点烦人，而另一部作品，莫尔冈的《胚胎学和遗传学》也一点都不好玩。因为大家都要我长胖一点：我就拼命吃当地特产栗子泥，我在这里仿佛又回到了童年的栗子林。我晚上十点睡觉。我悉心照料自己，这可是一个新鲜的游戏。大家也嘱咐我不要走太多路。但渐渐地，我又恢复了平时的远足。我爬上莫尔山，穿过被大火烧焦的树林，在暴风雨欲来的天空下，前往拉维尔纳大教堂。我发现了圣特罗佩半岛，栖息在山崖上的村庄，荒凉的海角，只有通过海防小路或披荆斩棘才能到达。我读的书和眼前的风景交织在一起。在埃斯特雷尔红色的岩石中间，在的确如魔鬼般酷热的"地狱山口"，我被奥威尔①《巴黎伦敦落魄

---

① George Orwell（1903—1950），英国作家，以《动物农场》和《1984》闻名于世。

记》中的描写深深吸引住了。我登上维奈格尔峰顶。在塔内隆，我呼吸着盛开的金合欢花的芬芳。健康、欢乐再次在我的血脉中跳动、流淌。

在村子的邮局里，每次我都能收到萨特寄来的信，就像不期而至的礼物。他跟我谈论让一路易·巴罗导演的《努曼斯》，改编自塞万提斯的一出戏，马松负责布景。这是一个全新的表演，常常也不乏精彩。他告诉我一个好消息，让我满心欢喜雀跃：伽利玛出版社要他去一趟，《忧郁》被接受了。下面就是他对此事的描述：

要知道，我两点四十分到达火车北站。博斯特在那里等我，我们打了一辆出租车，我回了一趟旅馆取《厄罗斯忒拉特》。从旅馆出发，我们路过圆顶咖啡馆，我们在那里找到了宝贝蛋，她正在修改另外两个短篇：《不自在》和《墙》。我们三个人一起开工，到四点整，大功告成。我把博斯特留在一家小咖啡馆里，那天您愁眉苦脸地去取回我被《新法兰西杂志》退回的小册子，我当时也是坐在这家咖啡馆里等您。我雄赳赳气昂昂地走进去。有七个家伙在两层楼中间的接待处等人，有等布里斯·帕兰的，有等伊尔什的，有等塞利戈曼的。我对一位坐在一张桌子前面负责几部电话的和蔼女人报了自己的名字，要求见波朗。她拿起其中一部电话的听筒，通报了我的到来。她让我等五分钟。我就坐在一个角落的一张厨房用的小椅子上等。我看到布里斯·帕兰从我身边走过，漠然地瞥了我一眼，好像没认出我来。我开始重读《墙》来打发时间，也是为了给自己找点安慰，因为我觉得《不自在》写得的确很糟糕。一个矮个子的潇洒男人出现了。衣着光鲜，夹着领带夹，黑色西装，条纹裤，护腿套和稍有点靠后戴的圆顶礼帽。一张红扑扑的脸蛋，一个笔挺的大鼻子，目光冷峻。是朱尔·罗曼。别激动，这可是如假包换的。首先，他出现在这里比出现在其他地方的可能性更大，其次，他报了自己的姓名。所以说，没错。过了一会儿，好像所有人都把我忘记了，那个接电话的和蔼女人也离开了自己的座位，去跟还留在那里的四个家伙中的一个借火。他们身上都没带火柴。于是，她站起身，装俏卖萌地数落："哟，你们四个大男人，怎么连个火都没有？"我抬起头，她看看我，犹豫了一下，说："原来是五个。"接着又说："你在这里干吗？""我来见波让先生……不，是波朗先生。""那就上楼吧！"我上了两层楼，发现在自己面前的是一个高大的、肤色黝黑的家伙，柔软的黑胡子微微泛灰。这个家伙穿着浅色服装，微胖，给我的印象像个巴西人。这就是波朗。他带我走进他的办公室。他说话声音清晰，有点尖细的女人腔，软绵绵的。我屁股挨着皮椅子的边沿正襟危坐。他开门见山地对我说："对那些信你到底有什么误解？我不明白。"我说："误解因我而起。我从没想过要在杂志上发表文章。"他对我说："这的确是不可能的。首先，你的作品太长，我们要登六个月才登得完，不过登到第二次的时候读者就云里雾里不知所以了。不过作品蛮不错的。"接下来是好几句您可以想象得到的赞美，诸如"风格独特"等。我很不自在，因为我心想："说完这些，他就会认为我的短篇小说糟糕透顶。"您肯定会对我说波朗的看法根本不重要。不过如果他夸完我的《忧郁》写得不错后，再说他觉得我的短篇小说写得蹩脚，这会让我感觉更不爽。就在这时候，他对我说："你知道卡夫卡吗？尽管你们有不同之处，但在现代文学中，我只看到卡夫卡可以和你比拟。"他站起身，给了我一本《尺度》，对我说："我想把你的短篇小说中的一篇给《尺度》，留下另一篇给《新法兰西杂志》。"我说："它们有点……呃……呃……过于开放了。从某种程度上说，我谈到了性。"他宽容地笑了。"《尺度》在这个方面是很严苛的，不过《新法兰西杂志》什么都登。"这时，我告诉他我还有另外两篇。"好啊！"他说，很开心的样子，"把它们给我，这样我就可以选择和杂志搭调的文章刊登了，不是吗？"如果两地奔波不会妨碍我写完《卧室》的话，我在一星期后把另外两个短篇交到他的手里。随后，他对我说："你的手稿现在在布里斯·帕兰手上。他并不完全同意我的观点。他认为有些章节枯燥乏味。但我不同意他的看法，我认为需要有阴影来衬托出彩的章节。"我又像只过街老鼠，一颗心悬了起来。他又补了一句："你的书肯定会被接受的。伽利玛不可能不接受。而且，我这就带你去见帕兰。"我们下了一层楼，找到帕兰，他这会儿看起来酷似贡斯当·雷米，除了毛发比他浓密一些。"这位是萨特。""我就说呢……"另一个热情地回应。"而且，萨特只有一个。"然后他马上跟我以"你"相称起来。波朗回他的办公室去了，帕兰让我穿过一间摆满皮椅子、椅子上坐满人的吸烟室，带我走进一个朝阳的花园露台。我们坐在刷了白漆的木头椅子上，对着刷漆的桌子，他开始和我谈论《忧郁》。很难一五一十地把他的话重复给您听，但大致的意思就是：他读了开头的三十页，他心想，这儿有一个人物塑造得和陀思妥耶夫斯基笔下的人物一样，应该继续照这个路子写下去，在这个人物身上会发生一些非同寻常的事情，因为他游离在社会之外。但是，从第三十页开始，帕兰就开始失望，开始不耐烦，太多平淡的、民众主义的东西。他认为在旅馆那晚的描写过于冗长（有两个女仆的那一幕），因为旅馆之夜那一幕哪个现代作家都可以信手拈来。维克多-诺瓦尔大街的一幕也太冗长，尽管他也认为大街上一男一女吵架写得真是"妙"。他一点都不喜欢那位自修者，他认为这个人物过于平淡、过于夸张讽刺。相反，他很喜欢恶心、镜子（当人物从镜子中看见自己）、历险、酒吧里人们脱帽致意、互相寒暄那些段落的刻画。他就读到那里，还没有读剩下的部分。他觉得体裁不对，认为如果我不是那么刻意地要把"幻想"的部分和"民众主义"的部分硬结合在一起的话，我的小说就不会让人感觉那么像日记体了。他希望我能尽可能删除民众主义的内容（城市、平淡的章节、诸如"我在韦泽利兹酒吧晚饭吃撑了"之类的废话）和总体行文上的枝枝蔓蔓。他很喜欢德·罗尔本先生。我对他说，总之，从星期天开始，就不再有拼凑的痕迹了（只留下恐惧、博物馆、发现存在、和自修者的谈话、偶然和终结这些章节）。他对我说："在这里，如果我们认为一个年轻作家的书可以做某些修改的话，我们通常都会把手稿还给他，这也是为他好，以便他可以做一些润色和改动。但我知道，改一本书很难。你看好了，如果你不能改，那我们再另外拿个主意。"他有点像一个保护人，很有"长兄"的风范。因为他有事要忙，我就跟他告辞了，但是他约我等他把手头的事情结束后和他一起喝一杯。我要先跟小博斯特开个玩笑。因为我一时疏忽把《忧郁》的手稿也带了出来，于是我走进咖啡馆，把书稿往桌上一丢，一声不吭。他看着我，脸色有点发白，我对他说："被拒了"，装出一副可怜兮兮又如释重负的样子。"不！可为什么？""他们认为平淡无奇、令人生厌。"他一直愣在那里。然后我把一切都告诉他了，他非常开心。然后我又撇下他，去跟布里斯·帕兰喝酒去了。我就不再跟您絮叨在巴克路的一家小咖啡馆里的谈话了。布里斯·帕兰还算聪明，仅此而已。这是一个注重语言的人，和波朗一样：他们就是吃这碗饭的。您知道，老话说得好：辩证法不过是满纸空话，因为我们永远都无法穷尽词语的意思。因此，一切都是辩证的，如此这般。他想就此写一篇论文。我离开他。他一周后写信给我。"谈关于《忧郁》的修改，当然，我会等您来，我们再一起决定该怎么弄……"

我回到巴黎，萨特又告诉我一些《忧郁》事件的新细节。波朗只是拒绝它在《新法兰西杂志》上发表。至于出书，负责写书稿文案的审稿人很为难。得知萨特是由皮埃尔·博斯特推荐的，他就在报告上加了一条注："问一下皮埃尔·博斯特，这个作者是否真有才华。"后来，伽利玛也读了手稿，似乎挺喜欢。他只是认为书名取得不好。他建议用另一个：《恶心》。我当时反对这个改动，后来我才明白是自己错了，但我担心读者会把《恶心》当作一本自然主义小说去读。他们谈好作品将在一九三八年出版。七月，波朗在《新法兰西杂志》上刊登了《墙》。这篇无名之辈写的短篇小说令人称奇，萨特收到很多读者来信。此外，他刚被任命到讷伊的巴斯德中学任教。我呢，我把妹妹在打字机上打好的《精神至上》又重读了一遍。十月开学的时候，萨特会把它推荐给布里斯·帕兰。

我又找回了愉快的心情，享受巴黎的美好。我观看了纽约棉花俱乐部的黑人舞蹈，它再度点燃了我内心对美国的幻想和神往。博览会开幕了。我们几小时地在法国艺术杰作面前流连，但在陈列凡·高作品的几个展厅停留的时间更久，这是我第一次欣赏他的全部作品，从他年轻时代黑乎乎的草稿到欧韦的鸢尾花和乌鸦。西班牙展厅是在七月中旬开幕的，我们在清新的环境中，感受了毕加索的《格尔尼卡》带给我们的震撼。

　　尼赞开完作家大会回来，会议是在空袭轰炸下的马德里召开的。他活灵活现地给我们描绘了轰炸期间形形色色与会者的态度，有的处乱不惊，有的惊慌失措，有一个代表听到一点爆炸声就爬到桌子底下躲起来。他告诉我们在满目疮痍的马德里，革命的热情并没有消减。尽管局势危在旦夕。五月初，无政府主义者和工运分子的叛乱在巴塞罗那引起了一场血战，差点让加泰罗尼亚落入法西斯的手中。内格林重组内阁，着手遏制无政府主义者和托派分子引起的不利于反佛朗哥斗争的混乱。逮捕了波乌姆党的领导，共产党人揭发这个党组织就是叛徒的窝。不过，无政府主义者和社会党人的一个分支指责内格林和斯大林分子，说他们扼杀群众运动的同时就是扼杀共和国。种种情况表明，未来凶多吉少。纳粹的空军增加了对马德里和巴塞罗那的空袭。在北部，佛朗哥的军队也加强了攻势。六月十九日，毕尔巴鄂沦陷。法国左翼的中立派开始意识到自己的错误了。盖埃诺在《星期五》上作了自我批评："在我这个年纪的一代人心底有一大堆令人麻痹的回忆。"他这样写道。最后他总结："为了保卫和平，我们应该接受，战争是可能的。"很多人的态度都开始有类似的转变。但政府并不打算改变它的态度。尽管布鲁姆的内阁是谨慎到了极点，但它还是被铁路部门、保险和银行业推翻了。不过肖当也不可能作出干涉的决定。和新部长一起，掌权的依然是左翼。但当《鸭鸣报》宣布要组建一个完全新型的人民阵线——没有共产党、没有社会党、没有激进党——的时候，它可不只是说着玩儿的。

　　七月十四日夜里，我们在蒙帕纳斯、巴士底街区的小舞会上跳舞，之后，我离开巴黎，萨特有事耽搁要多留几天。我决定挑战一个我之前徒步旅行没有去过的地势更高的地区，帕尼耶建议我去阿洛斯山口附近走走。我中午从洛泽出发，在"三主教区"山脚的一个小屋过夜，第二天清晨开始登山。《蓝色指南》上指定的那条小路几乎看不见，很快我就被脚下悬空的山崖吓住了。为了逃避，我越爬越高，脚下的虚空也越来越深。我停下脚步，从这条路上去，山顶对我而言是无法企及的。但我又想，我现在下山不摔断脖子才怪。我趴在山坡上，一动不动，心怦怦直跳。我试着向前迈一步，疲劳、恐惧让我晃悠了一下。为了稳住自己，我不小心把背包也甩了，它笔直地坠入山谷。如果我像背包那样掉下去，哪能不断胳膊断腿？我又迈了一步，我一米一米缓慢地前行，好像永远都回不到平地了。突然，我一脚踩空，我滑倒了，我紧紧抓住和我一起滚下去的石头。"这下好了！"我对自己说，"该来的还是来了。我完蛋了！"我发现自己掉到了谷底，大腿蹭破了一点皮，但没有伤筋动骨。当我以为自己和死亡擦身而过的时候，我很惊讶自己竟然一点都不激动。我捡起我的背包，一口气跑回洛泽，拦了一辆汽车把我带回山那边阿洛斯山口的山居木屋旅馆，睡觉的时候我郁闷地对自己说："我浪费了一天时间！"

不过在后面的几天，我弥补了浪费的时间。我一路走着，穿过白雪皑皑的高山，穿过荆棘丛生、蛇虫出没的荒凉高原。最后一夜，我睡在一张公园长凳上，身边是熟睡的里耶小镇。当屋顶的瓦片在晨曦中显出轮廓，我坐上一辆公共汽车去马赛，在那里，我将与萨特和博斯特一起乘下午的船前往比雷埃夫斯①。

很久以前我们就开始计划这次希腊之旅了。这次的情况和以往一样，就算我们不是为了赶时髦，那也是受到周围环境的影响。很

---

① Piraeus，希腊的重要港口和海军基地。首都雅典的外港，是阿提卡大区比雷埃夫斯州的首府。

多贫穷的知识分子都想方设法好好地游览这个国家，它离得虽远，但汇率很低。若若前一年去过，在那里感染了疟疾，但她仍然兴致高涨，还给我们提供了很多珍贵的建议。博斯特很想陪我们去，最后说好了他过来陪我们两三个星期。

我在火车站见到了萨特和博斯特，然后我们一起去买东西。统舱的票只能坐船，不提供三餐。多亏在车票上省了钱，我们现在口袋鼓鼓的，在天堂街琳琅满目的熟食店，只要是看见让我们眼馋的东西都买下来。这种感觉很爽，与其说是在买东西，不如说是在抢东西。我们登上"开罗城"号游轮，在统舱的乘客中，下意识就有一种"种族隔离"的现象。贫穷的归国移民带着他们的包袱聚在船头，为数甚少的游客懒洋洋地躺在船尾。我们租了甲板椅，放下包、毯子——我们甚至没有睡袋——和博斯特带的一个炉子，他是我们此行的技术顾问。还有两对夫妻，三十几岁，组成另一个营地。其中一个女人我们曾在蒙帕纳斯遇见过，她褐色头发、聪明机警、大腿粗短，而她丈夫高大、金发、古铜肤色、英俊潇洒，我们给他起了个绰号："和善的大个子"。他的背已经被太阳晒脱皮了，她在他被灼伤的地方涂药膏。早上六点，当水手们用水冲甲板的时候，他们穿着泳装在冰冷的水中跳跃嬉戏。他们好像非常幸福。

我们也很幸福。博斯特的炉子很快就坏了。不过厨房的师傅们允许我们在他们的炉子上热我们的腌酸菜和罐装炖菜。他们还给我们葡萄和桃子。我们吃吃东西，睡睡觉，看看书，聊聊天。船像摇篮一样摇晃着我，太阳晒得我昏昏沉沉的，我的内心有一种愉快的茫然。我又见到了墨西拿海峡，夜里，斯特龙博利火山喷出火光。时间和游轮一样，慢慢地行走，直到科林斯运河。直到比雷埃夫斯。顺着一条坑坑洼洼的路，一辆出租车把我们带到雅典。

自从一九三六年以来，梅塔克萨斯就是希腊的独裁者。时不时地，我们看到穿着百褶裙的士兵在广场上列队操演。但雅典看上去不像一个军事独裁国家的首都，它混乱、凄凉，极其贫穷。初见之下，我觉得雅典卫城四周的市民街道很有意思：粉色或蓝色的小房屋，很矮，有露台和室外楼梯。有一天，当我们经过的时候，几个孩子朝我们扔石头。"瞧，他们不喜欢外国人！"我们心平气和地想。不久，当我们穿过一个贫困的地区时，我感觉到了当地人对外来客的仇恨，这让我大受震动。不过我们当时只有三十来岁，尽管我们对世界上的不公正义愤填膺，但有时候，尤其是在旅行的时候，美丽的风景会让我们忘乎所以，把不公正也当作一种自然产物了。面对希腊孩子们的石头，我们也搬出了我们常用的遁词：他们憎恨的游客并不是我们。我们从来不把客观环境赋予我们的身份当真。故作天真、自欺欺人，这样我们就可以不理会可能会坏了我们游兴的现实。不过，我们在比雷埃夫斯的几个街区还是感到了不自在，一排排的棚屋漆得非常光鲜，但赤贫和脏乱一览无遗。蜗居在这些地方的人并不像那不勒斯人那样把城市的脏乱也当作温馨热闹。他们都是些流浪汉、外国侨民、落魄之人、下等人。衣衫褴褛、饥肠辘辘、遍体疮痍，他们既没有意大利人的和蔼也没有他们的欢乐。满街都是乞丐，不怀好意地拿他们的伤口示人。残疾、畸形、失明、缺胳膊断腿的儿童数量之多让人震惊。在比雷埃夫斯码头，我见过一个脑积水的小孩儿，他的头就是一个可怕的瘤，几乎辨认不出五官。总的看来，所有雅典人都是忧郁的，甚至小资产阶级和富裕的中产阶级也不例外。在咖啡馆的露天座，看到的尽是微微发福的男子，穿着深色衣服，沉默寡言，神情抑郁地拨弄着他们的琥珀念珠。如果顾客跟店主要一份店里没有的食物、一份还没送到的报纸，店主的脸上就露出不屑和诧异的表情，点点头，这个动作在法国是表示"好，可以"的意思，在这里却表示铺天盖地的无奈。

　　我们在欧莫尼埃广场附近一家破旧的旅馆里租了一个房间，老板同意让博斯特免费住在露台上。有时候，博斯特更喜欢在普尼克斯山冈的松树下过夜。为了用早餐，我们要走到相对奢侈的竞技场路的最高处。早上九点，气温已经接近三十五摄氏度，我们冒着汗坐在一家知名的糕点店的露天座上，我吞下一杯奶油牛奶巧克力，还加了一个蛋黄让它更浓稠。这是一天中最好的一顿饭。优雅的法国餐厅我们去不起，在欧莫尼埃广场附近的小餐厅我们吃得很糟糕，那里的菜单是用错误百出的法语写的："羊杂串"。米饭半生不熟粘牙齿。在周围所有街道上，到处都是烤羊杂串的味道，但我们对它毫无兴趣。而且，自从我在雅典的集市上看到所有那些傻乎乎的绵羊，大大咧咧地展示它们贫血、可恶的身躯之后，我就对绵羊不感冒了。记得有一天，我们顶着正午的烈日，在竞技场路上找一家餐馆。萨特先把所有餐馆全部数落一番，又因为天热，忽然发起火来。事后他把自己嘲笑了一番。"一九三七年七月二十八日。保罗生大气。"他咕哝着，假装在读旅行日记中的一段文字，但其实我们并没有记日记。就在这一天，或许是另一天，我们发现了一个阴凉的德式小啤酒屋，从那以后，我们就几乎只吃火腿蛋煎土豆果腹了。在咖啡馆，我们喝着非常小杯的黑色糖浆一样的饮料，那其实是咖啡，我很喜欢。我们吞下大杯大杯的带着漂白粉气味的冰水，杯子放在杯垫上，喝的时候舀一勺樱桃果酱放在杯子里。

　　我们整天都在街道、市场、港口、利卡维托斯山、博物馆里晃荡，但去的最多的地方是雅典卫城和普尼克斯山冈，从山上眺望卫城。美比幸福更难以言表。如果我说，我见到了雅典卫城，在博物馆我见到了雕像，毋需多言，不然就要专门为它另写一本书。在这里我不去描绘希腊，我只记录我们在那里的生活。现在，面对希腊神庙，我们不会再惊愕得目瞪口呆。我们已经学会了如何用语言来表达。普尼克斯山冈又勾起了我们对那些已逝的久远岁月的幽思：古代雅典的公民大会、人群、喧闹。但更多时候，我们感动得说不出话来。日落时分，我们注意到伊米托斯山的确是紫色的。这时候，门卫就会赶我们离开卫城。萨特和博斯特从大理石台阶由高到低飞奔而下，台阶旁边立着一块牌子，上面写着："此处禁倒垃圾"。这让萨特灵光一闪，编出一段有点克洛岱尔韵味的打油诗：

> 坐在大理石台阶上，
> 小博斯特如痴如醉，已入忘我之境，
> 但一想到"此处禁倒垃圾"，
> 他只好，拍拍屁股赶紧走人。

我们精心安排了一次基克拉泽斯群岛的旅行，途经米克洛斯岛、但洛斯岛、锡拉岛和桑托林岛。我们常常睡在破旧的小船甲板上，就像当初我们在"开罗城"号游轮上一样。我们离开比雷埃夫斯那晚，空中升起一轮大大的、泛红的月亮，空气是那么轻柔，让我心襟荡漾。幸福又一次在我心中复苏，我睁开眼睛看大熊座。在米克洛斯岛，我们喝着咖啡看风车。一叶轻舟把我们带到但洛斯岛。大海波涛翻滚，我的五脏六腑也翻江倒海。"我们在但洛斯待四小时还是三天？"萨特问我，对我的胸闷反胃无动于衷，把一切都归咎于我的不情不愿。"待四小时还是三天？拿主意啊！"我才无所谓呢，我的身体、我的三魂七魄都不知所踪了。他还一个劲地逼问我："现在该决定了。"我咕哝了一句："三天。"然后就差不多昏死过去了。我头昏脑涨地走在前往游客招待所的路上。两个房间已经被两个年轻的、穿着洁白无瑕的短裤的英国人占了。但是经理帮我们把行李放在露台上。萨特留在木屋里，我和博斯特一起去泡海水浴，终于让我的肚子舒服了，又晒了一个太阳浴，结果把后背给晒伤了。但我还是毫无怨言地忍受了身体的苦痛，因为我在这里很开心。我们很喜欢在神庙的大理石中间做沉思状的石狮子！就像在庞贝古城一样，我们很喜欢大部分的废墟其实也是一个活生生的城市：一个有商店、仓库、铺子、水手餐厅的港口！一大清早，一些女人穿着当地服装上了米克洛斯岛，搬出一堆旅游纪念品，在码头摆起摊来：围巾、壁毯、帽子、假首饰，都是便宜货。大约十一点，一艘游船在这里靠岸，游客们下船，乖乖地由一个导游带着，跟在维苏威火山上一样。他们逗留不到三个钟头，大多数游客在旅馆吃午饭。他们走马观花地参观废墟。几个爱冒险的想爬上西恩托斯山，但汽笛声已经催促他们回码头了。他们买一些小饰品，我们看着他们带着一脸高高在上的洋洋自得上了船。小贩也再次登上她们的小舟。小岛又归我们所有了。过了一会儿，我们登上西恩托斯山，看着远处岛屿在闪烁，接着就消失在紫色的暮霭中了。让我仿佛置身天堂的地方不多，但洛斯岛是其中的一个。

在带我们去锡拉岛的蒸汽船上，我们睡在臭气熏天的鸡笼旁边。早上，我们在古老的白色房屋之间来来去去，在楼梯上上上下下。下午，我和博斯特去十公里外岛的另一边泡海水浴。我们凌晨三点要坐船去桑托林岛，我们三个人都靠在码头的一个大沙堆上睡觉。我睡得很沉。我们黎明启程，第二天黎明我们在桑托林岛的悬崖峭壁下醒来。蒸汽船在离岸还有一段距离的地方抛锚，马上就有几条聒噪的小船围了过去。三个大胡子的法国年轻人担心"被宰"，傲慢地跟他们讨价还价，却掩饰不了他们的吝啬。在一个贫穷的国家旅游，他们或许会认为不让别人吃亏就是让自己吃亏。我们私底下恰如其分地把他们指责了一通。我也替他们感到惋惜，毁了呈现在眼前的奇观真是愚蠢之举：血红色的悬崖直插入蓝色的海水，悬崖顶上白色的房屋熠熠生辉。几个船夫，然后是石阶小道，带我们来到村子里，我们想住在伏尔甘①旅馆，于是四处打听。人们抱歉地摇摇头，或笑一笑。有一个人给我们指了指墙上的一个洞，原来是一家旅馆。旅馆老板给我们端来浓浓的咖啡，还拿来一个水烟袋，博斯特和萨特轮流煞有介事地吸了几口。我们又问起伏尔甘旅馆。他终于明白了，跟我们解释说我们走错了村子。我们并没有在岛上的重镇泰拉上岸，而是在小岛最北边的奥厄。没关系，我们只要顺着悬崖边的小路走，用不了三小时就可以到那里。我发现悬崖并不是真正的红色，它更像堆了几层红色素、巧克力、赭石、樱桃、橙子、柠檬的千层饼。在我们对面，凯梅尼群岛像无烟煤一样闪耀。我们找到了伏尔甘旅馆。为了节约，也是怕有臭虫，我们要老板同意让我们睡在屋顶上，他答应了。我又度过了几个天堂般的夜晚。睡硬水泥地我也毫不在乎。裹在被子里，我们听到头顶上有呢喃声、轻轻的脚步声，是人和狗在其他屋顶上走动的声音，因为城市一层层建在山坡上。早上，旅馆老板的女儿把我们叫醒，给我们端来一罐水和一个脸盆。我们看到脚下是一个个用石灰刷白的圆穹顶、上了浆的露台，在波光粼粼的海面上，是凯梅尼群岛的硫黄烟和熔岩。从我眼睛睁开的那一刻起，我就沉浸在一幅如此壮观的景色里，我以为自己心中有什么东西要胀裂了。

早上，我们在旅馆喝咖啡；晚上，我们在那里吃晚饭。给我们上的菜是瘦骨嶙峋的鸡，我在比雷埃夫斯的市场上见过，就像绵羊一样让我觉得可怜。中午，我们总在远足的途中。最远的一次我们走到塞拉废墟和斯塔夫罗斯神庙。我们穿过葡萄园，脚下的火山灰

---

① Vulcan，天神朱庇特之子，奇丑，瘸腿，却娶了最美丽的女神阿芙洛狄忒。天生有操控火的能力，打造诸神的神器，被视为象征权力的神。

小径踩上去软绵绵的，好像要陷下去一样，迈一步跟平时走三步一样累人。我们沿着白色的矮墙渐行渐远，一路上不时冒出一株干瘦的无花果树，太阳晒得厉害。而且，我们也有点迷路了。萨特气急败坏："这真是磨人啊！"他咕哝着。接着，他又不无道理地加了一句："我是来旅游的，又不是来参加童子军集训的！"他平静下来，到达艾姆伯里欧的时候，我们三个都累坏了，我们打算在这里吃午饭。灼热的大街上一个人影都见不着，所有房子都关着门。好不容易看见一个穿黑衣的女人，我们刚想过去跟她搭话，她就逃开了①。我们在这个"火炉"里兜圈子。最终，我们找到一家咖啡馆，里面全是苍蝇嗡嗡乱飞。给我们端来了西红柿色拉，几只死苍蝇也拌在里面，浸在比我们在塔里法吃过的更让人恶心的油里面。为了解渴，我们有两个选择，一是我们谁都受不了的有树脂味的葡萄酒，二是带淤泥的池塘水。我尝试轮流喝这两种饮料，先喝了一口葡萄酒，又喝了一口水，想用一种味道赶走另一种味道，结果还是不得不打消这个念头②。

我们乘船去凯梅尼群岛。烟从含有硫黄、热得烫脚的地面冒出来。蔚蓝的海水中间冒出这个黄色斑驳的黑色火山口的确令人称奇。萨特和博斯特在小岛附近潜水，围着小船游泳。有时候，海水会烫他们一下，脚下仿佛是无底深渊，这让他们恐慌。他们很快就回到船上。

我们直接从桑托林岛回雅典。萨特和博斯特蹲在甲板上，叼着烟斗模仿希腊音乐，他们的鼻音学得很像。中途停靠的时候，博斯

---

① 在《苍蝇》的第一幕，有关阿尔戈的描写，萨特就是受到了艾姆伯里欧的灵感激发。——原注
② 一年后，帕尼耶在我们面前把艾姆伯里欧说成是一个迷人的小村庄，他和泰蕾丝在旁边的一个小旅馆吃了一顿美美的午餐。——原注

特就跳到水里，在船周围游泳。他留在比雷埃夫斯坐船回法国。后来他跟我们讲述了他在一家乌烟瘴气的小酒吧度过的希腊之行的最后一夜。他问老板娘被我们称作"污水坑"的厕所在哪儿，她做了一个夸张的手势，一边指着大海，一边像色诺芬一样大喊："大海！大海！"

　　我和萨特去了德尔斐①。大理石和橄榄树是那么和谐，映衬着远处的海水，胜过世界上任何地方的美景。第一晚我们露天睡在竞技场上，狂风大作，以至于我们第二天就在旅馆订了一个房间。真是万幸，因为当晚暴风雨来袭，鞭打着废墟和树木。我们把鼻子贴在玻璃窗上，庆幸不已，听宙斯愤怒的雷霆落在莽撞的法厄同之流的头上。我们又去了伊特厄，在一家糟糕的小客栈睡了几小时。半夜，我被人叫醒起来坐船，我从一扇敞开的门里看到一个穿着黑色长裙的女人，背对着门在梳她长长的黑发。"她"转过身，竟然是一个大胡子男人，一个东正教神甫。他们一群人要和我们一起穿越运河。我设计了一条翻山越岭抵达奥林匹亚的巧妙路线：齿轨铁路把我们送到梅加斯皮勒翁修道院——这个修道院非常有名，但三年前毁于一场大火——之后，我们到了一个萧条的水城，在那里吃了中饭。我们租了一辆车，开了四十公里，一道山涧拦住了去路，我们只好停车步行。我们顺着蜿蜒的山路走，山色在青紫和绛紫间变换，覆盖着暗绿色的矮植被。萨特背着我们的背包，头戴一顶大草帽，手里拄着一根拐杖。我呢，我的胳膊下面夹着一份地图。一个人影也没看见，只有远处有几条黄狗，萨特朝它们扔石头赶它们走。他一向怕狗。走了四小时的路，我意识到，就算在希腊，晚上

---

① Delphi，一处重要的"泛希腊圣地"，也就是所有古希腊城邦共同的圣地。这里主要供奉"德尔斐的阿波罗"，德尔斐神谕也在此颁布。据说阿波罗神庙入口刻着"认识你自己"的格言。

露天睡在一千二百米高的山上，也是需要户外装备的。我忧心忡忡地看着暮色降临。拐过一个弯，突然，一个村子的灯光在前面闪耀，我看到在一个木阳台上写着："客栈"。雪白的床单。第二天早上，我发现有一辆公交车去奥林匹亚。我们任由车子带着我们穿过遍地都是晒着黑葡萄的柳条筐的田野。

我们花了三天时间在奥林匹亚的一个个平台上溜达，穿梭在倒地的巨大石鼓柱中间。这些安静的遗址不如但洛斯岛和德尔斐那么令我们动容。夜里，我们睡在克罗尼恩山坡的松树下。我们在枕边点了一些绿蚊香驱蚊。我们套上睡衣，裹在被子里。寂静中，突然响起咒骂声。原来是萨特一翻身，就顺着满地松针的山坡滚下去了。他爬上来，擦伤了脚。又过了一会儿，我听到一些脚步声，我看到手电筒的光："和善的大个子"和他的那帮朋友就睡在我们上面几米远的地方。我们曾经在村子里见过他们，当时他们正坐在私家花园的凉亭下喝酒，一直都是兴高采烈的模样。

下午晒得厉害，只能一大早或傍晚在外面走动。我们下午五点出发去安兹里采纳。我们在芦苇丛中迎面碰到两个英国小伙子，他们正打那儿来。他们有一个向导，还有一头驴驮他们的行李。在我们看来，这样讲究真是太麻烦了。我们在树下睡觉，黎明启程。照我们计算，我们大约十点可以到达克里斯托布洛斯先生的旅馆，若若曾经跟我们大大吹嘘过一番，那时太阳还不会太晒。《蓝色指南》上说渡过阿尔菲奥斯河并非难事。事实上，这条河就像一条九头蛇[①]，有无数的小支流，水深及肚脐眼，我们花了两个多小时才渡过去。而且，我还低估了路途的遥远。下午一点，我们在四十摄氏度的大太阳底下，到了一个全是小石子的山丘脚下。没有一处庇荫

---

① Hydra，希腊神话中的怪兽，每个头被斩断后又会生出两个头。

的地方。萨特的脚上扎满了荆棘，好像有火红的烙铁在灼烧我们的喉咙。有那么一时半刻，当我们累趴在石头上，我们感到了绝望。然后，我们站起身，继续攀登。我看到一座房子，跑过去要了点水，喝了个痛快。当我朝萨特走回去的时候，看到他正挥舞着拐杖对付一条恶狠狠的黄狗，草帽下的脸涨得通红。他也喝了水，然后重新鼓起了勇气。一小时后，我们走到一条大路上，然后就到达了一个村庄。我们瘫坐在一家小咖啡馆的阴凉处，打电话给克里斯托布洛斯先生，让他开车来接我们。我们一边等他，一边吃了白煮蛋当午饭。这里除了白煮蛋啥都没有，甚至连面包都没有。安兹里采纳旅馆，还有它的厨艺，在我们看来都是一种美妙的奢华了。

　　我们骑在骡背上登上了巴塞神庙，接着乘巴士去了斯巴达，那里没什么可看的，还有米斯特拉，我们在一个废弃的宫殿的地上睡了一夜。当我们睁开眼睛，发现五六张困惑的脸，裹着黑色的头巾，正俯身看着我们。我们参观了所有教堂，看了所有壁画，如痴如醉地沉浸在大规模的拜占庭艺术之中。在骸骨堆中，萨特偷了一块头骨，我们把它带走了。坐在暴君宫殿的阴凉处，我们吵了一架，这辈子我们就吵过两三次难忘的架，这次算一次。我计划登上泰戈托斯山：上山九个半小时，下山五个半小时，山顶有避难小屋和泉水，都考虑到了。但萨特坚决不同意，他可不想送命。不过我想，乱石丛中我们的确很容易迷路，多多少少都会被太阳晒得半死，但是在泰戈托斯山山顶看日出，我们能错过这个奇观吗？我们最终还是错过了。

　　迈锡尼。在陵墓中，在石狮门前，我们体验到了和在雅典卫城一样的"颤栗"，布勒东对此有过妙论，它是和绝对的美相遇时产生的。而世上最美的风景，或许就是克吕泰涅斯特拉趴在城堡的栏杆上所看到的画面，她眺望远处的大海，等待阿伽门农回来。我们在旅店住了两晚，一晚住在"美丽的海伦"，一晚住在"墨涅拉俄斯王"，光听名字就令人神往。

在纳夫普利翁，我们下了海。海湾上方，是一座小山，长满了北非无花果树，腐烂的果实散发出一股淡淡的、发酸的气味，山上有一座监狱。一个看守在仙人掌和生锈的铁丝网中间来回巡逻。他自豪地打了一个手势，指了指一个带铁栅栏的窗户，用法语说："希腊所有共产党都关在里面！"于是，我们又想起梅塔克萨斯这个独裁者。当我们睡着的时候，我们又把他忘得一干二净了。当我们醒来，脚下是埃皮陶洛斯露天剧场，无边的苍穹是我们的屋顶！这是我最难忘的记忆之一，我真恨这些美好的回忆都会随着我的死去而消失不见。

之后是科林斯，我们觉得很无趣。再回到雅典。接着是艾伊娜岛，它精心修建的港口和优雅地矗立在芬芳的松树林中间的神庙。然后我们出发去马其顿。已经八月底了，我们的钱也差不多用光了。博斯特本应该帮我们把工资领了，然后悉数汇到萨洛尼卡。但是，动身那天我们身上剩下的钱实在太少了，为了能撑二十四小时，我只买了些面包、一罐果酱和几个大洋葱。当我们到萨洛尼卡的时候，汇票还没到。唯一的办法，就是在旅馆包食宿，饭钱和房费一星期后一起结。不幸的是，没有一家旅馆提供餐饮服务。于是，我们到了最舒适的那家旅馆，坚持要求包食宿，惊讶的老板最终和码头附近城里最好的一家啤酒屋谈妥了。这样，我们吃的、睡的都有着落了。但我们在娱乐这一项上的开支就必须精打细算。在一个露天电影院，我们还是兴味索然地看了《梅耶林》，心满意足地看了希区柯克导演的《三十九级台阶》，不过当时我们并不知道他的名字。但是，在萨特买包烟，在我给自己买一个我很爱吃的、美美的、粉粉的脆酥饼之前，我们是多么纠结啊！我们一天跑两趟邮局，仍然没有汇款。情况已经变得万分危急，我们几乎身无分文。在一条街上，我们偶遇让·普雷沃，他是皮埃尔·博斯特的一个朋友，如果我们问他先借点钱，他肯定不会拒绝，但我们没敢上前打搅他。我们原本没打算在萨洛尼卡待那么久。大教堂的典雅、花园迷人的清凉和穹顶我们最后都看腻了。

汇款一到，我们立刻动身。我想看看梅特欧拉。从沃洛斯出发，往返要坐十四个小时的火车。对自然风光没多大兴趣的萨特强烈反对。为了让我高兴，萨特常常都依着我，所以尽管我很矛盾，这次我还是听他的。虽然内心并非没有挣扎，我一个人躲在船舱里气得嚎啕大哭。轮船在巨大的暗礁和浮石岩中间行驶。我看着埃博厄岛的海岸，对自己说，那里有美妙的风景等着我，而我却不能前去赴约。

回到雅典，在"泰奥菲尔·戈蒂耶"号游轮上安顿下来之前，我们在一家法国餐馆大吃一顿。这艘大游轮没有"开罗城"号上的欢乐气氛。在这里也一样，移民和游客之间也有一种不自觉的"种族隔离"。游客人数更多，而移民更穷、更脏。我只买了很少的食物带上船，厨师又无权卖任何东西给乘客，不过他们会慷慨地送我们一些水果和糕点。但我们还是饥肠辘辘，九月中旬，天气已经转凉。大海波涛翻滚，我从头到脚都感受到了回家的沮丧。

和萨特在马赛一起待了两天让我恢复了体力和好心情。他回巴黎。我和奥尔加一起去阿尔萨斯逛一下。在斯特拉斯堡，她带我看了她童年常去的地方，晚上，在一个舞厅里，我们惊愕地看着阿尔萨斯人跳探戈。我们参观了巴尔、奥贝奈和一堆五颜六色像动画片《糊涂交响曲》中的布景那样的小村庄。我们尤其喜欢孤零零矗立在冷杉树林上方的粉红色的要塞。奥尔加欢快地走在平缓的山坡上，穿过茂密的树林。我们很穷，多数时候都吃洋葱饼和厚厚的猪油火腿蛋糕。晚上，我喝点白葡萄酒，我们睡在小木屋、林舍或青年旅馆里。寒冷的天气还是影响了一点我们散步的乐趣，因此，回巴黎我们也不觉得遗憾。

利奥奈尔·德·卢勒已经离开勒阿弗尔到了巴黎。但一年来，他都在生病。肾结核中断了他的学业。他在圣克卢医院待了几个月，我就是在这家医院治好我的肺充血的。之后，他回到他在布罗卡街的小公寓安顿下来。他接受了几次非常难受的治疗，还动了一个非常痛苦的手术。有时候，病痛好像被控制住了，但有时候又会发作。他安之若素地忍受病情的起伏，还有发病时可怕的苦痛。他已经着手写一篇论文，研究自身对疾病的反应。他的体验和萨特的想法不谋而合：当痛到极点，他发现脑子里会出现一个空白，这种空白会阻止他确切地捕捉、感受病痛。他满腔热情地投入这项工作中，而这项工作也帮助他承受身体的现状。但在六月份，他旧病复发，医生发现结核病已经感染了他的骨头，把他送到贝尔克的医院。九月底，我们在开学前抽了两天时间去陪他。尽管我之前看过不少贝尔克的有关资料，但这个地方比我想象中的还阴森恐怖。刮着凛冽的大风，天空和大海阴沉沉的，露出沥青的颜色。医院很奇怪。房间里没有家具，或者说几乎没有。餐厅里也没有桌子，到了吃饭的时间，护士们把小推车排放好。不过利奥奈尔好像并不沮丧。他对身边的一切都感兴趣，他几乎从中能得到乐趣，这种好奇心让他有了一份超脱。他给我们描绘这个奇怪的世界里的种种惯例，给我们讲了一堆奇闻轶事，尤其是病人之间的爱情，或病人和护士之间的爱情。这些故事，源自最残酷的现实，贝尔克的医院的氛围给了萨特创作《缓期执行》的一个章节的灵感，而这部作品尤其受到"正人君子"的非议。

我们和外省已经一刀两断了，终于我们两个人在巴黎生活了。再不用坐火车奔波，再不用在火车站等待。我们在一个小旅馆安顿下来，比"皇家布列塔尼"好很多，是我在普罗旺斯休养期间萨特找到的。旅馆位于曼恩大街和蒙帕纳斯公墓之间。我有一张沙发床，几个书架和一张舒适的办公桌。我养成了新习惯：早上，我在嘈杂、明亮的三个火枪手咖啡馆的吧台喝一杯咖啡，吃几个羊角面包。我常常在家工作。萨特住在我楼上。这样，我们可以享受共同生活的所有好处，又可以避免它带来的所有不便。

现在，既然我的短篇小说已经写完，我下一步该写什么？有一些主题在我脑海中已经萦绕了很长时间，但我不知道如何入手。一天晚上，开学后不久，我和萨特坐在圆顶咖啡馆的最里面。我们正在谈论我的创作，他批评我太腼腆了。在我最近写的那本书里，我谈到了自己最关心的问题，但都是通过一些令我反感的或稍有好感的人物来表现的。这很可惜，比如我是通过尚塔尔的眼睛去看安娜的。"说到底，您为什么不把自己写到书里面？"他突然抬高嗓门对我说，"您比那些勒内、丽莎之流都更吸引人。"血一下子涌到我的脸颊上。天气很热，和往常一样，我们周围有很多烟雾和噪声，我感觉脑袋上被人重重打了一下。"我永远都没这个胆量！"我说。把自己活生生地放进一本书里，没有距离，袒露自己，不，这个想法让我害怕。"要敢写！"萨特对我说。他又催促我：我有属于我自己的方式去感受、去行动，这才是我应该表达的。就像每次他坚持一个计划的时候，他的话都会激起很多可能性和希望，但我还是害怕。到底怕什么呢？在我看来，到我用自身的存在来滋养文学的时候，文学就变得和幸福、死亡一样重要了。

接下来的几天，我仔细思考了萨特的建议。他鼓励我认真对待三年多以来我断断续续一直在思考的一个题材。这个题材我曾经有所影射，但我得把它重新再写一遍。就像死亡，大家谈论它，却从来没有直面正视它，别人的意识对我而言也只是"某某说"而已。当我要去把别人的意识表达出来的时候，我会感觉做了一件可耻的事情，跟死亡一样，是不能接受的。但荒谬的是，这两者可以互补：我剥夺了他人的生命，于是他就失去了对世界和对我的所有权力①。一九三四年发生的一件事对我触动很大。一个年轻人杀了出租车司机。"我没钱付他车费。"他这样解释说。他宁可犯罪也不愿意没面子。从某种意义上，我理解他。这则社会新闻让我浮想联翩，因为它跟我一直在思考的问题不谋而合。我无法容忍自己去想死亡这个问题，如果我想象一个暴力的死亡场面，我会喘不过气来。我的意识，会像我小时候一脚踩破的鼓鼓的豆荚一样在刹那间破灭。同样我也可以让他人的意识在刹那间破灭，谋杀玄妙的一面让我着迷。此外，出于一些道德上的原因，犯罪是我最经常会出现的幻想。我仿佛看到自己站在被告席上，面对检察官、法官、陪审员和听众，承担自己做过的事情的后果。独自承担。自从我遇见萨特，我就把为我的人生辩护的任务推到了他身上。我知道这种态度很不负责任，但我从来没想过要去改变它。唯一的出路，就是完成一件没有人能替我完成的事，同样也没有任何人能替我承担这件事的后果，不过这件事需要社会监督，否则萨特会和我一起分担。只有一桩有加重情节的罪行才能让我完全孤独。我常常把这些主题或紧或松地联系起来，从中得到乐趣。一个意识在我身上显露出来，不可动摇。出于嫉妒也好，出于羡慕也好，我犯了一个错，之后只能听凭这个错误的摆布。只有消灭它才能让我自己得到救赎。出于对西蒙娜·韦伊的敬畏，我想以她为原型塑造一个主人公，好让我

---

① 我当时并不知道黑格尔的这句话："一切意识都在追求他者的死亡。"我直到 1940 年才读到它。——原注

对照自己。当我跟萨特谈及这个想法的时候，他反对说，一个想通过客观世界和一般理性去投身号召民众事业的女人，是不可能表现得那么内向的。奥尔加年轻、沉默，因被卷入"三重奏"的鲁莽尝试而心情抑郁，虽然这些都和我截然不同，却比西蒙娜·韦伊更适合做我书中的主人公。我马上就被他说服了。但早在她在我的生活中占据一个重要位置前，我就已经有了《女宾》的构想。

我没有那么大胆，一下子就单刀直入，去坦率地思考作为三十岁女人的我。我兜了个圈子，这也说明了我缺乏写作技巧。我坚持我的女主人公，用戴·赫·劳伦斯的话说，就是一定"要有根"，他的这句话曾经让我印象深刻。我很欣赏福克纳在《八月之光》中打乱时间顺序的手法，但他的手法适合用在一个表现宿命论的故事上，而我所要表达的是不可预知的自由。此外，我也知道，如果使用"闪回"来打破故事发展的时间顺序，叙事就会变得拖沓。因此我决定直接从人物的童年和青少年开始写，这个人物是我自己的化身，我给她冠以我母亲的名字，弗朗索瓦丝。我不会借由她来讲述我真实的回忆，而是保持一段距离，再次模仿约翰·多斯·帕索斯的手法来描绘她。我又一次挖掘《精神至上》中我曾经在尚塔尔这个人物身上探索过的主题：我试图指出为了让自己变得举足轻重，少女们是多么容易玩起手段耍起心眼。我给弗朗索瓦丝安排了一个女友，我给她取名伊丽莎白，尽管她和莎莎没有任何相似之处。对伊丽莎白外貌的描写，我借用了我的一个高一学生的长相，她十五岁，长着一头茂密的浅色金发，穿着紧身黑裙，像个风骚的浪荡女。她咄咄逼人的自信让她的中学同班同学弗朗索瓦丝佩服得五体投地。又一次，我把他者当作一个幻象来呈现。的确，伊丽莎白是她哥哥皮埃尔亦步亦趋的影子，弗朗索瓦丝一开始几乎没有见过皮埃尔。我花了不少笔墨来渲染弗朗索瓦丝和一个有点像艾尔博的年轻的艺术史老师之间阴晴不定的关系。最后，她结识了皮埃尔·拉布鲁斯，他们的生活走到了一起。伊丽莎白非常爱她哥哥，但这份爱又只能压抑在心里，因此她嫉妒弗朗索瓦丝，后来，她自己竟然也迷上了弗朗索瓦丝。我花了一整年的时间写这本书的第一部分。

与此同时，萨特在写一篇关于现象心理学的论文，他给它取名《论精神》，但后来只摘录了一个章节发表，题为《情感理论初探》。他发展了在《论自我的超越性》中已初见雏形的精神客体的理论。但是，在他看来，这不过是个练习，所以写了四百页之后他就不再继续了，转而去把他的短篇小说集写完。

奥尔加和父母和好了，假期她在伯兹维尔过的。她父母思想蛮开明的，同意她到巴黎上闯一闯，好过在小镇上无聊打发时日。六月，我建议她去搞戏剧。一直叫她"干女儿"的卡米耶也鼓励她这么做。十月，她进了作坊戏剧学校，在杜兰面前表演了梅里美《机会》中的独白，我曾帮她一起准备。尽管她在面试的最后哭得稀里哗啦，他还是祝贺她过关。接下来的几星期，她非常高兴地听他的课。他让她好好研究一个新角色，这个角色的台词她已经烂熟于心了。但她在学校里什么人也不认识，她待在自己的角落，没有跟其他任何同学交谈过一句话，她不敢请他们中的任何一个给她配戏。所以当杜兰叫她试演的时候，她只好可怜兮兮地承认："我没有配戏的搭档。"杜兰抬眼望天，举起手臂，帮她指定了一个搭档。他让他们在接下来的几天一起排练，一周后要演。奥尔加吓坏了，一连几个月都没再去作坊剧场。她对此深表遗憾，因为杜兰的讲授让她着迷。她没有跟我坦白这次开小差，一个人闷着不说弄得心事重重，她一直自责，这让她的生活没办法变得轻松。被"流放"到贝尔克的医院的利奥奈尔把自己的公寓借给她暂住。她常常把自己关在房里，一支接一支地抽烟，沉溺在阴郁的幻想里，周围是一片混乱。她的坏情绪也影响了她和我的关系。这是我们的友谊最糟糕的时期。

这也是我生命中最糟糕的时期之一。我不愿意承认战争有可能发生，更不愿意承认它近在眼前。但就算我像鸵鸟一样把头埋在沙子里也无济于事，我周围的威胁在逐渐增大，将我压垮。

在法国，人民阵线又垂死挣扎了几个月。当社会党人从肖当政府退出的时候，它瓦解了。左翼垮台了，法西斯的威胁却与日俱增。在普雷斯堡路上的几次爆炸事件[①]之后，一个调查表明被"法兰西行动"命名为"蒙面党"的秘密组织有多么庞大。它是多起未能破获的谋杀案的元凶：工程师纳瓦基谋杀案，他的尸体是在布罗涅森林里找到的；蕾蒂莎·杜罗，在多雷门附近的地铁车厢里遇害；罗塞利兄弟被杀，他们是反法西斯运动"正义和自由"的创始人。一月底，四十个蒙面党徒锒铛入狱。米勒将军的失踪说明一个法西斯的阴谋正在酝酿，席卷了欧洲、美洲，有大量的白俄参与其中。这些运动本身并不构成什么特别严重的威胁，但它表明有一个国际化的法西斯组织存在，它在全世界的范围内酝酿。而且这个组织不戴面罩，公开行动。在远东，轴心国刚点燃了一场新的战火：在"七七事变"后，日本人占领了北京，决心征服全中国。国共合作，中国人奋起反抗，但付出的是怎样的代价啊！南京城被摧毁。闸北——上海北郊一个人口稠密的大区——被战火烧毁。报纸刊登了一些可怕的画面：被日本军的炸弹炸死的妇女和孩子的残肢碎片。

在我们家门口，墨索里尼和希特勒正忙着征服西班牙。八月二

---

① 可怕的炸弹炸毁了两栋属于法国资方总联合会的大楼。两名警察遇害。这是一个挑衅行为。——原注

十六日，意大利军队进军桑坦德。十月底，希洪沦陷。从此，法西斯就成了阿斯图里亚斯煤矿和比斯开钢铁厂的主人。他们掌控了整个北部地区。所有赶他们走的努力都落空了。十月，政府迁到巴塞罗那，可怕的空袭正摧毁着城市。瓦伦西亚、马德里和莱里达都受到了空袭，人行道上堆满了妇女和儿童的尸体。在巴黎举行的一次大集会上，"热情之花"再次表达了反法西斯的决心："No pasaran！"共和国卫士在特鲁埃尔打了一场胜仗，他们包围并占领了城市。但之后他们不得不撤退。佛朗哥已经威胁到加泰罗尼亚。如果法国和英国坚持中立，西班牙就完蛋了。但它们仍然坚持中立。共和国得不到一门大炮、一架飞机，而意大利和德国给佛朗哥运送了越来越精良的武器装备。三月，法西斯突破了东线。他们的飞机轰炸了加泰罗尼亚沿海的每一个城镇。液体空气炸弹把巴塞罗那的街区炸得粉碎，市中心一片狼藉：两天时间，有一千三百人死亡、四千人受伤。在帕托斯山口，一群群可怜的难民蜂拥而至。在巴塞罗那组织了抵抗运动。但是空袭让生产近于停顿，而加泰罗尼亚被切断了和东部还有中部的联系，简直就是身处绝境。费尔南多又回了一次巴黎休假。他变化很大，不再笑了。"法国人这些浑球！"他骂道。盛怒之下，他好像把萨特和我也放在里面一起骂了。我觉得这不公平，因为我们真心希望法国可以帮助他的国家，但他生起气来就顾不得这些细微的差别了。

西班牙的悲剧让我们痛心。德国发生的一系列事件让我们惊恐。九月，在纽伦堡，在三十万纳粹和一百万观众面前，希特勒作了一个最有侵略性的演说。墨索里尼的慕尼黑和柏林之行巩固了两大独裁者的联盟。一次失败的军事政变让国防军直接听命于希特勒，希姆莱成了内政部长，盖世太保所向披靡。在维也纳，政权落入希特勒分子塞斯-因克瓦特手中。在一个反响很大的新的演说之后，希特勒派军队入侵奥地利，完成了德奥合并。维也纳笼罩在一片白色恐怖之中，而在捷克斯洛伐克苏台德区的德国人开始坚决要求自治。萨特不再自欺欺人：和平的机会微乎其微。博斯特已经百分百肯定自己很快就要出发上战场，而且认为自己多半会把臭皮囊留在那里了。

　　我还心存幻想，不愿意看到摆在眼前的现实。但未来已经从我的脚下溜走，我感到不自在，感到焦虑。或许这就是为什么，这一整年在我的回忆里都雾蒙蒙的。在我的个人生活中，我几乎想不起来什么有趣的事情。和过去的一年相比，我更注重保养了。我睡得没那么晚了，出门也没过去频繁了。十月或者是十一月，我和奥尔加还有萨特一起参加了艺术节的活动，在加沃厅看了自杀未遂的玛丽亚娜·奥斯瓦尔德的表演。她穿着黑衣，顶着一头刺目的红头发，朗读科克托的《女仆安娜》，仿佛用愠怒的口吻渲染帕潘姊妹疯狂的反抗。她唱了很多普雷维尔写的歌，其中有一首是他以美丽岛上少年犯们那次失败的越狱事件为灵感而创作的：

　　　　土匪、混混、小偷、流氓！
　　　　正是一群正人君子
　　　　在追捕这些孩子。

　　在普雷维尔的无政府主义思想中有一丝让我感觉痛快淋漓的辛辣。我喜欢玛丽亚娜·奥斯瓦尔德沙哑而深情的歌喉，一脸痛苦的表情，动作、表情和歌词之间些微的错位。

　　也是在加沃厅我和萨特第一次完整地听了贝多芬的全部四重奏作品。我们在演出大厅看到了卡米耶。听到她觉得无聊的曲子时，她就在小纸片上涂涂画画。她告诉我们，她是在把她写小说的灵感

314

记下来。她的一心两用让我神往。

圣诞节假期，我们去了默热沃。我们住在一个包食宿的小公寓楼里。我妹妹、若若和几个朋友一起租了附近的一间小木屋，博斯特也加入我们的行列。我们决定去上滑雪课。我不灵活，也不够勇敢，但不管怎么说，日复一日，我还是有进步的。在阿尔布瓦和罗什布吕纳的山坡上，我们度过了美好的时光。晚上，我们阅读塞缪尔·佩皮斯的《日记》和斯威夫特①的《斯特拉日记》，这两本书都是刚被译成法文的。就在这段时间，或许是我们一回到巴黎，我们也读了马尔罗的《希望》，我们对这本书的热爱远远超出了文学的范畴。和他过去的小说一样，马尔罗笔下的人物总是缺少点血肉，但这不要紧，因为小说里描绘的事件远比人物更重要，而且马尔罗描绘得很精彩。他跟我们没什么距离，因为他偏爱《启示录》，因为他感受热情和纪律之间的矛盾的方式与我们相仿。他涉猎了文学中一些崭新的主题：个人道德和政治实践之间的关系；在战争中坚守人道主义价值观的可能性；因为人民军队的斗士在成为士兵前都是普通市民、是人，不应该忘记这一点。我们对两者之间的矛盾很感兴趣，丝毫没料到不久以后，这些问题就失去了存在的意义，因为全面战争会彻底颠覆马尔罗最关心的也是我们非常重视的人与人之间的关系。

和马德里的轰炸，和有输有赢的战役相比，过去能满足我的好奇心的一切都变得那么苍白。我几乎不再看报纸上的社会新闻了。我对魏德曼的案子无动于衷，而报纸杂志出于明显的娱乐大众的目的，花了整版整版的篇幅去报道。我也不像过去几年那样热衷于观察身边的人。

① Jonathan Swift (1667—1745)，英裔爱尔兰作家，讽刺文学大师，以《格列佛游记》和《一只澡盆的故事》等作品闻名于世。

一月，我们在作坊剧场看了《财神》的排练，卡米耶对阿里斯托芬的原著做了自由的改编。在古多的舞台布景、达利乌斯·米洛的配乐下，卡米耶把原来的剧本改成了一个时事讽刺剧，虽然整体上没什么太大的意义，但很多场景都非常有趣。杜兰是整场戏的灵魂人物。玛丽-埃莱娜·达斯特塑造的"穷神"这个角色虽然矫揉造作，但她的美貌和优雅弥补了演技上的缺憾。为这个演出贡献一个亮点的是马尔科，他也扮演了其中的一个角色。他一直希望能在舞台上歌唱，他认为杜兰应该是个有用的靠山。在剧中，他光着腿，穿着紧身短上衣和凉鞋，指挥一个农民合唱团。但是他不容易驾驭这个角色，就像歌剧院的经理曾经毫不留情地说过的那样，他一点节奏感都没有。他的歌声和伴奏不搭调，当他在舞台上走动的时候，脚步和节奏也不合拍。不过，在作坊剧场的小排练厅里，他的嗓音还是让人印象深刻。

　　这一年，我们看的另外一出也是唯一一出戏剧是儒韦导演的马塞尔·阿夏尔的《海盗》。剧本很一般，技巧上不过是玩了几个场景的嵌套，就像《哈姆雷特》一剧中演员在皇宫面前表演的"戏中戏"，并没什么独到之处。不过，我们一直都觉得在一个想象的世界里又冒出一个想象是个迷人的点子。

　　尽管剧院去得少，但电影院我们去得很勤。除了普雷维尔和维果[①]的作品——我们还破例看了《英雄的狂欢节》——法国电影让我们觉得无聊：平铺直叙的剧情，暗淡无光的摄影，演员说话不自然。此外，我们还不喜欢战争电影，因此甚至连雷诺阿的《大幻灭》我们都要撇嘴。相反，我们很乐意看美国喜剧片：《直航恋曲》

---

① Jean Vigo（1905—1934），法国导演，被后世影评人尊称为"法国天才导演"，一生只执导了两部剧情长片《操行零分》和《亚特兰大号》，都是电影史上的杰作。但命运多舛，29岁就死于败血症。

《纽约—迈阿密》《我的男人格德弗雷》《蒂斯先生进城记》《蓝胡子的第八个妻子》，等等。影片讲述的故事本身都没什么意义，但构思精巧。没有一桩小事——用瓦莱里的格言来形容——不跟整个故事有着千丝万缕的联系。我们欣赏这种巧妙的编排，就像听一支古典的奏鸣曲一样。此外影片的现实主义被异国情调掩盖了：一条街、一个楼梯、一串铃声、再小的一个装饰、再小的一个细节都让我们觉得新鲜。看到情人之间常常争执不下，我们以为是一种辛辣的创新，其实是我们不知道在美国，两性战争是俯拾即是的社会现象。在其中的一部喜剧片中，男主人公抱着女主人公穿过被水灾淹没的乡下，因为受不了女主人公，气得把她丢在水洼里。我们认为这个片段处理得很大胆，其实只是反映出了美国男性对女性潜在的敌意。凡此种种。穿越了大西洋，真真假假就混淆不清了，而这种混淆滋生出让我们欣赏的奇思妙想。此外，在很多这类电影中，的确有很多创意。就在那一年，好莱坞给我们送来了一部上乘之作，出乎我们的意料。《青草地上》，灵感来自康奈利的同名剧本：由黑人讲述和演绎的《圣经》。上帝是一个大胡子黑人，抽着大雪茄烟，身边围着一群唱着"黑人灵歌"的黑人天使。这群天使女仆的翅膀上套着格子花纹的罩子，正在打扫神圣的住所。该隐的孩子们彼此开了几枪。在天国，人们在垂钓，美美地吃着油炸食品。我们认为这个故事有着失乐园的清新，却不流于造作的天真幼稚。

　　一九三三年以来，我们在银幕上看到了彩色动画片《糊涂交响曲》，萨特常模仿里面的唐老鸭。我很开心地重温了童年我最喜欢的童话故事之一《三只小猪》，在那几年，我们常常和大家一样哼着："谁是可恶的大灰狼？"

　　那年冬天，最让人印象深刻的是一九三八年一月十七日在圣奥诺雷区的美术馆开幕的超现实主义展览。在入口处，是达利创作的一辆出租车，淌着雨水，一个金发女模特昏倒在车里，身边全是爬满了蜗牛的菊苣和莴苣。其他模特有的穿衣，有的裸体，都是曼·雷、马克斯·恩斯特、多米尼盖、莫里斯·亨利的创意，装点了"超现实主义之路"。我们对马松的一幅画特别中意，画的是一张关在笼子里的脸，三色堇堵住了他的嘴。主展厅是马塞尔·杜尚布置的，设计成一个洞穴，里面有一潭沼泽和围着一个火盆摆放的四张床，天花板是煤包拼成的。在弥漫着一股巴西咖啡的味道中，各种东西慢慢从精心研究过的黑暗中浮现：毛皮做的餐具、女人的腿当腿的板凳和桌。门、墙、花瓶，好像都不在掌控之中。我不认为超现实主义对我们产生了什么直接影响，但它已经渗透到我们所呼吸的空气之中。比如正是这些超现实主义艺术家让逛跳蚤市场成了一种时尚，而我和萨特或奥尔加每星期天下午都会去跳蚤市场逛逛。

所以说，我们并不缺少消遣。但是我们的友情似乎变淡了。马尔科不再掩饰对我们的敌意，我很少见他，也没兴趣见。帕尼耶已经从我们的生活中消失了。萨特在政治上的极端主义和我们对奥尔加的钟爱都让他感觉不爽，而且他还误以为我们不喜欢他的表妹。我们没吵过架，但不再见面了。一天下午，我在圆顶咖啡馆看到泰蕾丝戴着一枚婚戒，她告诉我她刚嫁给了她的一个同事。她在等帕尼耶，我在等萨特。我们四个人一起待了一两个小时。萨特和我都在心里嘀咕，为什么帕尼耶和泰蕾丝分手了呢？他们没有解释，大家越来越尴尬。几天后，勒梅尔夫人告诉我们，其实结婚的就是他们俩，证婚人是马尔科。没过多久，我们又和好如初，但我们始终都没弄明白为什么他们要跟我们开这个一点都不好笑的玩笑。另外，我与奥尔加相处得不愉快。因为利奥奈尔的身体不佳，我妹妹成天忧心忡忡。每次，或者说几乎每次我看到她，她都要痛哭流涕。无疑，这些隔膜和阴影让我消沉。我猜想，文学上的成功对我应该是一种鞭策、一种激励，但我对成功几乎不抱奢望。一天下午，萨特对我说他要去伽利玛出版社，他要顺便问问我的手稿到底有什么消息。我一边坐在圆顶咖啡馆等他一边工作，并没有急不可耐。书稿被拒绝了。布里斯·帕兰认为整体构思不佳，细节又平淡无奇。"我们可以试试投给另一家。"萨特对我说，他让人把书稿推荐给格拉塞出版社。我几乎没怎么失望，至少当时没有，但或许这次失败让我陷入更深的消沉之中。我当时正在写的作品几乎救不了我：弗朗索瓦丝童年和少年时代的故事甚至都不能让我自己信服。此外，我的身体依然很虚弱。复活节前夕，我又病倒了。虽然不严重，但我还是不得不卧床休息了几天。

我一可以起身，我们就离开了巴黎。我们原本打算去阿尔及利亚，可惜剩下的时间太短了。于是我们坐火车去了巴约讷，我们在巴斯克地区逛了一圈。春暖花开，我也心花怒放。在伊克斯塔苏，我们的房间附带了一棵树，一条索道连着房间和树、人们在树叶枝丫中间搭了一个平台，萨特坐在平台上工作，而我在附近的山丘上奔跑。我走在蕨类植物中间，满眼都是阳光和粉红色的李花。返程途中，我们在萨特童年曾经待过的圣特和拉罗谢尔停留了一下。在设防的港口周围、在街道拱廊间，我们谈论他正在创作的《一个企业主的童年》的命运。他在寻思故事是否可以在青春期结束的时候结束，就在吕西安从少年成长为男子汉的那一刻。我却认为叙事还得继续，否则读者意犹未尽。现在我想是我错了。

清新的空气、步行、旅行的兴奋对我大有裨益，于是五旬节的时候，我又出发了，这次是一个人背包旅行，我在奥弗涅漫步。我对一天下午记忆尤为深刻，那是在圣弗卢尔附近一个酷热的峡谷里。我想起了我的童年，一个遥远的回忆浮现在脑海：有人曾指责我摘了阿丽丝姨婆家花园里的花。我很想有朝一日能在书中让那个被遗忘在遥远岁月里的小姑娘复活，但我怀疑自己永远都不会有这样的机会。

我和萨特一起也做了一次记忆的朝圣之旅，这个记忆还很切近：鲁昂。一切都没有改变，景物依旧如昨！但我们感到失望，我们如今看到的不是曾经生活过的那个温室，而是一个纹丝不乱、无色无味的植物标本陈列室。今天一旦过去，未来就会撇下那些曾经有血有肉的时刻。在街上，在我们的回忆里，剩下的只是一具残骸。

我们现在正经历的日子，会有怎样的未来？我仿佛又看到自己和萨特一起坐在墓穴般的火车北站咖啡馆里聊天，现在偶尔我们还会回那里坐坐。我很开心地跟他谈论《恶心》获得的成功，评论界把它当作一个文学事件对待，也谈论分别发表在《新法兰西杂志》和《尺度》上的《床笫秘事》和《卧室》的读者来信。"成为真正的知名作家想必很有趣。"我对他说。这是生平第一次出名的念头掠过我的脑海，让我怦然心动。成名之后就会结识另一些人，遇到另一些事，我隐约这样想。这将是一种新生。直到那时，我从来没指望凭自己来确保我的幸福，我只希望明天是今天的重复。突然，我希望外界有什么事情降临在我身上，一些不同的事情。我们这九年来的生活开始显得陈旧。为了安慰自己，我制订了一些更切实际的计划，而不再痴心妄想荣耀了。很快，我们的工资足以买一辆汽车。我认为把钱花在给公寓买家具而不花在买汽车上简直是浪费。我去学开车，这样一来我们的旅行该有多自由啊！我们也曾想过有朝一日坐一趟从巴黎到伦敦的飞机。尽管我们很厌恶有组织的旅行，我们打算——不是今年，或许是一九三九年——参加国际旅行社组织的苏联之旅。美国在地平线上闪闪发光，比任何其他国家都耀眼，但我们从没指望有足够的钱可以踏上它的领土。至少目前看来，无论如何，这是可望而不可及的。

格拉塞拒绝了我的手稿。我料到了。审稿人亨利·缪勒尔给我写了这样的评语：

> 书中的确描绘了战后一些年轻女子的命运，她们受到时代各种知识潮流的影响。小说聪明、有分析、有观察。对当代某些圈子的描写在我们看来比较精准。不过，我对此书最大的不满是小说缺乏深度的创新。换言之，在过去的二十年中，你所描绘的世风人情已经被人无数次地描绘过了。你满足于刻画一个分崩离析的世界，然后把我们这些读者丢在一个新世界的门口，没有为我们明确指出它独特的光芒。
>
> ……在《精神至上》一文中显露的天分让我们有理由相信，有朝一日，你会写出一部杰作……

我很惊讶。我并没有描绘世风人情的意图啊。我觉得我做的是细致的心理研究，听到"缺乏深度的创新"的批评让我很困惑。我所描绘的女主人公，都是我认识的有血有肉的真实的人物，在我之前，没有任何人谈论过她们。她们中的每一个都是特别的，独一无二的。很多年以后，我自己也让一些刚刚从事创作的新手感到诧异，他们自以为表达了一个"独创性的"经历，而我在他们的手稿中读到的却是平淡无奇。不过，在作家的笔下，最平常的事实都可以放射出前所未见的光芒。这正是把生活化为文学的关键，也是文学艺术的真谛。不管怎么说，如果别人曲解了我，那是因为我不知道如何正确地表达，我对自己说。我不气馁。我肯定下一次会瞄得更准、做得更好。假期临近，许多诱人的计划可以让我微笑着埋葬了《精神至上》。

萨特不得不留在巴黎，我独自去阿尔卑斯山漫步。我佩服自己的体力：坐了一晚上的火车，一下车我就出发，翻山越岭，足足走了九个小时。这个节奏没有放慢。从沙莫尼山谷到蒂涅，我攀登了一个独行者可以到达的所有山峰。

在蒂涅，我收到萨特的一封信。七月初他就已经写完《一个企业主的童年》了，他开始构思一部小说。他写信告诉我："我忽然找到了我的小说的主题、它的篇幅和书名。就像您所希望的一样：主题，就是自由。"他用印刷体标出了书名：《路济弗尔》。卷一取名为"反叛"，卷二"誓言"。卷首题词："不幸，是因为我们是自由的。"

我们应该在马赛乘船去摩洛哥。我们本想买三等舱的船票，但萨特在轮船公司工作的一个老同学让人帮我们预定了二等舱的票。我特别小心，生怕错过了大好机会，我提前到达我们约好的圣夏尔车站。可惜，从巴黎来的火车原本应该十点到，正好和游轮赶趟的，但谁料晚点。中午了，火车还没到，两点了，仍然没到。我啃着指甲，先是不耐烦，之后是绝望了。我到四点钟才接到萨特，心都凉了："不管怎样，我们还是去码头看看吧！"他对我说。当出租车把我们在码头放下，船员们正在撤跳板。我赶紧跳上去，萨特被几个船员抓住，凌空跃起，从岸上跳到船上。我回想起我们在"开罗城"号和那些希腊小帆船上的旅行，这次横渡的舒适程度简直让我难以置信。我懒洋洋地躺在舒适的甲板椅上晒太阳，看着飞鱼在水上跳跃。不，我没有变老。我觉得自己还是双十年华，是一生中最美好的年华。

在卡萨布兰卡，欧洲区让我们厌倦。于是我们去找当地的贫民窟，这好找得很。这里的生活比雅典那些可怕的街区还可怕，而这是法国人的"杰作"。我们匆忙而过，我们感到羞愧难当。信奉由纪德、拉尔博、莫兰还有无数继承者锻造的传统，这我之前已经有所提及，我们决定去布斯比尔。在没精打采的午后，我们参观了一个村子，和以前在某些展览会上看到的村子很像，人为地被分割成两个区：阿拉伯区和犹太区。我很惊讶在那里看到几家杂货铺和咖啡馆。一个浑身有刺青、戴着五光十色的首饰、穿着长袍的阿拉伯女人把我们带进一家小酒吧，然后带到她的房间。她脱下长袍，抖动着肚皮，还点了一支烟放在私处。

拉巴特让我印象最为深刻的是鹳鸟拍动翅膀的声音，它们栖息在塔楼顶上，塔楼的颜色像烤焦的面包，雉堞参差，夹竹桃掩映。我们夜里到达非斯。我们决定在贾迈宫旅馆下榻。一辆出租马车带我们沿着白色的城墙走在一条冷清的街道上。万籁俱静，除了有节奏的马蹄声声。路似乎没完没了，黑暗、寂静让我们不安：我们是要到什么割喉咙砍头的贼窝去呢？走了五六公里后，马车夫在一扇紧闭的大门前停下来，表情有点尴尬。他明明知道这个旅馆夏天是不开放的，但他舍不得放过跑这一趟路的好买卖。我们回到欧洲区，虽然很失望，但满天闪烁的繁星给了我们一点慰藉。我们和当地居民区相距三公里，每天早上，我们都要走这段毫无遮蔽、酷热难当的路。不过，一旦到了那里，真是幸福啊！我们热爱非斯，蒙面女郎、门窗紧闭的宫殿、曼戴尔萨[①]和不许闲人入内的清真寺让它显得无比神秘；另一方面，商品琳琅满目、商贩们大声吆喝指手划脚又让它显得张扬外露。不过神秘多过外露：黄昏时分，当我们走回火光点点的主街道，左右两边的人行道上，警察用链条把黑乎

———————
① 即伊斯兰教的高等学府。

乎的小巷子拦住。市场的大门，然后是城市的大门在我们身后关上。一天晚上，我们在迷宫一样的市场迷路了，一个年轻人主动要给我们带路，我们跟着他，但很快感觉他带我们走的路不对。"别跟他走！"一个年纪大一点的穆斯林朝我们大喊。突然，我们的向导拔腿就跑。他是不是想抢劫我们？即使在白天，在这个充斥了桂皮、丁香、新硝的皮革和各种阿拉伯香水味的市场，我们也感觉呼吸不畅。铺天盖地的格子架遮天蔽日，感觉就像是在地下长廊里走来走去。矮小的驴满街都是，要么蹦蹦跳跳，要么原地不动，阻碍了交通。有时候一个本地司法长官经过，穿着一身白色长袍，骑在浑身披挂鲜亮的高头大马上，老百姓纷纷避让。我想如果发生火灾，在这些拥堵的走道上肯定会引起一片恐慌，想到这里，我不禁吓出一身冷汗。但这种不可捉摸的不安让这些气息、味道、颜色变得更浓烈。如果说，我对"迷醉"一词有所感触的话，那就是在非斯。我们不得不在丑陋的欧洲旅馆比预期多住了两天。在一家游客餐厅，我们小心翼翼地品尝了当地风味，淡季店里很冷清，但给我们的感觉不错。席地而坐，我们用手抓着吃糖片、柠檬鸡、烤全羊、古斯古斯和羚羊角髓。从餐厅出来，我们庆幸肠胃感觉还蛮清爽的，我们得出的结论是因为我们没有喝酒。但一回到房间，萨特就肝痛发作，不得不卧床休息了两天。

和非斯相比，梅克内斯更加低调，没那么光鲜，也没那么嚣张。我们乘坐一辆当地的公共汽车去参观沃吕比利斯和穆莱伊德里斯两地的古罗马废墟。圣城让我们觉得有点无聊，它唯一吸引人的地方就是清真寺，但每个都不让游人入内，在方圆一百米的范围，围着锁链、篱笆和标榜利奥泰政策的标语牌。让我们觉得有趣的是——可能是八月炎热的天气的缘故——城里除了我们没有任何一个欧洲人。坐在一家摩尔人的小咖啡馆——就跟墙上凿了一个洞一样——我们领略了此行中异国情调最浓郁的经历。坐在我们周围的是一些穷困潦倒的摩洛哥人，当我们把薄荷茶端到唇边的时候，我们两个人都想到了曾经碰过这些杯子的那些长了麻子的嘴，我们决定还是免了。老板递给萨特一根长管小头的烟斗，装满了一种细细的粉尘，原来是印度大麻烟末。当萨特吸了一口呛人的烟时，老板笑了，他的朋友也热情地笑了，萨特没有产生众人所说的一定会有的眩晕，但还是感觉轻飘飘的。回去的时候，司机技术非常高超，但从不踩刹车。满载一车当地人的公共汽车颠簸得厉害，在我身后，一个乘客吐得稀里哗啦，我的罩衫和萨特的毛衣都被吐脏了。

在马拉喀什，我们不想像在非斯一样住在离本地居民区很远的地方。在这里也一样，所有像样的旅馆都关门歇业了。我们住在一家阿拉伯旅馆里，脏兮兮的，不过面朝德吉玛广场。夜里，因为房间里热得要死，我们就把床拖到紧挨着房间的破烂花园里。我觉得这个露天的睡榻美妙无比。可惜厕所几乎不能使用。最热的那几个小时，我们都待在广场另一头的一家咖啡馆里。有一个露天咖啡座，我们坐在那里用晚餐，我们百看不厌地看着这个露天的舞台上日夜上演的热闹生活。我们看到这里的人和北方的阿拉伯人很不一样：高大、消瘦、留胡子、古铜色的皮肤，就像施洗约翰一样，或许他们还以蝗虫为食。他们从沙漠中来。他们和我们一样，瞪大了眼睛惊讶地看着玩蛇和吞剑的表演。他们站着，或坐在脚跟上，围成一圈，听说书人或急或慢、像音乐一样富有节奏感的声音。在帐篷的阴影下，人们烤着大块大块的羊肉，锅里炖着大块大块的黄色荤杂烩。人们买东西，卖东西，说着，叫着，欣赏着，争吵着。多么热闹！晚上，炎热终于消退了，货摊上亮起了微弱的灯光，单调的歌声飘向星空。在北方，我曾经见过骆驼，不过在马拉喀什土夯的城墙下，在棕榈树和泉水的掩映下，我才真正见识到它们的高贵和优雅。我乐此不疲地看着它们跪倒、起身、迈着平稳的步子前进。这里的集市比非斯的集市更大，更亮堂。感受到的商贾气息没有那么浓烈，更多的是手工艺人的手艺。染料街令我痴迷。颜色已经不再是物品的一个特征，而是实实在在的。就像水可以变成雪、冰雹、霜、蒸汽，它也有自己的变幻：紫色、红色在水槽里流动的时候还是透明的，在池子里慢慢凝固成奶油状。它们像羊毛一样柔软、嫩滑，当它变成一束束丝的形状时，就放在柳条筐里晾晒。羊毛、铜、皮革、木头，所有这些材料在经过简单的技术处理后，全都焕然一新，这让我感觉又回到了小时候的求知岁月。

　　带着了解到的资讯、地图、钥匙和食物，我们步行在阿特拉斯山上兜了一圈。一辆公共汽车把我们带到了一个山口，三天后再回来接我们。这期间，我们沿着荒凉的小径，穿过绚丽的红色山岭。我们在柏柏尔人村子脚下的山林小屋过夜。我们向两个蓝眼睛的农民买了两个没放发酵粉的馅饼，那相当于他们的面包。我们就着香肠吃，胳膊肘支在小木屋的窗户上。尤其是第一晚让我印象深刻，面朝绵延的崇山峻岭。萨特寻思山峰与山峰之间的连线是朝上的还是朝下的。在我们看来，它们显然是朝上的，但我们也可以把它看成是一种崩塌，我们看了很久，很仔细。

　　我们坐大巴到了南方。我们是车上乘客中唯一的欧洲人，司机也是欧洲人，他让我们坐在他身边。发动机的热气和汽油味扑面而来，我不止一次以为自己快被憋死了。如果我把手臂伸出车窗外，红艳艳的太阳就会晒伤它。车子正行驶在一个大火炉里。这个地区的居民从来就没填饱过肚子，干旱和饥荒长期肆虐，这一年也是一个凶年。绝望的饥民企图北上，当局把道路封锁了，给他们一点汤喝，然后就把他们赶回去了。人像苍蝇一样死去，就算幸存下来，也是一脸垂死的模样。一路上我们也会在小村子里歇歇脚。我们在小酒吧–杂货店喝上几大杯水，小店清一色都是戴着无檐圆帽的年轻犹太人开的。我不喜欢看到衣衫褴褛、苍白消瘦的饥民围着大巴车的情景。他们急切地讨要让人在城里帮他们订购的东西，通常是化肥。司机摆出一副大老爷的样子，他把包裹像布施一样扔下去，如何发放貌似只取决于他的善心和专断。常常他在经过棕榈树下一动不动的人群时，连车都不停，只有在他的助手——一个本地小男孩把包裹从车顶扔下去的时候才会稍稍减速。

有时候，我们一连几小时行驶在热风吹拂的不毛之地上，在那里寸草不生。在我们停车休息的硫黄矿周围，土壤的颜色仿佛是有毒的，非常奇怪：绿色、灰绿色、柠檬黄、橙色、黯淡的粉红色。我们和采矿工程师在他们食堂一起喝了绿茴香酒，吃了午饭。在我看来，所有的城镇都满目凄凉。我们待得最久的地方是瓦尔扎扎特。酷暑逼人，我们下午都不敢出门。吃过午饭我们就试着睡午觉，尽管有小得几乎看不见的小蚊子，像一片片绿云一样，扑过来吸我们的血。之后，我们坐在旅馆百叶窗紧闭的餐厅里喝兑了水的黑茶藨子酒。黄昏时分，我们才把鼻子探出门外，沿着一条干涸的河道散步，走在瘦瘦的棕榈树中间，被平原的寂静所感动，这份寂静和一望无际的苍穹是那么搭调。我们和旅店的老板很投缘。他穿着灯笼裤，不停地咳嗽，好像要把肺都咳出来了。他跟我们描绘了不久前在当地肆虐的斑疹伤寒①。每天中午，他都免费给孩子们施粥。方圆十公里的小孩都跑到这里，我从来没见过这么悲惨的景象：几乎没有一个孩子的眼睛是好的，他们有的得了沙眼，有的长了倒睫毛刺眼睛，有的一只眼睛瞎了，有的两只都瞎了，有的瞳孔里长了或薄或厚的白内障。还有的孩子脚是向后长的。这是最惊人

---

① 这个故事给萨特的剧本《斑疹》提供了灵感，后来经过改造变成了《骄傲的人》。——原注

的病症，也是最让人不忍目睹的。这些小鬼围着几大盆粥蹲着，同时伸手——为了公平起见，以同样的节奏——舀粥喝。

当我们离开地狱般的南方时，心里好像移走了一块大石头一样。我们沿着海边公路回到了卡萨布兰卡。在萨菲和穆斯塔加奈姆，我们尽情呼吸着清新的海风。我们又回到了法国。

在这次旅途中，萨特一直忧心忡忡地关注着捷克斯洛伐克的局势。自从德奥合并以后，在苏台德区的亲德党徒就开始骚动，要求废除民族国家，建立联邦制，确保境内德国人实现自治。在市政选举中，全民公决选了苏台德执政党，捷克斯洛伐克的纳粹头子亨莱因要求自治派回到大德意志的构想上去。希特勒已经在边境上集结了军队，布拉格发布了部分动员。八月初，朗西曼勋爵来到布拉格，肩负和平的使命。他宣称，苏台德区拥有自治权，这只会让亲德派得寸进尺。形势越来越紧张，苏台德区的代表不合作的态度也让布拉格和他们之间不可能达成任何协议。八月三十一日，谈判眼看就要破裂了，朗西曼勋爵在最后关头化解了危机。整个九月初，英国都在积极地走外交途径，张伯伦和哈利法克斯勋爵频频会晤。九月十三日，我在马赛和奥尔加重逢的前一天，布拉格宣布实行戒严，亨莱因拒绝了捷克斯洛伐克政府的最后提案。战争似乎一触即发，我正打算和萨特一起回巴黎。第二天，消息稍稍让人安心一点：张伯伦坐飞机去贝希特斯加登亲自和希特勒商谈。萨特鼓励我不要改变我的计划。如果时局有变，他会给我发一个留局自取的电报。我纷乱的思绪很容易就打消了我的焦虑不安，我让他一个人上了火车。

那真是一些奇怪的日子。假期的大部分时间，奥尔加都是和博斯特一起住在一家拥挤的小旅店里，旅店对着马赛的老港口。她的房间铺了红色的地砖，很简陋，但阳光充足，还可以听到愉快的喧闹。我就是在那里找到她的。我在马赛逗留了四十八小时，然后我们背上背包出发，先坐大巴，然后步行穿越下阿尔卑斯省。当我们爬山的时候，奥尔加有时候会发脾气，气得要用棍子敲打地面。但她和我一样，也喜欢宏伟的景色、白色的岩石、红色的土壤，她喜欢在弥漫着丛林气息的路上采摘几个熟透的无花果，喜欢爬栖息在山顶的古老村庄里的石阶小街。沿着小路，她采撷了一些有紫罗兰香味的草，晚上在我们下榻的旅店，泡一些奇怪的茶水给我们喝。不过，每到一个地方，我都跑去邮局查信。九月二十日，在皮热-泰尼埃，我收到萨特发来的一封还算乐观的电报。但是二十五日，在加普，他让我马上回巴黎。我依然记得当时我在这个凄凉的省城是多么惶恐，暴风雨前的闷热让人感到压抑。在火车上，我生气地批评自己的盲目乐观，对个人的计划过于坚持。当我到达巴黎，报纸上的大标题是："危急时刻"。第二批和第三批预备役军人已经被召集起来。希特勒发出了最后通牒，要求布拉格在六天内投降。但布拉格严阵以待。这一次战争在所难免。我生气地拒绝相信，不愿意相信一个这么愚蠢的悲剧会降临在我头上。我记得曾在圆顶咖啡馆遇见梅洛-庞蒂，自从我们一起在让松德塞利中学实习后就几乎没再见过面，但那一天，我们俩聊了很久。我对他说，捷克斯洛伐克当然有理由对英国和法国的背信弃义表示愤慨，但不管怎样，哪怕再大的不公正，都好过一场战争。在他看来，我的眼光不够长远，萨特亦有同感："我们不能对希特勒一味地让步。"萨特对我说。但即使理智让他接受了战争的前景，一想到要目睹战争的爆发，他还是很受不了。我们过了几天愁郁的日子。我们常去电影院，也看所有的报纸。萨特变得坚强，尝试把他的政治主张和他内心的冲动协调一致，而我则方寸大乱。突然，暴风雨没下下来就散掉了，《慕尼黑协定》签订，我丝毫不掩饰自己的开心。在我的轻松里，甚至还有某种胜利的意味。显然，我生来有福，不幸永远都不会触及我。

《慕尼黑协定》签订之后，我的双眼没有马上睁开。相反，战争的威胁退后了，我对未来又恢复了信心。对我们让步而取得的和平，左翼的观点产生了分歧。尽管过去左翼的一部分成员对不干涉政策持反对意见，但《鸭鸣报》还是欣喜若狂。《事业报》犹疑不决。《星期五》内部分歧太大，只好放弃扮演政治角色，改名《倒影》，只涉足文化领域。季奥诺、阿兰还在无条件地坚持绥靖主义。很多知识分子跟在他们后面附和："民主国家刚向世界宣告了和平。"另一个在坊间流传的口号是："和平是为民主国家服务的。"共产党曾投票反对《慕尼黑协定》，但他们不能一直沉溺在愤懑之中，他们应该继续向前——不管他们内心的信仰是什么——至少表面上要保持党内一股生机勃勃的乐观气氛。他们支持法国推翻国内政策，跟苏联签订协议，加强国防，反对希特勒一次次耀武扬威的挑衅。他们满怀热情地鼓吹这个计划，希望再次复苏。就这样，一些人认为和平已经得到了挽救，另一些人指出了取得和平的途径。没有人阻止我对和平充满信心。

很快恢复了宁静，我又开始工作。我又把打字机上打好的我的小说开头的百来页，也就是弗朗索瓦丝的童年故事，交给布里斯·帕兰。他认为还不如我的短篇小说，萨特也同意他的观点。于是我决定把我的女主人公的过去、她和皮埃尔的相遇并一起共同度过的八年光阴都略去，只在背景中有所交代。故事从一个陌生女人闯入他们的生活开始。我列了一个粗略的提纲："三重奏"的诞生，格扎维埃尔自我意识的显现，弗朗索瓦丝的嫉妒，她铸成的大错；她卑鄙地介入皮埃尔和格扎维埃尔的关系；后者用轻蔑打垮了她，为了自卫，弗朗索瓦丝杀了格扎维埃尔。但这样的构思太线条化了。萨特给了我一个建议。为了强调弗朗索瓦丝是多么看重自己和皮埃尔一起建立的幸福，最好在小说的第一章就做一些铺垫，她为他做出了牺牲。于是我引入了热尔贝这个人物。虽然被他的年轻和魅力所吸引，弗朗索瓦丝还是放弃了他。后来，当他赢得了格扎维埃尔的芳心，弗朗索瓦丝又重新投入他的怀抱。弗朗索瓦丝是用谋杀来掩盖自己对格扎维埃尔的背叛。情节变丰富了，故事也站住了脚。这样一来，我就可以给伊丽莎白一个确切的角色了，伊丽莎白这个形象本身让我很感兴趣。

我一直注意萨特和我坚持的一项基本的创作原则，不久以后，他在一篇评论莫里亚克和法国小说的文章中作了阐述：在每一章里，我都让自己对应作品中的某个人物，禁止自己比她知道得更多、想得更多。通常我都会采用格扎维埃尔的视角，通过变形和移植，把自己的亲身经历搬到她身上。她认为自己拥有纯粹的理性，而且是唯一拥有纯粹理性的人。她让皮埃尔分享她至高无上的领地：他们一起处在世界的中心，而她的神圣使命就是认识、揭示这个世界。但拥有这个特权的代价就是，和一切融为一体，她在自己眼中就没有了明确的形象。过去，当我把自己和莎莎作比较的时候，也体会过这种不自信。在我的第一个短篇小说中，德·普雷丽雅娜女士以她的理智和聪慧，遗憾地看着泪水弄脏了热娜薇耶芙的脸。同样，弗朗索瓦丝在一个舞厅里对让伊丽莎白的嘴唇肿起来的不幸和格扎维埃尔的狂喜产生了一种朦胧的嫉妒感。在庆祝《裘力斯·恺撒》开演一百场的聚会中，她对自己说："我不过是个无名小卒[①]。"她的骄傲中掺了一丝悲哀。一天下午，她让自己远离皮埃尔和格扎维埃

[①] 《名士风流》中的安娜在解放后的庆典中也对自己说过同样的话，不过说得云淡风轻，既没有自大，也没有遗憾。——原注

尔，徒劳地从自身寻求一个出路，结果发现她几乎没有自我。她完全是透明的，没有脸，也没有个性。当她任由自己滑入激情的地狱中时，堕落中有一样东西给了她安慰：她的局限、她的脆弱，让她成了一个轮廓清晰、在地球上有明确归属的实实在在的人。

这就是弗朗索瓦丝的第一次蜕变：她从绝对的、无所不包的主体一下子沦为浩渺宇宙中的一个碎片。疾病最终让她相信，就像当初它让我相信一样：她是芸芸众生中的一个，无论哪一个。于是一个危险等待着她，一个我从少女时代以来就一直想赶跑的危险：他者不仅可以夺走她的世界，而且可以蛊惑她、夺走她的灵魂。格扎维埃尔的怨恨和愤懑毁掉了弗朗索瓦丝。弗朗索瓦丝越挣扎，她就在这个陷阱中陷得越深。她自身的形象变得如此丑陋，摆在她面前的路只有两条：要么永远地憎恶自己，要么打破魔咒、除掉施魔法的那个人。她就是选择了后者来找回真实的自己。

这个结局常常让我受到别人的指责，无疑，也是此书写得最薄弱的环节。只有一个场景我觉得写得不错：让弗朗索瓦丝和热尔贝结合的夜晚是那么快乐、那么纯真，而这个夜晚对格扎维埃尔而言又是多么阴险的背叛。反差的手法用得恰到好处。凡事都有两面，幸福、美丽、清新常常都有丑陋、邪恶的反面。我们在人生的所有十字路口都会碰到这个真理。但由此就引出一起谋杀，这又是另一回事。小说家常常忘记，在现实生活中，意图杀人和真正杀人之间有着天壤之别，杀人不是一件平常小事。弗朗索瓦丝，以我对她的描绘看来，她和我一样，也不可能杀人。此外，我想大家都能理解格扎维埃尔让弗朗索瓦丝生气、不自信，但我枉费心机在最后几章极力渲染格扎维埃尔从一开始就显露出来的自私和阴险，她也没有坏到会让弗朗索瓦丝对其恨之入骨。就算她再淘气幼稚、再任性乖张，她也不能深入弗朗索瓦丝的骨髓，把她变成一个杀人魔鬼。只有一个人拥有足够的力量这么做，他就是皮埃尔。而且别人驳斥我还因为，这一暴力行为并不能让弗朗索瓦丝得到解脱，她并不能抹煞格扎维埃尔对她的指控。这一批评并不能说服我。弗朗索瓦丝已经放弃为他们的和平共处问题寻找一个合乎道德的解决方法，她已经把"他者"当作一个无法掩盖的丑闻。她要通过一个同样粗暴和非理性的行为进行自卫，那就是谋杀。对我而言，她做得是对是错都无所谓。《女宾》根本不是一部主题小说。如果大家对她的做法有争议但仍然相信她会这么做的话，我就心满意足了。

其实不是这么一回事。从表面上看，我的失误非常明显，因为我没能把日常生活和悲剧区分开来。不过，正因为文学是一桩活生生的智力活动，我不能不就这个结尾做一点解释：它对我有一种洗涤心灵的作用。首先，通过在纸上把奥尔加杀死，我把过去对她的气愤和怨恨都一笔勾销了。我净化了我们的友谊，把一切隐藏在美好的回忆下面的不好的回忆都涤清了。尤其是通过一桩罪行让弗朗索瓦丝摆脱了感情上对皮埃尔的依赖，我也因此找回了我的独立和自主。但不同的是，我并不需要犯下任何不可补救的过错来找回自己的独立，我只需要在一本书里把它描绘出来就好了。因为，即使得到了悉心的鼓励和建议，写作依然是一个无法和别人一起承担责任的个人行为。在这部小说中，我交出了自己，袒露了自己，以至于有时候我觉得把自己心里的所思所想转化为文字是无法做到的。但这一种基于想象的完美的成功并没有任何现实的分量。如果我也想体会到我让弗朗索瓦丝一下子就陷入的那种孤独的境地，我就必须把我的幻想进行到底，赋予它血肉，毫不松懈。而事实上，我的确是把自己当成弗朗索瓦丝了。今天重读最后那几页，它们显得僵硬、呆板，我几乎难以相信当初我在写它们的时候嗓门发紧，好像我真的肩上扛着杀人的罪名。但是，事实就是这样。手里拿着笔，我带着恐惧感受到了生离死别的痛苦。格扎维埃尔被杀好像是为一部我不知道该如何收场的戏剧提供了一个突兀、笨拙的结尾。而它正是这部小说的原动力和存在的理由。

我赋予格扎维埃尔一种只有一个关闭在自我小世界中的孤独灵魂才有的混沌状态，因此我从来不用内心描写去刻画她。相反，在其他章节，我把伊丽莎白作为叙述的中心。她的敌意并没有损害她的洞察力，反而让她变得更清醒。她把"三重奏"打回原形，无非是当局者迷旁观者清的感情纠纷。我还以作者的名义指出，我会一直保持精神上模棱两可的态度。弗朗索瓦丝的经历是悲剧性的，但我们一样可以一笑置之。

但伊丽莎白的出场不仅仅只是一个摆设，我对她这个人物非常重视。让我烦恼的问题之一就是真诚和意愿之间的关系。伊丽莎白精心装扮了她那张脸，也精心装扮了她的整个人生。弗朗索瓦丝试图做到在生活中不造假，一直表里如一，但看着她的朋友，她不禁自问，怎样才能区分真假虚实？格扎维埃尔经常把这两个女人混为一谈，对她们都表现出不屑和蔑视。我认为她们之间有一个根本的区别。弗朗索瓦丝很少烦恼潜藏于每个人心底的空虚。她爱皮埃尔，她对世界、对思想、对人、对工作都抱着浓厚的兴趣。而伊丽莎白的不幸，我归咎于她的童年，是因为没有任何事也没有任何人能给她鲜明、热情的印象。她用表面的激情来掩盖内心的淡漠——对政治如此，对绘画也一样——而且她也不傻。她追求激情、信仰，这些都是她从来没有真正体会过的。她责怪自己的无能，而她自轻自贱的态度最终毁了一切。她认为别人给她的任何东西、发生在她身上的所有经历都毫无价值。所有她碰过的东西都会变成一堆废纸。她屈服于这种眩晕感，当初我在莎莎身边曾体会过一样的感觉，有时候面对卡米耶也会有。世界和她自身的真理都属于他者：

属于皮埃尔，属于弗朗索瓦丝。她是出于自卫才会紧紧抓住幻影不放。我在描绘她——尤其是她的内心独白——的时候借用了我曾经写在尚塔尔身上的许多缺点：她的自欺欺人，她的夸夸其谈。但我把一切描画得更加黑暗。伊丽莎白知道——就像露易丝·佩隆精神病发作时一样——自己在演戏，她越想努力逃脱就越泥足深陷。弗朗索瓦丝对她的朋友深表同情，她在她身上看到了自己的影子，仿佛就是一种戏仿，但有时候，这个夸张讽刺的模仿会让她对自己产生质疑①。

为了修正伊丽莎白对于"三重奏"的看法，我同样也用另一个旁观者来做出一个包容善意的判断，我在某一个章节中，让热尔贝就这个问题发表了意见。不过我只是浮光掠影地提了一下，因为他在小说中扮演的只是一个配角。有好几个原因让我避免通过皮埃尔的眼睛看这个世界。我已经赋予他至少与我的女主人公一样的敏感和聪颖，如果我再浓墨重彩地去描绘，那小说就失衡了，毕竟我选择要讲述的是弗朗索瓦丝的故事。此外，我想在格扎维埃尔的抵触和皮埃尔表面的高深莫测之间建立一种平衡，这二者都需要弗朗索瓦丝去窥破。我所遗憾的，是没能赋予他一个在弗朗索瓦丝眼中棱角分明的形象。我知道其中的一个原因，或许也是最重要的一个。我在弗朗索瓦丝这个人物身上倾注了太多的自我，因此很难把她和一个对我而言陌生的男人维系在一起，而我的想象力不愿意让他作为萨特的替身，我又不想把我所熟知的萨特的形象借由笔端公之于众。我最后来了一个折中，皮埃尔保留了我第二部小说的男主人公的名字和野心。我从杜兰那里借了几分形，剩下的形和神则取自萨

---

① 我注意到在我的大多数小说中，我在女主人公身边总要安插一个陪衬：《他人的血》中德尼丝衬托埃莱娜，《名士风流》中波尔衬托安娜。但是弗朗索瓦丝和伊丽莎白的关系更为紧密，后者对前者是一个令人不安的质疑。——原注

特，不过弱化了一些。出于情节需要，我还编了几个新的性格特征。因为有心理上的种种顾忌，我既不能创造一个人物也不能描绘一幅细致入微的肖像。结果就是皮埃尔——他是整个故事的基础，因为弗朗索瓦丝下什么样的决心都与他有关——和其他人物相比，他这个人物形象是最不丰满、最缺乏真实感的。

《女宾》证实了"化真实为小说"的好处和不便。和鲁昂比起来，描绘巴黎更有趣、更让人神往，这里有戏剧圈、蒙帕纳斯、跳蚤市场和我所喜爱的地方。只是，把场景移到巴黎，"三重奏"的故事就有点失真，失去了很多意义。两个成年人对一个十九岁的女孩牵肠挂肚只能在外省的场景下才解释得通。只有在那种令人窒息的气氛下，再小的欲望、再小的遗憾才会变成一种执念，所有的情感才会如此激烈，带着悲剧的意味，而一个笑容就会让人如入天堂。如果我把两个默默无闻的年轻教师变成地道的巴黎人，朋友、关系、娱乐、消遣样样不缺，那么"三重奏"那种让人煎熬、刻骨铭心、有时候也很奇妙的孤独就被扭曲、失真了。

当我开始创作《女宾》时，我就已经想好了要把格扎维埃尔的被杀安排在皮埃尔不在的时候发生，或许他当时巡回演出去了。战争给了我一个绝佳的借口把他支走。在一个被男人们抛弃的城市，两个女人单独相处会比在平时更容易激化矛盾，但在战争的非常时期，集体的悲剧势必会让弗朗索瓦丝——以我对她的描绘来看——暂且放下个人的爱恨情仇。她和格扎维埃尔的恩怨就变得不那么重要了，她就没有了杀她的充分理由了。因此，如果故事发生在和平时期的外省，这个结局就会变得更加可信。在这一点上，无论怎么说，时间和地点的改变都对我的小说有害无益。

至于《女宾》的审美，我已经说过最重要的思路了，我很庆幸自己坚持了初衷。我小说最好的地方也在于此。因为我坚持了书中人物的视角，对人对事不可能全知全能，因此情节常常和阿加莎·克里斯蒂一部精彩的侦探小说中的情节一样扑朔迷离。读者不会一下子就看出其中的深意。慢慢地，新的故事发展、新的讨论揭示出让人意想不到的方面。皮埃尔对格扎维埃尔的一举一动都有无限的阐释，而弗朗索瓦丝却熟视无睹，对此也没有任何确切的解释，因为没有人知道真相。在小说写得成功的几个章节中，意义变得含混，符合我们在现实生活中遇到的情形。我也不希望所有事件都循着单一的因果关系依次发展，而是希望它们就像现实生活中一样，错综复杂地同时发生。情理之中，又充满偶然：弗朗索瓦丝和热尔贝睡觉，为了报复格扎维埃尔，同时也因为她对他渴望已久，因为她不再理会道德束缚，因为她感觉自己老了，因为她感觉自己还年轻，除了我们所指出的还有其他一堆理由。拒绝采用全知全能的作者的视角纵观各个人物的心思，我也不允许自己介入时间的进程。虽然我一章章地截取故事的片段，但每一个片段都是完整的，从没有省略一段对话或一个事件。

还有一个原则，没有那么严苛，但也是我一直遵循的。那是我通过对达希尔·哈米特、同样也是对陀思妥耶夫斯基作品的阅读中学到的"有效"原则：所有的对话都应该产生作用，也就是说要能改变人物之间的关系和整个形势。此外，在对话的过程中，一定要有其他重要的事情发生。这样，读者才会被下一个情节所吸引，和人物一样体会到时间的盘桓和流逝。

我所受的影响中，最明显的莫过于海明威，好几篇评论文章都指出了这一点。他的叙事中有一个特点我非常欣赏，那就是他拒绝所谓的客观描写：风景、装饰、物件都是透过主人公的视角来呈现的，符合行为情节的发展。我也试图这样去做。像他一样，我努力模仿①口语中的语气和节奏，不担心重复和琐碎。

至于其他，我也像一些美国作家一样，遵循某些传统规范。我知道人们会指责这些规范，但我也知道这些规范自有其存在的理由。我在日后谈《名士风流》的时候再谈，因为在我写《女宾》的时候，我还没考虑到这个问题。我只想写一部小说，仅此而已，当时这对我而言就已经绰绰有余了。

终于，我开始写一本书，并坚信自己可以写完它，而且可以出版它。我一章一章地写，萨特对此坚信不疑，我也慢慢说服了自己。我再次感受到那年秋天在贝尔水塘边曾有过的快乐，我把自己从庸常的泥潭里解脱出来，有血有肉地步入想象的世界。一两年后，这部小说就会真真正正地存在，代表我的未来，而我也会欢快地朝着它前行，我一点都不再感觉自己衰老了。那年冬天，我特别花心思在自己的着装上。我让人帮我做了一件质地优良的浅黄色羊毛西装、一条黑色的百褶裙、几件黑色和黄色的衬衣，配上相应的黑色或黄色的领带。我换了发型。我赶了时髦，把头发都盘到头顶。春天，我还买了一顶黑色的扁平狭檐草帽，戴它的时候我还配一个小面纱。我觉得自己很优雅，很是洋洋得意。

萨特也活得津津有味。他在写曾经在一封信里跟我提起过的那部小说，不过小说的题目不再叫《路济弗尔》，改成了《自由之路》。《恶心》成功的势头不减，一九三九年初出版的《墙》也引起了轰动。波朗和卡苏邀他为《新法兰西杂志》和《欧罗巴》写专栏，他欣然应允。有人写文章评论他，读者给他寄信，他结交了几个作家，尤其是波朗。不过他没有结识新的朋友，老朋友对我们而

---

① 我说的是"模仿"，不是"复制"，因为不可能把现实生活中絮絮叨叨的对话全盘照搬到一部小说中。——原注

言已经足够。马尔科还在跟我们赌气，但我们跟帕尼耶和他妻子和好如初。尼赞刚刚出版了他最好的作品《阴谋》，我们很喜欢这部作品，他也因此获得联盟奖。

我们为博斯特的缺席感到遗憾。他在亚眠服兵役，是个二等兵。作为一个虔诚的新教徒，他极端崇尚民主，他不愿意指挥别人，他宁可在那帮自以为有权对他下命令的混蛋手下受窝囊气。见他受过高等教育又有涵养，他的军官上司都急不可耐地催促他去上点军事培训方面的课，但他总是一味固执地拒绝，这让他们很恼火，他却乐不可支。他的伙伴们是些粗俗的皮卡第农民，他们相处得很好。但这并没有减轻他对军营的憎恶。幸好星期天他可以常常来巴黎。

我的职业也不会让我觉得厌烦。教师会议很无聊，但是我并不讨厌自己必须遵守的课时安排，这让我的日子有了规律。我一周只有十六节课，这并不是很花时间。但我还是拒绝和同事深交。如今我对教师这个群体充满敬意，不免对当年的态度有些遗憾。事实上，我和他们保持距离是因为要和自己保持距离。我在履行哲学教师的职责，但我名不符实。我不是众人眼中的那个成熟稳重的女人，我当时的个人生活方式是离经叛道的。至于上课，我也是由着自己的兴趣，与其说是一份教学工作，不如说是个人和个人之间的交谈。我读一些哲学书，和萨特一起讨论。我让学生分享我的领悟，除了一些必须要讲授的内容，我避免照本宣科，重复以前的课。此外，每年听课的学生在变，我带着复杂的心情审视这四十个少女，我要尝试教她们我的思考方式。谁会追随我？追随多远？我学会了不轻信太快就眼睛发亮、嘴角浮现聪明笑容的学生。慢慢地，学生优劣有分、亲疏有别。因为我从来不费心去掩饰自己的喜好，所以学生对我的态度同样也很明朗。和我在马赛的同事们的预测相反，七年的教学生涯过去，我仍旧很喜欢和几个学生聊天。她们正处在"形而上"的年龄，生活对她们而言还只是停留在想的层面，这也是为什么她们的想法是那么充满活力。课上我让她们积极发言，下课了，讨论还在继续。会考过后，我还会时不时地和几个专攻哲学的学生见见面。比安卡·比安南菲尔德就是其中一个，去年，她在班上名列前茅，现在在索邦大学结交了一帮萨特以前教过的学生，让·卡纳帕就是他们中间的一个。他们试图在他们的书面论文和口头论述中推广现象学的方法，她对世界上发生的事情反应强烈。我们成了朋友。

在帕西有一个白俄侨民区，这一年，我班上最好的一个学生就是一个白俄姑娘。十七岁，金发，中分的发型让她显得有点老气，鞋子很大，裙子太长。丽丝·奥勃拉诺夫咄咄逼人的样子一下子就让我觉得有趣。我上课的时候，她会突然打断我："我听不懂！"有时候，她会不服我的解释，跟我拗很久，弄得我不得不岔开话题。这时，她就会嚣张地交叉双臂，用目光杀死我。有一天早上我在地铁里碰到她，当时我正在特罗卡德罗站换乘。她露出一个大大的笑容，对我说："我想告诉您，小姐，总体而言，我觉得您的课非常有意思。"我们聊天一直聊到校门口。后来，在同一个地铁站，我又遇见她好几次，我明白了那不是偶遇，她是特意来找我的，她利用我们私下单独见面的机会让我回应课堂上没有作出的解答。她希望明年继续哲学的学业，但她父母还没有入法国籍，作为外籍人士，她是不能执教的，她父亲希望她成为化学方面的技术人员。她在莫里哀中学已经上了几年学了，但她只在学校交到一个朋友。那个朋友也是白俄姑娘，三年前离开中学谋生去了。其他同学，她觉得她们又呆又傻，她对所有人的评价都极其严苛。她远远地观察这个社会，带着一丝超脱和讽刺，认为它与自己无关。这种距离感让她理智得近乎苛刻：她完全不信任这里的外国文明，她只接受由普遍的理性论证过的真理。也因为她的流亡经历，她对人对事的看法常常有些夸张和可笑。

我闲暇时间的消遣和往年并不完全一样。我冷落了蒙帕纳斯。奥尔加又在作坊剧场听课了。这次她是偷偷回去的。之后，为了给一个女同学配戏，她钻研了莎士比亚《第十二夜》中奥莉维娅这个角色。不过当她们试演的时候，引起杜兰注意的却是奥尔加，他对她称赞有加。很快，全班同学都想跟她一起试戏，更重要的是，她重拾自信。她定期去上课，现在她是班上最用功的学生。她练台词精益求精，专心致志地背绕口令："告诉我，大胖肥仔妖怪，你什么时候大吃大喝大嚼大咽？我当所有大胖肥仔妖怪大吃大喝大嚼大咽的时候大吃大喝大嚼大咽。"她跟几个老师学即兴表演，跟让-路易·巴罗学默剧。杜兰很欣赏她，并对她表示了自己的欣赏。他常常用赞赏的口吻跟我提到她。她住在当古尔广场的一家旅店里，我常找她一起在剧场边上的一家小餐馆吃晚饭，剧院很多演员和学生都常常光顾这里。她跟我讲了一堆这些人的故事。美丽的玛德莱娜·罗宾逊已经在舞台和银幕上扮演了不止一个角色，不过她仍在学习表演。她活得既疯狂又混乱，挥金如土，穿得很靓丽，但衣裙总是多少有点旧。她蔑视体面、谨慎和虚伪，奥尔加因此很佩服她。在这些新人当中，杜兰预言贝尔特·蒂桑日后的成就最大，她是个矮小丑陋的卢森堡姑娘，但个性非常独特。她扮演《向马利亚报喜》中的玛拉，让同学们都感动得落泪。大家对另一个褐色头发、扎着长辫子、一脸热切的姑娘也寄予厚望，她给自己取了艺名安德烈·克莱芒。她跟一个名叫杜菲洛的小伙子过从甚密，小伙子很奇怪，但很有天赋。我结识了塞西莉亚·贝尔丹，她在投身戏剧的同时还在攻读哲学本科文凭。她亮亮的眼睛，高高的颧骨，暗沉的肤色，裹着鲜艳的披巾，看上去很像一个吉卜赛女郎。她不乏魅力，但稍嫌做作。奥尔加和一个南斯拉夫姑娘蛮要好的，那位姑娘有着和乌鸦一般黑的头发，我常常在蒙帕纳斯看到她，她也叫奥尔加。但学校所有的姑娘小伙中间，她最喜欢的是小穆鲁基，他演过两三部电影，已经声名在外。十六岁，他逃过了青春期的叛逆，保留着孩子般的认真和清纯。被雅克·普雷维尔和他的那帮朋友，尤其是马塞尔·杜阿梅尔收作弟子，他受他们的熏陶而学到的文化芜杂不均。他知道的东西和不知道的东西都多得让人惊讶。长期熟读超现实主义诗歌和美国小说，现如今他发现了大仲马的作品，并为此着迷。他的出身、他的成功让他和上流社会格格不入，他用孩子气的固执和无产阶级的严厉来评判这个社会。"工人们是不会这样做的。"他常常用批判的口吻这样说。在他看来，资产阶级和波希米亚风一样，都已经腐朽了。时而冥顽不灵，时而热情洋溢；是非分得很清，但复杂矛盾又容易迷失自我；敏感，开朗，有时候突然倔强固执；非常和善，但也会心怀怨恨，有时甚至还会背信弃义，简直就是个迷人的小魔鬼。他和奥尔加相处融洽，因为她也保留了某种童真。

奥尔加常常从蒙马特尔走到圣日耳曼德普雷。第一次去花神咖啡馆，我想是她带我去的，后来我习惯了晚上和她、萨特在那里碰面。那里成了电影圈内人聚会的所在：导演、演员、场记、剪辑。常在那里见到雅克和皮埃尔·普雷维尔、格雷米龙、奥朗什、编剧沙瓦纳，还有老"十月派"的成员：西尔万·伊特金纳、罗歇·布兰、法比安·洛里、比西埃尔、巴凯、伊夫·德尼奥、马塞尔·杜阿梅尔。在那里也能看到绝色美女。最耀眼的一位是索尼娅·穆塞，脸蛋和身段俱佳——尽管对二十岁的年纪而言稍嫌丰腴了些——勾起了很多雕刻和画家的灵感，德兰就是其中的一个。她把一头秀丽的金发编成精致的发辫盘起来耷拉在脖子上，她朴素独特的首饰、妆容让我迷醉。我尤其欣赏她的一条裙子，款式简单，用料是一种古老而珍贵的开司米。通常有一位褐色短发、举止像个假小子的可爱姑娘陪着她。有时候雅克琳娜·布勒东也会露面，戴着贝壳耳环，竖着假睫毛，挥舞着双手，手镯叮当作响，指甲引人注目。但最常见的女顾客是那些被我们称作"悲催女"的女人：她们头发有点灰白，多少被毒品、酒精或生活磨折了青春，唇上带着忧伤，目光悠长、绵延不断。

花神咖啡馆有自己的习俗、自己的灵魂。一小群每天在这里聚会的常客既不完全是放荡不羁的游荡者，也不完全是有产阶级。大多数人都或多或少跟电影或戏剧沾边。他们收入不稳定，靠权宜之计或希望度日。他们的上帝和神谕，他们的思想导师，是普雷维尔，他们崇尚他的电影和诗歌，他们试图模仿他的语言和才情。我们也是，我们欣赏普雷维尔的诗歌和歌词，他梦幻般的、有点稀奇古怪的无政府主义正合我们的胃口。以前看过的《稳操胜券》，以及最近由卡尔内导演，巴罗、儒韦、弗朗索瓦丝·罗塞主演的《滑稽戏》都让我们着迷。我们尤其喜欢《雾码头》，是加邦、布拉瑟、米歇尔·西蒙和一个名叫米歇尔·摩根的没有名气但演得惟妙惟肖的女演员合演的。普雷维尔的对白、卡尔内的画面、弥漫在整部电影里的雾茫茫的绝望都让我们感动至深。在这一点上，我们和时评意见一致，《雾码头》是法国电影的杰作。不过，花神咖啡馆里那些游手好闲的年轻人，让我们同情又多少让我们有点厌烦。他们反对因循守旧，但这不过是他们无所事事的借口。他们百无聊赖。他们最主要的消遣就是那帮"悲催女"。每人都逐一和她们好上一阵子，时间有长有短，但通常都很短，一圈玩下来再从头开始，不免也嫌单调乏味。他们成天用毫无新意的话宣泄他们对生活的厌恶，不时打着哈欠。他们喋喋不休地哀叹人类的愚蠢。

星期天晚上，我们抛下这些怀疑主义的苦涩的优雅，去布罗梅街生机勃勃、活力四射的黑人舞会上狂欢一下。我陪奥尔加去过好几次，索尼娅和她的朋友们也一起。我在那里碰到了玛丽·吉拉尔，自从柏林一别，她没有什么变化。她常在蒙帕纳斯和蒙帕纳斯那帮人经常出入的地方转悠。我们是例外，当时，很少有白人混迹在黑人中间，敢下舞池跳舞的就更少之又少。面对非洲人的灵活、安的列斯人的动感，白种人肢体的僵硬一览无遗。如果她们豁出去跳，给人的感觉又像是中了邪。我不会和花神咖啡馆的那帮人一样去附庸风雅，也不会想象自己加入非洲这种神秘的情色舞蹈。但我喜欢看这些舞者，我喝着潘趣酒，嘈杂声、烟雾、酒精的气味、乐队激烈的节奏让我麻木。透过这层薄雾，我看见一张张俊俏的脸庞在我眼前晃过。当最后一支疯狂的四步舞曲奏响，我的心跳加快了一点点：在狂欢的身体的宣泄中，我仿佛触到了自身对生活的渴求。

一九三九年初，在莫里哀街开了一家歌舞餐厅，在索尼娅·穆塞和另一个合伙人阿涅斯·卡普里的努力下——后者是杜兰教过的学生——这家餐厅秉承了花神咖啡馆的精神。厅堂麻雀虽小五脏俱全，尽头有一个很小的舞台，挂了一块红色的帘幕。阿涅斯·卡普里棱角分明的脸上带着天真，唱着普雷维尔的歌曲。她也朗诵他的诗歌、阿波利奈尔的诗句。我欣赏她青涩而清新的嗓音。她朗诵的《捕鲸》我百听不厌，从她嘴里开出有毒的秋水仙我也百看不厌。伊夫·德尼奥扮演一个吹嘘一台打领带机的好处的商贩，他和法比安·洛里表演的《大胡子》让我们笑得眼泪都流下来了。他们还可以演唱一九〇〇年代的一批经典曲目。最受欢迎的一首曲子讲述的是一个德国军官带着他刚出生的孩子，因为诸多不幸，孩子饿得奄奄一息。军官拿出一大笔钱给一个年轻的阿尔萨斯奶妈，好让她同意给婴儿喂奶。这位"长胡子的阿尔萨斯女人"一边用手按住胸口，一边用颤抖的声音回答：

> 不，不，绝不，我的乳房是属于法国的，
> 我绝不会用它去奶一个德国人的儿子……

卡普里的节目最大的特色就是讽刺和戏仿。通过嘲笑过去的几代人，我们感受到了一种集体自恋的快感。我们感到自己理智、警醒、聪明、富有批判精神。一年后，当我意识到自己的盲目无知以后，我对所有这些自以为是的小聪明就开始嫌恶了。

我们并没有完全抛弃圆顶咖啡馆，和花神咖啡馆比起来，这里的常客更潦倒、更难以捉摸。一天晚上，人高马大的多米尼盖邀请我们，我和奥尔加去他的工作室，我不记得我们是由何种因缘际会结识他的。一起的还有当时和他共同生活的一半希腊血统、一半罗马尼亚血统的罗玛、画家弗洛雷斯和十几个朋友。我生平第一次和他们一起玩在超现实主义者中非常风靡的"说真话"游戏。几乎所有的问题都关乎性，甚至有点色情的意味。有人问罗玛为什么她喜欢和多米尼盖一起睡觉，罗玛做了一个迷人的大动作，在空中画了一个巨大的身体，回答道："因为他的身子这么大！"总的说来，答案和问题一样，都很平淡恶俗。我们一副合作的表情，但暗地里拼命死撑。慢慢地，气氛变了，就像《鸭鸣报》上说的，变得暧昧，几个玩游戏的人准备化语言为行动。我们拔腿就走。

和《雾码头》相比，法国新上映的电影毫无分量。穆鲁基在《天使地狱》中还算迷人。美国电影变得无聊，他们一致褒扬警察

而贬低盗匪。在《一世之雄》中，詹姆斯·卡格尼为了让一群孩子对犯罪失去兴趣，同意懦弱地死去。《史密斯先生到华盛顿》《浮生若梦》都是设计精巧、表演上乘的逗乐的喜剧，但它们都想传递一个信息：资本主义应该就是人道主义。

自从让·塞邀请了卡特尔的导演来排戏后，法兰西喜剧院也推出了一批好戏。十五年前，我在作坊剧场看过《各有各的理》。今天我在法兰西喜剧院的舞台上又看到了，杜兰导演，场面更宏大。当勒杜和贝尔特·波维裹着丧服，突然出现在长长的走廊尽头时，通过透视效果，走廊显得无比悠长，令演员和观众都惊愕不安。杜兰的《费加罗的婚礼》引起了激烈的争议。扮演天使的克洛迪奥还不到十二岁，大家认为他实在是太年轻了。人们也批评杜兰没有更多地强调这出戏的社会和政治意味。但依我看，虽然他用轻快的笔调处理这出戏，但辛辣的讽刺丝毫不减。我也看了萨拉克鲁的《地球是圆的》的首演，不管对错，在我看来都是上流社会的一件大事。我觉得吕西安娜·萨拉克鲁穿着丝绸长裙，挽着高高的发髻，插一把装饰的梳子，简直美极了。西尔维娅·巴塔耶戴着一顶小巧的无檐女帽，上面插着火红色羽毛，有血有肉地站在我们面前，她多漂亮啊！我无意成为巴黎上流社会的一分子，也不想穿着盛装招摇过市。但近距离地看到名人和她们美丽的妆容不啻为一件赏心悦目的乐事。

杜兰把作坊剧场的舞台让给了巴罗，好让他排演《饥饿》。奥尔加在这场演出里面扮演了好几个小角色。那一晚的开场是格朗瓦尔导演、拉福格改编的《哈姆雷特》，巴罗亲自出演以飨观众。在《饥饿》中，他第一次试图把"整体戏剧"的观念推到极致。他只保留了克努特·汉姆生小说的主旨：在一个大城市的中心，一个饥饿的男子无望的孤独。他在这个主题上又加了另一个他非常重视的主题：自我和另一个自我。巴罗扮演的主人公身上还隐藏着一个"内心的兄弟"，由罗歇·布兰那张令人不安的脸庞来诠释。在这场表演中，对话是次要的，它常常被一种"拼杂"的蒙太奇手法所取代。这个手法很新，巴罗取得了很好的效果。但他最喜欢用的表达方式是默剧。作为把毕生精力都奉献给了默剧的复兴的德克鲁的学生，他并不认为默剧是一门自足的表演艺术，他希望运用默剧表演来推动剧情的发展。他忍不住在《饥饿》中穿插了几段他的拿手好戏。比如，他在舞台上表演登上一个想象的楼梯。这种炫技脱离了全剧的整体，打断了节奏。我更欣赏另外一些片段，动作成了真正的戏剧表达方式。有一个场景是通过默剧来诠释的，男主人公因为太虚弱，无力和他想要的女人交欢，这一场戏大胆却不低俗，很有看点。这出戏剧取得了成功，演了不下五十场。在《努曼斯》和《在我弥留之际》之后，《饥饿》表明巴罗正在为戏剧带来它所需要的更新。卡特尔已经付出了它所能付出的一切，它不再有任何创新。就在电影朝现实主义的方向前进之际，人们希望在戏剧的舞台上看到一种前所未有的颠覆：演员到文本，文本到表演，演出到观众，种种关系都要重建。或许巴罗会成功。

圣诞节假期，我们又去了默热沃。我们已经可以用一种令自己满意的方式凑合地滑雪了，我们的要求并不高。复活节的时候，我们去普罗旺斯做了一次旅行。我把萨特留在我们坐火车、乘巴士到达的城市和村庄里，我自己在吕贝龙的山坡、迪涅附近依然白雪皑皑的高山上漫步。在马诺斯克，所有的报亭和书店里，我们都看到陈列了季奥诺的小说，因为他老早就宣扬"返回乡土"的论调，当我背着包沿着孔塔图尔附近的一条小路行走时，几个农民问我跟他是不是一路的。年初开始，萨特就在阅读海德格尔，既读科尔班的翻译，也对照读德语的原文。他第一次正儿八经地跟我提起他是在锡斯特龙。我依然还能回想起当时我们坐在一张石头长凳上，萨特跟我解释把人定义为"遥远的存在"是什么意思，世界是如何"在工具都坏掉之后呈现"。但我很难理解海德格尔对未来的诠释有几分现实性。萨特一直坚持要尽一切所能保存世界的真相，因此他很欣赏海德格尔的哲学中那种调和客观性和主观性的方式。他认为它不是太严谨，但有非常丰富的建设意义。

　　每次只要我有几天的空余时间，我就会离开巴黎。在圣灵降临节，我漫步在莫尔旺地区，我参观了第戎、欧塞尔和维泽莱。六月会考的那一周，我出发去了汝拉山脉。我攀登了所有山峰。我累坏了，膝盖也肿了，走路成了一种酷刑。我坐火车去了日内瓦，一瘸一拐地在城里转悠。西班牙政府已经把普拉多的馆藏都移到了这里以免受到轰炸，我花了一个下午的时间流连在戈雅、格列柯和委拉斯凯兹的作品中间。我的心隐隐作痛，因为我知道，从现在开始，很长一段时间内我都不能再去西班牙了。

　　一整年的时间，我继续让自己活在当下，好好利用每一个瞬间。但我依然没有办法忘记周围的世界。一九三六年六月的希望终于破灭。工人阶级反对剥夺他们所取得的大多数权利的枢密令无果：十一月三十日的罢工，资方大获全胜，使出了大面积关门歇业的杀手锏。广东被烧毁、汉口被攻陷，我对这些都缺乏想象力，没有感觉，但是西班牙共和军的失利对我们而言就好像是我们自身的不幸一样。他们内部的不和、在巴塞罗那进行的对波乌姆党的审判，让我们心绪不宁。究竟是斯大林分子扼杀了革命呢，还是应该相信无政府主义者正中叛军圈套？叛军连连告捷。巴塞罗那垂死挣扎。费尔南多休假回来，跟我们描绘了轰炸和饥馑的情景：没有东西吃，除了偶尔有一把鹰嘴豆；没有香烟可以抵一下饥饿感，街上连一个烟头都捡不到。孩子们皮包骨头、苍白憔悴、挺着像皮球一样浮肿的肚子。一月，在液体炸弹毁灭性的攻击后，城市沦陷了。越来越多面黄肌瘦、衣衫褴褛的难民拥向边境。马德里还在抵抗，但英国已经承认了佛朗哥政府，法国也派贝当做驻布尔戈斯的大使。几次突袭之后，马德里陷落了。整个法国左翼都在哀悼，感觉自己难辞其咎。布鲁姆承认，一九三六年八月如果能迅速地运送武器过去，共和国就得救了，他也承认不干涉政策是愚蠢的。为什么当时的舆论没有让他采取另一种措施呢？我也开始明白，我对政治的冷漠不能成为我无辜的理由，现在当费尔南多嘟囔着骂"法国混蛋"时，我觉得自己也脱不了干系。

那么，面对莱茵河彼岸的悲剧，我还能选择消极的态度吗？纳粹在波希米亚和奥地利实行白色恐怖。报刊揭露在达豪有一个集中营，关着几千名犹太人和反法西斯分子。比安卡·比安南菲尔德接待了一个表哥的来访，他在盖世太保的手里熬了一夜之后成功地从维也纳逃了出来。盖世太保曾连续拷打了他几个小时，他的脸上还有淤青和烟头烫伤的痕迹。他说冯·拉特被杀之后的那个夜晚，在他几个亲戚居住的小城里，纳粹把所有犹太人都从被窝里揪出来，把他们集合在大广场上，逼他们脱衣服，烙上烙印。在第三帝国，到处都以这桩暗杀为借口对犹太人进行蹂躏和屠杀：最后一批犹太教堂被焚烧，犹太人的商店被洗劫，成千上万的犹太人被关押。"发生这样的事情，我们还有心工作、娱乐和生活吗？"比安卡哭着问我。我为自己的自私感到羞愧，我一直固执地把凡事都往好里想。

我感到羞愧，但我还不愿意放弃自己的立场，我仍然愿意相信战争不会发生。现在轮到意大利要求"生存空间"。它通告废除和法国的合约，在土耳其煽动暴乱，并威胁吉布提。意大利军队和佛朗哥军队并肩走进巴塞罗那的那一天，罗马的民众正在闹哄哄地游行。他们庆祝独裁者的胜利，一边喊着："土耳其是我们的！科西嘉是我们的！"我呢，我用最后的绥靖主义的口号安慰自己："我们总不至于为了吉布提而战吧！"的确，我们没有宣战。希特勒只是嘴上说说要支持墨索里尼。罗斯福许诺一旦意大利发难，他会帮助民主国家。但捷克斯洛伐克和乌克兰把自己置于第三帝国的保护之下。三月十六日，希特勒进军布拉格。在英国，政府开始征兵；在法国，达拉第掌握了大权，人们开始分发防毒面具，牺牲了每周工作四十小时的制度来支持国防。日复一日，和平在退却。墨索里尼向阿尔巴尼亚发起了进攻，希特勒威胁梅梅尔，要求拥有但泽。英国如今选择了强硬政策，和波兰签订了一个互助条约。或许会达成一个英法俄三国协约，震慑住希特勒？但是和苏联的谈判没有结果。很快除了战争或再一次逃避，已经别无选择。德阿在《事业报》上写了一篇题为《为但泽而死》的文章，一时间舆论哗然。他建议法国人做出所有让步，从激进派到共产党，左翼几乎一致对此表示愤慨。

就这个问题，我记得科莱特·奥德里和萨特之间的一次讨论。西班牙的灾难让她震动很大，她在政治上已经没有任何信仰。"什么都比战争好。"她说，萨特反驳她："才不是，法西斯就不比战争好。"他生性并不好斗，他过去并不遗憾除去戎装当平头百姓，但就在九月三十日这一天，他依然认定《慕尼黑协定》是一个错误，而且他认为进一步的退让简直就是犯罪。一味妥协让我们成了所有迫害、所有灭绝行为的帮凶。我也是，妥协的想法让我反感。成千上万的犹太人在全世界流亡，为了逃避集中营和种种迫害。《圣路易》的故事让他们可怕的境遇变得可触可感。九百一十八名犹太人在汉堡上船出发去古巴，古巴政府驱逐他们，于是船长调转船头开回德国。所有的旅客都一起发誓，宁可死在一起也不愿意回汉堡。

他们在海上漂了几个星期。最终荷兰、英国和法国同意让他们避难。还有很多这样的船只把这些可怜人从这岸运到那岸，却没有任何一个国家愿意收容他们。是时候该结束这些悲剧了，我们的自私已经让这种悲剧上演了很长时间了。

但是，另一场战争的画面浮现在我的脑海：以人道主义之名，要一百万法国人去送死，这是多么自相矛盾啊！萨特回答我说这不是人道主义或其他任何一种抽象的道德问题，我们已经身在棋局之中，如果不把希特勒打倒，法国就会落到和奥地利差不多的下场。和科莱特·奥德里，还有阿兰的众多拥趸一样，我问："战乱中的法国难道不比一个纳粹统治下的法国更糟？"萨特摇摇头："我不想被人逼着吞下自己的手稿。我也不希望有人用小勺子剜了尼赞的眼睛！"也就是说：我们这些知识分子，纳粹统治会剥夺我们生命的全部意义。但如果把决定权放在我们手中，我们敢把下阿尔卑斯的农民、杜瓦讷内的渔夫送去战场送死来保卫我们的自由吗？这也和他们自己息息相关，萨特回答我。如果没有拿起武器抵抗希特勒，或许日后他们会被迫替他打仗；如果法国当了附庸国或附属国，那么工人、农民、资本家，所有人都会受苦，所有人都会被当成战败者、下等人，成为第三帝国宏伟大业的牺牲品。

他说服了我。战争不可避免。但我们为什么会沦落到这步田地呢？我无权抱怨，因为，为了阻止战争的发生，我连动动手指这么简单的事都没有做过。我感到内疚。如果我能对自己说："好吧！我会付出代价的。我的盲目，我的麻木，我会承担一切后果来赎罪。"可惜我想到博斯特，想到所有和他一样年纪的小伙子，他们没有任何机会左右重大事件。他们可以振振有词地控诉他们的兄长和前辈：我们二十岁，因为你们的错误我们要去送死！尼赞一直以来的坚持是对的，参与政治是谁也避免不了的，逃避也表明了一种政治态度。我悔不当初。

不可能明确指出是哪一天、哪一周甚至哪一月，我的内心有了转变。但很肯定的是，一九三九年春标志了我人生的一个分水岭。我抛弃了个人主义和事不关己高高挂起的不作为。我学会了团结的意义。在开始记叙这个新阶段之前，我想对过去十年的收获做一个总结。

把一生分成几个阶段来看难免有些武断。不过一九二九年显然是个崭新的开始，我完成学业，获得经济独立，离开父母家，对过去的友情做了一个清算并结识了萨特。一九三九年，我们的生活也同样有了翻天覆地的改变：历史抓住了我，不再松手；另一方面，我彻底地投身到文学创作之中。一个时期结束了。我刚刚描述的这个阶段让我成熟，让我从青年变为成人。这一时期我有两大优先考虑的问题：生活和实现我当作家的理想，也就是说，找到把文学嵌入我的生活的契合点。

首先是生活；无论我们做什么，当然首先是活着。但是把我们所要度过的每时每刻连成一体的方式却不止一种。比如说可以把时间都花在一个行动中，或者也可以把它投入一个作品中。我呢，我的事业，就是我认为握在自己手中的我的人生。它应该能满足我的两个要求，从我乐观主义的角度看来，这两个要求是密不可分的：一是幸福，二是把握世界。我认为，不幸会扭曲现实。我和萨特的和睦相处确保了我的幸福，我所关心的就是尽量体验、充实自己。和童年时候一样，我的种种发现并不遵循一条确定的直线，我并没有感觉自己一天天在进步。但在混乱无序中，它们让我心满意足。我直面有血有肉的事物，和我当初在内心的牢笼里所感受到的东西，我从中发现了未曾意料到的特性。大家已经看到我对探索是多么热诚执着。很久以来我都抱着一种错觉，以为事物的绝对真理要通过我的意识，只有我本人的意识才能获得——或许萨特是一个例外。当然，我知道很多人可以比我更好地理解一幅画、一支奏鸣曲，但是我模模糊糊地认为，一个有光芒照射的地方，只要不是我亲眼所见，那它就是一块没被任何人注视过的处女地。

直到三十岁，我都觉得自己比年轻人世故，比年长者年轻。前者过于懵懂，后者过于固执。只有我的存在方式才是一种典范，每一个细节都得益于这种完美。对世界、对我而言，认识外界的全部是一件迫切的事情。生命不息，认识不止，因此享乐便退居第二位。我可以开心地接受享乐，但不会去刻意追求。我更愿意学着去欣赏斯特拉文斯基的八重奏——虽然当时听得我兴味索然——而不愿意听耳熟能详的抒情短曲。我的好奇心有某种肤浅的特点。就像我小时候，我以为第一次听一支乐曲、看一个城市、读一部小说，我就能捕捉其中的精髓。我喜欢尝试不同的东西，不喜欢重复，喜欢看新鲜的那不勒斯，而不愿意重游威尼斯。从某种意义上说，这种喜新厌旧的贪婪也有它的理由。为了认识一个事物，就必须把它放回它所处的整体环境中去。抒情短曲可以回溯到贝多芬的所有作品，回溯到海顿，回溯到音乐的根源，甚至还可以展望它日后的发展。这不仅是我阅读了斯宾诺莎之后领悟到的，也是因为综合的思想，我之前已经说过了，是萨特和我的思想的统帅。如果我想拥有世上最小的一粒尘埃，那我就需要了解世界的全部。这其中的悖论并没有让我们感到害怕。我们修剪、提炼、决断。我们把牟利罗和勃拉姆斯抛到九霄云外。同时我们拒绝作出选择：所有存在的一切都应该为我们而存在。

既然这个任务是无止境的，所以我就无休止地被各种计划缠身。每一次征服都是需要超越的一步。这个特点不仅是因为我想探索的领域很广，还因为如今我虽然放弃了穷尽一切的奢望，但我的个性却没有改变：我计划不断。偶然让我害怕，让未来充满期待、召唤和要求，我让当下多了一点必然的意味。不过，我已经说过，我也有休憩的时候：我静思。这是一种神奇的慰藉，存在的忧思消散在万物的圆融之中，我也和这份充盈安详融为一体。

萨特和我为探索这个世界所做的工作与社会已经建立的模式和藩篱并不相符。这样也好，因为我们反对所有的陈规陋习，我们认为人应该被重新塑造。科莱特·奥德里一些热衷政治的朋友曾批评她把时间都浪费在和我们相处上，她很欢快地回敬道："我正在为明日之人做准备。"听到这句话我们和她一起笑了，但在我们看来此话不假。有朝一日，人们会挣脱枷锁，自由地创造他们的生活，这就是我们所希望的。事实上，我们常常也会被潮流左右，比如我们去冬运场所，去希腊，去爵士乐音乐会，去看美国电影，给吉尔和朱利安鼓掌捧场。不管怎么说，无论做什么事，我们都坚信，我们可以改变这件事而不屈从于任何一个模式。我们创造了一种新的关系，自由、亲密、坦诚。我们也创建了"三重奏"，虽然结果不尽如人意。在我们旅行的方式中也有一种独创性，一部分是因为我们对有组织的旅行不感兴趣，不过这种没兴趣正好反映了我们的独立性。我们以自己的方式游历了希腊。在意大利，在西班牙，在摩洛哥，我们都是随心所欲地把舒适和简朴、奔波和闲散结合起来。尤其是，我们创造了我们的态度、理论和思想。我们拒绝被任何条条框框束缚住，我们一直在求变。这常常让我们身边的朋友很不适应，他们以为还在忠诚地追随我们，而我们已经身在别处了。"和你们在一起会很累，"有一天，博斯特对我们说，"那是因为得和你们同时拥有你们的观点。"的确，我们受不了身边的朋友老拿我们说事儿，我们把无懈可击的论据灌输给他们，但隔了一天我们自己就把这些论据抛诸脑后。

多亏思想的变化和我们对事物的关注，我们才会感觉自己挺贴近现实的。当让·瓦尔和阿隆在他们的文章和发言中说什么要"落到实处""围绕现实"的时候，我们会觉得很可笑，我们确信我们信手拈来就是现实。不过，在这一点上，和所有小资产阶级知识分子一样，我们的生活是以脱离现实为特征的。我们有一份干得还算不错的职业，但这份职业并不能把我们从文字的世界里拉出来。从知识层面上看，我们真诚、专注，就像萨特有一天对我说的，我们都有"真实的求真感"①，这已经难能可贵。但是这丝毫不意味着我们拥有"真正的现实感"。我们不仅和所有的资产阶级一样衣食无虞，还跟公务员一样收入稳定，不过我们没有孩子，没有家庭，没有责任。我们是精灵。在我们的工作和所得的钱之间没有直接的关联，我们的工作总的说来蛮有意思的，而且一点都不累。这笔钱不算多，不能提供一种奢华，我们花钱随心所欲。有时候够我们支撑到月底，有时候不够。这些际遇没有让我们意识到我们的经济情况，而我们也一直对此不在乎。我们就像田野里的百合花一样茁壮成长。环境更加深了我们的这个错觉。我们身强体健，只要不是过度操劳，我们的身体都会非常合作。我们可以让身体吃苦耐劳，这也弥补了我们财力的不足。我们和富人一样游历了不少国家，那是因为我们完全不在乎露天睡、在小咖啡馆吃饭、徒步旅行。从某种意义上说，我们的快乐是我们赚来的，我们付出了在别人眼中可能无法接受的代价，不过以这种方式获得乐趣是我们的幸运。我们的幸运还不止于此。我不知道为什么，别人几乎像看重婚姻一样尊重我和萨特之间非法的同居关系。总督学帕罗蒂先生知道我们的关

---

① 大多数的资产阶级，所有上流社会人士和真实的关系都是极其不真实的。——原注

系，在把萨特任命到勒阿弗尔之后，他也好心好意地安排我去鲁昂教书。因此，我们可以打破常规而不受到惩戒。这也更坚定了我们追求感情自由的决心。我们明显感受到的一切掩盖了外部世界的敌意和对立。我们用自己的方式追梦。我依然希望我的生活是"一个美好的故事，在我慢慢讲给自己听的过程中变得真实"。在把这个故事讲给自己听的过程中，我也稍加润色来美化它。就像我可怜的女主人公尚塔尔一样，在两三年间，我赋予了她象征和神话的寓意。后来，我放弃了美化，但我还没有抛开阻碍我认识人们真实面目的道德和清教徒的熏陶，也没有抛开抽象的普世原则。我依然深受理想主义和资产阶级审美的影响。尤其是我对幸福的一味坚持让我看不到政治现实。这种盲目并不是我一个人的，几乎整个时代都在抓瞎。令人震惊的是，《慕尼黑协定》签订后，《星期五》的成员（清一色是真诚的"左翼分子"）因为恐慌而四分五裂。就像萨特在《缓期执行》中指出的，我们都过着一种虚假的生活，而这种生活的实质就是和平。没有人拥有必要的工具去了解正在重新整合的世界，如果我们不了解这个世界的全局，就无法真正了解它。但是，我对历史和它的隐患的排斥已经到了一个非同寻常的程度。

那么，我刚刚讲述的经历有什么价值？有时候，它在我看来带着那么多的无知和自欺，让我对自己的这段过往有的只是遗憾。当我看着翁布里亚的美景，那是一个独一无二、难忘的时刻，但事实上，我并没有真正认识翁布里亚。我凝望着光与影的变幻，我在给自己讲述一个传说。这片土地的荒芜，耕作土地的农人不开心的生活，我都没有看见。或许也存在一种表面的真理，条件是要把表面的东西当作真理，但我的情况并非如此。我渴望求知，但我对错觉心满意足。有时候，我也会怀疑：或许这就是为什么当我们面对大皇冠工厂的灯火时，帕尼耶和萨特的争论会那么吸引我。但我很快就转移了注意力。

　　不管怎样，如果要我对这几年做一个总结，那么我觉得还是很有收获的：那么多的书，那么多的画，那么多的城市，那么多的面孔，那么多的思想、情绪和感情！并非一切都是假的。如果说谬误是被掩盖的真实，如果说真实只是通过一些不完整的形式的发展而实现的，我们明白，就算要穿过很多蒙蔽和阻碍，现实还会破茧而出。我所获得的不完善的文化是达到超越所必需的。如果我们不懂如何配置我们所保存的素材，那么去收集这些材料也是很重要的。我们之所以可以宽容我们的迷失和错漏，那是因为我们一直坚信：未来是广阔的，真理指日可待。

　　无论如何，即使我们更清醒更理智，我们的生活也不会有什么大的变化，因为对我们而言，重要的不是正确地给自己定位，而是不断地向前。正是我一直要克服的混乱指引我朝着很久以前就已经确立的目标坚定地进发：写书。

　　这就是为什么，我的第二个问题和第一个问题紧密相关。为了过上令我满意的生活，我必须给文学一个位置。少女时代和刚成人的那几年，我的理想是真诚的，但也是空洞的。我只知道一味地嚷嚷："我想成为一个作家。"现在，我已经找到了我想写的东西，知道了自己可以如何去写，这已经是具体的写作问题。这个摸索的过程花了我一段时间。以前我曾经发誓要在二十二岁就完成那部无所不包的杰作，而我发表第一部小说《女宾》的时候，我已经年过三十。家人和儿时的朋友纷纷嘀咕说我都从一枚鲜果熬成一枚干果了。我父亲很生气："要是她肚子里有货，那就倒出来啊！"我自己倒不着急。从虚无和自身提炼出第一本好歹站得住脚的书来，我知道这件事，除非是机缘巧合，需要经历无数次的尝试和错误，需要付出劳动，需要付出很多时间。我对自己说，写作这份职业是在不断地写作中学会的。但十年毕竟是一段漫长的岁月，在这段时间里，我涂黑的纸不计其数。我认为，"经验不足"不足以解释这么长时间的失败。当我开始创作《女宾》的时候，我几乎没感觉自己写起来更加驾轻就熟。是否应该承认，那是因为，我在那时已经"找到了一个主题"，而以前我都是言之无物？但我的周围一直都是同一个世界，这个"无物"又从何说起？在什么情况下，事物为什么又如何成了值得去言说的对象？

当生活偏离了正常的轨道，文学就出现了。至于写作——正如布朗肖在埃特雷的矛盾中所揭示的一样——第一个条件是不再把现实当作是理所当然的，只有这样，人们才能看到它，才能让别人看到它。走出年轻时代的无聊和奴役，幸福让我沉醉、麻痹、盲目，我怎么会想去逃避它呢？我的写作计划是空洞的，直到有一天幸福受到了威胁，我在焦虑中找到某种孤独。"三重奏"的不幸经历不只为我提供了一个小说的题材，它也给了我去处理这个题材的可能①。

尽管我能力有限、挫折连连，我始终坚信有朝一日我会写出别人愿意出版的书。肯定都是小说，我心想。在我看来，小说这个体裁超越了其他所有体裁，以至于当萨特给《新法兰西杂志》和《欧罗巴》写评论和专栏时，我都认为他是在浪费笔墨。我热切地希望读者喜欢我的作品，那样，我就会像乔治·艾略特一样——我常把

---

① 我之后创作的一切无不证实了这种退一步审视的重要性。旅途、风景对我而言那么重要，但我几乎从不提及，那是因为所见正如我所想。在葡萄牙，我思考了旅游业带来的乐趣和该行业不光彩的一面，我窥破了其中的玄机，曾想把它们写出来。我对美国的看法和现实有天壤之别，这种差距激发我把自己的发现写下来。最后是中国让我产生了很多疑问，从某种意义上说，也让我感到良心不安，所以我把它写下来试图弄明白。但是像意大利、西班牙、希腊、摩洛哥，还有很多国家，我置身其间心里并没有什么想法，因此离开的时候也没觉得有什么要说，既然没什么要说我就沉默不说。——原注

她和她作品中的人物麦琪·塔利弗混为一谈——也变成一个想象的人物：无所不能，风姿绰约，神出鬼没。我的理想就是这种蜕变。我过去对玻璃和水中映出来的影子很敏感，现在也是。我会痴痴地看着它们，又好奇，又入迷。我梦想自己可以分身，可以变成一个幽灵，走进别人的心灵，萦绕不去。这个幽灵和一个有血有肉的人联系在一起有害无益，匿名完全符合我的要求。我已经说过，只有在一九三八年很短的一段时期里，我希望成名，以期能结识新的朋友。

从另一方面看，我的世界变了，但是在谈论变化前，我想先做几点说明。我知道，阅读这部自传的时候，有几个评论家肯定会洋洋得意：他们会说它跟《第二性》简直就是唱反调。在谈论《一个规矩女孩的回忆》的时候，他们已经这样说过。这是因为他们没有领会《第二性》一书的精神，甚至很可能他们根本连这本书都没有读过。我是否写过女人就是男人？我是否认为我不是一个女人？恰恰相反，我努力去做的是通过我自己这个个案来定义女性状况。我接受过淑女的教育，完成学业后，我的处境依然是置身在两性等级森严的社会之中的女性的处境。在很多情况下，我的行为处事还是很女性化的①。由于我在《第二性》中已经明确论述的种种理由，女人比男人更需要自己的头顶有一片天。她们并没有被赋予冒险者的气质，这里采用的是弗洛伊德对这个词的理解。如果要她们完全地质疑这个世界或肩负起重新改造这个世界的重担，她们就会犹豫不决。因此，和一个我认为比自己强的男人一起生活对我来说很合适。虽然我一直坚持自己的抱负，但我的抱负说到底还是怯怯的，就算我对世事的变迁感兴趣，但那终究不是我的事情。不过，大家

---

① 我的论点和传统的论点的不同之处在于，在我看来，女性气质不是一种本质也不是与生俱来的，它是基于某些生理特征，由社会文明造就的某种境遇。——原注

也看到了，我对自己生活的真实状况并不重视。我相信，什么都无法束缚我的意愿。我不否认自己的女性气质，但我也不会刻意为之，我只是不去想它。我和男人一样拥有同样的自由和责任。我逃过了让大多数女人感到压抑的魔咒[①]——依附。挣钱养活自己，这本身并不是目的，但只有通过这个途径才能获得内心的自主。如果说我到马赛的时候非常激动，那是因为我在高高的台阶上面，我感到从我的职业、从它迫使我要面对的种种障碍中我可以汲取怎样的力量。物质上自足，才能让一个人感到自己的完整。正基于此，我才能拒绝精神上的依附和由此带来的种种危险的便利。另一方面，无论是萨特还是我的任何一位男性朋友在我面前从未表现出他们的优越感。因此我从来不认为自己处于劣势。如今，我知道，如果要描写我自己，我先得说明："我是一个女人"，但我的女性气质对我而言既不是一个麻烦也不是一个托词。说到底，它是我的故事的一个组成，而不是一个解释。

　　还有其他一些细节上的解释也让我提防。我试图尽量开诚布公地叙述事实，既不掩饰它们的模棱两可，也不用刻意的综合分析法去僵化它们，而是任由读者去阐释。但是，我还是反对某种极其粗陋的精神分析的诠释，可能会说萨特对我而言替代了父亲的角色，而奥尔加则充当了孩子的角色。在这些教条主义者的眼中，仿佛从来就不存在成人之间的关系。他们没有看到从童年到成年——我并非不承认从根源出发的重要性——的辩证发展会改变情感上的关系：情感保留着最初的关系，但会超越这些最初的关系，在这种超越中包含了情感重新审视的对象。显然我对萨特的依恋可以回溯到

[①] 不管她们是受它的折磨也好，自觉地去适应也好，以此庆幸也好，说到底，它都是一个魔咒；当我写了《第二性》之后，我对这个问题的看法更加确定无疑了。——原注

我的童年，但也是因为他是一个值得我依恋的人。或许我关注奥尔加是因为我有空，因为我想为别人操心的欲望还没有得到满足，但其实是奥尔加的个性成就了这份友谊的真实和独特。说完这些顾虑，我今天依然相信"超我"的理论。自我只是一个或然的客观存在，那个自称"我"的人抓住的只是一些表象，他人反倒可以对我们有一个更清晰更准确的看法。我再重申一遍，这个表白绝对不是一种解释。同样，我既然这么做了，很大一部分原因是因为我知道，人永远都不可能真正认识自己，只能去讲述自己。

第二部分

当你着手去写一部构思精巧的长篇巨著时，恼人的是，早在它收尾前，你就已经和它不合拍了：此刻并不能在书中得到沉淀。我于一九三八年十月开始创作《女宾》，一九四一年夏初写完。一路写来，事件和人物盘根错节互相影响，最后的几章让我回头审视开篇的几个章节，每个片段都从全局的角度出发被修订过。这些变更是出于文本内部的需要，并非反映我自身的思想变化，我只是借用了现实生活中一些无关紧要的素材。小说的构思和编排是为了表达我正在超越的过去：正因为现实生活中不断更新的我已经和书中描绘的我的形象不同了，我今天的真实状况在书中没有反映。我曾经有过几个星期、几个月无心工作，但只要我一坐到书稿面前，我就开始回顾往昔，过去的岁月仿佛又活了过来。但书印出来以后，我再也找不到当初创作这部作品时的岁月痕迹：既没有了晨昏天空的颜色，也没有了恐惧、等待的颤栗，什么都不复存在。

　　不过，就在我勤勤勉勉地用文字把它们从虚无中拉扯出来的时候，殊不知外面的世界已时过境迁，我自己也变了。迄今为止，我关心的只是如何丰富自己的人生并学习如何用文字把它传达出来。我渐渐放弃了二十岁时的"准唯我论"和虚幻的自我崇拜，我学会了他者存在的意义，但那依然还只是我和其他人的私人交情，他们每一个都曾对我很重要，我依然渴望幸福。突然，历史撞上了我，我被撞得粉碎：醒来后我发现自己散落在地球的四面八方，每一根神经都和他人、和所有人维系在一起。思想、价值观，一切都被颠覆了。甚至我个人的幸福都变得无足轻重。一九三九年九月，我写道："对我而言，幸福首先是一种理解世界的独特方式。如果世界变得让人无法理解，幸福就不再弥足珍贵。"一九四一年一月，我又写道："我过去对幸福的认识是多么肤浅！这个念头曾占据了我的头脑长达十年之久，但我认为现在我已经几乎完全摆脱它了。"事实上，我从未完全摆脱它。倒不如说，从那时起，我不再把自己的生活看作是一个自主自足的完整体系。我应该重新审视自己和一个面目全非的世界之间的关系。我所要讲述的就是这一转变。

第六章

一九三九年夏初，我还没有完全放弃希望。我的心底一直萦绕着一个声音："它不会降临到我头上。不会的，战争不会降临到我头上。"希特勒一定不敢进攻波兰，三方协议肯定能签订，希特勒会投鼠忌器。我依然在编织和平的美梦。我们原打算通过苏联国际旅行社去苏联见识见识，但这个计划显然不合时宜。不过，如果时局缓和，我们可以去葡萄牙走走。也好，萨特说，但他又补充了一句，时局可能不会变好。他是想让我有个思想准备，他更愿意面对现实。否则，战争一旦爆发，我肯定承受不了，我肯定会崩溃。但怎样才能做好心理准备去迎接战乱？我在心里问自己。假装处乱不惊我肯定办不到，我肯定会力不从心。反正到头来我只能是随机应变。我刻意不让自己去想这个问题。

勒梅尔夫人曾经邀请我们八月初到她的瑞昂莱潘别墅去度假。七月十五日，我只身一人背着背包出发去普罗旺斯。这是我徒步旅行最心旷神怡的一次：旺图山、吕尔山、下阿尔卑斯省、凯拉、滨海阿尔卑斯省。费尔南多当时和斯蒂法一起在尼斯，他想陪我一起旅行几天。他在皮热-泰尼埃跟我会合，穿着钉了大鞋钉的漂亮鞋子。第一天，我们穿越红色的丘陵，欢快地步行了八小时。翌日，我们走了九小时，从纪尧姆到圣艾蒂安-德蒂内一路翻山越岭。到了晚上睡觉的时候，他发着烧，浑身颤抖。接下来的一天，我独自去登山攀岩，当我晚上回来再见到他的时候，他已经决定返回尼斯。我于是一个人继续上路。我爬上海拔三千多米的圣维朗山，在荒凉的山顶，我惊扰了一群小羚羊。因为我沿着意大利边境一路旅行，我遇到正在巡逻的士兵，军官们疑心重重地查了两次我的证件。一天晚上，当我长途跋涉到达拉尔什时，军队已经驻扎在那里了。根本找不到一张空床，我和乡村警察的妻子睡在一张床上，她是位个子矮小、干净清爽的老妇人。我满脑子想的都是野兽、鲜花、石子、地平线，为自己拥有健康的腿脚、肠胃、心肺而欣慰，一心想打破自己的纪录。

我在马赛和正在休假的萨特和博斯特会合。他们二人都认为战争不可避免。德国人已经渗透到但泽，让希特勒放弃他的企图不可能，让英国人在波兰问题上不闻不问也不可能。而且萨特一点都不希望再弄出一个《慕尼黑协定》，但想到征兵大动员他心里也不高兴。我们去马尔堤格喝了鱼汤，阳光洒在五颜六色的渔船和渔网上。我们坐在水边棱角分明的大石头上，硌得一点都不舒服，但萨特就喜欢不舒服。面对蓝天，我们漫不经心地聊些不着边际的事儿：如果从前线负伤回来，哪种情形比较好，瞎了眼还是毁了容？缺了腿还是没了胳膊？巴黎会不会被轰炸？打仗会不会使用毒气？两天后，博斯特离开了我们，我们在城里又待了两三天。一天下午，我们坐在老码头烧狼咖啡馆的露天座，尼赞正好路过，腋下夹着一只巨大的橡胶天鹅。当晚他要和妻儿一起坐船去科西嘉岛，他要去那里和洛朗·卡萨诺瓦会合。他和我们一起喝了一杯，他神秘兮兮又洋洋得意地告诉我们，三方协议就要达成。向来谨言慎行的他，这会儿却欣喜若狂地断言："德国会屈服的！"作为《晚报》国际政治栏目的特派记者，他显然知道一些内幕，他的乐观让我们感到安慰。我们互相祝福大家过一个和平幸福的假期，然后他腋下夹着天鹅，离我们而去，这一去竟成永别。

当年勒梅尔夫人的父亲让人建造"太阳门"别墅的时候，这一带的海边还很荒凉。别墅四周是一个大花园，花园里种了松树，一直延伸到海边，连着普罗旺斯沙滩。我们在露台上吃早餐，看着几艘快艇拖着几个冲浪者在碧波上腾跃。一天早上，我们兴致勃勃地观看了一场比赛。萨特写作，我阅读。当时我还不太懂如何调和工作和娱乐。中午时分，我们去沙滩，萨特教我游泳。我成功地让自己浮在水面上，但一直都游不出十米远。萨特可以游一公里开外，只是当他独自游到一望无际的海面上时，他就坚信有一只巨大的章鱼会突然从海底蹿出来把他拖到无底深渊，他就会甩开膀子奋力朝岸边游回来。我喜欢在下午两点左右回到阴凉的别墅，所有的百叶窗早就关上了。我们吃着尼斯色拉、冷餐鱼，有时也吃一种让我们昏昏欲睡的大蒜蛋黄酱。午餐和晚餐的时候总有人来。勒梅尔的子女常带朋友回来，朋友一来就是一堆。马尔科也住在"太阳门"别墅。他刚刚又搞砸了一次试唱，不然歌剧院的大门将会为他敞开，他又失恋了，战争的威胁让他感到恐慌。他的头发更稀少了，他发福了，变丑了，他的脾气也变坏了。他以为勒梅尔夫人、萨特和我在背后说他坏话，因此时时留意我们的谈话。有一次我们撞见他躲在一扇门后，还有一次在窗户下面。他向我们道歉，和过去一样大笑，但现在他的笑声很假。他为自己寻找盟友，搞阴谋诡计。家里总有几个亲友之间会有些芥蒂，通常我们对此都津津乐道，我们和勒梅尔夫人一起讨论，提出种种假设，评判孰是孰非。马尔科以搅局为乐，专干损人不利己的事情。他告诉雅克琳娜·勒梅尔说萨特说她的坏话，而这都是马尔科捏造的。勒梅尔夫人生气了，大吵了一架！萨特常常会发点小脾气，但我很少看到他气急败坏。当他真的气极了，他的脸色就很难看，几句话就能把对方骂得狗血淋头：马尔科被他骂哭了。为了和我们重修旧好，他带我们和勒梅尔夫人去逛戛纳的异装癖夜总会。不过，因为我无所事事，日子显得有些无聊。有时候，蓝天碧波让我厌倦。我也觉得海水深处隐藏着什么东西：不是一只巨大的章鱼，而是一种毒素。这份宁静、这明媚的阳光都只是一种假象，一切都将被突然撕裂。

的确，一切都被撕裂了。一天早晨，我们从报纸上得知《苏德互不侵犯条约》签订了。这简直就是当头一击！斯大林任由希特勒染指欧洲。和平算是彻底完蛋了，这一显而易见的事实堵在我们胸口。此外，尽管我们对在苏联发生的一切有所保留，但我们一直认为它是服务于世界革命事业的。条约的签订突然证实托洛茨基分子、科莱特·奥德里和所有左翼反对派的观点是对的。到那天为止，透过积聚的乌云，我们依然可见一个巨大的希望之光。而它刚刚熄灭了。黑夜笼罩了大地，渗入我们的骨髓。

萨特和我都想过几天二人世界，我们离开了瑞昂莱潘。马上回巴黎无济于事，于是，我们前往比利牛斯山漫步。在和勒梅尔夫人甚至和马尔科道别的时候，我们的内心有一丝不安：日后我们重逢会是怎样的场景？从朱安到卡尔卡松，火车上挤满了正在休假被召回的军人，他们说："我们明天就要去送死了"，因此要求得到老兵的优待，随便占座。我觉得卡尔卡松的城墙很难看，但我喜欢城里的小街。我们坐在一家冷清的餐馆院子的凉亭里喝着白葡萄酒，聊战争，聊战后，为可以共赴患难而感到欣慰。我们坐车参观了几个小城市、几间教堂和修道院。在蒙路易，天下着雨，我们在墙上看到第一批动员入伍的告示。我们决定回巴黎，但我们还是在富瓦待了一天。在枪眼旅店，我们点了一份丰盛的午餐——冷盘、鲑鱼、什锦砂锅、肥鹅肝、奶酪和水果，还有当地的葡萄酒。萨特告诉我，在《自由之路》第三卷，他要写布吕内如何出于对《苏德互不侵犯条约》的愤慨而退出共产党，他来请求马蒂厄的帮助。这和第一卷里描写的情景正好相反，萨特说。然后我们去一条河边散步，河水清澈。我们说不管怎样，这个乡间，这个平静的小城不会受到战争的侵扰，我们"之后"回来一定会发现它们完好如初。这给了我们一个精神寄托。我们说一切已成定局，我们已经被卷入这场战争。我们漫不经心地走着，努力让自己相信，我们平静的举止和周遭静谧的风景与我们平和的心境是契合的。但这种故作镇定并没有持续多久。十九点三十分，我们坐上了前往图卢兹的火车，在那里我们本该马上坐上回巴黎的快车，但火车全满了。我们在黑压压挤满人的火车站等了两个半小时，只有几颗紫色的小星星泛着微光。不安的人群、无边的黑夜仿佛预示了一场大灾难，我不能再对它视而不见，它已经深入我的骨髓。第二辆快车到站了，人群蜂拥而上。亏得我们动作快，费了好大劲找到两个位子。

在巴黎，餐厅、剧院、商店都关门了，因为那是八月份。我们的朋友还没有一个度假回来的：奥尔加在伯兹维尔，博斯特在亚眠一个军营里，帕尼埃在妻子乡下的家里，我妹妹和我父母一起在格里埃尔，尼赞在科西嘉岛。我们特别想找他谈谈，我们解释不通他的消息竟然会这么不靠谱。他曾经告诉我们说《晚报》有些重要人物不喜欢他，但眼下形势如此严峻，一切嫌隙都应该冰释了。他会有什么样的反应？不管于公于私，他都不是那种忍气吞声的人，共产主义在他看来是和《苏德互不侵犯条约》相悖的。我们很想念他。总的说来，共产党人的命运让我们忧虑：一些激进的共产党员被捕了；《人道报》《晚报》被查封。这一情形非常荒谬，令人愤慨，因为，说到底，法国共产党曾经是反法西斯的急先锋。在报纸上读到的很多内容，在咖啡馆露天座听到的很多谈话都让我们不舒服。长期以来，报纸上揭露的"第五纵队"的那些丑恶勾当都是事实。毫无疑问，它确实构成了一种真正的威胁。不过，我们也揣测这是掀起一场比一九一四至一九一八年更猖獗的间谍活动的借口。我们从空气中嗅到的混杂了吹嘘、懦弱、消极、恐慌的气息让我们感到不安。

时间慢慢地流逝，我们无事可做，于是什么事也不做，除了在街上瞎逛，留意报纸的每一版新闻。晚上我们去电影院看美国的新片，其中有福特的代表作《关山飞渡》，它以现代的风格再次唤起了我们对西部片的热爱。这只是一种短暂的休憩。我们走出电影院，回到香榭丽舍大街就跑去买最新一期《巴黎晚报》。每天夜里入睡前，我们都会问自己："明天会怎样？"早上醒来，不安也跟着来了。怎么会落到这般田地？我们刚三十出头，我们的人生才刚刚有点轮廓，现在突然从我们手中夺走了，会还给我们吗？要付出怎样的代价？富瓦宁静的午后只是山雨欲来时的假象。我们对太多的东西都太执着，不可能这么快就放弃。我们的不安，我们内心的挣扎，我们都没有表露出来，但谁都没有被对方表面的平静所欺骗。我记得萨特在服兵役期间大发雷霆，他对无谓的纪律和浪费时间深恶痛绝。今天，他不让自己发脾气，甚至不让自己抱怨，但我知道，如果说他比别人更懂得自控，他为此付出的代价也比别人大。到了"理智之年"而学会的知天安命让他付出了高昂的代价。他无怨无悔地接受了参军入伍，但在他内心深处，那根紧张的弦就要绷断了。我们不再怀疑，战争不可避免。法国驻柏林的记者们声称，希特勒星期五签署《苏德互不侵犯条约》后，准备星期六凌晨五点入侵波兰，但他错失良机，这也是为什么他把亨德森召回贝希特斯加登的原因。可能是他决定通过意大利做中介和波兰政府谈判。萨特根本不信这些传言。不过，他和大家一样，深信战争不会持续很久，民主必将胜利。报纸上又搬出沙赫特的话："在必要时，战争都会以使用面包供给券而告终，但一场战争绝不会以此为开始。"德国缺少粮食、铁、汽油，什么都缺。德国民众丝毫不希望自己灭亡，他们无法承受战乱，第三帝国必将土崩瓦解。从这一前景来看，战争有了点意义。我们在圆顶咖啡馆遇到费尔南多，我们在花神咖啡馆听到亲共产党人士的交谈：如果苏联允许德国发动战争，他们说，那是因为它在期待一场世界革命。对条约的这种辩护在我们看来就像是乌托邦。至少我们希望对法西斯的清算可以为法国、为整个欧洲带来社会主义的进步。这也是萨特为什么没有反抗自己命运的原因。他固执地相信这一点，为了强迫自己认同当前的形势。我在八月末遇见梅洛-庞蒂，我跟他说了我们的观点：不管怎么说，战争可以终结一些坏事，因此也是可以接受的。他用讥讽的口气问我今年为什么可以这么平静地接受战争，而去年我还对战争如此畏惧。让他觉得好笑的，我想是我捍卫这些新信念时表现出来的热忱，不过——多数时候都是这样——我的转变几乎和其他所有人都一样。十二个月来，战争的概念渐渐深入人心，虽然很多人在《慕尼黑协定》签订的时候都认为战争可以避免。就我个人而言，我接受战争最主要的原因是因为我现在知道战争不可避免，为了保持内心的平静，我曾努力说服自己，不去听天由命。直到一九四〇年五月十一日，我都尽可能地坚持笛卡儿的箴言。此外，我的内心并没有我外表装得那么平静，我害怕。我并不为自己感到害怕，我一刻都没想过要逃离巴黎。我为萨特担惊受怕。他安慰我说，他会留在后防，在几个飞行营地附近，他怕无聊胜过怕危险。我对他的话半信半疑。我们二人都为博斯特担心：作为二等兵，那才是当炮灰的料，而他只有二十一岁。人们说，这场战争将和以往的战争不同。也许。我们都很想预知战争的进展和战后的情形。但只要我们还在一起，我们可以谈心，好奇心和一种狂热就会压倒离别在即的忧愁。

之后，一天早上，到了离别的时候。于是，在孤独和不安中，我开始写日记。在我看来，它比任何我加工过的叙述都更生动、更准确。下面就是日记的内容。我只是省去了一些琐碎的细节、一些过于隐私的评论和重复累赘的字句。

九月一日

早上十点。报纸刊登了希特勒的要求，没做任何评论。报纸没有渲染这则消息引起的惶恐，也没有任何希望的字眼。我朝圆顶咖啡馆走去，无所事事，心神不定。人很少。我刚点了一杯咖啡，一个侍应生就宣布说："他们向波兰宣战了。"店里有个顾客拿着份《巴黎午报》。大家都朝他蜂拥而去，同时也有人朝书报亭奔去，《巴黎午报》还没到。我站起身回旅馆。街上的人们还一无所知，他们仍然像刚才那么快乐。在杜梅纳街上，有几个人拿着《巴黎午报》，人们拦住他们看报纸的标题。我找到萨特，陪他去帕西，他去看他父母，我在地铁出口的旱桥咖啡馆等他。帕西冷冷清清的，街上一个行人都没有，但在塞纳河边，载满行李和孩子的汽车川流不息，甚至还有带边车的摩托车。我脑子里空空如也。我惊呆了。萨特回来。动员令已经颁布了。报纸上宣布从明天开始征兵，我们还剩一点时间。我们回到旅馆，在地下室找到军用背包和军靴。萨特担心不能及时赶到集合中心，于是我们坐出租车去埃贝尔广场，教堂门附近的一个小广场。广场上空荡荡的。广场中央有一块牌子，上面写着"第四集合中心"，牌子底下有两个警察。人们刚刚在墙上贴了布告，号召巴黎民众，很大的字体，打了红蓝白条纹，下面是一行小一点的字，从九月二日零点开始实施动员令。萨特走到警察身边，给他们看了动员表：他得去南锡报到。"如果你愿意就凌晨零点来，"警察说，"但我们不能特意为你一个人安排一列火车。"我们步行到花神咖啡馆。索尼娅神采奕奕，头发上系了一条红方巾，阿涅斯·卡普里戴着一顶牧羊女帽，系了一条宽宽的白丝带，显得春风满面。一位神情悲戚的女人在哭。"这回看来是动真格的了。"一个侍应生说。但人们还是面带笑容。我脑子里一直空空如也，但我的头很痛。一轮朗月挂在圣日耳曼德普雷教堂上空，让人感觉是乡村的一座教堂。而在这一切的深处，弥漫在四周的，是一种抓不住的恐惧：什么都不可预知、不可想象、不可触及。

尽管我累坏了，但夜依然让我感到恐惧。我睡不着，房间里洒满了月光。突然，传来一声大叫。我走到窗前：一个女人在喊。人行道上响起了集合的脚步声，一盏电灯。我睡着了。

九月二日

闹钟凌晨三点响。我们步行去圆顶咖啡馆。天气宜人。"圆顶"和"罗同德"光线昏暗。圆顶咖啡馆里很嘈杂，很多穿军装的人。两个妓女在露天咖啡座上陪着两个军官，其中一个漫不经心地哼着歌，军官也不怎么理会。屋内叫声、笑声不断。我们坐出租车去埃贝尔广场，穿过空旷而温柔的夜色。月光下，广场空荡荡的，但那两个警察一直在那儿。就像卡夫卡小说中的场景：萨特的行为看上去很随意、无所谓的样子，但内心有一种不由自主的宿命感。警察友善而冷漠地接待了他。"去火车东站。"他们说，有点像在跟一个疯子说话。我们沿着大铁桥走，下面是铁轨。天空变红了，非常绚烂。火车站冷冷清清的，六点二十四有一班火车，但我们决定萨特乘坐七点五十那一班。我们坐在一个露台上。萨特反复安慰我说，气象员是不会有危险的。我们在火车站的人流里还聊了一会儿，然后他就走了。我步行回蒙帕纳斯。秋天很美的早晨，在塞巴斯托波尔大街上飘荡着一股胡萝卜和大白菜的味道……

下午五点，我从电影院出来，天气很沉闷，街上静悄悄的。《不妥协报》暗示有一些不明确的外交行动：波兰在抵抗，德国束手无策。又一次，大家心中升起希望，但没有一丝欢喜，这种飘渺的希望比无望更让人难以忍受。在歌剧院街，人们排队领防毒面具。在蒙帕纳斯大街的顺茨书店，橱窗上贴着一张手写的告示："在一九一四年或其他时候有儿子应征入伍的法国家庭应响应第九天的征兵大动员。"

我去费尔南多家。他接待了我，一脸悲戚："看看你会不会伤心！爱伦堡快不行了！"因为《苏德互不侵犯条约》，爱伦堡吃不下饭，睡不着觉，他想自杀！这并没有影响到我。我们去蒙帕纳斯的布列塔尼煎饼屋吃晚饭，外头漆黑一片，只依稀看到对面的墙上挂着大大的"掩蔽所"的牌子，妓女在人行道上溜达，一两点蓝光。煎饼屋供应不足，没有面包，没有面粉。我吃得很少。今晚咖啡馆晚上十一点关门，夜总会不开门。我无法忍受回家的念头，于是我去费尔南多家。我在楼下的长沙发上铺了一条被单，久久无法入睡，但最终我还是睡着了。

九月三日

我八点半醒来，天下着雨。我第一个想法就是："这一切都是真的。"我不是真的感到忧伤或不幸，我并没有感觉内心悲戚，而是外面的世界太可怕了。打开广播。他们没有对法国和英国的抗议做出反应，战斗仍在波兰进行。未来不堪设想：过了今天，还会有一场又一场的战斗，要比这一场战斗惨烈得多，因为我们会参加战斗。之所以现在不哭，是因为以后有很多泪水要流。

我阅读纪德的《日记》。时间过得很慢。十一点，在柏林的最后一次外交通牒。我们今天就会知道结果。一点希望都没有。我甚至不能想象，假如有人告诉我："战争不会爆发"，我会不会开心，或许我都开心不起来。

若若打来电话。我步行去她家，所有的距离都缩短了：一公里路，总能消磨十分钟。城里的警察都戴着崭新的头盔，斜挎着茶褐色的背包，上面挂着防毒面具。有些平民也有同样的装束。很多地铁站都用铁链拦住了，布告牌上指示了最近的地铁站。汽车的车灯被漆成蓝色，就像巨大的蓝宝石。我、帕尔多①、若若还有一位有着一双漂亮蓝眼睛的英国人一起在圆顶咖啡馆吃午饭。帕尔多跟我和若若打赌说战争不会爆发，英国人同意他的观点，但传言英国已经向德国宣战了。若若讲了她从利摩日回巴黎的途中，一路上都是排成长龙的出租车、装满床垫的汽车，快到巴黎的时候，车子很少，只有一些被召回的士兵。人们把圆顶咖啡馆的橱窗用厚厚的蓝窗帘挡住了。三点半的时候，《巴黎晚报》突然刊登了一则新闻："英国于十一点对德宣战，法国于下午五点宣战。"不管怎样，这个消息还是引起了很大的震动……

在蒙帕纳斯广场上发生了一场争执。一个女人错把一个男人当成了外国人，这个男人破口大骂。边上的人说他太过分，一个卫兵一把揪住这个男人的头发，边上的人又说卫兵太过分，卫兵有点尴尬，把人群驱散了。总的说来，大家都在谴责对"外国人"的敌意。

晚上，和若若一起，我在花神咖啡馆消磨时光。人们还在议论

---

① 若若的第二任丈夫。她和前一任丈夫撤销了婚姻关系。——原注

说他们不相信会打仗，但脸色都很阴沉。一个在阿歇特出版社工作的家伙说社里所有卡车都被征用了，地铁站边上的书报亭也都把地方腾出来在街上摆摊了。我们沿着雷恩街一路走。在漆黑的夜里，紫色和蓝色的车灯很美。在圆顶咖啡馆，一个警察在和经理争执，经理在窗户上又挂了一层厚厚的窗帘。我看到身着戎装的波兹内和那个匈牙利人。晚上十一点，咖啡馆开始清场。大家还在人行道上流连，没有人想回家。我去若若家睡觉。帕尔多给了我一片药片，我倒头就睡。

九月四日

　　我在邮局打电话给莫里哀中学，要出示身份证才能打电话。很难打到出租车，要瞅准时机，看到有人下车就要上，我在蒙帕纳斯火车站终于打到一辆。女校长亲自量了我的脸的尺寸，给我一个小号的防毒面具，并跟我解释了如何使用。我把防毒面具斜挎在肩上。我在圣拉扎尔火车站找到若若，我坐地铁回来，排队的人很多。地铁很多站都不停，很奇怪。我在索尔费里诺站下车，去"花神"写信。帕尔多和他在阿歇特出版社工作的朋友到了。他讲了"敢死队"的故事，这是佩里卡这个宣扬"宁可站着死"的家伙想出来的：他呼吁所有残疾人和身患绝症的人为国捐躯，因为他们生无可恋，死不足惜。他给我们背诵了一封佩里卡收到的信："我三十二岁，独臂独眼，我以为我的生命已经没有意义了，但是你用崇高的字眼'效忠祖国'又唤起了我的生存意志。"信的作者还建议让那些弱智的人也应征入伍。就在这时候，经理宣布说明天"花神"不开张。真可惜，这里对我们而言本是个温馨的小避风港。见到你所认识的人穿着军装感觉很有趣：在"花神"，布勒东穿着军官的制服；在"圆顶"，玛内-卡兹穿着"一战"的士兵军装。

那个匈牙利人坐在我对面，结结巴巴地跟我吹嘘说他要去参军了。我问他为什么？他做了一个含混的手势。一个醉醺醺有点疯疯癫癫的飞行员庄重地对他说："先生，让我敬您一杯。"二人喝着白兰地，讨论外国军团的事儿。匈牙利人不想加入这支杂牌军。飞行员谈起空袭，他认为德军不会使用毒气，而是会使用液体空气炸弹，他建议大家躲到防空洞里去。大家都在谈论夜间警报，巴黎的夜晚从来都不够黑。我又去帕尔多家睡觉了。

夜里，若若走进我的房间：拉警报了！我们走到窗前。大家纷纷朝防空洞跑去，满天星光灿烂。我们跑到楼下的门房那里，门房太太已经戴好防毒面具，当确定只是一个假警报后，我们才回到楼上。才凌晨四点，我接着睡，一直睡到早上七点，是解除警报的声音把我吵醒的。人们从防空洞里走出来。两个穿着花睡袍的女人走出来，头上包着衣服，显然是用来充当防毒面具的。一个挎着防毒面具的家伙骑着自行车经过，大喊着："啊！臭婆娘！"

九月五日

报纸上说："双方在前线逐渐接上火了。"说得多轻巧！帕尔多和若若在收拾行李。一个做场记的小姑娘来了，他们带她一起走。她蓬头散发，认为女人如今已经都用不着化妆、用不着梳头了，这倒是真的。她说前天奥布雷火车沿线遭到空袭：死了一百二十人，很多汽车都坏在路上。

萨特来信，九月二日晚上在南锡写的。在圆顶咖啡馆，基斯林穿着军装走过，费尔南德·巴雷，藤田①的前妻叫住他。"我可怜的

---

① Leonard-Tsuguharu Foujita (1886—1968)，1886 年生于东京，1913 年移居巴黎，后与莫迪里亚尼、毕加索相熟。以日本画的技法绘画油画，以独特的"乳白色皮肤"的裸女像等在西洋画坛驰名。1955 年获得法国国籍，是公认的巴黎画派的巨匠。

老朋友，你又再次穿上军装了！"《事业报》的塔布依一直很乐观：
"不会开战的。"

一条关于住在法国的德国犹太人的法令：要把他们送去集中营。

统一价超市贴了广告："法国公司。法国经营。法国资本。"

花神咖啡馆关门了。我坐在双叟咖啡馆的露天座上看纪德一九
一四年写的《日记》。当时的形势和现在很相似。在我边上，是阿
涅斯·卡普里、索尼娅和她一头褐发的女友。她们急着要离开巴
黎。卡普里想去纽约。大家都用不安的口吻谈论昨夜的警报，说德
国飞机穿过边境来侦察。这一切都很无趣，也不新奇。还没有真正
地感受到战争，大家都在等待，等什么呢？第一场战役的恐惧？现
在，戴防毒面具的人、紧张的神情、门窗紧闭的咖啡馆都像是一场
闹剧。公报说了等于白说："军事行动正常进行。"有没有人战死？

日子从黎明到黄昏慢慢地滑向灾难，慢慢地，慢慢地。圣日耳
曼德普雷广场在阳光下死气沉沉的，穿着工作服的男人在搬动沙
袋，一个男人在吹短笛，一个小贩在卖花生。

我在蒙帕纳斯大街的一个露天咖啡座上和匈牙利人一起吃晚
饭。我喝了很多红酒，之后又在墓穴一样的维京酒吧喝了很多阿夸
维特烧酒①。他跟我解释说他参军是因为他既不能回匈牙利又不能
在法国立足。他跟我讲了他性爱方面的秘事，最后我都开始烦他
了。我回家去了。妓女们胳膊下夹着防毒面具在人行道上拉客。

我被爆炸声惊醒了。我走到楼梯口："是机关枪。"有人对我大
叫。警报一小时前就响了。我穿上衣服，下楼，一直到再也听不到

---

① 北欧和德国北部地区的特产酒，有"Aquavit"和"Akvavit"两种写法。这种被称为
"烧酒"的烈性酒是丹麦、德国、挪威和冰岛等国的国酒，一般在德国、挪威称之
为"Aquavit"，丹麦等称为"Akvavit"。

任何声响了才上楼睡觉。

九月六日

我在三个火枪手咖啡馆看报。《玛丽安娜》不再刊登填字游戏，所有这类游戏都被禁止了，因为害怕其中隐藏密码。突然铁幕落下来，人们纷纷走出来：警报拉响了。人们都还聚在街上，三五成群的，非常平静。我回到旅馆，老板娘还在洗碗，我在房间里读纪德，然后，警报解除，我去圆顶咖啡馆。据《巴黎午报》说，我们的前线还没有发生真正的战事。费尔南多说这场战争在他看来就像是一个骗局，看上去像真的一样，其实有名无实。这种情况还会持续下去吗？

九月七日

我对蒙帕纳斯小广场怀着一股温情：半空的露天咖啡座，圆顶咖啡馆女电话接线员的脸，我有一种在家里的感觉，这让我不会惶恐不安。我一边喝咖啡一边看纪德的书，一个眼睛有点突出、我们常在圆顶咖啡馆见到的家伙冲我嚷嚷："瞧，还有人读纪德！还以为这种荒谬愚蠢的事情不存在！"他告诉我说昨天布勒东夫人在圆顶咖啡馆的露天咖啡座上大叫"加默兰将军这个狗娘养的！"，让人侧目。他叫阿达莫夫，和超现实主义者有点熟。

收到萨特的第二封信，他还留在南锡。

我买了《玛丽-克莱尔》，战争这个词一次都没在文中出现，但这一期的杂志和时局非常吻合。在"圆顶"的盥洗室里，一个妓女在化妆，她神秘兮兮地说："我不再用睫毛膏了，因为怕它会跟毒气起化学反应。"

九月八日

　　费尔南多在瓦文咖啡馆找到我，和我一起喝咖啡。他昨天见了爱伦堡和马尔罗。马尔罗试图为那些被迫应征入伍的外国人寻求帮助，已经组建了一支斯洛伐克军队，十五万美国犹太人提议组建一支远征军，但因为美国要保持中立，所以他们没能成行。报纸宣称"我们的形势得到了改善"，并说"在莱茵和摩泽尔之间发生了激战"。费尔南多认为我们的军队肯定已经攻占了齐格菲防线①上几个要塞。我回了一趟旅店，打扫卫生的女服务员跟我谈起一个年轻小伙子，和博斯特一样刚服完兵役，现在在前线遭受炮火的洗礼。我为博斯特担忧。而且不管怎样，我也担心萨特。

　　一周的思想斗争，为了什么？就像我在等待一个奇迹，但一周时间我毫无进展，或者说才刚开了个头。应该思考的是无法思考这个问题。我不知道要从哪里着手去思考战争，就像利奥奈尔谈到疾病时说的那样：是一个永恒的威胁。有时候，我把恐惧当成是必须承受但要尽可能减少的危机，有时候，我觉得只有面对战争才是真实的，其他态度都是一种逃避。再次见到曾经让我感到幸福的地方，我却无动于衷。但如果是为了逃避而故地重游，我会另有一番感受。因为当你逃避的时候，你离开的那个现实世界依然在那里，跟我们还有千丝万缕的联系，和它撕裂是痛苦的。可是，一旦世界被毁灭了，一起都消于无形，那所有的悲伤，甚至所有撕心裂肺的感受都毫无意义。至少需要一丝希望。

　　埃德加-基内广场，人们抬头看大大的灰色系留气球②升上泛着

---

① 纳粹德国在第二次世界大战开始前，在其西部边境地区构筑的对抗法国马其诺防线的筑垒体系。该项目由德国著名的建筑工程组织——托德机构——负责，德国人称之为"西墙"或"齐格菲阵地"，其他国家多称之为"齐格菲防线"。
② 使用缆绳拴在地面绞车上并可控制其在大气中飘浮高度的气球。升空高度两千米以下，主要应用于大气边界层探测，可做防空、侦察用。

红霞的灰色天空。我在圆顶咖啡馆坐下来写日记。现在，在咖啡馆，你必须点完就付款，以便警报一响就能立刻走人。

午夜时分回到我的住处，我发现一张字条："我住在这里，二十号房间，在走廊的尽头。奥尔加。"我敲了敲二十号房间的门，一个男人粗粗的声音回答我。之后，我拿着蜡烛（旅馆已经停电两天了）在走廊上晃悠，一边听房间里面的动静。一个红棕色头发的女人从她的房间里走出来，狐疑地看看我。最后，我敲了敲十七号房间的门，看到奥尔加几乎睡着了。我们聊天一直聊到凌晨三点。

九月九日

奥尔加告诉我目前博斯特在安全地带。送来的邮件里有一封萨特的信，他好像很镇定。恐惧离我而去，身心都得到了解脱。一下子，就算我找不回美好的回忆，但至少我看到一点未来。

我和奥尔加一起去圆顶咖啡馆。我们边上有两个女同性恋者，个头很小，其中的一个在和男侍应生吵。"我没和侍应生说话。"她说。而男侍应生长着胡子，憨憨的，用威胁的口吻回敬道："但是侍应生长了耳朵，他们可以把他们听到的说给别人听，万森纳监狱离这儿可不远。"奥尔加告诉我战争如何改变了伯兹维尔：优雅的女难民在街上散步，火车一列接一列，装满了呻吟的马匹和沉默的士兵。只有黑人在唱歌。还有一些难民列车，当地的童子军从难民孩子手中野蛮地抢几口炼乳吃。费尔南多过来聊了一会儿。他说波兰形势不妙：华沙即将沦陷。我和奥尔加搬到若若的空公寓里。

九月十日

我在外祖母家待了一上午，我看到她和民防部门一个女士吵起来了，后者游说她离开。"我们先疏散儿童和老人。"她说。我外祖母把双手放在圆圆的小肚子上，固执又坚决地反驳："我又不是小孩子。"她收到我母亲的一封信：在圣日耳曼勒贝尔，人们抓住了一个想要破坏巴黎—图卢兹铁路线的间谍。

回到我的住处，我看到一封萨特的信和一张电报通知单，可能是比安卡发来的。但为了拿到电报，就必须先到警察局签字，而去警察局签字就必须有住房证明，然后才能去邮局取电报。

晚上十一点，我正在读赛珍珠的《母亲》，一本平淡无奇的书，我听到街上有人粗着嗓子在叫："灯光！灯光！"我本想辩解几句，但听到有人喊："朝百叶窗开枪……如果你要搞间谍活动，滚到别的地方去！"我决定把灯熄了。

夜里，凌晨四点，响了一次短促的警报。我们下楼去防空洞。一些木板在地上，还有一些椅子。几个房客带了几张小折叠椅。门房太太告诉我们椅子是对面的那些绅士的，我们不能随便坐。我们借口上楼找椅子，结果在楼上一直聊到警报解除。

今天早上，在餐厅，一个士兵边哭边告诉我们，在他的兵营里，有两个士兵为了不上前线而上吊自杀了，其中一个不愿意抛下他的四个孩子。

九月十一日

我感到很空闲，时间再也没有意义。我去取比安卡的电报，她让我去坎佩尔，我会去的。我写了几封信。我开始想工作，但我必须等待。在圆顶咖啡馆，长胡子的侍应生在讲述他对"一战"的回忆："我见到的第一个德国佬很胖，当人们送他来时，把他放在一辆独轮车上，他坐不稳，必须扶着他的脚。我惊讶得不得了：当我弄伤了后，血流不止。"

我们买了些蓝色的粉末，奥尔加兑上水、油，甚至还有若若的防晒霜，她把调好的颜料涂在窗户上，与此同时，我放了几张唱片，写了一堆信。晚上九点，我们出去了。我们的窗户幽蓝幽蓝的。我们穿过漆黑的街道去圆顶咖啡馆，踉踉跄跄地走在人行道上。我们坐在费尔南多那桌，同桌的有一个非常英俊的希腊人、几个西班牙人、一个肥得流油的超现实主义女诗人，但她的皮肤、眼睛和牙齿都很迷人。她气疯了，因为她的一个朋友把她介绍给两个她从没见过的男人，然后两个人向她打听她丈夫的消息（她说，那人并不是她丈夫），她含混地回答了一句，其中一个男人说："夫人说的话让我听了不快。"看来这两个人是密探。她一遍遍地讲她的遭遇，好像被吓坏了。所有外国人都被追捕，很多已经逃走了。费尔南多想让我们大家都上楼去他家喝一杯，但他又怕因此招来流言蜚语。

九月十二日

灰暗的早晨。西塔公交车十点才来。一个石膏像倒在街道中央。总是同样的消息：我们的前线在局部推进，华沙还在抵抗。萨特的一封信让我担心：他不和空军在一起，而是跟炮兵在一起。我的信他一封都没收到。又一次，恐惧攫住了我。一切都变质了，让人害怕。

九月十四日

战事的消息没什么变化。波兰人在抵抗，大雨阻止了德军的推进。德国国内物资严重紧缩，据说到处都是不满的声音。法国前线没什么动静，但为了日后事态的发展，组建了后备军。总而言之，对我们而言，战争还没有真正开始。当我们真的开始战斗，当巴黎被轰炸，一切都将是另一番景象。我们还不相信这类事情会发生，这就是为什么这些日子大家一直处在模棱两可的状态。电影院、酒吧、舞厅重新开放到晚上十一点。一切都恢复正常了。

我穿过卢森堡公园，公园死一般地寂静。水池里空荡荡的，水都腐烂发臭了。参议院四周堆了很多沙袋。由几张椅子拦起来的不堪一击的路障阻断了小卢森堡公园附近的地区。公园里有军人在挖土，砍了一堆的树枝。我在想他们在这里到底搞什么鬼。

晚上在电影院消磨。在床上，我阅读亨利·詹姆斯的《贵妇画像》。

九月十五日

我们为萨特和博斯特准备了几大包书和香烟。在邮局门口，我们遇到了勒维兰[①]，他穿着骑兵军官的制服，一边跟我们说话，一边傲慢地用轻便手杖敲打他那双漂亮的马靴。典型的军官架子，萨特和博斯特都不得不听命于这帮家伙，真是可笑。邮局里排长队。马尔科原来住的旅店的老板娘在里面，她在和一个男人吵架。在那一时期，再小的争执都会上升到一场全国性的争论，而那些自愿出来调解的人就感觉自己体现了神圣联盟的精神。

我们去看了《白雪公主》，平淡无奇。

九月十六日

萨特的信：他在阿尔萨斯一个平静的村庄里，他在写作。

我帮奥尔加整理行李，我陪她去蒙帕纳斯火车站，而我去东站坐火车。我再次陷入战争，又一次孤身一人，只是人类悲剧的一个碎片。我在艾斯布里的咖啡馆等前往克雷西的火车，伤心不已。日

[①] 他在鲁昂上过学，参加过法兰西行动组织。——原注

暮，我坐在外面的露台上，人们在咖啡馆里聊天，挨着明亮的窗户。人们在聊一个女人，她收到一份电报："丈夫战死沙场"，大家有点为她愤愤不平。通常是市长亲自来慰问："听我说，可怜的夫人，您丈夫受了重伤。"这比一份电报要有人情味得多。他们说不晓得哪个地方的市长收到了十五份诸如此类的电报，他不敢亲自送去。他们又聊起了邮递员，心急如焚等待邮差、不停地往邮局跑的妻子们。他们问："一万五千德国人战死，那么死了多少法国人？"他们喝着波尔图和潘诺茴香酒，有一个人很生气地说："禁止戴孝，否则就把你送到集中营去！"女人们回答说戴不戴孝并不意味着什么。夜幕降临，有汽车开过。一个女人说："我们爱他们，却不能为他们戴孝……"几列火车经过，满载沉默的士兵。我又去了另一个咖啡馆的露天座，人们的话题一直围绕着士兵和战争。战争就在这里，无处不在，又一次渗透到了我的内心。

　　我本打算一小时后到达克雷西，但火车误点得厉害。七点我们才到艾斯布里。我坐在车门口昏睡了很久。我感觉自己已经不在这个世界上，我可以心无所惧地让自己彻底消亡。不过，我还清楚地记得幸福是什么。在艾斯布里，有人告诉我说还要再等一个小时。我已经被两个咖啡馆赶出来了，在第三个咖啡馆里，我写下了这些文字。我喜欢这一小憩，在这样的夜里，在火车的呼啸声中。但这究其底并非一个小憩，实际情况是：无家可归，没有朋友，没有公交车，漫无目的，在一个凄惨的夜里一点小小的痛楚。

　　我又坐上黑乎乎的小火车，车厢里昏暗的蓝色顶灯什么都照不亮，我依然待在车门边，车窗透出的光在路堤上留下了一个方形的灯影。每到一个小站，都有一个铁道工高声喊着小站的站名，一手挥动着信号灯。走出站台，我找到裹在大围巾里的杜兰。他把我拥在怀里，让我坐上他那辆老式马车。车上还有一条黑狗，很占地方。车上没有装规范的车灯，杜兰跟做贼似的驱车穿过克雷西。天气不冷，毯子捂得双腿热乎乎的，夜里听着马蹄声也是一种享受。夜里什么都看不见。在村口，有几个人要我们出示证件。杜兰用最有悲剧色彩的声音不停地感叹："真可怕，真可怕！"他很反感那些待在后方的家伙，尤其是季洛杜和他那群远离战场的审查小组，还有戴着单片眼镜神气活现像个将军的儒韦，季洛杜把他捧成影业巨鳄。因为他手上有好几部影片已经开拍，他宣布说："首先应该先把开拍的电影拍完，然后再去鼓励新片的出品。"儒韦也说："广播也需要一些鼓舞士气的节目，一些欢快的、简单易懂的东西：克洛岱尔的《缎子鞋》，佩吉的《圣女贞德》。不要外国作家的作品。"

巴蒂已经和杜兰商量了很久，他们考虑去美国和其他一些中立国巡回演出，但杜兰不喜欢美国，而且他感觉这跟当逃兵没啥分别。他宁可在法国尝试搞流动剧院，但这个计划似乎很难付诸实施。

我们驶进费罗勒，一盏蓝色的小灯照亮了一个昏暗的身影，是卡米耶。她给马车引路，两个士兵也加入了我们的行列，一边拿我们的老破车开玩笑。在 J 夫人——卡米耶的母亲——家里，到处都是士兵，这里同时也是一个医疗站。她只留下了自己的卧室，甚至连卫生间她都是和中士合用的。在小街小巷的拐角，标着"X 部""Y 部"。杜兰把马牵到马厩，把马具卸下来，小心翼翼不让任何灯光透出来，这里和巴黎一样，都实行严苛的灯火管制。然后我们走进餐厅，J 夫人用冷峻的眼神看着我们，已经准备好要责怪杜兰做错事了。

不过她还是吻了吻我的两颊。她长相有点可怕，染着红棕色的头发，不过发根泛白，两眼突出，嘴角下垂。脸有些浮肿，声音坚决又冷酷。在饭桌上，她因为一片香肠和杜兰吵得很凶，不过她又亲昵地称呼他洛洛，在去睡觉歇息前还吻了他。卡米耶单独和我待在一起，告诉我说她母亲是个酒鬼，在村里惹人非议。尤其是当她父亲患了昏睡性脑炎而照料他的又是这位嗜酒如命、跌在柴堆上磕破脑袋的母亲时，情况变得越发可怕。最终父亲被送到拉尼的一家医院，卡米耶陪了他八天，看着他咽气。她把关于于尔桑公主的剧本的序幕和第一幕借给我看。我躺在床上看，看着看着就睡着了，一直睡到第二天上午十一点才醒。

九月十七日

一醒便觉忧愁来袭。明媚的阳光透过挂了绿色帘子的小窗户照进来，我感到无比烦闷。但是过去，我的烦闷让我震惊，让我反抗，而现在，我对它逆来顺受，感觉忧愁是一个老朋友了。

卡米耶隔着门对我说了几句话。他们出去买东西了。我梳洗了一下就下楼了。我喜欢这栋房子。他们把海盗船风格的房间又装饰了一番。放了一只让人艳羡的老箱子和一条绣着奢华船只图案的红色被子。玛丽耶特把咖啡给我送到花园里，放在一张木头小桌子上：鲜花，阳光。从厨房传来锅碗和水烧开的声音，一切都感觉那么温馨！我看完了卡米耶的剧本，我写了几封信。在花园对面，有一些士兵。到处都是士兵；整个村子都改变了模样。

卡米耶和杜兰回来了，打开所买的东西，大家在回廊下午餐。丰盛的一餐，有上好的葡萄酒和烧酒。杜兰和J夫人的关系总是让大家浮想联翩。来了一位年轻但身材有点走样的亲戚，那姑娘拥抱了一下杜兰，和周围的一圈人打了招呼，随后就宣布说苏联人已经进入波兰。他们认为这一举措并不损害与其他国家确立的中立立场，似乎他们跟日本还有土耳其签订了一个协议。这意味着战争将持续三年、五年，一场漫长的战争。我还从来没想过这会是一场持久战。杜兰又谈起上一场世界大战。当时他参了军，他在战壕里过了三年，没有受一点伤。他尤其强调体力不支和严寒的折磨。他还绘声绘色地描述了轻步兵所面临的厄运：毒气，火焰喷射器，轰炸，拿着刺刀、手榴弹冲上来的敌人。他貌似很欣赏塞利纳所描绘的某些领导人所谓的"英勇而无所作为的精神"，我却对此深恶痛绝。

和卡米耶一起散步，穿过田野，白云悠悠，很美的天空。果园里苹果满枝头。红屋顶的村庄宁静安详，房前的墙上挂着一串串晒干的菜豆。我们在一个小火车站附近的一条路边停下来，在一家旅馆的露天座上喝了汽水。两个士兵看守道路，大胡子的那个是克雷西的画家，另一个手中拿着一根警棍。汽车来来往往，里面常常坐满了军官。我们穿过田野、村庄回去。这一刻让我感受至深，我想起萨特在阿维尼翁对我说过的话，他说得对极了，人们在危机四伏的环境里也可以感受眼前的宁静温馨。我丝毫没有忘记战争、离别、死亡，未来受到阻碍，但什么也不能抹杀这温柔明亮的景色，就好像某种情感袭来，它是自足的，没有历史，没有将来，突然变得完全无羁无绊。

回去之后，我们听广播。新闻闪烁其词。人们试图掩盖苏联此举的重要性。面对如此阴暗、如此不确定的前景，我们颓然呆坐良久。晚餐的时候，杜兰变得活跃，讲了几个关于纪德和盖翁①的逸闻趣事。

九月十八日

我十一点下楼，坐在火炉边。杜兰专心致志地趴在纸上写作，

---

① Henri Guéron（1875—1944），法国医生、作家、诗人、剧作家和文学批评家。

我想他在着手他的计划。我读了莎士比亚《亨利四世》的第一部分，这部书我以前读的是英文版，但从没读完过。约摸中午时分，卡米耶出现了，穿着随便。大家听了一支库伯兰^①的小曲，然后听新闻：昨夜前线整体很平静，但是波兰受到两方火力的袭击，成了一片废墟。我们听到外面士兵们洪亮的声音。每一个命令，每一声哨声都带着不祥的预兆。卡米耶陪我去克雷西，牵着狗，她既年轻又优雅。我们喝着瓶装的苹果酒。克雷西到处都是士兵和被征用的汽车。我乘坐火车，下午五点。花了两个半小时到巴黎，在艾斯布里又等了半个钟头。长长的空火车一列列地朝东部驶去。又一辆装了士兵和大炮的列车：在那里，在远方，那是另一个无法想象的世界。东站黑乎乎的，地铁的通道也黑乎乎的，只有微弱的蓝色的灯光。幽蓝的灯光让我的房间看上去死气沉沉的。夜里，我看书看到很晚。明天，我出发去坎佩尔。

九月十九日

我在圆顶咖啡馆的露天座等科莱特·奥德里。天气晴朗。我很高兴能换换空气，很高兴秋风送爽，昨天收到的信也让我很开心。这几乎是一种欢愉。没有未来的欢愉，不过不管怎样，我热爱生活。

科莱特·奥德里骑着一辆油光锃亮的时髦自行车到来。一听到开战的消息，她就买了这辆自行车，要了她九百法郎，花光了她的所有积蓄。她去了塞纳-瓦兹省，之后又回来。她嫁给了退役军人曼德尔。她姐姐现在成了重要人物，因为她丈夫是个将军。据说只要有人罩着，就能办成很多事，比如得到一张通行证去探望丈夫。但

---

① François Couperin (1668—1733)，法国作曲家、羽管键琴家、管风琴家。

如何才能找到人罩自己？她跟我提起卡西娅·朗多，她丈夫被人带走了，之后再也没有人见过他，但她自己是德国犹太人，因此一筹莫展。我们和拉尔博聚了五分钟，他认为士气低落，大家谈论的只是弄瞎一只眼睛好不被送上前线。阿尔弗雷德，费尔南多的兄弟从我们边上走过，他低声告诉我说费尔南多被捕了。我去斯蒂法家，看到她泪流满面，昨天，几个人来找费尔南多，之后就再没见到他了。比利热也来了，表情很痛苦：昨晚他和费尔南多关在一起。昨天他从罗同德咖啡馆出来，有人查他身份证。他有一张奥地利公民的通行证，他之前已经在科隆布的集中营待过一次，后来给他发了一张返回巴黎的许可证。但警察还是把他带到了警察分局，分局局长气愤地把他的通行证撕了。之后，他被带到警察总局，他惊讶地看到费尔南多坐在一帮西班牙人中间。看守丢给他们一块面包，夜里把他们关在一个堆满煤炭的类似地窖的地方。警察逮捕了所有西班牙人，甚至是在法国已经住了几个月的西班牙商人。早上，他们把比利热放了，但这个倒霉鬼得回科隆布，斯蒂法给他准备了一个布背包、一个餐盒。至于费尔南多，应该还关在里面。斯蒂法让她的一个女邻居帮忙，芳邻是个年轻貌美的妓女，和一个社会党议员过从甚密。我建议阿尔弗雷德去一趟科莱特·奥德里[①]家，或许后者能帮上忙。我和斯蒂法在布列塔尼煎饼屋一起吃中饭。她为住在利沃夫的母亲担惊受怕，后来才稍稍平静一些。

在圆顶咖啡馆，我又见到了拉乌尔·莱维[②]，我和他有约。他的命运取决于偶然：他很可能战死，但他并不以为然。卡纳帕也一样，他对我说。他告诉我德国对法国的宣传：齐格菲防线上的德国士兵在地上竖了很多公告牌："我们不恨法国人，我们绝不会先开

① 她跟斯蒂法和费尔南多很熟。——原注
② 萨特过去的学生，是比安卡和让·卡纳帕的同学。——原注

火。"一个德国母亲在电台对法国母亲们发表讲话说：一切都是英国的错，法国年轻人不应该为它而送命。他还跟我提到马西[①]写的一篇文章：德国哲学是一种"生成哲学"，这就是为什么德国人会背弃当初的诺言。还提到一篇文章："德国佬并不明智。"他支持我的观点，五百万人还是一个人，其实没有分别，因为没有哪一个观点可以代表全体。

我坐火车回去：一列很长的火车，在火车站的露天座可以俯瞰杜梅纳街。让人惊讶的是乘客为数甚少，而行李架上的行李却堆积如山。车灯太微弱，我没法看书。我昏昏欲睡。我想到自己的生活，我对它非常满意。我想到幸福，对我而言，这是认识、把握世界的最佳方式。如果世界变了，不能再用这种方式去认识世界，那么幸福就无足轻重了。我所在的车厢里有七个女人和一个男人，那个男人和两个女人的箱子里塞满了银器。一个满身臭气的小丫头滔滔不绝地说着间谍的故事，看到任何一点微光就开始抱怨。恐慌的气氛。大家都认为火车的车顶上、车底下藏着怀揣炸弹的破坏分子。人人都疑神疑鬼的："我看见一道闪光了。"一个人说。"我嗅到什么味道了。"另一个说。"我听到什么动静了。"又一个说。那奇怪的声音其实是厕所马桶盖磕碰的声响，坐在我身边的乘客都以为是炸弹的声音。火车总是猛地刹车停下来，现在开车的都是新召回的老司炉。有一次停车，有个女人感觉不适，她吓得浑身发抖，大家让她喝茶压惊。所有人都以为是火车脱轨了。的确在某个车厢有一只行李箱滑落砸在一个男人的头上把他砸晕了，他被人用担架抬走了。长夜漫漫，平淡无奇：黎明初露曙光，我认出布列塔尼乡野的宁静，教堂矮墩墩的灰色钟楼。

---

① Henri Massis（1886—1970），法国散文家、文学评论家和文学史家。

九月二十日

　　比安卡在站台上等我。她把我带到我下榻的旅馆，圣科伦丹客栈从前挺风光的，我的房间的确很小，每天十二法郎的房钱，跟"小绵羊"类似。我和一位军官是这里仅有的房客，房东是一位布列塔尼老妇人，成天都把门关着，所以我们都从后面进出，要穿过一个煤堆和一个臭气熏天的后院。但旅馆很舒适，我在这里住得很惬意。平静的日子，把一切都抛诸脑后。天气很好，穿过欧石楠丛生的荒原，我们朝奥代河走去。有一些迷人的农庄，灰色的房子爬满白色的蔷薇花，但屋子里住的是些翻白眼的白痴和担惊受怕的孩子。比安卡跟我讲了德国人反对英国的宣传攻势，说这里很多人都受到了影响。她回自己家吃晚饭。我找了一家廉价的餐厅。我很穷，我在一家脏兮兮的酒吧坐下来，给我上了面包配汤，广播里谈论着一场惨绝人寰的波兰对德国的战役。晚上八点，我在利剑酒吧写信。八点半就拉上厚厚的蓝色窗帘，然后就把我赶到靠近收银台的一张桌子，店里的灯几乎全熄灭了，显得格外阴森惨淡。只有两张桌子有客人，一张坐着我，另一张坐着一个男人和两个妓女。我要去睡觉了。

九月二十一日

　　在弥漫着海藻和淤泥味道的奥代河边散步。聊天。晚上，我读《金头》，我觉得这本书写得很美，尤其是赛贝之死，但这是一出有法西斯色彩的戏剧，甚至是纳粹色彩。我选了一家比昨天的酒吧稍微明快一点的咖啡馆，尽管铁卷帘门已经放下来了，但至少，这里有灯光，两张桌子都有人坐。

九月二十二日

　　去孔卡诺远足。古老的"围城"，城墙环绕，伸向大海，就像一个小圣马洛岛。站在城墙上，我们看见船上晒着蓝色的渔网。

九月二十三日

　　在邮局，我收到一张勒梅尔夫人寄来的明信片，她邀请我去拉普埃兹，我很高兴。马尔科在君士坦丁，帕尼耶在第戎。在菜市广场，我们看到有加拿大士兵经过，骑着大大的卡其色摩托车，所有人都在看。在我吃午饭的酒吧，广播里正播着有关波兰的新闻。几个布列塔尼妇女顶着传统的白色花边头巾凑在收音机跟前，在她们风吹日晒的脸上流露出对波兰遭遇的感慨。之后，播出的是一个致法国农民的讲话，听得我拔腿就走。我们去了贝格-梅尔，海滩冷冷清清的，岩石和白色的沙滩显得广袤无垠，冰冷的海水刺激得我心襟荡漾。

九月二十四日

　　我们再次去荒原散步，一切是那么美：松树、蕪蕪的荆豆和灰暗的水塘。我在煎饼屋喝牛奶吃薄饼。一个疯狂而嘈杂的世界：那些有钱的难民开车逃难，抱怨少了消遣。局势没有变。德国和苏联瓜分了波兰。我们的前线有几场"战役"。

九月二十五日

　　我好奇想知道三天的独自旅行将如何度过。我不敢背我的登山包，我只有一个可笑的包袱，里面有我的泳衣、闹钟和两本书，这个包袱还动不动就散开。让我头疼的是我几乎身无分文。公共汽车开了两小时把我送到莫尔加。小海港令我心醉，我已经饥肠辘辘，但为了节省我什么东西也没吃，我沿着海岸走。零零星星有几个村庄，村里人看我就跟看女间谍似的。我经过的时候，老妇人就用布列塔尼方言嘟囔几句，没有人说法语。我朝山羊海角走去，但当地的军方已经将其周围五百米圈为禁区。我沿着一条小路到了迪南海角。经过一家面包房的时候，我吃了一块面包、一点巧克力和非常难吃的干巴巴的蛋糕。

我喜欢乡野这份苍白的颜色，衬着白茫茫的天空、海水和礁石。在荒原、在花岗岩的房子、在磨坊里，到处都可以感受到大海的存在，我坐公共汽车到达洛克洛南，风吹日晒弄得我昏昏沉沉的，我开始头疼，或许是因为我什么都没吃的缘故。我轻易就认出了广场和我想再次下榻的旅馆，但在旅馆的原址上开了一家煎饼屋，打烊了。旅馆搬到对面一栋文艺复兴时期的气派的楼房里，我在那儿吃了晚饭。餐厅很漂亮，有精致的瓷器、厚实的房梁、海湾的景色尽收眼底，但是餐厅里空荡荡的。老板娘在收拾行李，旅馆明天就关门了，因为已经赚不到钱了。我又坐上公共汽车去杜瓦讷内。我又看到海港、穿着红色短裤的渔夫、渔船和蓝色的渔网。初升的月亮和落日都挂在空中，月色更浓。在海堤上，姑娘们嬉笑，小伙子歌唱，仿佛是一个和平岁月的夜晚，我哭了。

九月二十六日

六点半天还没亮。我踏上一条小路，沿着海岸前进。村子里没有咖啡馆，但有一些小酒店，杂货店有柜台但没有桌子。这不是山上荒无人烟的寂静，而是一种更令人心寒的冷清。很多飞机飞过海岸上空，海上很多巡洋舰。遇见的只有妇孺和残疾人，男人都不在。我走了二十四公里的路，之后在怪石嶙峋的悬崖脚下蓝紫色的海水里徜徉。一条小径把我带到拉兹海岬，我在那里坐了很久。回想我所经历的一切，未来也不能将它抹煞。这让我对死亡无所畏惧。

在灯塔附近有四家旅馆，三家关门了，第四家还在苟延残喘。他们腾出一间堆满卷宗的小房间给我住。点的是煤油灯，我一边吃晚饭，一边阅读《格拉蒙回忆录》，这本书让我觉得有点意思。我要在月光下出去走走，两个穿着水手服的男人跟我搭讪："您是本地人吗？""不是。""您出来散步？""是的。""这个时候？大晚上的啥也看不见啊！""可以看见月光。""月光，你在坎佩尔或朗德尔诺看还不是一样？"那音调高得简直就像是一种侮辱。我把我的证件掏出来，他们就着手电筒的光查看了一下。他们含含糊糊地跟我道了歉。我的房间在一楼，对着荒原和大海，我感觉自己像睡在露天一样。

九月二十七日

我摸黑在早上六点起床。楼下点着一支蜡烛，我继续阅读《格拉蒙回忆录》，一边等公共汽车。天气很冷。当公共汽车驶向欧迪耶讷的时候，太阳从荒原上升起。我在一家杂货店-酒吧-专卖局喝了一杯黑茶藨子酒，一边等公共汽车。从神甫桥步行到圣盖诺雷，越过一个个沙丘。坐公共汽车回到坎佩尔。布列塔尼的妇女化了妆，顶着像洒了白糖粉的面包一样的发型，颇有点巴罗克的味道。

我搭上一趟拥挤不堪的火车去昂热。夜幕降临。一马平川，但月色让它变得美丽。"就像电影里一样。"一个女人如痴如醉地感叹道。人们在谈论布列塔尼黄油的优点。在微弱的蓝色夜灯下根本不能看书，但我感到自己有无限的耐心，这是战争带给我的某种"安之若素"的状态。

凌晨两点到昂热。在出口处有个士兵在喊我的名字，结结巴巴地说是 S 小姐[1]给他打了电话。他拿起我的行李箱，挽着我的手臂

---

[1] 勒梅尔夫人的一个女友。——原注

对我说："我都可以当你爸爸了"，然后把我带到他事先为我预订的旅馆房间。他带了啤酒、香蕉和三明治，这样的接待让我受宠若惊，凌晨三点在一个陌生的城市，和一个陌生的军人待在一个旅馆房间让我觉得很好玩，跟做梦一样。而且他的态度也有些暧昧。首先，他用一种奇怪的神情要求留在房间；其次，他眼睛直直地盯着我，让我很不自在，我一直站着，他对我说："坐吧。"我抽出一把椅子。"坐到床上来。"我在椅子上坐下来，邀请他喝酒。"我要跟你共用一个杯子，你不介意？真的不介意？"我们客套了几句。终于，他要走了，他对我说他会叫人明天把早餐送到我房间里来。

九月二十八日

我在拉立芒广场上的一家大咖啡馆里写信，我有点担心，因为我口袋里一个子儿也没有。勒梅尔夫人和她女儿坐汽车到了，见到她们我很开心。她们让我在昂热花一小时四处看看，城市在寒冷秋日的艳阳下别有一番风味。之后，我们穿过平淡无奇的乡野到了一个丑陋的村庄，不过勒梅尔夫人的房子很迷人。阁楼上有三个柜子，里面摆满了书，我一来就挑了几本。我得知帕尼耶在参谋部当话务员，马尔科还在君士坦丁。我睡在餐厅，壁炉里火烧得旺旺的，我感觉那么舒适，看书一直看到凌晨一点。

九月二十九日

我从阁楼上抱了一堆书下来，我整天都在看书。华沙沦陷，《苏德互不侵犯条约》已经签订，德国宣称它要和同盟国讲和，而我们会断然拒绝，于是战争就真的开始了。我对自己这样说，我在读一些关于第一次世界大战的书，但我依然没有办法相信战争已不可避免。

九月三十日

　　勒梅尔夫人帮我搞到一套第一次世界大战期间发行的《小白炮》。我读了这堆杂志，还有一本拉特诺的书和一本考茨基的书。炉火在燃烧。雅克琳娜·勒梅尔在打字。天下着雨。我已经很久没有这么悠闲了。

十月一日

　　希特勒的"和平攻势"。我们既不知道发生了什么也不知道将会发生什么。我过着衣来伸手饭来张口的日子。每次开饭前，勒梅尔夫人都带我去酒窖选一瓶陈年佳酿。我酒足饭饱，书读得也不少。

十月二日

　　多好的天气！我在草地上看书，躺在白杨树下晒着太阳。这让我想起利穆赞，苹果树上大大的果实在阳光下熠熠生辉。丰饶而幸福的秋天。

十月三日

　　我们正在经历一个奇怪的时期。没有人能接受希特勒的和平，但我们要打一场什么样的战争？战争这个词语究竟意味着什么？一个月前，当这个字眼用大大的字体印在报纸上时，那是一种无形的恐惧，模糊不清，但又实实在在。而现在，它既不是空穴来风，也不再是空洞无物。我感到既轻松又疑惑，我在等，却不知道在等什么。仿佛大家都在等。此外，从皮埃尔弗的书里，第一次世界大战最先让人震惊的也正是这种情绪：这是一场持续了四年的等待，间或掺杂着无谓的屠杀，仿佛只有时间在左右一切，只有它。

十月四日

　　到目前为止我都在度假。现在，我要进入一种"战时的存在"，这让我心生凄凉。然而，今天早上，想要逃离这一宁静、重返现实的欲望让我大为惶恐。收到萨特最近的一封信，我有了朦胧的可以去看望他的希望，恐惧和焦虑再次袭上心头。我甚至下定决心今天就动身，他们七点把我送到昂热。我在火车站附近的一家咖啡馆里，多凄凉啊！我想去电影院，我在一个军队的营区瞎转悠，姑娘们黏着士兵，小酒店里全是军人。电影院不放电影。我原路返回，这几条街让我害怕。又一次，战争回到我的心中，萦绕在我周围，一种焦虑的情绪让我不知道何去何从。

十月五日

　　巴黎。我溜到警察局，我傻傻地说我要去看望我当兵的未婚夫，人们答复我说诸如此类的申请向来不批，如果我跑去看他，他会受到惩罚。我决定换一家警察局试试，表现得更机灵一点。我去乐蓬马歇百货公司拍照片，又去了自拍点附近的酒吧吃了猪肉配扁豆。我的照片丑得吓人。最难的是要搞到一张新的居住证明。在雷恩街，马尔当夫人断然拒绝给我开证明："你现在已经不住这儿了，我要是开了那就是造假。"可见开个证明也形同一场战争，要跟一个个门房据理力争。我去了卡米耶赛中学。漂亮的校舍。我见到了女校长，还蛮年轻的，苗条、优雅、搽了粉，粉底下的下巴有点发青。她表现得活跃、古怪和直率。"我是蛮直率的，"她直截了当地说，"接下来我不会有很多事做了。中学有两百个学生，接下来我只要管二十个。女教师一堆，我都不晓得要派什么活儿给她们干。"

　　我回到阿萨街，若若的女门房正在用缝纫机做活儿。她也不能给我开证明，因为房子是我转租的。我就杵在她面前，她继续做她的针线活儿，彼此几乎都没说话，这样僵持了很久。突然，她站起身，给我开了一张从九月十四日开始居住的证明。我塞给她五十法郎，她拒绝了，有点生气。之后她缓和下来："只收一半就好了。"之后，她悉数全收了去。在警察局一切办得很顺利。我说我有一个姐姐患了骨疾，我要去马穆提接她。接待我的职员很慈祥，用他漂亮的字体给我写了一份文书。不过，一个金发女郎想去看望她在塞纳-马恩省的丈夫却遭到了劝阻："这个理由是行不通的。""那别的理由呢？行得通吗？""那也得有正当的理由。"他们答应我周一或周二就可以拿到安全通行证。我上楼到斯蒂法和费尔南多家喝一杯。费尔南多在监狱待了四天。他被人揭发"违反外国人应征入伍的宣传政策"。之前有个家伙告诉他说自己是白俄，并问他能否去西班牙。"当然可以。"费尔南多回答。"可是我没有护照。""你可以先到边境，然后越境。"那家伙是个密探。费尔南多被送去警察局，之后又被送到一个集中营，里面的士兵和军士对他都很关照，其中一个得知费尔南多曾经在西班牙战斗，给了他几支烟，当费尔南多说自己还当过将军，那人又给了他一包烟。费尔南多说朋友们对他这么快就获释感到很诧异，对他有点提防。他感觉警察还在监视他，他不敢去见爱伦堡。听说马尔罗想参加坦克军团，但因为他患有神经痉挛症，遭到了拒绝。

尼赞给杜克洛写了一份措辞决绝的退党函："我向法国共产党提出辞呈。作为现役军人，我无须多言。"我在圆穹咖啡馆吃晚餐，里面坐满了人。蒙帕纳斯已经被军人和一群新顾客侵占了，老顾客都好像是陈年十八代的事儿了。我漫不经心地跟侍应生要了一杯慕尼黑啤酒。他笑着回答我说："等我们突破齐格菲防线再说。"巴黎的夜晚给我留下美好的印象。我已经忘了：大熊座挂在瓦文街上空熠熠生辉，这样的奇景真是美妙绝伦。咖啡馆的露天座上几乎没有人，天太冷了。到处比上个月还冷清。我沿着像隧道一样黑黢黢的街道回家。

十月六日

　　若若午夜回来的时候把我叫醒，她刚从诺维尔城堡回来，那里有一群妇女和西班牙难民。约摸六点半的时候，警报声响起，像猫头鹰的叫声，音量不大。大家都趴在窗户上，这是不是警报？不是，只是机器故障的声音，邮差来了，有一封萨特写来的信被审查部门拆开了，还是第一次发生这样的事情。可惜！十月三日，他已经被派去一个陌生的地方，我所有的计划都泡汤了。我出去买东西，嗓子眼堵得慌。刚刚度过的三星期，只是脱离现实的休憩，现在我又找回了失落、恐惧，一想到这种局面还要持续下去就让我愤懑。但这已经不再让我挂心，更确切地说，是我对此不再关心，我写这本日记只是出于惯性。我给萨特买了《白痴》和格林的《日记》，但《新法兰西杂志》已经不零卖了，只有订户才能收到。

十月七日

　　倒霉的一天。下午和奥德里夫妇在"马里尼昂"有约，可是咖啡馆被军方关了，因为它在晚上十一点之后还继续营业。于是我在对面的竞技场咖啡馆坐下来。这儿的客人都非善类，是些养尊处优的妓女和畏首畏尾"只会老死在家中床上"的军官，是《小白炮》中描绘的一九一六年那群人的写照。奥德里夫妇厌恶地谈论着已经开拍的宣传片。雾蒙蒙的夜，已经感觉到冬天的寒意，有一种凄美的味道。在巴黎，灾难随处可见，单单是意识到这一点，就足以让人忙乱了。

十月十日

帕尔多今天回来，这是我在若若公寓里待的最后一晚。我搬到瓦文街的一家旅馆。我喜欢我的房间，有厚厚的红色窗帘，我晚上可以开灯看书了。丽丝·奥勃拉诺夫已经回巴黎了，她为自己悲哀的命运落泪：如果没有身份证她就不能在索邦大学注册，而她没有在大学注册就不能办身份证，总是这一套把戏。她父亲再也领不到工资，而她母亲没有权利工作。她哭着对我说："为什么别人有权做任何事，而我却不能？"

在圆顶咖啡馆，阿达莫夫坐在我对面，神情憔悴。他也一样，再也挣不到任何东西。他有一本军籍簿，等着出发去前线。圆顶咖啡馆就是这幅图景，挤满了失魂落魄的人。

费尔南多声称有一千多名前线士兵劫持了一列火车，非法回来休假，而谁也不敢逮捕他们。

十月十一日

我想重新投入工作。我一整天都在重读我写的小说。还有大量工作要做。

十月十二日

我写作。晚上在圆顶咖啡馆，我又见到了玛丽·吉拉尔。在我们身边有一个穿着蓝色工作服的怪老头在看书：《科学与健康》，那本书就像一本黑色的祈祷书。一个醉汉想跟他聊天，最后他们几乎动起手来。醉汉转身跟我们说话。"我的肩膀有点窄，"他说，"不过我的额头很高。""你肩膀宽还是窄关我什么事？"玛丽说道。醉汉的两个朋友把他从我们桌边拉开。我们在煎饼屋吃晚饭，然后我们去"舒伯特"的地下室。里面冷冷清清的，不过有一个钢琴师在弹爵士乐，这让环境有了一点变化。"我奇怪人都到哪儿去了！"玛丽大声说道，一个侍应生听后嘟囔了一声。晚上十一点，我们被赶了出来，我们沿着塞纳河散步。夜里有一队队的警察巡逻，披着大大的斗篷，戴着油光锃亮的头盔。有的步行，有的骑车，他们用手电照往来行人，把所有人拦住检查证件。甚至连小便池也要搜查。玛丽跟我讲她跟一个二十二岁英俊得像天使的西班牙难民恋爱的事儿，她偷偷到山上去跟他幽会，他在山上过着衣不蔽体、四处藏匿的生活。村里人恨难民，她甚至认为村民已经打死了几个难民，因为难民不愿意参军。因此她必须万分谨慎。一天夜里，她迷路了，她走丢了鞋子，光着脚在树林里走了五公里地。那个西班牙人会说的法语单词不到二十个。她一心想再找到他。她认定达拉第唆使希特勒发动战争，以便消灭人民阵线。她说的都是些失败主义的论调。在一列火车上，她试图让士兵们同情季奥诺的命运。"不应该对年轻的士兵讲这些事情。"他们当中有一个人用严厉的口吻说道。她巴不得被送进监狱，这样她就可以把钱存起来。我觉得她很有意思。

十月十三日

玛丽建议我今晚陪她去由纪·代斯诺斯家，我同意了。她家餐厅烟雾缭绕，到处都是人和红酒杯。墙上挂着藤田嗣治的画，其中一幅画的是裸体的由纪和一头狮子。画是彩色的，因为她要他证明除了"乳白色皮肤"的裸女像之外，他还会画别的。我并不觉得这幅画很美。由纪主持宴会，裹在日本和服里，手臂和脖子裸露着，一头金发，还算漂亮。在那里有一个帕散^①过去的"女友"，她已

---

① Jules Pascin（1885—1930），保加利亚裔巴黎画派画家。

经陷入神秘主义的玄思，眼泪汪汪地讲述男人们让她遭的罪。她丈夫是个暴露癖，长着一张沧桑的长脸，在隔壁房间用纸牌算命。他抽的牌如出一辙，都不是什么吉兆。还有一个事业坎坷的女演员，一个抽烟斗的女同性恋，另外两个女人，几个沉默的年轻人和一个跟巴斯特·基顿长得很像的正在休假的士兵。由纪在读一封代斯诺斯的信，信中他平静地讲述了他在前线的生活，大家都愤愤不平，认为他不够反叛！那个士兵用同情的声音替他反驳。简直就是一场闹剧：一边是厚颜无耻的无政府主义者，另一边是对民众的心态极其反感的斗士。脏话连篇："狗屎！你简直是放屁！"一字一顿，说得一点也不自然。群情振奋。士兵说："让女人见鬼去吧！告诉你们的女友们，我们用不着等女人来给我们消遣。""告诉你的那帮朋友，我们也没等他们，"一个女人说，"不过我们，我们不用自我排遣。"他们用嘲讽的口气唱着上一次世界大战的爱国歌曲，之后是些反军国主义的歌，一直闹到凌晨四点。

十月十六日

　　又开学了。在卡米耶赛中学，我给九个穿蓝色罩衫的很乖的小姑娘上两节课。这让我觉得不真实，而且荒诞。之后，我去了亨利四世中学，费奈隆中学现在也搬来这里了。教室设在现代但很难看的一侧。走廊很狭窄，上面写着：一号避难所，五号避难所。一些穿着黑衣的女人，斜挎着防毒面具。我有二十四个学生，穿着便装，梳洗打扮得很整洁，非常拉丁区的范儿。她们把防毒面具也带到教室里来，放在她们身边。

　　奥尔加昨天回来了。她告诉我博斯特的消息，说他的日子不好过。

　　德国人在西线有所行动——希特勒又一次发动了和平攻势。

十月十七日

　　看来真的是真枪实弹打起来了。德国进攻，法国军队反攻，德国人轰炸苏格兰海岸。斯大林将采取什么行动？我漠不关心地从报纸上读到这一切。我已经麻木了。

　　去亨利四世中学，我要穿过金色而泥泞的卢森堡公园，然后我在"卡普拉德"的吧台喝杯咖啡。两个半小时的课，中途被一次预警演习打断。女校长头上戴着帽子，嘴里吹着口哨在走廊上奔走，她吹的哨声非常刺耳。大家排队溜进一个布置得很好的避难所，坐在花园椅上。戴防毒面具的演习。突然，她摘掉帽子，在防毒面具下大叫："老师们也戴上。"可是我没有戴我的防毒面具。学生们看到彼此戴了面具的样子乐不可支，女校长咕哝着："没什么可笑的，好了！"她解释说在避难所里不要说话也不要走动，以便节约氧气。

　　晚上和奥尔加在刚刚重新开张的花神咖啡馆一起度过。挂着厚厚的蓝窗帘，添了几张新的红色软垫长椅，很漂亮。现在，咖啡馆已经学会如何遮光了，他们把所有的灯都打开，当我们从外面进来的时候都被明亮的光线晃了眼睛。

十月十八日

　　我去奥斯特利兹火车站接妹妹。车站昏暗阴沉，很多士兵，一个警察拦住他们的去路，让他们出示休假证明。我把宝贝蛋带到牛奶吧。她告诉我六周来他们一直在圣日耳曼勒贝尔等阿格诺的难民，宣读公告的鼓手在大街小巷里嚷嚷："别忘了阿尔萨斯人，不管怎么说，他们也是法国人。"

　　收到萨特的一封来信，信中他用暗语告诉我他在布鲁马斯。

十月二十一日

今晚我和妹妹还有奥尔加去骑师酒吧，里面很冷清。大厅很漂亮，显得比以前更大了，墙上贴着同样的电影海报，不过是干净的，中间有一个舞池。在钢琴旁边，一个红棕色头发的女歌手在练唱。老板走过来告诉我们从周一开始，这里将提供二十五法郎一份的晚餐，可以边吃饭边听歌。现在所有的夜总会都可以用餐，这是新模式。他解释说大厅是按照塞维利亚舞厅的风格重新装修的。我想起阿拉梅达的舞厅。西班牙，还有我们，变化多大啊！这是我第一次有时间一去不复的历史感。人慢慢多起来了：几对中年夫妇，穿着藏青色制服没有编号的士兵。红发女郎唱着歌。因为战争，没有人跳舞。到十一点，闹钟响了，乐队奏起了熄灯的音乐。在人行道上，成群结队的人还在犹豫着。我读凯斯特勒[1]的《西班牙遗嘱》一直读到凌晨一点半。就在这时听到大喊大叫的声音，人们在楼梯上走动，一个女人在尖叫。我把门拉开一条缝观望，那个女人的口音太重根本听不出来她在说些什么。我认为是那个金发的挪威美女，她想收拾行李；她大叫"胆小鬼！胆小鬼！"，老板娘上楼轻声数落了她几句。

十月二十三日

又开始为取得一张安全通行证而奔波。我在十五区的警察局里递交了申请，这样他们就查不到我的行踪了。

九点，我和妹妹、若若去阿涅斯·卡普里家。那里摊得乱糟糟的，就像晚上排练没有灯光的剧场。在一张桌前，有穿着白色毛皮斗篷的卡普里、穿着黑色毛皮斗篷的索尼娅和玛丽-埃莱娜，还有戴

---

① Arthur Koesteler (1905—1983)，匈牙利裔英国作家、记者。

着一顶奇怪小帽子的热尔梅娜·蒙特罗，帽子上有一块红色的面纱。德尼奥在吃晚饭，他曾经是"大胡子"，穿着吸烟装。勒杜克穿着吸烟装在服务。在另一张桌边，托尼和一个迷人的陌生女人在一起。还有两对夫妇举止高雅，我不认识。德尼奥唱着《卖紫罗兰的姑娘》，这首歌太容易唱了，听得我不舒服。卡普里很迷人，穿着黑色配金色的长裙、黑色的鞋，金色的鞋底有三个手掌那么厚。她的很多歌曲都被禁了，不过她还有很多很好的歌可以传唱。

据说，来年春天之前，法国前线不会发生任何战事。传闻军人每四个月就可以休十天的假。

十月二十五日

奥尔加很高兴，因为作坊剧场的课可能要重开了。她想买圣日耳曼大街一家商店的大衣，可是她挑中的橱窗里的那件是一件士兵斗篷，我们被女店员取笑了一番。她妹妹已经从伯兹维尔回来了，住在我们的旅馆里。

晚上去电影院看《科诺克》。费尔南多说报纸上说的都是废话，战争会持续很久。我对所有这些预言已经无动于衷。我写我的小说，上我的课，生活在麻木的状态里：什么未来都显得不切实际。

十月二十七日

每天两次，费奈隆中学的女校长都要让大家传阅志愿者和响警报的时候负责关窗的班长的名单，等等。

据说圣多曼格岛的独裁者向十万难民敞开了大门，还特别欢迎知识分子。费尔南多和斯蒂法想去那里。我们谈论由季奥诺、阿兰、德阿签名的"立即实现和平"的宣传单。他们现在都在抗议他们的诚意被人利用了。"一看到和平这个字眼，我没看下文就签名了。"据说阿兰曾这样解释过。

十月二十九日

在旅馆七号房间，住着一个从维也纳来的双性人，她的身份证上写的是男性，但她有乳房、有女性性器，但同样也有男性生殖器、胡子和胸毛。在希尔斯费尔特医生那个时代，她在维也纳非常有名。她解释说纳粹德国掌权之后她不得不背井离乡，因为希特勒宣布："我不要这些人在我这里！"她有很多情感困扰，因为她只喜欢铁铮铮的硬汉，而喜欢她的都是些娘娘腔的男同性恋。她还有更严重的烦恼：德国要求她去服兵役，在法国，人们要把她送去集中营；当她把衣服脱光，大家惊恐地发现她不男不女。她哭个不停。至于另一个晚上尖叫的挪威女人，她是个酒鬼，当她喝多了胡言乱语时，她男人就揍她让她闭嘴。

十月三十日

丽丝陪我去警察局。我等了一会儿，当我报出自己的名字时，那个职员露出好脸色。我得到许可了！这让我喜出望外。这个许可到下周一都有效。我得在南锡停留，不过如果医生及时给我证明，那就是整整五天时间。我买了东西，上了课，回家躺在床上，让人给我请了一个医生。我一边看书一边等，一直等到八点半，我几乎感觉自己真的病了。医生来了：灰白的头发往后梳，玳瑁架眼镜，态度严谨。他给我做了触诊，唉，可惜！他认为我只是普通的肌肉酸痛。他问我话，俨然一副科诺克的架势："你没有爬绳吧？你没有举重箱子吧？真奇怪。"他还敏锐地问我："有时候你不觉得自己像是坐在一块石头上？"尽管如此，他还是找出医疗小器械，以便确诊我是否得了阑尾炎。他刺了我的手指，抽了一小管血，把它稀释在一种绿色的液体里。他发现我的白血球指数是一万一千，太高了，但还没高到得阑尾炎的程度。他用听诊器听了听，滔滔不绝地跟我讲脚冷会产生什么反应，一边卷起裤腿，给我看他里面的长内裤。他还跟我提到黑人和因纽特人的血液循环系统。"黑人走出小屋，把脚踏在潮湿的青草上的时候，他的肠胃马上就会做出反应。"他对我说。最终他给我签了一个证明，批准我休病假一直休到下周一。我从床上一跃而起，收拾行李。

十月三十一日

六点半。圆顶咖啡馆和罗同德咖啡馆还睡意蒙眬。在火车东站，我正好在同一个月台坐上萨特两个月前乘坐的那列火车。车上全是士兵。我的邻座手指肿得跟马蹄一样，一张脸又红又蠢。其他是些农民，还蛮机灵的，刚休完农假回来。他们在玩牌，话很少。我心想，他们很快就要掉脑袋了，而同时我又不愿意相信，这一切看起来就像一次演习，一场模拟战争。乡村被洪水淹没了，茫茫的水中露出树林和篱笆，很诗意，很凄凉。

我下午一点到达南锡。甚至没有人要看我的许可证。我拎着小箱子走在大街上。死一般的寂静，商店都开着，糖果店里糖果琳琅满目，大焦糖看着都很新鲜，可是街上一个人也看不见，仿佛是一座空城，让我印象深刻。我走到斯塔尼斯拉斯广场，在巴雷斯的《游子》中，这个地方因为有镀金的栅栏门是那么迷人。蓝天下冷清的广场，衬着远处泛红的树叶，在寂静中显得格外美丽。我走到另一个广场，到了陆军司令部，他们让我去宪兵队，可那儿还关着门。我决定先去吃午饭，我穿过霜林染红的大公园。突然，响起了尖利的警报声。人们毫不恐慌，相反，路上的行人反而比刚才多了。我想可能是南锡人对军事演习已经习以为常了，但我还是有点惊讶。最后，我总算弄明白了：我到的时候正在警戒，而这会儿是解除警报。现在街上到处都是人。我走到主街，街道两边统一价商店、电影院、酒吧林立，让我想起斯特拉斯堡，不过略为逊色。几乎所有房子都加了木头栅栏，整个城市就像一座大兵营。一个男人冲我大声说话："当我看到您，我还以为自己在巴黎大街上呢。"这是因为我的黄色发带、高跟鞋和耳环。我在一家酒吧午餐，之后回到宪兵队。那里人头攒动，动不动就踩到别人的脚或被别人的脚踩到，一个女人在呻吟，因为她患有静脉炎。另一个女人泪流满面，她刚得知儿子死了。将军有令，拒签所有去米卢斯的通行证。所有人都说德语，连士兵都是。半小时后，我排到第一排。一个职员拿起我的证件，一边念叨着"布鲁马斯"，一边摇头，然后去找中尉。我赶紧跟着他过去。中尉透过眼镜打量了我一下："你该不会是去看你男朋友吧？""不是，不是！"我真诚地说。他给了我二十四小时。我走了，狼狈、失落。只有二十四小时，能不能让我延期呢？我在运河边忧伤地漫步。

六点，我在火车站的月台。天气很冷，穿高跟鞋走了太久，我的脚很痛。月台上很多人，有军人也有平民，都在等火车。漆黑的夜。看到铁路上有红、蓝、白色的灯光在跳动，不过那不是火车的灯光，只是些路灯。时不时地，一列火车到站，却都不是我们要等的那列，七点，七点半，又累又冷，一切都显得不真实。最终，火车到了，大家蜂拥而上，车厢里挤满了人，不过我还是找到一个角落安顿下来。很多阿尔萨斯人，一个胖女人打鼾打得震天响，整个车厢的人都笑话她。没有人说法语。所有人都沉默着，不像是一列开往前线的火车。这跟带着银器逃难去坎佩尔的巴黎人相比截然不同！外面，一轮明月当空，广袤而寒气逼人的乡野。火车每站都停，我留意到站的站名。经过萨尔堡、萨维尔讷，车厢慢慢空了，只剩下我和一个士兵。我开始有一种冒险的感觉。只剩下五站了，就要梦想成真了。

布鲁马斯。我下了火车，站在冷冷清清的月台上，我跟着行人走。在出口处，没有人要我出示任何证件，有几个士兵，但谁也没拦住我。火车站边上有一家旅馆的灯亮着，我在月光下穿过一片荒凉的乡野。我想："萨特就在附近某个地方"，有点错愕，跟做梦一般。眼前就是公鹿小酒馆，萨特在信中说过他在这里吃早餐。我敲了敲金狮旅馆的门。没有人答应，但是一束手电筒的光打在我身上，是一支巡逻队。午夜后禁止外出。我出示了我的证件，两个士兵热心地提出要护送我。他们是从巴黎来的。他们用枪托重重地敲着螯虾旅店的百叶窗，但是没有人答应。我们转悠了半小时。最后，在"巴黎城"，我终于走进一个木棚，穿过一个后院，走到房子里。一扇门上写着"老板"，我敲了敲那扇门，一个胖胖的金发阿尔萨斯男人给我开了门。他给我一个冷得要命的房间。我瑟瑟发抖地梳洗了一下，把闹钟拨到早上七点，然后钻进冰冷的被窝。

十一月一日

闹钟响了。天有点阴，所有的房子门窗紧闭，街上没有人，除了几个士兵。军号吹响。我并不开心，而是有些担心：怎样才能通知萨特？怎样才能把许可证延期？我感觉危机重重，一切取决于某个军官或警察的心情。村子慢慢苏醒，一切是那么浪漫。几辆卡车停在我的窗前：脚步声、人声，接士兵走。如果萨特正好今天要开拔？我跑到公鹿小酒馆：长长的木桌，柳条椅，陶瓷的大炉子。这地方依然睡意蒙眬，窗户开着，天气很冷，我没有安全感。两个女人看上去蠢蠢的，我问她们学校在哪儿，她们回答我说："司令部。"我给萨特写了一张便条:"您把烟斗落在公鹿小酒馆了,它在那里等您。"之后,我走到泥泞的街上,穿过一道门和一块空地,我看到一幢红砖的现代大楼,窗户漆成蓝色,就像彩绘玻璃。在大楼前面有一堆士兵,我问其中的一个能不能帮我送一下便条。"应该是坐办公室的一个家伙。"那个士兵有点为难地说,不过他答应我一会儿就帮我把信送进去。我回到"公鹿",在街道尽头,我看到萨特的身影,我马上听出他的脚步声,认出他的身材、烟斗。但他留了吓人的络腮胡子,这让他形象大变。他没收到我的电报,所以也没来等我。我们不能进咖啡馆,所以我把他带到我的房间。我们聊了一个小时,他就得走了。我回到"公鹿"。他告诉我说警察很严厉,我继续忧心忡忡。他十一点回来,刮了胡子,清清爽爽的。只有他和他的同事穿蓝色空军制服。制服上没有番号,跟所有上前线的士兵一样。很多士兵穿着卡其色军装,戴着贝雷帽或带绒球的警察便帽,都是些轻装兵。几乎没有平民。但小酒馆里满是人,或许因为今天是十一月一日[①]。我们在酒店尽头的一张桌子前吃午餐。我们决定把我生病的妹妹改成一个表妹,萨特负责帮我去找。老板娘和善地打量着我们,我开始感觉没那么芒刺在背了。

当萨特离开我之后,我躺在床上,累得要命,我昏睡了三个小时。闹钟把我叫醒,老板娘过来用阿尔萨斯方言告诉我,她已经答应把我的房间给一个从内地来前线看丈夫的太太了。这里的居民认为这种事很自然,都心照不宣,只有警察不好应付。我收拾行李,在"螯虾"和"金狮"白费一番功夫,没有订到房间。我碰到萨特,在我去宪兵队的时候,他负责帮我找一个住处。警察打发我去

---

① 诸圣瞻礼节。

市政厅，市长用阿尔萨斯方言跟一个军士和两个胖胖的平民在讨论，说来说去没完没了，最终，他看了看我的证件，他对我要求延期的请求根本就没搞明白，随便给我盖了个章。一个警察被叫进去帮忙，他很诧异我证件上巴黎市政厅的印章，宣布我的证件到星期天晚上为止都有效。总算尘埃落定！我回到挤满了士兵的"公鹿"。我坐在吧台上。一个高大、蓝眼睛、有一撮小胡子的轻装兵走到我身边，他浑身酒气："怎么？你还在这儿？刚才有人在'螯虾'等你。"我想起来当我走进宪兵队的时候，有两个家伙冲着我喊："一会儿'螯虾'见。"我没放在心上。我说："我在等人。""为什么你等的人不是我呢？"轻装兵问。他把我拉到身边，有点生气，他一定以为我是妓女。"我知道你来这儿动机不纯。"他说。我不想把事情闹大，我感觉自己此行也不太正大光明。一个胖同伴不耐烦了："好了，你到底来不来？"他问我。第三个人悄悄对我说："别理他们。""我很希望他们放过我。"我绝望地对他说。那个喝醉的轻装兵一会儿威胁我，一会儿又许诺说要保护我。他看着我的眼睛："你到底是拥护我们还是反对我们？""都不是。""你是阿尔萨斯人还是法国人？""我是法国人。""我就想知道这个。"他说，一脸满意和神秘的表情。他把手杖和一根奇怪的粗短木棍送给我，我拒绝了。萨特来了。我住在萨特的女房东家，但他不能跟我一起住，因为当他说："我妻子来了"，她用惊愕的神情回答说："可是你没有妻子呀"，他只好纠正说："是我未婚妻"。我们去"金狮"晚餐，人很多，甚至有个女人一看就知道是来看望丈夫的。一边是在寒冷和黑暗中让人心绪不宁的冒险，一边是阿尔萨斯舒适的生活：粗嗓门、烟雾腾腾、温暖、腌酸菜的味道，这一切融合在一起，给人新奇的感觉。萨特让我意识到，这里的人对他都以"您"相称，因为他和一位女士在一起，所以把他当平民对待，这让他又有了个人的概念。我们很早就离开酒吧，九点以后士兵不准在街上。我的房间供了一点暖，但床单冷冰冰的。墙上挂着几块布，布上绣着德语的祝福：睡个好觉无烦忧。

十一月二日

我六点起床，为了能和萨特一起共进早餐。天又黑又冷，远处灯火闪烁。公鹿小酒馆黑黢黢的，灯上裹着蓝纸，只开了一盏。厅堂里几乎空无一人，老板娘睡眼惺忪，她们生了炉子。破晓时分。萨特很快就到了。"他今天有说有笑的。"女人说，好像她谈论的是个机器人，"平时，他都坐在那里看书。"她把我带来的书推到一边，知趣地说："今天不看书。"她给我们上了两杯糟糕透顶的阿尔萨斯咖啡，比通常在小旅馆喝的咖啡还要糟糕。我们聊了一个小时，萨特要去做不知什么气象预测，我留在这个渐渐亮起来的空荡荡的厅堂里。在外面，士兵扛着铁锹列队走。屋里的一个姑娘，红棕色头发的那个，在窗台上放了一杯咖啡和一杯朗姆酒，十字路口的交通警察走过来喝，边喝边关注交通状况。他戴着厚厚的羊毛手套，呼出白色的热气。我看萨特的小说，看了一百页，这是我第一次一口气读这么多，我觉得他写得很好。我写了几句评语，尤其是对玛塞尔的性格作了点评。然后，我去和萨特约好一起午餐的咖啡馆。他的两个同事来找他，他们一起走了，试图去找一个房间。他们在黑牛旅馆帮我和萨特找到一间。这里的人对军人都很好，因为当兵的是他们的财路，所以他们对军人比对普通平民好。所有问题都解决了。长谈。萨特也认为他们不会打仗，认为这是一场没有屠杀的现代战争，就像没有主题的现代绘画，没有旋律的现代乐，没有物质的现代物理一样。

415

十一月三日

　　我昨天早上那种模模糊糊似曾相识的感受，和我去冬运场所度假的体会如出一辙。同样的夜，同样的寒冷，同样兴冲冲地鼓起勇气在黎明时分奔向冰冷的世界，旅馆走廊上同样飘荡着潮湿木头的味道。士兵们两肘支在吧台上，就像沙莫尼山谷的滑雪教练在上第一堂课前喝上一杯一样。冬日的清晨短暂而安逸的一刻。我在度假，和萨特一起在一个村庄里。随着上午慢慢过去，这种感觉也消散了，但在一开始的那一个小时里，这种感觉非常强烈。"黑牛"的大厅很惬意，点缀着蝴蝶标本、鹿角和鸟类标本。我兴致勃勃地阅读萨特的笔记①。他回来后我们还一起谈论了一番。

　　下午，在一家杂货铺，我看到两个士兵端着一大锅芥末，我从来没见过这么多芥末。他们想买回去，但杂货铺老板娘不愿意把锅借给他们。"可我总不能用手把芥末捧回去呀！"一个士兵咕哝道，他又抱怨了一句："阿尔萨斯人就是不会做生意。"到处都可以感觉到这种敌对。这里的居民拒绝撤离，因为在其他地方，大家都把他们当德国佬看待。此外他们都特别镇定安详，尽管前线离他们只有十公里之遥。

　　我把我的日记给萨特看。他对我说我应该更多地剖析自己。我也正有此意。我感觉自己已经定了型了：我马上就三十二岁了，我感觉自己已经是一个成熟女性，我很想知道自己是哪一类型的女人。比如说，在哪些方面我是"女人"，在何种程度上我又不算是"女人"？总的说来，我对我今天的生活、我的思想有什么诉求？我在这个世界上如何自处？如果我有时间，我会在这本笔记中探讨这些问题。

---

① 他每天在笔记本上记录他的生活，并且对过去作总结。——原注

416

十一月五日

　　昨天，天气很暖和。今天解冻。我趁机在美丽的村子里溜达溜达。两个士兵在十字路口打球，其他人坐在长凳上吹风。看到的人几乎都穿着军装，所有的汽车都做了伪装，马匹和卡车川流而过。不过，战争中透露出和平的气息。在运河边，还有一些蓝色的路标，指出道路通向何方，却没标明这些路其实已经被封锁了。在一些房屋的屋顶上有奇特的苔藓，树木显出特立独行的神气。布鲁马斯又渐渐找回了一点个性，它不只是一个军营。不过……来了一辆乡村公共汽车，也伪装过了，司机穿着制服，车窗上没有写村庄的名字，却写着"辎重队长"的字样。泥泞的道路都布了铁丝网。

　　在"黑牛"，一个在办公室工作的士兵跟我聊天。他告诉我说斯特拉斯堡已经是一座空城，只剩下几个行政人员。平民可以回去取他们的物品，但不许在那里过夜。烟草店都清空了。一片死寂。但人们都期待着圣诞节前可以实现和平。他也相信这只是一场不用动刀动枪的"外交战"而已。越接近前线，反而越感觉不到战争的威胁。在巴黎，人们安慰从伯兹维尔或坎佩尔来的人，而在布鲁马斯，人们安慰从巴黎来的人。

　　因为萨特四点又跟我会合，我们被安排坐在里屋，咖啡馆仍然不对军人开放。坐在一张铺了蓝白色漆布的长桌子一角，我们聊得很惬意。时不时地，有人推门进来，但很快就带着一脸歉意退出去了。我对萨特说，我现在不想做我们前天谈过的剖析自己这件事。我想先把我的小说写完。我想积极地生活，还不想对自己做一个清算总结。五点，我们换到大厅，我们吃苹果血肠，在满天星斗下，他一直陪我到火车站广场，然后他消失在夜色中。

　　候车室光线很暗。很多士兵，也有背着大包小包的平民。很多人都背着背包。在月台上，弥漫着一股浓浓的樱桃酒的味道。火车到了，人多得几乎连车门都打不开。我挤到前面，跟着一群士兵上了车，我很幸运地找到一个角落坐下来。在到萨维尔讷之前，火车每站都停。

　　萨维尔讷，九点，大大的月台黑乎乎的，挤满了人。只有一个餐厅候车室，不提供酒水。我走了出去，一个飞行员像跟屁虫一样跟着我。我们穿过一个黑暗的广场，他敲了敲旅馆的大门，和老板娘聊了几句，两人好像挺熟络的，她让我们进了门。在一个沉闷的餐厅，我喝了一瓶汽水，飞行员在我对面调戏女佣。但我们很快就被赶走了。快车要到午夜才开，我感觉自己像一头困兽。候车室散发着战争的气息。一张张紧挨着的桌子上堆满了行李：床垫、被褥、撤退到后方的平民的行李。这群被疏散到后方的人挤挤挨挨地坐在椅子上，大厅里烟雾缭绕，炭炉散发出不利于健康的热量。我站在一个角落看书，之后，我又走了出去。在地下通道，几个包叠在一起，几个士兵坐在上面吃饭，还有几个坐在台阶上休息。月台上挤满了士兵，寸步难行。我一直站着，像个柱头隐士①，想自己的事情出了神，不知不觉度过了等待的时光。就像萨特说的，战争"遍寻不着"，却又无处不在。这个月台，就是战争的写照。

　　第一列火车把所有的士兵都装走了。之后，快车也进站了。我走进一个舒适的车厢，有绿色的皮软座。"就你一个人？那我们可以让你进来坐。"一个胖胖的阿尔萨斯军人说道。我坐在一个角落。一个平民用他的瓜皮帽换了一个钢盔，车厢里还有两个士兵，以前是德塞夫勒省的农民。他们去那里三天，执行特殊任务。阿尔萨斯人是十级军衔，他回家了，但把儿子留在莱茵地区。能和一位女士一起旅行让他非常开心，看到我尝试看书，他爬到软凳上用一把小

①　古时住在高柱上冥想的人。

刀把涂在灯上的蓝漆刮掉。灯光照在我的鼻子、眼睛、下巴上，我可以看书了。后来，当我想睡觉的时候，阿尔萨斯人把他的斗篷给我盖，那个平民不甘心被比下去，给我一个鼓鼓囊囊的枕头。我伸直身子，我的脚碰到了阿尔萨斯人，我赶紧缩了回来，他对我说："不碍事不碍事，这是十二个星期以来我第一次和女人有接触。"有人传过来一瓶葡萄榨渣酿的阿尔萨斯烧酒，我喝了大半杯，酒很醇，喝得我晕晕乎乎的。在半梦半醒之间，我听他们说各种轶事。还是一些有关和平攻势的故事：德国人和法国人如何在莱茵河两岸钓鱼；有一次，一挺德国机关枪突然走火，马上那边的阵地上就竖起一块牌子，上面写着："法国士兵，请原谅我们，刚才有个冒失鬼的枪走火了，不是我们想朝你们开枪。"他们谈论斯特拉斯堡和疏散的凄凉景象：一个家伙哭着从家里出来，发现一切都被毁了。士兵们义愤填膺。他们说在一个被军队占领的房子里，有人为了剥兔子皮，把它钉在一个带穿衣镜的衣橱上：这么糟蹋漂亮家具让他们非常震惊。貌似他们和长官都惺惺相惜：夜里上尉亲自去小酒馆买酒给他的士兵们喝。尽管如此，这两个昔日的德塞夫勒农民对这场战争还是一知半解。阿尔萨斯人说起话来滔滔不绝，他开玩笑说："两只母羊和两只公羊：你们俩就是两只公羊。"说完就乐了。他拿起我的脚，帮我脱了鞋，一边把我的脚放在他的腿上，一边问我这样舒不舒服。我迷迷糊糊地回答："随便你怎么摆弄我的脚。"夜里，我被他温柔抚摸我脚踝的动作惊醒了。我抽回脚，他没有坚持。

回到巴黎，我继续写日记，不过不怎么上心。我已经置身在战争中了，战争的氛围也在巴黎蔓延开来。城市已经不是过去的模样。首先，街上看到的女人、孩子、老人要比小伙子多得多，尤其是它已经失去了一两年前卡洛瓦^①在《大城市的神话》一书中描绘的魅力和神秘了。擦肩而过的陌生人和我有共同的希望：战争结束。这种单一的前景让昔日"错综复杂的丛林"变成了一个熟悉的、没有惊奇的领地，我感觉自己不再是一个城里人，几乎成了一个乡下妹子。晴朗的夜晚，银河在天上熠熠生辉。晚上，我们听到卢森堡公园的铁栅栏门后面传来士兵和猫头鹰的叫声。

我父母也已经回到巴黎，我妹妹留在利穆赞，她应该不能在桑特耶街画画了，因为天气太冷，也因为已经实行灯火管制了。至于利奥奈尔，他还病着，需要呼吸乡村的空气，他和他姑姑一起到了圣日耳曼勒贝尔，在一个医生家里疗养。我见到的几乎清一色都是女人：比安卡继续准备她的哲学本科学位，奥尔加又在杜兰的剧场学习了。我们又过上了和去年一样的生活。在花神咖啡馆，我们见到几个新面孔：西蒙娜·西尼奥雷^②，很年轻，像个中学生，黑色的头发，剪得很短，戴着贝雷帽；红棕色头发的罗拉，常在一张桌子前发呆，厚厚的嘴唇，眼神恍惚，仿佛不知道自己有多美。至于男人，有一个新的顾客把所有人都比下去了，他叫尼科，一半希腊血统，一半埃塞俄比亚血统，正值双十大好年华。他在黑人舞厅跳舞，带着不羁的优雅和王者风范。总的说来，花神咖啡馆的那群人还是老样子。我很喜欢和他们同在屋檐下，但一点也不想和他们厮混在一起。

我开始听音乐，以填满太过空闲的日子，和往常一样，我听得如痴如醉。我从中获益良多，就像在我童年最关键的几年，快乐和学习常常交织在一起。有人借了我一台留声机，我向周围的人借了唱片。面对这些无声又充满声音的唱片，我就跟开学面对新书一样

---

① Roger Caillois (1913—1978)，法国作家、社会学家和文学评论家。
② Simone Signoret (1921—1985)，法国女演员。

兴奋。我迫不及待地听它们的声音，光让乐声飘进我的耳朵还不够，我还想理解它、陶醉其中。我把唱片一连听了十遍，研究每一支曲子，试图从整体上去把握它。我读了一堆关于音乐史和各种作曲家的书籍。我常常光顾圣米歇尔大街上的"尚特克莱尔"，我稳稳地坐在椅子上，戴上耳机。尽管音乐伴着可怕的噪声传到我的耳朵里，但可以自由选曲的乐趣弥补了这一缺憾，这填补了我很多音乐方面的空白。我去听了很多场音乐会，尤其是我常去夏尔·蒙希①在音乐学院大厅指挥的音乐会，他倾注了那么多的激情，弄得节目中间不得不换衬衫。星期六早上我常去听最后的排练，必看每周日下午的那场演出。常在那里看到名人，比如科克托和柯莱特，光脚穿凉鞋来听音乐会。我也在歌剧院听了格鲁克②创作的《阿尔切斯特》。观众不用非穿礼服不可，哪怕在贵宾席，所有剧院的票价都降了很多。在我的门票上，旧的票价——三十三法郎已经被划掉，改成了十二法郎。我对现代音乐特别感兴趣——对此我止步于斯特拉文斯基。我最喜欢的作曲家是拉威尔③，我尽全力研究过他的作品。两年间，音乐占去了我很多时间。

有时候，偶尔，我和奥尔加在骑师酒吧喝一杯。从十二月九日起，大家又开始在夜总会跳舞了。姑娘们唱着《马赛曲》，她们穿着红蓝白三色的三角裤，或者是像英国国旗的条纹裙子。警察突击检查是常有的事儿，他们戴着亮闪闪的头盔，腰上别着一个手电筒，检查顾客的证件。夜里，有时会响警报，不过我已经不去理会它了。奥尔加、她妹妹，还有一两个女邻居，她们常聚在一起喝茶

---

① Charles Munch（1891—1968），法国指挥家。
② Christophe-Willibald Gluck（1714—1787），德国音乐家，以所作歌剧闻名。
③ Joseph-Maurice Ravel（1875—1937），法国作曲家，在第一次世界大战期间曾参加前线救护队，战后在巴黎过着半隐居的生活，专注于音乐创作。

聊天。不过，我不想弄得第二天太累，我在耳朵里塞上棉球好安安静静地睡觉。

这样的生活单调乏味到了极点，再小的消遣都显得格外重要。下面的两篇记事也是我从日记上摘抄下来的。

十二月三日

和奥尔加一起在费罗勒度过了愉快的一天。从艾斯布里到克雷西，我们现在乘坐的已经不再是又老又小的巴士了，而是豪华的轨道汽车。可是，在出口处杵着两个武装的门卫，想把我们送回巴黎：我们没有通行证。我据理力争，其中一个心软了，犹豫不决地带我去见他的长官，长官先骂了一通。我把我的护照拿给他看，一边喋喋不休地解释，那里还有一个女人，她母亲病了，人们给她放行，所以也放我们出站。他们仔细检查了奥尔加的护照，因为她的名字是外国名字，不过他们没查出任何问题，我们昂首挺胸地离开了。

我们顺着斜坡往上爬，阳光灿烂，热得我脱掉了大衣。我们到达费罗勒，我把J夫人的房子指给奥尔加看。一个家伙正在给马钉马蹄铁，他转过身，是杜兰，穿着灯芯绒裤子，围着麻布围裙。他跟我们打了招呼，叫我们去看卡米耶，卡米耶正在二楼冲我们大叫。我们走进去。有一张新的小沙发，客厅尽头有一个用假花装点的冬季花园，墙上挂着鸟类的漂亮画像。卡米耶下楼来，穿着紫色晨衣，颜色有深有浅，头发编起来，系了紫色缎带，配了一个首饰，美丽动人。她手上戴着一个柏柏尔人的戒指，套着几个手镯，挂着一条项链。小母狗和猫在一起玩耍。杜兰也回来了，我们喝兑了波尔图葡萄酒的阿德沃卡酒，真是惬意。J夫人没有前次那么吓人，不过她的头发跟三色旗似的：前面是白的，中间是红棕色的，脖子上一撮是灰色的鬈发。午饭后，杜兰在忙《理查三世》的布景，他要重做。他一会儿锯、一会儿粘，造了一个小的伦敦塔。J夫人带着责备的神情看着他："嘿！我没想到做个布景会这么复杂，我原以为搬点家具上去搭搭就好了！"与此同时，奥尔加抄写了一幕《理查三世》。卡米耶在织一双紫白相间的袜子。下午一晃而过，我们带着卡米耶借给我们的手电筒，融入夜色里。

十二月八日

当我在"马伊厄"工作的时候，有一个小贩过来兜售活动影像：希特勒的头配在黑猩猩、猪、大象的身上。这是我第一次看到这样的东西。塞西莉亚·贝尔丹[①]走到我的桌子前面，她穿着一件红色的丝绒长裙，她脸色蜡白，颧骨上有红斑。"我想以前我不知道，当初我来这里见到的人就是你。"她对我说。她曾经是圣冈丹男子中学的语文老师，她给初三学生讲解《贺拉斯》。"当我回到家，大哭一通，我请求高乃依原谅我！"她对我说。她还给一个毕业班上课。"我一开始给他们读魏尔伦、波德莱尔的诗歌，他们一点都听不懂，不过他们感觉到我是带着自己的伤痛在读那些诗句，我真实的痛苦让他们印象深刻。"后来她请到假去音乐学院面试。儒韦给她写了信，说他会关照她的，但他什么忙也没帮。她对儒韦编织的幻想跟露易丝·佩隆当年一样离谱。她跟我解释说儒韦害怕爱情，因为当他恋爱了，他就手脚都被他所爱的女人给束缚住了。"所以，他只在过道或楼梯口见我。啊！我们经受的是怎样的煎熬啊！"他的每一个冷漠在她看来都是激情的见证。她以为他吃醋了，当他把她的衣领竖起来，免得她着凉，她就想："他希望我戴上

---

① 她已经拿到了哲学学士学位，不再上作坊剧场的课，去跟儒韦一起工作了。——原注

面具，不要让任何男人看到我。"她以为他跟踪她，以为在"马伊厄"见过他。星期六早上，她没去上课，下午他很粗暴地问她："为什么今天早上你没有来？要再这样，就给我滚。"出于报复，他当着她的面吻了一个还蛮漂亮的姑娘。当她扮演埃尔米奥娜这个角色念台词的时候："啊！我不爱你，残酷的人儿！我到底做错了什么？"她以为他用手捂住脸来掩饰内心的激动。他从来没有夸过她一句。她跟我谈起了她的孤独、她的痛苦，正是她的孤独和痛苦滋养了她的才华。在一次突如其来的孤独中，她对费德尔这个角色有了独特的解读：内心的解读，她明确地说。她为自己没有委身儒韦而感到自豪，不过儒韦从来没有对她提出过任何要求。她住在一家旅馆里，独自生活，什么人也不见。她写作，"先是写写诗歌，为了让词语脱离社会赋予它的意义，之后，用这些词语来创作短篇小说"。被音乐学院拒掉的那个晚上，她去找儒韦。她很平静安详，他拉着她的手，看着她的眼睛说："你很冷静？"她回答说是的，他吻了她的手，用奇特的眼神看着她，"那眼神是一个找了一辈子终于找到他想寻找的东西的人的眼神"。她又补了一句："我很庆幸自己没考上，因为这让我得到了这个眼神。"在这个世界上儒韦只需要一个人：塞西莉亚。不过他有自知之明，他认为自己挑剔的性格不允许他和任何一个女人扯上关系，所以，他宁可分手。她用热切的目光看着我，问我，"你怎么看我？"我避而不答。

尼赞在十一月底得到了一次休假，他来了巴黎，不过我没见到他，我感到很遗憾。我们得知了他的音讯。正如我们所猜想的，《苏德互不侵犯条约》让他大为震动。在科西嘉，他的那帮共产党同志对正在酝酿的事情只字不提。他认为他们是故意不告诉他，他感到很受伤。所以我们很能理解他要退党的理由，不过我们希望他可以跟我们解释得更深入一点。他给萨特写了一封短信，不过没谈什么。萨特给他回了信，收到他写于十二月八日的另一封回信，这是他生前最后一次跟我们联系。

　　我的小伙伴。谢谢你的明信片，我刚从巴黎回来就收到了，我终于去了一趟巴黎。巴黎很奇怪，我所见到的人都很可笑。我们，你和我，是仅有的六七个天真到既没有加入出版审查机构也没有加入季洛杜搞的作协的作家。人们看我们都带着冷嘲热讽。还是写我们的小说吧。同样我对自己也提出了质疑，不过气象员应该比工程兵空闲，我才写到第二本笔记本。这一切估计得过很久以后才能发表。小说也查禁得很厉害，简直让你感到头晕，我现在不能解释我退党的原因。见到佩蒂让——受了轻伤，但非常英勇，看到他加入了独立部队，把自己看成是一条硬汉和一个沉思者。他得花上十年时间跟我们解释这一切。阿隆要在哲学领域和他一争高下。在新佩吉和新狄尔泰①之间，我们并没有取笑他们的意思，却显得我们很浅薄。我在巴黎没待很久，本想见见海狸，但没见到，请你代我问候她。从你的一〇八防区给我写封信。致意。

尼赞

我常常从奥尔加那里得知博斯特的消息，他没有任何危险，只是抱怨生活非常无聊。至于萨特，他继续三天两头光顾布鲁马斯的小酒馆，做气象探测。他几乎每天都给我写信，不过在大逃亡期间

---

① Wilhelm Dilthey（1833—1911），德国哲学家。

这些信都遗失了。在一封写给波朗①的信中，他这样描绘他的生活：“我在这里的工作就是朝天上扔气球，然后透过望远镜观测它们。这就是所谓的‘气象探测’。之后，我打电话给炮兵连的军官报告风向，他们怎么应对是他们的事儿。年轻军官会用这些气象信息，那帮老家伙直接就丢进废纸篓里。这两种方法结果都是一样，反正还用不着开炮。这份清闲安定的工作（除了养信鸽，我在军中看不到哪份工作比我的职务更轻松、更富有诗意了）让我有很多时间来完成我的小说。我希望我的小说几个月后可以问世，我看不出审查机构能挑出什么问题，除了说它缺乏‘积极向上的精神’，不过他们不会再干这种事了。”

因此，这场奇怪的战争在继续。前线和后方都一样，最大的问题就是打发时间，耐心地等待，等待什么？很难想明白：是恐惧，还是希望？第一个学期结束了，圣诞节假期我想去滑雪，为什么不？烦人的是，我找不到人陪我去。可是在滑雪道上，你追我赶才有意思，而且一个人出去也太危险了。比安卡告诉我说卡纳帕的情况跟我一样。虽然我们不熟，我们还是相约同去默热沃。我们住在阿尔布瓦山顶的“理想冬运”木屋里。当时，只有最基础的设施，尽管此处风光秀丽，房价倒也不高。今年冬天，来这里滑雪的人很少。只有星期天，才需要排队坐罗什布吕纳的缆车。其他时候，我感觉这一片皑皑的雪原都是属于我一个人的。我和卡纳帕相安无事，但有一样很奇怪：十天过去了，我们还没有聊过一次天。甚至面对面坐在一起吃饭，我们也是各看各的书，互不打搅。我感兴趣的事儿——木屋里的其他客人，他们的言行举止——他不感兴趣，

---

① 波朗把这封信转交给阿德丽安娜·莫尼埃，后者想把这段文字发表在某份新闻简报上。她给萨特寄了一份打字稿，问他能不能用，萨特拒绝了。——原注

他感兴趣的事儿我又摸不着头脑。滑雪的时候，我们体能相当，两人默默地并肩滑行：从圣日尔韦的普拉里昂峰飘然而下，穿过人迹罕至的雪原。我觉得这样挺好的。如果出意外，我身边有人照料我，而平时，又完全可以当他不存在。当我五点左右回去的时候，我坐在大厅桌子前，守着我不让别人碰的收音机。我操作旋钮，找一场有趣的音乐会听：常常我运气好，一调就调到我喜欢的频道，我很享受调波段的乐趣。萨特应该一月份回来休假，我对听音乐、滑雪、对一切都更兴致勃勃了。

在巴黎，我开始等他。这个月唯一值得一提的事是，《理查三世》在作坊剧场排了一次戏。

一月十日

《理查三世》排演。漂亮的布景，漂亮的服装。玛丽-埃莱娜·达斯特穿着黑色的长裙、戴着白色的圆锥形女式高帽，显得雍容华贵。布兰穿着白金汉公爵的白色长袍，显得光彩照人。只有杜兰一个人穿着浅色的上衣，戴着贝雷帽，一副机灵鬼的样子。女人们演得很好，杜兰真是名不虚传。男演员演得不如女演员好，甚至布兰也是。穆鲁基穿着幽灵的长袍在大厅里游荡。杜兰演了几段穆鲁基所谓的"幕间短剧"。他要在楼上的阳台上对群众演说，他用心表现出一副愤怒的神情。他跟我打招呼："她得了支气管炎。"他的神情跟他在剧中对卡米耶说话时一样虔诚、阴险。

二月初，我去东站等萨特。一个星期都在散步和闲谈中度过。萨特对战后的局势考虑良多，他已经下定决心以后不再对政治不闻不问。他的新道德观建立在真诚这个概念之上，他也努力身体力行，要求人"接受"其自身的"处境"，而做到这一点的唯一途径就是要投身到某一行动中以期超越它。所有其他态度都是一种逃避，一种空洞的自负，一种基于自欺的伪装。可以看出他已经有了根本的变化，我也一样，这让我马上认同了他的观点。因为我们过去最关心的是用游戏、幻想、谎言来远离我们的处境。至于对这一理论的阐释，他之后已经写过很多，我在这里不复赘言。他还不知道介入政治到底意味着什么，他不可能事先知道，也不想作任何预设。不过他深信不疑的是，他对年轻一代有责任；他不希望他们在战后感觉自己是"迷惘的一代"，就像参加第一次世界大战的年轻人一样。在这个世代的问题上，他很快跟布里斯·帕兰有了激烈的争论，后者是只要同时代人中的任何一个受到攻击，他就会立刻联想到自己，为其抱屈。比如我们很讨厌德里欧的《吉尔》，帕兰就会觉得自己也受到了批判。萨特给他写过一封信，不过没有寄出，他这样写道：

> 并不是要否认德里欧所受的精神熏陶跟我所经历的时代背景不同。否认这一点将是幼稚可笑的。不过当我去评价他的时候，也不用替他粉饰，搬出他那"一代人"来反驳我，对我说他和他那代人是一回事儿。诚然，德里欧属于他那个时代，也经历过他那代人所面临的问题。但是不能说他就等同于他那代人。时代只是一种境遇，就像阶级或民族，而不是一种心理状态。
>
> 至于政治，不用担心，我会独自上阵，不会盲从，想追随我的人就让他们追随吧。不过首先要防止这些加入这场战争的年轻人带着"不幸"的内疚感走出这场战争，他们和你当年参加第一次世界大战时年龄相仿。我认为没有人能帮他们克服心魔，除了那些曾经跟他们一起并肩作战的老一辈。

萨特的休假结束了……

二月十五日

　　萨特再次穿上军装。我们九点一刻左右到达火车站。有一个大布告牌：休假结束归队，所有列车九点二十五分出发。军人如潮水一般，挽着各自的女人，穿过通往火车站地下过道的马路。我很平静，但看到这一集体的别离景象，我还是被感动了。在月台上，所有这些男男女女笨拙地紧紧攥住彼此的手，看得我喉咙发紧。两列火车都挤满了人，一列在左边，一列在右边。右边那列火车开动了，一群女人排着队跟着火车送行，有母亲，更多的是妻子和女朋友，她们红着眼睛，目送火车远去。有几个女人泣不成声。在她们中间，最多只有十来个年迈的父亲。这一男女分离的景象带着远古的气息，男人们被带走，女人们回到城里。在那些等待另一列火车出发的女人中，几乎没有人哭。不过还是有几个女人搂着男人的脖子哭了，可以感觉到他们昨夜激情似火，睡眠不足，早上疲惫又紧张。士兵们打趣说："哟，这是发大水了！"不过你感受到的是他们之间的亲密无间。当火车要启动时，车门口挤满了士兵，在昏暗的车厢，我只能看见萨特的军帽、眼镜和他不时挥动的手。站在车门口的那个士兵一边把门口的位置让给另一个士兵去拥抱女人，一边问："轮到谁了？"女人们排着队，每个人都依次站到车门的踏步上。我也站了上去，之后萨特又消失在车厢尽头。紧张的气氛是那么强烈：火车就要开了，真的感觉爱人被生生地夺走了。终于，火车出发了。我第一个离开，走得飞快。

　　萨特走的第二天，一场暴风雪席卷了巴黎。因为缺少人手，街道没有清扫，连主要的几条大街也没人扫，大家踩在积雪上。过马路的时候，要越过堆积在人行道旁边高高的雪堆；马路泥泞不堪，泥水漫到脚踝。行人神色迷惘、有点被吓蒙了，大自然已经叫嚣着侵入了城市，人们已经不知道如何驾驭它，仿佛大难在即。一个寒冷的日子，博斯特回来休假。他说，就算在阵地的第一线，这场战争都跟幽灵一样虚幻：到处都看不到一个德国士兵的影子。有几个战友他挺喜欢的，不过他还是觉得百无聊赖。他成天打牌睡觉。有一次，因为绝望，他一口气连续睡了六十个钟头。想到还要在谷仓里蹲上一两年，闲得发霉，他就笑不起来。我告诉他说，战后萨特想搞政治，他很好奇。

冬天结束了。食品定量配给首次出台。很快就开始发面包券，花式面包被禁止了，糕点店每周关门三天，不再卖高档巧克力了。每周三天禁酒。在饭店，最多只能点两道菜，肉只能点一道。这一切对我们都没有太大影响。战争依然"无迹可寻"。芬兰和苏联在莫斯科签订了和平协约。希特勒在四月初宣布六月十五日他要进军巴黎，不过谁都对他的大话不以为然。有关德国占领波兰的传闻很可怕：爱国人士都被关进了集中营，德国人让他们一批批地饿死。据说还把他们关在火车装甲车厢里，然后放毒气把他们闷死。对这些传言大家将信将疑，大家想起第一次世界大战期间听过的蜚短流长，不再相信这些骗人的话。

我继续写作，教书，看望朋友，无聊。我内心迷茫，孤独压抑，这也是为什么当丽丝费尽心机想走进我的生活时，我只是稍作抵抗而已。常常当我早上八点走出旅馆，她就在我门口等我，下巴下扎一条方巾，眼里噙着泪："我从家里逃出来了：我父亲要杀了我！"她一边诉苦，一边抽抽噎噎。要么就是她母亲打了她一个耳光，再不就是她父亲揍了她母亲。总之，她需要有人安慰。我可怜她，于是她陪我走到学校，穿过冷清的卢森堡公园。课上完了，我又看到她杵在人行道上，她哀求我陪她喝一杯。她又开始诉苦：她顺了父亲的意愿学了化学，理论课听得她昏昏欲睡，实验又让她心生恐惧。她打碎了试管，割伤了手指，她确信自己是学不好这门课的。她向我描述了她的父母，他们的贫穷、凶恶、粗暴。有时候，她会打断自己的抱怨，迷人地跟我讲她童年的事情。十四岁，她和好友塔尼娅在老佛爷商场屡屡行窃，连连得手。后来有一天，在大街的拐角，一个穿着丧服的女人把手搭在她的肩膀上，把她揪到了警察局。丽丝哭了，她父母也帮着求情，最后警察放了她。不过回到家，她被好好教训了一顿。"这不公平！"她对我说，"因为我母亲让我去买东西，我把她要的东西偷到手，这是帮她省钱！"就在那一时期，她在青少年夏令营度假，勾引了一个童子军上校：一个五十几岁的白俄。他晚上跟她幽会，疯狂地吻她。不过他有一个妻子和一个好名声，回到巴黎，他就懦弱地把她甩了。

说实话，我理解他的恐惧：这个受苦受难的女孩并不需要别人保护。在她眼睛、额头流露出来的桀骜不驯跟她柔情似水、怯生生的嘴巴很不相称。从小她就固执、易怒、苛求、迷茫。她对我的依恋让我感动。在她的日历上，她把见到我的日子都涂成红色，见不到我的日子涂成灰色，涂黑的表示是有很不好的事件发生的日子。我养成每周跟她一起待上几小时的习惯，不过她总觉得我和她待在一起的时间太短了。"我算过了，"有一次她对我说，"你花在我身上的时间还不到你生活的一百四十分之一！"我跟她解释说我要工作，我在写一部小说。"你就是因为这个拒绝见我！"她气愤地对我说，"就为了写一些甚至都没有发生过的事情！"偶尔我也跟她提起萨特，她很高兴他待在军队。如果不是这样，我根本就不会管她。有一天，她甚至很生气地说："我真希望他被人打死！"

有些日子，我很想一个人静一静：都是坏消息，不安、忧愁如

431

影随形。我请求丽丝不要来校门口找我，她还是照来不误。我对她说让我一个人待着，我没心情聊天，她就走在我身边，一个人说两个人的话。她让我心烦，我生气了，她则偷笑，最后她总是以大哭收场，而我也会缓和下来。她显得那么脆弱，在她面前，我感觉自己彻底被解除了武装。

休假的频率变高了。四月中旬，萨特回到巴黎，我们又继续交谈。我们谈论曾经一起或分别看过的书。他很喜欢圣埃克苏佩里的《人类的大地》，他把这部作品和海德格尔的哲学联系在一起①。通过描写飞行员的世界，圣埃克苏佩里同时超越了主观和客观的对立。他展示了各种技巧是如何揭示出各种真理的，每一种技巧都传达了全部的真理，没有哪一种技巧凌驾于其他技巧之上。他让我们仔细地体验了飞行员在驾驶飞机时所体会到的大地和天空的变形。这是对海德格尔的理论最好、最具体、最令人信服的展示。在另一思想领域，我们对罗西宁②的《希特勒对我说》，还有尤其是《虚无主义的革命》非常痴迷，这两本书在纳粹主义的历史形成方面给我们很多启示。《城堡》的法文版刚刚问世，这本书比《审判》更了不起。它谈到的问题当中——通过那个有魅力但靠不住的信使的故事，K把希望都寄托在他身上——交流这一问题令我们尤为关注。我们也被卡夫卡刻画的土地测量员的两个"助手"的形象深深地吸引了：殷勤、马虎，只要有一丁点哪怕是渺茫的成功希望都能破坏掉。在他自己的两个手下身上，他看到了"助手"的影子，在我们一生中，应该还会碰到很多这样的人物。

我们常去电影院，偶尔也去剧院。科克托的《神圣的魔鬼》的主题让我感动，它和《女宾》的主题很接近，也是一对志同道合的

---

① 他在《文学是什么？》一书中有所论及。——原注
② Hermann Rauschning（1887—1982），德国散文家和政治家。

夫妇，已经一起厮守生活了很多年，突然因为受到了青春的诱惑而危机重重。

终于《论想象》在伽利玛出版社出版了。萨特在书中指出了他正在深入阐发的"虚无化"理论。在他的仿皮漆布笔记本上，他不仅记下自己每天的生活，还有一堆关于他自己和过去的思考，他在酝酿他的哲学思想。一天晚上，当我们在火车北站附近晃荡的时候，他跟我讲了他的哲学思想的脉络。街道黑暗潮湿，我感到一种无可慰藉的凄凉。我曾经太追求"绝对"并苦于求之不得，不承认自己在徒劳地追求萨特在《存在与虚无》中所描述的存在。多么可悲的骗局，这种无休无止、徒劳无功、周而复始的追寻耗尽了生命！接下来的几天，我们探讨几个特殊的问题，尤其是处境和自由的关系。我坚持认为，从萨特定义的自由来看——自由是对某一特定处境的积极超越，而不是对它逆来顺受——种种处境并不能同日而语：对那些关在后宫深闺的女人们而言，能有怎样的超越？萨特对我说，就算是闭门索居，也可以有不同的方式去对待。很长时间我都坚持自己的看法，最后也只是在嘴上做了让步。说到底，我是对的。但是为了捍卫我的立场，我早就应该抛弃我们过去所信奉的个人主义的、因此也是唯心主义的道德观。

又一次，我们分开了。日子一天天过去，前景越来越灰暗。美国不想参战。德国已经对斯堪的纳维亚发动了进攻，在纳尔维克战役一开始，莱诺就已经在电台断言："铁路线已经中断，并会一直中断。"事实并非如此。盟军撤退了。希特勒成了挪威和它的矿藏的主人。

五月十日早上，我在瓦文十字路口买了一份报纸，我一边打开报纸，一边朝拉斯帕耶大街走去。头版新闻跃入眼帘。"今晨，黎明时分，德国侵略了荷兰，对比利时和卢森堡发起了进攻。英法联军越过了比利时边境。"我坐在大街的长凳上，哭了起来。"今天早上有人看到你哭了。"费尔南多用呵护的口吻对我说，自从西班牙战争之后，他就对所有的法国人都心存不满，对我们的灾难也无动于衷。第二天和之后的几天，我都心惊胆战地打开报纸。战线很快推进。大家议论纷纷，说盟军已被团团围住，成了瓮中之鳖。五月十四日，传闻科拉的军队已全军覆没，七万士兵丢盔弃甲，临阵逃跑。难道有人叛变？除此以外没有其他合理的解释。

边境关闭了，不过和中立国的邮件往来还没有中断。我收到我妹妹的一封信。几周前，利奥奈尔已经离开利穆赞，去他母亲家住了，他母亲再婚了，嫁了一个住在法罗的葡萄牙画家。他们邀请我妹妹去和他们一起住两三个星期。她花了三天时间坐三等车厢穿越西班牙，她到里斯本的时候已经筋疲力尽。她坐在一家咖啡馆的露天座上，因为周围没有别的女人，侍应生马上就看到她，给她上了一杯咖啡，问她："您是法国人？""是的。""夫人，德国人刚刚侵略了荷兰和比利时。"她朝广场跑去，新闻都贴在布告牌上，但用的是她几乎看不懂的语言，不过她已经明白了大意，失声痛哭起来。在她身边，大家都很热心："这是个法国女人。"整个战争期间，她都要滞留在国外了。

某个晚上，大概是五月底，我在卡普拉德酒吧又看到奥尔加，她的神情变了样："博斯特受伤了。"她对我说。她收到一封短信，在信中他告诉她说一块弹片击中了他的腹部，他已经不能再打仗了，他对此很确定，人们把他运回后方的博讷治疗。这么说来，这次受伤反倒是因祸得福，不过这可信吗？在不到一周的时间，他所在的团就被消灭了，他最好的战友都阵亡了。死亡成了每天萦绕在我们身边的幽灵，除此之外，我们没办法想其他事情。萨特给我寄了很多信安慰我，不过他还在前线，随时可能遭遇不测。

什么事都可能发生，哪怕是最坏的。德国军队一天天逼近。在电台听到保罗·莱诺的声音："如果有一天有人来告诉我说只有奇迹才能拯救法国，我会说：我相信奇迹，因为我相信法国。"这显然表示失败已成定局。我再也没有心情写作，没有心情看书。我去电影院，我听音乐。歌剧院上演达利乌斯·米洛的《美狄亚》，杜兰导演，马松负责布景。我觉得音乐很美，表演整体看很不错，除了一个合唱团——他们戴着面具、一动不动，被装在像麻袋一样的包里，还有一群是沉默的配角，他们用一些更近似哑剧而非舞蹈的动作来强调某些戏剧时刻的气氛。我想是巴罗对他们做了指导，取得了很好的效果。在几小时里，我忘了世界。但我很快又看到了现实。五月二十九日，一打开《事业报》，我就看到一条醒目的大标题："利奥波德国王叛变了。"之后是敦刻尔克大撤退。看来希特勒并没有信口开河？六月十五日，他将进驻巴黎？怎么办？显然萨特会往南方撤退，我不想跟他断了联络。我想出发去拉普埃兹：如果真如传闻所言，法国军队集结在卢瓦尔河的另一岸，那我就能从那里轻松地过河。可是我不能离开我的教师岗位。

六月四日，巴黎地区受到轰炸，死伤者众。奥尔加的父母哀求她和妹妹回伯兹维尔，我也坚持让她们回去。她们回去了。斯蒂法和费尔南多南下去西班牙，他们想秘密穿过西班牙，然后去美国或墨西哥[①]。我呢，我得在六月十日给学生组织毕业会考，我被钉在巴黎哪儿也去不了。坐在圆顶咖啡馆的露天座，我焦虑不安地想象着德国人到来，然后驻扎在这里。不，我不想在战争结束前都被困在这座城市，它已经成了一个军事要塞。我不想当几个月，甚至更久的囚徒。不过，就具体工作和道义而言，我都不得不留在这里。

---

① 他们最终在纽约避难。——原注

生活已经不再屈从于我的意愿。

突然，一切都崩溃了。六月底我写了这些日子以来的种种经历，我现在把它摘抄在此，一如我的战时日记，只是做了一些删节。

一九四〇年六月九日以及之后的几天

那是一个星期天。前一天，大概下午五点，传来的都是坏消息：军队在埃纳附近撤退，情况未明。晚上我和比安卡在歌剧院度过，演的是《阿丽亚娜和蓝胡子》，剧场冷冷清清的。感觉仿佛是面对敌人做的最后一次虚张声势、象征性的挑衅。外面下着暴风雨，我们俩都很紧张。我现在还清晰地记得歌剧院的大台阶和穿着漂亮红裙子的比安卡的模样。我们步行回家，聊着战败的事儿。她说自杀总是可以的，我回答说通常人们都不会自杀。我回到旅馆，每根筋都绷紧了，肠子也跟打了结似的。这个星期天跟我这两周来刚刚度过的日子一样，我早上看书，下午一点到三点在"尚特克莱尔"听音乐，之后去电影院又看了一遍《出卖的灵魂》，还有《怪客》。之后，在"马伊厄"给萨特写信。高射炮声不绝于耳，空中白烟滚滚，坐在露天咖啡座的客人都走了。我感觉到德国军队的逼近，就像是我自己受到了威胁。我只有一个念头：不能和萨特断了联系，在沦陷的巴黎不能像一只被人逮到的小耗子。我又听了一会儿音乐，大概晚上十点回到旅馆。我找到比安卡的一纸留言，说她找了我一整天，说她在花神咖啡馆，有很严重的消息要告诉我，说她可能当晚就要离开。我想找出租车，可是一辆也没找到，我坐了地铁。比安卡坐在花神咖啡馆的露天座上，和几个同学一起。我们一起离开。她告诉我说，她父亲从一个在总部任职的人那里得到消息，第二天就准备大撤退了，还说考试取消了，老师们也自由了。

我的心顿时凉了半截，大局已定，德国人两天后就会进驻巴黎，除了和她一起去昂热，我已无事可做。此外，比安卡还明确地跟我说，马其诺防线被包抄突破，我意识到萨特将沦为阶下囚，不知道要被关多久，他的日子会很难过，而我将没有他的任何消息。有生以来第一次，我歇斯底里地发作了。对我而言这是整场战争中最可怕的时刻。我收拾行李，只拿了一些必需品①。我陪比安卡到她在罗耶-科拉尔街的旅馆，那里有她在索邦大学的同学和两个瑞士朋友。我们一直聊到凌晨四点，身边有人，有声音，多少是种慰藉。我们依然认为胜利是可能的，只要在巴黎外围坚守，等待美国援军到来。

第二天，六月十日，我早上七点起床。我碰巧打到一辆出租车送我去卡米耶赛中学，几个学生专门来学校看会考是否真的取消了。校长给我下达了撤退的命令：中学要迁到南特。我回到拉丁区，碰到一些亨利四世中学的女生，个个都兴高采烈的。对很多年轻人而言，没有考试的考试日就像过节一样，又混乱又空闲。她们欢快地沿着苏弗洛街漫步，好像玩得很尽兴。不过咖啡馆的露天座上已经几乎没有人，在大街上汽车一辆接一辆。我情绪非常低落。在罗耶-科拉尔旅馆，我和瑞士人一起喝了一瓶很糟糕的香槟酒，那是一个被送去集中营的奥地利女人留下的。这让我精神一振，之后我和比安卡在一家萨瓦餐厅午餐。老板告诉我们他当晚就走。所有人都准备出发。"马伊厄"负责洗碗的妇人在收拾行李，克洛德-贝尔纳街的杂货店老板在关铺子，整个街区都空了。

我们在"马伊厄"的露天咖啡座等比安卡的父亲，等待又漫长又揪心。他说他大概两点到五点到，我们寻思他是否能及时赶到，

---

① 我把所有萨特的来信都放进了箱子。我不知道在哪儿也不知道什么时候，我把它们弄丢了。——原注

是不是赶得及从巴黎撤退。尤其是我巴不得这一切早点结束，我已经忍受不了跟巴黎没完没了的告别了。车流滚滚，川流不息。大家都在眼巴巴地等出租车，抢着上车，不过出租车已经寥寥无几。正午时分，我第一次看到那些大大的难民车，日后我就要经常看到这一幕了：十几辆大马车，每辆车套了四五匹马，装满了干草，一侧有一块绿色的防雨帆布盖着。两边堆积如山的是自行车和行李箱，中间坐着一群人，一动不动，撑着大雨伞。就像勃鲁盖尔的画一样构图精巧，就像一场节日游行，庄严而美好。比安卡哭了起来，我的眼中也噙满了泪水。天气很热、很闷，我们几乎一夜没睡，眼睛酸痛。过去的一幕幕闪现在我的脑海中，历历在目，无法承受。一个男人平静地在对面的人行道上清洗路灯。他的举动幻化出一个已经不可能再去相信的未来。

　　汽车终于到了，比安卡先生带了他的一个女职员，她坐在后座，和一堆箱子挤在一起，我们在前排就座。就在我们上车这当儿，旅馆的老板娘兴奋地大叫："俄国人和英国人刚在汉堡登陆。"这个消息是一个从瓦尔德格拉斯医院来的士兵散布的。我后来才知道，接下来的几天，苏联参战的消息在巴黎①传得沸沸扬扬。我傻乎乎地内心为之一振，旋即就明白了那只是谣言，因为电台四点半的新闻只字未提。我们离开的时候，脑子里依然还有一个模糊的希望，一切还没有一败涂地。奥尔良门车子很多，不过还没有过于拥堵。只有几辆自行车，没有人步行。我们在大批的人流到来之前出了城。在克鲁瓦德贝尔尼，我们停了一刻钟给满载愁眉苦脸的士兵的卡车让路。然后，我们取道乡间小路前往谢弗勒兹山谷。天气晴朗，经过鲜花盛开的别墅，感觉像是出来度周末的。车到沙特尔附

_____
① 萨特后来告诉我说这个谣言也传到了军队里。——原注

近时，我们迷了路，开始碰到各种容易塞车的崎岖的道路。后来我们不得不停车，车子排成长龙停在那里，人们都四散在田野里。我们过了一会儿才知道，一个年轻的士兵一辆车一辆车地通知说有空袭警报。我们也下了车，在一个小树林边坐下来吃东西。之后，大家又磨蹭了一个小时，跟在一溜儿汽车后面，几乎不能前进。最后车子终于开动了。当我们穿过一个村庄时，一个士兵在吹小号，他大喊："警报！到村口隐蔽！"不过我们开车溜了。在一个交叉路口，一个年轻的士兵告诉我们意大利参战了，此举乃是意料之中。夜幕降临。一辆绑在车灯前的自行车挡住了车灯。我们在一个名叫伊利耶的很小的村庄停了下来，在那里，我们很幸运马上就在一个患有甲状腺肿大的老人家里找到了两个房间。我们在咖啡馆喝了一杯，铁栅栏门几乎要拉上了。人们在谈论照明和市政问题，他们提防地问我们是从巴黎的哪个区来的。我们回去睡觉，比安卡睡在她父亲房间的一张床垫上，我和女职员睡在一张大床上。屋里有一个声音很大的大时钟，吵得我们几乎睡不着觉，于是我们把钟摆卡住不让它动了。

　　第二天早上八点，从窗户望出去，我看到一片灰色的天空，一个长方形的花园和远处平淡无奇的一马平川。我跑到咖啡馆给萨特写信，并没抱什么希望。后间的收音机传出新闻，一个女人一边听公报一边啜泣，我也跟她一样。今天早上，已经不可能怀疑大溃败这一现实，战败的迹象随处可见，从播音员的话里、声音里，在整个村子里。"那么说，完蛋了？巴黎沦陷了？"人们问我们。在伊利耶村里的墙上，一个男人张贴了关于意大利人参战的布告。街上到处都是难民的汽车。

　　我们九点再度出发。路上好走多了，我们赶超了那些跟我们之前在圣米歇尔大街看到的一样的大车，不过这些车已经有点散架了，干草也吃掉了一部分，人们都站着。前一天晚上，我们看到人们蹲在地沟里吃饭，马匹都解开了，准备露天睡。勒芒到处都是英国士兵。我们到了难民云集的拉瓦勒，看到一辆轮胎熏得漆黑的汽车，它刚从一片火海中的埃夫勒来，我开始为奥尔加担心害怕。很多难民是从诺曼底来的。在拉瓦勒，所有大街的人行道上都停满了汽车，所有土堤、广场上都挤满了坐在他们的行李堆中的难民，咖啡馆的露天座被逼得只能尽量往里缩。在火车站，传闻从巴黎来的火车半路上失踪了，我得知下午五点半有一班开往昂热的大巴。我们找了一家饭店。在大酒店，大家当面笑话我们，那儿连一片火腿都不剩了。我们去了一家啤酒屋，墙上镶嵌着瓷砖，几天前这里应该还是安安静静的，靠窗摆着国际跳棋和十五子棋。它很像一家车站餐馆，所有黑色的桌子连着一字排开，只卖小牛肉烧豌豆，我们也吃了这道菜。我拿好行李，跟比安卡告别，谢过她父亲。我把行李放在大巴车站的寄存处，去邮局给拉普埃兹打电话。邮局里人满为患，我等了一个多小时才打到电话。一个可怜的逃难的女人走到接线员面前："您可以帮我打一通电话吗？"女职员扑哧笑出声来。因为无事可做，我就帮了这个女人。她告诉我她想给哪里打电话，我在电话本上找人，没有一个人是她要找的：这个已经走了，那个应该在战场。最后，我只好把她留在那儿不管她了。我累得要命，紧张得要命，我的心跳得厉害，当我跟勒梅尔夫人打通电话的时候，我的声音都颤抖了。她告诉我说家里乱七八糟的，挤满了人，不过晚饭后他们会来昂热接我。我上了大巴，不过只能站着。我在车上碰到以前我在鲁昂教过的一个女生，她背着背包，一辆辆地换大巴逃难。我们聊着过去的时光。

　　昂热，晚上八点，火车站的广场挤满了不知道何去何从的难民，没有一个地方可以安顿他们。有个疯女人，裹着一条被子，推着一辆装满行李箱的推车绕广场转悠。她绝望地兜着圈子。我坐在一个露台上，夜幕降临，下起了细雨。时间过去，我筋疲力尽。最后，一辆车停在我面前，是雅克琳娜·勒梅尔和她的一个德裔的妯娌，一路上，她都在责怪法国士兵缺少信念。我吃了一点东西，在一张没有床绷的奇怪的床上睡觉。床垫陷在床的枕木里，我感觉自己躺在一条船的舱底。

　　整整三天，除了看侦探小说和伤心绝望，我没干别的。勒梅尔夫人一步都不离开丈夫的枕边，他每天夜里都会做关于战争的噩梦，她一直守着他不睡。村子里到处都是亲戚朋友。我们急切地关注所有新闻通告。一天晚上，大概九点有人敲门，他看见有伞兵从天而降，问勒梅尔夫人能不能开车去五公里外的警察局报告。第二天我们才知道，所谓的伞兵只不过是些气象气球而已。

　　我的记叙到此为止。在《他人的血》中，我差不多描述了之后几天发生的事情，我把自己的经历转移到埃莱娜的身上。每天从阿朗松和莱格尔来的卡车都会经过村子。在勒梅尔夫人的众多客人当中，有几个非常害怕，他们想逃到波尔多去，他们跟村民们说德国人会砍掉所有男孩子的手，弄得村子里人心惶惶。但是把勒梅尔先生从房子里搬出来是不现实的，因此所有的逃亡是徒劳。就我个人而言，既然确信萨特已经成了阶下囚，那在拉普埃兹还是在波尔多就无所谓了。鉴于卡米耶赛中学已经迁到南特，那最好还是留在附近。思前想后，最后谁也没走。晚上几个男人在街上巡逻，肩上扛着枪，我们搞不太明白到底是为什么。一天晚上，从一辆卡车里，传来一声叫声："他们到勒芒了。"第二天早上，村民们坐着小卡车、马车、自行车逃难去了，还有的四散在田野中。再也没有人扛着枪在街上巡逻了，村子变得冷冷清清，所有的门都锁上了，所有的百叶窗都关上了。听到炮弹和爆炸的声音，昂热的加油站被炸了。寂静的大街上开过几辆装满法国士兵的卡车，士兵们唱着歌。四个优雅、傲慢的军官从一辆汽车上下来。"是去绍莱的路吗？"一个中尉问雅克琳娜·勒梅尔。"是的。"他们犹豫着，他们准备在卢瓦尔河上采取"一个拖延敌军的行动"，他们跟我们解释道，不过他们很想先知道德国人是不是已经打到昂热了。我们带他们去了邮局，邮局里电话在响，可是大门锁上了。雅克琳娜找了一把斧子，他们把锁砸开。打完电话，他们建议我们回家，不要出来走动。然后他们就开拔了。街上还有几个士兵经过，没有头盔，没有枪支，拄着木棍。之后是一队落败而逃、炮口背对着敌人的坦克。再后来就什么都没有了。屋子里的大多数人都躲到花园的最里头。勒梅尔先生躺在他的房间里，那个房间我从来没有进去过，勒梅尔夫人关好所有的百叶窗之后，进去陪他。我独自一人坐在窗前，透过窗缝看着冷冷清清的道路。烈日当空。我感觉自己置身在一部未来派的小说里：还是那个熟悉的村庄，但时间已经变了。我被丢进一个跟我的生活毫不相干的时段里。这已经不是法国，但又还不是德国：一个 no man's land①。之后，窗户外响起了几声爆炸声，对面餐厅的玻璃被震得粉碎，一个喉音很重的男人冒出几句听不懂的话，他们就出现了，都非常高大，金发，红润的脸庞。他们列队前进，目不四顾。队伍很长。后面是马匹、坦克、卡车、大炮和野外厨房。

　　一支人数众多的小分队在村子里驻扎下来。到了晚上，农民们悄悄回到家中，咖啡馆打开门做生意。德国人没有砍孩子们的手，他们喝饮料和在农场买鸡蛋都会付钱，说话也很有礼貌。所有的商家都冲他们微笑。他们马上开始了他们的宣传。当我在草地上看书

---

① 英文，无人之地。

的时候，两个士兵走过来。他们会说一点法语，他们让我放心，他们对法国人民是友好的，是英国人和犹太人把我们卷进这场混战之中。这种谈话并没有让我感到惊讶，让我感到困惑的是在街上碰到这些穿军装的男人，和全世界所有的士兵没什么两样。第二或第三个晚上，有一个德国士兵笨拙地翻过花园的围墙，低声说着德语——勒梅尔夫人懂德语，说宵禁已经开始了，他害怕被同伴逮着。他好像喝了点酒，看上去非常惊慌。他在花园里躲了很久，然后离开了。

从早上一醒来到入夜，我收听每一条广播新闻。六月十七日早上，播音员宣布莱诺辞职，勒布朗让贝当重组一个新政府。十二点半，一个慈父般的军人的声音在餐厅响起："我把自己献身给法兰西，为了减轻它的不幸……今天我怀着沉痛的心情告诉你们，应该放弃战斗。"贝当：凡尔登镇压的头目，跑去祝贺佛朗哥胜利的法国大使，蒙面党徒的亲密战友。他那种说教的口吻让我感到恶心。不过，得知法国人将不用再流血牺牲，我还是松了一口气。这些"拖延战术"是多么荒谬，那些倒下的士兵只是一层抵抗的幻影！我误解了贝当的话。他说："战斗之后，双方士兵力求找到体面地结束敌对状态的途径。"我以为他指的只是军事投降。我花了好几天时间才弄明白停战的真正含义。当六月二十一日，停战条款公布之后，我最先关注的是战俘的待遇问题。相关条款不明确，或者说至少我认为它模棱两可。条款规定，囚禁在德国境内的法国士兵要在那里一直待到战争结束，但是德国人是不会把他们刚沿路俘虏的几十万法国士兵送到德国去的，送到德国去还得给他们吃的喝的，有什么好处？不，他们要送这些法国士兵回家。各种谣言满天飞。一些从德国占领者手中逃脱的法国士兵躲在地窖、草棚里，他们穿着平民的衣服突然重新出现在他们的村子里、农庄里。萨特是不是已经想方设法回巴黎了？怎样才能知道？没有电话、没有信件、没有任何方式可以得知那里发生的事。唯一的解决方法，就是回到那儿去。在这些撤退到拉普埃兹的难民中，有一个荷兰人，带着他年轻的妻子和丈母娘，他在巴黎的里昂火车站附近开了一家印染厂。他们准备回巴黎，同意把我捎回去。下面我觉得最好还是把我当时写的回巴黎的经历照抄过来。

六月二十八日和之后的几天

　　整整四天我都坐立不安。我原以为萨特肯定会出其不意地回到巴黎，或者至少我在巴黎可以得到他的消息。我也想看看被占领的巴黎，却感到百无聊赖。荷兰人一家决定回去，也同意让我搭车。我凌晨五点起床，和大家告别，回去让我激动，想到等待我的是巴黎的凄凉又不免焦虑不安，但还是很高兴可以碰碰运气。荷兰人花了一小时把行李装上车，他慢条斯理的动作让我恨不得掐死他。他在车顶放了一床床垫，在车尾放了一堆行李。年轻的妻子收拾了一堆小包裹，甚至没有忘记前一天晚上吃剩的一罐四季豆，她不想浪费。我和那位丈母娘挤进后排剩下的位置，年轻的妻子坐在丈夫身边。她们戴着帽子，穿着白缎衣衫。

　　所有的路上都塞满了车，这儿那儿的，可以看到轰炸留下的痕迹。一路上，我看到一辆翻掉的坦克、一辆卡车、一个德国士兵的坟墓，墓前竖着一个十字架，上面顶着士兵的头盔，还有无数被烧毁的汽车。到拉弗莱什的时候，我才知道我们出发时只带了十升汽油，荷兰人相信德国人，他们许诺说沿途都有汽油配给。早几天他本来可以领到二十五升的，不过他排队排得不耐烦了就走掉了，其实他再多排半小时就排到了。在拉弗莱什，他去了安顿在河边的一幢漂亮大楼里的德军指挥部。在那里，我第一次看到铁灰色的军装，在拉普埃兹的德国士兵穿的都是绿军装。我和两个女人在城里转了一圈，我们买了一份《萨尔特报》，看到停火的条件。我在广播里已经听过，只是不知道关于遣返德国难民的条款，这一条款让我义愤填膺。我仔细地阅读了关于战俘的段落，看来很明确，只有已经在德国的战俘才会羁留在德国。这个看法支撑了我接下来两天的旅程，让我对这次归程心向往之。

荷兰人宣布说只能领到五升汽油，而且要等到下午两点。已经十一点了，他决定先去勒芒。他"以为"有足够的汽油把车开到那儿。开了十公里，人们让我们掉头：勒芒没有汽油，那里已经堵了三百辆汽车了。我们一点汽油也不剩了，汽车抛锚了，不过幸运的是，我们在一个农场里找到了英国人丢下的五升红不拉几的汽油。

中午，汽车在勒芒两个大广场中间停了下来：在一个广场上是指挥部，另一个广场上是警察局。在警察局关闭的铁栅栏门前，有两百个人挤在那里，手里提溜着瓶瓶罐罐、汽油桶或洒水壶。在一个头戴翎毛帽、矮小得可笑的国民公会议员（我猜是勒瓦瑟）的雕像周围，停着一堆汽车，还有满载床垫和厨房用品的卡车。难民们一边等，一边吃东西，打瞌睡，又脏又狼狈，一群小孩和一堆包裹。他们怨声载道，说他们已经等了一星期了，没完没了地被警察局和指挥部当皮球踢来踢去。传言巴黎各种物资都紧缺。烈日当头，荷兰人傻傻地笑着，他不想排队，可是他的妻子，在我的支持下，强迫他待在那里。"我好饿啊。"她用孩子气的口吻说道，她抱怨人群很难闻，做了一顶纸帽子保护她丈夫的头。有人说要先取号，有了号就可以领到一张券，有了券就能领到汽油，当然要等到汽油运到的那一天。两点半，铁门打开了，大家蜂拥而上，不过一个职员把所有人都赶了出来，说下午三点一列运油车会运一万升汽油过来，到时候要多少有多少。还是有几个人留在那里，他们领到了券，凭券可以在附近的车库领到五升汽油。可是荷兰人饿了。于是我们去了大广场，那里的气氛就像是集市，灰尘漫天，人头攒动，太阳火辣辣的。一群穿灰军装的士兵，很多德国汽车，几百辆难民的卡车和汽车。所有的咖啡馆都挤满了德国人。看到他们整洁体面、殷勤有礼、神采飞扬，而代表法国的却是这群可怜的难民，真叫人心里难受。有很多军用卡车、无线电通信车和摩托车轰隆隆地围着土堤转。一个高音喇叭放着震耳欲聋的军乐，还有德语和法语的新闻通报。简直就是地狱。胜利写在每个德国士兵的脸上，每个法国人的脸上都笼罩着失败的愁云。

在咖啡馆什么吃的都没有。我们回去取干粮，大家分了吃。德国人进进出出，致敬的时候脚后跟使劲一并。他们喝着酒，说笑着。他们表现得很殷勤有礼。我不知道掉了一样什么东西在地上，他们当中的一个马上就把它捡起来。之后，我们坐在汽车旁边的人行道上。人群还在警察局和指挥部来回奔走，手上拎着的洒水壶一直是空的。有几个人坐在汽油桶上，等着奇迹发生：运油车和一万升汽油的到来。一个小时，两个小时过去了。荷兰人又排队排累了，空手而回。我们在一家商店里找到一点面包和猪肉食品。糕点店里挤满了年轻的德国士兵，正在大吃冰淇淋和糖果。我们又开始等。大概晚上八点，荷兰人找到了五升汽油。终于可以离开这个炎热得要死的客店，开着车穿过田野，我们松了一口气。我们找到一家农庄，在草堆里睡了一夜。

两个女人醒来就抱怨个不停。老妇人坐骨神经痛。"可恶的德国佬！"年轻的妻子嗓音沙哑地说，"啊！如果他们落在我的手里，这些小德国佬，我就'砰砰'干掉他们。"丈夫也在抱怨，麦秸戳得他膝盖疼。农妇用很便宜的价格把牛奶、鸡蛋卖给我们。

又一次，我们加入了汽车、满载干草和农民的两轮载重车、自行车和几个行人组成的队伍中。在贝尔纳堡，有很多难民，他们是坐德国卡车来到这里，但在夜幕降临的时候，卡车把他们丢下了，他们在等别的卡车。又一次，空洒水壶和传闻：白天都不会有汽油了。我烦死了，决定用自己的方式回家。在火车站，有一列火车开往巴黎，不过是接铁路工人的专列。有很多车厢都空着，却不让我们上。接到的命令是不准让去巴黎的旅客上车，只带去沙特尔的，而且必须证明你是住在那儿的。有人告诉我说，几天以来，他们每天早上都到这里来，但每次都无功而返。人们告诉我，巴黎缺乏粮食和物资，这就是为什么不让难民们回去的原因。不过报纸和广播都鼓励他们回去，德国卡车把他们运回家。此外，在贝尔纳堡也没有吃的，很可能就饿死在那里了。我回来坐在汽车的脚踏板上，垂头丧气，然后我想买点吃的。我什么也没找到，除了一块又粗又太咸的面包，我忧郁地啃着面包。有人说，接下来的三天都没有汽油。我的心一下子跌到了谷底。我把我的行李箱托付给荷兰人一家，我决定离开这里，无论用什么方式。距离巴黎还有一百七十公里。说起来容易："实在不行就走路回去"，在烈日下走一百七十公里的柏油马路的确让人知难而退。于是我坐在人行道上。我口袋里有一千法郎，是一笔不小的数目，但也可能只是杯水车薪。昨天就已经有人花一千五百法郎买汽车上的一个座位，今天，以同样的价格，估计什么也买不到了。两个男人戴着袖章杵在路中央，他们拦住所有好像有空位置的汽车，可事实上那些车已经一个人也塞不下了。最终，一辆德国卡车停了下来，我和两个女人冲过去。我跟着她们爬上车。卡车前往芒特，那儿距离巴黎只有四十公里，我离我的目的地就近了很多了。在车棚下面热得出奇，挤了一堆人，弥漫着一股浓浓的汽油味。我坐在后面的一个行李箱上，每一次颠簸都会让我"飞"起来。更糟糕的是，我是反方向坐着的，我焦虑地感觉到我的胃在翻滚，我把吞进去的面包全吐了出来，甚至没有一个人留意到这一点。车子停下来，我躺在路边，其他人都在吃饭。一个德国士兵碰了碰我的肩膀，问我要不要吃东西。我说不要。过了一会儿，他很礼貌地把我叫醒。一个老妇人说两天来，卡车司机送给他们一堆香烟、食品、香槟酒。他们非常好，他们并不像是在执行命令，而是自发地想助人为乐。诺让勒罗特鲁看起来被破坏得很厉害，沙特尔几乎没遭殃，德勒也基本上完好无损。路上有几个炮弹坑，我们碰到很多军队的卡车，常常有士兵冲我们喊："嗨！"有一辆卡车上的士兵穿着灰色军装，不过都插着华丽的红玫瑰。不过难民的队伍走得很慢。在芒特，我茫然四顾，正好一辆红十字会的救护车就要启动出发。我在后座安顿下来，身边坐着一个非常时髦的女护士、一个来自埃莱迪亚的小姐，还有一个令人难忘的高大的戴眼镜的童子军女领队。前面坐着另一个女护士和一位开车的先生，我不记得他的名字了。她们说全法国医生跑得比谁都快，把医院和诊所的护士们丢在一边不管不顾。她们描述了巴黎周边的大火。在埃唐普，两排堵在路上的车队烧了起来，大批难民出逃，救援严重不足，民防工程不足到了可笑的程度。据说当德国人看到我们的防空壕时笑翻了。她们恨死了英国。她们当中的一个说，三周来，她的手枪就没离过身，因为英国和法国士兵总围着她的车打主意，他们想把车霸占了好更快开溜。在圣日耳曼，我们稍作休息。我头痛欲裂，我在一面镜子里看到自己风尘仆仆的黑脸。我们在一个死气沉沉的城里喝了薄荷酒。直到巴黎，一路上都是死气沉沉的。我看到塞纳河上几座桥被炸毁了。远处有一些弹坑，坍塌的房屋，到处都是一片死寂。在弗朗索瓦一世街，红十字会门口排着一堆人，他们是来打听俘房的消息的。肉店门口也有几个人，但几乎所有的商店都关门了。街上是多么冷清啊！我没想到会看到这么一幅凄凉冷清的景象。

瓦文街，老板娘发出绝望的惊叹声，因为她已经把我的东西全扔掉了。我无所谓。她给我一封萨特六月九日的来信，当时他还很乐观。我稍稍梳洗了一下，我想去邮局打电话。在"多梅尼尔"的露天座，我看到我父亲，我和他一起吃了一个三明治，喝了一杯啤酒。那里有几个德国士兵，不过他们没有拉普埃兹的德国士兵那么平易近人。我父亲告诉我说他们很有礼貌，自然巴黎现在只有德国新闻简报，外汇已经冻结，在战争结束之前肯定是不会释放战俘了，他们被关在一些像加尔什和安东尼等大集中营里，天天吃所谓"死狗"的口粮，一批批地死去。我父亲还告诉我说被占领的法国已经并入德国，因此所有战俘都会被留在那里。邮局关门了。我去了一趟母亲家，当我八点半离开她的时候，她交代我让我赶紧回去，因为马上就要宵禁了。我感到自己的心情已经坏到了极点，回到空无一人的街道，头顶乌云密布，脑袋发烧，两眼灼痛，想到萨特正在活活饿死。卢森堡公园的房屋、商店和树都还在。不过已经没有男人了，或许永远都不会再有了，我不知道为什么我还荒诞地活在世上。上床睡觉的时候，彻底的绝望把我攫住了。

六月三十日

他们会回来吗？他们回不来了？有人说士兵们会穿着便服出人意料地回来。说到底，我还是希望能在圆顶咖啡馆的露天座上看到笑容满面的萨特。可惜没有，这里我所感受到的是和在拉普埃兹一样的孤寂，而且更无可慰藉。不过在《晨报》上有一条稍稍让人宽心的消息。大家想知道在把俘虏遣返前，是否可以允许他们的家人和他们联系。所以，我想那些被关在集中营的俘虏可能会被一批批地遣返。我不能不满怀希望。天气晴好。我又在圆顶咖啡馆的老位置上坐下来，挨着几乎空无一人的露天座。每天的特色菜名都张贴在店堂里，我看到商店里有很多新鲜水果和火腿。和勒芒和沙特尔比起来，这里显得繁荣富足。大街上几乎一个人也没有。两辆卡车，满载穿着灰军装的年轻德国士兵。这段时间以来，我对此已经见惯不怪了。突然，我全身心地相信一个"此后"的到来，证据就是我买了这本笔记本、墨水，我刚把前几天的事情记录下来。在过去的三个星期，我无处栖身，经受的是集体催难所产生的独特的心理创伤。我想成为我自己，一个有属于我的过去和属于我的未来的个体的人。或许在巴黎，我可能成功地实现这个目标。如果我能领到工资，我会在这里长住下去。

巴黎非常冷清，比去年九月尤甚。几乎是一样的天空，一样的和风，一样的宁静。在少数几个开门的食品店前有人排队，可以看到队伍中有几个德国士兵。不过真正的区别还在别处。去年九月，事件才刚刚开始，虽然可怕，却胜负未分、牵动人心。现在，一切都结束了，眼前的时间停滞不前，我会待在这里几年无所作为，慢慢腐烂。帕西、欧特伊一片死寂，弥漫着垃圾和椴木花的味道，让人回想起过去每年假期临近的情景，甚至连门房都离开了。我沿着格勒内尔街走，经过昔日的女子集中营。根据停战协议，我们应该把所有德国难民都遣返回德国。没有哪个条款比这一条更让我感到恐惧了。我回到拉丁区，这里也是冷冷清清的，不过咖啡馆都开着，露天座上可以看到几个人。这里几乎没有一个德国人。

我回到圆顶咖啡馆。现在，里面人多了一些：瑞士雕刻家，奥加尔的夫人，一个穿着奇怪的高尔夫球裤、戴着一块小头巾的半老徐娘。又看到德国人了，这让我感到奇怪，但哪儿怪却说不出来。他们都面无表情，看上去像是游客。在他们身上感受不到在勒芒的

450

士兵那种集体的力量。就他们个人形象而言，没什么吸引人的地方。我打量着他们，什么感觉都没有。每天都有飞机几乎擦着屋顶在巴黎上空飞过，闪亮的机翼上涂着巨大的黑卐字。露天座上只有三四个妓女。她们在勾搭德国士兵，并非一无所获。

七月一日

今天，妓女们侵占了咖啡馆的前厅，乍一看还以为自己走进了一家妓院。有一个妓女在哭，其他人在安慰她："他没写信来，不过谁都没有写信来，你别担心。"到处都是一样的景象。在地铁，在门前的台阶上，女人们都在问："你有消息了？""没有，他肯定被俘了。""我们什么时候才能看到战俘名单？"等等。在和平到来之前，德国人是不会释放任何一个俘虏的，这已经毋庸置疑。不过各种谣传还在继续蔓延："当他被捕的时候，他已经到巴黎城门口了。德国人给他们穿平民的服装。"所以说，奇迹总是可能，就跟一张彩票一样虚幻、扰人心智、不可抗拒，巴黎所有女人无一幸免。我原以为这种不确定的等待会让人难以忍受，不过，甚至在这里，耐心慢慢成了习惯：或许一周后，我们就能得到消息，会有名单公布，会有信寄来。我们就再等一周好了，时间并不值钱。

我在郊区散步，走了很长的路，为了打发时间。人们陆续回来了。"刚从蒙托邦回来，早知道如此，我们当初都用不着走了！"一路上我听到的都是这种论调。一个骑自行车的小伙子停在一支队伍面前。"你妈已经回去了！"大家围着他告诉他家里和他母亲的消息。邻居们又碰面了，互相打着招呼。花园里到处都是玫瑰花和醋栗，一片片的麦地，点缀着虞美人，沿着路堤，是草木犀温暖的馨香。在围墙环绕的别墅周围，田野风光一片旖旎。在几户人家的大门上，可以看到挂着"有人居住"，或更多时候是写着"Bewohnt"①的牌子。回来的路上，我搭了一辆车。一辆又小又破的老爷车载我回城，车主刚从阿让回来。他也说："早知如此！"他和颈椎骨折的妻子开了七百公里的路，他告诉我这对他妻子和他是多么痛苦的煎熬："我可以告诉你，因为你是个成熟的女性，不过这里，"他指指自己的下身，"我很难受，夫人，我真的很难受！在没被占领的省份，市长们都不让我们离开，说我们会在维耶尔宗被捕，可是在维耶尔宗，我们什么阻碍都没碰到。"车沿着塞纳河行驶，在大碗湖里，有人划船，有人游泳。一派节日的气氛，不过有点压抑。当汽车在一座桥边停下来的时候，一个德国士兵从卡车里丢给我们一包巧克力。路边也有几个德国士兵在跟漂亮姑娘开心地聊着天。开老爷车的家伙对我说："肯定会生出很多小德国人！"这句话我已经听过十几遍了，不过其中并没有责备的意思。"这是天性，"那个家伙对我说，"干那种事儿也用不着说同一种语言。"我在任何人身上都没有看到仇恨，当恐惧消弭，人们看德国人的目光带着惊讶和感激。

我又见到了丽丝。她上周四曾尝试骑自行车离开巴黎。在路上，她发现身边竟然开着一辆德国汽车，之后，她发现自己被困在一长列卡车中间，人们劝她回去。她连人带车上了一辆卡车，他们把她送了回来。她想教我骑自行车。

我父母抱怨食品短缺。晚饭我们只吃汤和通心粉。好几天我都没有吃过一顿像样的饭菜了。好像巴黎的物资供应的确成问题。我父亲把加隆广场一家大饭店的菜单背给我听：黄瓜色拉，八法郎；奶酪煎蛋，十二法郎；蟹肉炒饭，二十法郎；面条，八法郎；醋

---

① 德语，有人居住。

栗，十八法郎。此外就没有其他菜了。我回想起巴黎被困时在布莱邦家吃的玛尼做的晚饭。

七月二日

天阴沉沉的，有点冷，到处都冷冷清清的。只有六个人围在地铁旁边卖报人的摊位前。我买了两份报。内容空洞无物！一些亲德的动人宣传，用一种怜悯、同情、优越、友爱的口吻对可怜的法国人民说话。还有一些许诺：铁路将恢复运行，邮局也是。

我给卡米耶家打了电话。J夫人告诉我说她和季娜一起背包步行走了，之后就再也没有她的消息。杜兰也有过一些冒险的经历。我明天去看他。我打电话到博斯特的一个妹妹家。博斯特已经被撤到阿维尼翁，而他哥哥被俘了。

我去了索邦大学询问我的工资情况，当我正在填表的时候，一个学监突然出现在我眼前："哲学老师？正是我们需要的。"他打电话给维克多-杜瑞中学，我明天要去那里报到。每周八节课，我已经喜出望外了。

七月三日

在瓦文街附近几条僻静的小巷子里，我第一次跟丽丝学骑自行车。我很快就会骑了，甚至还学会了自己上车和拐弯。开始在维克多-杜瑞中学上课。

四点一刻，我去作坊剧场看望杜兰。我发现蒙马特尔死气沉沉的。剧场看门人不让我进去："杜兰先生无法会客。"过了一会儿，她惊讶地走回来，对我说我真幸运，他等我进去。我看见他穿着衬衫，肚子上系着一条围裙，周围都是旧文件和撕碎的照片，神情茫然。他紧紧地握着我的手，告诉我说他是多么担心卡米耶啊。他是周二离开的，前一晚到费罗勒接了年迈的 J 夫人，与此同时，卡米耶和季娜在奥赛火车站上了一列火车。他们本来约好在图尔会合，但杜兰没能去那儿，他到现在为止都没有丝毫她的音信。当他把 J 夫人在马车上安顿好后，克雷西已经成了一座空城。他们朝卢瓦尔河方向出发，但被堵在难民的人潮里，十三天来一直在兜圈子，睡在马车上，几乎没东西吃，还经常受到机枪扫射，没有办法过河。他还带着一位老女佣，她都被逼疯了，成天胡言乱语，说的都是吃的。她钻进了一个树林，说她要去找鸡蛋，之后就没再见过她。最后，德国人赶上了他们，命令他们打道回府。他很害怕被德国人认出来，试图装成农民。在路上，他遇到一队战俘，他们大叫他的名字，他非常尴尬。

七月五日

报纸真是无耻，让我看了恶心，心情糟糕透顶。我和丽丝去过皇宫看俘虏名单。皇宫关门了，前面排着很多人，只有巴黎附近战俘营的消息。此外，我知道萨特被俘了，我唯一感兴趣的是什么时候他可以被放出来。我们在和平咖啡馆喝了一杯，咖啡馆里到处都是穿着时髦的德国军官，此外就没什么人了，一片萧条的景象。我搬到外祖母的公寓里住，她现在和我父母住在一起。又通邮了，我写了几封信，但我依然感到绝望孤寂。

七月六日

在圆顶咖啡馆，一张布告说禁止德国人入内。我不知道这是为什么。不管怎么说，不用再看到德国军装还是件让人高兴的事儿。

我去了国家图书馆，办了一张证，开始阅读黑格尔，《精神现象学》。目前我还几乎一点都看不懂。我决定每天从下午两点到五点研读黑格尔，这是目前最能让人平静下来的事儿。

我给杜兰打了电话。他发现克雷西已经被法国人抢掠一空。有人告诉他卡米耶在图尔附近，他想坐卡车溜到那儿去。

今年经历了那么多事，死的念头在我看来已经一点都不稀奇了，我很清楚，人生不过是一个缓期的死刑。

七月七日

和丽丝一起在巴黎骑自行车兜风。遇到一队装甲车，满载穿着黑色军装的德国士兵，大大的贝雷帽随风飘扬。美丽而令人沮丧的画面。在国家图书馆，我阅读黑格尔，仍感觉艰深难懂。我读到一段精彩的文字，我把它抄了下来，正好可以用来给我的小说当题词。

巴黎又有土豆卖了，要多少有多少，还有肉，甚至还有黄油。在圆顶咖啡馆，吃的东西也和往常一样了。再也没有半点忍饥挨饿的感觉了。我很想做的事儿是去看电影，但电影院放的都是些烂片。

奇怪的是，因为实行了德国时间和晚上十一点宵禁的制度，天还大亮就要把自己关在房间里。我在阳台上待了很久，对眼前的一切难以置信。

七月十一日

一封萨特用铅笔写的短信，信封被打开了，上面盖着两个戳，一个是邮局的，一个是巴黎政府的。一时之间，我没有认出他的笔迹，看着这封好像是手递的信我百思不得其解。他说他可能月底前回来，不过这还不确定。他让我给他写信，不过我不知道信能不能送到他手中。他说他日子不难过。此外他也不能跟我再说些别的，我不知道他的真实情况。这封信至关重要，但内容寥寥无几。不管怎样，我还是感觉轻松多了。

七月十四日

　　巴黎阴沉沉的，下着雨。我打电话给杜兰，我很想找人倾诉。让我吃惊的是，我听到的是卡米耶的声音，我下午六点跑去看她。她穿着家居服，有点浮肿，不过还是挺精神的。杜兰也穿着全黑的家居服，神采飞扬的，还有J夫人和旺德里克。旺德里克曾加入过比利时的军队，他说他们几乎是空着手被送上战场，把他们丢在那里，三天后，让他们开拔，还是没有给他们装配武器。卡米耶给我讲了她出走的经历。星期二，她把行李托运到图尔，行李想必是运丢了，里面装了一大堆手稿和笔记。然后她和季娜每人背个背包就出发了，卡米耶拎着一个箱子，里面装着一对布娃娃：弗里德里希和阿尔布莱希特。她们花了两天时间坐火车到了讷韦尔。之后，她们试图坐卡车去图尔。这不容易办到但她们还是顺利抵达。图尔已经撤空，人们在桥上装地雷，每天夜里都有轰炸。和杜兰约好是在邮局留局待取的地方会合，但邮局关门了。她们离开了城市，在乡下找到一列火车，没有火车头，已经烂在路上好几天了，她们爬上火车。大家以为德国军队夜里会到，都惊恐万分。卡米耶和季娜最终躲到了铁路的道口看守员家里，他租了一个房间给她们。她们就待在那里，穿着农家女的衣服，无聊透顶。不过，火车慢慢空了。一天晚上，一个上校前来通知说第二天有一场"短暂的炮火战"，叫大家最好躲在防空洞里。于是他们都躺在一个洞穴里，短暂的战斗过后，他们就回去了。卡米耶谎称自己是看守员的嫂子，胡思乱想德国士兵会怎么虐待难民。她设法给杜兰寄了一封信。当杜兰得知来了一封信，他手里拿着的大包小包全掉在地上，开始浑身颤抖，以至于 J 夫人以为他要晕倒了。后来，卡米耶让一辆卡车送她回来。

　　我的日记到此又中断了。再没什么可记的了。绿军装、灰军装、飘扬在参议院上空的纳粹旗，这些我已经习以为常。我在维克多-杜瑞中学上课，在国家图书馆读黑格尔，图书馆现在从早上起就开放了。黑格尔让我沉静。就像我在二十岁的年龄，我的心为我的表兄雅克滴血，当时我就阅读荷马，"借全人类的命运来忘却我自身的痛苦"，我试图让自己目前的经历消融在"世界的历史进程"里。在成千上万册书籍的围绕中，过去沉睡了，现在也将成为过去。我把自己遗忘了。不过这类遐想无论如何也不会诱使我去拥护法西斯主义。乐观地看，或许可以把法西斯主义看成资产阶级自由主义必要的悖论，因此是朝着我们所希望的结果——社会主义——迈进的一步。不过若想有朝一日废弃它，那就先得去抵制它。没有一种哲学可以说服我去接受它，它和我人生的所有价值观都背道而驰。每天我都有新的理由去憎恶它。早上当我在《晨报》《胜利报》上读到德国巧舌如簧的辩解、我们的征服者强加给我们的喋喋不休的训导时，真是让人作呕！从七月底开始，一些商店的橱窗里出现了"犹太人不得入内"的牌子。《晨报》发表了一篇关于"犹太人区"阴暗的报道，要求清理它。维希电台也揭发从法国军队里逃跑的"犹太逃兵"。贝当取缔了反犹宣传的禁令。在维希、图卢兹、马赛、里昂和香榭丽舍大街上，掀起了一次次反犹示威游行。很多工厂解雇了犹太籍和外国籍的员工。这一宣传攻势来势汹汹让我感到恐惧。要闹到何种地步才会停？我真想找个人来分担我的恐惧和愤怒。只有萨特从巴卡拉寄来的信支撑着我。他坚信我们的理想，我们的希望最终会凯旋。他还说他有机会在九月初获释，德国人会

457

把某几类公务人员遣返回国。坐在圆顶咖啡馆的露天座，我凝视着罗丹的巴尔扎克像，两年前这尊雕像揭幕时曾被人大为诟病，我仿佛看见萨特微笑着，快步朝我走来。其他时候，我对自己说，三四年里我都不会再见到他了，我真希望自己可以一睡不醒。的确，甚至在那一时期，我都从来没想过和平会很快来临。若要速战速决，那肯定是纳粹会取得胜利，这是我们由衷而坚决反对的，我们不愿意相信这样的结果，至少不会那么快。苏联、美国会参战，希特勒终有一日将被打败。这意味着一场旷日持久的战争。一次长别离。

很快铁路线就恢复了，奥尔加来看我。她在火车的走道上站了六个小时，甚至连厕所里都挤满了人，小孩子只好朝窗外撒尿，老妇人就在地板上方便。伯兹维尔的火车站被炸成一片废墟。奥尔加一家住在离火车站三十米的地方，她在不远处的朋友家避难。回家的时候，他们发现房子所有玻璃都震碎了。奥尔加在我外祖母的公寓里住了几天，之后她回到父母家。比安卡穿过巴黎城来找我，她在布列塔尼的一个农庄里摘了两星期的豌豆，现在她要和母亲还有妹妹一起去约讷度完她们的假期。她父亲已经安排了一个雅利安族的朋友掌管他的事务。他已经做了最坏的打算，比安卡也是，她忧心似焚，虽然我尽力安慰她，我还是感觉她在我面前孤独无依。我回想起当初我对奥尔加说："犹太人嘛，根本不存在，只有人！"当时我是多么不识时务啊！还是在一九三九年，当比安卡告诉我她维也纳表兄的遭遇时，我就已经有点惭愧地预感到，她的经历会跟我有所不同。现在，这一点已经显而易见。她身处危险之中，而我却没有受到什么明确的威胁。我们的默契，我们的友谊都无法填补我们之间的鸿沟。我和她谁都没有去量这道鸿沟有多深，或许出于好心，她甚至比我更不愿意去测量它。不过，尽管她不怨天尤人，我还是摆脱不了一种近乎内疚的不安。

她走了，我又一次无人倾诉了。我父母生活在迷茫之中。我父亲不理解为什么被他视为所有巴黎报纸中最清醒、最爱国的《晨报》会第一个向德国人卑躬屈膝。他恨"德国佬"，但我永远也不会用这个有沙文主义之嫌的字眼，我憎恶德国人是因为他们是纳粹。幸好看似大同小异，所以我跟我父母没有就此发生争执。我常常见丽丝。受尽法国人的虐待后，她对德国人的占领无动于衷。尽管如此，她还是帮了我大忙。她像男孩子一样强壮、勇敢、主动，我跟她在一起很开心。她送了我一辆自行车，我欣然接受，虽然这辆车是她用不正当的手段弄到手的。我们一起在巴黎附近骑车漫游。当八月份我的课结束后，我们去了更远的地方。我参观了法兰西岛，它的森林、城堡、修道院。我参观了废墟中的贡比涅、博韦、诺曼底，这满目疮痍的景象在我看来几乎是自然而然的了。我踩着自行车，体力上的消耗让我无暇他顾。丽丝的做法让我捧腹。有时候，尽管我不太理会别人的看法，但她的所作所为还是让我感到有点难堪，她是在故意惹人非议。在埃夫勒，我们走进一座教堂参观，她在圣水池里洗手。在卢维耶，走廊上有个洗脸池，正对着餐厅，在女服务员和顾客惊讶的目光下，她涂了一脸的肥皂梳洗起来。"为什么不可以呢？"她带着一点挑衅的神情对我说。每一个回答都应该建立在最严密的逻辑推理之上，因此为了阻止她用餐巾来擤鼻涕我不得不引用整个哲学体系来论证。她真的很喜欢哲学，况且，我也给她上几节哲学课。她对笛卡儿非常着迷，因为他把一切推翻，把一切都明确地重建。但她不同意一段一段地读，甚至不愿意一句句地读，而是每个字都要深究一番，这常常让我们在上课的时候争执不下。我不喜欢争执，不过丽丝却很喜欢抬杠。她笑着向我承认说去年她常用家庭争吵为借口在我旅馆门口等我，那些借口多数都是她瞎编的。但这并没有让她改变这种看法，就是我越不辞辛苦地安慰她，这就越赋予她对我的某种权利，而她要求的正是这种权利。她激烈地指责我六月份没有带她一起离开巴黎。她无法接受我宁可一个人也不要她陪伴。当我到郊区散步，正如我在日记中所写，她一直尾随我到奥尔良门，固执地跟我一直重复："我想跟你一起去。"我的愤怒让她畏缩，不过常常她固执起来我的请求和威胁都对她起不了作用。当我们晚上在我房间一起学习或聊天时，因为宵禁的缘故，她得早点离开。我不时瞟一眼挂钟。"到时间了。"我对她说。有一天，她平静地宣布："不，我不走了。"她的声音抬高了。赶她走并不礼貌，她可以在这里睡觉，公寓里有的是地方，而且我在这里也接待过奥尔加。我唯一的理由就是我不想她留下。她不想听。我生气地看着宵禁的时间慢慢逼近，最后，我不得不让她睡在我外祖母的房间里。这一次的成功让她更大胆了，她故伎重演。这次是愤怒的泪水涌上我的眼眶。我不知道自己是如何成功地把她赶到楼梯上，因为她比我强壮很多。可能是她的坚持有了一时半刻的松懈，不过她很快就卷土重来，开始不停地按门铃。我不妥协。当我睡觉的时候，我用蜡塞住耳朵，她还在不停地按门铃。早上，我发现她睡在门口的垫子上，脸上满是泪痕和灰尘。公寓在顶楼，只有一户人家，她睡在楼梯口不会有任何人打扰她。我以为她得到了教训，可惜没有，她是不可驯服的。我们一如既往，有时候处得很好，有时候也闹闹别扭。

八月过去，九月来临。十五日左右，我收到一封萨特的来信，说他正被转往德国。和往常一样，他说他很健康，心情愉快。不过我满心盼着他回来，所以我一下子就崩溃了。我在一本笔记本里写过这样的话，我试着继续写日记：

这一次，我真的感到自己很不幸。去年，我周围的世界已经变

460

得充满悲剧意味，我还能和它相安无事，那还不是真正的不幸。我清楚地记得，去年九月我只是感到自己是一场集体巨变中的一个断章，我对整个事件还很感兴趣。但是，从上周开始，一切都不一样了。世界已经变了样。不幸就像我体内的特殊的疾病：接踵而来的失眠、噩梦、头痛……我仿佛模模糊糊看到一张德国地图，边境上缠着黑色的铁丝网，某个地方还写着西里西亚的字眼，还有一些诸如"他们正在饿死"的句子。

我没有心情继续写下去，在纸上自言自语也让我无法忍受。

不过我还是好好享受了九月最后的好时光。比安卡回到了巴黎，建议我们一起骑车旅行。我不再等萨特，于是答应了。我们坐火车一直坐到布里赫的一个小村庄，我对探索这个地区充满了好奇心。村子里的房子是纤尘不染的白灰墙、茅屋顶，跟假的似的。房子周围是一片长满芦苇的沼泽地，那里的荒凉几乎没有触动我。我参观了盖朗德，在老城墙的围绕中显得宁静安详。在莫尔比昂阳光和煦的海岸线上，我看到了松树、沙滩、岩石、小海湾、秋日、欧石楠，还有罗什福尔昂泰尔，村里的房子都是用灰色花岗岩建造的、装点着红色的天竺葵。我们吃龙虾、薄饼和可口的糕点。在路上，我们没有碰到德国人，不过在小旅店，大家跟我们说了很多他们的故事。他们狼吞虎咽能吃掉用五个鸡蛋摊的煎蛋，还有大碗大碗的冰淇淋。从来没见过有人肚子里能吞下那么多吃的："啊！他们真是贪吃啊！"雷恩一家咖啡馆里的一名侍应生告诉我们。别说，这半个月我几乎把他们忘掉了，过去的甜蜜生活中有什么东西复苏了。之后，我们回到了巴黎。

第七章

　　不，时间并没有错乱，四季还在周而复始地交替。新学年开始了。在卡米耶赛中学——和其他所有中学一样——他们要我签一份文件，声明自己既不是共济会成员也不是犹太人。我觉得签这样的文件简直可耻，但没有人抗拒。对我大多数的同事而言，对我也一样，除此之外，别无选择。

　　我离开了外祖母的公寓，又住进了瓦文街的丹麦旅馆。巴黎死气沉沉的。没有汽油，街上也没有汽车。行驶在路上难得一见的公交车是用煤气的。大家几乎都骑车出行，很多地铁站还设着路障。宵禁被推迟到午夜十二点，公共场所晚上十一点关门。我再也没有踏足电影院，因为只放映德国片和法国烂片。看新闻纪录片的时候，德国人还禁止观众鼓掌，他们认为这种举动是对他们的一种侮辱。很多影院，也包括雷克斯，都变成了军人电影院。我在小饭馆吃饭，这些小饭馆还挺有办法的。市场和食品店供应紧缺。从九月底开始，又开始实行定量供给了，但尽管如此，供应还是很成问题。在我父母的餐桌上，我看到了第一次世界大战期间曾出现过的蔬菜：菊芋和芜菁甘蓝。

　　不过城里人多起来了。我在"圆顶"看到马尔科，他在路易大帝中学重操旧业。他神秘兮兮地告诉我说："菲利普·贝当很器重我"，这意味着他认识某个和阿里贝尔多少有点交情的人。这也没啥好炫耀的，我心想。让我更开心的是又见到帕尼耶。在大溃败期间，他曾给一个上校当过司机，不眠不休一连开了将近四十八小时。他不愿意和我一样谴责维希政府，这让我困惑不解。他很确定地对我说，诋毁贝当，就是中了那些想把全法国置于纳粹铁蹄之下的人的圈套。"那以后呢？"我问他。再怎么说，维希政府对德国都是唯命是从。十月二日，德国下令所有犹太人必须申报自己的身份，所有犹太人的工厂也一样。十九日，维希政府颁布了《犹太人法令》：禁止犹太人在公共事务部门就职和从事自由职业。这个曾经敢于声称"我憎恨所有给我们造成那么多痛苦的谎言"的人的伪善和奴颜婢膝让我愤怒。他劝诫大家要实际一点——这就像过去我父亲的一个朋友让诺先生给他的戏剧拉赞助一样——借口是要革新道德观念，而骨子里却是对战胜者俯首称臣，把法国变成德国的粮仓。所有人都在撒谎：那些搞砸了这场战争的将军和名流，因为他们宁可要希特勒，也不要人民阵线上台，现在他们宣称我们战败是因为我们的"享乐精神"。这些极端爱国人士以法国的战败来抬高自己的身价，借此来侮辱法国民众。他们花言巧语说他们是为了法国的利益在奔走呐喊。但是，他们究竟为的是哪个法国？他们利用德国人的占领来大行其旧日蒙面党徒的暴政之实。元帅①的"讲话"和我一直坚持的价值观，尤其是自由观背道而驰。照他的说法，从今往后，家庭将是神圣不可侵犯的，美德将一统天下，在学校里应该虔诚地谈论上帝。我又看到这种曾给我的童年带来黑暗阴影的愚昧和狂热了，它会让整个国家都受到危害。希特勒、纳粹是

———————
① 指贝当。

一个和我相隔甚远的陌生世界，我恨他们，内心还是相对平静的。贝当、民族革命，我发自内心地憎恶他们，每天都让我怒火中烧。维希政府的大小事务、种种交易和妥协，我从来都不关心，因为整个维希政府在我看来就是一种耻辱。

奥尔加回到巴黎，她妹妹也一样，准备在巴黎长住，她们在儒勒-夏普兰巷子里找到一家旅馆安顿下来。博斯特也住了进去。他在蒙彼利埃疗养了很长一段时间，现在他已经完全康复了。好几个月以来我身边一直都只有女性朋友，现在重新找到一个男性朋友真是弥足珍贵。我们对所有问题都意见一致，不过他对未来也并不比我看得更清楚。未来一片迷茫，就算现在我们也难以把握，我们仅有的消息来源是德国报纸。我跟政治一点儿也不沾边：阿隆去了伦敦，费尔南多和斯蒂法已经离开法国去了美国，科莱特·奥德里和丈夫长住格勒诺布尔，博斯特的哥哥做了俘虏。我能向谁打听消息？我感到非常孤独。当时已经有几份地下秘密发行的报纸：让·泰克西埃办的《给占领者的建议》和《庞大固埃》。不过我当时并不知道。我去《新法兰西杂志》找编辑，我和布里斯·帕兰聊了一会儿。他告诉我说杂志会重新发行。波朗拒绝在德国人占领期间主持编辑工作，于是德里欧就接过了担子。他跟我提到"禁书名单"[①]，这是一份法国出版商和书商禁止出售的书籍名单：海涅、托马斯·曼、弗洛伊德、施特克尔、莫洛瓦、戴高乐将军的作品等等。从他那里我只得到一个重要的消息：尼赞遇害了，但还不清楚他是在哪儿遇害，怎么死的，但他遇害一事确定无疑。他妻子和孩子已经去了美国。我心痛不已。尼赞，他那么讨厌死亡，他难道预感到了自己的死亡？他完成了他最好的作品，一部杰作，《阴谋》。

[①] 指的是 1940 年 9 月 28 日德国发布的 12 页在德国占领期间法国禁止发行和销售的书籍名单。

可是没过多久，他脚下的大地就开始摇晃，他不得不重新审视自己，就在他决定以新面貌示人的时候，他却死了。这让我感觉特别荒诞，就在这个时候，他的未来被偷走了。几天过去了，我惊愕地获悉，有人正试图把他的过去也偷走。

在一封信里，萨特告诉我说他的一个狱友——一个共产党员刚刚获释被遣返回国，我不记得是什么原因了，他把那人的地址告诉了我。我马上就打电话跟 B 约了见面。我们不清楚共产党人究竟都在干些什么，有些人在秘密发行反帝国主义的《人道报》，不过对德国的看法还是奉行中立态度。还有一些传单，据说也是共产党人发的，散布的却是和德国人合作的言论。不过传闻他们当中有很多人组织了反德国的宣传攻势。不管怎么说，既然是萨特让我去见 B，那就说明他跟他在原则问题上是意见一致的。因此，当我走进 B 舒适的书房的时候，心里抱着能得到一些令人感兴趣的消息的希望。他很友好地接待了我，告诉我萨特的消息，让我对生活又燃起了渴望。至少在战俘营里，囚犯们的生活条件还是可以忍受的。虽然吃得少，但也不用劳动。萨特利用空闲时间写作，他结交了一堆朋友，他对自己的生活很感兴趣，这和他在信中告诉我的一样，只不过我之前一直都半信半疑。后来，我问 B 对时局有什么看法：我们的处境究竟如何？我们能希望什么？我们要担心什么？他带着轻蔑的口吻谈起了戴高乐主义，在他看来，戴高乐的主张只能打动那些多愁善感的老妇人。他还暗示说拯救来自别处。我没有进一步问下去，因为他也给不了我答案。不过我对他说，对我和对很多人而言，《苏德互不侵犯条约》的签订让我们之前对苏联的好感产生了动摇，而且也不会让我们对法国共产党产生信任感。他大笑起来：只有对政治一无所知的小资产阶级才会猜不到斯大林此举的聪明之处。一些老共产党人都大受震动，我反驳道，我举了尼赞的例子。

他的脸色变得凝重：因为《苏德互不侵犯条约》的签订而退党的人肯定是个叛徒。我说尼赞不是叛徒。他耸耸肩，他傲慢而平静地宣称只有两名共产党员要求退党：一个是一个年轻的女兵，警察抓了她是因为她被牵连到一桩流产的事件当中；另一个就是尼赞，早就知道他被内务部收买了。我气得喘不过气来："谁知道？怎么知道的？""就是知道。而且，他退党了，不是吗？"我跟他争了几句，不过无济于事，我气急败坏地走了。不过，我还不知道这些诽谤中伤的含义，我只把它看作是 B 的判断有误，他肯定是听了那些不了解尼赞的人说的不实之词。我当时丝毫都没有怀疑这其实是一场由认识尼赞的人所导演的无耻运动。

布里斯·帕兰跟我提过两个作家的名字，他们通过一些神秘手段成功地使囚犯被遣返回国。要么是这些渠道是假的，要么是我的做法不对头，我的努力毫无结果。有段时间我没有收到萨特的消息，不过我并不担心。和 B 的见面至少有一个好处，那就是让我对他的命运不再担忧了。我决定重新开始写作，这在我看来就像是一种信念、一种希望。没有什么预示德国将会被打垮，希特勒还没有打过一场败仗，伦敦遭到了狂轰乱炸，可能很快纳粹的军队就要登陆英国了。美国依然无动于衷，苏联也坐视不理。不过我还是跟自己打了一个赌：如果明天一切沉沦，那我白白花在写作上的时间又有什么意义？但如果世界、我的生活、文学重获新生，那我一定会责怪自己把岁月都浪费在无所事事上了。所以，我每天早上和傍晚坐在圆顶咖啡馆写我小说的最后几章。写完后，我对全稿做了润色修改。这并没有激起我的创作激情，这本书不过是描述了一段我过去的人生经历。不过，恰恰是因为我急于逃离这一段经历，我才投入热情来把它化为文字。

我继续阅读黑格尔，现在我开始更深入地理解他了。从具体细节来看，他的渊博让我钦佩，从整个哲学体系来看，我还是晕晕乎乎的。的确，泯灭自我融入群体，把自己的人生放在历史发展的必然规律中来审视，超然地对待死亡问题，这些的确很吸引人。不过，既然在世界的流程中，我这个个体的片刻人生显得如此微不足道，那为什么到目前为止，我还要烦恼发生在自己身上的事和周围的一切？不过我的情绪稍一变化，我又觉得那些想法是多么虚幻：希望、愤怒、等待、不安，这是我再怎么超越也超越不了的。融入群体也只不过是我个人经历的一段插曲。我又回到克尔恺郭尔的哲学，以前我曾非常痴迷地阅读过。他所追求的真理和笛卡儿的"明证"一样可以成功地消除疑虑。黑格尔的"体系""历史"，甚至是"魔鬼"都不能抹煞这个活生生的事实："我活着，我存在，就在此时，此地，我就是我。"这一内心的冲突让我回想起我年轻时阅读斯宾诺莎和陀思妥耶夫斯基时产生的疑虑，忽而我认为文学只是毫无意义的虚言，忽而我认为形而上学是空洞的推理。现在，我学习了一些和存在紧密联系在一起的哲学，赋予我在这个世界上存在的意义，我可以毫无保留地把自己和这个世界联系在一起。不过，因为我正在经历的一些困难，我有时候会耽于麻木的宁静和幻想，认为存在和虚无都一样。从理性的观点来看，这种群体和个体相冲突的观点平淡无奇。不过对我而言，却是一种奇特而切身的体会，就像我忽然在他人身上发现理性意识一样。我想把这个作为我下一部小说的主题。

　　我越是深入研读，我越觉得和黑格尔格格不入，虽然我对他的钦佩一如既往。现在我知道，我从骨子里都是和我的同时代人维系在一起的。我发现了这种依恋的反面：我的责任感。海德格尔曾让我坚信，"人类的真实"是从每个人身上得到完成和体现的。相反，每个人都参与其间并对全体造成影响。一个社会是推崇自由还是甘受奴役，这决定了个人是像人群中的一个人一样活着还是像蚁穴中的一只蚂蚁那样活着。不过我们每个人都可以质疑群体的选择，反对它或认可它。我每天都能体会到二者之间隐秘的联系。在这个被占领的法国，苟且偷生就意味着接受压迫奴役，甚至自杀都不会让我得到解脱，它只会证明我的失败。我的解放和全法国的解放是紧密相关的。而我现在所处的局势，我不无悔恨地发现，我对此也是有责任的。个人不能超然于他所处的社会：容忍这个社会的同时，个人也影响社会，哪怕他的表现是无动于衷。这些道理深深地扎根在我的心里。不幸的是我找不到办法从中得出具体的结果。一边谴责自己以前的惰性，一边我还是发现自己无所事事，除了活着，继续活着，等待更美好的明天。

　　剧院又重新开门了。演出晚上八点开始，十一点结束，因为宵禁。杜兰搬到了巴黎剧场，又把《财神》搬上了舞台。马尔科不再演他当年扮演的角色了。杜兰给奥尔加一个戏份不多，但很讨喜的角色，她演得很好。蒂桑，卢森堡的小姑娘塑造了一个古灵精怪的角色，引起了评论界的注意。稍后，大约在十一月中旬，杜兰上演了另一出戏剧：本·琼森的《沉默的女人》，那是作坊剧场的保留剧目。我原本约好与奥尔加和旺达一起去看彩排的。我穿好衣服，走出旅馆，我在我的信箱里看到萨特一个狱友的妻子送来的一张纸条，她把萨特的新地址告诉我。我的脸顿时煞白。"第十二 D 战俘营，Krankenrevier①。"我已经不再担心他了，而现在他在医务室，可能感染了风寒，可能马上就要咽气了。我马上去了剧院，让他们别等我看彩排了。蒂桑会德语，跟我确认萨特的确在医务室。我坐

————————————
① 德语，医务室。

地铁去找那个给我新地址的女人。我的内心在颤抖，视线也因脑海中可怕的景象而变得模糊。那个女人给我开了门，她被我声音里和脸上的焦虑不安吓坏了。是的，她丈夫和萨特两个人都在医务室，对这份美差很满意。他们给所谓的护士打打下手，比起战俘营，他们现在吃的和取暖条件都好多了。我回到剧院，第一幕快要结束了。灯光、红色的椅子，还有在走廊上闲聊的人群，这和我刚才脑子里浮现的画面形成了鲜明的反差：简陋的病床、被高烧折磨的消瘦而扭曲的身子，还有尸体！从五月十日开始，两个世界同时存在于我的脑海里：一个是我所熟悉的，有时候甚至是欢笑的，另一个是可怕的。不可能同时去想它们。在脑子里不停地从这个世界变到另一个世界，这对我的心灵和神经都是一种折磨。

萨特的一封封来信最终让我平静下来。他的信分两类：一类是常规的，铅笔写的，纸张的大小只能让他写二十行字；另一类是长信，和普通的信件一样，是去城里办事的战友带出来丢进邮筒的。他对自己目前的状况很满意，非常忙碌。他和耶稣会士探讨"圣灵感孕"之谜。他希望不久之后能返回巴黎，不过不是马上，因为他正在排演一出他为圣诞节写的戏剧。之后，他就不想再拖延归期了。听他这么说好像他什么时候回来是他自己做主似的，难道他想逃回来？越狱在我看来是一个非常危险的举动：哨兵会冲他开枪，会放猎犬来追他。我吓坏了。不过他又谈到马上有几名文职人员会被遣返回国，好像他就是其中一个似的。或许他正在秘密策划什么事情？我决定不再患得患失。

我几乎又找回了内心的平衡，不过我还是感到孤独。十一月十一日，在香榭丽舍大街，大学生们公然对抗德国人，作为报复，德国人关闭了大学。这所大学直到十二月二十日才重新开放。这一事件有力地揭露了所谓法德友谊的骗局，这场骗局的实质是让法国属于德意志帝国的论调死灰复燃。不过那些曾经公然对纳粹说"不"的年轻人我一个都不认识。我看到的只是一些和我一样手无寸铁、无能为力的人，他们当中没有一个人有收音机，我甚至听不到BBC。如何才能从谎话连篇的报纸中解读出事件的真相？除了《胜利报》和《晨报》，现在每天也可以买到《事业报》和《新时代》。所有这些报纸都言之凿凿地说是纪德、科克托、教师、犹太人，还有《雾码头》之类的电影把我们引向深渊的。一些我过去非常喜欢的《鸭鸣报》的记者——亨利·让松、加尔蒂耶-布瓦西埃——在《今日报》上还想坚持一点自由精神，不过他们也不得不发表一些德国公告和很多亲德的文章。这些妥协性的文章比他挖空心思写的小文章所占的比重要大得多。不过有几份让松的报纸还是非常尖锐的，因此，他坐了几星期的监狱，他的团队也散伙了。苏亚雷斯接受报纸的主编工作，和其他报纸同声出气。德里欧主编的《新法兰西杂志》十二月出版。阿兰是个地地道道的和平主义者，所以他参与杂志的编撰我一点都不感到惊讶。但为什么纪德也在上面发表了他的日记片段？我在"圆顶"遇到让·瓦尔，他也和我一样震惊。能和我的好友圈子以外的人达成共识，让我感到些许欣慰。

可是，几天以后，我意外地遇到一件让我不愉快的事。杜兰，我最近几次跟他聊天，他都跟我数落"德国佬"的不是，他的话深受老兵的沙文主义的影响。那天晚上，我和他还有卡米耶在巴黎剧场的休息室共进晚餐。吃到一半，卡米耶坚定地表明了她对事业的追求，他静静地听着，一声不吭。卡米耶的意思是既然纳粹胜利了，那就应该归顺于它。这是她卡米耶赢得光环的绝佳机会，稍纵即逝，如果否定自己身处的时代，又怎能成为这个时代的弄潮儿呢？她打心眼里认同这种看法，认为自己成名的时机到了。我打断她的话，举了一个我认为无可辩驳的理由：纳粹对犹太人的迫害。

她回答我说："哦！伯恩斯坦负责打理这家剧院的时间够长了，也该轮到别人了。"我也开始喋喋不休地跟她争辩。她露出一副倨傲的嘴脸，双手颤抖，唇边浮现出一个淡淡微笑："不管迫害与否，人们肚子里的怨气总是要发泄出来的。"此时此景，这种幼稚的尼采主义的轻浮言行让我忍无可忍，我几乎要离席而去。碍于情面，加上杜兰好心相劝，我才没有那么做。不过我咽下最后一口饭菜就起身告辞了，我都气傻了，从那以后我很久都没再见他们。

十二月二十八日，当我走在圣米歇尔大街上的时候，我看到一道栅栏前面围了一堆人，栅栏上贴了一张红色布告：

通　　　告

工程师雅克·邦瑟让，巴黎人，因对一名德国军人施暴，被德国军事法庭判处死刑。

于今晨枪决。

他是谁？他到底做了什么？我对此一无所知①。不过第一次，这些"名正言顺"的占领者正式给我们发公告说他们处决了一个没有向他们低头屈服的法国人。

就算在那群奴颜婢膝的人中间，意见也不一致。巴黎的报纸支持拉瓦尔的政策，但贝当却要求他辞职，先是让弗朗丹接替他，之后是达尔朗。在某些观点上，一九四一年一月由德阿创建的全国人民大会反对多里奥的法国人民党和比卡尔的法兰西党。不过他们都指责维希政府对德国的态度太懦弱了。不过，在自由区，军队却支持"民族革命"，阻止安德烈·纪德在尼斯做一个关于米肖的讲

---

① 后来我才知道邦瑟让是帮他的一个朋友背了黑锅，他的朋友在勒阿弗尔街不小心撞到一个德国军官。——原注

座。在那些坚决反对跟德国合作的人眼中,这些分歧、混乱和微妙的差别都没有任何意义。只要是跟德国合作,他们表现出来的都是同样的憎恶。不过,当二月份《我无处不在》周刊再度出版的时候,我还是大为震惊。杂志的整个团队都像染上了集体的偏执狂。他们不仅抨击所有曾经为第三共和国效力的人、所有共产党人、所有犹太人,还猛烈批判所有在自由区试图尽其所能仗义执言的作家。他们疯狂地告发,愈演愈烈。"我们还要求得到另一种权利,"布拉希拉克写道,"就是指出叛徒的权利。"他们照搬不误。

　　这个冬天比去年冬天还冷,连续好多天气温都在零度以下。因为缺煤,我的房间没有生火。我穿着滑雪裤和毛衣睡觉,躺在冰冷的床单下面。洗漱的时候,我冻得瑟瑟发抖。因为实行的是德国时间,所以我早上出门的时候,路上还是黑乎乎的。我赶紧去"圆顶"寻找一点"温暖"。咖啡馆已经不再禁止德国人入内了,就在我吞下一杯代用咖啡的当儿,几个"灰老鼠"[①]把黄油、果酱摆在他们的桌上,他们还给侍应生一袋正宗的茶叶。和以前一样,我坐在大厅尽头隔开的小间写作,不过这里现在已经看不到埋头看报或下棋的难民了。大多数外国人都不见了,几乎所有我熟悉的面孔都消失了。有时候,阿达莫夫会突然出现在我的桌前,眼睛瞪得更大了,好像有数不清的疑窦未解。"还好吧?"他一字一顿地问我,询问的目光盯着我的脸:"你思考过没有?好的主语是谁?谁还好,谁不好?"在我看来,在这一时期,他对词源学和象征手法思考得太多了。认识他的奥尔加告诉我说他很会讲爱尔兰民间故事,还有一堆其他美好的故事。或许他就是靠讲故事来吸引女人的,总看到他和女人在一起,而且还都是些让人怦然心动的美女。可惜跟我在一

----

① 指穿着灰色军装的德国军人。

起，他总是找一些深奥的话题，因此我们都没有迷上对方。他常常会偷偷瞟一眼我的稿子。"你在写什么？"有一次他终于问我了，我勇敢地坦白说："一部小说。""一部小说？"他重复道，"一部真正的小说？有开头，有中间，有结尾？"他的表情非常惊讶，就跟当初我父亲的朋友们读到马克斯·雅各布的诗歌一样。他让我看了他涂写在学生练习本上的《告白》的草稿，我看了很失望，后来他也觉得挺糟糕的。

晚上，我基本上都是在花神咖啡馆度过的，从来没有一个德国占领者踏进过这里。我不再去任何一家夜总会了，因为德国人已经把那里都占了。黑人舞厅关门了。既然看不到电影，我就从看戏剧里得到补偿。我很奇怪我以前竟然没看过杜兰演的《悭吝人》，他演的这个角色比任何其他角色都更传神；凌乱的灰白刘海，惊慌的脸，沙哑的声音，他哭喊自己丢失了钱匣子就像是一个发了疯的旧情人，那神情仿佛是一个中了邪的巫师。在"马蒂兰"，上演的是费多的《手拂过》，戏演得太冰冷，没能让我开怀一笑。大家谈论得很多的是科克托在巴黎滑稽剧场导演的《勃里塔尼古斯》。的确朵尔奇娅扮演的阿格里皮娜看上去像个女帽商，不过幸亏让·马雷年轻火热，尼禄仿佛成了我们这个时代的英雄人物。拉辛又有了新意。勃里塔尼古斯这个角色是一个新手雷吉亚尼演的，故而似乎还有待大大改进。我在鲁罗导演的安德烈耶夫的戏剧《我们的人生》的彩排时见过他，奥尔加也在这出戏里演了一个角色。另一个年轻演员帕雷德斯，他在演出中非常出彩，大家都预言他前途无量。总的说来，我很少外出。我主要的消遣就是听听音乐、看看书，和奥尔加、博斯特、比安卡、丽丝聊聊天。

尽管丽丝在我面前还像个孩子，但她已经过了不懂事的年龄。虽然她的举止还有些莽撞笨拙，不过她柔顺的金发下面那张脸已经变得美丽动人。当她走进"花神"的时候常常会引起骚动。不管她走到哪儿，她的美貌和大大咧咧的做派都会让人眼前一亮。她不常去咖啡馆，刚开始的时候，她会把手伸给侍应生，并称呼他们"先生"。我开始全面地了解她。没有国籍，在父母不和睦、缺少温情的家庭中长大，她的心灵受过巨大的创伤。反之，她认为自己对所有事物、所有人都拥有绝对的权利。她和他人的关系首先是一种天生的敌对。她可以对她的朋友塔尼娅慷慨大方，塔尼娅和她一样，没有国籍，生活困苦。不过在她眼里，所有法国人都是些有特权的混蛋，应该尽可能地在他们身上捞取好处，他们给她的从来都不够多。她在索邦大学注了册，一边准备她的哲学文凭，一边在找朋友。只要看到自己喜欢的男孩或女孩，她就冒冒失失地过去搭话，通常，她都会把人吓走：要么是他们没来赴约，要么就是见过一次面人家就溜之大吉了。最终她缠上了一个二十几岁的大学生，还算英俊，穿着考究，是个富家子弟。他住在一个舒适的单身公寓，建议丽丝搬到他那里去住。她很想离开父母家，所以对这个提议一拍即合。一天早上，我正往"圆顶"走去，她冲我跑过来："你知道，我和安德烈·莫罗睡过了。那很有趣！"不过她很快就开始讨厌安德烈了。他太在乎他的钱、他的健康，墨守成规、畏首畏尾，是个十足的法国人。他每时每刻都想做爱，最后她对此感到厌倦了。她说起他们的性关系就跟粗野的老兵一样口无遮拦。她母亲苦口婆心地劝她跟安德烈在一起：是个好对象，或许她最终可以嫁给他。母亲和安德烈一个鼻孔出气让丽丝气疯了。她对我说，如果我每个月给她一点钱，她就把母亲和安德烈一脚踢开。可是我不能给她钱，她几乎控诉我是在逼她卖淫。她还继续责怪我很少花时间和她待在一起。"你冷酷得简直就像是冰箱里的一个闹钟！"她呻吟道。她和奥尔加水火不容，不过跟旺达却蛮默契的，有时候会一起出去。一天晚上，她们去剧院看彩排，幕间休息的时候，丽丝拿出一大段蒜味香肠坐在椅子上就大吃起来，旺达感觉有点尴尬。丽丝对博斯特很有好感，但当我们俩一谈起萨特，她就对我们俩都很恼火。"您的萨特自以为是个天才！"她对我说。她很庆幸萨特做了战俘："要不是这样，我肯定您不会再理睬我了！"她还笑着说过这样的话："我倒希望您遇到一些小麻烦。"她对人对社会的这种敌意说明了她对丑闻的兴趣，还有我之前说过的怀疑主义：她不信任任何人，只相信逻辑和经验。她不勇敢，如果她认为自己有危险，她就会逃跑。不过，我还是没能说服她，虽然她很强壮，但是男人还是比她力气大。一天下午，在拉丁区一条偏僻的巷子里，三个小伙子从她身边经过，其中一个掐了一下她的腰，她伸手就给了他一拳。结果她被打倒在地，鼻子流血，还打落了一颗牙。从那以后她就避免和男性对手抗衡。不过，虽然我多次警告过她，当她确定自己会占上风时，还是很喜欢大打出手。她以前的一个同班同学，热纳维耶芙·努莱，几乎是个聋子，非常迟钝，我都不知道她是怎么通过中学毕业会考的，有时候她会到卡米耶赛中学门口等我。我不愿意跟她说话，但是她一直跟在我后面，跟着我过街，跟着我坐地铁。她抓住我的袖子："女士，我想成为您的朋友！"我赶她走。她常常给我寄一些非常客套的短信："明天我们可否一同前往卢浮宫？我下午三点在塞夫勒红十字地铁站等您。"我从不回复。当我从学校里走出来的时候，她又在那里等我。有时候丽丝跟我有约，她就会冲到努莱跟前："滚开！""我有权待在这里！"耳背的姑娘回答道。通常努莱都会被吓跑。不过有一次，她采取了丽丝惯用的伎俩，一直跟在我们后头。丽丝扑到她身上，我还没来得及阻止，她就狠狠地揍了她一通。努莱哭着逃走了。晚上，她按了我父母家的门铃，递给我母亲一大束玫瑰花，里面还夹了一张卡片表达她的歉意。不久，我又收到一封她的信："女士，在我家或是在其他任何地方都一样，想做一个指挥别人的将军实在太难了。我受够了，我选择放弃。从今往后，我把自己献给您。我的魅力属于您，我也崇拜您的魅力。把这个消息告诉您身边的人。"之后我就再也没有了她的消息。不过丽丝太仇视她，所以根本不承认努莱的精神有点问题，对赶走她还洋洋得意。丽丝对所有她认为最好不要知道的事情可以视而不见。不过，她非常聪明，在索邦大学，老师们都对她很感兴趣。她在吉尔松课上做的一个口头报告博得了他的大大称许。看到我写作她很恼火，不过她又想学我。她开始写她的童年、她的家庭、她和童子军上校的爱情，故事写得生动活泼、非常有趣。她还画画玩儿，她的画又古怪又迷人。在我眼里，她的活力、她的天分远比她的缺点多得多。

三月底的一个晚上，我吃完晚饭回旅馆，我在我的信箱里找到萨特一张纸条："我在三个火枪手咖啡馆。"我一路跑过德朗布尔街和德拉盖特街，我上气不接下气地跑进厚厚的蓝色窗帘里透出红色光线的咖啡馆，一个人也没有。我跌坐在一张软垫长椅上，一个认识我的侍应生走过来，递给我一张纸条。萨特在这里等了两个小时，他出去转一圈舒缓一下紧张的神经，很快就回来。

过去，我们从来没有因为分开一段时间后重逢而产生问题。但是那一晚，第二天，还有接下来的几天，萨特让我摸不着头脑，他是从一个我难以想象的世界回来的，而他也很难想象我这几个月来生活其间的那个世界，我们都感觉彼此说的不是同一种语言。首先，他告诉我他是怎么逃脱的。卢森堡的边境离他们很近，很多囚犯都是从卢森堡的边境偷跑回法国的。俘房营里成立了一个组织，给他们提供地图、衣服，做了巧妙的安排让他们逃出牢笼。这个组织的成员冒着生命危险，相反，那些要逃跑的人却没有一点风险。

如果他们被抓回来，处罚也是很轻的。萨特一开始想加入一个准备步行去卢森堡的小组。不过，长期以来，他也考虑其他的出路，现在机会突然摆在他面前。在战俘营有不少老百姓，都是德国人在路上、在村子里抓来的。德国人答应过要把他们遣返回国，有一天，他们终于决定放他们走了。只要能出示军籍簿来证明自己的平民身份。如果年纪太小或太老不能去当兵，或者身体不合格的，德国人就会放人。因此要伪造军籍簿。营地里有一群伪造各种足以乱真的图章的高手。问题在于，德国人已经有所怀疑，他们对所有声称身体不合格的人做了调查。不过，他们并没有把这个当成什么国家大事。因此，他们会以平民的名义，将一定数量的战俘遣返回国。就算这次挑选不是那么严格公正，他们也无所谓。因此体检只是敷衍一下，医生也是随便给一个鉴定。在萨特前面的那个囚犯不够机灵。被问道："你有什么病？"他回答："心悸。"这个理由根本就没用，这类毛病太容易装，故而也太难当场诊断真伪。这个笨家伙一脚就被踢回了战俘营。萨特，轮到他的时候，他把眼皮翻开，可怜兮兮地把他几乎快要瞎了的眼睛露出来："视力平衡障碍。"医生对这一显而易见的毛病很满意，萨特被归到平民那一组。如果这次失败，他会在一周后按原计划步行逃走。不管怎么说，他从来没想过他会被关上好几年。他的乐观没有被所发生的一切所磨灭。

我对此并不感到惊讶，同样对他在过去九个月的经历也不感到惊讶，对他在里面是如何度过的也不好奇。让我无所适从的，是他刻板的道德观。我是不是去黑市买东西了？偶尔我会去买点茶叶。您太过分了，他说。在声明自己既不是共济会成员也不是犹太人的文件上签字也是我的不对。过去，萨特向来都是用自己的言行来明确地表明他的观点、好恶，他从来没有用放之四海而皆准的教条来阐发它们，他讨厌那种抽象的责任的概念。我早就料到他会大谈信念、计划，还会发发脾气，但我没想到他现在满脑子的原则。我渐渐开始明白个中缘由。每天面对德国人、通敌者和那些无所谓的人，战俘营里的反法西斯分子组成了一个类似兄弟会的小团体，所有成员都是用一个心照不宣的誓言维系在一起的：永不屈服，决不让步。和其他成员分开后，每个人都发誓要恪守这个信条。不过战俘营的情况要比巴黎简单，在巴黎，活着本身就意味着妥协。萨特对失去战俘的紧张而单纯的生活不无遗憾，但是在平民百姓的生活中，他的不妥协只能是一个形式，他慢慢适应了新的环境。

第一个晚上，还有一件事让我吃了一惊：他说他回到巴黎并不是为了享受温情和自由，而是为了采取行动。"采取什么行动？"我惊讶地问他，"我们太闭塞了，太无能了！""正是，"他对我说，"应该打破这种隔绝，团结起来，组织抵抗运动。"我对此深表怀疑。我曾经见过萨特用只言片语就预示了出乎意料的将来，但是我怕这次他只是用幻想来自欺欺人。

在采取任何行动之前，他让自己先小憩一番。他在巴黎走走转转，看看朋友。他在非常有趣的情形下结识了丽丝。丽丝得知萨特回来心情很糟糕。他第一次回父母家吃午饭的那一天，他跟我约了在他们住的帕西见面。天气很好，我们步行朝蒙帕纳斯走去。在一扇能通车辆的大门的后面，我瞥见丽丝猛地往后一缩。原来她一路都在跟踪我们，笨拙地躲在一根根竖着地铁标志的柱子后面。我和萨特在比亚尔咖啡馆的露天座上坐下来，她就杵在对面的人行道上，恶狠狠地盯着我们。我跟她招了招手，她摇摇摆摆地走过来，萨特冲她笑了笑，请她坐下来。最终她也笑了，同意坐到他身边。不过她对萨特说，如果他不是这么客气或者说让她看了不爽，她一定会用大大的保险别针戳得他流血，这个别针她早就带在身上，为的就是这个目的。看到这个威胁并没有让萨特害怕，她非常生气。

不过丽丝并不是省油的灯。几天以后，我在"圆顶"等萨特，很快，我就开始担心了：通常萨特跟我一样都是很守时的人。一个小时过去了，时间继续过去。他遇到什么麻烦了？他的情况不算合法，我开始感到焦虑不安。他终于出现了，后面跟着丽丝，垂着头，想用头发把自己的脸挡住。"你别生她的气！"萨特说。她在"圆顶"门口截住他，说马尔科在里面，他故意要缠我们几小时。是我让她转告萨特到"三个火枪手"等我，我一摆脱马尔科就过去跟他会合。她陪他去了"三个火枪手"，他们聊了天。因为萨特开始奇怪我为什么迟迟不到，她才平静地说："她不会来。约的又不是这里。""那你为什么撒谎呢？"萨特惊讶地问她。"我想跟您谈一谈，我想了解自己在和谁打交道。"她说。萨特费了好大劲才从她口中套出真相。经过这件事以后，她接受了他的存在，甚至对他非常友好。

　　如果萨特想让自己的身份变得合法，他就必须要到布尔自由区去办理退役手续。不过大学对这些小事并不在意，他又恢复了在巴斯德中学的教职。不久以后，总学监达维与他就德国人、维希政府和通敌行为等问题聊了一次，两人心有灵犀，达维答应萨特第二年让他去孔多塞中学教报考巴黎高等师范学校的学生。

　　因此，复活节假期过后，萨特就开始上课，并积极地寻求一些政治联系。他见了一些以前教过的学生，还见了梅洛-庞蒂，战争期间他当过陆军中尉。他正在准备一篇关于"感知"的论文，他认识高等师范学校一些准备考哲学教师资格证书的学生，包括居赞和德桑蒂，都是坚决的反德分子，他们既对现象学感兴趣，也对马克思主义感兴趣。一天下午，在米斯特拉尔旅馆我的房间里——我们又搬回那里住了——我们第一次聚会。有居赞、德桑蒂、三四个他们的朋友、博斯特、让·布依永、梅洛-庞蒂、萨特和我。德桑蒂笑着提了一个残忍的建议，建议组织一些暗杀行动，比如刺杀德阿。不过我们谁都不认为自己有制造炸弹或扔手榴弹的能力。我们目前主要的活动，除了招募新人以外，就是搜集情报，然后做成简报或传单散发出去。我们很快就发现有很多和我们类似的组织已经存在了。尽管《五角》杂志的负责人都是右翼分子，萨特还是跟他们建立了联系。他还见了一个年轻时代的朋友阿尔弗雷德·佩隆，一名英语老师，为英国做情报工作。他还和卡瓦耶见过几次面，卡瓦耶在克莱蒙发起了"第二纵队"的运动，常常往返于奥弗涅和巴黎两地。有一次我陪萨特一起去"丁香园"聚会，卡瓦耶每次约见面总约在这里，要么就是在小卢森堡公园。所有这些聚会都有一些共同特征：首先，人数有限；其次，不够谨慎。我们总是在旅馆房间、学校书房里开会，但隔墙有耳。博斯特提着油印速印机满街跑，布依永拎着一皮包的传单东奔西走。

除了联络和搜集情报，我们还有一个长远的目标：我们认为应该为未来做准备。如果民主国家最终取得胜利，左派就应该制定新的政策。我们应该通过思考、研究和讨论来将它付诸实践。我们规划的根本可以用两个词概括——两者之间的调和还会出现很多问题——"社会主义"和"自由"，这也是我们的行动指南。不过，失败也未必不可能，萨特在我们的第一份新闻简报中指出，如果德国赢得了这场战争，我们的任务就是不偏安苟活。事实上，我们几乎没有任何客观理由去相信我们会胜利。这场惨烈的战争已经倒向轴心国一边。隆美尔指挥的德国军队，和意大利人一起，已经进驻埃及的马尔萨-马特鲁。意大利人已经占领了整个希腊。英国人被赶出了巴尔干半岛，在欧洲大陆几乎没有什么军事基地。通敌者更加气焰嚣张。反犹太人的迫害愈演愈烈。从现在开始，犹太人被禁止拥有、经营和管理任何企业。维希政府命令他们接受人口普查，并对学生也采取了"numerus clausus[①]"。成千上万的外国犹太人被关进了皮蒂维埃的集中营,并开始把他们运往德国。为了配合这些措施并为其辩护,德国的宣传部门要求所有的法国电影院都放映《犹太人苏士》。人们告诉我说放这部反犹电影的时候,影院里空无一人。和很多巴黎人一样,我一部德国电影也不看。我们想把希望埋在心底,可是前途一片阴暗。

不管怎么说,当得知鲁道夫·赫斯在英国跳伞降落的消息时,我们开怀大笑。尽管德国人千方百计想封锁这条消息,但最后他们的阴谋破产,真相大白,我们高兴了两三天。之后谣言四处传播,说德国国防军企图在英国海岸登陆,但被击退了。有人说在医院里看到德国士兵,烧伤很严重。不管怎样,希特勒一年前夸下的海口——迅速占领英国——已经泡汤了。六月,德国进攻苏联。大家担心又将是一场漂亮的"闪电战"。红军被击退,斯大林的防线被突破了,基辅沦陷,列宁格勒被围。不过,因为苏联领土辽阔,或许不像波兰和法国那么轻易地被打垮。如果苏联还能撑几个月,俄罗斯的严冬一到,德国人或许就要倒霉了,就像当初俄国的冬天击溃拿破仑那样。

在法国,由于苏联的参战而出现了一个由德阿、德隆克勒和其他一些"蒙面党徒"领导的法国志愿军团。它的成立从反面澄清了法国共产党的立场。长期以来,报界都指责共产党亲英,甚至拥护戴高乐主义,大家也不是不知道他们秘密地组织抵抗运动。现在,他们完全暴露了,成了众矢之的。光在巴黎地区,很快就有一千两百多人被捕。

就在这一时期,字母"V"如鲜花盛开在巴黎街头巷尾、在地

---

① 拉丁文,人数限制。

铁站的墙上，它象征了英国的胜利。既然不能遏止"V"字的蔓延，德国人就将计就计把"V"看成是"维多利亚"的缩写，在城里到处写上他们的"V"，尤其是在议会的门楣和埃菲尔铁塔上。戴高乐徽章和洛林十字勋章也开始流行起来。

萨特重新投入创作。在写一部他先在阿尔萨斯、之后在战俘营已经开始酝酿的哲学著作之前，他决定先把《理智之年》写完。一个名叫德朗日的老记者对他很有好感，建议他给马上要在他手下复刊的《康莫迪亚》周刊写文学专栏，他保证这本周刊只涉及文学和艺术领域，不会受到德国人的任何制约。萨特接受了。法译本《白鲸》刚刚出版，萨特正想谈谈这本非同凡响的书，所以第一篇专栏文章就评了这本书。这也是萨特在这本杂志上写的最后一篇文章，因为《康莫迪亚》一出版，萨特就意识到它并不像德朗日所说的，或者说是他所希望的那么独立。尽管德朗日成功地使其周刊的调子有别于其他报刊媒体，他反对《我无处不在》的告密行径，他捍卫那些反对法西斯的价值观和维希政府的道德取向的作品，但作为抵抗运动的一员，知识分子必须恪守的第一个原则就是不在占领区的报纸上撰文。

萨特回来后，我的心就平静了，不过心境和以前还是有一些不同。经历过的大小事件已经让我有了改变。萨特以前说我是"精神分裂"，现在已经被现实磨成了"灰心沮丧"。终于，我承认我的生活并不再只是我自己的故事，而是我和世界之间的一个妥协。这么一来，我不再把冲突和对立看作是不公正的，没有必要和它们去抗争，而是应该找到一个途径绕过它们或忍受它们。我知道自己或许还有一些黑暗的岁月要经历，或许我会被黑暗永远吞噬。这个念头并没有让我感到震惊。这种顺其自然的心态给了我一种从未有过的无忧无虑的平和。我利用这个春天、夏天写完了我的小说，我为另一本书积累素材。

　　偶尔我们会去剧院，没看到特别精彩的演出。玛格丽特·雅穆瓦扮演的"被驯服的悍妇"一角一点都不让人信服，科克托的《打字机》也不如他的其他戏剧作品。洛布罗在《我无处不在》里大肆辱骂了科克托，马雷狠狠地揍了他一顿，我们感觉很爽。马格里蒂斯兄弟——二人曾是"十月派"的成员——上演了《切斯特弗里一家》，该剧的创作灵感和几个桥段都勾起了观众对战前时光的惆怅的追忆；又看见德尼奥扮演大胡子小贩。巴罗在罗兰-加洛斯体育场导演了《哀求的女人们》，由奥涅格①作曲，拉比斯负责舞台布景。演员穿的服装都是由玛-埃达斯特设计的，还戴着面具、穿着高筒靴。哑角的戏份很重。在这出戏之前演了奥贝的一出短剧《八百米》，一部歌颂体育的平庸之作，不过却让我们有幸欣赏到巴罗、居尼、杜菲洛、勒让蒂尔的表演和让·马雷的风采。就在看《哀求的女人们》排练期间，萨特萌发了写一出戏剧的念头。奥尔加姊妹俩都参加了排练。巴罗很喜欢她们，在排练期间，她们问他怎样才能演到一个真正的好角色，巴罗回答道："最好的方法就是有人为你们量身定做写一出戏。"于是萨特就想："为什么我不能为她们写一出？"在战俘营，他创作并导演了一出戏《巴里奥纳》。表面上，这出戏的主题是"基督诞生"的"奥秘"；实际上，该剧探讨的是罗马人占领巴勒斯坦的问题，囚犯们都领会到了其中的寓意，圣诞节的晚上，他们为这出戏剧鼓掌，因为它是抵抗运动发出的一个邀约。那才是真正的戏剧，当时萨特认为：戏剧的使命就在于召唤那些处在同一处境中的民众。所有的法国人都处在同一处境之中，德国人和维希政府每天都要他们活在悔恨和屈辱之中，应该在戏剧中

---

① Arthur Honegger（1892—1955），瑞士作曲家。

找到一个途径跟他们谈反抗、谈自由。他开始构思一个既审慎又简单明了的情节。

这年春天，我们结交了一个新朋友。通过丽丝，我们认识了贾科梅蒂。我以前说过，我们早就注意到他英俊的脸、乱蓬蓬的头发、游荡的样子。我早就知道他是雕塑家，瑞士人。我也知道他曾被一辆汽车撞过，因此他拄着拐杖，走路一瘸一拐的。我常常看见他和漂亮女人在一起。他在"圆顶"注意到了丽丝，跟她说过话，觉得她很有趣，对她颇有好感。丽丝说他并不聪明，她曾问他喜不喜欢笛卡儿，他回答得文不对题，于是她就越发觉得他讨厌了。不过他请她在"圆顶"吃大餐，丽丝年轻、健壮、胃口极好，在她平时吃饭的学生餐厅，她从来没有吃饱过，因此她总是欢天喜地地接受他的邀请。不过，吃完最后一口饭菜，她擦擦嘴就走人了。为了留住她，他会再点一份餐，她照样狼吞虎咽吃得津津有味。当她吃完，她就无情地离开。"真是个野丫头！"他带着某种欣赏的口吻感叹道。为了报复，他会用拐杖轻轻打她的小腿。有一次，她抱怨他邀请她去调色板咖啡馆，和几个索然无趣的人一起，害得她聊天时哈欠连天。后来我们才知道，那两个不速之客是朵拉·玛尔和毕加索。雕塑家的画室对着一个院子，丽丝觉得用来藏匿她从巴黎四处偷来的自行车很方便。我问她对贾科梅蒂的作品有何见解，她尴尬地笑了笑："我不知道，那些作品太小了！"她口口声声说那些雕塑不比一个大头针的针头大。如何去评价？她还补充说，他的工作方法很奇怪。每天白天完成的作品，他晚上都会亲手毁掉，反之亦然。一天，他把工作室里堆得满满的雕塑全装进了一辆手推车，然后把它们倒进了塞纳河里。

我不记得我们第一次见面的情形了，应该是在"利普"，我想。我们很快就意识到了丽丝忽视了贾科梅蒂的聪明。他聪慧过人，才智超群：他贴近现实，善于捕捉事物的本质。他从不满足于道听途说和差不多，他总是直奔事物的主题，无比耐心地去剖析它。有时候，他分析起来头头是道、游刃有余。他对什么都感兴趣，好奇是他热爱生活的一个表现。当他被汽车撞倒时，他曾玩心大发地想："是不是这样就会死？死后我又会怎样？"甚至死亡在他眼里都是一种生动有趣的体验。在他住院期间，每一分钟都给他带来新的启发和灵感，出院的时候他几乎都感到遗憾。他对生活的热望深得我心。贾科梅蒂可以用言语栩栩如生地勾勒人物、环境，他属于那类会让你感觉"听君一席话，胜读十年书"的少数人。他和萨特非常默契：他俩一个全身心投入文学，一个全身心投入艺术；痴迷程度难分伯仲。成功、名誉、金钱，对贾科梅蒂而言都是浮云，他只想把雕塑做好。他到底在追求什么呢？第一次看到他的雕塑作品时，我也摸不着头脑。确实，最大的作品也没有一粒豌豆大。在我们多次谈话中，他阐明了他的意图。过去，他和超现实主义的艺术家关系密切。我记得的确在《疯狂的爱情》中看到他的名字和他一件作品的复制品。当时他创作了一些布勒东和他的朋友们喜欢的"东西"，没有真实的具象，只表达了对现实的影射。不过，最近两三年，他觉得这条艺术道路是个死胡同，他想回到他认为是雕塑的根本问题上来：重塑人脸。布勒东曾大吃一惊："一个头，所有人都知道它是什么样子！"贾科梅蒂也阴阳怪气地把这个句子重复了一遍，在他看来，迄今为止，谁都没有成功地塑造过人脸，所以一切都得从头再来。一张人脸，他告诉我们，是一个不可见的整体、一个意义、一种表情，而像大理石、青铜或石膏这类呆板的材料却正好相反，会把一个整体无限地分割，而分割后的每一小块都和整体冲突，破坏和谐。他尝试把材料缩小到极限，这样他就可以塑造出一些微乎其微的人头，他认为只有这些人头才能表现聪明的眼睛能一窥全貌的人脸的整体性。有朝一日或许他会找到另一种方式来摆脱空间带来的令人眩晕的间离效果，可到目前为止，他还只会以这种方式来完成他的创作理念。萨特自年轻时起就尽力从综合的角度去理解现实本身所蕴藏的真理，贾科梅蒂的探索精神让他特别感动，雕塑家的观点和现象学的阐释不谋而合，因为他要雕塑的是处在某个处境中、和他人产生联系的人脸，因此他可以避免犯主观理想主义和假客观主义的错误。贾科梅蒂从不认为艺术只局限于浓墨重彩地描绘事物的外表。相反，立体派和超现实主义者的影响让他把想象和真实糅合在一起，这一点在当时很多艺术家身上都能看到。在很长一段时间里，他一直致力于创造事物，而不是通过一种类似的材料来展现现实。现在，他批判他自己和别的艺术家的这种抽象化的艺术手法。他谈到蒙德里安，说他认为油画布是平面的，因此拒绝在上面创作三维的物体，但贾科梅蒂冷冷地笑他："当两条线相交的时候，不管怎么说，总是有一条线在上，一条线在下。他的画其实并不是平面的！"在这条死胡同里执着地走得最远的人是马塞尔·杜尚，贾科梅蒂很喜欢他。一开始，杜尚画过油画，包括那幅著名的《被单身汉们脱光衣服的新娘》。但这幅画作只有在观众的注视下才存在，杜尚希望他的作品不用借助任何帮助就可以立稳脚跟。于是他开始用大理石去仿制方糖，但这些仿制品并不能令他满意。他又创作了一些日常用品，非常写实，比如一个棋盘。之后，他又满足于买些盘子、杯子什么的，在上面签名。最后他干脆抄着手，啥也不做了^①。在贾科梅蒂看来，这些伪命题不会回应任何深刻的意义，他真正关心的，是在一个无边无垠、空虚得可怕的空间里保护自己。有一时期，当他走在街上，他必须要

---

① 这个故事是贾科梅蒂告诉我的，我凭记忆把它记下来。——原注

手摸着结结实实的墙才可以避免落入他身边洞开的无底深渊。还有一个时期，他感觉一切都没有重量。在大街上，在广场上，行人在飘浮。在"利普"，他指着挂满装饰品的墙，高兴地说："没有一个洞，没有一个空白！绝对圆满！"听他说话永远都不会觉得厌烦。总算这一次，大自然没有弄虚作假，贾科梅蒂把人脸惟妙惟肖地表现出来了。当你凑近了看它，你就会发现它的轮廓显然和普通人不同。很难预料他会不会"拧下雕塑的脖子"，他能否成功地掌握空间。不过他的尝试本身已经比大多数人的成功更让人痴迷。

在那一年里，我妹妹通过红十字会把她的消息带给我们。她在法罗生活艰难，靠教法语课为生，不过她还坚持画画，利奥奈尔身体越来越好了。如果她不是满脑子对我们所冒的危险充满浪漫的想象，她一定会觉得自己是幸福的。我们常常寄明信片给她，尽量安慰她。但相隔太远，鞭长莫及，那些可怕的遐想还在折磨她。

父亲七月份去世，她再也见不到他了。他之前做过前列腺手术，一开始大家都以为手术很成功。但连续几个月的营养不良让他变得很虚弱，尤其又受到大溃败的沉重打击，突发的老年肺结核在短短几天时间就要了他的命。他面对死亡的淡然从容让我深感震惊。以前他常说既然人终有一死，那么哪一天死就无所谓了。此外，在这个与他格格不入的世界，他已经没有再活下去的理由。但不管怎么说，我很欣赏他可以这么平静地回到虚无。他也没有任何幻想，因为他问我能不能不要请神父来他床前为他祈祷又不让我母亲难过，母亲的确遵照了他的遗愿。在他弥留之际，我目睹了这场严峻而持久的挣扎，徒劳地试图揭开这一人生归宿的奥秘。在回光返照之后，我跟他一起又待了很久。刚开始，虽然他死了，但感觉他还在那里，还是他。之后，我看着他飘飘荡荡地离我而去，我发现自己不过是趴在一具尸体上。

　　如果把手插在裤兜里，不带行李，要过占领区和自由区的分界线并不是太难。萨特决定我们去自由区度假，这样他就可以办理他的退役手续。不过他更重要的目的，是希望"社会主义和自由"这一组织能和其他区的人建立联系。丽丝送给他一辆她非法搞到的自行车，他不忍心拒绝，因为丽丝说无论如何她都不会把车子还给它的主人的。博斯特借我们一顶帐篷和其他一些露营的必需品。占领区和自由区是可以互寄包裹的，我把我们的自行车和行李都寄到罗阿讷一个教士那里，他是萨特被遣返一周后步行逃出战俘营的狱友。我们买了一张火车票去蒙梭雷明。有人给了我们一家咖啡馆的地址，在那里我们找到了一个帮人偷渡分界线的家伙。

　　那个帮人偷渡的家伙前几天被捕了，老板告诉我们，不过或许可以帮我们另找一个。我们整个下午都待在咖啡馆，看着人们进进出出，心里有一点点冒险的喜悦。傍晚时分，一个穿黑衣、四十几岁的女人在我们桌旁坐下。付她一个合理的价钱，今晚她就带我们从乡下穿过分界线。其实我们并不会冒多大风险，但对她而言风险要大得多，因此她格外小心。我们默默地跟着她，穿过草地和散发着清新夜晚气息的树林。她的袜子被铁丝网勾破了，她抱怨个没完。时不时地，她示意我们停下来不要动。突然，她告诉我们，我们已经穿越了分界线，于是我们大步流星地朝一个村庄走去。小客栈里挤满了像我们一样刚刚"偷渡"过来的人。我们睡在一个房间的床垫上，那里已经睡了六个人和一个哭闹的婴儿。第二天早晨，当我们在路上漫步，等着前往罗阿讷的火车，心情多么轻快啊！因为我冲破了一道禁令，我感觉自己就像重获自由一般。

　　在罗阿讷，我们在一家咖啡馆读自由区的报纸，也不比我们那儿的报纸好多少。我们在 P 教士那儿取回了行李，我们去的时候他并不在家。我花了很长时间才把行李都绑在我们的自行车上。这两辆自行车让我很担心，几乎不可能换新的轮胎，而我们的旧轮胎已经补了又补，到处鼓着奇怪的泡，内胎也好不到哪儿去。刚出城，萨特的前轮就没气了。我真搞不懂自己怎么还没学会补胎就开始了这场冒险，不过事实就是我不会。幸运的是，一个修车师傅刚好路过，他教我如何把外胎扒下来，把补内胎的橡皮胶贴上去。我们继续出发。萨特已经有好几年没有骑车远游了，骑了四十公里后，他就筋疲力尽了。我们在一家旅馆过夜。第二天他骑得更起劲一些，晚上，我们在马孔城外的一片大草地上支起了帐篷。这也不是件容易的事情，因为我们俩都笨手笨脚的。不过，几天后，支帐篷收帐篷对我们而言就已经易如反掌，不过是小事一桩。通常我们都会在靠近城市或村庄的地方支帐篷，因为在田野乡间骑了一整天的车，萨特非常渴望晚上能重返烟雾缭绕的小酒吧消磨消磨时间。他在布尔格办理了退役手续。在检查他的军籍簿时，军官不满地说："你不应该伪造你的军籍簿。""那又怎样？难道我应该继续待在德国？"萨特问。"军籍簿是不能随便涂改着玩的！"军官说。"那我就应该继续当囚犯？"萨特反驳道。军官耸耸肩，没敢把他心里想说的话说出来，但他的动作表达得很清楚："为什么不呢？"不过他还是给萨特办了退役证。

我们在里昂周围红色的山丘上散步。电影院在放美国电影，我们赶紧去看。我们穿过圣艾蒂安，萨特把他父母的老房子指给我看，随后我们去了勒皮。萨特更喜欢骑车而不喜欢步行，他觉得走路太过枯燥无聊；而骑车则不同，运动的强度、节奏都在不停地变化。他很喜欢在山坡上冲刺。我气喘吁吁，远远地落在他后面。在平地上，他骑得心不在焉，有两三次都摔在了沟里。"我在想别的。"他对我说。他和我一样喜欢下坡。而且骑车时，风景的变化也比步行时要快。我也是，我很乐意用这些新的乐趣来换我过去对步行的热爱。

不过这次旅行和以往的旅行最大的区别，尤其是对我而言，就在于我的心境：我不再被令人精神分裂的噩梦所纠缠，我感到自己轻松自由。和萨特并肩平平安安地在塞文山区的路上骑自行车，这已经够非同寻常的了。我多么害怕会失去这一切：失去萨特的陪伴和所有幸福！从某种意义上说，我曾失去了一切，之后又失而复得。现在我的每一份快乐在我看来都不是我理所当然能得到的，而是一种幸运，一种上天的眷顾。在这里比在巴黎更能让我感受到我之前曾提到过的那种无忧无虑的超脱。我可以举一件小事来证明这一点。到勒皮的时候，萨特的前胎终于报废了。如果找不到办法换一个新胎，那就得放弃我们刚刚才开始的骑车出游的计划。萨特出发到城里去找人修车，我坐在一家咖啡馆的露天座上看着我们的行李。要是在以前，想到旅行会突然中止，不能遂我心愿，我肯定气得要死，而现在，我耐心地等待，唇边带着微笑。当我看到萨特骑着车回来，前胎是鲜艳的橘黄色，几乎是新的，我不禁满心雀跃。他不知道自己是走了什么狗屎运竟然找到一个修车师傅同意帮他换胎。现在我们可以放心地再骑上几百公里了。

卡瓦耶给过萨特一个他在巴黎高等师范学校曾经教过的学生的地址，这个人叫卡恩，参加了抵抗运动。沿着蜿蜒的小路，我们到了一个栗树林环绕的村庄。卡恩和一个可爱文静的女人还有兴高采烈的孩子们在那里度假。他们还收留了一个蓝眼睛、扎着棕色辫子的小姑娘，正是卡瓦耶①的女儿。在一个铺了红色地砖的大厨房里，我们美美地吃了一顿，点心是几大盆蓝莓。在树林里，坐在青

---

① 我记错了，小姑娘中最年长的那个也是皮埃尔·卡恩的女儿。卡瓦耶从来没有过孩子。——原注

苔上，萨特和卡恩聊了很久。我听着他们的谈话，沐浴着夏日的阳光，旁边是这座幸福的房子，很难相信他们聊的行动和种种危险会真的发生。孩子们的笑声、野浆果的馨香、此时此刻和睦的景象让所有的威胁都变得遥不可及。尽管过去的两年教会我很多东西，但我还是无法预料到，很快，卡恩就将被永远地从他家人身边夺走，那个褐发小姑娘的父亲会站在一堵墙前被枪毙。

从阿尔代什北部到罗讷河谷，这一整天，沿途变幻的景致让我心醉神迷：蓝天变得轻盈，土地变得干燥，蕨类植物的味道被薰衣草的香味盖住了，大地也呈现出热烈的色彩：赭色、红色、紫色。第一批柏树出现了，第一批橄榄树出现了。在我一生中，每次从高山地区到地中海盆地，我都会感受至深。萨特也被下山一路的美景打动了。这一整天只有当我们在拉让蒂耶尔小憩的时候，发生了一点不愉快的事情。我以前来过这个位于法国中部和南部交界处的小城，也很喜欢它。但那天正好是军队的节日。一大群人，老老少少都戴着巴斯克人的贝雷帽，帽子上装点着三色丝带和绶带，在插满红白蓝三色旗的街道上喝酒、嚷嚷。我们又渴又累，不得不停下来歇歇，而且过于强烈的好奇心也让我们想多待一会儿。

我们在蒙特利马尔的北坡搭起了帐篷。一大清早，萨特骑上车，两只眼睛虽然睁开了，但还是睡意蒙眬，结果他一下子从车把前栽下来。在特里卡斯丁，一路上风为我们插上了翅膀，我们几乎没有蹬车就越过了一道道山坡。我们绕远路去了阿尔勒，之后是马赛。

在马赛，我们找到了既便宜又漂亮的房间，面向老港。我们故地重游，感慨万千，以前是在和平时期，现在却是在战争年代。卡纳皮尔的电影院都在放映美国电影，有几家从早上十点就开门了。有时候我们一天会看三场电影。我们在《黑暗的胜利》一片中看到爱德华·鲁滨逊、詹姆斯·卡格尼和贝蒂·戴维斯就跟见到老朋友一样。我们什么影片都看，很高兴看到这些美国的画面。过去的岁月又涌上心头。

萨特在马赛遇到了达尼埃尔·梅耶，和他谈起"社会主义和自由"这个组织，问他是否能给这个团队提出一些指导、布置一些任务？达尼埃尔·梅耶让我们给正要过生日的莱昂·布鲁姆写封信。萨特和他道别，挺失望的。

在南方，我们吃得比在巴黎和中部要差很多。主要的配菜是西红柿，而萨特讨厌西红柿，所以吃得很勉强。当我们出发去波克罗勒的时候，我们没看到一家饭店是开着的，中午我们只吃了点葡萄、面包，喝了点葡萄酒充饥。我沿着大龙虾船路散步，萨特则留在咖啡馆写作。他开始写一出关于阿特柔斯家族的剧本的台词。是一个全新的版本，或者说几乎是全新的，最初总会带一点神话色彩，但我想很快他就会把俄瑞斯忒斯、厄勒克特拉及其家族都赶出他的剧本。

萨特已经把安德烈·纪德列入他的名单，并在他的名字旁边很潦草地写了一个很难辨认的地址：卡洛里斯？瓦罗里斯？应该是瓦洛里斯。我们去了那里，久久地在地中海的美景中徜徉。我们去市政厅打听安德烈·纪德的住址。"摄影师纪德先生？"职员问。叫纪德这个名字的他只认识这一个。我又仔细看了看那个难以辨认的地址，然后在米其林地图上找类似的地名，终于灵光一现：卡布里斯。我们在大太阳底下，沿着陡峭的小路艰难地骑行，到了山顶，可以看见橄榄树林一片连着一片，一直延伸到蔚蓝的大海，优雅、肃穆，和德尔斐、伊特厄一带有点像。我们在一家小客栈的葡萄架下吃了午饭，然后萨特按纪德家的门铃。门开了，萨特吓了一跳，他看到一张纪德的脸，却长在一个年轻姑娘的身上。原来是卡特琳娜·纪德，她告诉萨特说她父亲已经离开卡布里斯去了格拉斯。于是我们又继续去了格拉斯，刚到那儿，我的车轮就瘪了。我在一个泉水池边停下来修车。当萨特去纪德的旅馆找他时，他突然瞥见纪德的身影，于是骑车到他身边，猛地刹车，一只脚拖在人行道上，发出布帛撕裂般的巨响。"嘿，嘿，小心！"纪德边说边示意萨特慢一点。他们走进一家咖啡馆。萨特后来告诉我说，纪德不信任地观察咖啡馆里的其他顾客，换了三次座位。不过就萨特看来，不太明白这么做有什么意义。"我会跟艾尔巴尔说的，"他打了一个含糊的手势，"艾尔巴尔或许……"萨特告诉纪德他第二天和马尔罗有个约会。"那好！"分手时纪德说，"我祝你和马尔罗会面愉快。"

马尔罗在圣让卡普菲拉一幢美丽的别墅里接待了萨特，他和若赛特·克罗蒂斯一起住在那里。他们中午吃了一只美式烤鸡。马尔罗礼貌地听萨特讲完，就目前而言，在他看来任何行动都没什么效果，他打算依靠苏联的坦克、美国的飞机来赢得战争。

从尼斯出发，我们又踏上去阿尔卑斯山区的道路，我们穿过了阿洛斯山口。一个阳光灿烂的早晨，我们开始了下一段旅程，前往格勒诺布尔，去科莱特·奥德里家。我们在一个山口吃了午饭，我喝了白葡萄酒，喝得不多，但太阳晒得厉害，所以喝完我还是感觉有点头晕。我们开始下坡。萨特骑在我前面大约二十米远，突然，我迎面碰上两个骑车人，像我一样，也骑在路中间，甚至稍稍还有点靠他们的左边。为了避开他们，我朝空的路那边靠，结果他们也赶紧往右边靠。我就要和他们迎面撞上了，结果我的刹车失灵，根本停不下来。我又朝左边偏了偏，摔在路边的碎石子路上，离悬崖只有几厘米的距离。这时我脑子里一闪念："是啊！骑车应该靠右骑！"继而又想："看来我是完蛋了！"然后我就昏死过去。当我再睁开眼睛，我发现自己站着，萨特用一只胳膊搂着我，我认出了他，但脑子里还是昏沉沉一片。我们走到最近的一幢房子里，人们给我喝了一杯烧酒。就在有人给我擦脸的时候，萨特骑车到村子里找医生去了，医生不肯来。他回来的时候，我差不多已经清醒了。我记得我们在骑车旅行，我们要去看科莱特·奥德里。萨特建议我们继续骑车上路，只有十五公里的路了，而且还是下坡。但我感觉浑身跟散了架似的，我根本没法想象自己再登上脚踏板。于是我们坐上了一列小齿轨火车。周围的人都惊讶地看着我。当我按响科莱特·奥德里家的门铃时，她失声尖叫，认不出我了。我照了照镜子，我掉了一颗牙齿，一只眼睛眯成了一条缝，我的脸肿得有原来两个大，皮肤全蹭破了，嘴唇肿得连一颗葡萄都塞不进去。我什么都没吃就躺下睡觉了，心想我的脸可能永远都不能复原了。

第二天早上，我的脸还和前一天一样丑，但我找回了勇气再次骑上我的自行车。那是星期天，骑车去尚贝里的人很多，大多数和我擦肩而过的人都会惊讶地冲我吹口哨或大声笑话我。接下来的几天，每当我走进一家商店，所有的目光都会停在我身上。一个女人焦急地问："是……是一场车祸？"我一直后悔当初没回答她说："不是，是天生的。"一天下午，我骑在萨特前面，在一个十字路口等他。一个男人笑着对我说："他把你揍成这副德行，你还等他？"

不过，前往汝拉山区的路上已初露秋意。早上，当我们从旅馆出来，白雾笼罩四野，可以闻到一点落叶的气息。慢慢地，阳光撕开阴霾，射出万道光芒，暖暖的阳光照遍我们周身，我的皮肤又感受到了童年的幸福。一天晚上，在小客栈的一张桌子上，萨特又写起剧本来了。不，他没有放弃阿特柔斯家族这个题材，他想到了如何用他们的故事来抨击道德秩序，来拒绝维希政府和德国试图强加给我们的负疚感，来谈谈自由。写第一幕的时候，他从桑托林这个地方得到灵感，这里迎接我们的一切是那么凄凉：艾姆伯里欧，看

494

得人眼花的白墙，炽热的阳光。

科莱特·奥德里告诉我们沙隆附近的一个村庄，从那里很容易越过自由区和占领区的分界线。早上，我不知道有多少人显然都抱着同样的目的走在这条大路上。下午，我们二十几个人都骑在自行车上，围在一个帮助偷越边界的人周围。我认识其中的一对，以前常在"花神"看见他们：一个金发、蓄着金色小胡子的英俊小伙子和一个金发美女，美女是捷克人。穿过树林里的羊肠小道，我们到了一条布满铁丝网的路上。我们从铁丝网下面爬过去，然后以最快的速度散开。我猜想那个带我们偷渡的人和德国哨兵之间肯定串通好了，因为他一点都不小心谨慎。

我觉得勃艮第很美，秋日的葡萄牙五彩缤纷，但我们口袋里已经没有一毛钱，我们强忍着饥饿，去欧赛尔等一张汇票。我们一拿到汇票，就跑到一家餐馆，马上给我们上了一盘菠菜。我们坐火车回到巴黎。

我度过了几周幸福的生活，我也得到了一种体验，它将在接下来的两三年里继续影响我：我差一点没命。想到死亡一直让我感到恐惧，自己竟然这么近地和它擦肩而过，这一经历对我而言非常重要。我对自己说："当时我可能永远都不会醒过来了"，突然，感觉死去是那么容易。于是我亲身体会到了以前在《卢克莱修》一书中读过的观点。现在我知道了，确切地说，死亡没有任何意义，人永远都是不死的，再也没有一个人可以承受死亡。我认为我已经永远地摆脱了对死亡的恐惧。

我们在勒梅尔夫人家结束了我们的假期，我们回到巴黎准备开学。在这个夏天，政治气候已经变了。八月三十一日，共产党人在圣但尼门附近煽动了一场暴动，两名示威者于十九日被枪杀。八月二十三日，一个德国士兵被杀。八月二十八日，在法国志愿军团出发去苏联前线的欢送会上，保罗·科莱特朝拉瓦尔和德阿开了枪。在铁路线上发生了一系列的破坏活动。法国当局悬赏一百万法郎，让大家帮助当局捉拿滋事造祸之人。皮舍已经让警察局在自由区和占领区发动了一场大肆搜捕共产党人的行动。德国人也不再大谈亲善，而是摆出威胁的论调。他们颁布了一条法令，所有胆敢宣传共产主义的人都将被处以死刑。他们成立了一个特别法庭，专门审判那些从事反德活动的分子。八月二十二日，他们张贴了一个布告，宣布了他们的一系列镇压措施：只要有一个德国人被杀，他们就会枪杀一批人质作为报复。八月三十日，他们宣布将五名共产党人和三名"间谍"处死。从那以后，巴黎的墙上常常可以看到黑边的红色或黄色的布告，它们和十个月前那张让我深受震动的布告一样：被处决的人质通常挑的都是共产党人和犹太人。十月，两个德国军官被杀，一个在南特，另一个在波尔多，九十八名法国人被枪杀，他们当中有二十七人之前是关在夏多布里昂集中营里的囚犯。

从伦敦传来的指令让个人停止暗杀德国军人的行动。但是，十一月，手榴弹又飞进了被德国人占领的餐厅和旅馆。尽管镇压得很厉害，但"恐怖"活动还是越来越频繁。通敌者大肆抨击这一抵抗运动，巴黎的报纸要求血债血偿，并对里奥姆一案审理的缓慢速度和警察局的无能大为光火。"对这些危害祖国的凶手绝不能仁慈。"布拉希拉克这样写道。这些人的无耻简直丧心病狂，因为他们丝毫不怀疑胜利属于希特勒。在苏联，德国人在十月初打响了莫斯科战役，他们的先遣部队受到阻击，但红军的反攻还是失败了。珍珠港事件促使美国迅速参战，但日本人在太平洋地区赢得了一连串的辉煌胜利：他们侵占了婆罗洲、马来西亚、香港、菲律宾、澳门半岛、苏门答腊和爪哇。

对我们这些既不愿意承认德意志帝国的胜利，又不敢相信它最终将被击败的人而言，那是一个捉摸不透的时期，甚至连我的记忆都变得混乱了。我常常感到，一旦和平再来，对那些没有经历过这一时期的人谈论这些该是多么不容易的事儿啊①。现在，时隔近二十年，我无法回忆起真实的情况，哪怕是对我自己而言。我只能勉强挖掘一些时代特征和几个片段。

在政治上，我们觉得自己已经变得彻底的无能为力。当萨特创建"社会主义和自由"这个组织的时候，他曾希望这个团队可以加入一个更大的组织中去。但我们假期的旅行收效不大，回到巴黎，情形也一样令人灰心失望。最初涌现的各种运动和组织解散的解散，瓦解的瓦解。和我们的组织一样，它们都是在个人的倡议下组建的，汇集了一些毫无地下工作经验或者根本没有任何工作经验的中产阶级和知识分子。在这里，各个组织之间想联络或合并都比在自由区要困难很多。这些组织各自为营，这种散兵游勇的阵势自然成不了气候。共产党人有一个机构、一个组织、一个纪律，因此他们一旦决定行动，就会取得显著的效果。右翼的爱国人士拒绝和他们接洽，但非共产党左派并不反对和他们走得很近，左派人士不再像一九三九年那样义正词严地批判《苏德互不侵犯条约》：如若不是苏联不惜一切手段得到一时半刻的喘息，或许如今它就无力抵抗德国的入侵；如果说人们现在还对斯大林的外交政策有所保留，但至少不敢对它全盘否定、大肆抨击了。不管怎么说，萨特认为，今天在法国，建立一个统一战线是势在必行。他试图和共产党人取得联系，但共产党不信任所有不是由党创建的组织，尤其是那些"小

---

① 这是我在《名士风流》中借安娜之口表达的切身感受，安娜想和斯克利亚西纳谈论这个话题，却发现："一切比她所想的更糟糕，更难以忍受：真正的不幸，并没有真正降临在我头上，但是它们却一直萦绕在我的脑海中，驱之不去。"——原注

资产阶级知识分子的组织"。他们对我们的一个同志说，德国人把萨特放了，那肯定是萨特同意为德国人效力当鹰犬。我不知道他们是不是真的相信这一点。不管怎么说，他们在他们和我们之间竖起了一道无法逾越的藩篱。我们遭遇的冷落大大打击了我们的热忱，很多成员都离开了组织。此外，居赞，年轻的哲学家，我们团队中最有天分、最坚定不移的一员，感染了肾结核，不得不去南方治疗；萨特没有试图去阻止组织的瓦解。六月，成员的一些顾虑迟疑已经让他感到痛心。盖世太保逮捕了很多"五角"组织的成员，萨特年轻时代的朋友佩隆被送去集中营，一起被捕的还有一个学哲学的很有才华的女生伊冯娜·皮卡尔，她曾跟我实习过，是另一个和我们的组织类似的组织的成员。他们会生还吗①？如果他们死了，那多荒谬啊！他们还从未做过任何对抵抗运动有用的事情。到那时为止，我们还算幸运，没有任何成员被捕，但萨特清楚如果让"社会主义和自由"这个组织继续存在，他只会让我们的同志冒些无谓的风险。整个十月，我们就这一问题已经讨论过无数次。老实说，是他自己在内心做权衡，因为我们的观点都是一致的：如果只是因为固执而对某个人的死负有责任，这让人很难原谅自己。创建组织的计划，萨特在战俘营里就已经酝酿了很长时间，出来后他又筹划了好几个星期，现在让他放弃实在代价很大。不过他还是违心地把组织解散了。之后，他全心全意投入他已经开始写的剧本的创作，这是他能够采取的唯一的抵抗方式。

　　我们工作很勤奋。除了戏剧，萨特还忙着写他的哲学论文；《合流》和《南方手册》请他写评论文章，他给他们寄了稿子。他把我的第一部小说的手稿交给布里斯·帕兰，我又开始写另一部。我

---

① 他们没有生还。——原注

要在书中谈抵抗运动，我知道它只能等到战后才可以出版。但是，我们已经决定要怀着最后必胜的信念去生活。这一决心支撑着我们，虽然它还不足以让我们的内心得到平和。打赌、希望都不等于知道，甚至不等于相信。偶尔，我也会想一些可怕的事儿。如果纳粹的统治持续十年、二十年，如果我们不向它屈服，那我们肯定会落到和佩隆、伊冯娜·皮卡尔一样的下场。我远不能想象集中营的真相，被送走对我而言首先意味着分离和沉默。那我如何才能忍受得了？迄今为止，我一直对自己说，大难临头总有一个办法可以求得解脱，那就是自杀。但突然，这个念头也打消了。十年，十五年，我每时每刻都会想到或许萨特还没有死，这样我就不敢自杀了，想到他或许还活着。我仿佛感觉自己已经陷入这一困境，不禁感到喉咙发紧。我把脑海中的这些画面赶走。我努力说服自己，我会经受住最坏的考验，有时候我真的说服了自己。我恢复了平静，我让自己只活在当下，只是当下，如果在过去，那是一堆快乐的计划，充满对未来的遐想。可是回到当下，一切都化为乌有。两年前，巴黎还是让我好奇的世界中心，而今天的法国已经沦为一个被监控的所在，与世隔绝。我们曾经热爱的意大利、西班牙，如今已经成了我们的敌人。在我们和美国之间正密布着像黑夜和火一般的乌云。从境外传来的唯一的声音是 BBC 英国广播电台，我们感觉被罩在一个无知的大钟里，喘不过气来。

至少，我不再像去年一样觉得孤单。我的激动、我的等待、我的不安、我的反抗，我都和大家分享，不是和某个确切的人，而是这种息息相关的陪伴鼓舞着我。它无处不在，在我周围，在我心中。是它，通过我心脏的跳动，让我感动，让我憎恨。我发现自己以前不知道什么是仇恨，只知道比较抽象的愤怒；现在，我了解了仇恨的味道，它把矛头狠狠地对准我们最熟悉的敌人。贝当的言论比希特勒的言论更让我受不了。我批判所有的通敌者。和我相仿的知识分子、记者、作家，他们一旦投敌，我就会深恶痛绝，打心底里厌恶他们。当一些文人和画家去德国向我们的征服者表归顺献忠心的时候，我有种自己被人出卖的感觉。我认为德阿、布拉希拉克的文章，他们的告发、煽动谋杀的言论和达尔朗的行为一样，都是不可饶恕的罪行。

恐惧、愤怒、盲目、软弱，这就是我生活的底色。但有时候也会有希望的闪光，直到那时，我还没有经历过战争直接给我造成的痛苦。我还没有因为战争而失去任何一位至亲。萨特虽然被俘，但最终还是回来了，他的身体和个性都没有受到什么影响，在他身边根本就不可能感到枯燥乏味。尽管我们所在的地方多么闭塞，他的好奇、他的激情让一切都变得生动有趣。巴黎，乡村般的街巷，广阔的天空，我们身边的所有人，他们的脸，他们的经历，还有那么多的东西可以去看，可以去理解，可以去爱！虽然我已经没有了安全感和狂喜的心情，但每一天我都是愉快的，我常常对自己说，无论如何，这份细水长流的快乐仍不啻为一种幸福吧。

从物质方面看，生活比去年冬天更艰难。此外，萨特和我还有其他负担。丽丝决定离开安德烈·莫罗，也不愿意回她父母家。她住在德朗布尔街一个破旧不堪的小旅馆里，我们得帮她。我们还帮助奥尔加、旺达、博斯特，他们的日子也很贫困。即使是在很次的餐厅，被称作"野味"的奇怪的肉对我们而言都太奢侈了。我在米斯特拉尔旅馆租了一个带厨房的房间，我去我妹妹的画室找了一个炖锅、几个煎锅和餐具，从今往后，我就自己做饭了，博斯特常常会过来帮忙。我对做家务不感兴趣，为了能凑合做点儿，我用了一个很平常的方法：利用自己对食物的兴趣，在这三年间，我养成了一个怪癖。每次定量供应券一发下来，我绝不会浪费一张。在街上，在商店的货架上，我都在四处搜寻可以不用券买的食品，这就跟寻宝一样，让我兴致勃勃。如果我找到一个甜菜或一棵大白菜，那该多幸运啊！大家在我房间里吃的第一顿午饭是萝卜泡菜，我为了让它可口一点，在上面淋了一点汤料。萨特说味道还蛮不错的。他什么都吃，有时候就算不吃也没问题。我就没有他吃苦。我常常感到饥饿难当，这也是我对出去找吃的那么热心的部分原因：几包面食和干菜，一点燕麦片。我又找到了童年过家家游戏中我最喜欢的模式：在穷困潦倒中精打细算地过日子。我看着我的财富，目测还能维持几天的生计，我橱柜里藏着的就是我们今后的日子啊。一粒粮食都不能浪费，我懂得了节俭和存粮的快乐。我一点也不抱怨为此花掉的时间，我常常一边干活一边和很乐意给我帮忙的博斯特、丽丝聊天。有时候我花几小时给四季豆去筋，把被虫蛀了的豆子从好豆子里拣出来。我对烹饪前的准备工作总是草草了事，不过却很享受烹饪的过程。我记得，十二月初，一个傍晚，因为刚发生了一起暗杀行动，宵禁提前到晚上六点，我只好把自己关在家里。我写作，外面是一片冷冷清清的寂静，火炉上炖着的蔬菜汤散发着香味，诱人的香味伴着煤气发出的嘶嘶声。虽说我不是个地道的家庭主妇，但我多少还是体会到了当家庭主妇的快乐。

不过，我并不觉得日子比以前更艰苦。我们还年轻，身体也还好，我不担心吃得差会对我们有什么大的影响，偶尔的胃痉挛也并无大碍。我很轻易就戒了烟，应该说我从来就没有真正喜欢过。当我写作的时候我会把烟点着，为的是让自己更清楚地意识到时间的流逝，但我甚至都不会把烟吸到肚子里去。萨特却很难忍受少抽烟，在人行道上，在"三个火枪手"的软垫长凳下，他满地捡烟头，把别人吸剩下的烟屁股塞在自己的烟斗里。他从来无法忍受在烟斗里装烟鬼们抽的那种奇怪的烟草，这种烟草让花神咖啡馆弥漫着一股草药店的味道。

　　穿也是个问题。我们不愿昧着良心去黑市，而且黑市的价格也不是我们能买得起的，但发的布票又少得可怜。父亲去世后，我拿到一些布，够让我做一条裙子和一件大衣，我很爱惜这两件衣服。深秋时节，很多女人都把裙子套在裤子外面穿，为了更保暖，我也学她们。除了去学校上课，我会穿滑雪衣和大靴子出门。在以前，作为消遣，我还是蛮喜欢梳妆打扮的，现在我不想给自己添麻烦，因此对打扮也不再上心。保持最低限度的体面都不容易。连修鞋子都要用券，于是我就满足于穿木底皮面套鞋，市场上刚开始做这样的鞋卖。干洗店贴出来的价格贵得离谱，但如果想自己洗衣服，又很难搞到汽油。常常停电，因此理发店也是不定期地开门营业，烫个发简直是件大事，因此头巾流行起来了：既代替了帽子，又免去了做头发的麻烦。有时候我也会绑头巾，一来方便，二来也适合我。这个习惯我后来一直保留了下来。一切从简。我脸上的肿块渐渐消了，刮伤的皮肤也愈合了，但我不愿费事去把我掉在格勒诺布尔路上的牙镶上。我的下巴上长了一个很丑的疖子，越长越大，还有点化脓，我也不去管它。不过一天早上，我还是受不了它了。我站在镜子面前，用力挤它，挤出一点白白的东西。我挤得更用力了，刹那间，我感到自己跟做了一个超现实主义的噩梦一样，从我脸上长出一只"眼睛"，原来是肉里嵌了一颗牙齿，正是我摔倒时磕掉的那颗牙。它嵌在那里已经有几星期之久了；当我把这个故事讲给我的朋友们听时，他们都笑翻了。

　　我对自己的外表也不在意，因为很少见人。贾科梅蒂去了瑞士。我们有时候去帕尼耶家吃晚饭，他现在有了两个孩子，住在圣米歇尔大街六楼的一个公寓里，从那里可以一览卢森堡公园和大半个巴黎的美景。他很快就不再为维希政府辩护了，现在我们观点一致，他妻子对我们也很热情。二十几岁的时候，他虽然谦逊但很有冲劲，现在却整天阴着一张脸。在他刚结婚那阵子，他开心地对我们说："你们两个，你们走上了写作的道路；我呢，我在另一条道路上取得了成功：建立了一个幸福美满的家庭。这也不错。"可是没过多久，他又说我们嫌他无聊，为了坐实他的这一推断，他千方百计让我们觉得厌烦，他故意没完没了地跟我们聊一些我们一点都不感兴趣的话题，比如带孩子，比如做菜。偶尔也能找到过去那种融融洽洽的感觉，但那种感觉稍纵即逝。我们和马尔科再没有什么亲密的往来。他现在常常秃着头、神情黯淡、扭着肥臀，在蒙帕纳斯的市场上晃荡，寻找疯狂的爱情。偶尔，他会跟我们一起喝上一杯，给我们介绍一个小混混，在我们耳边绘声绘色地说着悄悄话："这是条天不怕地不怕的硬汉子"或"这是个强盗"，还有一次甚至告诉我们"这是个杀人犯！"。我们几乎只和几个我们所谓的"家人"来往：奥尔加、旺达、博斯特、丽丝。他们和我们之间以及他们相互之间都有着很微妙的关系，我们也很尊重彼此之间关系的独特性。博斯特，我通常总是和萨特一起见他。除此以外，我们一般都是"二重奏"的组合，当我在"花神"跟奥尔加或旺达聊天，当萨特和旺达一起出去，当丽丝和旺达一起谈心，我们谁都不会想到要走过去和他们坐在一起。别人觉得这种模式很荒唐，我们却觉得很自然。部分原因可能是我们这个"家庭"的成员都很年轻，每个人都有自己的个性，沉浸在自己的小世界里，希望得到别人全部的关注。不过一直以来我们都喜欢两个人面对面地谈心，我们应该一直保留这个形式。只要是两个人谈心不受他人干扰，那么最琐碎的话题也会聊得津津有味。矛盾、默契、回忆、兴趣也随谈话对象的不同而变化，如果同时要和几个人一起聊天——除非是一些很特殊的场合——谈话就会变得客套。可能是一个有趣的消遣，也可能平淡无奇，甚至让人觉得累，那就不是我们所希望的真正的交流了。

我们已经不再去蒙帕纳斯了。我们常在三个火枪手咖啡馆吃早饭，有时候我也在那里写作，咖啡馆里人声鼎沸，锅碗瓢盆也叮当作响，一台收音机声音大得可以盖过一切。晚上，我们在"花神"只能喝到啤酒或咖啡的替代品。几个咖啡馆的常客搬到马赛去了，据说在那里开了一家小型的果脯加工厂，在巴黎也有这种黑乎乎的东西卖，是用从非洲海运来的蜜枣和无花果渣做的。不过总的说来，咖啡馆的顾客没什么变化。索尼娅依然艳压群芳，还是那么美丽、那么优雅，在为数不多的女宾中一枝独秀。我们又看到那对金发的情侣，他们曾经和我们一起"偷渡"。小伙子名叫若西翁，是个作家，他的女朋友是捷克犹太人。他们和另一对年龄相仿的情侣过从甚密：女的叫贝拉，身材娇小，褐色头发，奶油般的肤色，她也是犹太人，也很迷人，她总是笑容满面。在新顾客中，我们注意到一位金发女郎，肤色白皙，非常漂亮，名叫若埃尔·勒弗夫。她常常独自坐在一张桌前，几乎不和任何人说话，她有点纤弱的优雅很吸引我们。以前我们就常常注意这些令人心动、妩媚勾魂的美人，她们来"花神"寻找属于自己的未来。我们在一旁看着她们的种种手段伎俩，暗地里揣度她们的过去，估算她们成功的机会。国难当头，但这并没有减少我们对每一个个人的兴趣和关注。

圣诞节，我们去拉普埃兹。勒梅尔夫人已经不再开车了，我们带着自行车上了火车，之后骑上自行车从昂热到村子，骑了大约二十公里地。一直骑到这个土壤肥沃却依然艰苦的乡村。不过为圣诞大餐还是准备了一只火鸡，我们通常都是中午吃火鸡肉。每天晚餐我们都要求吃同样的东西：苹果薄饼，总能让我们吃得心满意足。之后，勒梅尔夫人会给我们喝一种烈酒，喝得我们热乎乎的。此外，房间里生了旺旺的火，一点也不冷。我们舒服得都不愿意出门。我们看看书，写写东西，和不再去巴黎的勒梅尔夫人聊聊天。

我们看书，不过书店橱窗里的书不再能吸引到我们。没有英国小说，也没有美国小说，新书也很少。在《何时休》一书中，雷蒙·盖兰，当时还是个战俘，惟妙惟肖地描写了他患了直肠癌的父亲漫长的垂死挣扎。我的心被这个可怕的故事揪住了。我对杜梅齐尔关于神话和神话学的著作很感兴趣，我继续研究历史，一直追溯到古代。尤其是一本关于伊特鲁利亚①人的书让我震惊不已，我跟萨特描述了他们的丧葬仪式，这为他创作《苍蝇》第二幕提供了灵感。

剧院也没有给我们提供什么吸引人的戏剧。因为阿兰·洛布罗的干预，重新搬上舞台的《可怕的父母》被禁演了。我们看了《朱庇特》——一出有点粗俗的喜剧，雅克琳娜·布维耶，也就是日后的帕尼奥尔夫人，她轻盈生动的表演部分弥补了这出戏的不足——和克罗姆兰克②的《绿帽王》。《西方世界的花花公子》曾经是我们年轻时代情有独钟的必看剧目，但在马蒂兰上演的戏却排得很拙劣，令我们大失所望。一九四二年一月，韦莫雷尔上演了他的第一部戏剧《贞德和我们在一起》。贞德这个角色一开始是由若埃尔·勒弗夫扮演的，她刚刚出道，报纸对她宣传挺多。之后，报纸又说她出于健康原因不能继续排练。在"花神"，大家窃窃私语，议论纷纷，说她无法胜任这个角色。我们看到她坐在平时的桌子前，还是独自一人，弱不禁风的样子，想到她所受到的侮辱和失落，我们不由得为她难过。或许她的病情会因此加重？因为她的身体的确很

① Etruria，意大利中部的古城。
② Fernand Crommelynck（1886—1970），比利时剧作家，《绿帽王》是他创作于 1920 年的一部戏剧。

弱，几个月后，她就死于肺结核。我们对她几乎一无所知，但她的命运中有某种荒谬的东西让我们痛心。

最终扮演贞德的是贝尔特·蒂桑。尽管她个头小，带着卢森堡口音，但她镇住了观众。韦莫雷尔写了一出很聪明的戏剧：它抨击了英国人，但影射的却是"占领者"，科雄和他的一众教士就像通敌者，当贞德自豪地反驳他们时，观众热烈鼓掌，清楚地表明了他们反对德国和反对维希政府的立场。

杜兰在卡米耶的影响下，答应担任萨拉·伯恩哈特剧院的经理，将其更名为"西岱岛剧院"。他首先上演了卡米耶创作的一出戏《于尔森公主》，并没有获得成功。在法兰西喜剧院，巴罗塑造了一个魅力十足的哈姆雷特，但这个骨瘦如柴、神经兮兮的哈姆雷特更像是拉福格模仿剧中的角色，而不像莎剧中的人物。在蒙帕纳斯剧院，让·达尔康特剧团演了《天青石》，不过改编得淡而无味。

三月三日晚上，当我们看完《天青石》走出剧院，只见天空闪闪发亮，听到的声音让我认出那是高射炮的轰鸣。警报声呼啸。大家站在人行道上一动不动，仰头张望。到底发生了什么事儿？是英国人在巴黎丢炸弹？还是德国人在做警报演习？我们在疑惑中入睡。第二天，报纸大肆报道：英国人让法国人流了血。他们轰炸了比扬古的雷诺工厂，在那一带造成了很多伤亡。德国宣传机构对这一空袭大做文章。

三月，萨特很喜欢的一个战俘营的狱友被遣返回国。他是个文艺青年，名叫库尔博，曾经干过一点新闻工作，空闲时就画画，娶了勒阿弗尔一个大律师的女儿。他给《巴里奥纳》这出戏画了布景，还扮演了皮拉特这一角色。他有点焦虑，搞不懂自己日后要做什么。他那张中产阶级特有的优柔敏感的脸让我想起我的表兄雅克。他和妻子住在岳父的大房子里，邀请我们去他那儿住两天。复活节假期的第一天，我们一大早就骑自行车离开了巴黎。我们穿过老街区被焚毁后的鲁昂、满目疮痍的科德贝克。在勒阿弗尔的郊区，很多房子都被炸毁了，维尔纳德先生，库尔博的岳父，对我们说："我可以给你们看更精彩的！"言语中带着一丝洋洋得意。他的房子在港口不远处的高地上，空袭的晚上，他在家就能把全城尽收眼底。他滔滔不绝地跟我们描绘从窗口看到的空袭的壮观场面，当一个重要目标被击中时他喜悦的心情。我问他是否害怕，他回答说："习惯了！"他带我们去看废墟。在附近，很多别墅都被英国皇家空军摧毁或炸坏了，再往下走，一些很大的街区整个被夷为平地了。"这里，"他对我们说，"曾经是个炼油厂。你看，现在一点痕迹都没留下……那里，曾经是仓库。"听着他愉快的声音，还以为是一个大庄园主在带领他的客人参观他的产业呢。之后，我们和库尔博去了圣弗朗索瓦老街区，那儿如今只是一片杂草丛生的空地。加里翁街已不复存在，那些古老的水池、水手们的夜总会和我们曾经很喜欢的贴了石板外墙的房子都不见了。我还记得一九三三年的那一天，我们坐在海鸥咖啡馆，我们不无伤感地以为将来不会有什么大事发生在我们身上，如果我们当时就能从水晶球里看到一九四二年春这里的景象，该会多么惊愕啊！我还会遗憾当时那和平和懵懂无知的岁月吗？不会。我太执着于真理，不会为这些幻想而悲哀，更何况只是些平淡乏味的幻想。

晚饭吃的是芜菁甘蓝，不过做得非常精致奢华，饭后，我们听BBC。直到午夜才各自回房睡觉。我刚躺下就听到警报声，马上就听到轰隆隆的爆炸声，高射炮开火了。这一次，我真正意识到危险了。我在恐惧的边缘犹疑不决，但是我实在是太困了，想到要不能睡觉、眼睛睁着、喉咙发紧，我就无心动弹了。"是福不是祸，是祸躲不过。"我对自己说，我在耳朵里塞上耳塞，我已经习惯每晚都用它了。今天，我自己都对自己淡漠无所谓的态度感到震惊，可能是平时听过很多次警报声都能毫发未伤，还有经历多了也让我对这种警报有了暂时的免疫力。事实就是我一觉睡到大天亮。库尔博指给我们看花园里的高射炮的弹片，几百米远的地方，一些房子被炸毁了。

　　萨特和库尔博常常聊战俘营的事，还有他们的狱友，尤其是一个年轻的神父帕热，他的魅力和恪守信仰的行为赢得了萨特的好感。十八个月前，其他神父都在争之后被证实是空穴来风的获释机会的时候，他淡然拒绝了。他不认为司铎职务可以赋予他任何特权。他也没有打算逃跑，他认为自己位置就在战俘营。他总是吃苦在先，他是塞文山区一个偏远乡村的本堂神父，他选这个地方是因为它的荒蛮。他对自由有一种热切的追求。在他眼中，法西斯主义把人贬为奴隶，是违背上帝的旨意的。"上帝非常尊重自由，他希望他的造物首先是自由的，而不是毫无过失的完人。"他这样说。他的这一坚定信念和深厚的人道情怀让他和萨特走得很近。在没完没了的讨论中——萨特对此总是乐此不疲——他和战俘营中耶稣会士的观点不同，他认为基督是充满人性的：基督和所有的婴儿一样，在污秽和痛苦中诞生，圣母并没有奇迹般地分娩。萨特也支持他的观点：化身的传说只有在基督承受了人类所有的痛苦磨难之后才会变得如此美丽动人。帕热神父并不反对教士独身，但他不能接受他要视半数的人类为禁忌。他和女性关系亲密而温柔，但完全是柏拉图式的，他的上司都看不顺眼。他很愿意向萨特敞开心扉，很喜欢萨特，甚至激动地宣称："如果上帝要罚你入地狱，那我不会接受他给的天堂。"他一直待在战俘营，直到战争结束。解放后，他到了巴黎。我和萨特约了他一道去库尔博家午餐，当时库尔博住在小丘广场的一套小公寓里。他没穿司铎的法衣，魅力十足。他又回到了沉闷的塞文山区。

我们从最近的渡口过了塞纳河，诺曼底的鲜花开始盛开。途经蓬托德梅尔、利雪、弗莱尔，我们到了拉普埃兹，我们的假期到此结束。我们坐火车回来，带了一些鸡蛋回去，勒梅尔夫人已经习惯每个月给我们寄两三包食品，她用这种方式不知道为多少人提供吃的。不幸的是，邮寄在路上花的时间太长。我收到的第一个包裹是一大块猪肉，烧得火候刚刚好，看上去非常可口，但再仔细一看，我发现上面有白白的小虫子在蠕动。"真倒霉！"我心想。不过我寻思如果我们不想得贫血营养不良，那就得吃肉。于是我把坏的部分切掉，刮一刮，洗洗干净。看到我这么做丽丝很惊讶，不过她和我一样，饥饿战胜了恶心。至于萨特，我们瞒着没把真相告诉他。后来的包裹也常常散发着怪味。我使劲地用醋洗那些发臭的牛肉块，把它们炖上几个小时，加了很多的香料做成蔬菜牛肉浓汤。一般我都能做得不着痕迹。当萨特把盘子推开不愿吃，我都会感到羞愧。有一次，当我打开装了半只兔子的包裹时，他正好也在，他看见后马上抓起包裹跑下楼丢到垃圾桶里去了。

丽丝从德朗布尔街搬出，也住进了米斯特拉尔旅馆，她分担了我的所有家务。虽然越来越熟，但并没有给我们的关系带来什么深刻的变化。我们依然没完没了地吵架、和解，一会儿笑，一会儿生气。这个学期经常拉警报，丽丝常常用力捶我的房门："我害怕。我要去防空洞，和我一起去！"巴黎的市中心从来就不是空袭的目标，我懒得起来。"要去你自己去，我不去！"我大声回答她。她使劲地晃我的门，责怪我太自私。我从不妥协，于是她也就习惯了一个人跑去地铁站，那里现在成了防空洞。

我们怀着复杂的心情迎接这些空袭。我们非常钦佩那些冒着生命危险突破德国人防线的年轻飞行员，但是，他们的轰炸也让法国的男女老少伤亡不少，但因为我们自己没有参与战斗，没冒直接的风险，因此我们的处境就更加尴尬。不管怎么说，当我们听到高射炮发射的声音和远处的爆炸声，我们心中最大的还是希望。据传英国皇家空军已经成功地对德国展开了空袭，科隆、鲁尔河地区、汉堡遭到了严重破坏。如果英国人在空战中获胜，那么盟军的胜算就大了很多。

　　但是，在那个时期，一切都代价高昂，就连希望也不例外。英国人死守严防，德国的态度也变得强硬起来，法国国内的局势越来越糟。拉瓦尔被任命为政府首脑，他的极端通敌主义政策肆虐。在占领区，对犹太人采取了最严厉的措施。一条法令规定，从二月二日起，不准犹太人更换住处，不准他们晚上八点后外出。六月十七日，犹太人被逼佩戴黄星。在巴黎，这一消息引起了震惊和愤慨，因为我们曾经坚信诸如此类的事情，不管怎么说，都不会发生在自己的国度。这种乐观精神已经扎根在法国人民的心中，因此有一部分犹太人，尤其是那些没有钱财的普通百姓，就天真地认为只要遵纪守法，他们就会免遭厄运。事实上，那些佩戴了黄星的人幸存下来的寥寥无几。其他人同样也很天真，以为可以抗命不遵而不受惩罚。在蒙帕纳斯、圣日耳曼德普雷，我从来没见过有谁佩戴黄星。索尼娅不戴，那个漂亮的捷克女郎不戴，贝拉不戴，她们的朋友没有一个人戴，她们都是老样子，甚至在七月十五日犹太人被禁止出入公共场所之后，她们还是照常出入不误——餐厅、电影院、图书馆等等。她们继续来"花神"，聊天聊到咖啡馆关门。不过，据说盖世太保在法国警方的协助下，正准备把他们一网打尽。他们从母亲手中夺走孩子，把孩子们送到德朗西和其他一切不为人知的地方。法国籍的犹太人被关在皮蒂维耶和其他几个地方的集中营里，其他很多人被运去德国。很多人最终意识到他们的生命岌岌可危，于是决定越过占领区和自由区的分界线，然后隐姓埋名藏匿起来。比安卡的父母藏在自由区，这一年，她因为厌恶"人数限制"的条款，所以一直没去索邦大学，她跟一个帮人偷渡的蛇头谈好了，只要付他一大笔钱，他就可以把她带到穆兰，把她安顿在一家旅馆里，并答应她几小时后再回来找她。结果他再也没有回来，这类诈骗事件很普遍。不过她还是成功地去了埃克斯，她的好几个同学都已经在那里安顿下来了。他们已经把骗取假身份证的一套把戏玩到了出神入化的境地，先是随便找一个借口到学校查学籍登记册，然后把某个和自己年纪相仿的男生或女生的姓名、出生地抄下来，之后他们给保存这个学生出生证明的市政厅写信，请他们开具一份出生证明，寄到一个他们事先说好的地址，收信人那栏就写他们打算盗用的人的姓名。出生证明一弄到手，只要随便找两个证人，警察局就可以给你颁发一张货真价实的身份证了，上面你的名字是假的，但你的照片和指纹都是真的。

五月底，我们得知波利泽受了酷刑，之后被枪杀。菲尔德曼七月被处死。很多共产党人也遭遇了同样的厄运，在地铁的瓷砖墙上，红色和红色的"告示"换得越来越勤了。七月，一张签名为"奥贝格"的布告，宣布从今以后，恐怖分子的家人也会受到牵连和镇压：男性直系亲属会被枪决，女性被送去集中营，孩子被关押。尽管如此，恐怖暗杀和破坏活动并没有放慢脚步。拉瓦尔开始鼓动换防，我们发现把囚犯拿来做筹码的行为特别令人作呕，但是法国工人不会让步。德国人花了很大气力想拉拢知识分子投敌，未果。一颗手榴弹炸坏了他们在拉丁区开的左岸书店。几乎整个法国知识界都在抵制他们在橘园美术馆举办的阿尔诺·布雷克[1]的作品

---

① Arno Breker（1900—1991），德国雕塑家，亲纳粹艺术家。

展。阿贝尔·博纳尔被任命为教育部长，他指责他的前几任部长温吞吞的办事风格，他要求大学"积极介入"，但没有人搭理他。在中学，我和萨特都是爱怎么上课就怎么上课，从来没有人会刁难我们。大学生们去拉丁区参加反德示威游行。这些示威游行并非都是那么正儿八经的，但占领者们还是被激怒了。有一批年轻人用非常荒谬的举动来表示他们对"民族革命"的反感，也惹恼了那些正统的卫道士。留着牛津款的长鬈发，腋下夹一把雨伞，这些青年爵士乐迷们常常搞聚会，陶醉在摇摆舞曲中，他们那种亲英的无政府主义态度也体现了一种反抗形式。在"花神"也能看到几个这样的大学生，尽管他们有点矫揉造作，我们还是觉得他们挺可爱的。

对犹太人的迫害、警察镇压、饥荒，巴黎的气氛让人窒息。在维希，悲剧性的事件往往也有喜剧性的一面，有时候让我们大笑不已。我们非常高兴地得知《伪君子》在自由区遭到禁演。吉罗逃脱后又主动跑去向贝当自首，弄得贝当非常尴尬，这又让我们笑话了好一阵子。

我们这一阵营的作家都心照不宣地遵守某些规则。比如不在占领区的报纸上发表文章，也不上巴黎电台讲话。我们可以在自由区的报纸上写作，上维希电台的节目。在边界的另一边，出版一本书是很容易的事儿，但在占领区，问题就来了。最终，我们得出结论，在这个问题上，重要的是看作品的内容。萨特把《理智之年》收在抽屉里，因为他知道没有一个出版社会接受一本招惹丑闻非议的小说，但他却把我的小说给了伽利玛出版社。至于戏剧，是不是要谴责韦莫雷尔把《贞德和我们在一起》搬上了舞台？没有人有资格做出裁决。在《苍蝇》一剧中，萨特鼓励法国人把自己从悔恨中解放出来，跟当局要求自由的权利，他希望自己可以一呼百应。于是他没有迟疑，他把剧本推荐给巴罗，而且，这个剧本也是因为有巴罗提议萨特才创作的。但要把一部作品搬上舞台，而且两个女主角都由新人扮演，这的确需要很大的胆量，巴罗打了退堂鼓。于是萨特又去跟杜兰商量，杜兰对金发和黑发两个奥尔加评价很高，只是他资金困难。他在西岱岛剧院上演的戏并不挣钱，《苍蝇》一剧需动用大批群众演员，开支很大，需要拉一个赞助。我们的朋友中没有一个有能力提供这一资助。我们之前也跟梅洛-庞蒂说起过这些情况，所以当他告诉我们说他找到了一对有心资助文艺、非常有钱的情侣时，我们感觉就像是奇迹发生了，他们急切地渴望见到萨特，出资赞助他的戏剧。

见面安排在"花神"。那人和他辉煌的名字尼禄很配。大约三十五岁。脸色蜡白，有点走样，长着一个菲利普二世的下巴，牙齿蛀了，但目光深邃。他穿着一身考究的长西服套装，领子很高，系了开司米领带，打了一个很小的结，是时兴的款式。他的穿着打扮有点爵士乐迷的随性，和他严肃的样子很不搭调。一根手指上戴着一枚大大的、闪闪发亮的图章戒指。他的女朋友名叫勒内·马尔蒂诺，褐发，赏心悦目，在我看来优雅动人，尤其是在一个很少有女人穿漂亮衣服的年代。我们出门通常都光着脑袋，要么系条头巾。最近在女帽店推出的阔边花帽价格高昂，而且戴出去还常惹人笑话。勒内就戴了一顶，缀满了玫瑰花，但她戴得那么自然从容，不仅一点也不可笑，而且让她增色不少。尼禄主导了整个谈话。他说话既权威又文雅。他对金钱感兴趣，那只因为金钱可以让他常和作家、艺术家来往。酷爱哲学，他说自己非常了解黑格尔和现象学。他对时间问题尤其上心。他写过一篇关于骗术的文章，认为骗术只是时间观念的一种反常认识。依他看，骗子患了一种"期限缩短症"。他看过《苍蝇》的手稿，对剧本非常认同，他给了杜兰上演这出戏所需的资金。虽然他学究兮兮的自以为是让我们感觉不舒服，但对一个文艺资助者不能要求太多，所以跟他告别的时候，我们都高兴地搓起手来。

接下来的几天，我在"花神"看到他，他在专心致志地写作。他神秘兮兮地告诉我说他正在研究黑格尔的一部未发表的作品，这部作品惊人地预示了海德格尔的哲学，但是他在做完这一命题的研究之前不想跟我透露更多的内容。不过，有一晚，他跟我们透露了他的私生活的秘密。他有两个情妇，一个褐发，一个金发，他把两个都叫成勒内。每一个情妇都不知道另一个的存在，他送她们一模一样的礼物，安排她们穿一样的衣服，让她们住在几乎一样的公寓里。他自己在帕西还有一套公寓，两个情妇都不知道。他把我们带到第三套公寓。我记得有几张西班牙款式的椅子，椅背尖尖的，直插云霄，扶手椅上包着羊皮纸，一堆水晶饰品，地毯和枝形吊灯。书房里整整齐齐排满了奢华的书籍，都是真皮包的。尽管装潢穷奢极侈，但看上去却丑陋得惊人，而且也太干净了。显然，没有人坐过这些椅子，烟灰缸里从来没有丢过一支香烟，同样这些书也从来没有被翻看过。

不管怎么说，尼禄不会用完全一样的方式去对待他的两个女朋友，我们只见过勒内·马尔蒂诺。她住在蒙帕纳斯的一套公寓里，也有点过于奢华，但并不夸张。她邀请我和奥尔加去那儿玩，拿出一堆从黑市买来的糕点和酒招待我们。有一天，我在"花神"把她指给丽丝看，丽丝说她认识。几个月前，这个女人还和三个孩子一起住在一个丽丝住的德朗布尔街小旅馆的寒酸房间里。她才遇到尼禄不久？不过她看上去好像是常年习惯了这种优游生活的少奶奶。

五月的一天，杜兰邀请勒内和尼禄去费罗勒，我和萨特、奥尔加也一起去。我们在一个小回廊里吃了饭，卡米耶的厨艺简直是超常发挥。尼禄滔滔不绝，他的知识包罗万象，甚至还想和专家一争长短，谈到中国戏剧，他还给杜兰提供了一些杜兰都不知道的细节。他还告诉我们在博洛尼亚有一个帕拉迪奥修建的剧院，比维琴察的剧院更美。杜兰、萨特、尼禄约好找一天要让公证人见证，尼禄答应出资一百万现金。

到了约好的那天早上，我在房间工作，突然有人打电话找我，是萨特。"出大事了！"他对我说。尼禄在黎明时分在布罗涅森林投湖自尽。一个德国军官把他捞了上来，他现在在医院，他企图自杀是因为他其实身无分文。

他很快就康复了，不无得意地向我们坦白了真相。他之前曾告诉过我们他写过关于骗术的文章，事实上，他是在身体力行。六个月前，他还只是个银行的小职员，身无长物，只有一纸文凭。不过他读过不少书，于是就开始做梦了。他知道生意场上很多事情，待人接物泰然自若、能说会道。他从银行拿了一些有抬头的信笺，写信给一些多少有些不正当行为的金融家要求会面。他建议他们投资，利润高得让他们不去多问个中原委，显然其中有违规的投机操作。拿到头一期的红利后，他们信心大增，给尼禄越来越多的资本去运作。尼禄用从 Y 那里弄的钱去支付 X，再用从 Z 那里弄到的钱去支付 Y，也从中捞取可以让自己过上奢华生活的必要开支。这么简单的把戏显然很容易被戳穿，不过他完全无所谓，他就想品尝一下锦衣玉食的生活，他尝到了。一旦事情败露，自杀就可以一了百了，他事先想好了，并不觉得难过。老实说，自杀这事儿他也不是头一回干了。至于他的学识，都是吹牛而已。根本就没有什么黑格尔未发表的作品，在博洛尼亚也没有帕拉迪奥设计的剧院，他给杜兰的关于中国戏剧的细节都是他自己杜撰的。听他一席话，我惊呆了：有钱有势的文艺资助者不过是个疯狂的小职员而已。这么一来，我们反倒对他产生了同情。他显摆充阔气的傲慢让我们之前很看不惯，其实那只是他非同寻常的行骗手法而已。尼禄炫耀自己的学识，夸夸其谈，在我们眼中就像一个傻子。而实际上，他需要多么精明狡猾才能这么不着痕迹地掩饰自己的无知啊！比起傲慢自负和附庸风雅，我们更喜欢谎话连篇的人。他动辄拿出百万法郎来买知识分子朋友，这还真挺让人生气的，不过我们很钦佩他为了改变自己的人生品味而表现出来的大胆机智，尽管这场戏很短暂。我明白为什么丽丝之前会在那样蹩脚的小旅馆遇见过勒内，她身上也有一股子冒险的冲动，这让我对她的兴趣陡增。没过多久，尼禄被关进了弗雷讷监狱，那帮被他骗的人因为闭着眼睛收受过不正当的利润，因此多少也做了些让步，没有一个人把事情闹大。此外，尼禄感染了肺结核，他很快就出狱到乡下养病了。

萨特和杜兰对上当受骗一事一笑置之，不过，他们对那不翼而飞的一百万法郎还是喟叹了一番。"无论如何我还是会把这出戏搬上舞台。"杜兰说。我们相信他会信守诺言，但还需要耐心等待。

至于我，一月份，布里斯·帕兰跟我谈了《正当防卫》这部书稿的事儿。听到他说"总体说来，弗朗索瓦丝是个离群索居的女人"，我很震惊，因为我赋予这个女主人公我自己感受到的对交流的兴趣和渴求。他还指出她并没有到要去杀人的地步，我认为他的这个看法很中肯。他认为小说值得发表，但他想先了解波朗的意见。手稿在波朗那里已经放了很久。六月，我和萨特去他家看他，他住在吕特斯竞技场对面的一个公寓里，那天是个好日子，我挺激动的。波朗好奇地问我杜兰是不是真的像我书中的人物皮埃尔。他认为我的风格太中性了，他好心地建议道："你介不介意把书从头到尾重写一遍？""哦，我看不可能，我已经花了四年时间在上头了！"我回答。"那好！"波朗接过话头，"既然如此，我们就这样发表好了。这是一部优秀的小说。"我不知道他是在恭维我，还是他认为我的小说属于"畅销类"的作品。但关键在于我的书被接受了，明年初夏就会出版。我感到喜悦，但更多的是一种如释重负的欣慰。他们很肯定地告诉我说《正当防卫》这个书名完全不合适，我在脑子里翻来覆去想了很多词句后，我建议把书名改成《女宾》，他们同意了。

我们想回到自由区去换换空气。听说从巴斯克地区过边界特别容易，有人给了我们一个地址，在索沃泰。博斯特陪我们一起去。中午时分，一个向导骑车把我们带到一条小路上。"就这里，你们到了。"走了五百米之后他这样对我们说道。我们在纳瓦朗吃了中饭，小客栈里挤满了不得不越过边界的难民——大多数都是犹太人——都是一脸倦容。我们在比利牛斯山脉兜了一大圈，这里高山的风景没有阿尔卑斯山那么巍峨。我特别喜欢低洼地区：圣贝尔特朗德科曼日的修道院和它的回廊；蒙塞古，那是阿尔比教派长期抵抗北方十字军的知名要塞。我带博斯特去了卢尔德，在"玫瑰园教堂"、那些音乐少女、那些磷光忽幽的岩洞、那些神奇的泉水都让博斯特那清教徒的眼睛睁得大大的。萨特没有跟我们一起去，有些远足他会让我们自己去，而他自己留下来写作。就这样，一天早上，我和博斯特徒步从图尔马莱山口登上了米迪德比戈尔山峰，萨特留下坐在草地上，吹着风，靠在膝盖上写作。我们再见到他的时候，风把稿纸都吹到他身上，他非常满意。不过，旅途挺辛苦的，因为山很陡，而我们自行车的内胎又很糟糕，动不动就要修补。此外，我们吃得太少。中饭我们就在村子里买一些水果和西红柿；晚饭通常喝清汤，吃点难吃的蔬菜。肉很少吃，在一本我只记录我们每天行程的记事本上，有一天我特别加了一条：中午吃了两道荤菜！在旅馆不容易找到空房间，我们常常睡在谷仓里。我们重游了富瓦，我们依然记得战前在比利牛斯山的激流前的交谈：这可不是我们指望的"后来"。在富瓦，博斯特跟我们分手，他去里昂看朋友，然后从那里回巴黎。他在穿越边界的时候被捕了，他在沙隆的监狱怒气冲冲地待了两周。当他出狱的时候，他饿得走路都摇摇晃晃了，一口气吃了两份午餐。

我们绕道从东比利牛斯到普罗旺斯。找住的和吃的一天比一天困难。当我们经过葡萄园的时候，我们下车偷摘了几公斤的葡萄，多亏了它们我们才没饿死。

在马赛，饥荒比去年更厉害。我们非常喜爱这个城市，我们又开开心心地看起了美国电影，在那里待了几天。我们吃的是很糟糕的面包，在上面涂一种没加鸡蛋的蒜泥蛋黄酱，吃在嘴里味道很冲。这几乎是杂货铺可以自由买卖的唯一食品。我们吃绿色或红色的冰块来缓和一下我们的味蕾，冰块没有一点味道，只是加了色素的水而已。到处都可以看到昔日"花神"那帮人制造的"果脯"，可惜它们比《淘金记》中的鞋带还难消化。"我现在理解威廉·詹姆斯说过的话了，经不经得起布丁的考验那要吃了才知道。"我对萨特说。我们胃的抗议证明很多所谓能吃的食品其实根本就不能吃。和卓别林一样，我也开始出现幻觉，或者说几乎，当我经过以前曾经在里面吃过茴香狼鲈、查尔特勒酒焖金枪鱼、真材实料的蒜泥蛋黄酱的餐厅时。我们看到穿着体面的先生女士走进餐厅，而我们囊中羞涩，一次都没有走进去过。

尽管饥饿开始萦绕在我们的脑海中，我还是固执地要继续旅行，萨特不想败了我的游兴，没有反对。我们又见到了艾瓜勒山和拉古维尔多瓦拉德，亲身体会到从海德格尔和圣埃克苏佩里那儿学到的道理：通过不同的交通工具，世界呈现在我们面前的样子也是迥异的。骑车看到的拉尔扎克高地和我们之前脚踏蛐蛐徒步旅行的景色不一样，但两种风景都一样真实。

我们决定不请任何人帮忙，靠自己回占领区。我们走了和来时一样的路。我们坐火车去波城，我们的自行车没有和我们同时到，我们不得不等了一整天。我们没有钱，中午的时候，我们坐在一张长凳上吃了点水果，晚上什么都没吃。第二天，在纳瓦朗，我们一块面包、一个西红柿都没找到。如果可以顺利地越过分界线，我们打算发电报到巴黎去要钱：在自由区我们无权发电报。情况变得严峻。我父母的一个朋友住在离那儿二十公里的地方，在阿杜尔河边，我去了她那儿。她借了钱给我，并请我吃了午饭。我填了一肚子的鸭子和四季豆。不过萨特拒绝和我一起去。他一直饿着肚子，晚上，我们到了达克斯，他在那儿吃了一盘扁豆。我们买了去昂热的车票，得在波尔多过夜，旅馆里一个空房间都没有。我们睡在候车室。旅途持续了一整天，车厢里闷热无比。中途到站，我们就在站台上买所有能买到的东西：几杯代用咖啡和几片咬不动的饼干。我不知道我们是如何鼓起劲又骑了二十公里的车。到了拉普埃兹，我们先冲了个澡，然后就冲到餐厅。萨特吞下几口浓汤，然后他脸色苍白，站起身，颤抖着，侧着身子瘫在沙发上晕了过去。他躺了三天，时不时有人给他送点汤或糖煮水果；他睁开一只眼，乖乖地把碗里或盘子里的东西吃完，然后继续睡觉。当勒梅尔夫人想去叫医生的时候，他突然精神起来，说他感觉很好。的确，他开始正常地生活了。而我呢，我瘦了八公斤，浑身都是脓包。

我们花了一个月时间恢复体力、休养。这些日子对我们而言是一种恩赐，之后的十年我们都时时忆起。这里的景色不佳，村子和屋后的花园也不漂亮，这座大房子和它的家居摆设也很普通，没有任何东西会特别吸引眼球。不过，在巴黎也好，在乡下也好，勒梅尔夫人有待客的天赋，在她的地盘你会感觉很自在。她住在二楼一个铺了红地砖的大房间里，天花板上有露在外面的房梁，粗涂灰泥墙，是柔和的白色。床上、椅子上、柜子上、桌上乱糟糟地丢满了衣服、书籍和各种小东西。这个房间不是给人看的，而是给人住的。一道一样的拱形门把她和萨特的房间隔开，萨特的房间也蛮宽敞的，我的写字台也在里面，我只有睡觉的时候才回自己的房间①。雅克琳娜·勒梅尔睡在一张行军床上，和她母亲的床中间隔着一道屏风。在同一楼层，还住着一位勒梅尔夫人收留的八十二岁的驼背老太太。在走廊上常常看见她，穿着一件紧身衣和一条长裤。一楼住着一位俄国公主，年迈、傲慢、耳朵完全聋了，她从来不出房间。房间里还住着一条白色的小狗，毛绒绒的，傲慢又愚蠢，她对它溺爱得不行。勒梅尔夫人有一条布里牧羊犬，是一条个头很大的母狗，它在战争初期被关在漆黑的货车车厢里三天三夜，因此已经有点疯疯癫癫了。它动不动就会攻击孩子和小动物，因此把它拿锁链拴住了。一天夜里，它还是把小白狗给开膛破肚了。公主大喊大叫了几个小时。两个老妇人在房间用餐。我们和勒梅尔夫人、雅克琳娜一起吃中饭和晚饭，通常都是在萨特的房间，四个人边吃边聊，常常会聊到半夜。我们的谈话常常会被急切的铃声打断，自从战事爆发，勒梅尔先生就没有离开过他的床。他会突然心悸，让他虚汗淋漓。听到他的铃声召唤，他妻子或女儿就会飞奔过去，有时候，她们会在他身边陪上好几个小时，说一些宽慰他的话。他要求待在黑暗中，只允许点一盏小夜灯。有些日子，他一动不动，甚至连手都不肯从被子里伸出来。有时候，他会对世界大事感兴趣，看看报，甚至读读书。一些村里人会过来征求他的意见。

① 为什么这么安排而不是倒过来？我不记得了。事实上，怎么安排都一样。若要深究，我想那是因为萨特通常拒绝任何一丁点儿的特权吧。——原注

我从来没有靠近过他。约瑟芬，一个极其忠心温顺的老侍女，像奴隶一样服侍勒梅尔先生，但她对家里其他人却颐指气使，实际上，家里的事都是她拿主意。她用不信任的眼光打量萨特和我。不过，另一个年过八十、掉光了头发的老妇人纳奈特对我们颇有好感，她以前是在巴黎帮勒梅尔夫人做家务的。她曾经一本正经地和约瑟芬谈论我们："他们都是正直的人，提的都是好意见！"除了给勒梅尔先生当护士以外，勒梅尔夫人和雅克琳娜还不辞劳苦弄到很多吃的，把它们装在包裹里，寄给她们在巴黎的朋友们。她们睡得很少，整天劳作不休。萨特和我，我们整天看书写作。有时候，我成功拖萨特出门。我们骑车漫游，或出去散步，我们更喜欢后者。因为散步更适合交谈。如果天气好，我会在草地上流连忘返。我躺在草丛中阅读《智慧的七大支柱》，头上是苹果树，四周洋溢着童年的味道。我们常常到点就收听 BBC，有时候我们也听点音乐。九月底，萨特为《南方手册》写了一篇文章，是评阿尔贝·加缪的小说《局外人》的，评论界非常看重这部作品。我们在《康莫迪亚》的文学专栏中读了该书的头几行，马上就被吸引了。叙事的口吻、局外人的态度、对世俗情感的拒绝都令我们耳目一新。在文章中，萨特并没有毫无保留地称赞这部作品，但还是肯定了它的重要性。已经很久没有法国作家让我们如此感动过了。

新闻大肆报道英国人于八月二十日在迪耶普登陆失败。不过，十月以来，我们从报纸的字里行间看出事情并没有像希特勒所希望的那样发展。很久以前他就宣称轴心国的军队很快就会攻破阿拉曼和斯大林格勒的苏联前线。现在，我们得知这两个城市都坚守住了阵地，它们英勇抵抗，已经反守为攻。在法国国内，抵抗分子和伦敦建立了密切的联系，"恐怖"行动日益频繁，镇压也越来越残酷。

迪耶普战役之后，不仅在诺曼底，而且在整个占领区，很多法国人被控为英国提供情报，不是被关押就是被处死。四处张贴的恐怖"告示"警戒法国人民不要和"敌人"勾结，一旦发现有跳伞空降的活动，必须立即揭发报告，违令者处死。在加雷恩宫电影院和雷克斯电影院发生的定时炸弹爆炸事件，在奥普尔街发生的手榴弹炸德国小分队的事件，都遭到了德国人的报复，代价惨重：四十六名共产党人质在罗曼维尔要塞遭枪杀，七十名在波尔多遇害。不过，另外两个炸弹在蒙帕纳斯火车站和火车东站炸死了三个德国士兵。现在，绝大多数的法国人急不可耐地巴望着德国战败。德国的宣传机构想挑起民众舆论反对英国的空袭，但徒劳无功。在这两年里，法国吃尽了苦头。恐惧也好，甜言蜜语也罢，都无法平息他们的怨恨。拉瓦尔再三呼吁"换防"，拿囚犯当勒索的筹码，但这一措施并不那么奏效，因此德国人开始强拉夫役，但是"义务劳动中心"所针对的大多数工人都试图逃走。在年轻人中间，有一些参加了开始在自由区组织抵抗部队的游击队。

突然，十一月八日，传来英国军队在北非登陆的消息，我们满心欢喜！吉罗自从逃跑后，就一直被软禁在家中，如今也已设法到了阿尔及利亚。达尔朗亲自召集在非洲的法国人来反对德国。德国的通报、维希政府的声明、通敌者忐忑不安的斥责，所有这一切都让我们在心里乐开了花。德国为了"保卫"地中海沿岸，很快就越过了分界线。不过，我们对"自由区"的幻影破灭完全无所谓。从今以后，看报成了赏心乐事。据说在土伦的舰队已经撤离，为了不落入德国人的手中，拉特尔·德·塔西尼已经接手游击队，尽管达尔朗及时倒戈相向，最终还是送了命。维希政府、报纸、电台都在怒斥"叛徒"，他们咬牙切齿地告诉我们，在那些"持不同政见的人"当中，也并非那么和谐：在吉罗和戴高乐之间，矛盾一触即发。我们才不放在心上。盟军已经拿下了北非，这才是最重要的。纳粹的宣传机构一再狂热地鼓吹说盟军在意大利、在法国的登陆注定要失败，不过这反而让我们确信他们的死期将近。

这次胜利的代价就是掀起了一场新的逮捕浪潮。向法国民众宣布处决"恐怖分子"和人质的"公告"越来越罕见，最终消失了。盖世太保不希望再做这样的"广告"，不过监狱里挤满了犯人。在柳树林街和罗利斯通街，对犯人都用了酷刑。在德国的唆使下，维希政府把宪兵团改编成了保安队，由达尔南指挥，为的是镇压"国内持不同政见者"，他们比德国党卫队还更野蛮地搜捕抵抗分子。一车车人被遣送往德国，他们当中有很多警察从法国各地抓来的"政治犯"和犹太人。现在已经不再区分法国犹太人和外国犹太人了，所有犹太人都要被灭绝。直到那时候，"自由区"一直是他们并不可靠的避难所，而现在甚至连这个避难所都没有了。很多人选择了自杀。他们可怕的命运一直萦绕在我们的脑海里。和可怕的命运本身比起来，我们受到的困扰就不算什么了，成千上万的男男女女身心都在承受这种命运，直至死亡降临。他们的不幸对我们而言还是陌生的，但它的确毒害了我们所呼吸的空气。

我们最后一次在我们非常喜爱的马赛老街区散步。当我得知希特勒因为德国人常去光顾的一家妓院被炸而下令要摧毁这些老街区的时候，我的心里非常难受。贝当的警察只给居民几小时的时间撤离。大约有两万人流离失所，他们被赶进了弗雷瑞斯和贡比涅的集中营。他们的房子被夷为平地。

不过，BBC播放的新闻让我们感到欣慰。未来又有了盼头，只需要再多一点点耐心，耐心我们有的是。我已习惯了简朴的生活，对待日益严峻的物质困难，我可以用轻松的心情去承受。首先，回到巴黎，我就遇到了一件很不愉快的事情：我住的那家旅馆的老板娘没有保留我的房间。要找一个带家具有厨房的房间太难了，我花了好几天时间跑遍了蒙帕纳斯和圣日耳曼德普雷的所有旅馆。最终我在多芬娜街找到了我想要的。但是地方很破烂：一张铁艺床、一个柜子、一张桌子、两张木头椅子，四面是剥落的墙，天花板上一盏昏黄的灯，厨房兼做厕所。旅馆是一幢脏兮兮的破房子，冷冰冰的石砌楼梯也散发着霉味和其他说不出来的臭味，不过我别无选择。

为了搬家，我租了一辆手推车。我从来没有一定要受到别人的尊重，但即便如此，在被占领之前，我从来没想过我还会亲自去推车。现在，几乎没有人会去在意别人说什么，这简直就是奢望，我并没有这种奢望。在丽丝的帮助下，我快乐地推着我的箱子和几捆书穿过巴黎。没有人觉得这个画面奇怪，甚至在圣日耳曼，就算我碰到熟人都不会感到尴尬，大家都只是尽力而为。这也是这一时期好的一面：一堆的习俗、客套、虚礼都荡然无存，一切从简。这让我很高兴，我也喜欢这种强加的几乎人人平等的状态，我从来都不喜欢特权。我心想，要是能建立一个良好的社会主义体制，就算条件极其艰苦，我也能毫不为难地适应它。比起资本主义社会的不公，我甚至会感到更自在。唯一要做出的牺牲，或许就是要放弃每年都让我更加充实的长途旅行。这是我人生的一大乐事，这是唯一会让我感到缺失的东西。至于其他，有没有我都无所谓。

不过，我住的旅馆比我想象的还要脏乱。和我住同一层楼的还有一个女人，她靠男人的钱过活。她有一个四岁的小男孩，她常打他耳光，他成天哭个不停。当她接客的时候，她就把孩子赶到门口。他坐在楼梯的台阶上，一坐几小时，抽泣流泪，最后都麻木了。就在这一年，比我高两层的楼层发生了一件离奇的丑闻。是一个年轻的女房客，她帮老板娘随便打扫打扫旅馆，还有她自己的房间。从来没有人进过她的房间，但从她房间里散发出来的味道是那么难闻，以至于邻居们纷纷抱怨。老板娘用万能钥匙没通知她就进了她的房间：地板上满是粪便，在柜子里，一坨坨的干粪便排在搁板上，就像糕点店的一个个小蛋糕。这引起了一场轩然大波。始作俑者被当场赶出旅馆，她在众人的辱骂中抽抽噎噎地离开了。

我曾经说过我是多么悉心地管理我想方设法弄到手的食品。如果打开一包面条，发现里面爬满了虫子，我会伤心气愤。很多商人无耻地把过期的存货清掉。有一天，我惊讶地发现我的扁豆和干豌豆的袋子破了，剩下的里面全是老鼠屎。老鼠把橱柜的木头咬破钻了进去。我弄到一些白铁罐子，这样我就能保住我的财富了。但常常在夜里，我听见老鼠四窜和咬金属的声音：敌人进攻了。据说巴黎的老鼠繁殖得很快，比起当初在小绵羊旅馆偶尔出来溜达、没有危害的老鼠，它们更让我忧心忡忡。最终，它们让我厌恶起我的住所了。

不过，直到库尔博来看我，我才明白这个地方有多糟糕。他和妻子一起来巴黎，我邀请他们来家里晚餐。我精心准备饭菜，我在土豆饼里放了两个鸡蛋，在胡萝卜里加了几克黄油。当他们进门的时候，他们交换了一个狐疑的眼神，我这才意识到我的陋室和他们在勒阿弗尔的房子比起来简直有天壤之别。我尴尬地把我准备好的饭菜摆在桌上。后来我们谈及此事，他们承认当时的确很震惊。

我继续闭门索居，不过我们的"家庭"多了一个新成员：布尔拉，一个年轻的西班牙犹太人，一九四一年春天的时候曾在巴斯德中学听过萨特的课。他有时候会去"花神"或"双叟"看望萨特。他父亲是做大买卖的，以为根本不必害怕德国人，因为西班牙领事馆会保护他。布尔拉十八岁，长着一张有些人说丑陋有些人说英俊的脸。在一头又黑又蓬的鬈发下，是深色的眼睛，闪着青春活力，样子既温柔又充满激情。我们很喜欢他。他以一种纷乱的、孩子气的、笨拙的、热情的、不知疲倦的方式待人处世。他狂热地阅读斯宾诺莎和康德，他打算日后考哲学教师资格证书。有一天，萨特和他谈到将来，问他："如果德国胜利呢？"他坚定不移地回答："德国胜利根本就不在我的计划之中。"他写诗，我们读过之后认为他有可能成为一个真正的诗人。有一天，他跟我解释在一张白纸上创作是多么简单又是多么困难。"应该对空白充满信心。"他说。这句话让我深受震动。我一直很看重他说过的话，因为若非是他亲身体会验证过的，他绝不会多说一句。

他认识了丽丝，很快就对她魂牵梦萦了。他们决定一起生活，他们搬进了多芬娜街我住的那家旅馆。他们成天吵架，但彼此都很牵挂。他对她产生了很好的影响。他从不认为自己有任何特权，他所拥有的一切，他都可以拿出来：J3 巧克力、套头衫、他从父亲那儿骗到的钱，还有他父亲给他的钱。布尔拉先生在一个抽屉里放了包成一筒筒的金币，有两三次，儿子偷偷从里面拿出一块金币，于是他请丽丝大吃一顿从黑市搞来的大餐。他们狼吞虎咽地吃冰淇淋、牡蛎、香肠。他的慷慨大方让丽丝着迷，弄得她几乎想以他为榜样。看到他们俩走在一起的样子挺有趣的，丽丝高挑，一头金发，走起路来跟乡下姑娘一样虎虎生风，而她身边的布尔拉一头黑发，机灵敏捷，眼睛和手都非常警觉。他认为我太理智了，不过他还是很喜欢我。晚上丽丝要我到他们的床上去聊天。我吻了她，于是他也抬起前额："那我呢？您不吻我吗？"于是，我也吻了他。

冬天非常难熬。不仅缺煤还常常停电，很多地铁站都关闭了。电影院也取消了上午场。常常停电，停电的时候我们就点蜡烛，不过蜡烛很难买到。在我潮湿冰冷的房间根本就没办法工作。在花神咖啡馆不冷，当电灯灭掉的时候，乙炔灯也能起到一点照明的作用。就是从那时起，我们养成了在那里消遣娱乐的习惯。不仅因为那里的条件相对舒适一些，还因为那里是我们的"querencias①"。那里让我们感觉像回到了家一样，是我们的避风港。

尤其是冬天，我会尽量在"花神"一开门的时候就进去抢占最佳位置，炉子管道边上最暖和的位置。我很喜欢那一刻，咖啡馆里还是冷冷清清的，布巴尔腰上系着一条蓝色围裙，慢慢让他的小世界热闹起来。他就住在咖啡馆楼上，从二楼平台的室内楼梯就可以到他的公寓。他八点前下楼，亲自把门打开。在他那张奥弗涅人坚毅的脸上，一双眼睛总是充满血丝。在最初的一两个小时里，他总是脾气很坏。怒气冲冲地给洗碗工下命令，让他通过收银台边上的活动门把酒和盒子搬上来。他跟侍应生让和帕斯卡一起谈论前一晚发生的事情：他一不留神给顾客上了一杯发臭的代用咖啡，结果顾客眉头都没皱一下就喝了下去。他大笑起来，不过语气还是凶巴巴的："就算给他们大便，他们也会吃掉的！"对待推销员他也一样霸道地接待他们，指手划脚的。打扫卫生的女工跪在地上用力地洗地砖，她为自己的工作感到自豪，有一天她对洗碗工说："我啊，我从来都不需要男人帮忙，我自己一个人就可以搞定。"慢慢地，布巴尔心平气和起来，他解下围裙。他那一头金色鬈发、白里透红、打扮精致的妻子也下楼坐在收银台前。最早的那拨客人出现了，我艳羡地看着波拿巴街的一个女书商，一头红棕色的头发，一张马脸，每次都挽着一个英俊的小伙子，点一杯茶和几小罐果酱，都是价格不菲。大多数的顾客和我一样，满足于喝黑乎乎的饮料。一天早上，一个褐发的矮小女人走进来坐在一张独脚小圆桌前，她是索尼娅和阿涅斯·卡普里的朋友，已经消失了有两年之久了，她张口点

① 西班牙语，指的是斗牛场里供公牛小憩的场所，这里指小憩休整的地方。

了"一杯奶油咖啡"。大家哄堂大笑，多少有点责备的意味。我很惊讶这几个字眼竟然会显得如此突兀，尤其是我平时从来都不会大惊小怪的。在一九三八、一九三九年，有人告诉我说德国人喝一种橡树子调制的饮料来代替咖啡，我当时听得目瞪口呆，我当时以为德国人就像是那些生活在偏远地区靠吃白色虫子为生的原始人一样。而现在！我得努力去回忆才能想起曾经我们也可以在"花神"喝到柳橙汁，吃到煎鸡蛋。

也有一些像我这样的常客会趴在大理石桌子上看书和工作：蒂埃里·莫尼耶、多米尼克·奥利、住在对面的塔朗内旅馆的奥迪贝尔蒂和赤脚穿凉鞋冻得两脚发青的阿达莫夫。最常来的是穆鲁基。很久以来，他都在写诗，坚持写某种类似日记的东西。他把作品给我看过，我鼓励过他。当时我认为这世上除了写作已经没有什么更好的事情可做了，而且穆鲁基无疑非常有天分。他开始写他的童年回忆，很真实，几乎没有虚构。偶尔我也会给他纠正拼写和文法错误，或者给他一些建议，但我一直很谨慎，因为我很尊重他质朴童真的风格。布巴尔很讨厌他，因为他衣冠不整，头发乱蓬蓬的，有时候他一个人霸占一张桌子好几个钟头，而且不会再消费点别的。有时候，他也会去演电影，不过他一拿到钱就给他父亲、兄弟，把钱分给朋友，所以他自己一直都身无分文。在马赛他认识了罗拉，一个美丽的姑娘，长了一头红棕色的头发，我常常在"花神"欣赏她的厚嘴唇、深邃的目光。他多少算是跟她一起生活：她也不富裕。他不完全属于我们"家庭"的一分子，我们跟他也没有持久的联系，但他跟我们走得很近。早先他曾经和奥尔加交往过一段时间，他和旺达也处得很好，他常和丽丝见面，丽丝和罗拉也成了密友。

每天上午大约十点的样子，两个记者都会肩并肩地坐在最里面的一张软垫长椅上，摊开《晨报》。一个秃顶，给《耻辱柱》写文章，另一个给《小集子》撰稿。他们点评时事，摆出一副大彻大悟的样子，秃顶的那个说："应该把他们全装在一条大船上，船开到汪洋大海上的时候裂成两半，这么一来，就可以把犹太人全部灭绝了。"另一个人赞同地点点头。听到这番话，我并没有感到憎恶。在他们脸上，他们的话中，有一种可笑的东西，通敌、法西斯主义、种族灭绝，在那一瞬间这一切在我眼里仿佛都只是一场闹剧，纯粹是为了取悦一些头脑简单的看客。随后，我回过神来，吓了一跳：他们能够而且已经造成危害了。他们在《我无处不在》工作的同僚揭发了查拉、沃尔德玛-乔治还有其他很多人的藏匿处，要求把他们抓起来。他们还要求把列纳尔红衣主教送到集中营去，因为他曾经说过反德言论。正是这些一无是处的废物让他们处于危险之境。

没有人跟这两个通敌者有来往，除了一个长着一头褐色鬈发的小矮个，他自称是拉瓦尔的秘书。他话很少，目光游离，我们觉得很奇怪，就他担任的职务怎么可能有空在咖啡馆泡那么长时间。或许，齐齐·杜戈米埃也属于他们那个阵营，尽管她掩饰得滴水不漏。她是个跛脚的老姑娘，穿着打扮滑稽可笑，从早到晚都在描摹《利雪的圣特蕾莎》和《圣灵感孕》这两幅画，并给它们着色。有一天她跟我搭讪，说她是个抄写员，问我有没有工作给她做。谣传她跟盖世太保是一伙的。她常去上厕所，关在里面待很长时间。有人怀疑她是躲在里面写小报告，但打谁的小报告？关于什么？有人猜她在偷听电话。一九四一年的确有些顾客在电话里大声说些不合时宜的话，以至于布巴尔把电话亭的玻璃砸了。没有了这层形同虚设的保护，那些冒失鬼从此以后也不得不掂量着说话了，因此齐齐如今根本就不可能听到警察会感兴趣的东西了。不过我感觉有一点是真的，那就是她做告密者是出于兴趣而不是贪图赏钱。一九四四年六月她失踪了，从此以后再也没有人见过她。

还有其他密探吗？在被占领初期，有两三个"花神"的常客被捕。是谁出卖了他们？没有人知道。不管怎么说，现在已经没有人会冒冒失失地搞阴谋了，就算有几个抵抗分子常常泡咖啡馆，那也不过是障眼法而已。早上十一点左右，皮埃尔·贝纳尔总是进来坐同一个位置，在大门和楼梯之间，他一个人喝东西。大腹便便，脸色红润，没有任何征兆表明他还在从事别的什么活动。也有一些年轻小伙子在咖啡馆里打发时间，他们喝酒、抽烟、打情骂俏、哈欠连天，很懦弱的样子，连我都被骗了，我后来才知道他们的真实个性。总的说来，"花神"的顾客都是坚决反对法西斯和通敌行为的，他们对此从不掩饰。可能占领者也清楚这一点，因为他们从来不到这儿来。有一次，一个年轻的德国军官推门进来坐在一个角落看书，没有人对他发牢骚，但他还是感觉到了气氛不对，因为他很快就合上书，付钱离开了。

慢慢地，一个早上过去了，咖啡馆渐渐满了。在喝开胃酒的时候，人是最多的。毕加索冲牵着一条大狗的朵拉·玛尔微笑；莱昂-保罗·拉法格沉默不语，雅克·普雷维尔侃侃而谈。电影艺术家的桌子总是吵吵嚷嚷的，讨论得很热烈，自从一九三九年以来，他们几乎每天都聚在这里。在这群人中间，夹杂着几个住在附近的老先生。我记得其中的一个，深受前列腺炎之苦。他的裤子里装了一个仪器，一条裤腿鼓了出来。还有另一个，大家叫他"侯爵"或"戴高乐分子"，常和两个据说他花了很多钱包养的女友一起玩多米诺骨牌。驼背、奄拉着脑袋和下巴，他常常贴在让或帕斯卡的耳边把他刚从 BBC 里听到的新闻转述一遍，这些消息很快就从这张桌子传到了那张桌子。不过，那两个记者还在继续神侃灭绝犹太人的事儿。我回旅馆吃午饭，如果我不去中学，我就坐回"花神"的老位置。吃晚饭的时候，我又回去一趟，之后回来一直待到咖啡馆关门。在寒冷漆黑的夜晚，当我走进这个温暖、亮堂、墙上贴着漂亮的红色、蓝色壁纸的地标时，我总会感觉心头一热，欢喜雀跃。有时候所有"家庭"成员都在"花神"团聚，但按照我们的原则，三三两两四散在咖啡馆的各个角落。比如，萨特和旺达坐在同一张桌子前聊天，丽丝和布尔拉在另一张桌子，我坐在奥尔加身边。不过，我和萨特是每天都来坐的。"他们去世后，应该在地板下面给他们挖个墓坑。"布尔拉有点生气地挖苦道。

一天晚上，我们刚到"花神"就看到一道闪光，随后听到一声爆炸的巨响，玻璃窗被震得晃个不停，有人尖叫不已：一个手榴弹在伯努瓦街尽头一家改成仓库的旅馆里爆炸。附近所有咖啡馆都惊魂未定，恐怖行动在这一带是很罕见的。

下午和晚上，常常有疏散的警报响起。布巴尔一听到就会马上把顾客赶走，把门闩上。不过他对萨特、对我和其他两三个人有优待：我们可以去二楼一直待到警报解除。为了避免麻烦，也免得在楼下遭人议论，我习惯一过中午就马上上楼。几个摇笔杆子的作家也和我一样在楼上安顿下来，或许也是出于和我一样的原因。笔在纸上游走，仿佛是在一个纪律井然的教室一样。有时候我也好奇，当然没有人们所说的齐齐·杜戈米埃的邪念，但我的好奇心非常强烈，我竖起耳朵偷听电话。有一天，我听到了一段分手的谈话，这场戏是一个年纪不轻、相貌丑陋的专业女演员演的。她一会儿冷淡、一会儿急促、一会儿傲慢、一会儿伤感、一会儿讽刺挖苦，好生拿捏着责骂、嘲讽、激动的颤音，但她的这套小把戏显然没有起到任何效果，我几乎能听到电话另一头的男人不耐烦的缄默，盘算着什么时候挂电话。天天都一起泡在咖啡馆里，我们彼此都知道对方的很多事情，即使一句话都没有聊过，我们还是感觉有一条纽带把彼此维系在一起。通常我们相互之间不打招呼，就算两个"花神"的常客在"双叟"遇见，也只是微笑或点头表示相识。不过这种情况很少见，这两个地方之间好像有一道严密的壁垒。如果"花神"的一个常客，不论男女，要欺骗自己的伴侣，他（她）就会把幽会安排在"双叟"。至少传闻都是这么说的。

尽管有很多限制和警报，我们在"花神"还是能找到对和平岁月的追忆，但战争还是渗入我们的"憩园"。一天早上，有人告诉我们说索尼娅被捕了，好像是她成了另一个女人嫉妒的牺牲品。总而言之，有人把她告发了。她从德朗西捎来口信，让我们给她送一件毛衣和几双丝袜，之后她就再也没有要过任何东西了。和若西翁一起生活的金发捷克女郎失踪了，几天以后，在黎明，贝拉还睡在她心爱的男友怀中的时候，盖世太保敲门，把她带走了。他们的一个女友和一个有权有势人家的儿子住在一起，小伙子想娶她为妻，她被未来的公公告发了。我们对集中营的情况很不了解，但这些快乐漂亮的年轻姑娘就这么销声匿迹的确是件很可怕的事。若西翁和他的朋友们继续光顾"花神"，坐在相同的位置。他们聊着天，有点激动，有点惊恐。没有任何痕迹表明，在红色的软垫长凳上，在他们身边缺了一个人，仿佛有一个无底深渊。这种缺席是我最无法忍受的缺席，它意味着"虚无"。不过贝拉、金发捷克女郎的形象无法在我脑海中抹去：她们代表了千千万万和她们有着一样命运的人。希望又回到了我们心中，但我知道，过去那种美好、天真的回忆再也不会复苏了。

在拉普埃兹，在圣诞节假期间，我们每天收听 BBC 关于斯大林格勒一役的战况：冯·保卢斯的军队已经陷入重围，徒劳地试图脱困。二月四日，我们在报纸上看到："欧洲部队在斯大林格勒的英勇抵抗结束了。"他们没有掩饰，在柏林、在整个德国，举国哀悼了好几天。

报纸、电台，甚至希特勒的讲话的论调都变了。他们不再命令我们要"建设一个新欧洲"，而是要我们去拯救它。他们指出"如果德国战败"，那么布尔什维克的祸水和各种灾难就会在全世界肆虐。这一战败的假设在一年前那简直就跟亵渎神灵一样，而现在所有人笔下流露出来的都是这种态度。希特勒在前线、在农村、在工厂向所有德国人发布了总动员令，他还想把这一措施也扩展到被占领区。二月十六日，拉瓦尔颁布法令，要求一九四〇、一九四一、一九四二年应征入伍的青年服两年兵役。布告动员他们说："他们在流血。为把欧洲从布尔什维克的魔爪中解救出来，做出你们的贡献吧。"很多人不服从法令。他们要么伪造身份证，要么躲起来，要么参加了人数激增的游击队①。在瑞士和英国报纸上出现了一条奇怪的新闻："上萨瓦省出现武装叛乱"，这有些言过其实。事实上，在萨瓦省、在中部地区，军队在重组、完善装备为投入游击战做准备。德阿在《事业报》上撰文，把法国称作是"欧洲的旺代"②，因为旺代以前拒绝法国大革命，今天的法国也起来反抗"欧洲革命"。

知识分子的抵抗运动也组织起来了。一九四三年初，一些共产党知识分子就建议萨特加入"全国作家委员会"。萨特问他们是否想安插一个密探在他们的队伍中，但他们宣称对一九四一年散布的有损萨特名誉的谣言一无所知。于是他参加了艾吕雅主持召开的会议，并为《法兰西文学》撰文。我一本书都还没出版过，所以这些

---

① 停战后军队解散，这是游击队人数增加的一大原因。——原注
② Vendée，法国省份，在法国大革命期间属于西部保皇党的地盘。

活动没有陪他去。我对此感到有点遗憾，我多想认识一些新朋友啊。萨特跟我描述他们描述得如此细致入微，以至于我就像亲眼见到一样。很快我就不再羡慕他了。过去，我曾经醉心于"社会主义和自由"的事业，因为在当时那是一个心血来潮的冒险活动，可是，从萨特的描述来看，全国作家委员会的会议带着例行公事的色彩，这就一点都不吸引我了。每次萨特去开会，在他外出不在我身边的时候，我都有点担心，但我还是很高兴我们走出了封闭的圈子，尤其是我常常感觉到无所作为对萨特而言是多么压抑。

我们经常来往的人都跟我们同一战线。不过有一天，玛丽·吉拉尔指责我们目光短浅，只看到眼前。"德国战败，那就意味着英美帝国主义的胜利。"她说。她的观点反映了大多数托派知识分子的想法，他们对通敌和抵抗都保持距离。事实上，他们对美帝国主义的霸权的恐惧还不如他们对斯大林的权力和威望的增长的恐惧来得更甚。我们认为，说到底，他们对问题的轻重缓急根本就分不清：欧洲首先面临的问题是肃清法西斯主义。现在我们已经不再怀疑它很快就会被消灭。英国皇家空军正在轰炸法国的工业中心和港口，疯狂地轰炸莱茵兰、鲁尔、汉堡和柏林。五月十四日，突尼斯战役中轴心国败北。德国人疯狂地修建大西洋防线，双方阵营都认为盟军很快就要实施登陆行动了。

文学一片欣欣向荣。格诺发表了《皮埃罗我的朋友》，这本书的幽默风趣在我看来过于刻意雕琢了。布朗肖的《阿米纳达》中有几个段落让我印象深刻，比如身不由己的刽子手——也许是它跟我当下的关注产生了共鸣，总体说来，布朗肖的小说仿佛是对卡夫卡作品的模仿。巴什拉在《水与梦想》中把非常接近存在主义精神分析的方法运用在想象上，之前几乎还没有人冒险做这一尝试，这本书让我们很感兴趣。圣埃克苏佩里的新作《战斗飞行员》引起了轰动。他很好地描绘了在法国沦陷期间他作为飞行员的经历，他在叙事中加了含混不清的长篇大论，一种有点模糊的人道主义，结果《巴黎午报》《时报》《新时代》的评论家大加赞赏，甚至得到了马克桑斯的赏识。或许只有《我无所不在》对它大肆批判。

　　法国电影也觉醒了，一些新导演出现了。德拉努瓦①导演了《蓬卡拉尔》和《赌徒地狱》，贝克②导演了《红手古比》，克鲁佐③导演了《凶手住在二十一号》，达坎导演了《万圣节的游客》，在该片中可以看到西蒙娜·西尼奥雷几分钟的表演，我们都在琢磨为什么这个美丽的姑娘还没有演到一个重要的角色。最有趣的电影应该是莱比尔④导演、夏旺斯编剧的《神奇的夜晚》，这部影片让观众看得一头雾水。莱姆在《家中的陌生人》中很出彩，但剧本对种族主义有些令人不快的妥协。穆鲁基扮演的凶手一角虽然没有指明是犹太人，但明显是个外国佬。在卡尔内导演、普雷维尔编剧的《夜间来客》一片中，有吃的喝的：美丽的画面和过度的文学。崭新的城堡一点都不像一座真正的城堡，是新建的，就像一大块杏仁糖，大煞风景。我更喜欢普雷维尔和格雷米龙合作的《夏日时光》。

　　杜兰信守诺言。春天，他开始和两个奥尔加一起排演《苍蝇》。这个剧本我几乎烂熟于心，我很有兴趣看它是如何被搬上舞台的，我突然也萌发了写一部戏剧的念头。不过，排戏不是件水到渠成的事。在布景和服装定下来之前，有过很多变动和修改。因为

---

① Jean Delannoy（1908—2008），法国导演。
② Jacques Becker（1906—1960），法国导演，曾长期担任让·雷诺阿的助手。二战期间曾被德军俘虏。代表作是《金盔》（1952）。其作品特点是能准确描绘法国的社会风情，反映法国各阶层的人物的生活与性格。
③ Henri-Georges Clouzot（1907—1977），法国导演。
④ Marcel L'Herbier（1890—1979），法国作家、制片人和导演。

朱庇特和阿波罗的雕像在剧中作用很大，故而杜兰决定找一个雕塑家来做。他选中了亚当，热情、脾气好，长得像个巨人。他妻子一头浓密的黑色鬈发，遮住了半张脸，身材娇小但玲珑有致，裹在黑色的裙子里，佩戴了一堆五颜六色的珠宝首饰。他们的公寓在克里斯蒂娜街，和卡米耶的公寓一样迷人，不过风格迥异。餐厅铺了红色的地砖，窗户上挂着土耳其红棉布帘子，一张长餐桌和几条粗笨的木头长凳，几个铜锅，水泥砌的水槽里放满了色泽鲜艳的菜蔬，在炉膛很深的壁炉边的天花板的梁上挂着儿串洋葱和玉米棒子。亚当把我们带到他的工作室，给我们看了一台老式手动印刷机，还有一堆复杂而精密的雕刻用的小工具。地上堆着几块大石头。他为《苍蝇》一剧制作了别具风格的布景、面具和雕像。

这出戏的群众演员很多：妇女、儿童、老人，这一众人等都要在萨拉·伯恩哈特剧院大大的舞台上进退有度。杜兰没有在作坊剧场的舞台上那么游刃有余。扮演俄瑞斯忒斯的演员经验不足，奥尔加也是，厄勒克特拉这个角色令人倾倒。奥尔加理解得没错，但她和她的搭档都演得不出彩。杜兰大发雷霆："简直就是小闹剧！"他尖刻地批评道。奥尔加气哭了，他语气缓和了一些，但之后又发作了，她根本就不听他的。两人针锋相对，吵得不可开交，既像家庭纷争，又像是恋人之间的口角。作坊剧场的小学员们看他们吵，希望奥尔加自毁前程。不过她们失望了。奥尔加天资聪颖，杜兰勤勉苦干，他们齐心协力终获成功：在最后几次排练中，她演得像个老戏骨；独自一人站在舞台上，她也可以撑起来。

彩排安排在一个下午，晚上可能会因停电而被迫中断。因为萨特正好在大厅检票口附近，一个褐色头发的年轻人走过去自我介绍：阿尔贝·加缪。当幕布拉开的时候，我非常激动。不可能误解这出戏的寓意，"自由"一词从俄瑞斯忒斯的口中迸出耀眼的光芒。

《巴黎报》的德国评论家也没看走眼，说是部好戏，写了一篇正面的剧评。米歇尔·莱里斯在秘密发行的《法兰西文学》中夸奖了这出戏，并强调了它的政治意义。大多数评论家假装没看出这出戏的影射含义，他们对这出戏横加指责，用的都是纯文学的借口，说这出戏是对季洛杜的戏剧的拙劣模仿，说它过于冗长、繁琐、沉闷。不过他们承认奥尔加很有天分，对她而言算是一鸣惊人了。相反，他们抨击导演、布景和服装。观众并没有如潮水般涌来看戏。已经到了六月，剧院也得关门放假了。十月，杜兰再次把《苍蝇》搬上舞台，和其他剧目一起轮流演。

　　我觉得现在的班级没有以前的班级那么有趣。在卡米耶赛中学，我帮学生备考塞夫勒女子高等师范学校。这让我可以在某些问题上深入探讨，但是，对这些大女孩而言，哲学不再是一种醒悟，我甚至不得不让她们摈弃某些我认为是错误的成见。此外，她们的功课很紧，没有一分钟可以浪费，我给她们上课必须简明扼要，这种严肃用功的气氛让我感觉沉闷。不仅是她们的学业，甚至是她们的生活都过于劳累了：她们的母亲要她们面对物质上的困难，如果家里有好几个孩子，那困难就更不好应付了。吃得不好，她们常常生病。那一年，我班上最优秀的学生患了脊椎结核病。女生们很少欢笑，我们的讨论也缺乏热情。说到底，我教书已经教了十二年了，我开始感到厌倦了。

　　不过，并不是我决定要离开学府。丽丝的母亲怒火中烧，因为女儿错过了一桩好姻缘，现在又跟布尔拉同居，她要我利用我的影响逼她回到第一个情人身边。我拒绝了她，于是她就污蔑我诱骗未成年少女。如果是在战前，这种事基本上是不了了之，但因为阿贝尔·博纳尔那帮人，事情就没那么简单了。学期末，下巴铁青的女校长告诉我说我被学校开除了[1]。

打破陈规旧习我并没有不高兴。唯一的问题就是，我得挣钱养活自己。我也不知道自己是怎么骗到一个在国家广播电台"制作节目"的差事。我说过，根据我们墨守的规约，我们有权在电台工作，一切都取决于你怎么做。我建议了一个没有政治色彩的节目：回顾从中世纪到现代的所有传统节日，有解说、音乐和背景乐。节目被接受了。

一九四一年夏我写完《女宾》，但就在那一年的一月以来，这部小说对我而言就已经成历史了。我急切地想谈谈今天让我魂牵心系的问题。最主要的就是我和他人的问题，不过我比以前更清楚它的复杂性。我的新主人公让·布洛马尔和弗朗索瓦丝一样，不苟求在他人面前自己是唯一的主体。他拒绝成为他们眼中的客体，不想以一种暧昧的方式介入他们的生活。他的问题是想超越这一困境，和他们建立起一种透明的关系，彼此都自由的关系。

我从他的童年入手。一个富有的印刷商的儿子，他生活在那栋房子里的氛围的灵感来自赖纪永的家庭。他反对一切特权，他在父亲的竞争对手那里当工人，如此抹去了天生际遇的不公正因素，他以为从此以后就可以选择自己想走的道路。他很快就幻想破灭；他最好的朋友因为他而卷入一场政治斗争，并因此命丧黄泉。他要承担的责任远远超出了他的意愿。于是，他选择了逃避遁世：不问政治、拒绝产生任何感情纠葛。但他的逃避、沉默和他的言行有相同的分量：集体的历史和个人遭遇会让他明白这一点。他反抗。他并不认为内疚悔恨是自己的命运，但他还是下不了决心行动，因为所

---

[1] 解放后我恢复了名誉，但我再也不去教书了。——原注

538

有的行动都是一种选择，而所有的选择在他看来都是任意的。人不是可以被加减乘除的，他们不能用任何等式去计算，因为他们的存在不可通约。牺牲一个人来拯救十个，如果同意这么做那就是对荒诞行径的默许。最终，是大溃败和占领让他下定决心，他发现自己对哪些事情能做哪些不能做的判断非常绝对，根本容不下一点推敲和计算。于是他放弃去解这个死结了。当机立断，不再自寻烦恼。在信奉了几年的和平主义之后，他接受了暴力。他组织恐怖行动，不顾当局的镇压报复。这一决心并没有给他带来心灵的平静。不过他已经不再寻求这种平静了，任由自己终日生活在惶恐不安之中①。不过，在最后几页，他心爱的女人因为他而奄奄一息，临终前她在他身边为他打开了心结，放下了顾虑。"在他人的命运中，你从来都只是一个工具，"她对他说，"任何外在的因素都不能践踏一个人的自由。是我自己愿意去死。"布洛马尔于是得出结论，如果是为了值得的目标，每个人都有权利走他自己的路。

这个垂死的女人埃莱娜的故事在书中占了很大的篇幅。年轻的时候，埃莱娜的想法和布洛马尔背道而驰。她以为自己是完全脱离集体的，她只关心自己得到拯救。她这一路走来学到的东西就是团结友爱。

我犯了一个和我当初开始写《女宾》时相同的错误，我认为自己必须再现埃莱娜的童年生活，我从自己的童年中吸取灵感。之后，我决定把她的过往只用粗粗几笔带过。从小说一开始，埃莱娜就已经十八岁了。她试图用自恋自爱来弥补因上帝的缺失而造成的空白，但她没有成功，独自一人，没有别人见证，在她看来，她的存在就如同草木一样自生自灭。当一个很热情、但没什么威望的

---

① 克尔恺郭尔的观点曾经让我大受震动，他说一个真正的有德之人是不可能拥有内心平静的；他只在"恐惧与颤栗"中体验他的自由。——原注

朋友爱上她时，并没有把她从这一泥潭中拉出来。当她遇见布洛马尔，他让她痴迷，因为她在他身上看到了力量和信念。她以为，她所希冀的爱情可以为她自身的存在带来一个绝对的理由，但他逃避了。绝望、愤怒，她变得对全世界包括她自己的生活都漠不关心。沦陷、占领，她以为自己可以用历史的眼光心平气和地去看待。友谊、厌恶、愤怒压倒了这种自作聪明的态度。在肝胆相照的团结氛围和行动中，她最终得到了这种"认识"——黑格尔所谓的认识——让人摆脱必然性和偶然性的束缚。她死了，就在她参悟人生的那一刻，现在，即使死亡也不能对她产生任何作用了。

我还给了书中第三个人物以相当大的篇幅，这个人物的灵感来自贾科梅蒂跟我描述的杜尚的形象。作为画家和雕塑家，马塞尔在艺术领域的追求和布洛马尔在道德领域的追求有异曲同工之妙：他希望达到绝对的创造境界。我以前对那些突破常规的绘画和雕塑情有独钟，马塞尔要求自己的作品不需要任何"目光"就可以自足地存在。在这一点上，他和埃莱娜挺像的，埃莱娜一度认为只要彻底切断和外界的一切联系，她就能确保自身的幸福。马塞尔也失败了。他陷入了抑郁不能自拔。之后，他参加了战争，成了战俘。在战俘营，他帮狱友演出的一出戏剧画布景，他收获了热情和友谊，他对人、对艺术的观念转变了，他接受了这样一个观点：所有的创造都需要他人的默契。

我给了马塞尔一个妻子，德尼丝。就像《女宾》中的伊丽莎白一样，我让她起到一个陪衬的作用。在一帮朋友中，只有她不相信"绝对"，而是把目光放在世俗的价值观上。她在马塞尔身上激起的矛盾对立几乎让她发疯。虽然我还没有什么经验，但我已经预感到一个平庸的女人如果和一个狂热的艺术家生活在一起会冒多大的风险①。他不准妻子沉溺于多数人满足的逸乐，因为他蔑视俗世的享受。他不给她提供能让她逍遥快活的钱财。她到处受到排斥、羞辱，失意落寞，满心怨恨酸楚，她在矛盾中挣扎，几乎要彻底迷失自我。

我不希望这部小说和前一本一样。我改变了叙事策略。我采用了两个视角，一个是埃莱娜的，一个是布洛马尔的，两个视角在各个章节轮流运用。以埃莱娜为中心的叙事，我是用第三人称写的，我注意到这和我在《女宾》中所采用的模式是一样的。但是对布洛马尔而言，我采用了另一种手法。埃莱娜临终时，我让他守在她身边，他回忆起自己的一生。当他谈起自己，回想过去的时候，我让他用第一人称，当他拉开一段距离用他人的眼光审视自己的时候，我让他用第三人称。以追随他的思绪为名，我比写《女宾》时更游刃有余，收放自如。我减慢或加快叙事的节奏，我采用概括、省略、淡出淡入，我没有给对话留很多篇幅。我尊重时间顺序，但有时候，正在发生的事情会打断对往昔的追思。我还用斜体字在其中穿插了布洛马尔在夜里体验到的思想和感情。为了不让他的这些深思熟虑显得多余，我制造了一个悬念：黎明时分，他会不会给出采取下一次恐怖活动的信号？时间的所有维度都在这个守灵的夜晚一一呈现：男主人公现在在守灵，但通过回忆在思考一个跟他未来有关的决定。这一结构和主题非常契合。我的意图是要揭示出人一生下来就要面对的诅咒：每个人都是和其他人一起共存于世。事件本身对布洛马尔而言并不重要，重要的是它们所揭示出来的意义萦绕在你的脑海中久久不散，带着永远的悲剧意味。因此，把昨天和明天都放在今天来体验是对的。

---

① 我在《名士风流》一书中也常回到这个主题。——原注

就这样，我的第二本小说比第一本写得更有技巧；它表达了人和人之间更广阔、更真实的关系，不过——尽管是在一九四五年出版，受到时局影响，它还是受到了热烈欢迎——公众舆论、一些我很敬重的人，甚至我自己都认为这本书不如《女宾》，这是为什么呢？

　　布朗肖在《主题小说》一文中很公允地指出，批评一本书意图表明某种想法是荒谬的。不过，他补充说，意图表明和意图证明是两回事。活着总是有意图，但永远不会证明任何东西。作家的目的，就是通过文字把生活展示出来。如果他不尊重生活的模糊性，他就会背叛它，简化它。布朗肖没有把《女宾》归到主题小说这一类，因为小说的结尾是开放的，悬而未决，不能从中得出任何教训；相反，他把《他人的血》归到这一类，因为它得出了一个明确的、可以归纳为格言或观念的结论。我同意他的观点。但他指出的缺憾并不只存在于小说的最后几页，这个问题其实从头到尾一直都存在。

　　今天重读此书，让我感到震惊的，是我笔下的人物缺乏深度。他们是以其道德态度来定义的，我并没有努力去捕捉活生生的根源。我赋予布洛马尔童年时代的某些情感，但这些情感不足以解释让他一生都感到沉重压抑的负疚感。我自己也意识到了这一点，我假设他二十岁的时候是无心之过才导致最好的朋友丧命，但一个意外事故从来不会决定一个人的人生道路。后来，布洛马尔和我为他指定的角色太吻合了。我对工会斗争一无所知，我让他介入的那个世界不像一个真正的工运分子所接触到的世界那么复杂。我为他塑造的个性和经验都是建立在抽象的概念上，缺乏真实性。埃莱娜比他更有血有肉，我在她身上融入了更多我自己的影子。我以她的视角写的那几章不像其他章节那样令我不满。在大溃败后返回巴黎的场景中，叙事压倒了理论。写得最精彩的章节，我认为是写到她痛下决心要放弃自己的执念。她抛开毫无意义的象征、幻想和借口，以前她曾经那么在乎它们，最终甚至失去了幸福。在这里，我只是在揭示，并没有要证明任何东西。但不管怎么说，对她的描绘还是过于刻板、过于轻率了。至于马塞尔，总是通过对他感到诧异的朋友的眼光从外部看他，因此我隔一段距离去描绘他。我感觉他比我塑造的其他人物更加生动。我有点遗憾把他和布洛马尔的困扰相提并论。这是我对这部小说的又一批评：创作的结构紧凑，但材料却很贫乏，一切都围绕着一个中心，没有铺陈开来。甚至我赋予人物的声音——尤其是布洛马尔的声音——让我感觉不自在：紧张、拘束、放不开。在这里，我再次碰到这个棘手的问题：文学的真诚。我希望、我也确信自己是在对公众直抒胸臆，然而，不自知中，我被一个煽情、说教的恶魔附体了。我的确是从真实的体验出发的，但写出来的却是老生常谈。生命一去不复，如果直接从现实生活中去捕捉它的某个瞬间，作品就一定不会平淡无奇，但是小说家一旦对它进行雕琢粉饰，它马上就会落入俗套。因为思想的独特性只能由它为某门学科提供一把钥匙或一个新方法使其革新的背景来定义，思想并非产生于沙龙或小说之中[①]。主题小说不仅不会表达任何主题，而且它所证明的永远都是些庸见。

我一开始在脑海里思考《他人的血》的主题时，我就预感到了这一危险。我曾记下这样的话："社会经验是多么不讨喜啊！如何才能避免劝诫和道德说教的口吻呢？"事实上，我所谓的"社会经

[①] 瓦莱里认为自己有思想，总是很珍惜地把自己的所思所想记录下来，有一次他问爱因斯坦是不是也随身带一个小本子来记录自己的思想。"没有。"爱因斯坦回答。"那您是把它们写在您的衣袖上？"瓦莱里好奇地问。爱因斯坦笑了，"哦！你知道，"他回答说，"思想是非常罕见的。"他认为他这一生也就只有过两个值得一提的想法。——原注

验"并非天生就有劝诫和说教的意味；而是我谈论它的方式让它染上了说教的色彩。在重读我的另一条笔记的时候，我明白自己错在哪里："我希望我的下一本小说揭示复杂的人与人之间的关系。不去意识到他者的存在，这是幼稚的做法。和第一本小说相比，这部小说的情节应该更加紧密地和社会问题联系在一起。应该把情节推向一个有社会广度的行动（尽管这很难找到）。"后来，人们把《他人的血》定义为一部抵抗小说。事实上，我在构思它的时候，并没有联想到现实中的大事件，因为我认为要编一个能体现我想表达的主题、具有"社会性"的行动很难。当我开始动手写它的时候是十月，当时我已经明确地想到要用恐怖行动和镇压这样的情节来展开故事。小说蕴涵的主题和我所运用的插曲之间的分离现象表明《他人的血》的构思和《女宾》完全不同。在《女宾》中，一切都是以我在过去几年中反复思量而来的幻想的形式呈现的。这一次，我也是从一个个人的经验出发，不过我表达得很抽象，并没有把它想象得面面俱到。我知道为什么。

　　直到战争爆发，我还一直我行我素，凭兴趣去了解世界，为自己打造幸福的美梦。道德追求和这一实践并驾齐驱，那是一个黄金时代。我的经验有限，但我全身心地投入其间，我从来没想过去质疑它。我只是跟它保持了一段距离，希望可以把它呈现在他人面前，这就是我在《女宾》中试图做到的。自一九三九年起，一切都变了。世界变得一片混乱，我停止了所有建设性的工作。除了用语言来驱魔，我别无其他救赎方式：一种抽象的道德。我寻找可以为我现在所忍受的强加于我的命运辩护的理由和方式。我找到了自己依然相信的理由和方式。我发现了团结友爱，发现了我肩负的责任，发现为了活得有意义而不畏死是可取的。但我学到的这些真理在某种意义上说是和我的本性相违的。我用词语来劝自己接受它们，我解释给自己听，说服自己，劝诫自己。我努力要传达的就是这一劝诫，却未曾想到，在读者眼里，它未必有在我眼里那么清晰。

就这样，我进入了我可以把它称作我的文学生涯的"道德时期"，持续了几年时间。我不再把自发性当做标准，我开始反思自己的原则和目标。几番犹豫过后，我甚至想就这个问题写一篇文章。

一九四三年初，我写完《他人的血》，萨特在"花神"介绍让·格勒尼埃给我认识，他也是刚跟他认识不久，格勒尼埃计划将反映时代思潮的文章收集成册。他们聊了一会儿，之后格勒尼埃转向我："您呢，夫人，"他问我，"您是存在主义者吗？"我还记得自己当时有多尴尬。我读过克尔恺郭尔，至于海德格尔，大家谈论他的"存在主义"哲学已经谈了好一阵子了，但我不知道加布里埃尔·马塞尔刚刚提出的"存在主义者"一词的含义。而且格勒尼埃的问题也触到了我的自尊和自谦的问题：老实说，我还没有重要到可以给自己贴标签的程度。至于我的思想，我确信它们反映的是真理而不是僵化的教条。格勒尼埃建议我为他正在负责的文集写篇文章。一开始我拒绝了，我说在哲学方面，我知道自己的局限。《存在与虚无》当时还没有出版，但我已经读过好几遍手稿了，我觉得没有什么要补充的。格勒尼埃坚持要我写，而且说我可以选一个我喜欢的主题。

萨特鼓励我："那就试试看吧！"我在《他人的血》里谈到过的某些问题我还可以继续探讨，尤其是个人经验和世界普遍的现实之间的关系，就这个主题我曾经有过一个剧本的构思。我想象有一个城市，城中最杰出的一个成员被要求献出一条命，毫无疑问是他挚爱的人的生命。主人公一开始拒绝了，之后，公众的利益压倒了他的私心。他最终同意了，但从此以后他就变得麻木不仁，对任何人都无动于衷。由于受到致命的威胁，他的同胞恳求他帮忙，却徒劳无果。有一个人，很可能是一个女人，成功地唤醒了他自私的激情，他这才找回了拯救同胞的意愿。因为情节太抽象了，剧本没有成形。不过既然有人给了我直接切入我感兴趣的问题的机会，我为什么不抓住呢？我开始创作《皮洛斯与西内亚斯》，我写了三个月，竟然写成了一本小书。

　　如果人是"距离的产物"，那么为什么他只能超越自我这么远，而不能再远一点？如何定义他计划的限制？我在第一部分提出了这些问题。我摈弃一时的道德和所有对永恒产生质疑的道德。任何个人都不能真正和无限建立联系，把它称作上帝也好，把它称作全人类也罢。我指出了现实和萨特在《存在与虚无》中引入的"处境"这个概念的重要性。我谴责所有异化，我禁止把他人当做托词。我也明白了在一个战乱的世界，所有计划都是一种选择，应该像《他人的血》中的布洛马尔一样，去接受暴力。所有这些批判的论调在今天看来显得有点简单，却非常中肯。

　　在第二部分，我试图为道德寻找到一些积极的基础。我更加详细地重申了我在刚结束的那本小说中得出的结论：自由，是人类所有价值的基石，是唯一可以判断人类的所作所为是否正确的终极标准。不过我也很赞同萨特的理论：不管境遇如何，我们所拥有的自由都可以让我们去超越它；如果自由是与生俱来的，那如何把它当成是一个终极目的呢？我区分了自由的两方面：一方面，它是存在的模式本身，不管情不情愿，不管用什么方式，会把外界对它的影响悉数照收。这一内在的运动是不可分的，因此对每个人而言都是一个整体。另一方面，相反，凡事具体的可能性皆因人而异；全人类都能拥有的机会，有些人却只能得到其中很小的一部分；他们此生所作的努力不过是让自己靠近那个平台，而最幸运的人生来就已经在那个平台上了，他们的超越湮灭在集体的进步里，以内在的形式出现。在最优越的处境下，计划相反是一个真正的超越，他创建了一个新的未来。当一个行动是旨在为自己为他人取得这些得天独厚的位置，那它就是一个好行动：把自由解放出来。就这样，我试图让萨特的观点和我在漫长的讨论中所坚持的与他意见相左的观点变得一致，我把处境分成了几个等级。主观地说，拯救无论如何都是可能的，人们不应该喜欢无知多过喜欢知识，喜欢生病多过喜欢健康，喜欢贫瘠多过喜欢繁荣。

我并非反对为存在主义道德提供一个物质内容。恼人的是，就在我自以为摆脱了个人主义的时候，其实我还深陷其中。我认为，个人只有在意识到他人存在的时候才获得人性的维度，不管怎么说，在我的文章中，共同存在就像是一个随时都要克服的意外事故。它以独自打造个人的计划为起点，之后要求集体去认同它。事实上，在我出生的那一刻我就已经入世了。正是在社会中、在我和社会的关系中我才决定如何自处。我的主观主义不可避免地伴随着一种理想主义，这种理想主义让我的思辨失去了所有或几乎所有的意义。第一本论著至今还让我感兴趣，仅仅因为它标志着我成长的一个阶段。

皮洛斯和西内亚斯之间的对话让我联想到我二十几岁时每天在日记中记下的我和自己的对话。在这两种情况下，其中的一个声音问："何必呢？"一九二七年，这个声音曾经以绝对和永恒的名义揭露凡尘俗世的种种虚妄；一九四三年，它用世界普遍的历史来反衬个人规划的局限，不过它总是邀我对一切漠然、事不关己高高挂起。今天，我的回答和昨天一样：我反对死气沉沉的理性，反对虚无，反对所有成见。如果我说我接受克尔恺郭尔和萨特的思想、成为"存在主义者"是自然而然的事情，那是因为我所有的经历都为此做好了准备。从童年开始，我的性情就让我相信自己的欲望和意志；在那些曾经帮助我在思想上成长的学说中，我选择的都是可以加强我这一认识的知识。十九岁的时候，我已经确信，赋予人生意义的只有人，只有他自己才能做到这一点，而能做到这一点就够了。不过我从未漠视让人产生冲动的令人眩晕的虚空和令人盲目的混沌，我之后还会谈到这个问题。

《皮洛斯与西内亚斯》在七月份完稿，被伽利玛出版社接受了。《女宾》一两个月后就会出版。我认为自己在《他人的血》中取得了进步。我对自己很满意。我的第二本小说在解放之前不可能出版，不过我并不着急。重要的是，有朝一日它会出版，而未来会再次呈现在我们眼前。现在，我们不再怀疑，我们甚至认为这一天不用让我们等太久。所有我已经失去的幸福又重新如花绽放，我甚至认为它开得前所未有的绚烂。

第八章

　　塞夫勒的入学考试在六月份进行，所以到这个月底我就自由了。我还想在假期里出去走走，但是我们这次选了中部地区，它是法国食物供应最好的地区之一。我跟萨特约好七月十五日会合之后就一个人坐火车去了罗阿讷，自由区和占领区的分界线已不复存在。我预订了座位，并且提前很多就坐在位子上，否则我有可能挤不上火车被撇在站台上。有些旅客一路都站在车门的脚踏板上，另外有一些挤在厕所里。沿途到站的时候，一些女人痛哭失声，因为她们挤不上火车。坐在我身边的旅客大谈《恶心》，并把它和《局外人》作比较。之后，他们又讨论起《苍蝇》这出戏剧，我在一封信中告诉了萨特："一个家伙说这出戏没有取得更大的成功真是奇怪，他从阿尔基耶那里得知你很不高兴，因为瓦莱里不喜欢这出戏（？）。不过，他并不觉得这出戏索然无味。"在同一封信中，我还写道："罗阿讷看似很贫穷，和巴黎一样贫穷，尽管我早餐可以喝到牛奶咖啡。不过我花了二十五法郎只吃到一碟小红萝卜、一大盘非常好吃的菠菜、几块炸土豆和两个烂杏子。不过每样我都吃了很多，因为这边供应的是两人份的套餐，和我一起点套餐的人几乎什么都没吃。看来，这儿还是比巴黎好。不过即便是最好的饭店，亮出来的菜单上也只有菠菜和甜菜。"我之所以引用这几行字是因为在重读那一时期收到的信件时，我注意到给我写信的人都会细致地描绘他们的饭菜，甚至连奥尔加也不例外。吃是头等大事。

我骑车旅游了三星期。我重游了利穆赞。我在梅里尼亚克待了一天，住在堂姊让娜家，她身边已经围了一堆金发碧眼的孩子。房子扩建了，柴房、车库、洗衣房都已经改造成起居用的房间了。爬满墙的紫藤和凌霄花都不见了。树下有几尊圣母像，铁丝网把景观花园围住了。我并没有找到很多过去的影子。

我的自行车让我烦恼，有一只轮胎每骑一百五十公里就瘪。我写信给萨特，把一个小修车行的地址告诉他，如果自称是博斯特的远房亲戚，花二百五十法郎就可以买到一个新内胎。当他在乌泽什下火车的时候，他手上拎着两个工具袋，肩上斜挎着一条橡胶内胎。坐在沙瓦纳旅馆的露天咖啡座上，俯瞰韦泽尔河，他跟我讲巴黎的近况，他告诉我他已经和百代电影公司签约了：他要为他们写脚本，而他们则定期支付他一笔可观的报酬。如果这事顺利，他明年就不教书了。

这一次我们没有赶路似的旅游，而是分小段骑车慢慢游玩，到了我们喜欢的地方就停下来好好欣赏一番。有时候碰到下雨，我们躲在打了黄蜡的自行车雨披下面。我仿佛还看到萨特躲在一棵树下，从雨披里露出来的脑袋上淌着雨水，他一边擦拭他湿漉漉的眼镜，一边大义凛然地笑着。我们到达博略的那天，天色已晚，我们马上去吃晚饭，把自行车靠在旅馆门口的人行道上。突然暴风雨袭来，来势之猛让萨特甚至没来得及跳起来把它们放到一个遮风避雨的地方，龙卷风已经把它们掀倒，湍急的泥水已经把我们的挎包冲走了，《缓期执行》的手稿漂在水面上。我们把它捞起来，但纸张已经湿透了，墨水晕开来，沾满了泥。把它晾干、辨认字迹花了我们很长时间。所有房子都进了水，第二天中午的时候，忙碌的清洁女工们还在舀水、打扫、擦洗积满淤泥的地板。

通常都是阳光灿烂居多，我们累了就歇，饿了就吃。当我们看到一个农场，我们就会拐进去，看是否可以找到几个鸡蛋，我们常常都可以找到。我们让旅馆的店主在菜单以外帮我们煎个鸡蛋，他们都认为很正常。通常，找地方住对我们而言都不是一个问题，但是，在拉罗什卡尼亚克，一个空房间都不剩。最终有人把一个农庄指给我们看，很远，但据说主人很好客。我们在黑暗中走了很久。当我们到那儿的时候，人们刚吃完晚饭。他们有十几个人，围坐在一张桌前，正在吃一个很大的苹果馅饼，他们给了我们一块。农场主狡黠地眨了一下眼睛，告诉我们说前一天夜里连他家谷仓都住满了人，不过今天我们可以在农庄舒服地睡一觉。显然他把我们和头天晚上住在这儿的客人当成一类人了，没把我们当闲情逸致的游客。

我们又看到了塔塔恩峡，在一个名叫"葡萄园"的地方，我们找到了一个老妇人开的小客栈，除了我们没有任何别的客人，让我们尽情地吃火腿。我们在那里住了几天，老妇人无比怀念地谈起昔日时光，当时路还没修，还没有游客，塔恩还是一条美丽的地下河。我们沿着洛特河重游了埃斯帕利永、昂特莱格埃斯泰和孔克，在孔克我们找不到房间住。他们要准备接待难民，于是市长安排我们睡在学校礼堂为难民们准备的草垫子上。我们又在格莱西涅森林漫步。在瓦乌尔，人们为我们准备的午餐是肉糜，令我们非常感动，于是我们决定留下来吃晚饭；没有房间，不过无所谓了，我们就睡在马厩，整夜臭虫都在狠狠地咬我们，不过我们的胃倒是舒坦了。

我们的旅程止于图卢兹。我们和住在父母家的多米尼克·德桑蒂一起喝了几杯。我们也遇到了洛特曼。萨特跟他不熟，我们没怎么聊。几个月后，我们听说他被处决了。

八月底和整个九月我们都在拉普埃兹度过。我们在那里幸福地生活。盟军在七月已经攻占了西西里岛；九月初，他们在卡拉布里亚和萨莱诺登陆。墨索里尼被废黜，之后是被媒体称为"巴多格里奥①叛变"的事件打破了德意联盟。意大利军队无条件投降，德国军队在隆美尔的命令下占领了整个意大利。流落在大萨索山顶的墨索里尼在那里被德国伞兵接走，但这一行动并没有任何政治反响，几支重要的德国部队滞留在意大利。在东部，战事通报说欧洲武装力量为"缩短"战线而部署了"灵活的撤退"，只要看一眼地图就可以明白这一说法后面隐含的是怎样的大溃败。到了反攻的那天，英美联军在法国海岸线站稳了脚跟，德军就不可能应付三面受敌的局势了。

我们收听 BBC，我们庆祝胜利，我们热诚地工作。我开始写第三本小说，已经拟好了书名：《人都是要死的》。萨特继续写《缓期执行》。当我们回到巴黎，为了写一个新剧本，他把它暂时搁置了。和第一个剧本一样，这个剧本也是为初出茅庐的女演员们写的。旺达，奥尔加的妹妹，也想演戏。她在杜兰的班上听课，十月份杜兰让她在《苍蝇》一剧中演了一个小角色。此外，棕发奥尔加刚刚嫁给了马克·巴尔贝扎，后者在里昂附近经营一家药厂，每半年自费出一期装帧奢华、名为《弩》的杂志。杂志是他自己刻写油印的。他希望妻子扎扎实实地学习表演艺术，他建议萨特为她和旺达写一个剧本，容易排演，可以在法国巡回演出，费用问题由他负担。写一个短小的、只有两三个演员的独幕剧的念头让萨特很动

---

① Pietro Badoglio（1871—1956），意大利政治家、元帅。

心。他马上想到了"禁闭"这一场景：在漫长的轰炸期间，几个人关在地窖里；之后，他有了让人物永远关在地狱里的灵感。他驾轻就熟地写完了《隔离审讯》，起先他给剧本起名《他人》，刊登在《弩》上的时候也是用的这个书名。

我曾经发誓决不在多芬娜街待第二年。早在放假前，我就托人跟塞纳街的路易斯安那旅馆的老板预订房间，"花神"的很多常客都住在那里。我十月份搬进去，在我的房间里有一张沙发、几个书架、一张大桌子，墙上有一张招贴画，上面是一个英国皇家禁卫骑兵。我搬家的那天，萨特打翻了一瓶墨水在地毯上，老板娘马上就叫人把地毯拿走了。不过地板也好，地毯也好，反正我都喜欢。我还有一个厨房。从我的窗户望出去，可以看到一大片屋顶。我以前住过的地方没有一个像这里这么接近我的梦想，我打算在这里一直住到终老。萨特住在走廊另一头一个很狭小的房间里，里面空无一物，不止一次让来访者感到惊讶。他甚至没几本书，我们买的书常常借给别人看，不过他们借了都不还。丽丝和布尔拉住在楼上一个很大的圆形房间里。我们经常在过道上碰到穆鲁基和美丽的罗拉，她在"路易斯安那"人缘很好，因为她会帮住在这里的四五个"花神"的常客洗熨衣服：在一个肥皂都紧张的年代，免费帮别人洗衣真是难能可贵。

在经济上，我们没有去年那么拮据。就像之前说好的，萨特一边继续在孔多塞中学教高师的文科预备班，一边给百代电影公司写脚本。他给他们的第一个脚本是《戏演完了》，并没有赢得公司专家的一致认可。杜兰让他和卡米耶轮流讲授一门戏剧史的课程。《存在与虚无》在伽利玛出版，但还有很长的路要走。几乎没有人谈论这本书，卖出去的书寥寥无几。至于我，我庆幸自己现在不用准点去上班。我给自己规定每周去一两次国家图书馆。在博斯特的帮助下，我搜集了旧歌集、闹剧、独白、悲歌，然后剪辑成广播节目。这些节目平淡乏味，不过准备工作让我感觉很有意思。

这些变化让我的生活变得愉快，但带来最大改变的是两件事：《女宾》出版和友谊突然如花绽放。

当我到拉普埃兹的时候，《女宾》刚刚出版，我想象不出等待它的命运如何。萨特一直都参与我的写作，因此也不能客观地给我意见。一些朋友夸了我的书，但他们毕竟是朋友。"我承认我吃了一惊，"马尔科假模假式地说，"我一口气就看完了，非常有趣，不过这是本车站小说。"我觉得他说这话是居心不良，因此也没往心里去。不过，我选择了低调。我在这本书上花了整整四年时间，有点像是孤注一掷的架势，但现在，我已经可以超然视之了。我的乐观主义要求我的人生不断进取，让我可以用平常心去看轻这部新手的作品，我从中看到的只是一个轻佻的爱情故事。我现在梦想写的是宏大、积极介入的小说。我对自己的严苛其实也是出于谨慎：它避免我因为高估了自己而惹人笑话，也免得我因此失望。

八月底，萨特去巴黎参加一个抵抗组织的会议。全国作家委员会在五月底召开了第一次全体会议，进行了一些重组。我去昂热等他。坐在火车站对面一家咖啡馆的露天座上，我看见他挥舞着一份报纸大步流星地走过来：第一篇评《女宾》的文章刚刚在《康莫迪亚》上刊登出来，是马塞尔·阿尔朗写的。从来没有哪篇文章比这一篇更让我高兴了。阿尔朗热情地谈论我的书，尽管有所保留，但他很认真地对待这部作品，这一点尤其让我开心。一个人一点都不含糊地得偿夙愿并不常见：这篇书评出自一个真正的评论家之手，白纸黑字印在一份货真价实的杂志上，这让我深信自己写了一本真真切切的书，突然，我感觉自己已经成为作家了。我毫不掩饰内心的喜悦。

　　当我回到巴黎，喜悦之情依然没有消退。为数颇多的书评相继刊出，大多数都是溢美之辞。很多人指出我所描写的那个圈子不道德，甚至阿尔朗都遗憾我书中的人物过于沉迷于床笫之欢。的确，那时候维希政府禁演《伪君子》，并把一个帮人堕胎的女人推上了断头台。所有妻子都应该忠贞，所有少女都应该贞洁，所有的丈夫都应该忠诚，所有的孩子都应该天真，但尽管如此，这种卫道士式的指责还是让我感到震惊：在《女宾》中床笫之事其实少之又少！话说回来，蒂埃里·莫尼耶关于渴望追求幸福的弗朗索瓦丝的评论让我惊喜，我觉得评得很中肯，不过出乎我的意料。这么说来，我的书就像一个实实在在的客体，从某种意义上说，已经脱离我而存在了。不过我很高兴地看到它并没有背离我的初衷。加布里埃尔·马塞尔在一封非常亲切的信中对我说，在他看来，格扎维埃尔是他者的完美化身。一个年长的男人通过马尔科要求跟我见上一面，他跟我讲了一场很黑暗的政治悲剧，他自己也牵扯其间，而动因和《女宾》中所描述的一样，是两个意识之间的殊死搏斗。于是，我确信这一路行来，我选择的主题并没有过时。我还收到过其他人的来信，一封来自科克托，一封我想是来自莫里亚克。从来不进"花神"的拉蒙·费尔南德斯也破例专程进来看我，他已经投入了敌人的阵营，因此他的这一举动让我感到有些尴尬，不过也蛮令我感动的。我年轻的时候曾经很喜欢他的书，他的变节让我难过。他发福了，穿着白色的护腿套。他告诉我关于普鲁斯特性生活方面的轶事，听得我目瞪口呆。

　　马尔科常常出入上流社会，在一些沙龙的谈话中听到了对我的赞美。他把这些话都复述给我听，既为我高兴又有点酸溜溜地吃醋。"你想必感到朋友们对你的评价不公正吧！"他对我说。我很高兴地注意到他有点恼火。一个和萨特有过一面之缘的不走运的小说家在"花神"二楼碰到我。"你真是撞大运了！"他对我说，"你找到一个好题材。"他点点头，"是的，一个好题材，你真是撞大运了！"我以为阿达莫夫对这本书会不屑一顾。"那你看过没？"我问他，"这是一部真正的小说，有开头、有中间、有结尾，你一定很不喜欢吧？"他点点头，目光变得凝重。"并不像你说的那么不喜欢。好歹有格扎维埃尔，"他说，"有格扎维埃尔。"因为格扎维埃尔，有几个"花神"的常客认为我情有可原，但大多数人都对我怒目相向。他们对奥尔加、穆鲁基抱怨，说我诋毁黑人舞厅及其激情四射的兽欲。他们在小说中也没有找到自己的传奇写照，弗朗索瓦丝这个人物让他们恼火。尤其是男人们众口一词对我大加责难，女人们意见则有分歧。有几个女人过来跟我搭话："我们是否时不时可以见见面？"我避而不答，她们对此耿耿于怀。一个非常英俊的男人，弗朗西斯·凡特农，很久前我就认得他，但没有交往，他非常优雅地向我表达了他对我的书的认可。他送给我一包英国香烟，这在当时算是很珍贵的礼物。从那以后，他常常带香烟和英国小说给我，尽管我知道他穷得叮当响。

　　就这样，因为我的书，我引起了人们的好奇，不屑和好感。有人是的确喜欢这本书。我终于实现了我十五岁时许下的诺言，我终于收获了漫长而令人不安的劳动的成果了！我并不会让一些冒昧的问题坏了自己的兴致，我不会去想我的小说的绝对价值是什么，它是否经得住时间的考验。就让未来决定吧。眼下，迈出第一步对我而言就足够了：《女宾》在他人眼中存在，我已经进入了公众生活。

　　尽管我曾经抨击过他人的幻影，在《女宾》中再次谈到这个问题，但当我把自己当别人看待时，我发现自己也傻乎乎地成了他人的幻影。在伽利玛出版社，有一个文学专栏评论家称呼我为"出版社的新生小说家"。这些话在我脑子里叮当作响。那个一本正经开始她的作家生涯的年轻女子，如果她的名字不是我，而是其他人，我肯定要对她艳羡不已，而她就是我！因为我的经验不足，我竟然把自己的形象和我本人弄混了：所有抬举我的，我都欣然受之。如果这一年把龚古尔奖颁给我，我肯定会欢天喜地地接受。事实上，的确有这个可能，三月①，伽利玛出版社推的是我，我的确有几分胜算。萨特告诉我，全国作家委员会对我获奖并无异议，只要我不接受媒体采访，也不在报刊上写相关文章。颁奖的那天下午，我和往常一样在"花神"二楼工作，但我心急火燎地等待电话铃声响起，告诉我评奖的结果。我穿了一条新裙子，是在拉普埃兹做的，勒梅尔夫人设计，人造纤维的质地，鲜亮的蓝颜色，很美。我盘了一个更时髦的发型，把头发全盘在头顶，没有缠发带头巾。想到自己随时可能成为焦点，引人热议，我又害怕又神往。不过，当我得知奖颁给了马里于斯·格鲁，我并没有感到惊讶。几天后，有人告诉我说勒诺多奖我的排名很前，当报纸上宣布该奖的得主是索比朗医生时，我正在拉普埃兹，这一次我一丝遗憾都没有。我之所以可以这么从容地接受两次落选，并不是因为骄傲，也不是出于淡漠。我所维系的友谊一方面可以让我懂得自爱，另一方面也避免我膨胀。

我们的老朋友如今所剩无几。时间或者距离把友情冲淡了，他们的离开把友情也带走了。我们几乎只和"家人"经常来往。当我的朋友圈子突然变大了，我的生活也发生了很大的变化。

① 颁奖日期从 12 月推迟到 3 月。勒诺多奖在龚古尔奖颁出两周后颁发。——原注

米歇尔·莱里斯的《幽灵非洲》和《成年时代》因其刻意的真诚和既诗意又审慎的明快风格让我们印象深刻，我们希望能结识作者。萨特在全国作家委员会碰见他，我曾经说过莱里斯在《法兰西文学》上评论过《苍蝇》。七月，我不在巴黎的时候，萨特去过莱里斯夫妇家里晚餐，十月，他们邀请我和萨特一起去。萨特忘了他们家的门牌号码，我们在大奥古斯丁沿河马路上转悠了半个小时才找对门。脑袋剃得光溜溜的，衣服穿得一丝不苟，动作僵硬，尽管笑容和蔼可亲，莱里斯还是让我有点不知所措，不过他夫人泽特马上就让我自在了。她的蓝眼睛还透出少女的清纯，但她的嗓音和待人接物又有一股几近母爱的热情。公寓的家具布置完全是资产阶级格调，到处都是书和现代绘画：毕加索、马松、米罗的画作，还有胡安·格里斯①的杰作。书房的椅子上铺着毯子，花纹是根据胡安·格里斯的底图织的。窗户对着河水和石头。莱里斯在人类博物馆工作。泽特经营莱里斯姐夫卡恩维勒开的艺术画廊，卡恩维勒曾帮助大多数立体主义大师成名，收藏了很多毕加索的作品。他躲在这个公寓里，这里也常常收留犹太人和抵抗分子。莱里斯一家认识很多名人，给我们讲了一堆逸闻趣事。他们和贾科梅蒂的关系非常紧密，常常跟我们谈起他。莱里斯还跟我们描述超现实主义的美好时光，他曾满腔激情投入其中。当时他会在脸上搽白粉，在光头上画风景。第一次世界大战结束不久，他参加了一个在"丁香园"二楼举办的纪念圣波尔·鲁②的宴会，他趴在敞开的窗前，大声喊："德国万岁！"几个路人勒令他下楼解释清楚。他下楼了，醒来的时候他发现自己已经在医院里了。自虐、极端、理想主义，在他身上兼而有之，让他吃过不少苦头，不过他事后却能云淡风轻地去谈论。

---

① Juan Gris（1887—1927），西班牙立体主义画家。
② Saint-Pol Roux（1861—1940），法国诗人。

格诺是莱里斯最好的朋友之一。我不记得我们和他第一次见面是怎么约的，见面是在"花神"，我们告诉格诺说我们很喜欢《柠檬孩子》。他创作这本书的初衷是要对那些试图化圆为方或寻求永恒运动的人做点研究，他就这一话题跟我们聊了很久，而且聊得很有趣。我们很惊讶地得知他曾经钻研过数学，可以毫不费劲地阅读布尔巴基①学派的著作。此外，他在很多领域都才识渊博，不过他并不卖弄，而是把它们化在逸闻趣事、对照和概要里。听他说话让我很开心，因为他会拿别人说过的一切、更经常是他自己说过的一切来打趣。他的眼睛在眼镜片后面闪着狡黠的光芒，他会突然大笑，不过仔细一想，又不确定他笑什么，不过他的快乐非常有感染力。他妻子会天真地说一些尴尬或不得体的话，有时候她的确让人哭笑不得，不过她很滑稽。

　　在彩排《苍蝇》的时候，萨特发现加缪很热情。我第一次见到他是在"花神"，和萨特一起。谈到某些文学话题的时候，他显得有点犹疑，比如他和萨特都喜欢的蓬热的《采取事物的立场》。不过事情的发展很快就打破了最初的坚冰。加缪很迷戏剧。萨特谈到他的新剧本和他打算如何把它搬上舞台的种种条件，他建议加缪演主角并担任导演。加缪起先犹豫，但萨特一再坚持，最后他答应了。第一次排练是在我房间里进行，有旺达、奥尔加·巴尔贝扎和扮演旅馆楼层服务员的肖法尔。肖法尔是萨特教过的一个学生，他写作，但他最想做的事是当演员，他在杜兰那里工作。加缪迅速投身戏剧，随叫随到，这让我们对他青眼有加。他刚到巴黎不久，已经结婚了，但他妻子还留在北非。他比我小几岁。他的青春和独立拉近了我们的距离，我们都是不依附任何学派的独行者，我们没有

----
① Bourbaki，20世纪30年代中期法国约12位数学家合写论文所用的笔名。

家，也没有所谓的圈子。和我们一样，加缪也从个人主义者转变为介入主义者。虽然他从未透露，但我们知道他在抵抗运动中责任重大。他渴望功成名就，对此也毫不掩饰，如果他淡泊名利反而会让人觉得不正常。时不时地，他露出一丝拉斯蒂涅克的踌躇满志，不过他好像并不当真。他单纯、快乐。心情好的时候，他也开些无伤大雅的玩笑：他叫"花神"的一个名叫帕斯卡的侍应生笛卡儿，但他这么做也未尝不可。他的迷人之处在于漫不经心和热忱的比例恰到好处，让他不会流于粗俗。他身上最让我喜欢的是他一方面可以全身心地投入工作、娱乐和友谊之中，另一方面却懂得如何超然地微笑面对所有的人和事。

我们常常聚会，有时候是三三两两，有时候是所有人一起，在"花神"或附近便宜的餐馆里，但更经常是在莱里斯家。有时候我也请莱里斯夫妇、格诺夫妇和加缪在我家晚餐，我的桌子围坐八个人不是问题。博斯特会做点菜，常来帮厨。多亏了泽特时不时给我弄点肉，我今年的食品供应比去年好多了。我给宾客们准备了几大盆四季豆、几大盘炖牛肉，我想方设法备好足够的葡萄酒。"虽然质量不算上乘，但好在数量管够。"加缪说。我以前从来没招待过客人，这一新活动让我感觉挺新鲜有趣。

聚会占用了我们很多时间，但我们很重视这些聚会，我们品味相同、观点相同、兴趣相同，但这都不足以解释。是这种日常生活的团结友爱把我们维系在一起。我们一起听 BBC，互相通报新闻，一起评论时事。我们喜忧与共，同仇敌忾，一起憧憬未来。当我们聊下雨还是天晴，天气的背后隐含了期待和忧虑。只要我们风雨同舟，我们就是团结的，就会让我们感觉充满力量。我们发誓要永远站在一起反对我们所批判的制度、思想和人。他们的丧钟就要敲响，未来马上就要展现在我们眼前，我们要去建设它，或许要通过政治、总之是在精神层面去实现。战后我们应该提供一种意识形态。我们有具体的计划。伽利玛出版社已经准备在《百科全书》系列中推出一卷哲学卷，我们打算由加缪、梅洛-庞蒂、萨特和我来编撰伦理这个版块，并把它当做我们的集体宣言。萨特决定创办一份杂志，由我们大家一起负责。我们已经走到了黑夜的尽头，曙光就要到来。我们并肩迎接一个新的开始，这就是为什么，尽管我已经三十六岁了，但这些友谊却和青年时代的友谊一样清新热烈。

对我而言，在我刚刚步入文坛就可以加入他们是一种幸运，这有助于我明确自己的抱负。我并不希望流芳百世，但我也不会满足于一时的名声；我在成功时体会到的快乐让我明白自己的真正欲望是什么。我第一次在家里办接待晚餐的时候，泽特·莱里斯和让妮娜·格诺聊到她们九月份一起骑车在乡下游玩时的对话：她们谈到《女宾》中弗朗索瓦丝和皮埃尔的关系，二人对格扎维埃尔的态度，谈到不忠和忠诚，嫉妒和信任。通过她们的谈话，让我意识到她们在思考个人问题。我记得我一边倾听她们聊天，一边内心无比激动。加缪的一句话也让我非常感动，我之前曾把《他人的血》的打字稿借给他看，我们当时在莱里斯家的厨房里，我们正准备入座就餐的时候，他把我拉到一边。"这是一部洋溢着兄弟般的情谊的书。"他激动地对我说。我心想："如果我们可以用语言来激发兄弟般的情谊，那的确值得花气力去写。"深入陌生人的生活，这样当他们听到我的声音的时候，就会让他们感觉我是在对他们说话。这就是我所希望的，如果我的声音在成千上万人的心里回响，我就会感觉自己的存在得到了更新、升华，以某种方式来说，得到了拯救。

现在我已经出版过一本书，因此我参加全国作家委员会的会议应该是顺理成章的事儿，但我出于审慎最终并没有去，这种审慎的态度之后也让我在其他事情上有类似的保留。我的想法和萨特一样，既然他已经去参加会议了，我再去那完全就是重复建设。所以这在我看来毫无意义，既不合时宜又有出风头之嫌。我并不是怕别人说闲话，而是自己感觉不自在：在内心深处，我会感觉在冒冒失失地展览自己。如果我一开始就陪萨特去参加全国作家委员会的会议，这种顾虑或许就不会有了。当然，如果这些会议真的很吸引我，那我还是会去的，但是萨特觉得它们枯燥乏味。我很高兴加缪要我把《他人的血》给午夜出版社①。我本想"做点什么"，但我讨厌只是象征性地参与参与，于是，我还是留在家里。

文学还在沉睡，不过戏剧已经春暖花开。巴罗在法兰西喜剧院上演了《缎子鞋》。几年前当我们阅读这个剧本时，里面有很多东西让我们反感。不过，我们钦佩克洛岱尔把天地万物都通过一场爱情来表现。可自从他写了《元帅颂》之后，我们就对他深恶痛绝。但我们还是对这出戏很好奇，很想看看巴罗是怎么处理的。演出晚上六点开始，演了不止四个小时：我们仍然屏息静气地从头看到尾。玛丽·贝尔女扮男装让我觉得不舒服，我总觉得普鲁埃兹夫人的魅力应该有更多男孩子气的果敢。不过她的声音还是把我迷住了，这个声音蕴涵了非洲和美洲，沙漠和海洋，它让每一个人的心都在燃烧。巴罗扮演在这个热情似火的女人身边的懦弱的罗德里戈。他的导演风格多变。他用人体的运动来描绘大海的波浪，这是从中国戏剧中借鉴而来的，其他的编排让人想起《饥饿》一剧的创新元素。而幕布不止一次在舞台布景中升起，这无疑是夏特莱的手笔。散场出来的时候，我们不无纠结地猜度他到底要选择怎样的路

---

① 不过，直到解放，这本书还没有付印。——原注

子。没过多久，一个年轻的剧组在波什剧院演出了《雷雨》，是根据斯特林堡①的作品改编的。作为导演和演员，让·维拉尔大有潜力。我们一点都不喜欢季洛杜的戏剧，我不太记得为什么我们去看了《索多玛和蛾摩拉》，我们和大家一样，注意到演员中有一个名叫热拉尔·菲利普的配角，长得就像一个天使。

克鲁佐刚拍完《乌鸦》，是夏旺斯写的电影脚本。有些抵抗分子指责他是在为敌人做宣传：如果影片在德国上映，它会展现法国丑恶的一面。事实上，这部影片并没有在境外上映。克鲁佐的朋友们强调这部电影批判的是匿名信的现象，当时占领当局鼓励法国人偷偷告发自己的邻居。我们并不认为《乌鸦》这部电影有任何道德教益，也不认为它可以激起爱国情怀，我们只发现克鲁佐很有才华。

一月初，我要去滑雪。萨特不陪我去，不过博斯特会和我一起去莫尔济讷，几个朋友在那里租了一个房子。村子里白雪皑皑的屋顶、散发着潮湿木头气息的街道让我温柔地回想起昔日的美好时光。不过也有让我失望的地方。法式滑雪法已经改了，教练严禁转动滑雪屐来停止滑行，因此要从头学起，我费了很大力气。"假如我能做到急转弯停步，我宁可放弃勒诺多奖。"我这样写信对萨特说。不过我还是玩得很开心，吃得也很爽。

一天早上，我去体育用品商店给我的滑雪板涂蜡，发现店里乱糟糟的，原来游击队夜里把商店洗劫一空。因为店主拒绝支付他们索要的捐献，这是他咎由自取，其他几个更爱国更谨慎的商家对我说。不管怎么说，在莫尔济讷是游击队说了算。另一件事也证明了

---

① Johan August Strindberg（1849—1912），瑞典戏剧家、小说家、诗人。

这一点，我在一封信中告诉了萨特：

> 旅馆①闹成一团。一小时前，晚上六点半，三个游击队员来了，手里拿着手枪，要找一个叫奥黛特的女人。那个女人在这里度假，美丽优雅，但不招人喜欢，就在我们邻桌晚餐，好像她是为盖世太保工作的。前几天，他们抓住了一个和奥黛特有来往的傻女人，他们和她一起上楼去她的房间，礼貌地检查了她的证件，然后下楼回到大厅，旅馆老板坚持要请他们喝开胃酒，旅馆里所有人好像对他们都很好。他们在等奥黛特出现，但是晚餐都吃完了她还没有露面。这是一顿奇怪的晚餐，所有人的目光都盯着那张空桌子。据说她告发了很多人，旅馆里所有人都知道此事。我注意到她非常黏人，但是我以为那只是风骚而已。晚上，她会和滑雪教练出去。除此之外，她去做弥撒，看上去就像是好人家的姑娘。三个游击队员扬言如果他们找到她，就会毙了她，任何人，甚至她刚认识的那个女友，都没有流露出要袒护她的样子……此外，今天下午我曾经在滑雪道上见到两个穿军装的德国人正在努力地练习滑雪，这差不多就跟看到一个穆斯林女人骑自行车一样让人惊讶……

事实上，肯定有人事先跟奥黛特通风报信，她再也没有回过旅馆。三天后，回巴黎的途中，我在等一列联运车的时候看到她穿着红色的阔条纹法兰绒上衣站在对面月台上，她和几个人说着话，看上去无忧无虑的。

---

① 我们吃饭的旅馆。——原注

盟国的空军已经取得了制空权。报纸对"盎格鲁-撒克逊的恐怖主义行径"大为愤慨，不过这正好证实了BBC播报的新闻：莱茵兰、科隆、汉堡、柏林遭到严重破坏。在东线，德国人在苏联的防御面前撤退了。二月，盟军在内图诺登陆，另外的部队北上向萨莱诺进发，以期和在卡西诺受阻的新部队会师。战斗非常激烈，著名的修道院被彻底摧毁，不过英美联军很快就取得了新的进展，他们很快就会进入罗马。我们法国的解放也就是这几个月的事情。或许就这几星期。英国皇家空军准备登陆，更加密集地对法国进行空袭，猛烈地轰炸工厂、火车站和桥梁。南特被夷为平地，巴黎的郊区也满目疮痍。抵抗运动配合他们的行动：很多德国卡车被炸毁；铁路工人破坏火车头和铁路设施。在萨瓦、利穆赞和奥弗涅地区，游击队不断壮大。德国人时不时对他们发起进攻，他们毒害、枪毙游击队员。常常可以在报纸上看到说十五个"不轨分子"、二十个"匪徒"、一群"间谍"被剿灭。谣言四起：在北部、在多尔多涅、在中部，德国人把一个村子里的所有男人都杀死了，把妇孺儿童赶走，焚烧了他们的房屋。在巴黎，占领当局已不再在墙上贴"告示"了，不过他们张贴了二月十八日被他们宣判死刑的"外国恐怖分子"的照片，三月四日，其中有二十二人被处决。尽管照片拍得很差，所有这些敌人要我们仇恨的面孔却无比动人，甚至很英俊。我久久地看着地铁拱顶下的照片，想到我迟早会忘了他们的模样，不由悲从中来。还有很多其他英雄、其他烈士，他们的样子我们永远也看不到了，"恐怖破坏行动"和镇压报复行动激增。我想就是在那一时期，洛特曼在图卢兹遇害；也是在差不多同一时期，我得知卡瓦耶死了，卡恩被送去集中营，我还记得那个拖着两条棕色发辫的小姑娘，铺着红色地砖的房子，在一片宁静的栗树林里，我无法相信幸福可以在刹那间灰飞烟灭。可这是真的。萨特差不多每周参加三次全国作家委员会和全国戏剧家委员会的会议。如果他迟迟未归，我的嗓子就发紧。在头五分钟十分钟，我对自己说，不会有事的。等了两三个小时之后他还没回来，我该怎么办？我们欢天喜地地盼着希特勒的垮台，但不到他垮台的那天，我们随时都可能有性命之虞。快乐、不安在我们心中如影随形。

一天早上，一到"花神"，我们就发现穆鲁基神情恍惚，奥尔加·巴尔贝扎和罗拉刚刚被抓走了。她俩关系密切，但两人谁都没有参加政治活动，不过前一天她们和几个参加抵抗组织的朋友一起喝茶，警察把所有人都抓了。萨特跟那个所谓的拉瓦尔的秘书打了招呼，那人好像很为难。尽管穆鲁基和巴尔贝扎家人奔走疏通做了很多努力，最终还是没能让当局释放这两个女子，不过至少他们得到保证说她俩不会被送去德国集中营，结果，她们在弗雷讷监狱一直待到六月。

我们大家在焦虑不安中变得坚强，以免不安情绪彻底败坏我们的兴致和乐趣。二月二十六日，穆鲁基获得伽利玛出版社刚创立的"七星诗社奖"，我们为他尽兴地庆祝了一番。评委有艾吕雅、马尔罗、波朗、加缪、布朗肖、格诺、阿尔朗、罗兰·图阿尔和萨特，勒马尚担任秘书。该奖要颁给一部未出版的手稿，获奖者将得到十万法郎的奖金，伽利玛出版社会出版他的书。萨特把票投给了《昂里科》，加缪也希望它获奖。穆鲁基并没有太强的对手，轻松夺冠。他也的确需要这笔奖金，因为这个冬天，他生活窘迫，甚至连一件大衣都没有。在街上，他竖起外套的衣领，冻得瑟瑟发抖。几个和他一样也是原籍北非的作家在奥加尔餐厅为他举办了一个午餐会，我和萨特都收到了邀请。上的主菜是羊排，我还记得当我看到我的那一份只有一根带点肥肉的骨头时非常失望。穆鲁基的好运让布巴尔先是大吃一惊，继而是愤愤不平。当《昂里科》付梓出版①，他翻了翻："十万法郎就为了写这样的蠢话！十万法郎就为了讲一个和母亲睡觉的故事！给我这个价，我也能编出这样的鬼话！"穆鲁基马上又写了其他故事，发表在《弩》上。评论界指责他的故事刻意追求"悲惨主义"②，但还是给予他好评。

不久以后，我们参加了另一个文学活动。毕加索刚写完一个剧本，《抓住欲望的尾巴》，这个剧本很容易让人想起二十年代先锋派的一些作品，多少是对《忒瑞西阿斯的乳房》③迟到的模仿。莱里斯建议开一个公开朗诵会，我们也赞成，加缪负责主持这个朗诵会。他手拄一根大拐杖，用它用力地敲地板示意换场景。他描述布景、介绍人物。他还指导莱里斯挑选的朗诵者，排练了好几个下午，莱里斯演主角，他激情洋溢地朗诵了"大脚"的独白，萨特扮演"圆端"，朵拉·玛尔扮演"胖焦虑"，诗人于涅的妻子扮演"瘦焦虑"。大美女扎妮·康班——出版商让·奥比埃的妻子，她很想演戏——担任"妓女"一角，而我演的是"表妹"。

朗诵会在晚上七点左右开始，地点是在莱里斯家的客厅。我们在那里摆了几排椅子，但来宾太多，很多听众只能站在房间的尽头和前厅。我们站在一起，背朝窗户，面对听众。他们倾听我们的朗诵，报以虔诚的掌声。对萨特、加缪和我而言，这不过是娱乐娱乐，但对这些把毕加索的一言一行、一举一动都看得很重——至少表面上是这样——的圈内人而言却并非如此。毕加索本人也在，每个人都向他祝贺。我还在来宾中认出了巴罗，有人还把美男子布拉克指给我看。一部分听众走了以后，我们都去了餐厅，泽特的心灵

---

① 1945 年 1 月底。——原注
② 指电影、文学作品中描写最悲惨的社会生活现象的创作倾向。
③ 阿波利奈尔的剧作。

手巧和慷慨大方让晚宴重现了战前的风光。几个阿根廷的百万富翁带了一个无比巨大的巧克力蛋糕，他们让巴黎最伟大的艺术家装饰他们的公寓，毕加索曾为他们画过一扇门。我想，就在那里，我第一次遇见了吕西安娜和阿尔芒·萨拉克鲁、乔治·巴塔耶、乔治·兰布尔、西尔维娅·巴塔耶、拉康。戏剧、书籍、美丽的银幕形象现在都成了我身边有血有肉的真人，而且我的存在也和他们产生了联系。短短几个月的时间，我的世界就变大了，充实了！我真高兴自己活得这么有声有色！为了这次朗诵会，我还花心思打扮了一番，奥尔加借给我一件漂亮的红色安卡拉羊毛衫，旺达也拿出一条蓝色的大珍珠项链。毕加索夸我这样搭配很好看，听得我飘飘然。我冲大家微笑，大家也冲我微笑，我对别人和自己都很满意，我的虚荣心得到了满足，友谊冲昏了我的头脑。玩笑、闲聊、客套、抒情，有什么东西让我们的谈话没有沦为上流社会平淡乏味的寒暄，让人回味无穷。一年前，我们根本无法想象我们可以几小时聚在一起喧闹聚会。尽管威胁还笼罩在我们很多人的头上，但我们已经在提前庆祝胜利了。

晚上十一点前后，大多数的客人都走了。莱里斯让这出戏的朗读者和几个好友留了下来，为什么不把聚会一直延续到凌晨五点？我们都同意，这个不能反悔的决定让大家觉得很有意思。因为，只要一过午夜，它就多了一个限制：不管我们愿不愿意，我们在黎明到来之前都得待在这个公寓里，因为整个城市都在宵禁之中。我们已经没有习惯熬夜了。幸好，还剩下足够的酒让我们解乏消困。我们没有跳舞，为了不吵到楼下的邻居，不过莱里斯放了几张爵士乐的唱片，把声音压得很低。穆鲁基唱《小石子路》，音色很美，稚气未脱。大家要萨特唱《夜蝶》和《我把我的灵魂卖给了魔鬼》。莱里斯和加缪朗诵了他们钟爱的情景剧中的一幕，其他人也各自演了节目，不过我不太记得是什么了。有时候，睡意让我无精打采，也正是这种时候，我才更强烈地体会到这个不寻常的夜晚的美好。外面，除了占领者和他们的走卒，街道不再是通途，而是层层阻碍。不仅没有把一幢幢的房子连起来，反而把它们隔离开来，让这些房子露出它们真实的面貌：一个个牢笼而已。巴黎就是一个无比巨大的俘虏营。如果我们不是打破常规，至少是无视宵禁的约束，我们就无法抵制这一种隔离了。一起喝酒聊天，在黑暗的中心，在我们看来，这份短暂的快乐是违法的，让我们有一种偷尝禁果的愉悦。

　　晚会继续进行，我们结识了几个新朋友。一两年前，我们曾经和朵拉·玛尔与毕加索一起在代斯诺斯夫妇家吃过晚饭，毕加索还跟大家聊得蛮久的。我们在他的戏剧排练期间和朗诵会的时候又见到了他，他邀请我们去加泰罗尼亚人餐厅①吃中饭，他和朵拉·玛尔每顿饭都在那里吃，他还在他的画室里招待了我们好几次。我们通常都是上午去，和莱里斯夫妇一起。他住在大奥古斯丁街，睡在一个空无一物像牢房一样的房间里。就在他工作的大阁楼上也没有家具，只有一个火炉，暖气管接得满屋子都是，几个画架和油画，有的面墙而放，有的正面对着我们，可一睹为快。参观过几次画展，我已经明白他从一个题材到另一个题材的转换方式。当时他在给巴黎圣母院的圆室画烛台和一束樱桃，通过不同的版本，我们可以清晰地捕捉到他的创作手法、进退和突发奇想。和他过去的作品相比，这些画所追求的更多是技艺的精湛而非新颖，但这种完美有其价值，我喜欢在创作的地方，在它被创作出来的时候欣赏它。毕加索总是热情地欢迎我们，他谈笑风生，字字珠玑，但实际上他并

---

① 这家餐厅不在现在这个位置，当时它也在大奥古斯丁街，只不过在街对面。——原注

不能和人真正地交流聊天。他更喜欢独白，并且沉溺于说一些过时的悖论。我尤其喜欢他的脸、他的手势和机灵的目光。有一次，他和朵拉还有莱里斯夫妇来我房间晚餐，我做了几道拿手好菜。满满一大色拉盆的越橘和醋栗赢得了交口称赞。

相比之下，我们和萨拉克鲁夫妇的关系更加亲密。萨拉克鲁目光敏锐，嬉笑怒骂、话锋犀利，玩世不恭的态度常常用来自嘲，因此反而有清新脱俗的味道。他的魅力之一就是——和所有人一样，他在伪装自己的时候——他真诚地坦言很多人会去掩饰的东西，比如说他的恐惧，他的虚荣。

在莱里斯家，我们也常常看到乔治·巴塔耶和兰布尔，前者的《内心经验》中有一些章节让我震惊，另一些却又让我深受感动，后者的小说《香子兰》我非常喜欢。常听人说只应该通过作品去认识一个作家，如若作者有血有肉地站在你面前，你会大失所望。我认为任何一种成见都没有这一种来得虚假。如果是我喜欢的书的作者，不管认识以后会怎样，第一次见到作家本人从来没让我失望过。他们每个人关注世界的方式都很特别，或狡黠，或热情，风格和调子都和平淡无奇的庸见截然不同。这种魅力久而久之就会让人习以为常不再称奇，但它一直存在，只要一开始交谈，它就会自然流露。

我们刚进入的这个圈子的特征之一就是几乎所有的成员以前都是超现实主义者，之后又或早或晚地脱离了超现实主义。因为我们的年龄和所接受的大学教育，萨特和我对超现实主义运动保持了一定的距离，但是这一运动对我们的间接影响很大。我们继承了它的得与失，当兰布尔跟我们讲述自动写作的情景，当莱里斯和格诺谈起布勒东开除人时说的话，他的专横、愤怒，他们的故事，显然比任何书都来得详细、生动、真实，让我们拥有了我们的"史前史"。有一天,在"花神"二楼,萨特问格诺超现实主义给他留下了什么,他回答我们说:"曾经年轻过的感觉。"他的回答令我们震惊,也让我们羡慕不已。

在这些交往中,我还有另一个收获。以前我认识的同龄女性少得可怜,过着典型的贤妻良母的传统生活的一个都没有。斯蒂法、卡米耶、露易丝·佩隆、科莱特·奥德里还有我自身的问题在我看来都是个人的,没有共性。在很多问题上,我意识到自己战前那种抽象、概括、归纳的思维方式是多么错误。现在我明白了,做犹太人和做雅利安人,二者并非没有差别,但我还没有意识到女性的生存状况也有其独特性。如今,我突然遇到很多年过四十的女人,她们际遇不同、职业不同,但所有人都有一个相同的经历:她们在生活中扮演"配角"。因为我写作,因为我的情况和她们不同,我想,也因为我善于倾听,所以她们都跟我讲很多事情。我开始意识到大多数女人在她们的人生道路上遇到的困难、虚假的优势、陷阱和障碍。我也感到她们在多大程度上被贬低、多大程度上得到了充实。我还没有非常重视一个间接和我有关的问题,但我的兴趣被唤醒了。

一群人,有时人多有时人少,大家一起喝喝酒、午餐或晚餐,这已经让我们觉得不满足了。我们想重温那个特殊的夜晚,在朗诵完《抓住欲望的尾巴》后大家一起度过的美好时光。三月和四月,我们组织了被莱里斯称作"过节"的聚会。第一次是在乔治·巴塔耶家举行,一个面朝罗昂庭院的公寓。音乐家勒内·莱博维茨[1]和他妻子就躲在这里。两周后,博斯特的母亲把她在塔韦尼的别墅借给我们,对一个年过古稀的牧师遗孀而言,她的思想够开明的。她

---

① René Leibowitz (1913—1973),波兰出生的法国指挥家。

把家具和珍贵的小摆设锁起来，在一张桌子上摆了几副象棋，然后就去别的地方过夜了。六月——我之后还会再细说——在卡米耶家又"过了一次节"。在我的一生中，我常常会玩得很尽兴，但之后在这些聚会的夜晚，我才懂得"节日"[①]的真正含义。

对我而言[②]，节日首先是人们在对未来担忧的时候产生的对此时此刻的无限热爱。如果日子一天天平静而幸福地流逝，这不会激起我们想过节的冲动。只有在深陷不幸的时候，希望才会重生，只有当你触摸到世界和时间的脉搏的时候，那一刻才会并始激情燃烧，你可以让自己沉浸其间，和它一起疯狂。这就是节日。远处的地平线依然模糊不清，希望中带着忧虑威胁，正因为如此，节日才显得分外动人。它直面这种模糊不清，并不逃避。催生出情爱缠绵的夜宴，凯旋的日子盛大的庆典：在骚动的醉意中，依然有一丝死亡的气息，但是在狂欢的时刻，连死亡都不知所终。危险依然威胁着我们，在狂欢的解脱之后，等待着我们的依然是无数的失望、悲伤和数月乃至数年的动荡。我们并不想自欺欺人，我们只想在混乱中抓住几许快乐的光芒并沉醉其间，暂时不去管令人扫兴的明天。

我们的默契让这成为可能。这些晚会的细节并不重要，重要的是我们在一起。这种快乐，在每个人的心中都只是微弱的火苗，但大家聚在一起，火苗成了照亮我们的太阳，燃烧在每个人的脸上：友谊和盟军的胜利一样重要。当时的环境以象征的方式把我们的关

---

① 热娜维耶芙·热纳里在谈到我的论文中提到，在我的书中，节日占据了一个很重要的位置。的确如此，我在《人都是要死的》和《名士风流》中就描述过多次过节的情景，我在《模糊性的道德》中也有谈到。是这一次次的"过节"——以及在8月25日胜利之夜到来之前的欢聚——让我发现了这些插曲的价值。——原注

② 卡洛瓦在《节日的神话》中、乔治·巴塔耶在《魔鬼的部分》中都对这一现象作了更详实的分析，我只是指出它对我有什么意义。对节日感兴趣的作家各自都用自己的方式来诠释过它，比如斯塔罗宾斯基在《透明和障碍》中阐明了卢梭作品中节日所扮演的角色。——原注

系变得更加紧密，充满了青春活力。不可穿越的寂静和黑暗把我们和其他人分开，既不能走进来，也不能走出去：我们就像是在一艘方舟上，我们成了一个秘密的共济会，避开外面世界的秘密进行我们的仪式。实际上，是我们不得不创造这些美好的幻影，因为说到底，盟军还没有正式登陆，巴黎还没有解放，希特勒也没有被打倒。怎么去庆祝这些尚未完成的事件？不过有神奇的导体可以打破时空的距离，那就是情绪。只要我们群情振奋，任何时候都可以心想事成：在情绪点燃的狂热中，胜利也变得触手可及。

我们用了最传统的手法来点燃这把火。首先是盛宴。所有的节日都打破了日常生活的节俭，大家都尽情地吃喝，我们也是这样，可能没那么铺张。我们细心地、精打细算地购买食物和酒水，慢慢塞满橱柜，然后一下子大吃大喝挥霍掉！如果只是摆阔充场面[①]，丰盛就会让人觉得讨厌，但如果是为了让饥饿的肚子难得地享受享受，那丰盛的大餐是多么令人兴奋啊！我们心安理得地食甘餍肥。在这些狂欢之夜，几乎没有打情骂俏的份儿。让我们脱离日常生活的束缚的还是酒精。对于酒，我们向来都是来者不拒，没有人怕喝醉，有几个人简直是把喝醉当成了任务来完成。莱里斯，还有另外几个，每每都拉开一醉方休的架势，每每都能如愿以偿地醉倒。然后他就开始耍宝，我曾经见过他坐着滑下塔韦尼家的楼梯，他在台阶上跌跌撞撞，一脸开心的样子，却不失有点刻板的尊严。我们每个人都或多或少把自己变成娱乐大家的小丑，其中不乏精彩之处。我们打造的简直就是一个有杂耍艺人、江湖郎中、小丑和滑稽表演的集市。朵拉·玛尔模仿了一场斗牛；萨特在一个柜子里指挥乐队；兰布尔像食人族一样切一个火腿；格诺和巴塔耶用酒瓶代替剑

---

① 比如，我陪莎莎一起去过的在阿杜尔河边举行的野餐会。——原注

进行了一场决斗；加缪、勒马尚用锅碗瓢盆演奏军队的进行曲。会唱歌的唱歌，那些不会唱的也唱；哑剧、戏剧、讽刺、戏仿、独白、忏悔，各种即兴表演层出不穷，总能博得热烈的喝彩。我们放上唱片，我们跳舞，有的人跳得很好——奥尔加、旺达、加缪——其他人就马马虎虎。被活着的幸福感淹没，我又找回了过去的信念：生活可以也应该是幸福的。这种信念会一直坚持到寂静的黎明。之后它黯淡了，但并没有完全消亡：等待又开始了。

复活节的时候，我们去拉普埃兹。我们在外期间，巴黎每晚都受到轰炸，到处都是爆炸声，博斯特写信告诉我们说他做梦梦到自己是一个孤岛的岛主。他无法忍受袖手旁观，等着天花板掉下来砸在脑袋上。他住的地方离蒙帕纳斯火车站只有一百米，火车站是英国皇家空军例行轰炸的目标。铁路线几乎陷入瘫痪，博斯特花了三小时才到塔韦尼，而平时只需要二十分钟。先是两辆火车还没等他攀到车厢就开走了，更别说挤进车厢。他最终搭上的那列火车在郊区七弯八拐地行驶，每两公里就要停一次车。回到巴黎，我们发现火车北站、里昂火车站、火车东站都关闭了。为了去里昂，得在瑞维西上车；如果去波尔多，就得在当费尔-罗什洛上车。一天夜里，我以为天崩地裂了：旅馆的墙摇摇欲坠，我自己也瑟瑟发抖，就在这时候，萨特来找我，把我拖到旅馆的露台上。天边一片绯红，多么奇怪的天象！我看得出神，忘了恐惧。如此喧闹的场面持续了两个多小时。第二天，我们得知小教堂车站已成瓦砾，几枚炸弹就落在圣心大教堂的门口。

各种管制、限量供给更加严重了，停电越来越频繁，最后一班地铁到晚上十点，剧院和电影院的场次减少了。什么吃的都找不到了。幸亏泽特告诉我一个买食品的渠道：位于讷伊下克莱芒的圣戈班工厂的看门人也卖肉。我和博斯特一起去过几次，回回都满载而归。火车把我们和自行车载到尚蒂伊，然后我们再骑车骑差不多二十公里，我们在工厂那里买好东西，并在村里的小旅店喝上一杯。挨着小旅店有一个很大的废弃的采石场，以前博韦大教堂的废墟曾堆在这里，如今已经清空，人们在上面种了蘑菇，我们每次都会带几公斤回去。在路上，我们常常听到爆炸声和高射炮的炮声。克雷耶火车站及其附近已被夷为平地，不过，一天下午，当我们穿过已成废墟的城市的时候，警报响了。虽然天气炎热，我还是上气不接下气地骑车骑过了铁路桥。我们周围是多么荒凉，多么寂静！更远处，草地和田野静谧的气息依然带着一点神秘的毒气。马路上一地闪闪发亮的纸带，我始终不知道它们从何而来，但我觉得它们有一种邪恶的光芒。但当我在房间里打开几块新鲜的牛肉的时候，心里洋溢着胜利的喜悦。

我们在巴黎的墙上看到一只蜗牛，插着英国和美国的国旗，爬在地图上，在意大利海岸线上移动。几天后，我们得知盟军加快了朝罗马进军的步伐，报纸也不再掩饰登陆的日子已屈指可数。在"花神"，气氛变了。弗朗西斯·凡特农偷偷告诉我说他刚刚热火朝天地投身到抵抗运动中。那个所谓的拉瓦尔的秘书销声匿迹了，齐齐·杜戈米埃也一样。《耻辱柱》和《小集子》的两个主编的脸越拉越长。早上，所有的报纸都报道了皮舍被处决的消息，他们只是互相点头问候了一下，好像累到连说话的力气都没有了。其中一个最终吐出一句话："那也是我们的命运。"另一个回答："是的。"他们的目光变得空茫。在《耻辱柱》工作的那个通敌者在解放期间被送上了绞刑架，我不知道他的同行下场如何。

突然，我们头顶的天空阴沉了：布尔拉被捕了。因为轰炸让丽丝夜不能寐，而且从来也没吃饱过饭，于是她去了拉普埃兹。布尔拉继续住在他们的房间里，但是有一次，他在父亲家里过夜。德国人凌晨五点按了门铃，他们把父子俩都送去德朗西。布尔拉先生和一个金发雅利安女子住在一起，她并没有受到牵连。临走的时候，布尔拉还吻了她，对她说："我不会死的，因为我不想死。"她很快就搭上一个名叫菲利克斯的德国人，我也不知道她要了什么手段，那个德国人答应给他三四百万法郎就可以救出父子俩。他买通了一个看守，丽丝焦虑不安地回到了巴黎，收到布尔拉草草涂在纸头上的几句话。他说他们受到了一些虐待，但他们还是信心十足，他们信任菲利克斯。好像他们相信他是对的。一天早上，菲利克斯告诉金发女郎说所有关押在德朗西的犯人都要被送去德国，但他设法把他要保护的父子俩给留了下来。下午，我陪丽丝去德朗西，处处春花烂漫。在火车站附近的一家咖啡馆里，有人告诉我们说夜里有几列装甲列车开出了火车站，高墙大院的监狱已经空了。我们走到铁丝网旁边，敞开的窗户上还晾着几张床垫，房间里空无一人。我们随身带了望远镜，我们看到远处有两个人影俯身冲着我们。布尔拉摘下贝雷帽，高兴地挥舞，露出他的光头。是的，菲利克斯信守了承诺。两天后，他告诉金发女郎，布尔拉父子被转移到一个美国战俘的营地，他很快就会把他们弄出来；他们吃得好，可以晒太阳，需要一点换洗衣服。金发女郎和丽丝装了满满一箱子。丽丝从来没见过菲利克斯，她所知道的一切都是金发女郎告诉她的，那个女人迷上了菲利克斯，她帮他织了几件毛衣。丽丝让她转告菲利克斯，要他带一个布尔拉的口信回来，他什么都没有带回。她一直坚持，她要求见到她以前送给布尔拉的一枚戒指，那个戒指布尔拉是从不离身的，结果也没见到戒指。她害怕了。为什么一直都没有消息？那个战俘营到底在哪里？金发女郎似乎很尴尬。她是受了菲利克斯的愚弄，还是她跟他串通好的，还是她只想尽量让丽丝晚一点知道噩耗？丽丝缠着她逼问了好几天，最终她传来了德国人的回音："很久以前他们就已经被处决了。"

我大受震动，一方面是因为丽丝神情恍惚，另一方面也是我自己的原因。曾经有很多死讯让我震惊，但这次却触动了我的内心。布尔拉曾经活在我身边，我真心接纳过他，他才只有十九岁。萨特尽力劝我：从某种意义上说，人终有一死，十九岁死并不比八十岁死更荒诞，我并不这样认为。本来他可以见识多少他可能会热爱的城市和人啊，现在却再也看不见了！每天早晨，当我睁开眼睛，我感觉自己是偷了本该属于他的世界。但最糟糕的是，我并没有偷任何人的，没有人会说："别人偷走了我的世界。"没有人，也没有任何地方可以替代这一缺失。没有坟墓、没有尸体、没有骸骨。就好像什么都没有发生过，完全没有。在一张纸上，我们找到了他写的一句话："我没有死。我们只是被分开了而已。"那是以前写的。现在，再没有任何人会说："我们只是被分开了。"这种空白令我神情恍惚。之后，我回到现实的土地上，但土壤灼伤了我。为什么会这样？为什么恰恰是那天晚上他去他父亲家里睡？为什么父亲会觉得他不会有危险？为什么我们会信他？难道不是那个金发女郎、他的百万家财和菲利克斯害死了他？如果被送往德国，可能之后还可以幸存。这些问题都毫无意义，但它们一直萦绕在我的脑海里。还有一个令我惊恐的问题。他曾经说过："我不会死的，因为我不想死。"他并没有选择面对死亡，是死亡在没有得到他允许的情况下降临在他头上。在一刹那，他是否和死神面对面？谁先被处决：他父亲还是他？如果他事先知道，我肯定他会高声或无声地大喊"不"，这一惊恐永远地留了下来，无谓地被定格成永恒。他喊了"不"，却无济于事。我觉得这个故事让人难以忍受。但我不得不忍受。

在我的一生中，没有任何时期比那段时间更难发现日子的颜色。这四年一直在恐惧和希望、耐心和愤怒、凄凉和重现的快乐之间摇摆。突然，任何妥协折中都变得不可能，我就像是被撕裂了一样。几个月来，我好像复活了，生活再次让我目眩神迷；而现在布尔拉消失了，我从来没有这么清晰地感到过人生的无常。有些人更明智、更冷漠，昨是今非不会让他们感到震惊。那些反差融入朦胧的暮色里，他们的日子就这么度过，偶尔在这里或那里塑造一点亮光或阴影。我呢，我一直都会把黑暗和光明截然分开；黑夜，烟囱，我只在短暂的瞬间拥抱它们，带着苦痛和泪水。这是我为自己保留一片清澈无瑕的天空的代价。在几天的悲痛之后，我为布尔拉流泪哀悼的模式也是如此。正因为他的死，和死亡所象征的一切，我痛苦绝望的时刻才会变得前所未有的深重，的确如地狱一般。但我一旦把他的死抛在脑后，我马上就被绚丽的未来和每一天编织的幸福给捕获了。

几个月来，我们常听人谈论一个不知名的诗人，是科克托在监狱里发现的，他认为他是当代最伟大的作家，至少科克托在一九四三年七月的一封信中就是这么评价的。那封信是写给十九区轻罪法庭的法官的，让·热内要在他面前接受审判，而在此之前，他已经因为盗窃被判了九次。巴尔贝扎打算在《弩》上发表他的几首诗和散文作品的一个片段。他妻子，褐发的奥尔加，时不时去监狱看望他，正是通过她我才了解到他的存在和他生活的几个细节。自打他一出生就被公共事业救济局收留，随后被放在一个农民家里养活。他童年的大部分时间都在教养院度过，他到处行窃、抢劫，还是个同性恋者。在监狱，他看了很多书。他写过一些诗歌，之后写了一本书。奥尔加·巴尔贝扎对他是高山仰止。我不会像年轻时那样轻易听信别人，天才无赖在我看来就像是一个有点落俗套的人物。我知道科克托对不同寻常的东西特别感兴趣，也乐于去发现，我怀疑他是言过其实。不过当《鲜花圣母》的开头在《弩》上发表，我们也被征服了。热内显然受到了普鲁斯特、科克托、茹昂多的影响，但他有自己的声音，别人难以模仿。现在，读到能让我们对文学的信念有所更新的文字简直是太罕见了，这几页文字让我们重新发现了文字的魔力。科克托没有看走眼：一个伟大的作家刚刚诞生。

有人告诉我们说他已经出狱了。五月的一个下午，当我和萨特、加缪一起在"花神"的时候，他走到我们桌前："您是萨特？"他唐突地问道。头发很短，嘴唇紧抿，目光多疑，几乎有些咄咄逼人，我们觉得他是个不好招惹的家伙。他坐下来，但只待了一小会儿。后来他常常来，我们也常见面。他的确冷酷强硬，但这个社会在他一出生就对他弃之不顾，他也没必要善待它。不过他的眼睛会笑，他的唇边依然残存着孩子般的惊愕。和他聊天很容易，他善于倾听，而且也善于回答问题。乍一看，绝不会认为他是个自学成才者。他的品位、他的判断都折射出一个从小受文化熏陶的人所固有的大胆、偏执和洒脱，有很强的辨别力。他曾经夸张地谈到诗人和他的使命；他假装迷恋沙龙的优雅和奢华，其实他非常讨厌附庸风雅；他的伪装并没有持续很久，他太好奇，太狂热。他的兴趣都是严格限定好的；他讨厌逸闻趣事，也无暇欣赏风景。一天夜里，我们登上了我住的旅馆顶上的露台，我把一片屋顶指给他看，他悻悻地对我说："这有什么看头？"他又补充说，他忙自己的事都忙不过来呢，哪有时间去管身外的景色。事实上，他很懂得去看，去观察。当一个东西、一个事件、一个人对他有什么意义的时候，他就可以找到最直接、最恰当的语言去谈论它。只是，他并不是什么都尽收眼底。他需要某些真理，常常是通过迁回的方式，他寻求可以打开这些真理的钥匙。他带着某种宗教的虔诚去探寻，但也带着我见识过的最敏锐的智慧；他那一时期的矛盾在于他的态度，拘谨、不开放，而其实他的精神是完全自由的。他和萨特意气相投的基础就是什么都不能令其屈服的自由观，还有他们都憎恶阻碍自由的一切：灵魂的高贵、永恒的道德、普遍的公正、崇高的字眼、伟大的原则、惯例制度和理想主义。不管是说话还是写作，他都故意犯嫌讨人厌；他说他会毫不犹豫地背叛或抢劫自己的朋友；不过，我从来没听他说过别人的坏话；他不允许任何人当着他的面攻击科克托；我们更看重的是他的举止，而不是他的信口开河，所以从一开始认识以后，我们就跟他的关系非常紧密。

就在我们认识他的那阵子，我们正为一次新的"过节"做准备。我原本很乐意邀请他也参加，但萨特反对，他认为热内不会喜欢这样的聚会。老实说，这样的聚会只适合在这个社会已经扎稳脚跟的小资产阶级，在短短的几个小时里，让自己迷失在酒精和喧闹里。热内对这样的消遣毫无兴趣：他曾经一无所有，他现在更愿意脚踏实地。

卡米耶把她和杜兰现在住的在拉图尔多维涅街的大公寓借给我们聚会，据说这个公寓以前是属于朱丽叶·德鲁埃[1]的，我们召集朋友们六月五日来这里夜宴。季娜给我们开了门，衣帽间、餐厅和面朝一个老花园的圆形大客厅，到处都是鲜花、彩带、花环和可爱的装饰品。但季娜看上去有些躁动不安，一身酒味。"'她'很不舒服！"她对我们说。卡米耶一大早就开始布置，她辛苦忙碌了一整天，为了让自己提提神，她一杯接一杯喝了很多红葡萄酒，最后不

---

① Juliette Drouet（1806—1883），法国女演员，维克多·雨果的情人。

得不躺在床上休息。季娜显然没有让她一个人自斟自饮，不过她起码还能站稳。杜兰尽量款待我们，尽管我们的到来让他有些手忙脚乱。除了平时一起聚会的那帮人，萨拉克鲁夫妇也来了，还有博斯特的一个朋友罗贝尔·西皮翁，他曾经写了《恶心》的一个恶搞版。加缪带了玛丽亚·卡萨雷斯，她正在马蒂兰剧院排练《误会》；她穿着一条罗纱长裙，上面有青紫色和红紫色的条纹图案，一头黑发都梳到后面，一笑就露出洁白的牙齿，非常漂亮。卡米耶和杜兰也邀请了学校的几个学生和他们的一个老朋友，莫尔旺·勒贝斯科。聚会有些散乱，卡米耶的缺席也让人感觉有些不自在，晚会一开始就缺少活力。杜兰朗诵了几首维庸的诗歌，读得非常好，但没有把气氛搞热烈。让妮娜·格诺面对这个有点尴尬的气氛扮演起了淘气鬼的角色：在一首叙事诗的结尾，她学狗吠了几声。为了让这个淘气包的表演更逼真，奥尔加不失时机地拍了一下家里的母狗。大家放了唱片，跳舞，喝酒，很快大家就跟往常一样开始胡言乱语。西皮翁没见过这个阵仗，几杯酒下肚就醉倒在地板上呼呼大睡。凌晨三点左右，卡米耶出现了，裹着披巾，戴着珠宝，眼皮上涂着口红，两颊涂了几道蓝色。她扑到泽特·莱里斯的脚上请她原谅，然后跌跌撞撞地和加缪一起跳了一支斗牛舞。我们和奥尔加、博斯特一起坐了第一班地铁走了，我们把他们一直送到蒙帕纳斯。在黎明的微光中，雷恩广场冷冷清清的。在火车站的墙上，几块告示牌通知所有火车都停开了。到底发生了什么事？我和萨特一起步行走到塞纳街，实在是太困了，没办法想任何事儿，但是我们嗓子眼发紧，有一种奇怪的焦虑不安挥之不去。我睡了四五个小时，当我醒来的时候，窗外传来广播的声音，播报的是我们期待已久又难以置信的消息，我从床上跳起来：英美盟军在诺曼底登陆了。卡米耶的所有邻居都认定我们是事先得到了秘密的消息，所以才会在昨夜庆祝登陆。

接下来的日子就像一个长长的节日。人们脸上洋溢着笑容，阳光普照，所有的街道都喜气洋洋！自从女人们开始骑自行车，她们就穿上了色彩鲜艳的裙子。这一年她们用各种颜色的布块来缝制裙子，优雅的女人用的是高级丝巾，在圣日耳曼德普雷，通常大家都满足于穿棉布。丽丝给我买了几块很漂亮的红底棉布，价格也不贵。罗拉刚刚被放出来，奥尔加·巴尔贝扎也一样，她常常登上旅馆的露台去晒太阳，和丽丝还有其他房客一起。我不想躺在硬邦邦的水泥地上晒太阳，但是，晚上我喜欢坐在高高的露台看看书、聊聊天，在一大片屋顶之上。和萨特还有我们的朋友们一起，我会在"花神"的露天咖啡座上喝一点"都灵金酒"，在马提尼克岛居民开的朗姆酒店喝不正宗的潘趣酒。我们在建设我们的未来，我们满心欢喜。

六月十日晚，《禁闭》首次面对观众和评论界。当奥尔加·巴尔贝扎被捕之后，萨特已经放弃了巡回演出的计划，此外，这个计划也貌似不太可行。老鸽舍剧院的经理巴戴尔对这出戏很感兴趣，但加缪觉得自己不具备指导一群专业演员的导演才能，也不能在巴黎的一个剧院上演一出戏剧，他给萨特寄了一封简短的信，写得很诚恳，就此解除了他们之前的协议。于是巴戴尔把导演一职托付给了鲁罗，并找了一些知名演员加盟：他妻子、加比·西尔维娅、巴拉肖瓦、维托尔。之前的剧组只有肖法尔保住了他的角色。首演大获成功。"我们的电随便用"这句台词逗得观众大笑不已，这让萨特始料未及。他在侧台看了排练，但出来的时候，他就混在观众中间了。当他穿过大厅的时候，一个陌生人走到他身边请他借一步说话：他有可靠的消息来源，知道德国人要逮捕并枪杀萨特。他对萨特说："当他们端起枪瞄准你的时候，你就会信我说的话了。"他建议萨特躲起来，不过他约了萨特第二天中午在圣日耳曼德普雷教堂前见面。他说，当十二点的钟声敲响，所有人拥抱互致平安，钟声回荡，世界和平就会降临到人间。萨特放心了，回去就美美地睡了一觉。第二天，出于礼貌，萨特准时到了圣日耳曼德普雷广场。那个陌生人冲着他微笑："再过五分钟！"他傻乎乎地盯着大钟。中午的钟声响了，一下、两下，那人等了一会儿，感觉很失望。"可能是我把日期搞错了。"他用抱歉的口吻说道。

《禁闭》之后上演的是都莱的一出喜剧，因为平淡无奇，观众在中场休息的时候走了很多。于是巴戴尔把它安排在开场演，海报上却并没做更改。一天晚上，当萨特沿着老鸽舍路走时，他碰到一些观众在剧场前转来转去，演出一刻钟前就开始了，但因为停电只好暂时中断。萨特见到克洛德·摩根，后者有点尴尬地跟他握了手，下定决心。"老实说，"他说，"我看不懂……在《苍蝇》之后，你为什么要写这些？"原来他把都莱的小把戏当成是萨特写的戏剧。他只看了前几幕就觉得大跌眼镜。

首演几天后，维拉尔组织了一系列讲座，请萨特去谈一谈戏剧。座谈会在一个面朝塞纳河岸的沙龙里举行，来了很多人。讲座结束，巴罗、加缪和萨特聊了一会儿，还有科克托，我第一次这么近距离地见到他。出来时，很多女人要萨特签名，我注意到有玛丽·勒阿尔杜安和戴着一顶漂亮的水兵帽的玛丽-劳尔·德·诺阿耶。科克托当时还没看《禁闭》，他之后和热内一起看了，并跟他周围的人热情地谈论这出戏。在作家的圈子里，大家互相敬重欣赏是常见的事，但这在戏剧家的圈子里我觉得却不多见。通过热内，萨特和科克托约好某天晚上在雅各布街的圣伊夫旅馆的酒吧见面，这个酒吧当时在某些人群中非常受欢迎。在我年轻时，科克托、他的书、他的传奇人生曾经占据了一个非常重要的位置，所以我陪萨特去赴约。科克托跟他在我心中的形象很符合。他的口若悬河让我感到眩晕。和毕加索一样，他也是自顾自说话，不过，他的话字字珠玑，用词灵巧别致，我痴迷地看着他的嘴唇和手的动作。有时候，我感觉他要摔倒了，不过，他一扭身又恢复了平衡！于是把话都圆上了，他把你说得云里雾里、心醉神迷。为了告诉萨特他喜欢《禁闭》这出戏，他用了一些非常典雅的句子。然后他又回想起他自己刚涉足戏剧界的情景，尤其是导演《俄耳甫斯》的经历。我们很快就意识到他非常在乎他自己，但这种自恋并没有让他目光狭隘，也没有割断他和别人的联系：他对萨特的兴趣和他谈论热内的方式都是明证。酒吧打烊了，我们沿着波拿巴街一直走到塞纳河边。我们站在一座桥上，看着塞纳河如一条闪闪发亮的黑丝带在我们脚下流过，这时警报声响起，探照灯在空中扫来扫去，炮火照亮了天空。我们已经习惯了这种光怪陆离的喧闹场面，但这一次轰炸好像特别壮观。真是巧，我们和科克托单独待在这些无人的岸边，进退维谷！当高射炮停止了发射，我们再也听不到任何动静，除了我们的脚步声和我们的说话声。他说诗人应该和自己所处的时代保持距离，应该漠视战争和政治的疯狂。"他们都在找我们的麻烦。"他说，"所有人都是：德国人……美国人……他们都在找我们的麻烦。"我们一点都不同意他的观点，但我们对他仍抱有很大的好感。我们享受着他的不同寻常的陪伴，在这个闪现出希望的绿光的夜晚。

　　每天早上，BBC 的新闻都让我们的等待变得更加热切。盟军在不断地靠近。汉堡已经被含磷的燃烧弹炸成废墟。在巴黎郊区，"恐怖行动"和破坏怠工越发猖獗。六月二十八日早上，菲利普·昂立奥被杀。不过，德国人为即将到来的末日深感恐惧，对民众实施了报复。有一封信在大家手中传递，信上描述了格拉纳河畔的奥拉杜尔的惨案：六月十日，一千三百人，其中大多数都是妇孺，被活活烧死在家或藏身的教堂中。在图勒，纳粹党卫队把八十五名"拒绝去德国服劳役的法国人"一路吊死在主街道的阳台上。在南方，人们看到一些孩子被用肉铺的钩子吊着，钩子刺穿了他们的喉咙。我们身边又有一人被捕。一天下午我们去代斯诺斯家，由纪告诉我们说代斯诺斯两天前被盖世太保抓走了。有几个朋友凌晨打电话通知他逃走，他没有马上穿着睡衣就跑，而是开始换衣服。他还没来得及穿上鞋子，门铃就响了。

隐隐约约的恐惧渗透在我们的希望之中。很久以前人们就在谈论希特勒的秘密武器。六月底，一些"流星"就落在伦敦，它们的坠落无规律可循，事先也没有任何征兆。不难想象，在任何时候，某个我们的至亲好友就可能被炸死。这种弥漫在空气中的不安全感在我看来是最坏的考验，我害怕有朝一日我也要面对。

不过就目前而言，我们对此还一无所知。我们散步、喝酒、聊天。我们参加由加斯东·伽利玛赞助的"七星诗社"的音乐会。我们阅读布朗肖刚发表的评论文集《失足》，我们背诵格诺《眼神之海》中的诗章：

> 我们蜥蜴喜欢缪斯，
> 而缪斯却喜欢艺术①。

七月初，我们出席了加缪的《误会》的首场演出。几个月前我们读过它的一个副本，我们告诉加缪我们对《加利古拉》的喜爱要比《误会》多得多。所以在演出的时候，尽管卡萨雷斯表演精湛，

---

① 格诺这里玩了一个谐音的文字游戏，蜥蜴 (lézards) 和艺术 (les Arts) 发音相同。

这出戏还是经不起推敲，我们对此并不感到意外。在我们看来，这一次失败没什么大不了的，我们对他的友谊并不会有丝毫改变。让我们有些受不了的，是评论界的幸灾乐祸：他们明知道加缪是站在哪一边的，却只会挑文本中粗糙的句子来取笑。不过我们也有我们的笑料，中场休息的时候，看到他们在街上晃来晃去，高谈阔论，阿兰·洛布罗很会调节气氛，于是我们在心里说："他们肯定知道。"或许这是他们最后一次出席首演了，只是他们自己还没有意识到。他们随时有可能被报社扫地出门，被驱逐出法国，没有未来可言。不过，他们丝毫都不否认自己的傲慢。在他们刻薄的言辞中，在他们狐假虎威的脸上，我们显然已经看到他们即将垮台，我们希望他们失势，而这种丧家之犬的苦涩已经偷偷渗入他们的心中。正是在这种罕见的情况下，我明白有时候仇恨也可以是一种快乐的情绪。

这一年，我做了很多事。九月份开始写一本新小说，我之后还会细说，因为我写作写得很慢。七月，我写完一个剧本，前后写了三个月，我给它起名《吃闲饭的嘴》。

自从我看了《苍蝇》的排练，我就想着自己也要写一个剧本。有人对我说，在《女宾》一书中最好的是对话。我知道舞台语言和小说语言不一样，但这更激发了我想尝试的欲望。依我看，戏剧的对白应该尽量平实简约，《苍蝇》的对白在我看来过于冗长，我更喜欢《禁闭》的朴素和意味深长。

但我首先得找到一个主题，我提到过一个在我脑子里酝酿已久之后又放弃的选题。在复活节放假期间，我在拉普埃兹读了西斯蒙第写的意大利编年史，十二卷书是萨特帮我在一个图书馆借的。我希望自己小说的主人公是统治其中一个城池的年轻统帅。在好几本书中有一件事让我印象特别深刻：在城市被围困期间，为了防止饥馑的蔓延，战士们有时候会把老人妇孺，也就是吃闲饭的嘴，赶到壕沟里弃之不顾。我心想，我要把这个情节写到我的小说里①，突然，我心里咯噔一下：我似乎刚刚找到一个非常有戏剧性的情境。我一动不动愣了很久，眼睛发直，内心无比激动。在下定决心和真正着手去做之间，还有一段酝酿的时间，有时候很长。那些被牺牲的人有何感受？还有那些宣判他们死刑的父亲、兄弟、情人、丈夫、儿子？通常，死人是不会讲话的。如果他们还有一张嘴，那些幸存的人怎么能忍受他们的绝望和愤怒？这就是我首先想表现的：从被爱者蜕变成等死者，那些有血有肉的活人和冤魂之间的关系。

　　但我的计划有了变化。如果我的人物盲目地接受他们的命运，我想，我就只能从他们的呻吟中得出一个消极等死的行为。必须让他们把命运掌握在自己的手中。我把城里最受人尊敬的行政长官和他的妻子作为主角，我也希望他们的冲突蕴涵着一个比从一种暴政到另一种暴政更有意思的转机。我把故事搬到了佛兰德，而且在那里历史上的确也发生过类似的事情。一个城市刚刚赢得了一个民主政权，却又面临着暴君统治的威胁。随即目的和手段的问题接踵而来：人有没有权利牺牲个体来成全集体的未来？一方面是出于情节的需要，另一方面因为那段时间我正沉溺在道德至上的思想里。

　　我又犯了和《他人的血》一样的错误，此外那本小说中的很多话题我在新剧本里又谈到了：我的人物又成了伦理道德的化身。年轻男一号让-皮埃尔是让·布洛马尔的替身，因为他不能制定一个对所有人一视同仁的行为准则，所以他选择了无为而治。"怎么比？一

---

① 我的确也这么做了。——原注

滴泪和一滴血孰轻孰重？"他问①，之后，他意识到自己的退缩让他成为他没有参与的罪行的帮凶，于是，和布洛马尔一样，他也采取了行动。克拉丽丝和埃莱娜一样——尽管她有格扎维埃尔的一些特征——从固执的个人主义转变为慷慨大方的立场。她的哥哥，法西斯主义者乔治，以及野心勃勃的弗朗索瓦·罗斯布尔，这两人是恶的化身。他们的阴谋表明，压迫有时候是不知不觉的：当它渗透到一个社会里，它就会将后者腐化殆尽。手段和既定的目的是密不可分的，如果二者发生矛盾，那目的就会变质。如果采用专制的措施来拯救自由，沃克赛尔的居民很快就会把他们的城市推向暴政。最终，他们意识到了这一点，他们肯定了战士和那些"吃闲饭的嘴"之间团结友爱的关系，他们打算一起寻求解救之路，但结局如何，我并没有说破②。

不过，我并没有把这个剧本贬得一无是处，尤其是第一部分，对白有一定的力度，在某些章节还营造了一种很好的戏剧悬念。我大胆地想把整个城市搬上舞台，不过这种大胆的尝试有它的理由，因为我们当时都活在和历史类似的环境中。至于结局，它并不比另一种结局更好或更糟。我的错误在于用抽象的道德词汇来提出一个政治问题。《吃闲饭的嘴》中弥漫的理想主义让我感到别扭，我为自己的说教感到怅惜。这是一部和《他人的血》《皮洛斯与西内亚斯》

---

① 我发现，十年后，我几乎原封不动地把这句话放在《名士风流》的安娜·迪布勒伊的口中。但有一个很大区别：安娜的态度是和她的个性紧密联系在一起的，既不代表真理也不代表谬误；它与迪布勒伊和亨利·佩隆的观点相对，而小说并没有偏向任何一种态度。相反，在让-皮埃尔和让·布洛马尔身上，"无为"是道德发展的一个阶段，他们最终都超越了这个阶段。因此就得出了一个单一的、有道德说教意义的结论，而《名士风流》并没有做出任何抉择，大家不知道孰是孰非，一直保留了模棱两可的态度。——原注
② 女主人公的反诘："我们为什么要选择和平？"反映了克尔恺郭尔《恐惧与战栗》中的道德观念，和《他人的血》的结尾一样。——原注

如出一辙的作品，但它们共同的错误在舞台上比在其他地方更让人
难以接受。

　　萨特是全国作家委员会、全国戏剧家委员会的成员，通过加
缪，他还跟抵抗运动组织建立了联系。七月中，组织里的一个成员
被捕，他设法传出话来说他已经供出了几个名字。加缪建议我们搬
家，莱里斯夫妇热情地收留了我们。在巴黎住在朋友家里是件很开
心的事情，就好像我们是陌生人。我们在一个明亮宽敞的大房间住
了几天，莱里斯让我看雷蒙·鲁塞尔的书。之后，我们坐火车然后
骑车去了讷伊下克莱芒，我们在一家村里的兼营杂货的小旅馆安顿
下来，包食宿。形势一有转机，我们就可以轻而易举地回去。我们
在那里待了差不多三个星期。我们在公共大厅写作、吃中饭、吃晚
饭，村里人也在这里打牌、打台球、争执吵嘴。下午，我们漫步在
两边长满飞燕草的小路上，我们登上高地，一眼望去是成熟的麦
浪。我常常在户外坐在一棵树下写作。英国飞机攻击路上的德国巡
逻队，不止一次，我听到机关枪的声音离我非常近。晚上，大约十
点，V－1火箭在屋顶上呼啸而过，我们看到空中一抹红光。每次我
都问自己："火箭会不会落在伦敦？会不会有伤亡？"
　　泽特和米歇尔·莱里斯过来和我们一起过了一个下午，另一次
是奥尔加和博斯特来看我们。他们告诉我们一些报纸上读不到的消
息，比如德国人进攻韦科尔的游击队：几个村庄被烧毁，几百名农
民和游击队员被屠杀；让·普雷沃遇害。我们还得知居赞在马赛被
处死。原来，国民自卫队伏击了奥莱松的游击队，居赞事先得到消
息，所以跑去通知战友们。结果他落入国民自卫队手中，后者把他
交给了德国人。
　　八月十一日，报纸和广播宣布美国军队已经逼近沙特尔。我们

赶紧收拾行李，骑上自行车。人们告诉我们说大路已经不能走了：德国军队正沿路撤退，而英国皇家空军正对他们狂轰乱炸。于是我们绕路从波蒙到了尚蒂伊。尽管烈日当空，我们铆足了劲蹬车，突然被和巴黎切断联系的恐惧攫住了：我们不想错过解放的日子。从尚蒂伊走，还有几列火车开往巴黎。我们把自行车放在行李车上，然后在中间的一节车厢里坐下来。火车开了几公里，过了一个小站就停了下来。我们听到飞机的轰鸣，子弹乱飞，劈啪作响。我趴在地板上，但情绪一点都不激动：眼前的突发事件看起来就像是假的。机关枪停止了扫射，飞机飞远了，所有乘客朝地沟跑去，我们也跟着他们。护士们已经到了，他们走进前面的几节车厢，当他们再出来的时候，他们用担架抬着伤员，或许是死人，担架是临时用绿色的长凳做的。一个女人没了一条腿。回想起来，我不禁后怕。人们喃喃自语："他们为什么朝法国人开枪？""他们瞄准的是火车头，只是他们没想到这列车的车头在车尾处。"一个人解释道，不满情绪平静下来。我们知道英国飞行员是多么卓有成效地让巴黎周围的交通陷于瘫痪状态，因此我们只会原谅他们。之后机械师拉响了汽笛，我们又出发了。有几个人不想再上车，我和萨特上了车，难免也有一些忐忑。在剩下的旅途中，没有人笑，也没有人说话。在下午的炎热中，行李架上塞满的用包装纸裹住的大包小包散发出我很熟悉的甜甜的味道。我仿佛又看见那些血淋淋的躯体，我想我以后再也吃不下肉了。

出于谨慎，我们没有回"路易斯安那"，而是下榻在离那里十米远的欢迎旅馆，这家旅馆位于塞纳街和圣日耳曼大街的交叉路口。雷雨天气。我们和加缪在"花神"的露天座喝"都灵金酒"。他说，抵抗运动的所有领导人一致认为：巴黎应该由巴黎人自己来解放。这次起义会以什么面貌呈现？它会持续多长时间？总之要付出血的代价。城里的气氛已经不寻常；地铁关闭了，出门只能骑自行车；电停了，蜡烛也紧缺，大家点棕色的蜡烛照明。什么吃的也找不到，只能靠储备过活：几公斤土豆、几包面条。突然，街上一个警察也没有了，他们都躲起来了。八月十六日，煤气也断了，到了吃饭时间，大家都聚在夏普兰旅馆，博斯特支了一个炉子，大家用旧报纸来烧火：就算是煮一把面那也是个大工程。这些匮乏简直是到了极点，这也预示着最后的战斗迫在眉睫；明天、后天，就会引爆这一切，但这种确信中间也掺杂着焦虑不安：德国人会有什么反应？他们在监狱枪杀囚犯，他们在火车东站和古老的城堡里已经枪杀过一批。他们还在四处抓人，还在把囚犯运往德国。一种可怕的危险正威胁着我们每个人：德国人撤退的时候，他们可能会把巴黎城炸毁。一些消息灵通的人说参议院附近一带的地下都埋了炸药，不管是在塞纳街还是蒙帕纳斯大街，我们都可能被炸死。但为了这种可能的危险担惊受怕是没用的，因为危险防不胜防。

八月十八日下午，我看到圣米歇尔大街上满载士兵和箱子的卡车朝北行驶。所有人都在看。"他们撤走了！"勒克莱尔[1]的军队几乎都到了巴黎大门口了，或许占领者们会一枪不发地撤退？听说他们清了办公室，把档案全烧了。"也许明天，一切就都结束了。"我睡觉的时候对自己说。

一醒来，我就趴在窗户上：卐字纳粹旗依然在参议院的上空飘扬；和往常一样，家庭主妇在塞纳街买菜；肉店门口排了长队。两个骑着自行车的人经过，一边大叫："警察局被攻占了。"与此同时，一支德国小分队从参议院出来，步行朝圣日耳曼大街走去。在快到街道拐角的时候，士兵们端着冲锋枪一阵扫射。大街上人群四

---

[1] Jacques-Philippe Leclerc（1902—1947），法国将军、战斗英雄，曾获巴黎解放者的殊荣。

下逃窜，找门洞躲起来：所有的大门都关上了。一个男人擂门的时候被射中倒地；其他人就倒在马路中间。

之后，德国人走到大街上，与此同时，我不知道从哪儿冒出来一个担架队，把伤员都抬走了。一扇扇大门又打开了，一个门房大妈开始平静地清洗门口的那摊红色的血迹，有人骂了她。大街又恢复了平时的样子。几个老婆婆坐在长凳上唠嗑。我离开了窗户。萨特去法兰西喜剧院参加全国戏剧家委员会的会议，而我去了莱里斯家。从他们家的窗户，可以看到法国国旗飘扬在警察局上空。起义是早上发动的。市政厅、里昂火车站、几个警署、大部分公共建筑都已经回到了巴黎人的手中。在新桥，法国内地军的一个小分队从一辆卡车上跳下来，朝一支德国小分队开枪，不少德军汽车被焚毁。一整天，电话都响个不停：朋友们来来去去，带来最新的消息。有人说正在和德国人谈判，很快就会宣布休战。晚上，泽特和米歇尔·莱里斯骑车陪我去夏普兰旅馆，在那里我们也碰到了萨特。正当我们打开一罐沙丁鱼的时候，一个流动小贩推着一车西红柿走在布雷阿路上，所有人都赶紧跑过去买。几个骑着自行车经过的年轻人大叫说德国人已经要求停火了。

夜里下了一场暴风雨。早上，卐字纳粹旗还在那里。我和萨特一起出门，空气里弥漫着一种紧张的气氛。据说勒克莱尔的军队离巴黎只有六公里了，三色旗和三色彩带在所有的窗前飘扬；不过，在布希十字路口，几个出来买菜的家庭妇女被子弹打死。法国内地军包围了塞纳街的一栋房子，揪出一队守在屋顶的日本狙击手。我们一整天都在附近游荡。大约下午四点，架着高音喇叭的汽车在大街上驶过，正式宣布战斗结束了：我们让德国人撤出巴黎，他们则释放一定数量的囚犯。不过，有人说在戈贝兰、意大利广场和其他几个街区还有人开枪。晚上，一群心神不宁的人在圣日耳曼德普雷大街上转悠。一个上了年纪的女人推着自行车，满脸愁容，冲我们大叫："只要枪声一响，德国人就会轰炸巴黎，大炮都已经架好了。赶紧把这个消息告诉大家。"她继续走路，用嘶哑的声音重复这个消息。她是第五纵队的暗探，还是一个疯子？没有人理睬她。不过她阴霾的预言倒是和这动荡的一天很契合：还有很多事情都可能发生。

第二天，萨特回到法兰西喜剧院，而我又去了莱里斯家。米歇尔去人类博物馆和他的抵抗小组会合了。我见到泽特和她的一个女友，后者在圣安德烈德扎尔路的一个食堂为法国内地军做饭。战斗又打响了。不过早上貌似很平静；我们在塞纳河边看到有人在钓鱼，几个年轻人穿着游泳衣在晒太阳，但法国内地军就躲在河边栏杆后面，泽特告诉我，剩下的有的藏在隔壁的房子里，有的在圣米歇尔广场，在地下火车站的台阶上。一辆德国卡车从窗下经过；两个年轻的士兵，金色的头发，端着冲锋枪站着，就在离他们二十米的地方，死亡在等着他们，我们都想冲他们喊："小心！"子弹一阵连射，他们应声倒下。一些法国内地军的战士骑着自行车在河边来回跑，大声问隐蔽在暗处的战士："你们弹药够不够？"之后，我们又看到德国人的卡车和装甲车驶过来。泽特的女友出去了一趟又转回来。她告诉我们起义军已经攻克了中央菜市场、火车东站、电话中心。占领了通敌报社丢下的印刷厂和编辑部，街上在卖《战斗报》和《解放报》。她还给我们带回一个更令人不安的消息；德国人的坦克正朝这边开来，它们要朝河边的房子开火。泽特并不惊慌，事实上，什么都没有发生。傍晚，我离开了她。我决定住到夏普兰旅馆，因为塞纳街真的不太平：每次德国装甲车从参议院开出来，都会对它一阵扫射，不过我还是要回去一趟收拾点东西拿几个土豆，这一路走得可不容易，在圣安德烈德扎尔路的拐角有一摊摊的血，子弹到处乱飞。法国内地军拦住行人："等一下！"之后突然大喊："走吧！"于是我们飞快地过了街。

第二天，萨特和加缪有约，加缪现在已经住到雷奥米尔街《巴黎晚报》的编辑部，他主编《战斗报》。刚过中午，我们朝塞纳河走去。在小巷子里，孩子们在玩跳房子，人们无忧无虑地漫步。我们走到河边，一下子就愣住了：人行道、马路空无一人，子弹呼啸而过；在我们身后是一片 no man's land，所有活物都撤了。我们飞奔穿过马路；在桥上，行人也都弯着腰弓着背以求自保。在右岸，河边没有一个活人，但稍远一点，整个小区都沉浸在和平的氛围里，这里已经解放了。我们绕过雷奥米尔街一百号，按响了后门的门铃，后门也有背着冲锋枪的年轻士兵把守。整幢大楼从上到下都乱作一团，一片欢腾。加缪也心花怒放。他要萨特写一个有关这几天的报道。我们又回到了左岸。在圣日耳曼德普雷广场上，在大街上，人们正在忙着筑街垒。我碰到弗朗西斯·凡特农，斜背着一支步枪，脖子上系着一条红手绢，意气风发。联络员骑着车子在蒙帕纳斯大街上来回穿梭，他们动员行人加入筑街垒的队伍，并把集合点指给他们看。时不时地，远处出现一辆坦克或满载纳粹党卫军的装甲车在拉斯帕耶大街上驶过，载着一车车伤员的红十字会的救护车也从那里经过。什么地方有大炮在轰鸣。我又开始焦虑不安：为什么盟军迟迟不到？德国人不会轰炸巴黎吧？明天会怎样？

第二天早上，城市貌似很平静。我们去住在福煦街的萨拉克鲁家午餐。狙击手还在对面大楼的屋顶上开枪，有些子弹打在客厅的墙上。我们在一间朝院子的房间吃午饭。喝咖啡的时候，萨拉克鲁和萨特小心地去客厅打开收音机：我们听到外头的枪声，而 BBC 却用胜利的口吻宣布战斗已经结束，巴黎已经解放。

萨特和萨拉克鲁又去法兰西喜剧院了，那里如今已经是全国戏剧家委员会的地盘了。当天晚上和第二天一整天，他都待在那里，而我则在巴黎四处溜达。总有一些地方可以买到食物。我还可以把加缪要萨特写的报道的第一部分带去给他。我还记得街道上奇怪、灼热的寂静，还有几辆装甲车在巡逻，这儿、那儿地飞过一颗颗子弹。一个特别顽固的狙击手用他的火力守住了迪福街，人们只能在两面受夹击的情况下跑过街。晚上我在夏普兰旅馆和奥尔加、旺达、博斯特及丽丝一起吃了两个土豆。几个骑自行车的人大叫着说勒克莱尔的队伍刚到市政厅广场。我们赶紧去蒙帕纳斯大街的十字路口，人们从大街小巷里冲出来。大炮在鸣响，巴黎所有的钟都敲响了，所有的大楼都灯火通明。有人在路上燃起了欢乐的篝火。我们手拉手，围着篝火唱歌跳舞。突然，一个声音大叫："坦克！"一辆德国坦克从当费尔-罗什洛街驶来。大家都赶紧回家，不过我们在旅馆的院子里待了好久，和其他几个房客聊天。"如果要炸毁巴黎，那一定是今晚。"一个女人说道。

早上六点，我又跑到拉斯帕耶大街。勒克莱尔的部队在奥尔良街列队而行，一大群人挤在人行道上，向他们欢呼。在当费尔-罗什洛街，一群孤儿浑身挂着三色绶带，挥舞着小旗。在玛丽-泰蕾丝医务所门口摆着一排瘰病病患的轮椅。时不时还会听到一声枪响：一个屋顶上的狙击手开枪，一个人应声倒地，大家把他抬走，但没有人理会这一小骚动，兴奋已经熄灭了恐惧的火焰。

一整天我都和萨特一起走在旗帜飘扬的巴黎，我看见女人们盛装打扮，跳着去搂士兵们的脖子；埃菲尔铁塔上一面国旗格外醒目。我的内心是多么激情澎湃啊！一个人得到期待已久的乐趣是一件很罕见的事，而我居然就这么幸运。我们遇到一些熟人，个个都眉头紧锁："现在困难来了，而且什么样的问题都有！"我为他们感到惋惜；这种狂热、欢腾都没能感染他们，因为他们不懂渴望。我们并非比他们盲目，但不管之后会发生什么，没有任何东西可以从我这里夺走这些快乐的时光；直到现在为止，还没有任何东西从我这里把曾经的美好夺走过；它们在我过去的岁月里闪闪发光、永不熄灭。

我们的朋友中间有几个不能如愿来参加庆祝活动。我们上楼去莱里斯家。他们接到一通扎妮和让·奥比埃打来的电话说他们不得不趴在地上接电话，因为他们房子周围还在打仗，根本不可能出来。一些德国人在卢森堡公园挖了战壕，很难把他们打跑。

第二天下午，戴高乐走上了香榭丽舍大街。萨特从卢浮宫旅馆的一个阳台上看军队游行。我和奥尔加还有莱里斯夫妇一起去了凯旋门。戴高乐步行走在一群警察、士兵、法国内地军的斗士中间。法国内地军穿着奇装异服，手挽手，笑容满面。我们混在人山人海里，我们为之欢呼的，并不是一次阅兵，而是一个大众的、混乱的、美妙的狂欢节。突然，我听到一个熟悉的声音，听不真切，是枪声。我周围的人如潮水般朝一条和香榭丽舍大街垂直的街道拥去，我也拉着奥尔加的手臂跟着他们跑。我们拐了个弯，转到另一条街上：子弹在呼啸；有几个人赶紧趴倒在沥青路上，我觉得跑路才是上策。所有的门都关着，不过有人撞开了一扇门，我们都挤进了这个洞开的避难所。这是一家地下商店，堆满了纸箱和包装纸。我们缓过气来。慢慢地，外面安静了，我们也走了出去。和奥尔加一起朝阿尔玛走的时候，看到几辆救护车和几个抬着伤员的担架从我们身边经过。我有点担心，不知道莱里斯夫妇怎么样了，于是我去了他们家，他们很快也毫发无伤地回来了。萨特在大奥古斯都沿河马路上碰到我们。当枪声响起的时候，他正和全国戏剧家委员会的其他成员站在一个阳台上；法国内地军以为他们是国民自卫队，朝他们开了枪，他们飞快地跳回房间的最里头。我们与热内、莱里斯夫妇和他们的一个美国朋友帕特里斯·瓦尔堡一起吃晚饭，瓦尔堡是第一个和我们说话的美国人，我们难以置信地看着他的制服。他告诉我们进入德勒和凡尔赛的情景，当地居民激动的心情，还有他自己的心情。我们刚离开餐桌，就听到一架飞机在空中盘旋，感觉它就在我们的屋顶上头转。一声巨大的爆炸声，离我们非常近。就在这一刻，我真的感到了恐惧。一架德国飞机，在战败的怒火中盘旋在巴黎上空，满载着炸弹和仇恨，这比盟军的一支空军中队更让人惶恐。我们当时在六楼，我建议下到一楼。瓦尔堡笑我胆小，其他人我不知道他们是否担心，不过他们对我的提议没有提出异议。大多数房客都已经聚在院子里。又有新的爆炸，震得窗户都在晃。之后夜晚又安静下来。第二天，我们才知道炸弹掉下来的地方离我们不远：葡萄酒市场被烧毁，蒙热路的一栋楼房被炸飞。

终于结束了，巴黎解放了。世界、未来又回到了我们手里，我们投入它们的怀抱。但我想先总结一下我这五年学到的东西。

在战争初期，伽利玛出版社的某人用赞同的口吻告诉我一句话，这句话是已嫁给出版社一个作家的美丽少妇说的："你想怎样？战争没有改变我和任何事物的关系，连我和一草一木的关系也没改变。"这种淡定的态度既让我神往也让我感到不自在：的确草木兴衰对我已经不太重要。很快，我不再矛盾纠结了，战争不仅改变了我和万事万物的关系，而且它把一切都改变了：巴黎的天空和布列塔尼的村庄，女人的嘴巴，小孩子的眼睛。一九四〇年六月之后，过去的一切我都认不出来了，事物、人、时间、地点，甚至我自己。在过去的十年，时间都在原地打转，如今突然动起来了，把我也卷了进去：不用离开巴黎的街道，我就能体会到比以前漂洋过海还浓的异乡的感觉。过去我和孩子一样天真，相信绝对，以为世界的真理是既定的：受到岁月的冲刷半埋在沙石里，或者革命爆发将它炸得粉碎，但是它在本质上是一直存在的，在和平时期，它赋予我们正义和理性。我把幸福建立在一片坚实的土地上，建立在永不改变的星座下。

多大的误解！我所生活的不是一个永恒不变的时期，而是一个转折期：战前。大地在我面前露出另一副面孔：暴力、不公正、愚昧、丑恶、恐怖愈演愈烈。甚至胜利都无法让时间倒流，恢复暂时被破坏的旧秩序，它开启了一个新时代：战后。不论哪根草、不论哪片草地，不管我怎么看，都不能回到它们从前的样子。稍纵即逝是我的命运。"历史"将光辉的时刻和无数无药可解的痛苦裹挟在一起都带走了。

不过，就在一九四四年八月底，我满怀信心开始规划未来。历史不是我的敌人，因为说到底，我的希望还是实现了。它刚刚赋予我从未体验过的最激动人心的快乐。我多喜欢在旅途中忘情于树木和岩石中间！当我迷失在纷纷扰扰的事件中时，我更彻底地脱离了自我；整个巴黎成了我的化身，在每个人的脸上我都看到了我自己。我的存在被如此放大让我惊愕不已，以一种美妙的亲切感，让我意识到了所有其他人的存在。它让我仿佛长出了翅膀，从今以后，我可以翱翔在我狭窄的个人生活之上，我在集体的蓝天滑翔：我的幸福反映了一个正在百废待兴的世界的历险。它的阴暗面，我并没有忘记。但我提到过的道德至上的信念可以帮助我去面对它。和所有人一起行动、战斗、为了活得有意义而不惜牺牲。在我看来，只要我牢记这些信念，我就可以制服黑暗这个人类哀怨的根源了。

但事与愿违，这些哀怨穿透了我的壁垒，践踏了我的信念。我不可能再找回昔日的乐观。丑恶、失败、恐怖，我们既无力去弥补又无法超脱。这一点我知道，以后都不会忘记。我再也不能重新陷入精神分裂的臆想，多年来都让我狂妄地要宇宙屈从于我的意愿。对很多别人都严肃对待的事情，我还是一点都不上心。不过我的生活不再是一场游戏，我知道自己的根在哪里，我不再假装自己可以超脱于自身的境遇，我试图去接受它。从今以后，现实有了它的分量。有时候，我感到习惯这一切真是可恨。在我放弃幻想的同时，我也失去了自己不妥协和骄傲的个性，这或许是我身上最大的改变，有时候我对此深感遗憾。在《女宾》中，弗朗索瓦丝生气地问自己："我要变成一个顺从的女人吗？"如果说我选择让她去杀人，那是因为我觉得什么都比屈服顺从强。现在，我准备屈服了，尽管我身后有那么多人牺牲，尽管我愤怒反抗，但我在幸福中康复了。曾经接受过那么多的打击，没有哪一个打击把我打倒过。我幸存下来，甚至还毫发无伤。多么没心没肺，多么无定见！不过这也不比别人的想法更少或更糟：我也为他们感到惭愧，就像我为自己感到惭愧一样。不过除了很少的几个瞬间，我总是那么漫不经心地对待自己的不足，以至于我甚至都意识不到它。

我所面临的丑恶和失败有一个确切的名字：死亡，有时候我拒绝它，有时候屈服于它，有时候气自己逆来顺受，有时候又认同它。我自己的死亡和其他人的死亡从来都没有像这几年来那么切近。是时候来谈谈这个问题了。

自从我明白自己迟早会死之后，死亡就让我心生恐惧。哪怕是在和平时期，当我的幸福在我看来还是很稳当的时候，我十五岁的时候就常常会为有朝一日一切的消失或者说是我永远地离开身外的一切而感到眩晕。这种消亡令我如此恐惧，以至于我不认为人们可以冷静地去面对它。人们所谓的"勇气"，在我看来不过是一种轻率的盲目而已。不过我注意到在那几年、在此后的几年，我并没有表现得特别胆小。当我滑雪、游泳的时候，我都缺乏胆量：在雪地里，我不敢速滑，在海里，我不敢去比我身高更深的水域；我笨手笨脚，害怕摔断一条腿，害怕被水呛死，害怕不得不喊别人来救我，因此也没有死亡的威胁。相反，毫不犹豫地独自去爬陡峭的山峰，穿着轻便鞋穿过雪地和碎石，一失足就可能要了我的命。那天早上我从很高的地方摔下来掉在小溪里，我只是好奇地想：完了，这些事情终于发生了！当我从自行车上摔下来，摔得晕晕乎乎的时候，我也有过同样的反应。我很超然地看着这个难以预料但说到底还是很正常的事：我的死亡。在那两次情况下，我都是措手不及；我不知道如果我要面临一个很大的危险，如果我有足够的时间去发挥我的想象力，我会怎么做；我始终没有机会去衡量自己的懦弱和勇敢。巴黎和勒阿弗尔的轰炸没有妨碍我睡觉，我冒的都是一些很小的风险。可以肯定的是，不管我被放在何种处境之中，恐惧从来都无法阻挡我的道路。我的乐观让我不会过度谨小慎微，此外我不害怕死亡这个躲不过的事实，因为它迟早会突然降临：那将是我生命的终点，不过依然是生命的一部分；在我以为自己面临死亡的那些时刻，我平静地投入这一生动的冒险：我并没有想到另一边洞开的虚无。我竭尽全力想要抗拒的，是对黑夜的恐惧，黑夜本身并不可怕，因为黑夜会过去，但对活着的我而言却非常可怕。我无法忍受自己是短暂的、有限的，只是沧海一粟；有时候，我所有的努力在我看来都是徒劳，幸福成了一个幻影，而世界不过是虚无可笑的面具。

至少死亡保证我免遭过度的痛苦，我想："与其忍受痛苦，还不如自杀。"当战争爆发，这个念头更坚定了。不幸天天都可能降临，死亡也一样。我有生以来第一次不再和死亡抗争。一九三九年九月，坐在拉兹海岬，我对自己说："我已经拥有了我所希望的生活，现在，它可以结束了：它至少曾经存在过。"我仿佛又看到自己趴在一列火车的车窗上，风打在我的脸上，我又对自己说："是的，或许一笔勾销的时刻到来了；好吧，我同意。"不过就因为我在心中平静地接受了它，我明白人可以视死如归。和不用逃命那一刻起获得的自由和安详比起来，多活几年少活几年又算得了什么。以前一些在我看来很空洞的话，现在我在其中切身地体会到了真理：在没有任何办法保命的时候，就该接受死亡；死亡并不总是一个荒谬的意外；有时候，它会让我们和他人建立生动的联系；于是，死亡就有了意义，它变得理所当然。此后不久，我以为自己体验到死亡是怎么一回事儿了，知道它的确就是虚无。于是有一段时间我不再害怕死亡，甚至不再去想它。

但是，我不能一直保持淡定。一个夏日的夜晚，就在《苍蝇》首演的前几天，我和萨特去卡米耶家吃晚饭。当宵禁的警报声突然响起的时候，我们正从蒙马特尔步行回家。我们当时住在大学路的一家旅馆里。我想我是有点喝多了，在我贴了红色墙纸的旅馆房间里，死亡突然又出现在我的脑海里。我绞着手，哭了，和十五岁时一样使劲地用头撞墙。

一九四四年六月，一天夜里，我尝试用文字来描述死亡。我从笔记中原封不动地摘录了一些：

> 我躺在床上，肚子贴着床垫，膝盖和脚压在地面上。夜里，寂静化为树叶和流水的声音，童年常常听到的声音。死亡向我靠拢。再耐心一点，我就会滑到世界的另一面，滑到永远都照不到一点光的地方。我将独自存在，远离他人，处在这种纯粹存在的状态中，而这或许就是死亡的反面，我从未领略

过，除了在梦中：有时候我会在荒凉的山中和高原徒然地寻找它，只要睁开眼睛，孤独就永远都不是纯粹的。我要逃离，沿着一个神秘的维度，它可以破解我的生活，让我触摸到自己纯粹的存在；或许在路的尽头我会遇见死亡，每次我都错把死亡之梦看作一个确凿的真实，让自己从容地滑入虚无的谷底，这时有一个声音在大叫："这一次，是动真格的了，不会再醒过来了。"不过有人还活着却说："我死了。"梦见一个活人梦见死亡，在那个奇妙的时刻，生命触到了我存在的最纯粹的真实。没有哪一个星期我不玩这个让我焦虑不安、心神不定的游戏。但今晚，我的身体拒绝睡眠，甚至拒绝去梦到死亡，可能是为了不去想死亡，所以才拒绝入睡。我的心中没有一丝不安，因为这种抗拒是那么强烈，连死亡都变得不重要了；时间也消隐了，我的存在不需要借助他人，也不用顾念未来。但这把火需要燃料；有那么一时半刻，它烧的是我的记忆，从我口中打造出来的句子就足以燃起我心中的激情；生命在膨胀，它挤压着我。但是在一个被封锁的城市中心，在这个房间，如何挨过漫漫黑夜？我打开灯，倚在床上，写下这几行字。我写下此书的开头，它将是我抵抗死亡的最佳途径，这本我满心希望去写的书：所有这些年的努力或许只是为了给我勇气和借口来写它。

或许让我一生都感到恐惧的死亡会在一秒钟内散尽，而我都来不及去体会它。不管是意外还是疾病，死亡可能很**容易**。忍受过一次就会有第二次。别人会看到我死去，但我看不见自己死去。

或许我将死在我的床上；我的床让我感到害怕，一艘将载我走的船，令人眩晕；我离岸越来越远，一动不动，在一个人身边，他对我说话冲我笑，但他的脸却在水面上消失了，我沉入水中，下沉、下滑，我躺在床上，在水中，在时空中，在夜里，不知漂向何方。

　　我在前面的几行文字中提到的梦在我跟死亡的斗争中扮演了很重要的角色。我不记得多少次我在梦中被击中心脏或陷入流沙。我慢慢麻木，失去知觉，慢慢消亡：在这个我心甘情愿的毁灭的过程中我体会到一种巨大的平静。我完成了我的死亡，就像我常常徒劳地想完结战争，结束别离一样：先了解它们的各种成因，然后得到这些因素，最终借此消灭它们。我穿越了死亡，就跟爱丽丝穿越了镜子一样，而一旦到了另一边，我就意识到了自己：我是把死亡融入自身，而并不是把自己消融在死亡之中；简言之，我会劫后余生。在咽气的时候我对自己说："这次，是动真格的了，不会再醒过来了！"但有人还活着却说："我死了。"这种情形让死亡变得容易接近了。我死了，但声音在低声说："我在这里。"之后，我醒过来，事实就摆在我眼前，要是我真的死了，就不会有声音说任何话了。有时候我觉得如果我死的时候正好能意识到自己的死亡，如果我和死亡不谋而合，那我就会让死亡变成一种存在：这是拯救死亡的一种方式。但是不行，我想死亡永远都不会由我掌控；我也永远不能把它让我感到的恐惧汇聚成一次最终的焦虑不安；它一直都无药可解、一直是平淡庸常的小小担忧，安息的念头，一条普通的黑色终止线，结束了年复一年的延续，在此之后就是空白之页。我触不到它：我体会到的死亡的味道是虚假的，掺杂着生的滋味。而且我害怕衰老：不是因为我的容颜会改变，而是我的精力会消退，而是因为这个死亡的味道越来越浓，它腐蚀了每一个瞬间，因为那条黑色的终止线正在慢慢地、无情地向我逼近。

　　黑色的终止线现在依然还消失在远方，但永别和分离的时刻注定会来临。我骑自行车，我看着乡下阳光灿烂、生机勃勃的景象，我的心就会一阵抽搐：景色如旧而我将不复存在。当我还是孩子的时候，我曾尝试去捕捉从我身边经过还没有找到可以附身的肉体的小魂魄，然后以它们的身份说"我"；而现在，我想象以后会有人把他的意识借给我，希望借他们的眼来看到我自己。艾米莉·勃朗特曾经凝视过这个月亮和周围这个如薄纱般的月晕；她也曾想过：有朝一日，我再也看不到它们了。在我们所有人眼中，月亮总是同一个，那我们为什么隔着时空彼此却不能互通心意？所有人都终有一死，但每个人却只能独自面对死亡。从生的角度来看，我们可以一起赴死。但死去，是离开这个世界，在彼岸，"一起"这个词已失去了意义。在这个世界上我最大的愿望就是和心爱的人一起死去，但是，就算我们的尸骸可以肩并肩地安葬在一起，"一起"也不过是一种虚妄：从虚无到虚无，已不存在任何联系。

　　这模糊的暗夜，我从他人的死亡中预感到了它。有莎莎，她在夜里依然会来看我，粉红色的发卡下面一张蜡黄的脸；有尼赞，还有就在我身边的布尔拉。布尔拉归于沉寂，永远缺席，但我们知道，总有一天，要给这一缺席一个名字：死亡。之后，时间过去，但布尔拉还没有结束他的死亡，这永远都无法结束。常常我会想，尤其在夜里："把他埋葬，然后我们再也不去想他了！"一场传统的葬礼，那多方便！死者会消失在墓穴里，他的死亡也随之而去；我们在上面埋上土，然后转身离去。如果愿意，我们可以时不时地回来这个死亡被埋葬的地方哭泣：我们知道在哪儿可以找到它。此外，人们通常都会死在床上，死在屋里。他们的缺席是相对于他们过去的存在：他的椅子空了，我们会这么说；这个钟点，原本应该是他把钥匙插在锁里开门的时候。布尔拉，当我在巴黎散步，我会试着对自己说：他不在这儿了，但不管怎么说，他都不会恰好在我出现的地方出现；那么，他是从哪儿不见的呢？无处又处处都是他消失的地方。他的缺席渗透到全世界。而这个世界还是满的，没有地方留给一个失去自己位置的人。这是怎样的离别！怎样的背叛！我们的每一次心跳，都否认了他的生，也否认了他的死。总有一天，这个缺席的人，这个被遗忘的人，将会是我。

不过，我甚至不能希望摆脱这种诅咒：如果我们的生命是无限的，我们的生命也会消逝在普遍的冷漠之中。死亡否定了我们的存在，不过也正是它赋予了我们生命的意义；死亡可以实现一种绝对的分离，但它同样也是所有交流的关键。在《他人的血》中，我曾经试图表现死亡会在充实的生命面前败下阵来；在《皮洛斯与西内亚斯》中，我想阐明，没有死亡，就不能看到人生的规划及其价值。相反，在《吃闲饭的嘴》中，我想描绘的是生者和死者之间存在的可怕鸿沟。一九四三年，当我开始写《人都是要死的》，我首先把它看成是围绕死亡这个主题的一次漫长的游荡。

这本小说，我以后还会提到，因为战后第一年的生活让它充实了很多。我只想提一点。在写《女宾》之前，我摸索了很多年；当我开始着手去写的时候，我就再也没有停过笔，除了在我忙得分身乏术的几个短暂的时期；把我自身的经历转化为文字，这对我而言已经不再是什么大问题。这一点对大多数作家而言都一样，我的情形也不例外，因此在我看来仔细地去研究我这个个案意义重大。为什么从那以后，我总是"有话要说"呢？

首先，我更了解我的职业了，我也有了信心；当我在脑子里酝酿某一本书的时候，我坚信它能出版：我相信它能问世，这可以激励我把它写出来。不过还有另一个原因，更根本的原因。我曾经说过：只有当我的人生出现一个断裂、空当的时候，我才能退开一步去审视它、谈论它。自从宣战以来，事情不再是理所当然了；不幸已经侵扰到这个世界：对我而言，文学变得跟我所呼吸的空气一样不可或缺。我没有把它想象成是对付彻底绝望的良方；我还没有陷入这一种极端，远远没有。我个人的体会是我们所处境遇令人喟叹的模糊性，它既可怕又令人兴奋；我意识到自己没有能力以管窥豹，同时洞悉这两个方面，也没有能力把其中的任何一面表达清楚：我总是无法企及生命的辉煌，也触不到生活的残酷。我很清楚我所感受的和现实之间的鸿沟，所以我需要写作，为了公正地对待因我心情波动而没有产生共鸣的真理。我想很多作家都有类似的使命感；文学的真诚和我们通常想象的真诚不同：它并不是把你每时每刻的情绪和想法都写出来，而是要指出我们尚未企及、几乎还看不见，但事实上就在那儿的地平线；这就是为什么，根据作家的作品来了解他的个性，这种探索是没有止境的。至于作家本人，他所从事的工作也是无止境的，因为他的每本书要么说得太多，要么说得不够。就算他花几十年时间去反复练习、修订，他也无法在纸上，也不能在肉体和心灵上捕捉到周围无数的现实。通常，为了企及这一目的而做出的努力在作品内部会产生某种辩证统一的东西，我的情况很明显就是如此。《女宾》的结尾我并不满意：杀人并不能克服存在所产生的疑难。对于这个问题，我不想回避，而是要直面正视它。在《他人的血》和《皮洛斯与西内亚斯》中，我试图正确地去定义我们和他者之间的关系。我认为不管愿不愿意，我们都会介入陌生人的生活，我们应该承担责任。但这一结论也滋生出一个悖论；因为我很清楚地意识到自己有责任而同时我又无能为力。这种无力感就是我在《人都是要死的》这本书中探讨的主题之一。在此书中我试图修正在前两部作品中表现出来的乐观主义，我要把死亡描绘成不仅仅是每个人和一切的关系，而且也是一种孤独和别离的坏表率。就这样，此后的每本书都把我推向下一本书，因为世界展现在我面前，充满了我所能感受、认识和表达的一切。

SIMONE DE BEAUVOIR
La force de l'âge

本书根据伽里玛出版社 1960 年法文版译出
© Editions Gallimard, Paris, 1960
All rights reserved
All adaptations are forbidden.
Sale is forbidden outside of the People's Republic of China.

图字：09－2022－0061 号

图书在版编目（CIP）数据

岁月的力量／（法）西蒙娜·德·波伏瓦著；黄荭，
罗国林译.—上海：上海译文出版社，2023.10
（西蒙娜·德·波伏瓦作品系列）
ISBN 978－7－5327－9328－0

Ⅰ.①岁… Ⅱ.①西… ②黄… ③罗… Ⅲ.①波伏瓦
（Beauvoir, Simone de 1908－1986）－回忆录 Ⅳ.
①K835.655.6

中国国家版本馆 CIP 数据核字（2023）第 181053 号

岁月的力量 ［法］西蒙娜·德·波伏瓦 著 黄 荭 罗国林 译	SIMONE DE BEAUVOIR La force de l'âge	出版统筹 赵武平 责任编辑 缪伶超 装帧设计 董茹嘉

上海译文出版社有限公司出版、发行
网址：www.yiwen.com.cn
201101 上海市闵行区号景路 159 弄 B 座
上海信老印刷厂印刷

开本 890×1240 1/32 印张 19.25 插页 2 字数 422,000
2023 年 10 月第 1 版 2023 年 10 月第 1 次印刷

ISBN 978－7－5327－9328－0/I·5818
定价：98.00 元